首都师范大学历史学院中国近现代社会文化史研究中心主办

梁景和　主编

中国近现代社会文化史论丛

自由的维度

近代中国婚姻文化的嬗变（1860~1930）

The Dimension of Freedom:
The Evolution of the Marriage Culture
in Modern China, 1860-1930

王栋亮　著

社会科学文献出版社
SOCIAL SCIENCES ACADEMIC PRESS (CHINA)

编 委 会

顾 问（按姓氏笔画排序）

刘志琴　郑师渠　耿云志　戴　逸

学术委员会主任

梁景和

学术委员会委员（按姓氏笔画排序）

王雪峰　左玉河　朱汉国　孙燕京　吕文浩　闵　杰
李长莉　余华林　迟云飞　杨念群　杨才林　夏明方
徐永志　郭双林　黄兴涛　黄　东　魏光奇

主 编

梁景和

总　序

梁景和

　　中国改革开放这一新的历史时期到来之后，历史学与其他学科一样发生了重大变革，学术界迎来崭新的繁荣时期。中国近现代史与其他史学专业也都有了长足发展。中国近现代文化史、社会史、社会文化史犹如本专业的其他领域，亦展现着自己特有的新生魅力。20 世纪 80 年代初期文化史的复兴，80 年代中期社会史的复兴，80 年代末 90 年代初社会文化史的兴起，这三条线索所铸成的链环与其他领域紧密结合，呈现出中国近现代史的强劲发展势头。其中社会文化史研究已经走过 20 多年的艰辛历程。

　　20 世纪 80 年代末就有学者提出文化史与社会史相互结合的问题。① 1990 年有学者撰文，② 提出"社会文化史"的学科概念。1991 年有学者在学术领域开始运用"社会文化史"③ 的概念。1992 年与 2001 年，在北京先后召开了"社会文化史研讨会"和"近代中国社会生活与观念变迁"两次学术研讨会，④ 会议集中探讨了社会文化史的理论方法问题。2005、2007、2009、2011 和 2013 年分别在青岛、乌鲁木齐、贵阳、苏州和襄阳召开了 5 次中国

---

① 刘志琴（署名史薇）：《复兴社会史三议》，《天津社会科学》1988 年第 1 期；刘志琴：《社会史的复兴与史学变革——兼论社会史和文化史的共生共荣》，《史学理论》1988 年第 3 期。

② 李长莉：《社会文化史：历史研究的新角度》，参见赵清主编《社会问题的历史考察》，成都出版社，1992。

③ 梁景和：《辛亥革命 80 周年全国青年学术研讨会关于社会文化史问题的讨论述评》，《辽宁师范大学学报》1992 年第 2 期。梁景和于 1994 年在自己博士论文的提要中说明本论文的"社会文化史"的属性，认为自己的博士论文《近代中国陋俗文化嬗变研究》是"社会文化史研究范畴的一个具体领域"，参见《〈近代中国陋俗文化嬗变研究〉提要》，1994 年 5 月未刊稿。

④ 参见李长莉《社会文化史：一门新生学科——"社会文化史研讨会"纪要》，《社会学研究》1993 年第 1 期；左旦非：《"近代中国社会生活与观念变迁"学术研讨会综述》，《近代史研究》2002 年第 2 期。

近代社会史国际学术研讨会，会议有相当数量的社会文化史论文发表，① 也有关于探讨社会文化史的理论文章。② 2009 年 6 月和 10 月，2010 年 4 月在北京先后召开了 3 次"中国现当代社会文化学术研讨会"，③ 这也是开始以社会文化命名的学术会议。

20 年来，社会文化史研究形成了一些自己的特征。

首先，社会文化史的本土化特征。中国社会文化史是中国史学自身发展逻辑的产物，是中国文化史、社会史、社会文化史发展链条上的一环。改革开放的大势，催发了文化史的复兴，改革开放的深入，迎来了社会史的兴盛。文化史研究偏重于精神层面，即关注思想观念、社会意识等问题的研究。社会史研究偏重于社会层面，即关注社会结构、社会生活等问题的研究。而社会文化史研究则关注两者的共生共荣。很多文化观念问题反映在社会生活等社会问题的层面上，很多社会问题与文化观念问题有着千丝万缕的联系，那么把两者结合起来进行研究的社会文化史就应运而生了。20 世纪 80 年代末，中国社会文化史的萌发是中国史学自身发展逻辑的产物，主要研究者是顺着文化史、社会史的研究而走向社会文化史领域的。

其次，理论探索的自觉。社会文化史的研究重视理论和方法的讨论，在 1992 年"社会文化史研讨会"和 2002 年"近代中国社会生活与观念变迁"学术研讨会上有很多学者展开了讨论，并发表了很多重要的理论见解。④ 此外，刘志琴的《青史有待垦天荒——试论社会文化史研究的崛起》，⑤ 梁景和的《关于社会文化史的几个问题》⑥ 和《社会生活：社会文化史研究的一

---

① 参见吕文浩《"近代中国的城市·乡村·民间文化"学术研讨会综述》，《近代史研究》2006 年第 3 期；朱浒：《晚清以降的经济与社会》，《近代史研究》2008 年第 1 期；毕苑：《第三届中国近代社会史国际学术研讨会综述》，《近代史研究》2010 年第 1 期；黄鸿山、朱从兵：《"近代中国的社会保障与区域社会"——第四届中国近代社会史国际学术研讨会综述》，《近代史研究》2012 年第 2 期。
② 梁景和主编《关于社会文化史的几个问题》，李长莉、左玉河主编《近代中国社会与民间文化》，社会科学文献出版社，2007。
③ 参见王红旗主编《中国女性文化》第 12 期，社会科学文献出版社，2010。参见梁景和主编《社会生活探索》第二辑，首都师范大学出版社，2010。
④ 参见李长莉《社会文化史：一门新生学科——"社会文化史研讨会"纪要》，《社会学研究》1993 年第 1 期；左日非：《"近代中国社会生活与观念变迁"学术研讨会综述》，《近代史研究》2002 年第 2 期。
⑤ 参见《史学理论研究》1999 年第 1 期。
⑥ 参见李长莉、左玉河主编《近代中国社会与民间文化》，社会科学文献出版社，2007。

个重要概念》,① 李长莉的《社会文化史：历史研究的新角度》② 等都属于社会文化史探索的理论文章。

最后，展现出重要的研究成果。20 年来，社会文化史的研究取得了一些重要成果，发表了很多学术论文,③ 也出版了一批学术专著，诸如刘志琴主编的三卷本《近代中国社会文化变迁录》（浙江人民出版社，1998），梁景和的《近代中国陋俗文化嬗变研究》（首都师范大学出版社，2009）和《五四时期社会文化嬗变研究》（人民出版社，2010），李长莉的《晚清上海社会的变迁——生活与伦理的近代化》（天津人民出版社，2002）和《中国人的生活方式：从传统到现代》（四川人民出版社，2008），王笛的《街头文化：成都公共空间、下层民众与地方政治（1870～1930）》（中国人民大学出版社，2006），严昌洪的《20 世纪中国社会生活变迁史》（人民出版社，2007），乐正的《近代上海人社会心态（1860～1910）》（上海人民出版社，1991），忻平的《从上海发现历史——现代化进程中的上海人及其社会生活1927～1937》（上海人民出版社，1996，上海大学出版社，2009），孙燕京的《晚清社会风尚研究》（中国人民大学出版社，2002），余华林的《女性的重塑——民国城市妇女婚姻问题研究》（商务印书馆，2009）等，均为重要的学术著作。④

社会文化史发展至今，在取得一定成绩的同时，存在的问题也是显而易见的。正如一些学者指出的，相关历史资料数量庞大，但非常分散、芜杂、缺乏整理。相当多的研究者尚缺乏运用新视角、新理论、新方法的自觉性和经验积累，缺乏研究范式上的建树。缺乏深入专精的高水平著作，研究者缺

---

① 参见《河北学刊》2009 年第 3 期。

② 参见赵清主编《社会问题的历史考察》，成都出版社，1992。

③ 关于社会文化史研究的论文请参见李长莉《社会文化史的兴起》,《天津师范大学学报》2003 年第 4 期；左玉河、李文平：《近年来中国近代社会文化史研究评述》,《教学与研究》2005 年第 3 期；苏全有等：《近十年来的中国近代风俗史研究综述》,《安阳大学学报》2004 年第 2 期；黄延敏：《当代中国社会文化史研究的新进展》,《近代中国与文物》2009 年第 2 期等文的介绍。

④ 重要的社会文化史学术著作还有很多，诸如严昌洪的《西俗东渐记——中国近代社会风俗的演变》（湖南出版社，1991）和《中国近代社会风俗史》（浙江人民出版社，1992）；李少兵的《民国时期的西式风俗文化》（北京师范大学出版社，1994）；方平的《晚清上海的公共领域（1895～1911）》（上海人民出版社，2007）；〔德〕罗梅君的《北京的生育婚姻和丧葬：十九世纪至当代的民间文化和上层文化》（王燕生等译，中华书局，2001）；薛君度、刘志琴主编的《近代中国社会生活与观念变迁》（中国社会科学出版社，2001）等，此不赘述。

乏必要的社会学和文化学的知识训练等。① 这些都是具体的实际问题，需要学者一点一滴地处理和一步一步地解决。

社会文化史已经走过了 20 年的历程，回顾过去，展望未来，我们盼望早日迎来社会文化史发展的新时期。2010 年 5 月出版的《中国社会文化史的理论与实践》，② 同期召开的"中国社会文化史研究的回顾与走向座谈会"，③ 以及《光明日报》2010 年 8 月 17 日刊发的《社会文化史：史学研究的又一新路径》一文，既是对以往社会文化史研究的一个总结，也是对社会文化史未来发展的一个期待。2010 年 9 月 25 日、2012 年 9 月 22 日和 2014 年 9 月 20 日在北京分别召开了"首届中国近现代社会文化史国际学术研讨会""第二届中国近现代社会文化史国际学术研讨会""第三届中国近现代社会文化史国际学术研讨会"，2011 年 9 月 24 日在北京召开了"西方新文化史与中国社会文化史的理论与实践学术研讨会"，2013 年 9 月 21 日在北京召开了"首届全国青年学者社会文化史理论与方法学术研讨会"，希望通过这样的会议来推动中国近现代社会文化史的研究。我们坚信，在已有学术成果的基础上，中国近现代社会文化史研究将会迎来崭新的发展。

社会文化史兴起之初就引起了诸多年轻学者的兴趣，如今则吸引着众多青年学者把社会文化史作为自己的学术向往和追求。这些年来，我们一直在思考，准备编辑出版"中国近现代社会文化史论丛"，主要目的就是要把热心研究中国近现代社会文化史的学者，特别是青年学者的研究论著发表出来。现在本论丛已经陆续出版，希望能促进中国近现代社会文化史研究的深入开展。

2014 年 12 月 20 日修改于幽乔书屋

---

① 参见李长莉《社会文化史的兴起》，《天津师范大学学报》2003 年第 4 期；左日非：《"近代中国社会生活与观念变迁"学术研讨会综述》，《近代史研究》2002 年第 2 期。
② 梁景和主编《中国社会文化史的理论与实践》，社会科学文献出版社，2010。
③ 毕苑：《"中国近现代社会文化史回顾与走向"座谈会综述》，参见梁景和主编《社会生活探索》第二辑，首都师范大学出版社，2010。

目　录

上卷　传统与萌动

中卷　觉醒与初倡（1860～1919）

下卷　变革与高潮（1920～1930）

绪　论

一　选题的缘起与意义

自文明诞生以来，婚姻就是社会生活的重要内容之一。男女两性之间的关系可谓奥秘无穷，至于爱情、婚姻在社会生活中一直是个历久弥新的话题。

传统宗法社会的政治模式是家国同构。以此为基础，家庭被誉为社会的细胞或基本组织，[①] 它是一切社会关系出发的原点。《易》曰："有天地，然后有万物。有万物，然后有男女。有男女，然后有夫妇。有夫妇，然后有父子。有父子，然后有君臣。有上下，然后礼义有所错。"[②] 按照传统意义的审视，婚姻为人伦之始："人道所以有嫁娶何？以为情性之大，莫若男女。男女之交，人伦之始，莫若夫妇。"[③] 吕思勉先生对此曾有精当的评论："社会之组织，实源于家族，而家族之本，又由于男女之胖合也。欲知文化之源者，必不容不知婚制及族制审矣。"[④] 按此理解，婚姻是民族文化的源头，它对个人、家族乃至国家的命运产生了重要影响。林语堂先生曾感慨地说："生命中没有什么像婚姻那样，能在生命机理和人类灵魂上烙下深深的印记。"[⑤] 婚姻是如此重要，使它不得不成为中国人为数不多的人生要事之一。

在西力冲击下，中国社会经历了三千年未有之变局。惨痛的教训，使觉悟的中国人开始寻找出路。正因为婚姻对中国人的文化意义重大，它顺理成

[①] 这一约定俗成的不证自明的说法，在西方学者看来其正确性是有限度的。参见《欧洲家庭史》，华夏出版社，1991，第 4 页。

[②] （清）李道平撰《周易集解纂疏》，中华书局，1994，第 313 页。

[③] （清）陈立撰，吴则虞点校《白虎通疏证》，中华书局，1994，第 451 页。

[④] 吕思勉：《中国文化思想史九种》（上），上海古籍出版社，2009，第 244 页。

[⑤] 林语堂：《美国的精神》，《林语堂文集》，群言出版社，2011，第 204 页。

章的成为近代先觉者反思国家、民族命运链条的起点，婚姻变革被赋予了"强国保种"的悲壮语境。时人曾痛言："国民者，国家之一分子。个人者，社会之一阿屯，亦即一种族之一分子也。积民而成国，积个人而成种族，未有个人弱而种族强也，亦未有国民强而国家弱也。聚病疲乏之夫，不能传一良种；集柔弱之氓，不能立一霸国，其理然也。白种之日盛日强也，其原因何在乎？吾察之，吾熟察之，惟注重于男女之结婚，以及结婚后之交合耳。盖以结婚为对于国种最尊重之义务，以交合为对于国种最要大之事业，以生育对于国种最密接之关系。"① 结婚承嗣的义务在民族危亡的背景下由家族转移到国家语境中，婚姻的目的主要是为民族培育良种、为国家培育健全国民，以摆脱国家积弱的状况，这成为清末婚姻变革的着眼点，并持续到民国初期。

近代中国人的思想在动荡的社会中不断深化。20 世纪初，以梁启超为代表的先觉者其关注点从对体质的关照逐步转向启发国民觉悟，② 这一理念被五四时人所继承。鲁迅对此曾说："若像动物一样地没有思想，再强壮的躯体，也没有用"，"保种"的意义被贬低。在以陈独秀、胡适、鲁迅等为代表的新文化斗士看来，中国的自强之道就是迎接现代化的挑战而走上强国之路。国家的现代化，首先是人的现代化。因此，改造人的精神素质，重塑国民的灵魂，便是开启我们民族现代化大门的钥匙，这是五四新文化运动中知识者们找到的民族更新的突破点和生长点。

所谓人的现代化，在当时看来最集中的体现就是独立人格的确立。陈独秀说："所谓国民政治，果能实现与否，纯然以多数国民能否对于政治，自觉其居于主人的主动的地位为唯一根本之条件。"③ "盖自认为独立自主之人格以上，一切操行，一切权利，一切信仰，唯有听命各自固有之智能，断无盲从隶属他人之理。"④ 独立自主要求个体在社会生活中要掌握主动，尽情的展现自己的个性，陈氏将其视为"吾人最后之觉悟"。在此基础上，胡适对个性主义做了最具代表性、最富影响力的诠释。他说："发展个人的个性须有两个条件。第一，须使个人有自由意志。第二，须使个人担干系，负责任。"⑤

---

① 壮公：《自由结婚议》，《女子世界》1904 年第 11 期。
② 梁启超：《新民说》，《饮冰室全集》，上海文化书局，1934，第 5 页。
③ 陈独秀：《吾人最后之觉悟》，《新青年》1915 年第 1 卷 6 号。
④ 陈独秀：《敬告青年》，《新青年》1915 年第 1 卷 1 号。
⑤ 胡适：《易卜生主义》，《新青年》1918 年第 4 卷 6 号。

个性主义理念提倡个体自由意志的表达，这给生活在家族制度中的青年送来了思想解放的春风，激励他们打破宗族束缚，勇于追求个性化的生活。

在个性主义的引领下，不少新青年试图挣脱宗法家庭的束缚，尝试自主择偶的新婚姻，组建新家庭。时人认为，个性主义与新婚姻、新家庭互为因果。个性主义追求造就了新家庭，新家庭随之成为个性主义培养的基地："我们今后务要树立起个人造家国，非家国造个人，家国为个人而有，非个人为家国而有的观念，如果家国对于各个人只有损害而无利益，便该用了全力来把他打破，然后才有真正的革新可说。'不全有，宁全无'，这是一切革新的根本精神，我们应该先从家庭做起。"① 在时人的理解中，个人应摆脱一切束缚，实现人的独立和尊严。只有独立的个体才是构成国家的肌体或细胞。要做到这一切，首先应该从变革家庭做起，婚姻家庭变革被赋予了个性解放的意义。

传统宗法社会的婚姻基本不属于私事，② 因为中国传统伦理道德以天为本，强调道德的绝对性、超越性和整体价值，③ 个体价值被漠视。在中国近代社会的变迁中，自由、平等理念提升了中国人对"人性"追求的觉悟，推动了伦理道德的近代转型。近代伦理道德以人为本，它凸显了道德的相对性、现实性和个体价值。从"天"到"人"的转变是中国伦理道德最大的变化。人本观念的确立，推动了近代中国婚姻从"包办"向"自主"的转变，从而确立了包括婚恋自由、社交公开、贞操平等理念在内的婚姻自由观。

近代婚姻文化的嬗变意味着自我意识的不断觉醒，它推动了个性主义的确立，促进了人的精神解放。近代中国人的精神解放经历了两次飞跃：一为摆脱家族主义束缚，步入国民序列，个体的价值由家族转移到国家，但仍作为工具而存在；二为摆脱"工具属性"的束缚，实现"人"的觉醒，个体的价值就在于实现自我，展现个性。

婚姻本身就是一种文化现象。以此为观察基点，大凡文化的全部内容，包括价值观念，思维方式、审美情趣、道德情操、宗教精神和民族性格等，都可以在婚姻形态中找到它们的影子，婚姻成为透视民族文化的窗口。纵观

---

① 瑟庐：《家庭革命新论》，《妇女杂志》第 9 卷第 9 号，1923 年 9 月。
② 费孝通：《生育制度》，《乡土中国》，上海人民出版社，2007，第 447～452 页。
③ 张怀承：《天人之变：中国传统伦理道德的近代转型》，湖南教育出版社，1998，第 262 页。

近代婚姻变动历程，婚姻的变革与近代社会变迁相始终，其变革的每一步都是中国人价值追求在现实生活中的反映。梳理近代婚姻的变迁历程，可以清晰地把握两性伦理和婚姻功能的变化脉络。这些变化意味着两性的解放和个体自由度的提高，它使人的自由意志得到体现，个性得以彰显。自此人们开始追求有尊严的生活，这是近代国人幸福生活的起点。

二　学术史综述

婚姻作为人类文明进化的产物，首先进入社会学与人类学家的研究视野。从达尔文的《物种的起源》、巴霍姆的《母权论》、麦克伦南的《原始婚姻》到韦斯特马克的《人类婚姻史》，他们以进化论的视野阐述了人类婚姻发展的历程及形态。自此以后，婚姻问题逐渐被各国学者关注，并被纳入多学科领域进行研究，使其呈现多元发展的态势。在其成果中产生了一些重要观点和理论，至今仍不断被应用。

我国以近代化视野关注婚姻始于清末，学术研究的开展则始于民国。19世纪末期，出于对国家命运的关注，觉悟的中国人开始反思中国的婚姻问题；部分传教士基于布道的需要也对传统婚姻陋俗有所批判，并提出了一些初步变革的主张，这些都成为推动婚姻研究的内在动力，创办较早的《申报》《万国公报》等对此都有所反映。戊戌维新时期的宋恕、康有为等人在反思传统婚姻的同时，还提出了许多设想。[1] 但其观念中情感宣泄的色彩比较浓厚，严格来说并不属于学术研究。进入 20 世纪特别是五四前后，由于社会环境的宽松以及自由、民主思想的推动，报纸杂志如雨后春笋纷纷涌现，如《东方杂志》《女子世界》《大公报》《妇女杂志》《民国日报》《时事新报》及副刊《学灯》《新妇女》《新女性》《生活周刊》《语丝》《社会学界》等。这些报刊不仅经常刊发文章批判婚姻陋俗，而且对于婚姻的研究和讨论也逐渐由情感呼吁转向理性的学理研究。[2] 与此同时，婚姻研究的专著或译著也相继问世，如《中国妇女生活史》《中国婚姻史》《婚姻·子

---

① 胡珠生编《宋恕集》，中华书局，1993；康有为：《大同书》，《康有为全集》（第 7 集），中国人民大学出版社，2007。

② 如，陆秋心：《马腾博士的〈妇女与家庭〉》，《新妇女》1920 年第 1 卷第 2 期；恽代英译《科学家之结婚观》，《妇女时报》1915 年第 19 期；〔日〕高桥诚一郎：《家族制度的将来》，Y. D. 译，《妇女杂志》第 10 卷第 7 号，1924 年 7 月。

女·继承》《中国婚姻制度史》《中国离婚的研究》《结婚制度》《专制婚姻史》《中国家庭改造问题》《婚姻进化史》《婚姻与家族》《中国之结婚问题》等，① 推动了婚姻问题研究的蓬勃开展。

共和国成立之后，史学研究确立了"阶级斗争"范式，忽略了对社会生活的关注，婚姻问题淡出了研究视野。改革开放后，思想解放的春风冰释了僵化的研究框架，推动了社会史研究的复兴，婚姻问题被重新纳入研究视野，并取得了丰硕成果。② 20 世纪 90 年代以后，在刘志琴、梁景和、李长莉等学者的推动下，具有本土特色的社会文化史兴起，开拓了史学研究的新视野，婚姻史研究取得突破性进展。③

从上述回顾看，中国婚姻史的研究已走过了近百年的历程，再加之海外研究成果的汇聚，成果不可谓不丰。笔者囿于能力所限，很难将其一一梳理清楚，仅将研究范围内的成果做一简要梳理，以期廓清研究视野。

近代中国社会变迁的复杂性使婚姻呈现了形态各异的面相，学者们对其表现出浓厚的兴趣。在不同研究视角、理论的指导下，研究成果异彩纷呈。根据研究成果的不同侧重，笔者将其分成七个主题做简要梳理。

1. 婚姻思潮研究

从根本上说，社会生活的变迁是婚姻观念及行为变动的基础。清末民初

---

① 陈东原：《中国妇女生活史》，商务印书馆，1937；沙千里：《婚姻·子女·继承》，生活书店，1947；吕诚之：《中国婚姻制度史》，龙虎书店，1935；缪勒利尔：《婚姻进化史》，商务印书馆，1935；谭纫就：《中国离婚的研究》，中华基督教女青年会全国协会，1932；罗敦伟：《中国之婚姻问题》，大东书局，1931；顾颉刚：《苏粤的婚丧》，国立中山大学语言学研究所，1928；德利于斯：《婚姻的创化》，开明书店，1927；黄新民：《结婚制度》，光华书局，1927；《专制婚姻史》，中外书局，1926；《家庭与婚姻》，商务印书馆，1925。

② 据郭松义先生的统计，20 世纪五六十年代共有专著一部，论文两篇：《中国收继婚之史的研究》（董家遵著，岭南大学西南社会经济研究所印行，1950）；《婚姻家庭在历史上的演变》（马起著，《吉林大学社会科学学报》，1956）；《唐代婚姻礼俗考略》（赵守俨著，《文史》第 3 辑，1963）。1987 年至 1998 年婚姻史论文有 93 篇，专著 8 部。（参见郭松义《中国社会史研究五十年》，《中国史研究》1999 年第 4 期。）

③ 这一时期涉及婚姻问题研究的专著有《近代中国社会文化变迁录》（刘志琴主编，浙江人民出版社，1998）；《近代中国陋俗文化嬗变研究》（梁景和著，首都师范大学出版社，1998）；《20 世纪中国社会生活变迁史》（严昌洪著，人民出版社，2007）；《晚清上海社会的变迁——生活与伦理的近代化》（李长莉著，天津人民出版社，2002）；《晚清社会风尚研究》（孙燕京著，中国人民大学出版社，2002）；《女性的重塑——民国城市妇女婚姻问题研究》（余华林著，商务印书馆，2009）《婚姻·家庭·性别研究》（第 1～4 辑）（梁景和主编，社科科学文献出版社，2012～2014）；《社会生活探索》（1～5 辑）（梁景和主编，首都师范大学出版社，2009～2014。）另据作者的不完全统计，关于婚姻问题的论文不少于 200 篇。

的婚姻家庭变革主要集中在城市，它发端于19世纪末的维新改良运动，高涨于民主革命勃兴之时，至五四前后形成高潮。变革思潮主要表现在两方面：一是批判旧式婚姻制度，倡导婚恋自由与一夫一妻制；二是鼓吹废婚、毁家和家庭革命。婚姻变革虽然对移风易俗起了一定的积极作用，但也存在一些局限，其间出现的废婚、毁家等激进观念并不是婚姻变革的主流。近代婚姻虽未发生质变，但这些新现象的出现是人性觉醒的标志，它意味着男性和女性的双重解放。①

2. 婚姻法研究

清末民初的法律在立法精神上逐渐由家族主义转向个人主义，女性的婚姻权利表现出由客体向主体变化的趋势。但从总体上看，女性并非婚姻的主体，相关报道中也体现出了法律意识的不确定性。因此，这一时段婚姻法对于婚姻习俗变革的推动作用是极其有限的。②

3. 婚姻观念研究

婚姻观念的探讨主要集中在"婚姻自由"上。婚姻自由是一种严肃的婚恋观，它以情爱为中心进行转移，强调婚姻当事人的自由权。自戊戌维新时期开始，觉悟的中国人就对包办婚、多妻、守节等行为进行批判，努力营构婚姻自由，婚礼从简的婚姻理念。它以自主为原则，以情志为媒介，追求个人人生幸福的婚姻观可以看作19世纪进步婚姻观的最高水平。近代妇女运动兴起以后，婚姻自由观念在社会有相当的渗透，传统贞节观念有所松动，自由婚姻逐步兴起。由于中国社会发展的先天不足，婚姻自由的践行走向了极难与极易两个极端。因此，婚姻自由的实现途径不仅在于经济的独立，还

---

① 徐永志：《清末民初婚姻变化初探》《中州学刊》1988年第2期；徐建生：《近代中国婚姻家庭变革思潮论述》，《近代史研究》1991年第3期；陈振江：《清末民初婚姻家庭变革运动的趋向》，《南开学报》1997年第4期；严昌洪：《五四运动与社会风俗变迁》，《华中师范大学学报》1999年第3期；陈蕴茜、叶青：《论民国时期城市婚姻的变迁》，《近代史研究》1998年第6期；梁景和、廖嘉晨：《女性与男性的双重解放——论清末民初婚姻文化的变革》，《史学月刊》2012年第4期；梁景和：《近代中国陋俗文化嬗变研究》，首都师范大学出版社，2009；梁景和：《五四时期社会文化嬗变研究》，人民出版社，2010。

② 肖爱树：《20世纪中国婚姻制度研究》，知识产权出版社，2005；胡雪莲：《民国广州报纸婚姻案件报道中的法律词语——从法律变革的视角看》，《中山大学学报》2006年第3期；裴庚辛、郭旭红：《民国时期的婚嫁习俗与婚姻法》，《兰州大学学报》2008年第1期；徐静莉：《由客体到主体：民初女性婚姻权利的变化——以大理院婚约判解为例》，《妇女研究论丛》2011年第1期；王歌雅：《中国近代的婚姻立法与婚俗改革》，法律出版社，2011。

在于社会组织的全面改造。① 在爱情问题上，"爱情定则"的讨论是知识界第一次关于情爱问题的学理性交流，无论结果是什么，对中国人的观念变革都是革命性的。②

4. 婚姻行为研究

婚姻行为主要涉及婚恋自由权、离婚与再嫁、征婚等内容。婚姻自由权的获取在理论上被视为个体独立和解放的象征，其践行却步履维艰，产生了不少问题。旧女性往往遭到新式丈夫的鄙夷，离婚时成了殃及的池鱼；新女性因迷恋情感，陷入了同居的旋涡，有时落得鸡飞蛋打的命运；妾的存在，不仅影响了妻子的权利，她自身的婚姻权也无从落实。对于青年学生而言，民国时期的学生虽有自由恋爱的欲望，但主客观环境并不利于学生恋爱。以京津两地为例，婚恋自由所能普及的范围仅达到舆论与法规层面，现实中的践行则困难重重，为此引发了不少婚姻问题。一些女性对包办婚姻进行了消极反抗，其形式有自杀、杀人、通奸或潜逃等。无论选择哪种形式，法律或社会舆论对此都难以容忍。③ 在离婚问题上，像上海这样的国际都市离婚率较高，当事人表现出意识与生活的双重独立。但就普遍情况而言，法律虽确立了女性离婚的自主权，有利于女性解放的进步信息日益增多，但当时的社会远远没有做好让女性充分享有这份权利的准备。妇女不能自立是其不能摆脱不幸婚姻的根本，而非离婚便能实现自由、自立。④ 至于征婚问题，它的

① 陈东原：《中国妇女生活史》，商务印书馆，1937；陈文联：《论五四时期探求"婚姻自由"的社会思潮》，《江汉论坛》2003年第6期；关威：《五四时期关于婚姻自由的思想述评》，《晋阳学刊》2004年第3期。

② 吕芳上：《1920年代中国知识分子有关情爱问题的抉择与讨论》，《无声之声（Ⅰ）：近代中国的妇女与国家（1600~1950）》，"中研院"近代史研究所，2003，第73~102页；余华林：《女性的重塑：民国时期城市妇女婚姻问题研究》，商务印书馆，2009，第27~37页。

③ 余华林著《女性的重塑：民国时期城市妇女婚姻问题研究》，商务印书馆，2009；罗梅君：《北京的生育婚姻和丧葬》，中华书局，2007；梁惠锦：《婚姻自由权的争取及其问题》，吕芳上主编《无声之声（Ⅰ）：近代中国的妇女与国家（1600~1950）》，"中研院"近代史研究所，2003，第103~128页；王印焕：《试论民国时期学生自由恋爱的现实困境》，《史学月刊》2006年第11期；王印焕：《试论民国时期京津两市婚姻自由的实施进度》，《北京社会科学》2006年第6期；艾晶：《无奈的抗争：清末民初女性对不良婚姻家庭的反抗》，《中华女子学院学报》2008年第4期；雷家琼：《艰难的抗争：五四后十年间逃婚女性的生存困境》，《社会科学战线》2011年第11期。

④ 张伟：《近代上海离婚难状况比较》，《社会科学》2000年第12期；《离婚的权力与离婚的难局：民国女性离婚状况的探究》（《新疆社会科学》2006年第6期）；艾晶：《离婚的权力与离婚的难局：民国女性离婚状况的探究》，《新疆社会科学》2006年第6期；温文芳：《晚清孀妇再醮婚姻状况的研究与思考》，《江苏社会科学》2007年第5期。

出现表明婚姻自主权的提升，但在实际运作中它还可能促进旧式婚姻的完成。①

5. 性伦文化研究

在传统观念中，男权文化贞淫观规范着女人圣母与荡妇的角色。为此，在五四新文化运动中，知识界以对女性的关注为出发点，分析了传统贞操观是否符合道德，揭露了传统贞操观的内在矛盾，动摇了传统贞操观的基础，从而为社交公开、婚恋自由、平等贞操观等性伦新观念的确立奠定了理论基础。②

6. 婚姻陋俗研究

传统婚姻本是历史的产物，有其产生的历史合理性。但在自由、平等观念的审视下，传统婚姻表现出无自主性、买卖性、抑女性、承嗣性、繁缛性特征。在农村中，论财风习之所以兴盛是稳定婚姻的需要，是由小农经济的脆弱性带来的低风险抗击能力决定的。其消极作用在于增加了民众负担，影响了男女比例，使农村婚外情比较严重；其积极影响在于它使寡妇再嫁成为风气，招赘婚等形式突破了传统婚姻圈。③

7. 性别与婚姻研究

从倡导者看，"男性话语"下的婚姻变革在触及男权私利时便表现出两性的差异，其主张与实践相互矛盾。从践行者看，多数男性知识青年虽崇尚婚姻自由，渴望知识女性做自己的配偶，但却不得不行旧式的媒妁之婚。新旧理念的冲突形成了家有发妻、外有新人的独特风景线。④ 民国时期知识女性的独身也是较为突出的现象，它既是对传统夫权的消极反抗，也是结婚难

---

① 〔日〕高岛航：《1920年代的征婚广告》，《近代中国社会与民间文化——首届中国近代社会史国际学术研讨会论文集》，社会科学文献出版社，2005，第301～318页；张光华：《从近代报刊婚姻启事看近代社会变迁》，《史学月刊》2007年第3期。

② 常彬：《从"红白玫瑰"看张爱玲对男性霸权文化观念的颠覆》，《河北学刊》2003年第1期；尹旦萍：《新文化运动中关于贞操问题的讨论》，《妇女研究论丛》2003年第1期；梁景和：《五四时期社会文化嬗变研究》，人民出版社，2010；哈玉红、门忠民：《传统与现代："五四"时期贞操观的现代转型》，《甘肃社会科学》2012年第1期。

③ 梁景和：《论中国传统婚姻陋俗的特征》，《辽宁师范大学学报》（社科版）1994年第5期；高石钢：《民国时期农村婚姻论财规则初探》，《社会科学战线》1995年第5期；候春燕：《近代婚姻论财现象的社会文化环境》，《晋阳学刊》2003年第4期；张在兴、李健美：《民国华北农村婚姻行为中的陋俗问题》，《重庆社会科学》2007年第11期。

④ 程郁：《近代男性知识分子女权思想的产生及其矛盾》，《中华女子学院学报》2004年第2期；王印焕：《近代学生群体中文化教育与传统婚姻的冲突》，《史学月刊》2004年第4期；杜清娥：《民国时期山西知识青年的婚姻问题》，《山西档案》2010年第6期。

的现实反映。独身现象的出现是女性经济自立的结果，是女性解放的标志和女性自主意识的流露。即使如此，无论新旧知识界对独身都难以接受。[①]

从上述研究看，婚姻史研究可谓成果丰硕，成绩斐然，其表现主要有四点。

第一，研究内容较为全面。在既有的研究成果中，既涉及婚姻陋俗、婚姻观念、婚姻行为、婚姻法，又包括性伦理、性别等内容。凡是与近代婚姻变革相关的内容，几乎都有成果分布，这是婚姻史研究逐步深入的体现。

第二，研究学科、方法的多样化。在现有成果中，婚姻被从多学科角度加以审视和研究，其中既涉及历史学、伦理学、法学，又涉及社会学、心理学等。多学科研究的交叉，使研究对象更加通透，具有立体感，有利于研究的深入。在方法上，不仅有定性的概括，还有定量的分析，使结论更详实可靠、贴近历史的真实。

第三，宏观研究和微观研究的结合。在成果中不仅有婚姻文化发展趋向的宏观把握，也有婚姻具体问题的精密分析，既能把握婚姻史发展的一般趋势，又能较为详细了解婚姻观念的践行力度。

第四，区域婚姻文化研究得到加强。成果中不仅有全国性研究，还有华北、京津、山西等区域性研究。这些成果不仅弥补了婚姻史研究的不足，还提供了地方婚姻史研究的史料。

现有成果中研究视角的多样性以及成果的创新点，值得笔者深入学习和借鉴，在稍后的写作中将力所能及的加以吸收和运用。但现有成果之中也存在着不足之处，主要集中在以下四点。

第一，缺乏一定的客观性，这主要体现在对传统婚姻的描述上。不少研究者多沿袭了"五四"话语，对传统婚姻缺乏公正的认识。一些论者为论证婚姻新理念的合理性，几乎全盘否定了传统婚姻的历史进步性，割断了婚姻史发展的连续性。

第二，缺乏系统性。目前翔实描绘近代婚姻变迁历程的成果寥寥无几，即使偶有涉及也只是将其置入中国婚姻发展史的大序列中草草带过，读者难

[①] 刘正刚、乔素玲：《近代中国女性的独身现象》，《史学月刊》2001 年第 3 期；游鉴明：《千山我独行？二十世纪前半期中国有关女性独身的言论》，《近代中国妇女史研究》2001 年第 9 期；张国义：《五四时期知识女性独身论试探》，《妇女研究论丛》2008 年第 2 期；罗检秋：《论五四时期的"独身主义"》，《第二届中国近现代社会文化史国际学术研讨会论文集》，社会科学文献出版社，2013，第 25~39 页。

以详尽的把握近代婚姻变迁的历程，也难以窥探婚姻变迁的复杂性、艰巨性和历史发展的内在联系，从而无法清晰地掌握婚姻变迁的整体脉络和深入剖析中国人精神渐次进化的历程。

第三，缺乏深入性。现有成果多停留于对婚姻新理念静态的、抽象的描绘，缺乏对新理念确立过程的动态展现，其中所涉及的典型事件有不少尚未涉及或不深入，也就难以鲜活地了解时人的思想动态。另外，受新理念影响的知识群体数量较大，但他们却不是一个浑然的整体，不同的人对新理念的理解、感知和践行都存在差异，而现有成果中对知识群体的分层研究尚有欠缺。

第四，重复研究过多，精品较少。现有成果数量虽多，但不少属于重复劳动。在区域婚姻文化的研究上，出现了结论趋同的现象；在以女性视角的研究中，多缺乏女性个人体验的材料支撑，研究视角的转换往往只是题目多了个限定词而已，并不能扎实的体现女性特征的结论。因此，现有成果涉及面虽广，但深入、扎实的成果只是少数。

三 资料介绍

19世纪的英国历史学家阿克顿认为，史学就是"收集历史资料的艺术"①，而傅斯年则更直截了当的说："史学即史料学"②。无论其认识准确与否，但两位史家都集中强调了史料对于历史研究的重要作用。为此，荣孟源说："任何历史的研究，掌握第一手资料是最基本的前提。"③ 史料是史学的基础，史学研究的成败在很大程度上取决于史料的收集与拓展。目前笔者搜集到的资料可以分为四种。

（一）传统典籍

传统典籍主要包括：《周礼》《礼记》《白虎通》《大戴礼记》《孝经》《潜书》《大清律例》《钦定大清会典事例》《大清律例汇辑便览》等。

儒家文献与法律典籍是传统思想资源的载体。儒家文本从教化的本意出发，对两性伦理和婚姻文化做出了相关解释；法律则以制度的形式做了刚性

① 汤普森：《历史著作史》（下），第3分册，商务印书馆，1996，第457页。
② 傅斯年：《傅斯年选集》，天津人民出版社，1996，第174页。
③ 荣孟源：《史料和历史科学》，人民出版社，1987，第9页。

的规定，是对儒家仪礼的维护。因此，从相关文本的解释和规定可以清晰地观察到处于意识形态中的两性伦理和婚姻文化。传统社会的士绅阶层是儒家仪礼的重要承载者，透过典籍可以较大程度的还原这一群体在性伦文化与婚姻文化方面的实态。

由于社会的分层，反映儒家理想的规范并不能彻底的贯彻到社会的每个角落，它更多地反映了社会中上层的观念，并不是社会实态的全部映像。[①] 在这种情况下，法律判例为婚姻文化的社会性提供了重要的参考资料。因此，婚姻文化的研究要注意典籍与判例的结合，这样可能更能接近于社会婚姻观念与行为的全貌。

（二）方志、文集、日记、资料集

这部分资料目前有《中国地方志集成》《北平风俗类徵》《中华全国风俗志》《郑观应集》《秋瑾集》《冯友兰文集》《茅盾全集》《退想斋日记》《严复集》《黄遵宪集》《独秀文存》《胡适遗稿及秘藏书信》《五四时期妇女问题文选》《中国妇女运动历史资料》《张竞生文集》《北京郊区乡村家庭生活调查札记》《定县社会概况调查》《现代中国社会问题》《邹平试验县户口调查报告》《望山庐日记》《天津女星社》等50余种。

文集、日记、资料集等是历史亲历者对当时社会生活的记录与感触。婚姻作为日常生活的内容之一，一般不涉及隐秘的事项，故他们的记录具有相当的真实性，具有较高的利用价值。这部分史料既有个人对婚姻的体验，还有知识者对婚姻变革的宏观把握，更有社会学者对当时婚姻状况的实际调查，综合运用各方的资料有助于从宏观和微观两个角度深入推进研究的深度。

（三）传记、年谱、回忆录、小说

该部分资料包含《南海先生传》《蔡元培传》《胡适传》《苏学林自传》《我的一个世纪》《蔡元培年谱》《周有光年谱》《盛成回忆录》《辛亥革命回忆录》《五四运动回忆录》《走向世界丛书》《孽海花》《镜花缘》《老舍小说全集》等40余种。

---

① 瞿同祖：《中国法律与中国社会》，中华书局，1981，第90~92页；罗梅君著《北京的生育婚姻和丧葬》，中华书局，2007。

人物传记、年谱等资料基本为后人所作，对于当事人的叙述难免有主观之处；回忆录也多是作者事后若干年后的回忆，随着时间的流逝许多事情可能会逐渐模糊。另外，不少回忆录可能由他人捉刀代笔，其取舍和表述会使其可靠性打折扣。但总体而言，它们对于宏观事件脉络的把握还是可信的，这些材料的使用会丰富婚姻或婚姻生活中个人体验的内容。文学作品或多或少体现着人们的道德观念和理想追求，其身上会打上时代的烙印，而且文学的典型化手法对素材的提炼加工与取舍，有时候更能体现一个时代的特点及其观念的变化，更能寻觅一种思想伦理的演变轨迹。因此，小说作品的使用在宏观上能充实广阔的社会文化背景，在微观上能更形象地刻画时代人物的性格、观念等。

（四）报刊

报刊资料主要有《现代评论》《社会学界》《大中》《东方杂志》《女学报》《解放与改造》《妇女杂志》《小说月报》《申报》《家庭》《大众生活》《时报》《女子月刊》《家庭杂志》《妇女共鸣》《华年周刊》《新女性》《女青年》《妇女月报》《北京晨报》《天义报》《新青年》《每周评论》《民国日报》《觉悟》等60余种。

报纸杂志是紧密反映社会动态的窗口，透过这个窗口能及时反映婚姻现象与婚姻变革的潮流。杂志以反映时人的思想动态为主，报纸则更多地倾向于婚姻事件过程的报道。杂志与报纸可以相互印证、补充，共同见证婚姻文化的变迁：一方面，诸多婚姻新气象的出现反映了时人婚姻观念的变化；另一方面，观念的变化又需要新式婚姻事件来验证。另外，我们在利用这些报纸、杂志的时候要注意其运营发行的状况。一般情况下，商业性运营的报刊对于社会生活的介入要广泛，能更充分体现社会生活的变化，其利用的价值也会提升。反之，创办时间短，发行量小的报刊可能仅仅停留于思想层面，影响范围也较小。

四　研究时段、对象及概念的界定

（一）研究时段的界定

（1）研究时段的上限起自1860年。第二次鸦片战争之后，"我们的民族才开始逐步结束自我陶醉的盲目状态，开始面对自己——面对自己的落后面和黑暗面，而认真地反省并形成认识自己的自觉历史运动。"① 为此，起始于1860 年的洋务运动标志着近代中国人开始了自我反思，并主动走向了世界。中国传统文化，包括婚姻文化被放置于中西比较的视野中加以审视，并逐渐以西方的价值体系为参照进行自我修正。以王韬为代表的先进中国人在与西方世界的接触中开阔了眼界，并试图改良传统的婚姻文化。② 与此同时，西方的生产、生活方式在开埠城市的影响逐步扩大，传统的两性伦理和婚姻家庭都出现了松动。近代中国人的婚姻观念就是从这一时期逐步发生变化的，因此笔者将研究的上限定于 1860 年。

（2）研究时段下限止于 1930 年，其依据有三点。

第一，按照婚姻发展的内在逻辑，以近代第一次婚姻变革高潮的终结为结点。近代第一次婚姻变革高潮发端于五四新文化运动前后，到 1920 年代末逐渐沉寂下来。这一时期的婚姻变革的主体主要是知识群体，到 1930 年代逐渐向其他群体转移，并形成第二次变革高潮。③ 研究时段以 1930 年为下限符合公元纪年法。

第二，在政治革命、经济变动、文化革新以及妇女运动的推动下，《中华民国民法·亲属编》于 1930 年 12 月 26 日颁布。④ 其婚姻构建体现了中西合璧的特点："外应潮流，内合国情，对于法律之适应性及安定性，双方顾到，确不愧为世界进步之立法"⑤。在当时的社会条件下，相关的婚姻条款虽不可能完全贯彻到社会生活中去，但对于促进传统婚姻制度向近代婚姻制度转型有着重要的引导作用。从法制建设的角度看，婚姻变革与以前相比呈现较多现代性，1930 年是变化的节点，故以该年为下限。

第三，思想界的东西方文化论战到 20 年代末逐渐沉寂，西化思潮从1930 年代初转向现代化，⑥ 而五四时期的婚姻变革高潮恰恰是西化思潮下推动的。故从这个意义上讲，以 1930 年为下限符合五四婚姻变革的内在逻辑。

（二）研究对象的说明

本文的研究着重描述婚姻文化的嬗变历程。所谓嬗变是一个渐进的、逐

① 刘再复、林岗：《传统与中国人》，三联书店，1988，第 7 页。
② 参见王韬《原人》，《弢园文录外编》，上海书店出版社，2002，第 3～5 页。
③ 余华林：《女性的重塑：民国城市妇女婚姻问题研究》，商务印书馆，2009，第 252 页。
④ 《中华民国民法·亲属编》于 1931 年 5 月 5 日正式执行。
⑤ 彭年鹤：《离婚制度之比较研究》，载《中华法学杂志》1935 年第 6 卷第 8 号。
⑥ 罗荣渠：《现代化新论》，商务印书馆，2004，第 377 页。

次深入的过程，故从整体上看婚姻文化呈现常态和动态的杂糅。常态，是指传统婚姻文化大量存在于社会生活中，并仍影响着多数人的婚姻行为；动态，是指作为新生事物的爱情婚姻观已渐次萌发，并在事实上深刻影响了一部分知识青年。婚姻文化的嬗变，就是指婚姻文化从常态向动态的转变。以动态面貌呈现的爱情婚姻观及与之相关的性伦新观念是笔者研究的主要内容，而常态的传统婚姻文化以其背景形式存在。

爱情婚姻观作为新生事物，其出现需要有外在条件的支撑，故其首先发端于条件最充分的区域和群体身上。爱情婚姻观的产生不仅是中西思想文化交流的产物，还是近代中国经济变迁的结果。因此，新式婚姻文化在其发展之初主要践行于首先觉悟的知识群体身上，而他们又主要集中在城市。作为新生事物，其发展之初无论是地域还是践行的群体都存在一定的局限，但它毕竟代表了婚姻文化发展的新方向。从这个意义上讲，城市知识阶层婚姻文化的嬗变基本可以代表全国范围内婚姻文化变迁的潮流。因此，本文的研究重点集中于城市知识群体，并在史料允许的前提下适当兼顾农村地区的变化。

（三）主要概念的界定

1. 维度

"维"在传统文化语境中指"系物的大绳"，比喻一切事物赖以固定的东西。另外，它还有"连接""考虑""隅"之意。在自然科学领域中，它是数学名词，是表达几何学及空间理论的基本概念。直线是一维，平面是二维，普通空间是三维，在相对论中所讨论的时空是四维。[①] 从一维到四维乃至 N 维空间的认识既是研究者视角转换带来的观察效果，同时又是研究者对空间领域认识不断深化的结果。这个深化的过程，标志着物体运动空间的拓展和自由度的不断提高。

本文对"维度"的理解从空间理论中引申而来，它既有视角转换之意，又包含着研究者对客体的认识深度。从纵向看，知识界对婚姻自由的认识经历了从包办到自主，从自主到自由的历程。在这个深化的过程中，人的个性主义逐步显现，自由度逐渐提高。从横向看，婚姻自由理念的传播及践行在不同的群体中产生了不同的理解与体验。综上所述，维度在笔者的研究中不

---

① 《辞海》（语词缩印本），上海辞书出版社，1988，第1065页。

仅指时人对于自由婚姻的各种理解和感触，还指婚姻自由背后所隐藏的本质意义的探索，这是本文研究的主旨所在。

2. 婚姻文化

婚姻文化是一个复合概念，它是"婚姻"和"文化"两个概念的组合。要搞清楚婚姻文化，必须弄清婚姻和文化的各自涵义，并捋顺它们之间的关系。

传统中国人对婚姻很早就有认识。"昏礼者，将合二姓之好，上以事宗庙，而下以继后世也。"① "夫昏礼，万世之始也。取于异姓，所以附远厚别也。"② 对此，陈顾远曾有解释："中国自周以来，宗法社会既已成立，聘娶形式视为当然，于是婚姻之目的，遂以广家族繁子孙为主，而经济关系之求内助，反居其次。至于两性恋爱之需要，虽在事实上不无发现，然往时学者既以婚礼有无，衡度两性之结合正确与否，则在所谓别男女之目的下，非仅轻视，抑或否认也。此外，由齐家而治国而平天下，与夫伦常之原造端乎夫妇，恒为先哲所重，故又视婚姻为社会组织之基础，所谓定人道之一目的是也。"③ 古代先贤对于婚姻重视其功能和形式，却未能揭示婚姻的本质。芬兰著名人类学家韦斯特马克在其名著《人类婚姻简史》中曾给婚姻以定义：婚姻是"得到习俗或法律承认的一男或数男与一女或数女相结合的关系，并包括他们在婚配期间相互所具有的以及他们对所生子女所具有的一定的权利和义务。"④ 韦氏把婚姻作为一项制度来认定，强调了婚姻的社会性、男女的婚姻地位等问题，是对婚姻概念较好的概括。不过，任寅虎认为，此概念最大的缺陷在于只能表达一夫一妻制的内涵，而不能涵盖原始社会的婚态，故对于婚姻他有自己的理解。他认为，"婚姻是得到法律或习俗认可的男女两性结合的社会形式"。⑤ 但笔者以为，韦斯特马克对于婚姻概念的表达可能过多的表达了家庭的内容。⑥ 邓伟志认为，"从本质上讲，婚姻是男女之间在特定条件下的社会结合。"⑦ 这个界定重点表达了婚姻的社会性。梁景和从历史学

---

① （清）孙希旦撰《礼记集解》，中华书局，1989，第1416页。
② （清）孙希旦撰《礼记集解》，中华书局，1989，第707页。
③ 陈顾远：《中国婚姻史》，商务印书馆，1936，第6～7页。
④ 〔芬〕韦斯特马克：《人类婚姻简史》，商务印书馆，1992，第1页。
⑤ 任寅虎：《中国古代的婚姻》，商务印书馆，1996，《序》第3页。
⑥ 邓伟志认为，家庭是以婚姻、血缘关系为主要纽带的人类社会生活基本单位。（《家庭社会学》，中国社会科学出版社，第20页。）家庭当中包含夫妇、子女与父母以及子女之间的关系，因此家庭与婚姻有重合之处，其中的夫妇关系属于婚姻范畴，其余的属于家庭范畴。
⑦ 邓伟志、徐榕著《家庭社会学》，中国社会科学出版社，2001，第33页。

的角度对婚姻做出了自己的界定，他认为："婚姻是人类两性之间通过被社会认同的方式而结成的一种配偶关系。"① 这个解释指出了婚姻的社会性，又强调了婚姻是两性之间的私事的属性。婚姻是历史发展的产物，不同历史时段的学者对它的理解会呈现明显的时代性，再加之学科领域的差异，学者们的解释自然有差异。从婚姻发展的历程看，梁景和对于婚姻概念的解释更符合当前时代的特征，笔者甚为赞同。

上述概念的界定从文化人类学、社会学、历史学等领域出发，其认识虽各有侧重，但也呈现某些共通之处。综合上述概念并根据我们对于婚姻的习惯认定，常态婚姻至少要涉及三个方面：首先，婚姻是男女两性的结合；其次，它体现着配偶间权利与义务的内容；再次，婚姻是伦理、习俗和法律的产物，其本质具有社会性。

明确了婚姻的内涵后，我们再简要梳理"文化"的概念。"文化"是大家非常熟悉的，同时也是一个含糊不清的概念。从词源上讲，东西方对于"文化"的认识差异甚大，在这里笔者并不打算探讨这个问题。历史上第一个对文化进行界定的是英国人类学家泰勒。他认为，"文化或文明，就其广泛的民族意义来说，乃是包括知识、艺术、道德（法律）、习俗和任何人作为一名社会成员而获得的能力和习惯在内的复杂整体"② 。这一概念后来被广泛应用到学术领域。20世纪以后，"文化"这一概念由学术领域进入生活领域，扩展至整个人类的社会生活。各学科的学者都在自己的研究范围内界定"文化"概念，使得"文化"概念呈现多义化。早在1952年，美国人类学家克鲁伯和克拉克在其所著的《文化，关于概念定义的探讨》中统计，文化的定义已达161种。60多年过去了，文化概念的定义到底有多少种，目前为止还没有人能说清楚。曾有人戏言，"有多少人研究文化几乎就有多少个定义"③ 。根据逻辑学原理，概念应是所描述事物内涵的界定。但从笔者接触到的概念来看，绝大多数概念只是文化外延的概括，而不是内涵的界定。因此，这些概念的描述非常抽象、空洞或松散，让人似懂非懂，最终还是难以搞清文化到底是什么。文化的多义状态，使得研究者要么自己下定义，要么选择与自己研究领域最接近的概念。笔者囿于能力所限，只能选择后者。从目前的了解看，余秋雨的文化概念可能更易于把握，且与自己研究最匹配。他认为，"文

---

① 梁景和：《近代中国陋俗文化嬗变研究》，首都师范大学出版社，2009，第29页。
② 〔英〕爱德华·泰勒：《原始文化》，广西师范大学出版社，2005，第1页。
③ 李新柳：《东西文化比较导论》，高等教育出版社，2005，第25页。

化，是一种包含精神价值和生活方式的生态共同体。它通过积累和引导，创建集体人格。"① 此概念包含两个层面：一是表现精神的价值层面，二是表现方式的实践层面。二者一里一表，共同构成了文化的核心。

上述概念合二为一，共同构成了婚姻文化的概念，它是社会文化史领域的重要概念，近年来已引起学者们的关注并进行了初步探讨。梁景和认为，婚姻文化是包括婚姻观念、婚姻行为、婚姻礼仪等在内的婚姻范畴和模式。② 李慧波认为，"婚姻文化是人们在社会实践中形成的具有普遍性和自发性的婚姻价值取向和行为规范。它包括婚姻观念、婚姻行为、婚姻心理、婚姻习俗、婚姻模式和婚姻伦理等多个范畴。"③ 这是目前所见到的明确界定婚姻文化的两种表达。④ 从这两种解释看，前者认为婚姻文化就是一种婚姻模式，但到底是何种模式，作者并没有阐述清楚。后者从表述形式看更符合定义规范，并认为婚姻文化是一种婚姻价值取向和行为规范。笔者基本认同这一界定，但同时认为它还有进一步解释的空间。

如前所述，婚姻体现的是男女两性的社会性结合，而文化的概念又体现着精神的价值和生活方式。那么，婚姻文化就是体现婚姻价值观和婚姻方式的两性结合模式。婚姻方式主要体现在婚姻的组织过程，即择偶、成婚的程序、礼仪以及夫妻以何种方式组织生活。婚姻价值观主要体现在主婚权操诸谁手；婚姻对象的选择依据什么审美标准；婚姻目的为家族还是个人；夫妻的权利与义务如何统一等方面。婚姻方式是婚姻文化的外在表现，体现着婚姻价值观念；婚姻价值观是婚姻文化的内在核心，它决定了婚姻以什么方式组织，它体现着一个民族的伦理、法律等多方面的精神。婚姻价值观与婚姻方式是一个有机的整体，共同构成了婚姻文化这一完整概念。

五　研究理论与方法

本文坚持以社会文化史的方法为根本指导。社会文化史注重历史的动态

---

① 余秋雨：《何谓文化》，长江文艺出版社，2012，第 6~7 页。
② 梁景和：《近代中国陋俗文化嬗变研究》，首都师范大学出版社，2009，第 19 页。
③ 李慧波：《北京市婚姻文化嬗变研究（1949~1966）》，社科文献出版社，2014，第 8 页。
④ 鲍宗豪曾在《婚俗文化：中国婚俗的轨迹》（上海人民出版社，1990，第 26 页）中用"婚俗"这一概念做过类似的表达：婚俗是包括婚姻行为（包括婚姻而来的性行为）、婚姻礼仪、婚姻俚语，婚姻观念等因素，以及通过不同阶级、阶层的人们体现这些婚俗要事的条件、方式、途径。

性呈现，讲究上层与下层的互动、观念与生活的互动，① 并注意"常态与动态的结合""一元与多元的结合""真实与构建的结合"②，这是笔者在写作中始终贯彻的原则与方法。

（一）历史学的基本方法

1. 做好资料的搜集与整理

史料是史学的基础，是史家认识和重建过去的媒介。"没有资料就没有历史；资料的贫乏就意味着历史的贫乏。"③ 因此，历史研究必须从史料出发，史料的占有量和质量，决定了一项研究的价值。列宁曾把以史料为基础的史学研究方法称之为唯物主义的方法，这是史学研究的根本。④

2. 历史分析法

所谓历史分析，就是把某一历史事实（事件、制度、过程、观念、趋势）分解成若干部分，把它们分别置于时间之流中逐一加以考察，以求得深入而准确的认识。⑤ 这是史学最基本最常用的方法。列宁说："为了解决社会科学问题，为了真正获得正确处理这个问题的本领而不致纠缠在许多细节和各种争执意见上面，为了用科学眼光观察这个问题，最可靠、最必需、最重要的就是不要忘记基本的历史联系，要看某种现象在历史上怎样发生，在发展中经过了那些主要阶段，并根据它的这种发展去观察它现在是怎样的。"⑥ 从分析走向综合，而综合又引出新的分析，如此交替和递进，可望获得对问题的透彻解答。

3. 比较分析法

比较是治史的基本方法，从史实的考订、历史的构建、历史现象的认

---

① 此论最早见于刘志琴的《青史有待垦天荒——试论社会文化史研究的崛起》，《史学理论研究》1999 年第 1 期。后经梁景和、李长莉、余华林等诸位社会文化史研究学者的提炼、升华而成为上述原则。

② 梁景和等：《现代中国社会文化嬗变研究（1919~1949）》，社会科学文献出版社，2013，第 19~24 页。

③ 钮金特：《创造性的史学》，第 80 页。转引自李剑鸣《历史学家的修养和技艺》，上海三联书店，2007，第 248 页。

④ 《什么是"人民之友"以及他们如何攻击社会民主主义者？》，《列宁选集》第 1 卷，人民出版社，1975，第 17~18 页。

⑤ 李剑鸣：《历史学家的修养和技艺》，上海三联书店，2007，第 319 页；赵吉惠：《历史学方法论》，四川人民出版社，1987，第 89 页。

⑥ 《论国家》，《列宁选集》第 4 卷，人民出版社，1975，第 44 页。

识，都要用到比较法。要善于运用纵向和横向的比较，做到传统与近代的对比，中国与西方的对比。只有比较，才能体现变化，从而更清晰地把握新事物的特征。

（二）社会学方法的运用

1. 注重定性与定量的结合

计量方法是借助统计学和数学的原理与方法，用计算机对相关数据进行编制和计算，以展示分析项目的数量关系、统计分布、变动曲线，进而得出结论。计量方法的采用，有助于弥补史学语言的模糊性和不确定性。定量分析是史学研究的手段，定性分析是史学研究的目的，二者相结合才能更好地揭示事件的真相。

2. 强调心理学原理的运用

心理学被引入到史学中来用作辅助研究方法，常用到两个不同领域：一是对人物的心理和性格特征进行剖析；二是对特定历史时期的特定群体的心态变化进行分析。在研究中对于知识群体或其个体的心理分析，能动态的呈现群体或个体的观念变化状态，对历史构建的真实性有较大推动。

3. 加强社会学理论的应用

婚姻作为社会现象之一，其婚姻行为可以用社会学相关原理来阐释。宏观的如现代化理论，可以解释工业化和城市化社会变迁对婚姻文化的推动；社会分层理论提供给我们划分群体的视野，以此来研究不同群体婚姻观念的状态。微观的如择偶的梯度理路、资源交换理论、需求互补理论、价值内化理论等可以较好地解释择偶动机或社会化对个体的影响。

4. 重视伦理学方法的运用

伦理学是以道德为研究对象的学科，而婚姻问题虽然涉及道德与法律两方面，但中国婚姻更倾向于道德，因此婚姻伦理的问题就显得尤为重要。婚姻问题是两性伦理的范畴，伦理学研究方法可为我们提供借鉴。例如伦理学中"外部研究与内部研究"[①] 相结合的方法，主张道德行为不仅要从外部变动去解释，更要深入道德行为发生的深层结构，围绕着认知、态度、人格、情感体验等去认识，从此角度解释出来的婚姻道德可能更立体、丰满，能较为充分地反映道德变化的动态性动机。

---

① 魏磊、李建华：《伦理学研究方法新探》，《学习与探索》1986 年第 4 期。

5. 文化人类学理论的运用

文化人类学较早开展了对婚姻的研究，其研究成果有助于更好地解释婚姻各环节所象征的文化意义。另外，文化人类学各流派如传播学派、功能学派等对文化的阐释也能对近代文化变迁做出较合理的解释。

六 研究思路、框架与创新点

1. 研究思路

近代婚姻文化嬗变的研究紧密地围绕着两条线索展开，一条是纵向的，另一条是横向的。就纵向线索而言，主要指近代婚姻观念从传统向近代的逐步转化过程。近代婚姻观念从清末的婚姻自主逐步发展到婚姻自由，其认识经历了从包办到自主，从自主到自由的过程。婚姻自主，主要指结婚问题；婚姻自由，则是指恋爱自由、结婚自由、离婚自由、再嫁自由等在内的一系列问题。从自主到自由，意味着个体权利的逐步扩大和男女的日趋平等。从横向来看，主要指每个时段中婚姻自主或自由的扩张度，影响力及每个群体的感受。婚姻自主或自由的践行不仅受个体觉悟的影响，还受诸多外在条件的制约。性别的差异，经济独立与否，教育水平的高低都将影响到婚姻自由的践行度。纵向和横向两条线索的交织共同构成了本文的主体框架。

2. 研究框架

上卷，仅包括第一章。该章主要透视清代传统婚姻制度的常态与生活的动态，梳理封建社会后期中国社会内部孕育的婚姻变革因子，希望以此来说明，中国近代婚姻变革不仅仅是"冲击－反应"模式下的被动反应，还是中国传统社会文化发展的内在机理使然。

中卷，包括第二章和第三章两部分，主要论述近代两性伦理的松动和新式婚姻观念的初步扩张。具体来说，第二章主要论述"中体西用"背景下婚姻伦理观念的缓慢变动。在对欧美的近距离观察中、在开埠通商的接触中，西方的生活方式、礼俗影响了中国人的生活，伦理观念发生变动；基督教的传播在客观上也促进了传统婚姻的变革。早期维新知识分子吸纳了西方的自由、民权思想，开始了对传统婚姻的批判与未来婚姻的设想，个人主义意识逐渐萌芽。第三章主要论述清末民初知识分子对传统婚姻陋俗的系统批判及婚姻新理念的初步建立。该时段盛行文明结婚，它以男女自主结合在先，家长承认在后的模式出现，以中西合璧的婚礼宣布婚姻的有效性和文明特性。

文明结婚是西方个人主义与东方家族主义的结合。主婚权已经从家长向子女转移，意味着家族主义已经松动，并在其中孕育着个人主义的元素。

下卷包括第四、五、六、七四章，主要阐述两性平等人格的建立以及恋爱、结婚、离婚等问题。第四章论述男女社交公开与两性平等贞操观的建立，这是婚姻自由观建立的基础。第五章阐述了恋爱观念的确立以及恋爱婚姻的意义，通过知识界关于恋爱问题的几次论战，如"自由恋爱与恋爱自由""非恋爱与非非恋爱""三代之恋"等内容的探讨，深化时人对恋爱的认识，帮助人们树立了正确的恋爱观。第六章涉及的是结婚问题，主要描述知识青年如何摆脱传统婚姻，实现自主结婚，以及知识界如何勾勒未来婚姻前景等问题。第七章阐述了离婚问题，主要涉及离婚观念的确立以及离婚的诉求、困境与离婚妇女的救济问题。

3. 研究创新点

鉴于现有成果的研究现状，笔者尝试从四个方面进行突破。

第一，论证中国近代婚姻文化的变革，既是西力冲击所致，又是两性伦理内在发展理路的需求，并不是简单"冲击－回应"模式的注解；

第二，梳理中国近代婚姻观从萌芽到婚姻自由观念逐步确立的过程，构建中国近代婚姻变迁的总体框架，并尝试总结各个时段婚姻变迁的基本特征；

第三，动态呈现婚姻变迁过程中婚姻自由观的确立及实践历程、两性在婚姻变革中心态的渐进以揭示文化转型的艰难历程；

第四，以婚姻变迁为切入点，揭示人的自我意识的觉醒过程，进而透视人的精神解放历程，并尝试总结人类精神进化的基本规律。

上卷　传统与萌动

本卷写作的主要目的是要对清代传统婚姻的实况做一扼要介绍。清代是中国历史上最后一个专制时代，同时又是一个非常正统的儒家政治社会，儒家意识形态的贯彻超过了以往的时代，婚姻礼法制度愈发完备，其包办特性和贞节观日益加强，成为传统社会婚姻的一个缩影。在道德与法制强化的同时，清代的思想界依然有男女平等的呐喊，婚姻生活中仍然孕育着自由、爱情的种子。相较于礼法的常态而言，这些欲求影响微弱，但它的存在至少说明这样一个事实：无论礼法怎样森严，它也无法完全遏制人性的欲望以及对幸福婚姻生活的渴望。

第一章 清代传统婚姻的历史审视

清代是中国历史上最后一个专制王朝，同时又是一个非常正统的儒家政治社会。清代"中国成为一个严格地遵守正统的儒教国家。在早先的中国历史上，我们还未发现中国儒家的标准、价值比在清代渗透得更深，接受得更广的朝代"①。正因为如此，程朱理学在清代婚制中贯彻得更为彻底，并使清代婚姻成为传统社会婚姻的缩影。但婚姻的指导原则与婚姻实践总会存在一定的差距，② 在礼教思想严格贯彻的同时，民间社会的两性伦理与婚姻实态却不同程度的与之背离，并在知识界中产生了不合于礼法的"异端"思想。作为制度层面的婚制与婚姻生活的实际共同构成了清代婚姻生活的图景。

第一节 清代婚姻制度概论

所谓婚姻制度，它是社会用以调节人们婚姻关系发生和终止，以及基于婚姻而产生的权利与义务关系等法律、规范、行为准则的综合。③ 从概念的界定看，婚姻制度主要包括结婚、离婚的准则与规范以及婚姻成立后的两性伦理等相关内容。基于对婚制概念的理解，笔者简要分析清代结婚、离婚所奉行的主要原则和方式以及贞节观念等问题。

一 以包办为主要特征的婚制

在主婚权上，清代承袭明制，坚决维护父母对于子女婚姻的决定权。

---

① 何炳棣：《清代在中国历史上的重要性》，《清史译文》1980 年第 1 期，中国人民大学清史研究资料室编印。
② 罗梅君：《北京的生育婚姻和丧葬》，中华书局，2007。
③ 张晓蓓：《清代婚姻制度研究》，中国政法大学 2003 年博士论文，绪论第 1 页。

《大清律例·户律》中明确规定："嫁娶皆由祖父母、父母主婚，祖父母、父母俱无者，从余亲主婚。"[1] 从其规定看，子女的主婚权皆决定于家长之手。其亲疏顺序是先取决于祖父母、父母，如无此亲属则由叔、伯、姑、兄等做主。倘若亲属尚在而子女自行决定婚事，要处以受杖八十的刑罚。[2] 在家族势力强大的地方，子女婚姻的决策不仅仅取决于父母，还会受到宗族势力的干预。例如，江苏宜兴篠里任氏家族要求，家长为子女议婚将成时，必须报告祠堂的宗长，只有取得他们的允准，婚事才能最终决定下来。[3] 乾隆时著名诗人蒋士铨在《唱南词》中写道："君不见杭州士女垂垂手，听词心动鸾凤偶。父母之命礼经传，私订终身小说有。"[4] 作为传统知识界的一员，他认为男女私定婚约之举只存在小说里，现实生活中必须遵守父母之命、媒妁之言以符合礼教传统。在家国同构体制下，无论国家意志还是宗族礼法，都在维护家长的主婚权。如此这般，作为婚姻当事人的青年们就没有权力选择自己的配偶，无论自己是否愿意都必须服从家长的安排。

那么，父母给子女选择配偶所依据的原则有哪些呢？年龄、才能、品德、相貌是清人择婚中经常注意的要素，但其实主要条件只有两点：一是门第，二是贫富，[5] 这对家庭最有意义。与富裕之家联姻，家长可以得到实惠；而与门第相当者或高门第攀亲，则会维持或提高本家族的地位。

清代社会制度等级森严，社会上良民与贱民的法律地位、政治待遇都大相径庭，故在婚姻上奉行"良贱不得通婚""尊卑不通婚"的原则，否则要予以严惩。[6] 此论虽不始于清代，但依然被沿袭下来。在一些家族的族谱中特别规定："婚姻乃人道之本，必须良贱有辨，慎选礼仪，不惩滥良，醇厚有家法者。"[7]

由于等级的存在以及财富的多寡和社会地位的差异，使婚姻的选择产生了诸多限制，婚姻论门第就是清人所重视的重要原则。清初廉吏于成龙在其"治家规范"中谈到婚娶原则时认为，"结亲惟取门当户对，不可攀高，亦

① 田涛、郑秦点校《大清律例》，法律出版社，1999，第204页。
② 同上。
③ 《宜兴篠里任氏家谱》卷25《婚娶议》，1948年稿本。
④ （清）张应昌编《清诗铎》，中华书局，1960，第831页。
⑤ 冯尔康、常建华：《清人社会生活》，天津人民出版社，1990，第221页。
⑥ 田涛、郑秦点校《大清律例》，法律出版社，1999，第212、208页。
⑦ 《华阳邵氏宗谱》卷4，《潭渡孝里黄氏家训》，1947年稿本。

不可就下。"① 于氏的"治家规范"被视为清代通行的婚姻准则。乾隆时，昆山秀才龚炜认为，择婚须"门楣求其称，婿妇惟其贤，财帛抑末矣"②。正因为他看重门第，故而辞掉了有人为其子推荐的富商之女。乾隆六年（1741），御史仲永檀弹劾大学士赵国麟等人，乾隆帝除论断被弹劾之事外，还指责赵国麟与市井小人刘藩长联姻。③ 对于官员来说，僭越等级联姻几乎就等同于犯罪。

由于礼法的约束，婚姻讲求门第几乎是社会的通行准则。雍正年间编修的《浙江通志》记载，宁海县"婚姻择，先门第"④；道光年间编修的《祁门县志》说，该县"婚姻论门第"⑤；乾隆年间撰写的湖北《石首县志》谓该地"男子十岁以上，女子十岁而下，门第、年齿相匹，即为订盟"⑥；光绪年间编纂的《崇明县志》说当地"婚姻论良贱，不论贫富"⑦。另外，在全国其他地区的府志、县志的记载中，也多有重视门第的记载。⑧ 由此可见，"论门第""严良贱"是联姻的重要准则，它要求世人要在相同或类似的等级内联姻，不允许有所僭越，否则必为习俗和法律所批判或惩处。

当然，也有人抛开门第而谈论择婿人品、选媳重贤淑的。金姓在"家诚"中说："娶妇与择婿，所重惟才贤，勿徒羡门阀"⑨。《茗州吴氏家典》中明确记载："昏姻必须择温良有家法者。"⑩ 其实，无论是"才贤"还是"家法"都是以门第为前提的。一个官绅家庭，即使他再看重贤才，也很难与底层社会联姻。对此有人说："世人结婚，当以其家父母子女之贤良为主；其次只要门户对，纵贫富贵贱不宜太过。"⑪ 此意是说，子女的贤良与否与父母、门户有关系，但也不能将门户、贫富贵贱看得过于绝对，这种认识符合清代门第、富贵处于不断变动的实际状况。"门当户对"体现的是"同类性原则"，它对于维护家庭稳定功不可没。因为"一个人的文

① （清）余治辑《得一录》卷9，1868年序版。
② （清）龚炜：《巢林笔谈》，中华书局，1981，第56页。
③ （清）徐珂：《清稗类钞》（5），中华书局，1984，第2051页。
④ 《浙江通志》卷100《风俗》，乾隆元年（1736）刻本。
⑤ 《祁门县志》卷5《风俗》，道光七年（1827）刻本。
⑥ 《石首县志》卷8，乾隆六十年（1795）刻本。
⑦ 《崇明县志》卷4《风俗》，光绪七年（1881）刻本。
⑧ 胡朴安编《中华全国风俗志》（上），河北人民出版社，1986。
⑨ （清）张应昌编《清诗铎》，中华书局，1960，第783。
⑩ （清）吴翟辑撰，刘梦芙点校《茗州吴氏家典》，黄山书社，2006，第23页。
⑪ （清）石金成：《传家宝全集》（1），线装书局，2008，第96页。

明教养，是在成长的过程中慢慢培养出来的，首先是在其成长的微观环境即家庭中接受的，其中，父母的言传身教具有潜移默化的深远意义。"① 夫妻双方如果具备共同的爱好、价值观和习惯，在相处或处理矛盾时更便于相互理解。

所谓婚娶论门第，主要指中等以上之家，即"中上之家只论门户"②。在他们看来，只有中等以上的家庭才有资格讲究门户，社会中的底层家庭除了高攀之外，很难谈得上门第与否。特别是高官显贵、世家大族，更是把联姻看作交接同道、扩大权势的绝好途径。即使家庭并无此明确意图，但从等级身份讲，一般也不屑与小门小姓谈婚论嫁。故地方志资料中多有"士大夫缔姻多重门第"③ 的记载。

清代婚姻中的另一个重要习俗就是论财，这是明清以来婚姻关系的新变化。它的出现对于门第婚以及以门第为基础的世婚制产生了冲击，同时也给传统礼制和相对稳定的夫妻、家庭关系造成了震荡。④ 对于这种变化，清人曾评论说："今时婚嫁，皆以为重事。然古之重，重在承先，故以合礼为贵；今之重，重在夸俗，故以多仪为尚。"⑤ "承先"本是婚姻的重要出发点，讲究礼仪无关乎财富的多寡。"夸俗"是把娶媳或嫁女当作炫耀门第或财富的重要形式，不仅礼仪上要讲排场，还如同市场上的买卖一般，利字成为衡量婚姻的重要砝码，这对于祖先是一种亵渎，也给家庭乃至自己带来隐患。

在中国，婚嫁需要钱财有着深厚的历史渊源。《礼记·昏义》注疏中说："纳徵者，纳聘财也。徵，成也。先纳聘财，而后昏成。"⑥ 婚礼成立与否需要钱财的支撑，这种风习古已有之。随着时代的演变，其内容也在发展变化。明朝中后期，商品经济的发展逐渐改变了部分人的消费习惯，论财风习已经成为腐蚀百姓心灵，冲击世家名门的重要力量。明代人谢肇淛曾对婚娶只论财势的风习做过评论："今世流品，可谓混淆之极，婚娶之家，惟论财势耳，有起自奴隶，骤得富贵，无不结姻高门，缔眷华胄者。……国家立贤无方，即奴隶而才且贤，能自致青云，何伤？但不当与为婚姻耳！"⑦ 这种反

---

① 陈一筠：《情感与婚姻》，中国协和医科大学出版社，2003，第 61 页。
② 《邯郸县志》卷 6《风土志·礼俗》，1939 年重修续志。
③ 《镇海县志》卷 3《风俗》，光绪五年（1879）刊本。
④ 郭松义：《伦理与生活——清代的婚姻关系》，商务印书馆，2000，第 61 页。
⑤ 《诸暨县志》卷 17，宣统三年（1911）刊本。
⑥ （清）孙希旦撰《礼记集解》，中华书局，1989，第 1417 页。
⑦ （明）谢肇淛：《五杂俎》，上海书店出版社，2001，第 301 页。

常的行为多发生在工商业发达的东南沿海，富贾之家以强大的经济实力强烈冲击了门第观念。明代的论财风气沿袭到清代有了扩大的趋势。在浙江上虞，明代万历年间婚嫁颇重信义、轻财货，到康熙年间风气为之一变："富家嫁女务侈妆奁之丰厚，贫家许字大索重金，甚有因嫁女而荡产，缘娶妇而倾产者，以至穷苦小民，老死而不能婚"①。湖南桂阳县婚嫁原也不论钱财，但乾隆以后女家以奢华为时尚，衣服由棉布变为绸缎，首饰变铜角为金银、珠翠。水涨船高，男家的聘礼也随之高涨，使那些中产之家，叫苦不迭。②在广东博罗县，从乾隆时起婚嫁就从论门第演变为论资财，即使门第不般配，但有钱即是好人家。③婚姻论财不仅风行于南方，即使北方的诸多地区也沾染了此种风习。在河南内乡县，康熙以降婚姻便多论财，先是女方苛索聘礼，接着是男家转谈妆奁多寡。④

　　婚嫁的花费，依各地经济水平和家庭富裕程度有所不同，但这种奢靡的风习不仅使一般百姓难以承受，即使对于中等以上之家也颇为艰难。浙江温州一带有嫁女"破娘家"之说，福建邵武府地方则有"千金之家，三遭婚娶而空；百金之家，十遭宴宾而亡"⑤的俗语。浙江遂昌人吴世涵写有一首婚嫁诗对此进行了生动地描述：

　　　　新妇堂前拜，阿翁一身债。女儿一头珠，阿爷百石租。习俗使人然，谚语良非诬。东家有长男，衫屐翩翩度。……西家有老女，幽阁颦双眉。金奁若未备，于归知何时。女生愿有家，男生愿有室。奈何百年事，争此一朝饰。十家久无成，成者家已贫。嗟哉儿女累，仰屋空生嗔。婚嫁若不速，胡为狃习俗。不闻桓鲍家，短衣共挽鹿。⑥

　　通过上述诗歌的描述我们看到，论财之风不仅使双方家庭负债累累，还使不少青年婚姻失时。论财风习虽在相对凝固的婚姻关系中打进了一个楔子，但其负面影响也不容小觑，吴世涵的婚嫁诗就是对此最好的注脚。它不仅给婚后的夫妻和家庭关系失和埋下伏笔，还给旧日平稳的家庭生活和社会

① 《上虞县志》卷2《舆地志·风俗》，康熙十年（1671）刻本。
② 《桂阳县志》卷10，嘉庆二十二年（1817）刻本。
③ 《博罗县志》卷9，乾隆二十八年（1763）刻本。
④ 《内乡县志》卷5《风俗志》，康熙三十二年（1693）刻本。
⑤ 《邵府武志》卷9《风俗》，光绪二十六年（1900）刻本。
⑥ （清）张应昌编《清诗铎》中华书局，1960，第841页。

关系带来微妙的变化。正如时人所说：

> 古人六礼之设，以重大婚，非财之谓也。婚礼论财，原非美俗。夫择婿者择门户、择年德也，使惟财之是问，则皂隶盗贼，何必非丰财之人可以其子为婿乎。择妇者择贤淑、择种类者也。使惟财是问，则娼优下贱，何必无绮罗之资，何以其女为妇乎！况为夫者以财媚妇，妇必至以财骄夫，而舅姑妯娌之际，必有大不安者。至不幸而先富后贫，则夫或以无财轻其妇，妇或以无财轻其夫，夫妇之道必不能终，此薄俗之最当维挽者也。①

作者对于论财风气的抨击虽重在维护门第婚，但其所述之消极影响也确实存在。尤其令人痛心的是，论财之风导致民间买妻、出妻、典妻等陋俗屡禁不止，对妇女的人格和身心造成了严重的伤害。

从父母主婚的动机看，讲究门第与婚姻论财也有其本身的积极意义。如前所述，讲究门第可以帮助女性更好地融入男方的家族，有利于夫妻和家庭生活的稳定。从论财角度看，娘家妆奁丰厚有利于女性在婆家地位的稳固，在某种程度上还有利于生活的改善。② 但对于门第或财富的过分关注，必然会使其成为横亘在有情人之间的巨大障碍。家长以宗族利益或一己之私欲为出发点，蔑视子女的情感，甚至不惜棒打鸳鸯从而造成了不少人间悲剧。如光绪年间，甘肃某按察使被罢官后，将女儿嫁给京中协办大学士某之痴呆长子，以求官复原职。其女出嫁不久，就抑郁而亡。③ 有一丁姓农夫，夜里梦见一跛脚凤凰。恰巧，第二天有姓木的赶考秀才来其家借宿，农夫闻之他尚未婚配，就将已及笄的女儿许配与他。木秀才高中解元之后却将发妻抛之脑后，最后丁氏女子触墙而亡。④ 江苏兴化开米铺的张某，有女儿桂姑，喜欢读书。桂姑的表哥周某欲娶其为妻，但张某以周家穷困为理由拒绝，而将女儿嫁到小康之家的吴某。桂姑结婚后看不上浪荡的丈夫，自号"艮心女史"以表达自己的怨恨之情。后来吴某置买一妾，此女侍宠欺凌桂姑，迫使桂姑抑郁而亡。⑤

---

① 《善化县志》卷 16，岳麓书社，2010。
② 金安平：《合肥四姐妹》，凌云岚、杨早译，三联书店，2007，第 1、5 页。
③ 徐珂编撰《清稗类钞》（第 5 册），中华书局，1984，第 2108 页。
④ 车吉心、王育济主编《中华野史》（清朝卷五），泰山出版社，2000，第 5128 页。
⑤ 徐珂编撰《清稗类钞》（第 5 册），中华书局，1984，第 2095～2096 页。

　　从上述案例看，包办婚姻不仅造成子女婚姻的不幸，而且这种恶劣的示范效应还促使一部分女性产生了独身观念。在广东番禺、顺德等地产生了"不落家"现象，她们以"以嫁夫为莫大羞耻"①。即使被迫出嫁也很少在夫家居住，或为避免与丈夫共同生活而自己出资为丈夫置妾。② 之所以出现这种现象，是因为这些地区缫丝业发达，女性能实现经济自立，这为此类女子坚守独身提供了坚实的基础。独身是女性对于包办婚姻的一种无奈反抗。

二　贞节观与离婚、再嫁

　　传统社会的贞节观主要针对女性而言，它是指社会道德对于女性必须遵守的两性伦理所作出的具体规范。它包括三方面的内容，即未婚时代的处女之贞、结婚时代的从一之贞和丧偶时代的守节之贞。女子是否保持贞节，既取决于礼法所赋予的自由权，又受其生存状况的影响。

　　女性贞节观的产生与一夫一妻制的建立紧密相连，它的目的是要保证男性家族血统的纯正和男性对于女性的私有。③ 但在历史发展的进程中，各个时代对于女性贞节要求的宽严并不相同。在汉唐时代，社会上虽对妇女也有贞节要求，但道德环境相对宽松，妇女仍有一定的婚姻自由。自北宋以降，由于程朱理学的兴起，社会道德对于妇女贞节的要求在逐渐强化。"尝考正史及天下郡县志，妇人守节死义者，周、秦前可指计，自汉及唐亦寥寥焉。北宋以降，则悉数之不可更仆矣。"④ 程朱理学将三从四德的道德说教强化，而后世知识者对"从一而终""饿死事小，失节事大"⑤ 等理论加以延伸和演绎，便成了进一步阻碍女性婚姻自由的绊脚石。

　　为了配合这种理论，朝廷专门对节妇、贞女等人制定旌表制度，地方士绅也积极配合，遥相呼应。到明清两代，"贞节"二字就成为规范妇女"人

---

① 胡朴安编《中华全国风俗志》，河北人民出版社，1986，第388页。
② 同上书，第387页。
③ 《家庭、私有制和国家的起源》，《马克思恩格斯选集》（第4卷），人民出版社，1972，第57页。
④ （清）方苞：《方苞集》，上海古籍出版社，1983，第105页。
⑤ 吕思勉先生对"饿死事小，失节事大"一语提出了自己的独立见解。他认识，此语出自程氏《外书》，但该典籍却不如《遗书》可信度高。而且，程氏的本义是强调妇女不能失节，并不是主张妇女不能再嫁，这是后世对其的误解。笔者认为，吕思勉先生的观点颇有见地。从宋代妇女包括程氏家族的妇女依然再醮的普遍行为看，是符合实际的。（参见吕思勉《中国文化思想史九种》上海古籍出版社，2009，第247页。）

伦之大，风化之美"① 的最高准则了。明代之初，国家为消除元代的精神污染力图重建儒家道德秩序，而教化和控制是其中最重要的手段，旌表就是其中的主要内容。明代中后期，知识者察觉世道浇漓，道德滑坡，人伦失常。为恢复偏离正轨的道德秩序，旌表也成为国家采取的重要手段之一。② 清兵入关之后，为了取得汉族知识界对其统治身份的认同，③ 摄政王多尔衮接受了顺天府督学御史曹溶的建议，沿袭明代的旌表制度，并于顺治七年（1650）采取实质性的支持举措，划拨银两修建贞节牌坊。④ 随着清廷对表彰贞节的重视，相关的制度开始具体化，如旌表揭晓的途径、申请旌表的年限等都有所规定。⑤ 到雍正、乾隆时期，贞节旌表之风愈刮愈烈，到同治时期达到高峰。在为贞节女性修建贞节牌坊的同时，各地还纷纷设立"全节堂""崇节堂""清节堂""贞节堂"等机构，收容安置贞女、节妇。这一做法在全国蔚然成风，而且各地互相攀比，成为荣耀乡里的资本。

与旌表制度相辅而行的是朝廷以及士绅的不断教化。顺治十二年（1655），朝廷将忠臣、孝子、贤人、廉吏的事迹、谈话和文章编撰成《资政要览》，康熙时朝廷重新编订了明代的《性理大全》和《朱子全书》，还主编了《性理精义》。清世祖顺治在给专门规范人们行为的《内则衍义》序言中特别提出，要把"守贞殉节"作为重要内容加以倡导。为贯彻国家意旨，各级地方官对此不遗余力。嘉庆、道光年间曾在广东、河南等地任职的程含章，每到任所，都要开出访单，向下属咨询地方情形。其关注的核心内容之一，就是要开具贞女、孝妇名单，明确是否旌表，以便做到心中有数。⑥ 长期供职于西北甘肃的龚景瀚向上司建议在各乡设乡铎一名，每逢初一、十五，会同乡官传集百姓讲解"圣谕"，并要求民众公举孝子、贤孙、义夫、节妇，"素行为善者书之善册"，进行表扬。⑦

---

① （清）魏象枢：《寒松堂集》，山西人民出版社，1992，第729页。

② 〔美〕芦苇菁：《矢志不渝：明清时期的贞女现象》，秦立彦译，江苏人民出版社，2012，第38～41页。

③ 郭松义：《伦理与生活：清代的婚姻关系》，商务印书馆，2000，第387页；〔美〕芦苇菁：《矢志不渝：明清时期的贞女现象》，秦立彦译，江苏人民出版社，2012，第38～41页。

④ 《清实录》（3），中华书局，1985年影印版，第400～401页。

⑤ 参见《清实录》（3），中华书局，1985年影印版，第1060页；光绪《钦定大清会典事例》卷403。

⑥ （清）程含章：《咨访各厅州县地方情形札》，《岭南续集》，清道光元年刻本。

⑦ （清）徐栋辑：《保甲书》卷3，《请设立乡官乡铎议》，清光二十八年楚兴国、李炜校刻本。

在各级官员紧锣密鼓地贯彻旌表意旨的同时，士人也不甘落后，积极摇旗呐喊。清初，王相①把明成祖仁孝文皇后的《内训》、班昭的《女诫》、宋若莘的《女论语》和他母亲的《女范捷录》合并为《女四书》。《女范捷录》中的《贞烈篇》说："忠臣不事两国，烈女不更二夫。故一与之醮，终身不移，男可重婚，女无再适。"② 蓝鼎元撰写了《女学》，他在"妇德篇"里记载了许多贞女、烈女的事迹，其鼓吹贞节观念的用心可见一斑。③ 雍正年间，陈宏谋作《教女遗规》，他在提出勤俭持家等有积极意义戒条的同时，也对女性的贞节提出了要求。④

另外，各地的乡约、村规或宗族组织也有不少表彰"节妇""烈女"的条规。如江西《临川孔氏家谱》的家规中就有"贞节孝义，千古垂方，族长应加意访问，有年少孀居，不轻出闺门，举动礼法自闲，而能孝敬公姑，教子成人者，工具旌奖"⑤。乾隆二十五年（1760），江苏宝应刘姓的家谱中记载："女子适人而守节者并载"，"无论妻妾守节，俱载，其题旌节孝，并为立传"⑥。浙江山阴徐氏家族规定，孳妇案例可旌而无力申请者，可由族人代为呈报。⑦

在正面表彰的同时，清廷还从法律上对再嫁及不贞女性进行贬低或丑诋。根据清代法律，"再嫁之妇不得受封，所以重名器也。命妇受封，义当守志，不容再嫁以辱名器"⑧。根据这一原则，儿子做官，推恩封赠父母，不得及再醮之母。实际上，这就封堵了官宦之家女性再醮的退路。更有人进一步提出，凡娶再醮女子，婚后又没有生下子女的，只当以妾论。⑨ 无独有偶，江苏《晋陵悉氏宗谱·义例志》中就写着：本姓娶妻，若系再醮来者，谱中就写上侧室某氏。再嫁者在这些世家大族中竟然连妻子的名分都被剥夺了。而光绪《筶溪吴氏家谱》竟然干脆规定："娶孀妇不书"，采取了眼不见为

---

① 王相，山东诸城人，生卒年待考，副贡。康熙五十六年（1717）任平和知县，任内主持编纂了《平和县志》，至今保存完好。

② （清）王相笺注《校订女四书集注》（下），日本筑波大学馆藏。

③ 参见（清）蓝鼎元撰，蒋炳钊、王钿点校《鹿州全集》，厦门大学出版社，1998。

④ 参见（清）陈宏谋《养正遗归·教女遗规》，广西省乡贤遗著编印委员会编印，1943。

⑤ 中国社会科学院历史研究所：《曲阜孔府档案史料选编》第 3 编第 1 册，齐鲁书社，1988，第 50 页。

⑥ 《宝应刘氏家谱》，《谱例》，道光三十年世德堂刻本。

⑦ 《山阴安昌徐氏宗谱》卷 2《义庄条规》，光绪十年木刻本。

⑧ 沈之奇注《大清律辑注》（上），法律出版社，2000，第 264 页。

⑨ 曹绩祖：《再醮不得为继妻论》，来新夏主编《清朝经世文编》卷 65，学苑出版社，2011。

净的对策。在此风气的影响下，寡妇再嫁已经影响到了男性宗族的名誉。有一位读书人妻子亡故后再娶某孀妇，有感于两人身世的相似遂题诗一首。其子读到"同是天下不幸人"一句后大为不满，把"幸"改为"义"，该句变成"同是天下不义人"，用以谴责不能守贞的继母，同时也埋怨父亲续弦不讲求对象。①

由于统治阶层不遗余力的倡导，上至缙绅世家，下至贫苦百姓，均以苦节守志为荣，再醮为耻。尤其荒唐的是，订婚未过门的未婚妻在未婚夫死后也要守节。她们要么在娘家自尽殉节，要么终老不嫁；再或者与未婚夫的灵位拜堂成亲，在苦闷中度过一生。反映福建贞节之风的一首歌谣说：

> 闽风生女半不举，长大期之作烈女。婿死无端女亦亡，鸩酒在尊绳在梁。女儿贪生奈逼迫，断肠幽怨填胸臆。族人欢笑女儿死，请旌籍以传姓氏……。②

上述诗歌描述的是福建世家大族为博取家族虚名，逼迫女儿自杀身亡的真实写照。这在小说《儒林外史》第四十八回"徽州府烈妇殉夫"中也有逼真的反映。不过，令人惊讶的是，还有许多女性的贞烈行为完全是出于自觉、自愿，并非父母强迫的结果，这已被研究者所证明。③ 这由此说明，部分女性对传统贞烈观念已有强烈的认同感，并内化为自觉的行为。女性的贞烈之举被很多清代文人视为醇风厚俗之举，为此不少地方志中不惜篇幅并饶有兴致地进行记载：

> 以守节为常，以再醮为辱，盖家守烈女训焉，故年例合旌表者比比也；④
>
> 妇人上贞节，夫死多不再更；⑤
>
> 孀居有贞烈者多至饿死不再醮；⑥

---

① （清）龚炜：《巢林笔谈》，中华书局，1981，第45页。

② （清）俞正燮著，涂小马等校点《癸巳类稿》，辽宁教育出版社，2003，第441页。

③ 〔美〕芦苇菁著《矢志不渝：明清时期的贞女现象》，秦立彦译，江苏人民出版社，2012，第4~6章。

④ 《诸城县志》卷11，乾隆二十九年刻本。

⑤ 《湖州府志》卷29《舆地略·风俗》，同治十三年刻本。

⑥ 《余杭县志》卷37《风俗》，嘉庆十三年刻本，1919年重修。

妇知重名节，以再醮为耻，故从一而终与贫烈迭著；①

妇女最重名节，妇人青年夫死者多不改嫁；即许字而夫死者，亦多到门守节；②

女尚贞节，虽蓬荜不轻再适。③

上述记载在全国范围内不过是冰山一角。在现实中，有些妇女为了表示意志坚决竟不惜做出毁面守贞、啮齿保节、截发明志等极端行为。在此社会氛围中，寡妇再嫁往往招致众多"不耻"的非议。在清代，许多年轻女性特别是官宦、士绅之家的寡妇在夫权至上的束缚下难以挣脱，付出了牺牲青春、埋葬爱情的昂贵代价。

清代的贞烈观无论在道德层面还是在法律上都取得了支持，这无疑阻碍了不少妇女的再醮之路。事实上，并不是所有女性都能达到宣传者所要求的道德高度，人毕竟不能完全脱离现实而存在。历经康雍乾三朝的元老大学士朱轼认为："今欲使妇人尽守从一而终之义，虽颠连无告而孤寡茕茕，至死靡他，恐尧舜之治，天下有所不能。"④ 从其观点看，他虽不否认女性的贞节之义，但同时也承认了女性再嫁的合理性。清代的其他人对此也多有论及。例如，比朱轼稍晚的钱泳更加坦率地说，寡妇改嫁与否得视门户的大小、财富的多寡量力而行，不能按道学家的统一标准来实行。对此，他转述别人的话说："兄弟以不分家为义，不若分之以全其义；妇人以不再嫁为节，不若嫁之以全其节。"⑤ 雍正朝的蓝千秋说："从一而终者妇人之义，然至于夫亡子弱，势无可依，或勉强改适以存，夫后幸而有济，君子犹将怜其志而原之。"⑥ 乾隆朝的举人张士元认为，孀妇"或以无子而去，或以无食而去，或竟不自持而去，圣人不能禁也"⑦。从上述文人的见解看，他们虽也是男权主义者，但主张守节要量力而行，这样在他们的观念中就给寡妇再嫁预留了一定的空间。

实际上，清代的贞节观一直沿着两个轨迹运转，"其一是道德规范的

---

① 《宁国府志》卷9《舆地志·风俗》，嘉庆二十年补修，1919年重印本。

② 《顺德县志》卷1《舆地略·风俗》，民国十八年刊本。

③ 《永春州志》卷7《风土·风俗》，乾隆五十二年刊本。

④ （清）朱轼：《三父辨》，《朱文端公集》卷3，古唐朱氏古欢斋，清同治10年刻本。

⑤ （清）钱泳：《履园丛话》，中华书局，1979，第612页。

⑥ （清）钱仪吉：《碑传集》（12），中华书局，1993，第4410页。

⑦ （清）张士元：《书沈节妇事》，《嘉树山房集》卷11，清光绪4年刻本。

强化；其二是法律条文的自由裁量性。"① 这种弹性机制使清人一方面在婚姻观念上恪守严格的贞节观；另一方面在法律上又承认妇女再醮的权利。《钦定大清会典事例》中明文规定："孀妇自愿改嫁，翁姑等人主婚受财，而母家纠众抢夺杖八十；夫家并无例应主婚之人，母家主婚改嫁，而夫家疏远亲属强抢者，罪亦如之。"② 该条例虽是刑律，但它同样肯定了孀妇改嫁的权利。

事实上，清代的不少孀妇基本也是按照这一理路选择自己的生活之路。那么，孀妇改嫁的动机何在呢？从现有研究看，孀妇改嫁至少存在六种动机，其中既有男女比例失调或无子缺乏养老保障的社会性因素，还有因贫困无法生活或家族觊觎财产逼迫其改嫁的经济动因，坐产招夫或招夫养子也是促成寡妇改嫁的重要因素。③ 以男女比例失调为例，它是寡妇外嫁的重要外部因素。由于传统社会重男轻女，社会上普遍存在溺死女婴的事实，致使男女比例极不协调。到清中期，男女比例大致介于 113～119∶100 之间。④ 从人口数看，男子远多于女子，再加之某些男子纳妾的影响，使相当一部分男子无法得到配偶，而守节孀妇的存在更加剧了这一困难。正因为如此，民间逼醮、抢寡事件层出不穷。雍正时期，四川巡抚法敏针对民间不断增多的抢寡事件，密奏皇帝要求干预，结果被皇帝制止。⑤ 雍正之所以如此裁决，是因为他洞察了民间社会"多男少女"的事实，"故男女之事颇阔略"⑥，简单、粗暴地干预可能会适得其反。在江苏南部，城镇经济发达，外来人口众多，各色人等混杂。一些不良之徒，看到孀妇寡居，便强媒硬保，威逼成亲，官府对此也颇为棘手。⑦

再以经济要素为例，传统社会中的男子是家庭经济的主要支柱，妇女处于从属地位。在上无公婆、下无财产可依靠，又无子女侍奉的情况下，如果死了丈夫就等于失去了经济来源，生活立刻陷于困顿而无法生存。在此种情况下，妇女守贞颇为不易，有人对此曾说："烈易而贞难，守贞者

---

① 温文芳：《晚清孀妇再醮婚姻状况的研究与思考——〈申报〉（1899～1909）孀妇典型案例的研究》，《江苏社会科学》2007 年第 5 期。
② 《钦定大清会典事例》卷 756，（刑部）户律婚姻，光绪戊戌年冬月版。
③ 郭松义：《伦理与生活：清代的婚姻关系》，商务印书馆，2000，第 438～458 页
④ 姜涛：《中国近代人口史》，浙江人民出版社，1993，第 300 页。
⑤ 张书才主编《雍正朝汉文朱批奏折汇编》（7），江苏古籍出版社，1989，第 383 页。
⑥ （清）赵翼：《簷曝杂记》，《簷曝杂记·竹叶亭杂记》，中华书局，1982，第 76 页。
⑦ 上海博物馆图书资料室编《上海碑刻资料选辑》，上海人民出版社，1980，第 450 页。

富易贫难。"① 为了维持自身的生存，一些处于社会底层的寡妇不得不改嫁。在有名的节烈之乡安徽，"一邑之中，女子之节烈可采，常至不可胜载"，而"妇人之失俪者改适者多矣。"② 上海的情况也大致如此，"间阎刺刺之家，因穷饿改节者十之八九"③。多种因素综合在一起，共同推动了清代寡妇再嫁风潮的出现。在清代，尽管妇女从一而终的思想"村农市儿皆耳熟焉"④，旌表的节妇人数也空前高涨，但这并不能抑制寡妇的择夫再嫁。妇女的守节与再嫁并存，共同构成了清代妇女生活的真实画卷。

不仅如此，还有少量女性主动提出离婚。宋代以前的中国社会道德环境相对宽松，离婚改嫁具有相当的可行性，故其事例不胜枚举。自宋代以降，社会以离婚为丑事，士大夫不敢轻言休妻之事，司马光、程颢等人就认为出妻乃不贤之举。至明清时代，此观念变本加厉，离婚被视为大恶，士大夫即使娶了悍妻也不敢轻言离异，女子嫁与恶夫更是如此。更有甚至，士大夫还以助人离婚有损阴骘的迷信来进行恐吓，⑤ 遂在社会中造成了畏惧离婚的心理。⑥ 对于男子出妻社会舆论尚且如此，女子提出离婚更难以被社会容忍，各种名誉的诋毁和围攻会随之而来，使其难以在社会立足。

这种心理反应在司法审判上也是如此。传统社会的离婚以协议离婚为主，一般不经过离婚诉讼程序，除非双方对此有异义。但官方对受理的离婚案件往往持消极态度，即使男子提出离婚也不会轻易获得支持，除非女子有道德上的重大过失。官府的这种心态从下面的判词可见一斑：

> 配偶从天作，协女家男室之宜；夫妇重伦常，为居内外之则。故为
> 关雎叶韵，须如琴瑟调和；配纳弗嫌，德重孔明之盛；替妻无二，史嘉
> 恭叔之贤。今某伦理不惇，纲常有悖，顿失同心之美，遂成反目之乖。
> 南涧克供，辄藉口蒸梨之失；东派既坦，动驾言食枣之非。殊无可去之

---

① （清）蓝鼎元：《贞节汪太君传》，《鹿洲初集》卷9，《鹿洲全集》，厦门大学出版社，1998，第182页。
② （清）刘大櫆：《刘大櫆集》，上海古籍出版社，1990，第217页。
③ 俞樾纂《上海县志》卷24，清同治十一年刊本，见《中国方志丛书》，台湾成文出版社，1967。
④ 《昌图府志》第5章《风俗志》，宣统二年刊本。
⑤ 《拍案惊奇》第20卷中记载，一位萧姓秀才，命中注定可考中状元，以至于阴间的灵官小鬼都因畏惧而避让。但一次偶然的机会，他被人拉去代写了一份休书，结果受到天谴，被减去了爵禄。
⑥ 陈鹏：《中国婚姻史稿》，中华书局，2005，第589页。

端，妄坐当离七恶。效尤百里奚之薄，竟忘虔廖之恩；不思宋仲子之仁，必固糟糠之爱。顷违六礼，忍割百年。因衰弛敬，珠宜还于孟尝；依势移情，法当隶乎萧相。①

从上述判词中足见地方官的良苦用心，他引经据典讲了许多道理，其目的就是要劝诫那位坚持"出妻"的丈夫要谨慎从事，请他收回呈诉，重过和美的婚姻生活。

当时的社会道德取向一般都不主张离婚，而当事者本身也因种种顾忌而不敢离婚。有学者通过梳理清代中期的婚姻关系发现，法律上"义绝"的规定虽为女性提供了离婚的依据，但实际上妻子无论遭受何种境遇都很少主动提出离婚，她们多采用习俗中的通行方式默认丈夫的行为。② 这个结论与郭松义先生的研究不谋而合。他以清代"刑科题本"为研究蓝本，梳理了离婚的十四种原因，如"妻子有外遇""夫妻失和""嫌夫贫病""婆媳失和"等。研究发现，在离婚的众多缘由中只有三类是妇女主动提出的，在多数的案件中无论丈夫是否有过错，妇女都处于被动离婚的境地。③

在学者们触及的离婚案件中，绝大多数发生于下层社会，"诗书家绝少再醮、离婚之事"④。似乎这些矛盾在仕宦家庭并不存在，但这并不是事实的真相，因为"近世士大夫百行不怍，而独以出妻为丑，间阎化之。"⑤ 也就是说，仕宦之家为维护家族的声誉往往避免离婚的发生。这些家庭的婚姻本是家族之间的联合，离婚必然伤及两个家族的脸面，对于家庭矛盾多能隐忍化解。况且，仕宦家庭的夫妇不睦，还可用纳妾来缓冲。

总之，在清代，无论身处上层还是下层离婚都是不易之事，故社会的离婚率极低。尤其对于女性而言，主动提出离婚者更是极少，在婚姻自由度上女性显然无法和男性拥有相同的权利。但相比较而言，下层社会的离婚更容易些，经济的困境不允许他们有更多的虚套，现实的需求要求他们做出现实的选择。

---

① 梁治平主编，郭成伟、田涛点校《明清公牍秘本五种》，中国政法大学出版社，2013，第85页。

② 王跃生：《清代中期婚姻冲突透析》，社会科学文献出版社，2003，第21页。

③ 郭松义：《中国妇女通史》（清代卷），杭州出版社，2010，第271页。

④ 《莆田县志》卷2《舆地·风俗》，乾隆二十三年年刻本。

⑤ （清）方苞：《方苞集》，上海古籍出版社，1983，第128页。

第二节　清代婚姻新思想的萌芽

清代的两性伦理继续强调男女大防，女性贞节观也限制了两性的自由交往，但男女接触并非完全隔绝。研究表明，在意识形态对女性束缚日益紧密的同时，民间特别是底层社会的两性关系却有不同程度的松动。[①] 在传统礼法的严密包围中，男女之情依然潜滋暗长。甚至在传统文人极力鼓吹女性守贞，提倡从一而终之时，有些知识者却对两性伦理表达了自己的独立见解，从而在传统礼教的缝隙中营造了一丝婚姻新理念。

一　文学作品和现实中潜滋暗长的爱情

传统婚姻强调家族的结合和门户的对等，漠视甚至抹杀两性"义"的结合，但这并不能抹杀男女爱情的存在，毕竟两性间的爱慕和情爱是人的天性流露。

在长期的生活积淀中，民间社会留存了大量的歌谣、传说、诗歌、小说等作品，集中反映了青年们对于爱情的渴望和对异性的思恋。如《诗经》中就有大家耳熟能详的诗句："关关雎鸠，在河之洲。窈窕淑女，君子好逑。……琴瑟友之……钟鼓乐之。"[②] 它描写了男性对于女性的爱慕、渴望之情以及如何取得心仪女性欢心的设想。南朝乐府诗《子夜四时歌》就以春、夏、秋、冬四节各赋诗一首，以抒发男女相思、相爱之情。其中的"春歌"写道：

> 春林花多媚，春鸟意多哀。春风复多情，吹我罗裳开。
>
> 自从别欢后，叹音不绝响。黄檗向春生，苦心随日长。[③]

"春歌"表面上是作者在抒发对春天美丽景色的感怀，实际却是借景寓情，以此来表达男女的诚挚爱情。"春风"比喻男子的多情，"罗裳开"的

[①] 郭松义：《伦理与生活：清代的婚姻关系》，商务印书馆，2000，第526页；王跃生：《清代中期婚姻冲突透析》，社会科学文献出版社，2003，第166、264页。

[②] 周振甫注《诗经译注》，中华书局，2002，第1~2页。

[③] 赵光勇编《汉魏六朝乐府观止》，陕西人民教育出版社，1998，第478页。

隐喻示意女子春心荡漾；"黄檗"指代人心，用以表达思念爱人的苦痛心情与日俱增。

传统社会男女之防甚严，深锁皇宫的宫女尤甚，几乎断绝了与异性的接触。在封闭的环境中，她们对于爱情的渴望就更加炽热。唐代曾流行"红叶为媒"的故事，宫女在红叶上写诗寄托自己的情愫，投入御沟内，但多数并没有下文，遂有"叶上题诗寄与谁"之恨；有的则因机缘巧合而结合，便感叹"方知红叶是良媒"①。

元代王实甫创作了小说《西厢记》，他充分肯定了张生与崔莺莺的爱情，赋予了它反对门第观念和传统礼教的意义。王实甫在《西厢记》中把注重"贤""志""才"的婚姻观念和"美貌""情愫"等要素结合，热情歌颂了以恋爱为特色的婚姻，这是对于传统礼教婚姻的有力批判。明代的小说则继承了这一传统，如《金瓶梅》《卖油郎独占花魁女》《金玉奴棒打薄情郎》《杜十娘怒沉百宝箱》《玉堂春落难逢夫》《宋金郎团圆破毡笠》等作品虽然不能完全脱离礼教的某些观念，但作者们却以小说的形式肯定了不同身份、地位，即使良贱有别的男女也可以互相恋爱、婚配。它们比较集中地冲击了传统门第、等级、论财的观念，歌颂了男女、夫妇之间知心如意、相互体贴、关心和尊重的纯真爱情，以及同生死、共患难，真挚淳朴的感情。这是对自汉唐以来形成的门第婚、等级婚和买卖婚的反击，也是对传统婚姻漠视个人情感因素的挑战，反映了明代市民阶层在爱情和婚姻问题上的新思想。以市民为主的普通民众开始同情、赞许男女背着父母私订终身，自己做主选择结婚对象，这是对父母包办结合方式的否定。有些文学作品虽然文学价值并不高，但其反映的恋爱、婚姻观却是那个时代的最强音，具有重要历史意义。

清代文人曹雪芹在其不朽名著《红楼梦》中，以贾宝玉、林黛玉和薛宝钗之间的爱情、婚姻故事，塑造了一种全新的恋爱方式。林黛玉和薛宝钗都是容貌出众、才华横溢的妙龄少女，贾宝玉对她俩都钟爱有加。宝钗丰腴的体态、雪白晶莹的肌肤让宝玉艳羡不已，但相比之下他更钟情于黛玉。"他在林黛玉身上，发现了人生的意义，找到了幸福的道路，他要全心全意的来夺取林黛玉的爱情。"② 之所以如此，是因为他俩不仅自幼相处、情深意切，

---

① 唐代红叶题诗的传说可见孟棨《本事诗》；王铚：《补侍儿小名录》；范摅：《云溪友议》卷10；孙宪光：《北梦琐言》；刘斧：《青琐高议·流红记》。

② 刘大杰编《红楼梦的思想与人物》，古典文学出版社，1956，第35页。

而最根本的在于二人爱好相近、志趣相投，彼此都把对方看作知己。黛玉所谓"素认他是个知己，果然是个知己"①，二人都厌恶"仕途经济""国贼禄蠹"的专制主义人生道路，渴望过上自由自在的真性情的生活。正是在这样相互了解和志同道合的基础上，二人产生了真挚、执着的爱情。这是青年知识者所持有的知己之爱。宝钗尽管容貌、气度上要胜黛玉一筹，但爱对宝玉说些读圣贤书、光宗耀祖的"混账话"。正是因为这一点，她不能赢得宝玉的爱情。

曹雪芹所描写的宝玉、黛玉的知己之爱，不仅继承了我国古代相敬如宾的婚姻传统，还融入了新的爱情元素，是对我国古代爱情和婚姻思想的重要发展和新的时代总结。

曹雪芹强调了志同道合这一基础性条件，但同时又注重了容貌、才华、性情等多方面孕育、培养爱情的元素，克服了相敬如宾型婚姻关系漠视爱情的偏颇。有研究者认为，宝玉和黛玉的志同道合，蕴含着 17、18 世纪的朴素的民主主义思想。②另一方面，他又对"才子佳人"式的恋爱进行改造，赋予了它更为坚实、饱满和丰富的内容，把它上升到志同道合的新高度。男女两性的结合不单是纯粹的性和感情的结合，也不只是为了追求夫贵妻荣的物质生活，而是有着理想和事业的追求，即对旧世界的背叛和新世界的憧憬。在曹雪芹塑造的理想的两性结合模式中，既重视爱情，又不忽略理想，并力求把二者有机结合起来，从而在传统社会中塑造一种全新的恋爱观念，将传统中国人对于爱情的理想推到了时代最高点。

通过文学作品的创造，历代知识者表达了对于爱情的渴望以及理想中的两性结合模式。那么，在清代现实生活中的两性是否能如同文学作品描述的那样结合呢？试看三个实例。

（1）张荏娇，福建闽县富家的独生女，家住福州红桥西，自幼接受私塾教育，不仅貌美如花，而且才情过人。正因为如此，她赢得了众多富家子弟的青睐，纷纷登门求婚。但荏娇认为，纨绔子弟多无才能、无情意，故不愿与之相配，并表示愿同文采和品行俱佳的才子结合。福建书生林鸿，张荏娇表哥之友，一日偶过张的绣楼得一睹荏娇芳容，遂作诗以欲求其芳心。结果荏娇被林鸿的才学所吸引，二人暗自往来，私订终身。但荏娇的父母认为林鸿家境贫寒，要求其取得功名之后再成婚，最终有情人终成眷属。

①　（清）曹雪芹：《红楼梦》，人民文学出版社，2000，第 341 页。
②　董家遵：《中国婚姻家庭史》，学林出版社，1999，第 189 页。

（2）邓某因镇压白莲教屡立战功而平步青云，被朝廷委任狼山镇总兵。邓虽妻妾成群，但仅有一女名叫巧姑，故对其钟爱有加，并聘请名士孙荇洲课以私塾。孙的儿子耀宗在私塾中与巧姑伴读，二人两小无猜，相处融洽。及至巧姑长大，求婚者络绎不绝，而邓某让巧姑自择佳婿。经过一年的筛选，巧姑并未遇到心仪之人，遂移情于孙耀宗。孙荇洲囿于门户之见欲耀宗以避让，但在邓某的撮合下，两人遂定百年之好。

（3）广东南海人朱星精于绘画，世人争相收藏他的作品。同乡女子金翠芬亦精于诗词丹青，看到朱星的作品顿生爱慕之心，并在朱星的画上题诗朝夕吟诵观赏。但金氏父母却欲将其许配给王家，金以绝食相抗争，并以诗言志，最后其父母被迫取消了婚约。金翠芬赋百韵诗寄给朱星，二人郎情妾意甚为相合，终于结为伉俪，当地人将这对夫妇的结合誉为"画姻缘"。①

上述三则婚姻事例，共同表达了传统社会中知识女性自主择偶的现象。在配偶选择的过程中，三位女性都表现了极强的自主意识，在尚未取得父母同意的情况下，将情感寄托于自己心仪之男子，并最终取得了父母的允许和支持。情感上由自己支配，但程序上依然要遵从礼法。但就她们的婚姻而言，礼法程序仅仅只是程序而已，男女两性的真情实感早已贯注其中，成就了性情、才学都能相互匹配的模范夫妻和美好姻缘。这三则体现女性婚姻自主的案例与曹雪芹所设想的两性结合模式有一定的差距，她们仍不能脱离"才子佳人"式的结合模式。事例中志向的体现并不明显，她们的姻缘基本是建立在学识的惺惺相惜之上，特别是张荭娇和金翠芬的婚姻更是如此。她们是既定社会秩序的接受者，但她们的自主意识要比普通女性强一些。以张荭娇的婚姻为例，从表面上看张父同意将爱女嫁于贫寒书生林鸿，貌似突破了传统的门第和论财观念，但实际上她们婚姻的缔结是建立在林鸿的功名之上。林鸿如无功名，他们二人的婚姻能否成立还难有定论。从结果来推测，张父当初之所以同意这种贫富的暂时结合，可能恰恰是看重了林鸿身上所具有的发展潜力。如果这种推测能够成立，张、林二人的婚姻仍摆脱不了传统婚姻的模式。

两相对比来看，曹雪芹所设想的情爱模式虽令人耳目一新，但其前卫、激进的观念显然与社会脱节，难以与礼教思想相契合并取得大众的认同，其理念的普及更是一种奢望。像张荭娇、金翠芬、邓巧姑等少数女性能够在开

---

① 徐珂编撰《清稗类钞》（第5册），中华书局，1984，第2045、2074～2075、2114页。

明父母的关照下实现一定的自主已实属不易了。

上述案例主要集中在官宦和诗书家庭，其实在底层社会这样的情况也不少见。王跃生在利用清代中期"刑科题本"档案研究婚姻关系时发现，男性也有主动追求女性的意识。如安徽怀远县徐登科就是自己寻亲，当关系确定后再去找人写婚书。广东阳春县的袁昌，聘定其朋友詹亚尘的侄女詹氏为妻，从相亲到财礼数额的确定，都由自己来确定，并未由尚健在的母亲来做主。广东英德县的梁云也是如此。① 在这些事例中，女方在婚姻关系中处于被动地位，男性处于主动地位并自己做主允诺了婚姻。因此，从男方的角度看，已经脱离了包办的范畴，但总体而言这样的事例并不多见，父母主婚仍是婚姻成立的先决条件。

因此，综合文学作品对于现实的反映以及生活中的婚姻案例看，父母主婚仍是得到社会普遍承认的婚姻准则。在少数专制氛围淡化的家庭，其子女对于婚姻的自主性会相应地增强。婚姻无论体现子女还是父母的意愿，它的成立都要遵循社会的基本规则，即礼的程序。

二 清代思想家对传统婚姻的反思

在西方自由、平等思想传入中国之前，思想家们已开始独立思考中国的两性伦理和婚姻制度，并提出了一些不凡的见解。

较早反思这些问题的是明末思想家李贽。他批判礼教对于妇女的摧残，支持寡妇再嫁。在两性伦理上，他认为男女应当平等："谓人有男女则可，……谓男子之见尽长，女子之见尽短，又岂可乎？"② 李贽通过对男子的贬抑和女子的褒扬，表达了其朴素的男女平等思想。在婚姻问题上，他提倡一夫一妻制及寡妇再嫁。在李贽眼中，"父母之命，媒妁之言"是阻挠、束缚男女自主择偶的手段，他对此明确加以反对。他称赞红拂女自己择婿的行为是"智眼无双""可师可法，可敬可羡"③，是"千古来第一个嫁法"④，对唯父母之命是从的婚姻缔结方式提出了批评。同时，他大力颂扬婚姻自由

① 王跃生：《清代中期婚姻冲突透析》，社科文献出版社，2003，第4、63~64页。
② （明）李贽：《焚书》，中华书局，1974，第59页。
③ 同上书，第194~195页。
④ 《李卓吾先生批评红拂记》，转引自朱谦之著《李贽：十六世纪中国反封建思想的先驱者》，湖北人民出版社，1957，第44页。

观念，同情卓文君与司马相如的自由结合。他们两人的结合，从礼法角度看属于"淫奔"，要受万人唾弃。李贽则从维护人的本性角度为他们进行了辩护，他在《司马相如传》中说：

> 斗筲小人，何足计事，徒失佳偶，空负良缘，不如早自抉择，忍小耻而就大计。《易》不云乎："同声相应，同气相求，同明相照，同类相招。"云从龙，风从虎，归凤求凰，安可诬也？[①]

从李贽的思想看，他反对封建礼法制度对于人性特别是妇女的束缚，鼓吹人的个性自由，这从他的"童心即真心论"即可看出。比李贽稍晚的张履祥也从人性角度出发对妇女给予深切的同情。他说："妇之于夫，终身攸托，甘苦同之，安危与共……舍父母兄弟，而托终身于我，斯情亦可念也；事父母，奉祭祀，继后世，更其大者也……狎辱可乎？"[②] 此言说得情深意切，入情入理。对于寡妇问题，他也本着人道主义原则，认为寡妇"再适可也"。

清代的文人学士延续了明末思想家的分析理路，对妇女问题及婚制继续阐发其微言大义。明末清初思想家黄宗羲、顾炎武、王夫之等人从批判专制制度入手为两性伦理与婚姻问题的讨论拉开了大幕。综合分析他们的言论，其关注点主要集中在三个方面。

（一）女性社会角色的分析

在人类历史上，私有制的确立奠定了夫权的统治基础，男性地位上升，女性地位下降。[③] 自此之后，女性在社会上成为备受诟病的角色，这也注定了传统社会部分妇女的悲苦命运。她们出生时遭受轻视，长大后藏身深闺，婚后过的是低头跪拜的生活，还时常受到丈夫喜新厌旧的折磨，致使生活苦不堪言。俞正燮对此事进行强烈批判，他引用魏晋诗人傅玄的《豫章行苦相篇》描述女人的苦难：

> 苦相生为女，卑陋难再陈。男儿当门户，堕地自生神。雄心志四海，万里望风尘。女育无欣爱，不为家所珍。长大逃深室，藏头羞见

① （明）李贽：《藏书》，中华书局，1974，第2104页
② （清）张履祥：《杨园先生全集》，中华书局，2002，第1367～1368页。
③ 恩格斯：《家庭、私有制和国家的起源》，《马克思恩格斯选集》（4），人民出版社，1972，第60页。

人。垂泪适他向，忽如雨绝云。低头和颜色，素齿结朱唇。跪拜无复数，婢妾如严宾。情合同云汉，葵藿仰阳春。心乖甚水火，百恶集其身。玉颜随年变，丈夫多好新。昔为形与影，今为胡与秦。胡秦时相见，一绝逾参辰。①

俞正燮认为，这就是传统女性"姑恶千辛，夫嫌万苦"②的真实描绘，她们很难有好日子过。对以出嫁为职业的传统女性而言，最怕遇人不淑，他用《后汉书·曹世叔妻传》中的言语概括说："得意一人，是谓永毕，失意一人，是谓永讫。"接着，俞氏又用白居易的《妇人苦》表达了女子生活的艰难和丧偶后的痛苦：

> 蝉鬓加意梳，蛾眉用心扫。几度晓妆成，君看不言好。
> 妾身重同穴，君意轻偕老。惆怅去年来，心知未能道。
> 今朝一开口，语少意何深。愿引他时事，移君此日心。
> 人言夫妇亲，义合如一身。及至死生际，何曾苦乐均。
> 妇人一丧夫，终身守孤子。有如林中竹，忽被风吹折。
> 一折不重生，枯死犹抱节。男儿若丧妇，能不暂伤情。
> 应似门前柳，逢春易发荣。风吹一枝折，还有一枝生。
> 为君委曲言，愿君再三听。须知妇人苦，从此莫相轻。

俞正燮通过白居易之手将妇女的痛苦刻画得入木三分，称赞他"其言尤蔼然"③。他惊诧于世间女子之苦，并呼吁世人应当体谅女子的痛苦。不仅如此，他还对《白虎通》和《礼记》中"妻"的身份进行了考察，进而提倡夫与妻的平等。此外，他还依据相关典籍对出嫁之女回娘家的正当性做了论证。④

（二）批判妇女守节，提倡再嫁

对于妇女守节问题，特别是未婚女子的守志或殉死在清初已遭到学者毛奇龄的批判。他在《禁室女守志殉死问》中认为：

① 另可参见（南朝）徐陵著《玉台新咏》，世界书局，1935，第43页。
② （清）俞正燮著，涂小马等校点《癸巳存稿》，辽宁教育出版社，2003，第108页。
③ 同上书，第109页。
④ 同上。

> 古有殉难，无殉死者，况夫妇无殉死事，不惟室女不殉……夫伦类
> 之尊莫如君亲，忠爱之切亦莫如君亲，向使君亲当殉，则人孰无君，孰
> 无父母？一君二亲，将见薄海之内，民无子遗，纵有三身，亦抢不及夫
> 妇矣。①

毛奇龄以传统人伦关系为出发点进行分析，认为妇女为丈夫殉死是越礼
之举，从而否定了其存在的合理性，希望以此来保全世间众多愚夫、愚妇的
生命。毛奇龄的观点被后世称之为"儒家人道主义"②。毛之后的袁枚、钱
大昕、俞正燮等人都对贞节观有所批判。例如，袁枚虽然基本上还固守传统
的两性观，但对女性贞节观却持有异议。他反对把女子的贞操当作评价女子
的唯一标准，提倡从人的道德本性上去判断人的是非。在《与书巢》一文
中，他明确提出了自己的观点：

> 札中不娶处子一语，殊得老子不为天下先之戒。以为非处子则不贞
> 耶？不知豫让遇知伯，便成烈士；文君嫁相如，便矢白头。责报于人，
> 先自问施之者如何耳。以为非处子则不洁耶？不知八珍具而厨者先尝，
> 大厦成而匠人先住。婺也何害，洵知言者。③

在上文中，袁枚明确反对世人对处女之贞的迷信。他以司马相如和卓文
君的事例说明，婚姻能否幸福、夫妇能否白头偕老跟是否具备处女之贞没有
丝毫关系。他还以厨师做菜和匠人盖房为例说明，真正享受大菜和大厦第一
次的并不是食客和房主，但这并不妨害食客品尝美味和房主对大厦的所有
权。更有甚者，袁枚还提出了平等贞操观的雏形，即"责报于人，先自问施
之者如何"。其所表达之意就是男子既然要求女性的贞节，必须要明确自己
是否贞节。如果说袁枚重点批判的是处女之贞，那么钱大昕对婚后的妇女和
寡妇的贞操提出了自己独到的见解：

> 夫妇，以人合者也……同居而志不相得，往往有之，其真能安于义
> 命者不得一也。先王设为可去之义，义合则留，不合则去，俾能执妇道

---

① （清）毛奇龄：《西河文集》，台北商务印书馆，1968，第1590～1591页。
② 〔美〕芦苇菁：《矢志不渝：明清时期的贞女现象》，秦立彦译，江苏人民出版社，2012，第
233页。
③ （清）袁枚：《袁枚全集》（5），江苏古籍出版社，1993，第59～60页。

者可守从一之贞，否则宁可割伉俪之爱，勿嫁骨肉之恩，故嫁曰归，出亦曰归……去妇之义，非徒以全丈夫，亦所以保匹妇……故父母兄弟不可乖，而妻则可去，去则更嫁，不谓之失节……出嫁于乡里，犹不失为善妇，不必强而留之，使夫妇之道苦也。①

上文旨在强调夫妇的志同道合与婚姻的幸福与否，这在传统氛围中可谓大胆前卫。传统婚姻的目的在于上继宗室，下继后世，强调家族的结合，对于两性个人志趣是否相合并不太在意。钱氏则公然主张夫妇"以人合者也"，强调夫妇的结合要注意个人旨趣，两性相处如若融洽则保留夫妇关系，否则应当离婚。从其主张看，婚姻的宗法特性被削弱，必然对专制社会的统治根基造成冲击。再者，女子是否守护从一之贞应基于个人自觉自愿。夫妇离婚不再是片面维护男子权利，同时也是对女性的保护。女子离婚后应当允许再嫁，这并不是失节之举。为此，夫妇关系如不融洽应当听其离婚，倘若强留将造成夫妇精神的痛苦。

继钱之后，俞正燮对礼教片面苛求妇女守贞的观念也提出了批评。他首先从儒家典籍《礼记》入手分析夫妻的平等性，斥责"夫有再娶之义，妇无二适之文"观念的片面性。他认为，《礼记·郊特牲》中提到的"终身不改"是对男女两性的要求，而不只是对女性的要求。以此为立论之基，片面贞操观也就不攻自破了。因此，他愤怒地指出："七事出妻，乃七改矣；妻死再娶，乃八改矣"，强烈谴责男子这种"理义无涯，而深文以罔妇人，是无耻之论也"②。为此，他积极主张男子再娶与女子再嫁应同等对待，寡妇再嫁与否，应让其享有充分的自主权。

（三）为"妒"正名，控制男子纳妾

专制社会的礼教重在维护以男性为中心的宗法秩序，它要求妇女具备温良恭俭的品德，要安心屈从、听任丈夫的安排和摆布，包括纳妾、宿娼等行为。如果妇女对此提出异议，便被冠以"妒"的罪名。

俞正燮从妇女"妒"的品性入手分析，明确提出限制男子纳妾的主张。他认为，"妒在士君子为恶德。谓女人为恶德者，非通论也。"为什么说此论不通呢？他列举了《意林》《韩非子》《三国志·袁绍传》中的诸多事例，

① （清）钱大昕：《答问五》，《潜研堂文集》卷8，清嘉庆11年刻本。
② （清）俞正燮，涂小马等校点《癸巳存稿》，辽宁教育出版社，2003，第440页。

说明妇女的妒是不平等的多妾制和娼妓制度的产物，是由"其夫素佻达"所致，妒的存在是妇女对于男子特权的抗争。要解决这个问题，须严格控制纳妾人数和纳妾的年龄条件。①

在清代，一些世家大族为了维持家族的稳定，其家谱族规中也严格规定族中子弟不能随意纳妾。② 俞的动机和这些世家大族的出发点有什么不同呢？综合考量俞正燮的妇女观不难发现，他提出控制纳妾的主张显然不是纯粹为家族考量，其出发点在于从客观条件出发最大限度地维护妇女权益。显然，在当时的历史条件下俞正燮不可能提出彻底废妾而实行一夫一妻制的主张。不过，他能从朴素的男女平等观出发，提出限制纳妾的主张已难能可贵。可惜的是，在儒家伦理主导的社会氛围中，这些振聋发聩的呐喊"于实际的社会上尚无大影响"③，它只是在清代思想史上留下了重墨浓彩的一笔。占据社会主流意识形态的依然是礼教思想，清代的婚姻生活并无实质变动。

小　结

从意识形态的角度看，清承明制继续宣扬程朱理学以实现对社会思想的控制，而且为了显示异族统治的合法性，清代对于程朱理学的贯彻更为彻底。对于两性伦理，继续维护男尊女卑的观念，推行片面贞操观；对于婚姻，依然保护宗法家族的权益，维护家长对于子女的主婚权。

婚姻无论体现父母的意志还是子女的意愿，父母的首肯是婚姻成立的必要条件，它成为子女结婚无法逾越的门槛。在以父权为主导的婚姻中，门第与财富是择偶必须权衡的两个重要条件，即使偶有打破门第观的事例，也是以男子先期具备了实现功名利禄的潜质为前提。婚姻择配讲究门第和财富具有一定的积极意义，但它早已被流俗所造成的危害所淹没。从两性伦理看，女性贞操观是其特征的集中体现。女性的贞节不仅同其生命紧密联系在一起，同时也是光耀门庭的资本，有些家族为了博取虚名不惜残害女性的生命。与之相反，有些女性不顾父母的反对慷慨赴死，其目的就是为了自己能青史留名。无论是出于主动或是被动，片面贞节观已成为戕害女性生命，影

① （清）俞正燮著，涂小马等校点《癸巳存稿》，辽宁教育出版社，2003，第442页。
② （清）吴翟撰，刘梦芙点校《茗州吴氏家典》，黄山书社，2006，第22页。
③ 冯友兰：《冯友兰文集》（10），长春出版社，2008，第31页。

响人生幸福的巨大障碍。

　　制度的压制并不能完全抹杀两性情感的存在。当时一些文人以文学作品为思想武器严厉鞭挞包办婚姻，宣扬个人旨趣相结合的爱情婚姻观。青春萌动的青年男女往往通过各种手段互通往来，私订终身。与此同时，一批文人从先秦儒家汲取有益的元素批判现行婚制与伦理的弊害。他们同情妇女的悲惨处境，批判片面贞操观的非理性，主张婚姻要体现当事人的意愿，甚至倡导两性爱情的结合。虽然他们的观点在当时看来过于偏激或前卫，缺乏现实的基础，但其思想中所体现的两性平等的愿望，无疑是人性复苏的象征。

中卷　觉醒与初倡（1860～1919）

本卷主要描述两性伦理和婚姻观念逐渐与传统断裂，进而萌发婚姻自主理念的过程。这一时段跨度虽长，但婚姻新理念的影响和践行范围非常小，从留学生群体逐渐向国内学界蔓延。

　　第二章主要讲述西方文明冲击下两性伦理与婚姻家庭观念的某些松动。当近代中国人走出国门，踏入异域近距离观察西方世界时，其与中国截然不同的性伦文化和婚姻文化引起了国人的浓厚兴趣，并不自觉地进行比较。在两种文化的比较中，一些先觉者内心波澜微动并进行了一些初步的反思。与此同时，西方的生产、生活方式植入开埠城市，中国传统的生产、生活方式发生些许变化，并不可避免地造成了两性伦理的松动和婚姻家庭的解体。第三章讲述的是清末民初文明婚姻的兴起。清末婚姻变革与知识界的忧患意识密切相连。在知识界看来，国家之所以日渐衰微，是因为传统女性不能培育健全之国民。为此，塑造"国民之母"，提高女权就紧密联系在一起，从而推动了清末民初的婚姻变革。自由、平等理念成为这一时期知识界有力的思想武器，他们在批判传统婚姻陋俗的同时还大力提倡婚姻新理念，主张婚姻自主，改良婚礼，并构建了"学堂知己结婚姻"的文明典范。

第二章　两性伦理与婚姻新理念的萌动

发端于 19 世纪的鸦片战争深刻影响了中国的历史进程，它使传统中国被迫开启了近代化之门。近代中国的历史呈现双向发展的态势，从而改变了中外平行发展而又隔绝的状态，① 中国人的生活轨迹自此发生重大变化。从 19 世纪 60 年代开始，清政府基于自强及外交的需要开始向国外派遣留学生、考察团及驻外使节。他们既肩负着国家的政治使命，又成为中外文化交流的媒介。英国学者特伦斯·霍克斯指出："人在世界上的作用，最重要的是交流。"② 当中国逐步融入当时的世界体系时，西方的物质文明和价值观念对中国和中国人的影响日益加深。这不仅促进了中国人思想的转向，还推动了生活方式的转变。"人们生活方式的变动，是引起社会伦理观念变动及孕育新社会伦理的温床。"③ 以此为基础，性伦文化和婚姻文化的变革日渐成为近代中国社会不可遏制的内在冲动。

第一节　欧美婚姻文化的审视

1866 年，掌管总税务司的英国人赫德欲回国休假，随向总理大臣奕䜣提议愿带人员出国游历，得到了清政府的批准。随行人员有同文馆学生张德彝、凤仪、彦慧，加上斌椿、广英共五人。此次游历途径法国、英国、俄国、普鲁士等九国，历时近四个月。他们在游历、考察的同时，还将"该国一切山川形势、风土人情、随时记载，带回中国"④。这是清政府首次派员出

---

① 张海鹏：《关于中国近代史的分期及其沉沦与上升诸问题》，《近代史研究》1998 年第 2 期。
② 〔英〕特伦斯·霍克斯：《结构主义和符号学》，上海译文出版社，1987，第 128 页。
③ 李长莉：《从"杨月楼案"看晚清社会伦理观念的变动》，《近代史研究》2001 年第 1 期。
④ 宝鋆编《筹办夷务始末》（同治朝）卷 39，中华书局，2008，第 1622 页。

国，以此为开端拉开了近代中国官方涉外交流的序幕。此类考察几乎贯穿了整个洋务时期，从而留下了弥足珍贵的异域见闻录。现在流传下来的有斌椿的《乘槎笔记》、张德彝的《航海述奇》①、刘锡鸿的《英轺私记》、王韬的《漫游随录》、薛福成的《出使英法义比四国日记》等。他们在考察西方的政教、工农商等涉及国计民生的重大事项时，还详细地观察、记录了欧美社会的日常生活，如穿衣戴帽、吃喝饮食、居家住宿、车马交通、婚丧嫁娶、男女社交、两性伦理等诸多方面，这为我们考察19世纪的欧美社会文化特别是婚姻文化打开了一扇窗户。

一　别开生面的两性伦理

性伦理是调节男女两性关系的道德规范和社会准则，它建立在性和性别的基础之上。性是包括自我力量、社会知识、个性和社会准则等与生理功能密切结合的高度复杂的体系。② 黑格尔对此曾认为："两性的自然规定性通过它们的合理性而获得了理智的和伦理的意义。"③ 其意是说，"性"本身不仅只具备生理的属性，还内在的规定了伦理的道德意义。费尔巴哈曾精辟地谈道："性关系可以直接地看为是基本的道德关系，看为是道德的基础。"④ 马克思将问题进一步深化，从而把两性关系与人类文明紧密联系起来。他认为："男女之间的关系是人与人之间的直接的、自然的、必然的关系。在这种自然的、类的关系中，人同自然界的关系直接地包含着人与人之间的关系，而人与人之间的关系直接地就是人同自然界的关系，就是他自己的自然的规定。因此，这种关系以一种情感的形式、一种显而易见的事实，表明属人的本质在何种程度上对人说来成了自然界，或者，自然界在何种程度上成了人的属人的本质。因而，根据这种关系就可以判断出人的整个文明程度。"⑤ 根据马克思的解释，性伦理不仅仅是一种道德规范和社会准则，它的状况还决定了人类的文明程度。

---

① 张德彝出访的次数较多，因此留下了大量的笔记。自《航海述奇》开始，还有《再述奇》、《三述奇》直至《八述奇》。
② 王伟、高玉兰：《性伦理学》，人民出版社，1992，第13页。
③ 黑格尔：《法哲学原理》，商务印书馆，1961，第182页。
④ 费尔巴哈：《费尔巴哈著作选集》（上），商务印书馆，1984，第572页。
⑤ 马克思：《1844年经济学哲学手稿》，人民出版社，1979，第72页。

"人类理想的两性关系的基本准则即是两性间的相互平等与尊重。"① 但中国传统的两性伦理恰恰站在了它的对立面：在地位上奉行"男尊女卑"，在交际上强调"男女之大防"。近代西方的两性伦理虽也做不到完全平等，但总体而言已比中国进步了很多，并与之形成了强烈反差。因此，深受传统思想熏陶的近代中国人，一踏上欧美的土地立刻感受到了不同于本土的异域性伦文化：

（一） 男女社交公开

简而言之，社交是指社会上人与人的交际往来。② 具体来说，它是人们运用一定的方式（工具）传递信息、交流思想，以达到某种目的的社会活动。人的本质属性是社会性，而社交正是人的社会性的重要体现，男女交际是两性共同营造良好生活的基础。欧美社会主张社交公开，男女交往无所避讳。因此，时人笔记中留下了不少关于男女交际的实例。通过细致的梳理，其交际可以分为三个类型。

1. 男女共同游历

张德彝曾记录了出国途中所见到的男女少年幽会的情况："闻同船少年名屈达拉者，与幼女姓包名似苇荷于昨宵赴桑中之约。女年二七，男才十三龄耳。众人虽知，殊不置意，盖他国风俗使然也。"③ 到达欧美诸国后，张德彝通过细致的观察进而认识到美法等国的女性与中国殊为不同。在美国，"合众女子少闺阁之气，不论已嫁未嫁，事事干预阃外，荡检逾闲，恐不免焉。甚至少年妇女听其孤身寄外，并可随相识男子远游万里，为之父母者亦不少责。不为雌伏而效雄飞，是雌而雄者也。"④ 在法国，他看到男女嬉戏，共同游玩："冰池中心有亭，亭上奏乐。昼夜男女成群，往来冰嬉。园主皆索园费，入看者亦索园费。再，男女有私悦者，可携手驰骤冰上，相与为戏。"⑤ "是雌而雄者"，其意是说女子做了男子该做的事。很显然，这是张德彝基于中国语境而对欧美女子的行为做出的判断，由此足见张氏已经认识到了西方社会男女平等交际的事实。

---

① 梁景和：《近代中国陋俗文化嬗变研究》，首都师范大学出版社，2009，第211页。
② 《现代汉语词典》（第5版），商务印书馆，2005，第1205页。
③ 张德彝：《欧美环游记》，钟叔河主编《走向世界丛书》，岳麓书社，1985，第649页。
④ 同上书，第670页。
⑤ 同上书，第744页。

中国传统社会奉行"男女授受不亲"的理念，如此亲密的关系恐怕只有夫妻才会如此，而且是在非公开场合。因此，青年男女的嬉戏与亲密曾令王韬发生误解。1867年，王韬在参观英国皇室宫殿时碰到一对亲昵的青年男女，他怀疑这可能是一对夫妇，而实际情况并非如此："询之，则曰：非也，乃相悦而未成婚者，约同游一月后，始告诸亲而合卺焉。"① 刘锡鸿在其《英轺私记》中也验证了这一情况："女有所悦于男，则约男至家相款洽（其俗女荡而男贞，女有所悦辄问其有妻否，无则狎而约每之，男不敢先也），常避人密语，相将出游，父母不之禁。"② 刘锡鸿以传统贞节观的视角来观察欧美女性，故得出了"女荡""男贞"的道德判断。毫无疑问，这个结论并不准确，特别是对"女荡"的认识显然是对女性的污蔑。其实，他们无论从哪个角度来评判欧美社会的女性，都是对男女平等社交最好的证明。

2. 盛大的交际舞会

游历西方的中国人发现，无论平民百姓还是王公贵族都热衷于交际舞会，其种类有化装舞会、交谊舞会、脱衣舞会等不一而足。张德彝曾详细记载了化装舞会的精彩场景："当晚，男女老幼三百余人。男子有扮如西印度王者，身着红羽，饰以金珠，有如印度红面人者，面涂五彩，腰围雕翅，头戴鸟翎，足登皮履，有如英国元帅者，麦西黑人者。女子有着埃及服者，有着日本绣花衣者。有扮如广东婆者。其他奇怪衣服，不识者居多。正值跳舞之际，忽闻喊声自外来，见有一人八字乌须，隆准凤目，头戴长帽，左肩斜跨红巾，宽五寸许，上挂十余宝星，后随数十名武官拥护，系国王拿破伦也。入门，人皆免冠参谒，于是乐工奏国乐以迎。众人细看，此人不如法王之雄壮，彼此争辨良久，始非法王，乃志拉之友尹士昌也，趣甚。"③ 与传统中国人单调乏味的生活相比，这些社交活动可谓别开生面。因此，张德彝也表现出浓厚的兴趣，"趣甚"可能是对此种心境最好的表达。在化装舞会中，参与者可以任凭自己的喜好进行装扮，扮演的角色上至皇室贵胄下至民间社会人物皆可任意选择，并无中国社会等级僭越的顾虑。

在笔记史料中还有皇室举行交谊舞的记录。刘锡鸿较为细致地观察到男

---

① 王韬：《漫游随录》，钟叔河主编《走向世界丛书》，岳麓书社，1985，第100页。
② 刘锡鸿：《英轺私记》，钟叔河主编《走向世界丛书》，岳麓书社，1986，第181页。
③ 张德彝：《欧美环游记》，钟叔河主编《走向世界丛书》，岳麓书社，1985，第756~757页。

女交谊舞的基本规则、男女的服饰特点等情况，如其记载英国皇室舞会的场景："跳舞会者，男与女面相向，互为携持。男以一手搂女腰，女以一手握男膊，旋舞于中庭。每四，五偶并舞，皆绕庭数匝而后止。女子袒露，男则衣襟整齐。然彼国男子礼服下裤染成肉色，紧贴腿足，远视之若裸其下体者然，殊不雅观也。云此俗由来最古，西洋类皆为之，国中大小衙门莫不有跳舞庭，若以为公事之要者。……是夜各国公使毕集，官绅男女聚观尤众。前庭奏乐，以为舞节。世子与其夫人亦在跳舞中。世子别与一妇为偶，夫人又别与一男子为偶，夫妇不相偶也。"① 刘锡鸿了解到跳舞习俗在英国的历史源远流长，并且从举办舞会的频率他充分认识到了社交舞会在欧美国家政治生活中的重要性，但根深蒂固的礼教思想又让他对男子貌似裸露的服饰表现出厌恶之情。同样是皇室舞会，张德彝的记载更为细腻，他不仅注意到交谊舞的基本规则，还观察到舞会参与者不同身份的站位差异："跳时分为两班：太子、王妃以下位尊者为一班，各官男女为一班。乐奏则男女对面相向，互为携持。男以右手搂女腰，女以左手扶男肩，旋舞中央。每二、三、四、五偶并舞，皆绕数匝而后止。惟夫妇不相偶，兄妹不相偶，必戚友相识者男女始为偶也。跳则依乐移步，随式转躯，步武整齐，毫不错乱。盖男女自幼皆习舞于尨人也。"② 从二人的记录看，他们注意到了一些相同的规则，如在男女搭配上遵循"兄妹不相偶""夫妇不相偶"等原则。舞场上这些男女相交的伦理观念与其固有的理念大相径庭，故引起了他们格外的关注。

从上述记载我们能基本了解西方交谊舞的基本状况，但如果非要说刘、张二人的记录有什么缺憾，那就是交谊舞的规模过小，场景不够壮观，这一缺憾很快被王韬所弥补。在英国游历期间，盛大的集体舞给王韬留下了深刻印象，其对宏大的场景和多彩的舞姿都有详细记载：

> 西国男女有相聚舞蹈者，西语名曰"单纯"。或谓即苗俗跳月之遗，今海东日本诸国尚有此风，英人则以此为行乐娱情之一法。……诸女子无不盛妆炫服而至，诸男子亦无不饰貌修容，衣裳楚楚，彼此争妍竞媚，斗胜夸奇。其始也，乍合乍离，忽前忽却，将近旋退，欲即复止，若近若远，时散时整，或男招女，或女招男。或男就女，而女若避之，

① 刘锡鸿：《英轺私记》，钟叔河主编《走向世界丛书》，岳麓书社，1986，第 151～152 页。
② 张德彝：《随使英俄记》，钟叔河主编《走向世界丛书》，岳麓书社，1986，第 413～414 页。

或女近男，而男若离之。其合也，抱纤腰、扶香肩，成对分行，布列四方，盘旋宛转，行止疾徐，无不各奏其能。诸女子手中皆携一花球，红白相间，芬芳远闻。其衣亦尽以香纱华绢，悉袒上肩，舞时霓裳羽衣，飘飘欲仙，几疑散花妙女自天上而来人间也。其舞法变幻不测，恍惚莫定，或如鱼贯，或如蝉联，或参差如雁行，或分歧如燕翦，或错落如行星之经天，或疏密如围棋之布局。或倏分为三行则成"川"字，或骤合为联贯则成"曰"字，或进如排墙则成"一"字，或为圆围则成"O"字，或为方阵则成"口"字。其为圆围也，倏而面向内背向外，倏而背向内面向外；倏而变成二圈，则如连环之形；倏而男女各自为一圈，倏而男围女圈，则女圈各散而从男圈中出；倏而女围男圈，则男圈各散而从女圈中出。其为方阵也，二方则为"吕"字，三方则为"品"字。光怪陆离，瑰奇诡异，不可逼视。又有时纯用女子作胡旋舞，左右袖各系白绢一幅，其长丈余，恍若白蝙蝠张翅，翩翩然有凌霄之意。诸女子皆蹑素革履，舞蹈之时，离地轻举，浑如千瓣白莲花涌现地上。此外更佐以琴瑟诸乐，音韵悠扬。观者目眩神摇，恍不觉置身何所。①

通过上述记载我们发现，王韬已然认识到交际舞会具备"行乐娱情"的功能，即为男女社交与表达爱意之所，由此他判定这种习俗可能是中国苗族跳月习俗的遗迹。跳月习俗是带有原始色彩的自由择配之法，它是专为顺应天时实行婚配而设："仲春之月，令会男女，于是时也，奔者不禁。"② 实际上，欧美社会的男女社交是两性社会性的表现形式，也是营造高质量生活的一种手段，并不专为婚恋而存在。初次踏入西方国度的王韬，不可能熟谙欧美历史风俗，而且长久以来中国文人心中深藏的"中国中心论"也不可避免地把异域文化当作中华文化的支流看待。因此，王韬的认识出现一些偏差也不足为怪。

3. 茶余饭后的散步

张德彝在英期间，还注意到该国男女有茶余饭后共同散步的习惯，并且不同性别、不同身份之人晤面的礼节也不尽相同：

英俗，凡人无事者，或早馔后，或晚馔前，必步游少许，一为消食，

---

① 王韬：《漫游随录》，钟叔河主编《走向世界丛书》，岳麓书社，1985，第142～143页。
② （清）孙诒让撰《周礼正义》（4），中华书局，1987，第1040～1044页。

一为清神，皆在午未之间。又专有午后者：夏季由申初至酉正，冬季由申初至申正二刻。富室遨游园囿，贫家步履街衢。其乘车者，四季多由未初至酉初。已嫁之女，原可一人闲游，而宦家鲜有独步胜地与繁区者。新婚或年少之人，游必偕子女或姊妹仆婢等。男女相识者遇诸途，必待女先鞠躬，或点首，男子方敢答礼。若与女一面之识，只以手扶冠而已。如系至契，则免冠高举以为礼。二女相遇，无论新交旧好，皆位高者先点首。二男相遇，俱不免冠，只点首，或以手扶冠，若遇一相识之男偕一二不识之女，则免冠以隐示敬女之意，然不为之相见，盖男不能向不识之女免冠也。若二女同行，一女遇其相识之女，则与不识者相见。二女遇一男子途，非夫与子不为相见。男女遇诸园囿山林，皆男趋女旁，偕行数武。男女同游，则女前男后，非老妇不得携手并肩。夏日妇女乘车而游者，有自御一种小敞车。由午正至未正，妇女子城内骑马乘车，必有戚友或马夫以伴。乡间虽可独行乘骑，若田猎，又必有人同往，以防不虞也。①

从上述记载看，在英国无论贫富都有早晨或傍晚散步的习俗。家庭间财力的不同决定了其所选地点的差异：富裕之家多在自家的园林中活动，寻常百姓则步履街头。这种习俗并无男女之别，已婚的女子可以独自游玩，新婚或少女须有人陪同。在散步或游玩时男女相识者如偶遇途中，作为绅士必须表现出对女性足够的尊重。

刘锡鸿在英国期间也注意到了这一点：

> 洋妇喜出游，亦喜见男子，然必与夫偕。夫不在而出游见客者，巨家多不如是。途间每见男子曲右肘，妇人以左手插入其肘中，并肩而行者，皆夫妇居多，顾亦有戚友而相扶掖者。夫在前而戚友扶掖其妇，则夫喜，以人之敬爱其妇也。有客则让其妇，使客扶掖之，与之偕行并坐，谓以是为敬客也。狎昵笑语，咸所不避，第不至于乱。②

从上述记载不难发现，在欧美社会无论游历、舞会还是日常的散步，无一处不见女性的身影："至其优游逸豫，士女偕臧，则以适其情者，畅遂其天。如聚跳、冰嬉，观剧，皆不拘于男女。"③ 这与中国"男子居外，

---

① 张德彝：《随使英俄记》，钟叔河主编《走向世界丛书》，岳麓书社，1986，第399页。

② 刘锡鸿：《英轺私记》，钟叔河主编《走向世界丛书》，岳麓书社，1986，第223~224页。

③ 志刚：《初使泰西记》，钟叔河主编《走向世界丛书》，岳麓书社，1985，第325页。

女子居内。深宫固门，阍、寺守之。男不入，女不出。男女不同椸枷"①的状况迥然不同，由此足见欧美社会女性与男性平等社交的状况。但从张、刘二人的记载看，巨家富室与寻常百姓家的女子在游玩或待客方面还有所不同。如张德彝记载"已嫁之女，原可一人闲游，而宦家鲜有独步胜地与繁区者"，刘锡鸿则观察到"夫不在而出游见客者，巨家多不如是。"从中可以看到，英国的男女社交虽有平等之意，但巨家富室的一些规范与寻常百姓还存在一些差别，这种状况与中国颇有相似之处。

（二）男女交往以女性为尊

欧美社会的文明不仅体现在男女社交的平权，还表现在社交礼仪中男性对女性的尊重。与此不同的是，中国传统社会的纲常名教崇信"男尊女卑"，饱读诗书的士大夫则更是儒家信条的捍卫者，面对欧美社会阴阳颠倒的"乱象"引起了他们的格外关注。

在英国，如果要去拜访朋友，则"无论男女，拜谒留刺，为应之大节。而接收递送，惟一家之女主是主。妇代其夫投刺，与自行投刺同。故女可代父，侄女可代伯叔，孙女可代其祖。盖一家之内，女权最尊。……妇女乘车拜客，其夫鲜有相随者。"② 如果是在家庭宴会中，"凡宴客，必夫妇亲之，赴宴者亦夫妇偕至。宾主坐次，皆先定而标识之，无逊让礼。妇坐不与夫偕。男宾之贵者，扶挟主妇，就席并坐。余皆以次挟客妇坐。主人分尊，则妇皆肉袒。宴将毕，妇人先起，男宾复酌，少顷乃散。"③ 由此可见，在家庭之内女性有充分的社交权，并得到男子的尊重。如果上述记载有道听途说之嫌，那么斌椿目睹的实况更能加强这一观点："每起，则扶掖登船楼，偃卧长藤椅上。而夫日伺其侧，颐指气使，若婢媵然。两餐后，或掖以行百余步。倦则横两椅并卧，耳语如梁燕之呢喃，如鸳鸯之戢翼，天真烂熳，了不忌人。"④ "天真烂熳"在中国的语境中是指活泼可爱、不虚伪做作，它是对人的褒奖之语。由此可见，斌椿对所见到的这种亲昵的夫妇关系，含有认同、赞许之情。

如果男女偶然见面，"男先免冠致礼。女不先举其手，男不敢与之曳手

---

① （清）孙希旦撰《礼记集解》，中华书局，1989，第795页。
② 张德彝：《随使英俄记》，钟叔河主编《走向世界丛书》，岳麓书社，1986，第498～499页。
③ 刘锡鸿：《英轺私记》，钟叔河主编《走向世界丛书》，岳麓书社，1986，第100页。
④ 斌椿：《乘槎笔记》，钟叔河主编《走向世界丛书》，岳麓书社，1985，第101页。

问候。男女至近者，必三四摇而后止，否则彼此一曳而已。"① 如果在正式的社交场合，男子对于女子的尊重宛若主奴关系，在张德彝的记载中较为形象地反映了这一状况：

> 男子无论何等，若与无论何等女子相见，皆听女命。在跳舞会，主人多引男见女，一为与之跳舞，一为陪入饭厅。凡男女既赴会，男必愿得女，女必愿得男。迨引见后，女不愿跳则辞之，男不愿跳则不得，必陪跳一场，方为尽礼。……男女相见，必待女子先施，方敢与之相握。凡客来拜会女主者，无论男女，初见相识，皆握手以为礼。请晚酌者，无论男女老少，主人须设法引一男见一女，以便同往饭厅入坐。盖请客俗礼，必男女数同，或一男间二女，或一女间二男，鲜有二男或二女并肩而坐者。此等引见，只在主人斟酌二人品位之高低相当否，迨进馔时，一为唱名而已。女子有饭前未经引见，而座间彼此叙起者，有饭后上楼吃茶，而主人复为之引见者。男子饭前未经引见，饭后则无须致意，彼此自为叙谈可也。在申、酉时间茶会，花园会及叙谈会，女主必与各女客引见一男客，以便偕伴饮茶小食，散步游览，或登山，或渡水。男子会意，自然随时追陪。此等引见，不但主人斟酌彼此等第，义当窥女之洽意与否。此等会中男女，未经引见者，可以彼此聚谈，鲜有因而缔交者。谈毕，女可向男鞠躬以示敬，女向女则无此礼，盖男女交谈，非女鞠躬，男则不敢离也。②

从上述记载看，无论舞会、宴会、茶会或叙谈会，主人都会根据男女二人的品位进行配对，以便于男女的交际与交流。从整个情况看，对女性的尊重与男子的等级身份并无联系。无论男子身份如何尊贵，在社交场合都必须表现出对女子足够的尊重。19 世纪的欧美社会在日常生活中对妇女的尊重已蔚然成风，若有干涉女性自由者，"妇女可以控官，乃判将该男监禁若干日，以昭儆戒云"③。依法治国的理念将良好的公序良俗巩固下来，给乍出国门的国人留下了深刻印象，斌椿"如鸳鸯之戢翼，天真烂熳"之语应是这一心态最好的注脚。

---

① 张德彝：《欧美环游记》，钟叔河主编《走向世界丛书》，岳麓书社，1985，第 739 页。
② 张德彝：《随使英俄记》，钟叔河主编《走向世界丛书》，岳麓书社，1986，第 515～516 页。
③ 张德彝：《随使法国记》，钟叔河主编《走向世界丛书》，岳麓书社，1985，第 474 页。

二　迥然不同的婚俗

传统观念认为，婚姻为人伦之始："人道所以有嫁娶何？以为情性之大，莫若男女。男女之交，人伦之始，莫若夫妇。"① 这个观念在儒家典籍中被反复强调并成为指导中国人生活的重要准则，故婚姻在传统社会中被视为人生的头等大事。既然婚姻如此重要，欧美社会的婚俗自然亦在出洋人员的考察之列。其内容主要包括四个方面。

（一）主婚权与婚配标准

1. 婚配主权

传统婚姻在主婚权上遵守"父母之命，媒妁之言"的准则，直到新中国成立前这种方式一直处于主导地位。在欧洲，这一状况较早地发生了变动："在18世纪中期前后，更多的人开始把婚姻视为一种'心灵结合'。"② 因此，当他们置身欧美社会后观察到了与中国迥然不同的婚配价值观。

张德彝较早记录了欧美社会婚姻自主、自由恋爱的情况："西俗男女婚嫁，皆自主之。未娶未嫁之时，彼此爱慕，相交如友。"③ 男子成年后"自寻匹配；女子情窦初开即求燕婉，更数人而始定情"④。无独有偶，刘锡鸿、王韬等人也记载了这一状况："男女婚配皆自择。女有所悦于男，则约男至家相款洽……常避人密语"⑤，"婚嫁皆自择配，夫妇偕老，无妾媵。"⑥ 恋爱中的男女如果碰到特殊日子，还会彼此赠送礼物："近日人皆斋戒，各点心铺中出售彩画熟鸡卵，又有以糖作卵形者。有以绫缎作西瓜形者，外彩线装饰，内实糖果以及剪刀笔纸等物，上置鸟兽立卧状，皆极精巧，统以鸡卵名之。闻买是物者，皆少年送赠情人所用。"⑦ 对于婚姻自主的习俗，上述三人到底有多少赞许或反对之情，囿于史料所限不得而知，但他们至少对女性的贞操表达了某种隐忧。如张德彝所说："故娶妻求完璞，实戛戛其难之。乾

---

① （清）陈立撰，吴则虞点校《白虎通疏证》，中华书局，1994，第451页。
② 〔奥〕米罗特尔等：《欧洲家庭史》，华龄出版社，1991，第116页。
③ 张德彝：《航海述奇》，钟叔河主编《走向世界丛书》，岳麓书社，1985，第581页。
④ 张德彝：《欧美环游记》，钟叔河主编《走向世界丛书》，岳麓书社，1985，第650页。
⑤ 刘锡鸿：《英轺私记》，钟叔河主编《走向世界丛书》，岳麓书社，1986，第181页。
⑥ 王韬：《漫游随录》，钟叔河主编《走向世界丛书》，岳麓书社，1985，第107页。
⑦ 张德彝：《欧美环游记》，钟叔河主编《走向世界丛书》，岳麓书社，1985，第760页。

卑坤尊，亦地气使然也。"① 欧美社会主张婚恋自由、男女平等，专门苛责女性的片面贞操观早已转变，而中国近代社会对女性贞操的苛刻要求依然根深蒂固。以此来推断，他们虽对异国婚俗感到新奇，但内心未必赞同。

欧美社会的婚姻虽主张自主，但在一定年龄之前父母仍负有管制、监督之重任。在法国，"凡女适人在二十五岁以前，听父母之命，逾期则自主之。"② 在英国，父母对子女婚龄的管制有所降低："然女子二十岁以前，则听父母之命，过此则自主。如男悦于女，女未及二十岁，则请观剧晚酌，以及游乡，皆须母女同请，不能私约，盖母女步步相随也。往拜必同拜其母，而留刺与其父。或值令节，或由外而归，或市售新物，有所赠送，亦必令其母知之。久而窥女之心，似有所属，男可向其父母跪而求之。"③ 由此可见，19 世纪的欧洲社会虽然"男女私交，不为例禁"④，但在婚姻问题上父母仍有重要发言权，"在欧洲许多国家，凡规定需要父母同意的地方，如无父母同意，婚姻即算无效"⑤。而且，与新教家庭相比，信奉天主教的父母对子女婚姻的干预更多。因此，新教家庭子女的恋爱或婚姻自主的机会更多一些。⑥在父母干预子女婚姻问题上欧美社会和中国的情况类似，但相比较而言，中国的父母似乎有更多的权威。

2. 婚配标准

在婚配标准上，中国传统社会讲究"门当户对"，这一点欧美社会与中国相似。有所不同的是，欧美社会的男子婚配之前必须实现经济独立："盖男子自二十岁后，即与其父析产，另树门墙，自寻匹配。"⑦ 婚姻匹配遵奉两条原则："一则财产相称，一则情意相符。"⑧ 相比较而言，财产相称可能分量更重，"两意投合合，告父母互访家私，家私不称不为配也（苟访查不确而被欺，则虽既嫁、既娶后，女仍不以男为婿，男仍不以女为妻，等诸婢仆而已），称，则以语男女，使自主焉。"⑨ 在同一时期的法国，婚姻的要求更

---

① 张德彝：《欧美环游记》，钟叔河主编《走向世界丛书》，岳麓书社，1985，第651页。
② 张德彝：《欧美环游记》，钟叔河主编《走向世界丛书》，岳麓书社，1985，第786页。
③ 张德彝：《随使英俄记》，钟叔河主编《走向世界丛书》，岳麓书社，1986，第519页。
④ 张德彝：《随使法国记》，钟叔河主编《走向世界丛书》，岳麓书社，1985，第473页。
⑤ 〔芬〕韦斯特马克：《人类婚姻简史》，商务印书馆，1992，第97页。
⑥ 恩格斯：《家庭、私有制和国家的起源》，《马克思恩格斯选集》第4卷，人民出版社，1972，第66页。
⑦ 张德彝：《欧美环游记》，钟叔河主编《走向世界丛书》，岳麓书社，1985，第650页。
⑧ 张德彝：《欧美环游记》，钟叔河主编《走向世界丛书》，岳麓书社，1985，第651页。
⑨ 刘锡鸿：《英轺私记》，钟叔河主编《走向世界丛书》，岳麓书社，1986，第181页。

为严格："惟法俗较他国稍严，乃不独财产须同，三代更当相等。"①

从上述各国的婚配原则看，欧美社会婚配对于财产与门第的要求相当严格，如有僭越则有可能受到法律的制裁。② 所谓婚姻自由并不是无条件的、超越阶级或阶层的，同一阶层内通婚其自由度才能达到最高，其婚配原则仍有相当的局限。若与同时代的中国进行横向比较，其恋爱自由的广泛存在无疑显现了更多的文明，给当时的国人留下了深刻的印象。

（二）婚礼风俗

欧美国家人民多信奉基督教，其婚俗与宗教密不可分。基督教内教派虽有不同，但其婚俗大同小异。基督教的创始人并未对婚姻礼仪做出任何规定，不过人们历来以为，基督徒的婚姻仪式自古就伴有相应的宗教崇拜活动。自圣保罗提出"唯兹盛典，是用昌大"之后，婚姻乃圣事的教义得到了发展，并于 12 世纪得到认可。1563 年，特兰托公会议规定：今后结婚，须经教士主持，并有二至三人见证，方得有效。至此，婚姻完全被看作上帝创立的一种制度，是婚姻当事人永远的约定，具有神圣庄严性。亚当和夏娃的结合确立了基督教的一夫一妻制，礼堂在伊甸园，上帝是主礼人，这决定了教堂婚礼是欧美国家的传统结婚形式，并具有法律上的重要性。

张德彝、刘锡鸿在欧美游历期间所了解、见证的婚礼，无一不在教堂举行。上至皇室贵胄，下至平民百姓，概莫能外。③ 教会的教师以上帝代理人的身份主持婚礼，并获得一定的报酬："酬教师者由五镑至二十五镑，酬先生者一二镑而已。"④ 在婚礼中，皆有伴郎、伴娘等数人："按国家婚仪，皆有一二十男仆，扶持新郎，其他只用一人，呼曰格路木司曼，译言伴郎也。""凡伴新娘之女，或新郎或新娘之亲近姊妹。"⑤ 人数的多寡，依贫富程度而无定数。欧美社会有戴戒指的风俗，"按西国男女，皆带戒指。男子未婚者带于小指，已聘者带于中指，既娶者带于无名指。或金或银，嵌以宝石五

① 张德彝：《随使法国记》，钟叔河主编《走向世界丛书》，岳麓书社，1985，第473页。
② 《汪穰卿笔记》（中华书局，2007，第136～137页）中记载了当时美国报刊的一则新闻：一对男女因恋爱受阻而私奔，最后法庭判令二人不得相合，并令父母领回。
③ 张德彝：《航海述奇》，《走向世界丛书》，岳麓书社，1985，第581页；张德彝：《随使英俄记》，《走向世界丛书》，岳麓书社，1985，第519页；刘锡鸿：《英轺私记》，《走向世界丛书》，岳麓书社，1985，第218页。
④ 张德彝：《随使英俄记》，钟叔河主编《走向世界丛书》，岳麓书社，1986，第519页。
⑤ 张德彝：《随使英俄记》，钟叔河主编《走向世界丛书》，岳麓书社，1986，第518、519页。

采，各听其便。若女子所带戒指，与男子同。惟嫁后则带一整金戒指，永不许撤下，否则不吉。"① 因此，在婚礼上这一环节自然不会遗漏。婚宴之后，还有分吃"喜饼"之俗，"新娘坐分喜饼与众，英名卫定开克。……以干樱桃和面而蒸之，厚二三寸，周约二尺，味颇甘。盖入座后盛以银盘，旁置银刀一柄。至此，新娘自切一刀后，仆人持下，按客数分切，每人一片。……吃毕，众客之品高位尊者一人起而立，祝新夫妇以吉语。新郎立言一段，以谢众人。谢毕，首客再立言数语，以谢新郎。"② "喜饼"的分食，意味着婚礼的最后终结。其后，新郎、新娘必出游以度蜜月，游历的时间与地点依贫富的不同而有差异："宴毕，次日或越数日，则夫妻偕往外国遨游。富者之游也，其地或千里，或万里；其期或一年，或数年，然后回国。贫者只在本国遨游数日而已。"③

新郎、新娘的亲朋好友除了参与婚礼外，还会馈赠礼物表达自己对新人的祝福之意，"有闻二家结姻，量其娶聘必早，即为馈送者，有请柬未到而预送者，亦有临期始送者。所送无非金银珠宝、首饰镯钏、金刚石项圈耳环、表练、瓷花绸扇，以及驼鸟翎而已。有因其另树门墙而送器皿使用之物者。当时以大桌铺黑绒，四面围以鲜花，陈设各色礼物，各系白纸一条，书送者之名姓。"④

上述婚俗是欧美社会婚礼的主要片段，充分体现了其宗教信仰、伦理特色，它与有"祖先崇拜"传统的中国婚俗有很大的差异。至于详细的婚礼程序，张德彝曾有详细的记载。在婚礼上，无论新郎、新娘还是众位亲属、来宾皆隆重着装，并根据自己的身份找到相应的位置：

> 届时新娘之父偕众先入礼拜堂，其父已故，则叔伯与兄或长亲皆可。后则母女同车。其父衣帽纯黑，其母衣色不拘。新娘与女伴皆一色雪白。新娘执白花束，女伴执红花束。新郎衣黑色，插鲜花一朵于胸前右襟钮孔。女父率众到，其他男女戚谊亦陆续到。女父立候于堂门之外。女伴立于门内，分列两行。余皆分立女伴之后。新娘母女到，女携

---

① 张德彝：《航海述奇》，钟叔河主编《走向世界丛书》，岳麓书社，1985，第582页。
② 张德彝：《随使英俄记》，钟叔河主编《走向世界丛书》，岳麓书社，1986，第521～522页。
③ 张德彝：《航海述奇》，钟叔河主编《走向世界丛书》，岳麓书社，1985，第581页；张德彝：《随使英俄记》，钟叔河主编《走向世界丛书》，岳麓书社，1985，第520页。
④ 张德彝：《随使英俄记》，钟叔河主编《走向世界丛书》，岳麓书社，1986，第520页。

其父之右腕先入。继而女伴随入堂内偏间。女伴偶数，如六、八、十二，自然骈肩而入，若奇数，如五、七、九，必加三名幼童或幼女同行，以成偶数。女伴之列第一对者，必新郎或新娘未嫁之姊妹，女母随众女伴尾之。其伴伊母者，或子或侄或甥皆可。男女在堂中不许携手同行，若老妪可代为扶持。其他男女戚谊，对对行于新娘之母之后。众入，乃以车往接新郎父子，到乃直入，立于教师台前之右。待新娘由偏屋至，立于新郎左。新郎与新娘之父，及他各男戚，皆立于新娘之左。新娘之母，及其已嫁之姊妹，皆立于众男之后。众女伴又对对立于新郎之后。凡新郎之亲谊，坐教师台左，新娘之戚谊，坐教师台右。此外如有被请者，皆坐于堂中两厦。

上述工作准备就绪后，婚礼正式开始："教师登台，新娘脱手套及鲜花，递第一女伴。然后齐跪。教师向新娘与新郎诵戒词。诵毕，贯新郎所备之戒指予妇之右手四指，再祝，众客和之。祝毕，教师下台先行，新郎戴帽，以右腕携新妇同众后行。入会房，新夫妇先画押，后则新娘之父与其至近戚友各二三人，为之画押。画毕，第一女伴代新夫妇分散赠予戚友什物。其赠女客者：一枝银橘，上系白缎一条，长四五寸，宽七八分。赠男客者：一银橡叶与栎实四五。义皆未详。各人收讫，以针插于胸襟。"如果新娘是再嫁之女，"新娘若系再醮，则无谢物，无女伴，不能戴文君兜与白花冠，只戴女帽一顶，衣则淡青或葱绿二色，仍带前夫所与之戒指，其后夫之戒指则贯于左手中指。"①

婚礼最后的环节是亲朋好友同赴喜宴，举办地点或在家中或在酒店，其选择全视婚姻当事人房屋面积的大小而定。在婚宴之前，众宾客与新郎、新娘畅谈，以表贺喜之意。婚宴的情形如下：

设筵之式与跳舞会之夜馔同，有立者，有坐者。立则量人数列方桌，男女围立，不分上下。若坐，则置长桌，新夫妇并肩坐于一端，或中腰以上。屋大者坐，屋小者立。无论何处，皆新妇坐于新郎之左，非上也，乃下也，因西俗尚右也。次则新娘之父与新郎之母坐于新娘之旁，新郎之父与新娘之母坐于新郎之旁。其他男女排列成圈，各女皆在男右。此早餐与午酌大同小异。汤有冷热，菜多冷荤，三鞭、舍利俱

① 张德彝：《随使英俄记》，钟叔河主编《走向世界丛书》，岳麓书社，1986，第518~520页。

全。有鲜果，不备茶食与咖啡。坐则汤菜皆经仆人捧进，立则置于桌上而自取之。热汤有以盖碗盛满，另置一桌者。冷荤则鸡鱼兔脯等类。坐者备菜单、饭布，立者无汤。①

上述材料较为完备的呈现了欧美社会普通基督婚礼的基本过程。富裕之家的婚礼也基本遵循上述习俗，不同的是其陈设可能更豪华，场面更宏大。刘锡鸿出使普鲁士期间恰巧碰到皇帝开色之孙女出嫁，这给他留下了深刻印象：

> 文武官绅、各国公使、参赞、随员，男女毕集巴列之内，万炬攒光，千灯耀彩。妇女衣裙，藻采杂出，辉映烂然。……遥见堂中央设案，供十字架，伴以高烛，教士九人侍案侧，其下铺以红锦毯。……鼓乐遂作，新妇各与其婿并肩携手而来。婿服如武职朝服，着两金版于肩。新妇戴钻石围额，上有冠，若小米瓜，以珠界为四棱，宝石如鹅卵者缀其顶。冠后披白纱长及脊，遍身皆白衣裙，袒露其胸背。衣后另幅曳地几盈丈，饰以银花，行则四五官妇以手揭之。②

皇室婚礼除宏大的场景和豪华的陈设外，其余的过程与寻常百姓家的婚姻程式基本相似。从刘氏的记载看，无论相关人员的穿着，还是婚礼的场所及器具陈设都不是普通家庭所能比拟，但仍要遵从基督教的一般礼仪，其中所渗透的男女平等精神与普通民众的婚姻是一致的。

（三）独身现象的认识

置身欧美社会的近代中国人，在领略到与众不同的婚俗之外还看到了较为普遍的独身现象。据刘锡鸿记载，英国"男终身不娶，女至老不嫁者比比"③。薛福成也看到了欧美社会"往往有富拥巨万而终身不娶……往往有贵为总督或各部大臣，年近耆艾，犹孑然一身"的现象。④ 中国传统社会以家族为本位，娶妻生子延续香火是婚姻的根本目的，并且只有婚姻才能产生

---

① 张德彝：《随使英俄记》，钟叔河主编《走向世界丛书》，岳麓书社，1986，第 521 页。
② 刘锡鸿：《英轺私记》，钟叔河主编《走向世界丛书》，岳麓书社，1986，第 218~219 页。
③ 刘锡鸿：《英轺私记》，钟叔河主编《走向世界丛书》，岳麓书社，1986，第 155 页。
④ 薛福成：《出使英法义比四国日记》，钟叔河主编《走向世界丛书》，岳麓书社，1985，第 769 页。

"男有室，女有家"的归属感，不婚是忤逆不孝的重罪。基于这个理念，近代中国人很难理解欧美社会的独身现象。带着这个困惑，他们进行了一系列的调查与思索，并给出了四种解释。

1. 生育观念所致

与中国"不孝有三，无后为大"的观念截然相反，欧美社会"不重后嗣"①。由于没有财产继承人，他们在临终前只能将万贯家财捐献于社会，以推动教育及养老等公益事业的发展，借以了却心中的遗憾。对此，张德彝百思不得其解，仔细询问之后得到了这样的解答："以吾一人之财，生千万人，养千万人，诚为乐事。今吾虽有子，将来贤否不知。贤者即能守成，必致好逸偷安，毫无所学。不肖者既不能保全，因而伤身败德，更无所学。莫若自幼使之贫乏，令其学成一艺，以赡其身，则美名或可望获也。……吾舍重资以成善举，虽千百年犹奉吾像于其地，又何乐而不为善哉？"② 由此可见，欧美社会独特的"不朽观"，使其子嗣观念非常淡漠，独身也就不难理解了。薛福成的记载也印证了这一结论。他认为，欧美社会的婚姻目的"不过聊以自娱，意本不在生育者。盖彼本视子孙为甚轻，若居可有可无之列"③。"后代子孙"既然居于可有可无之列，那么婚姻自然也就变得无足轻重，只要能达到"自娱"的目的，独身又何妨呢？

2. 经济压力的束缚

中国传统社会以家族制度为基础，无论婚姻或是日常生活都由家族来统一调度，个人无须承担经济的压力。欧美社会奉行小家庭制度，主张个人经济独立，无论结婚还是日常生活的消费都由自己独立承担。与中国的个人生活相比，欧美社会的生活崇尚奢靡，花费巨大："英俗太奢，铺陈享用，务极华侈，殊非久计。妇女浪费，尤中国所无，衣裙一袭，动须银百余两，服之仅二次，即嫌不鲜，又换新制。每日往来酬应，车马酒食所费浩烦，月非三、四百金不办。故女子择配，必以男家富有为期。而男子又病供应之难，必此女力能自给方敢聘定。故男终身不娶，女至老不嫁者比比。"④ 这一点在《赫德日记》中可以得到印证。他在1854年10月29日的日记中写道："我

---

① 张德彝：《随使英俄记》，钟叔河主编《走向世界丛书》，岳麓书社，1986，第451页。

② 同上。

③ 薛福成：《出使英法义比四国日记》，钟叔河主编《走向世界丛书》，岳麓书社，1985，第769页。

④ 刘锡鸿：《英轺私记》，钟叔河主编《走向世界丛书》，岳麓书社，1986，第154～155页。

的薪水养不起一个英国妻子：这样的女人在这里被认为是一个大'麻烦'：较弱、多病——需要多方照顾，医疗看护，还有众多的仆人，等等。"① 正是因为如此，赫德在三十岁之后才正式结婚。欧美社会的生活方式给青年男女造成了极大的经济压力，非富有或经济独立不敢轻易涉足婚姻，这严重影响了欧美社会的男女婚配，造成为数不少的独身现象。

3. 不愿受彼此的约束

欧美社会崇尚个人独立，而独立又是自由的前提。因此，部分经济独立者为了获得更多的自由往往拒绝婚姻："故女子恒厌有夫之拘束，不如无夫之放荡自得，以是终身不嫁者比比。男子亦然，虑钤束于妇，亦往往终身不娶。德人白欧得、阿欧得来见，年皆四五十，且富于资，询其有室与否，皆曰无之。今法使桑倭厘，年四十五矣，并未尝娶妻。"② 对于个人自由的向往也是造成独身的重要原因之一。

4. 过分讲究门第

欧美社会虽主张恋爱自由，但婚姻却仍重视门第。对于门第的过度重视，必然限制了择偶的范围。如法国风俗，不仅要求财产相同，而且还要求三代门第都须相当，如此苛刻的条件势必造成婚姻失时，"致有男子四五旬尚未娶者"③。以此来看，择偶范围过于狭小，必然要在社会上造就一批独身者。

（四）婚姻管理与形态

传统中国社会的结婚不仅要有婚书，而且婚后还要呈报国家的户籍吏进行登记。张德彝观察到，欧美社会有跟中国类似的婚姻登记制度。他们的青年结婚不仅要"性情相符"，也要服从国家的行政管理，即履行婚姻登记制度。青年男女去教堂举行婚礼之前，要去国家机关领取结婚证书，"复同往官署声明，官以一纸书，内载某人娶某氏为妻，某女嫁某男为夫，彼此情愿，男不许娶二室，女不许嫁二夫。"④ 中西方社会的登记制度虽然相似，但相比较而言欧美，社会的婚姻登记制度显然更严格和正规。

---

① 〔英〕赫德：《步入中国清廷仕途：赫德日记（1854～1863）》，中国海关出版社，2003，第84页。
② 刘锡鸿：《英轺私记》，钟叔河主编《走向世界丛书》，岳麓书社，1986，第224页。
③ 张德彝：《随使法国记》，钟叔河主编《走向世界丛书》，岳麓书社，1985，第473页。
④ 张德彝：《航海述奇》，钟叔河主编《走向世界丛书》，岳麓书社，1985，第581页。

中国传统社会的基本婚制是一夫一妻。除此之外，"妾""娼妓"等都是当时婚制的重要补充形式，从而构成了一夫一妻多妾的婚姻形态。踏上异国土地的张德彝马上察觉到中西婚制的差异。他到英国后，了解到其俗为"男不许娶二室，女不许嫁二夫。"王韬也同样观察到这一点："婚嫁皆自择配，夫妇偕老，无妾媵。"① 从表面来看，欧美社会遵守严格的一夫一妻制，与清代的婚制有明显不同。但实际上，欧美社会的一夫一妻制也有其补充形式，即"通奸"和"杂婚"现象的存在。特别是天主教国家由于禁止离婚，这些现象比新教国家要严重得多。② 在欧美社会的短暂停留，显然无法帮助他们深入了解这些国度的实情，走马观花式的考察只能看到婚姻问题的表象。

三 欧美习俗的观感

近代走出国门游历海外的中国人虽未必尽为大儒，但他们几乎都是受到儒家文化长期浸润的文人，如张德彝是京师同文馆的学生；薛福成取得秀才功名，并在曾国藩、李鸿章幕府中供职多年；王韬自幼攻读儒家经典，也中过秀才。③ 众所周知，中西文化背景差异较大，他们的学习经历及其人生阅历会如何影响他们对西俗的认识呢？根据社会心理学的相关理论，一般高级动物都会具有好奇本能，有羡慕的情绪以及反感或曰嫌恶感。④ 而这些情感的产生恰恰由其文化心态所决定。纵览史料，他们在游历考察期间对欧美婚姻习俗主要有四种理解。

（一）社交公开对男女的爱情、婚姻产生积极作用

张德彝通过观察认识到，男女社交对于爱情及婚姻会产生积极作用。他认为，"西人性好奢华，凡富贵喜交结者皆乐为之。一人子女待其长成，虽无力亦必勉强支应，设法结交，以便子女得友，相往来，则男可访女，女可觅男，嫁娶咸赖于此。因男女细心访察，各得所愿，则意洽情投，鲜有作秋

---

① 王韬：《漫游随录》，钟叔河主编《走向世界丛书》，岳麓书社，1985，第107页。
② 恩格斯：《家庭、私有制和国家的起源》，《马克思恩格斯选集》第4卷，人民出版社，1972，第66页。
③ 王韬：《弢园文录外编》，辽宁人民出版社，1994，第406～407页。
④ 参照〔英〕威廉·麦独孤《社会心理学导论》，浙江教育出版社，1997。

扇之歌者。"① 从其记载看，他认识到社交活动已成为西方人不可或缺的生活方式，它是青年自由恋爱得以践行的必要条件。男女交际充分，双方相处则多情投意合，可以有效地避免中国青年的情感苦闷和女性作"秋扇之歌"聊以自慰的无奈。张德彝对社会公开与恋爱关系的见解可谓一语中的。

（二）东西方伦理的差异在于重情还是重理

志刚在观察到欧美社会"至其优游逸豫，士女偕臧，则以适其情者，畅遂其天。如聚跳、冰嬉，观剧，皆不拘于男女，而不止海澡之一事"后曾感慨地说："中国重理而轻情，泰西重情而轻理。"② 对于"情"字比较容易理解，结合此言的语境应当是"男女之情"。"理"字应当如何理解呢？笔者认为，"理"在此做"规范"或"礼法"解可能比较合理。"中国重理而轻情"一语，是讲中国社会注重礼法规范，轻视、排斥甚至反对男女交往、男女之情，故中国社会只有"男女之大防"，绝无男女社交之理念，这个认识应当准确。

对"泰西重情而轻理"一语的判断，则未必准确。如前所述，欧美社会虽提倡男女社交公开，但婚姻却有禁区。以英国为例，其国内"若干贵族、绅士阶级父母利用他们与儿女的情感联系以主导儿女的婚姻选择"③。法国贵族之家对门第与财产的重视并不比中国的父母逊色。因此，欧美社会"重情"是真，但"轻理"则未必如是。不管其认识的准确性如何，但他能切身感受到中西伦理的差别，这本身对其固有的观念就是一个重要触动。

（三）妇女解放对国家发展有推动作用

在薛福成的认识中，欧美社会男女间的平等交往并不是自古沿袭的风俗，而是迫不得已的改良结果：

> 泰西风俗无男女之别，余意其自古以来相沿久矣，而正不然。闻三四百年以前，法国某王始改妇女之札，其用意专以谋致富强为主，而欧洲诸国从而效之者也。古者欧洲妇女守礼之严，大旨亦与中国相似，男

---

① 张德彝：《随使英俄记》，钟叔河主编《走向世界丛书》，岳麓书社，1986，第419页。
② 志刚：《初使泰西记》，钟叔河主编《走向世界丛书》，岳麓书社，1985，第325页。
③ 〔英〕劳伦斯·斯通：《英国的家庭、性与婚姻（1500～1800）》，商务印书馆，2011，第196页。

女不同席而坐，不共几而食，恪循闺训，不出户庭。法王思致富强之术，莫先于人民之繁庶，繁庶不可骤几也，则莫如化妇女之无用为有用，欲求妇女之可用，则莫如略其礼法，去其防闲，于是毅然以改俗变礼为务。其初不得不用非常之劝惩，驱迫于无形之中，厥后风气寖成，而妇女之为用，果不异于男子。用之战守，则男子荷戈，妇女馈饷矣；用之学问，则男子精锐，妇女沉静矣。于是通国之中，向之有十万人者，不啻骤得二十万人，向之有百万人者，不啻骤得二百万人。此由于地不甚广，民不甚众；而欲创霸国之雄图，不得已而出此也。迨其计既行，其效既著，欧美诸洲各国无不效之；今各国之人视为当然，渐忘其所以然，且有见中国之礼而笑之者矣。①

从上述分析看，薛福成已认识到欧美社会妇女的解放于国家的繁荣强大与长治久安有莫大关系。"妇女能顶半边天"，欧美社会解放了的妇女承担着与男子相似的责任，在国家建设中发挥了重要作用。但他同时认为，西方妇女之所以被从家庭中解放出来，与其国土面积狭小、男性劳动力稀少有很大关系。西方社会受基督教的影响甚深，晚婚晚育、少生优生、节育、婚后不育是其主流的婚育观念，② 这导致人口增长缓慢甚至出现负增长，致使参与国家建设或服兵役的男性人口紧张。况且，欧美资本主义的发展需要大量劳动力，也要求妇女从家庭中解放出来。从这个角度来分析，薛福成的观点站得住脚。但细细品味此言，薛福成的话语是否含有这样的潜台词：对于人口众多的中国而言，男子数不胜数，妇女解放纯属画蛇添足之举？

（四）西方的纲常名教逊于中国

从记载来看，明确持有这一观点的主要是薛福成，其他人的游记中虽无明确记载，但囿于时代条件所限其内心未必不这样想。以刘锡鸿为例，他对于西方妇女出入公开场所的举动视为淫荡之举，这是以中国的纲常礼教为价值标准得出的判断，以此可见传统观念在其心中难以撼动。从薛福成的记载看，西方纲常礼教的不足主要表现在两方面。

---

① 薛福成：《出使英法义比四国日记》，钟叔河主编《走向世界丛书》，岳麓书社，1985，第516～517页。
② 齐晓安：《西方生育文化发展研究》，《人口学刊》2006年第2期。

第一，父子人伦违背圣道。欧美社会的子女婚姻自主，削弱了父母的主婚权；婚后与父母析产别居，父子之间关系冷淡甚至不相闻问。此举虽减少了中国大家庭间父子、婆媳之间的摩擦，增进了小家庭的和睦，"然以骨肉至亲，不啻推远之若途人"①。另外，"国家定律，庶民不得相殴。子殴父者，坐狱三月；父殴子者，亦坐狱三月。盖本乎墨氏爱无差等之义，所以舛若比"②。中国的伦理强调等差有序、"父为子纲"，父亲管教儿子是天经地义。如若父亲因此获罪，更是有违圣道。

第二，夫妇之伦违背圣道。中国社会强调"男尊女卑""夫为妻纲"，这是历代圣贤的教诲。欧美社会的男子在诸多场合和礼节中都要礼让女子，这不符合中国的纲常礼教。更严重的是，妇女的自由社交往往诱发婚外情，致使离婚、再嫁现象层见叠出；而男性如若有此行为，则会受到法律的制裁。另外，女子非婚生子现象普遍，独身者也比比皆是。由此三端，薛福成认为"此其夫妇一伦，稍违圣人之道者也"③。

综合上述两点，薛福成认为欧美各国虽正处于资本主义上升时期，一切政教制度均有值得称道之处，但"独三纲之训，究逊于中国。即洋人亦或推中国为教化最先之邦，似未尝不省悟及此，然一时未能遽改者，盖因习俗相沿之故。余谓耶稣当西土鸿荒初辟之时，启其教化，魄力甚雄，然究竟生于绝域，其道不免偏驳。失之毫厘，差以千里，不信然欤"④。从上述观点看，薛福成作为李鸿章的幕宾与其"中国文武制度事事远出西人"的论调是一致的。对于传统文化的自信以及由此产生的优越感，仍然盘踞在以薛为代表的洋务知识者心中，这决定了以"亲亲也，尊尊也，长长也，男女有别"⑤为代表的传统伦理观必定要成为衡量西方伦理的标尺，其"弊端"必定显露而受到薛的批判。以此来推论，薛福成虽然认为西方伦理在特定的环境中会产生某些积极作用，但中国的环境似乎用不着变更圣道也能维持天朝上国的尊严。

走出国门的近代中国人充当了文化交流的使者，他们直接感受到了与

---

① 薛福成：《出使英法义比四国日记》，钟叔河主编《走向世界丛书》，岳麓书社，1985，第272页。
② 同上。
③ 同上。
④ 同上书，第273页。
⑤ （清）孙希旦撰《礼记集解》，中华书局，1989，第907页。

众不同的两性伦理和婚姻文化，并产生了诸多感触。如张德彝、志刚、薛福成等人对西方的性伦理与婚俗都有所反思，有人还在不经意间在某些方面表达了某种认同。对于初次走出国门的中国人而言，其认识准确与否并不重要，关键是通过交流开阔了他们的视野，增加了他们对西方社会的感性认识。

更有甚至，其影响还扩散至他们的亲朋至交。张德彝述其回家以后"家人父子，晨夕聚谈，月余犹未罄其闻见之奇"①。他撰述的游记也深受朋友的欢迎，以至"日来索观甚众"②。无独有偶，斌椿的游记也因"索观者多，乃付剞劂，以贻同好"③。以编著《瀛环志略》而负盛名的徐继畬为斌椿游记作序，认为他们"凡历十五国之疆域，于所谓欧罗巴诸国，亲历殆遍。游览之余，发诸吟咏。计往返九万余里，如英、法、俄、布、荷、比诸国，土俗民情记载尤悉，笔亦足以达其所见"。京师同文馆教习李善兰在斌椿游记所作序中，对其游历之行表达了羡慕与赞赏。④ 孟保在为张德彝游记所作序中说：

> 余读斯集，既惊其奇，而又喜其奇之不乖于正也。夫世之守正者，吾知之矣。穷年呫哔，足不出户，庭交不过乡里，目不睹天地古今之变。故询以救世济时之策，则逊谢不遑。一闻奇事奇论，则斥为荒谬而不经。彼以谓奇巧之技，圣王所必禁；怪诞之言，圣世所必诛；而探幽穷远，虽圣人或不能尽其理也。执是说也，乌知在初所志之大，所见之深且远哉！⑤

在以圣人之是非为是非的时代，能通过中外境况的差异而对先贤提出一定程度的质疑，这对中国文人的思想是一种非常重要的触动。

通过史料看，19世纪中国出洋人员对西方文明的认识还是非常感性和肤浅的。自文艺复兴以来，西方文明中追求意志自由和人格尊严的旗帜始终飘扬，⑥ 而处于长期封闭中的中国文人对于西方历史的了解几近于盲区，并不

---

① 张德彝：《航海述奇》，钟叔河主编《走向世界丛书》，岳麓书社，1985，第595页。
② 同上书，第440页。
③ 斌椿：《乘槎笔记》，钟叔河主编《走向世界丛书》，岳麓书社，1985，第86~87页。
④ 同上书，第86~87页。
⑤ 张德彝：《航海述奇》，钟叔河主编《走向世界丛书》，岳麓书社，1985，第435~436页。
⑥ 何光沪：《文艺复兴中的基督宗教与人文主义》，《人文杂志》2007年第1期。

知道它们对于人的解放的意义。在传统礼教和宗族观念的影响下，传统文人的观念中并没有个体自主、自立的意识，因此他们对男女社交公开、渗透两性平等精神的婚俗很难认同，至多只是出于高等动物的本能对新鲜事物表现出较多的好奇。罗素认为："在人类的交往中自由发展的个性才会丰富起来。"① 个性的丰富必然要在双方充分交往的基础上发生价值观念的碰撞、交流以达到观念上的某种共鸣。然而，当时的文人所保持的文化优越感使其不屑于在此方面进行交流，走马观花的考察显然也不具备深入了解西方文化价值观的基础。因此，对当时的出洋人员而言，他们对西方的两性伦理和婚姻文化除了新奇之外并无太多的观感，更不可能产生变革中国传统伦理和婚俗的念头。

马克思曾说："与外界完全隔绝曾是保存旧中国的首要条件，而当这种隔绝状态在英国的努力下被暴力打破的时候，接踵而来的必然是解体的过程，正如小心保存在密封棺材里的木乃伊一接触新鲜空气便必然解体一样。"② 当尘封的大门一旦开启，它再也难以关闭。自此之后，中国的经济、政治、文化包括社会风尚在内都悄无声息地发生着变化。

第二节 开埠城市性伦理与婚姻观念的松动

所谓开埠，本意是指旧时与外国通商的城镇，后来引申为商业发达的城市。本文所指为前者，即通商口岸。鸦片战争之后，中国"闭关锁国"的状态被打破，被迫开埠与欧美诸国通商，甲午战前通商口岸已有20处之多。③随着近代大工业的出现及中外贸易的增长，一些商埠城市获得迅猛发展，特别是占据人地之利的香港、上海两地发展最为突出。以上海为例，1865年的上海人口已有69万之多，其中租界的人口近15万④；截止到1872年，上海

① 〔英〕罗素：《婚姻革命》，靳建国译，东方出版社，1988，第85页。
② 马克思：《中国革命和欧洲革命》，《马克思恩格斯选集》第2卷，人民出版社，1972，第3页。
③ 《南京条约》规定开放广州、福州、厦门、宁波、上海等五处为通商口岸；《天津条约》规定开放牛庄、登州、台南、淡水、潮州、琼州、汉口、九江、南京、镇江十处通商口岸；《北京条约》开天津为商埠；中法战争之后又开辟龙州、梧州、南宁和孟自四处，共计20处。
④ 邹依仁：《旧上海人口变迁的研究》，上海人民出版社，1980，第90页。

已有洋行 343 家。① 人口的增长与商业的繁荣以及市民生活的奢华之风相伴随，共同推动了上海的繁盛。有人作竹枝词描绘说："沧海桑田事易更，最繁华处最心惊。歌楼舞馆销魂地，鬼火当年夜夜明。"② 上海变化之快，就连长期居住上海的居民也不禁生出今非昔比的沧桑之感。一位值小刀会动乱之际移居上海者，曾撰文感叹 20 年间的沧桑巨变："余游上海二十余年矣，见夫昔之杀气弥天者，今则酒肉熏天也；昔之肝脑涂地者，今则金银布地也。铁马金戈之所，一变而为红灯绿酒之场；焦头烂额之区，一变而为买笑追欢之地。"③ 马克思敏锐地指出："物质生活的生产方式制约着整个社会生活、政治生活和精神生活的过程。"④ 西方文明的植入与物质条件的提升，冲击着传统的生活方式与价值观念，从而使传统社会的诸多方面开始断裂。以此为基础，传统的身份观念、等级观念等出现了弱化的趋势，从而推动了传统的两性伦理与婚姻观念的松动。

一 开埠城市性伦理的趋新

在以上海为代表的开埠城市中，商业的发展繁荣和市民生活方式的改变，推动了社会各行业的发展。新兴工业及娱乐休闲行业的发展为妇女就业、社交娱乐创造了契机。

当时妇女就业的岗位多种多样，有缫丝厂的女工、在烟馆等处做招待的女堂倌、有为人做杂务的女佣（有的被称为"咸水妹"⑤）、有说书卖唱的女艺人，还有专门出卖色相的妓女。这些妇女除妓女外，多为离家外出的独立谋生者。她们既有一定的经济收入，身边又无家庭之累，行动较为自由，她们的出现本身就是对传统"男女之大防"观念的突破。

晚清上海城市娱乐行业的发展，为女性活动提供了必要空间。1860 年代，上海的赌场、戏园、旅馆、餐馆、饭店、台球馆、保龄球馆等均在上海出现并

---

① 《上海外贸史话》编写组：《上海外贸史话》，上海人民出版社，1976，第 40 页。
② 顾炳权编《上海洋场竹枝词》，上海书店出版社，1996，第 18 页。
③ 黄浦江头冷眼人：《记咸丰三年上海县城被扰事实》，《申报》1872 年 8 月 6 日。
④ 马克思：《〈政治经济学批判〉序言》，《马克思恩格斯选集》第 2 卷，人民出版社，1972，第 82 页。
⑤ "咸水妹"在这里指专为外国人帮佣做杂务的广东籍女佣（《局外人致本馆书》，《申报》1874 年 1 月 8 日）；另一说，认为"咸水妹"是专为外国人提供性服务的妓女。（郁慕侠编《上海鳞爪》，上海书店出版社，1998，第 10~11 页。）

呈现扩张之势。至 1870 年代，上海核心城区日益繁华，观剧、听书、访美、饮酒、尝烟、选馔、品茶成为租界消费的时尚，其间活跃着大量的女性身影。①在商业化的熏染下，这些妇女积极参与社会生活，追求广阔的工作与生活方式，视野日渐开阔，观念日益开放，从而使传统性伦观念发生了变化。

（一）自由社交新俗：女性步入公共领域②

在"男女之大防"观念的约束下，女子的活动范围基本局限于家庭，根本谈不上社交，其公共活动仅限于岁时节令的进香、庙会、踏青等方式。在欧美文明的浸润和商业发展的刺激下，开埠城市妇女的活动空间大大拓宽。

在新兴的娱乐行业当中，如赛马场、弹子房（台球馆——笔者注）等已有众多女性的参与。早在 1860 年代的文人笔记中，就留下了妇女在租界内看西人赛马的记录。从 1870 年代的竹枝词中看，至少在此时西人赛马已成为租界内外居民的盛大节日，观者如潮，群情欢悦："草色平铺赛马场，骅骝开道尘飞扬。西人角逐成年例，如睹来观举国狂。""三天跑马亦雄观，妇女倾城挈伴看。"③ 从时人的描述中，我们不难看出妇女参与的热情："至于油碧香车，侍儿娇倚者，则皆南朝金粉、北地胭脂也，鬓影衣香，辄令人神往。"④ 弹子房也是妇女经常光顾的场所。有专门的竹枝词题咏女性打弹子："何从世界觅清凉，士女相将趁热肠。玉手轻抛银弹去，打球肯让醉三郎。"⑤ 在《申江胜景图》中，我们看到女性出现在弹子房内。在一处华人弹子房内，中西合璧的建筑房内部摆放着六七张球桌，一些女性则厕身其中，以男性玩家观众的身份存在。到《海上百艳图》出品时，就已有妇女围在一起打弹子的场景。如下图 2-1 所示。

---

① 姚霏：《空间、角色与权力：女性与上海城市空间研究（1843~1911）》，上海人民出版社，2010，第 66 页。
② 1962 年，德国哲学家哈贝马斯在《公共领域的结构转型》中概括提出了著名的"公共领域"概念，它是指国家和社会之间的公共空间，市民们可以在这个空间中自由言论，不受国家的干涉。公共领域最关键的含义是指独立于政治建构之外的公共交往和公众舆论，它们对于政治权力具有批判性，也是政治合法性的基础。对于中国而言，公共领域少了很多政治色彩，它更倾向于指代与大众日常生活相关的公共活动空间，如茶馆、戏院等。
③《洋场竹枝词》，顾炳全编著《上海洋场竹枝词》，上海书店出版社，1996，第 70~71，360 页。
④ 梅花盦主：《申江胜景图说》，图 12 解说，国立北京大学、中国民俗学会主编民俗学丛书，第 78 册。
⑤《申江纪游》，《申报》1883 年 5 月 28 日。

图 2 - 1　晚清上海妇女在弹子房娱乐

图片来源：吴友如著《海上百艳图》，湖南美术出版社，1998，第 20 页。

以前专属于男子活动场所的茶馆、酒楼、说书馆等处所，也成为妇女经常光顾的地方。早在咸丰年间，官方就下发过禁止妇女看戏的禁令，[①] 而 1870 年代的报纸也常常报道上海、杭州等地妇女随意出入茶馆、酒肆、戏园的情形，男女杂坐，嬉笑无端。如看戏之事曾有报道说："上海一区，戏馆林立，每当白日西坠，红灯夕张，鬓影钗光，衣香人语，纷至沓来，座上客常满，红粉居多。"[②] 针对此景，有人专作竹枝词："筵席刚逢日月朝，家家妇女讲深宵。看台宜与戏台近，吩咐奚奴欲作标。邻家姊妹各商量，明日如何作晓装。……瞥见裙钗队一过，交头接耳话谁何。衣裳时式鬓时样，谁是新娘谁是婆。"[③] 另有竹枝词说："金钗布裙越风流，独步城隅秉烛游。扮作女堂倌样子，好听花鼓上茶楼。"[④] 该女子为了看戏，不惜扮作被雇佣的女堂倌形象，足见妇女看戏之风的兴盛。另外，从行文看，女堂倌的装扮似乎暗示着女性劳动者独立个体身份的认可。妇女看戏造成男女杂坐的情形，这与

① 《禁止妇女看戏论》，《申报》1874 年 1 月 6 日。
② 《夷尊据禀严禁妇人入馆看戏告示》，《申报》1874 年 1 月 7 日。
③ 《妇女看戏竹枝词》，顾炳全编著《上海洋场竹枝词》，上海书店出版社，1996，第 387 页。
④ 《洋场竹枝词》，顾炳全编著《上海洋场竹枝词》，上海书店出版社，1996，第 27 页。

传统道德相悖，各地官府虽时常下令查禁，却屡禁不止。究其原因，"戏馆以妓女为生财之道，妓女以戏馆为出色之场"①。既难禁妓女出入戏馆，其他妇女自然也难以区分，并且还有商业利益夹杂其间，势必难以禁止。

除戏园外，妇女也开始涉足茶馆、烟馆。1885 年，曾有人记载上海妇女入茶馆的情形：

> 从前茶馆但卖水烟，清谈杂坐，耦具无猜，形迹犹不伤雅。且妇女因有事而始入其中。自创为事事讲究之茶馆，然后妓馆一流人，每于饭罢可能贡献，挈伴偕临，借以消遣，欲茶欲烟，随心所好。……创此举者，若本为此等人设一无遮大会，于是传播远近，不特洋场，即乡间有扶老携幼，呼朋引侣而至者；不特妓馆，即良家有浓妆靓服，乘风踏月而来者。……且有三五成群，韶年秀质，举止羞涩，不类闲花者。②

从记载看，妓女饭后吸烟的生活方式在普通妇女间产生了巨大吸引力，影响带动了不少良家妇女跟风趋从。妇女入烟馆吸烟，无所顾忌的与男子横塌并陈，此类情况在烟花繁盛的上海较为常见，有人曾以颇为憎恶的情绪记录了此事："夫事之最不雅观者莫烟馆，其间男女横陈，并肩连膝，巫山咫尺，只隔一灯。"③ 此景也有当时的竹枝词为证："清香扑鼻气氤氲，料是眠云万里云。还有榻旁横玉女，蓬莱馆里闹纷纷。"④ 论者由此感叹道："甚哉！洋泾浜租界地方之妇女，岂已忘其身之为女哉！"痛斥妇女俨然已忘却"闺门谨守之箴"⑤。在上海十里洋场之外的其他地方也常能看到此种情形。一位 19 世纪 90 年代初到北京的日本人，曾记载他在北京的烟馆所看到的情形：

> 烟馆内男女杂混，偃卧床上，日夜吹吃（鸦片），恶臭冲鼻，烟气逼人，令人作呕。妇女亦有吃之者，皆曰：但吃鸦片，不论男女。而淫情甚炽，不可抑制，故有云：若夫妇相共吃烟，则其死最速。⑥

---

① 《禁止妇女看戏论》，《申报》1874 年 1 月 6 日。
② 《洋场妇女出入烟馆茶楼说》，《申报》1885 年 1 月 9 日。
③ 《论妇女入馆吸烟似应缓禁》，《申报》1873 年 3 月 20 日。
④ 《洋场竹枝词》，顾炳全编著《上海洋场竹枝词》，上海书店出版社，1996，第 385 页。
⑤ 《论妇女入馆吸烟似应缓禁》，《申报》1873 年 3 月 20 日。
⑥ 〔日〕吴卿居士著《北支那杂记》，东京春阳堂，1894，第 77～78 页。转引自《近代中国社会文化变迁录》第 1 卷，浙江人民出版社，1998，第 620 页。

北京处在天子脚下，士大夫云集，风气较为保守，如今都出现了男女共榻之举，其他地方的情形也就可想而知了。晚清娱乐消费行业的发展有效拓展了女性的活动空间，引导女性走出家庭的羁绊，积极融入都市文化环境之中，她们的行为观念逐渐超越男女有别的清规戒律，成为挑战传统伦理的先行者。①

传统的两性伦理强调"男尊女卑"与"男女之大防"，妇女进入公共领域的社交行为理所当然地遭到了政府和士绅的反对与查禁。以妇女自由出入烟馆、茶馆为例，曾有人在《申报》撰文批驳说："烟馆有增无减，茶楼翻陈而出新，所以举国若狂，趋之若鹜者，正以有此等妇女勾留顾盼，而入其中者始迷而不得出也。……今则所开茶楼正为此辈而设，盖嗜烟者于烟馆，不吸烟者于茶楼，娇女荡妇，三五成群，于此于彼，得以布网罗而垂香饵，……不坠其术中者有几人哉！言念及此，害更无穷。"② 另一篇文章也表达了相同的看法，此等妇女"一入茶寮，则三三两两，逐队协来，有老妪以为之撮合，有雏婢以为之通辞，有姊妹行以为之互相汲引，而且淫声浪态，极意描摹，冀以蛊惑茶客之耳目。……不特少年子弟最易失足其中，即素号老成者，亦不免误为牵引，陷入网罗"③。

针对上述反对女子社交的言论，有人在《申报》撰文进行驳斥，此事由郭嵩焘携妾大宴西方宾客之事引发。1878 年 8 月 8 日，《申报》对此事进行了转载。次日，《申报》又发表专题评论，比较了中西男女社交的不同境遇，并借机批判了中国男女之礼过于严苛的弊病。文中说道：

> （中国）礼之最重者为男女之节。……泰西人于男女交接似属不甚讲究，而其防闲之法又胜于中国。跬步不出，外亲罕睹，而帷薄不修者，往往秽德彰闻，此中国拘于礼之过也。落落大方，士女宴会，而私奔苟合者则凡不有其人，此泰西略于礼之效也。惟其能略，乃所以成其严耳。④

上文评论说，西方男女不拘于虚礼，男女关系反而正常，私奔者极少。反观中国，因拘于男女虚礼反而造成了许多弊端。例如，女子的长期禁锢使

① 罗苏文：《近代上海：都市社会与生活》，中华书局，2006，第 149 页。
② 《烟馆茶楼宜禁妇女说》，《申报》1884 年 6 月 23 日。
③ 《论流妓啜茗当与吸烟并禁》，《申报》1891 年 7 月 10 日。
④ 《论礼别男女》，《申报》1878 年 8 月 9 日。

其难以接受青年男子的诱惑：

> 夫人情惟罕见之物最足注念。因女子有不轻见人之态，当见之时，自必仔细端详，由头面而及于足，苟遗世之貌能无动心？设有私邪，彼此相诱，其弊遂不可问。何如与男子相等，同在晋接应酬之间，反觉熟视无睹哉。

上文分析认为，女子社交权的缺失恰恰造成了青年男女私情的盛行。更为严重的是，女子的禁锢与偶尔公开亮相所造成的巨大反差给公众造成了女性以色示人的心理暗示：

> 且女子惟不轻见人，则深处闺中，除酒食针黹二事毫无用心，一旦见客，其意似觉我今见人固以色身相示也，羞愧之念参其半，粉饰之念亦居其半，故逢亲朋庆吊，内眷往来，必摒挡衣饰，务极华丽，而后可为观美。至有十日半月以前，先行筹备者。即游春之时，亦必若是。于是狎邪之子，轻薄之儿，乃有品题妍媸，信口月旦者。甚而雌媒鸨户辗转勾致，陷人不义，坏人名节，则因不轻见人而酿为风俗人心之患矣。统计中国最拘此礼者惟江以南，若北直人与满蒙人则稍觉大方：师生之谊，无不请见；朋友之妻，皆可坐谈；苟中表至亲，更在不论。以高南人，鲜不觉诧异，谓其无家教也，越礼法也。然试问北人暧昧之情曾多于南人否也？而亦并不多见也。

综合上述两端，妇女不参与社交的弊端尽现眼前：一是女子乍现，容易惹人注目，且极易与男子一见钟情；二是增强了女子以色相示人的心态，从而刻意加强自身的装扮与修饰，易于招致外界的勾引而堕落。这两点在传统社会都是道德不端之举，不利于女性健全人格的发展。因此该文总结说："礼之所以别男女也，泰西人未尝泥之，而能合礼之本；中人则无不知之，而徒存礼之末。"① 作者明确表示了对西方男女社交公开的赞赏，而批判中国"男女之大防"的礼法。

更显示作者深刻洞察力的是，他还预言了郭嵩焘之举如在中国将被"传为笑柄，而群指郭公为淫佚放荡之人。"很不幸，这一预言很快变成了现实，

---

① 《论礼别男女》，《申报》1878 年 8 月 9 日。

郭嵩焘因此事被人弹劾。礼教守旧者认为，郭以朝廷大员的身份，令内眷入席陪宴西客，有失体统。为此，有人在《申报》撰文为郭嵩焘辩护。文章详细介绍了西方社交茶会的基本情形，认为其妾只是出席了茶会，并和与会的女宾相识，并无入席之事。同时，作者再次赞扬了西方女子的"落落大方"，倡说女子亦可参与社交，而不应拘于禁锢之礼，并标举满族大家女子参与社交的例子："若数世簪缨，亲族皆显贵一时，应酬潇洒，谈笑风生，好结交，摆体面，则舆从出入，日以为常，亦不失大家风范，此满洲世阀之家往往有之，见者亦恬不为怪。是又何必以罕睹其面为妇德之幽闲贞静哉！"①

综上所述，民间社会对女子步入公共领域参与社交之事毁誉不一。此事虽招致不少官僚士大夫的反对，但以《申报》为代表的新派民间人士却对此报以同情甚至支持的态度，提倡女子与男子共同参与社交活动，其意义超出了事件本身，它俨然已涉及女子在社会生活中的地位与空间角色的转换。这一问题的提出并非空穴来风，而是开埠城市社会生活现实变动的综合反映。

（二）台基、姘居之风的流行

城市妇女的社交新俗使其在公共领域已与男性享有同等的权利，享受共同的娱乐生活。以公共领域为平台，男女的私相交际也有了一定发展，出现了较为自由的迹象。以上海为例，至少在19世纪70年代该地已出现了男女交往的新风俗。有竹枝词说："斜转眼波微带笑，茶楼到处去寻郎"②"妾看檀郎郎看妾，郎真有意阿侬不。"③ 茶楼、戏院俨然成为男女私交的场所。另据《申报》记载，上海还有所谓男女"碰头"风俗，即"终日终夜，男女混杂，……几至为男者忘乎其为男，为女者忘乎其为女。旁观之人固难为之分形别类，而碰头之自视亦不觉其胡所为。一言而竟同夫妇，一言而竟若仇雠。也有随拆随碰，习为固常而已，至两不遂意，即讼涉公堂"④。论者援引"男女授受不亲"的古训，得出世风日下之论："不知其将礼义视为何物？廉耻视为何物？"

此种男女私相交际的"碰头"之风，是女性公共领域社交深化的产物，

① 《男女相见礼节辩》，《申报》1878年11月15日。
② 《沪北竹枝词》，《申报》1872年9月9日。
③ 《申江竹枝词》，《申报》1872年12月11日。
④ 《严责碰头风俗论》，《申报》1873年1月21日。

与上海独特的社会环境有密切关系。如上所述，近代工商业经济的发展在城市中催生了大量女性社会职业者，不少城市妇女也迈出家门积极参与社会生活。城市妇女生活方式的变化使其社交范围逐渐扩大，传统道德观念日渐淡薄，男女交往逐渐突破"男女授受不亲"的束缚而趋向于开放和自由，因此出现了男女私交的"碰头"风俗，而这一风俗又催生了以"台基"为标志的同居、姘居之风的流行。

对于这一变化过程，时人留下了一些宝贵的记忆，反映了乡村妇女都市化的状况：

> 乡间妇女至沪佣工，当其初至时，或在城内帮佣，尚不失本来面目。略过数月，或迁出城外，则无不心思骤变矣。妆风雅，爱打扮，渐而时出吃茶，因而寻姘头，租房子，上台基，无所不为，回思昔日在乡之情事，竟有判若两人者。而一经失足之后，此心便不能自主。故尽有年将半百，儿媳盈庭，而忽然心变，不安于室，以至蓄积一空，名声大坏者。①

还有人留心并记载了类似的情况："彼女仆之来自乡间者，习处其中，渐不知廉耻为何事，……持家健妇顿为逐水荡娼，窈窕村姑甘作妖娆淫女，夫不能制，父母不能防。因是谋野合者，姘头居然半夫；作嫁衣者，易姓几如传舍。甚而台基撮合，士夫以下无有良家。"②

由上述记载看，离乡进城的妇女在短时间内迅速完成了都市化的转变，并以都市的时尚生活为荣。并且，这部分妇女任意与男子姘居，在上海已经不是个别现象，而是已引起时人关注的社会现象了。反映男女私交最典型的事实就是"台基""小客寓""花客栈""转子房"的出现，它们是专供男女私相幽会偷情的场所。为什么以"台基"来命名呢？时人解释说："台基者何？偕台演戏，仅租基地，云雨自兴，窠窟是备。"③ 还有人更直白地说："台基者，借留男女奸宿处也。"④ 传统文化将男女之事称为"秘戏"，有台才能演戏，男女借客店幽会留宿，故名"借台基"。这两种解释或明或暗地表达了同一个事实，即"台基"是男女自由结合的

① 《论男女无耻》，《申报》1879 年 9 月 21 日。
② 《论从一之义》，《申报》1879 年 12 月 19 日。
③ 《台基宜禁说》，《申报》1883 年 7 月 28 日。
④ 《论上海借台基恶俗禁后染及租界事》，《申报》1873 年 3 月 9 日。

场所。

台基依照其档次而有大小之分。那些"比闾杂处"①"暗窗矮屋""纸阁芦廉，草草备具"②的是小台基；装饰较好的则是大台基，"三幢五幢之屋，门景巍峨，室内陈设宛若大家。"③ 这种大台基租价昂贵，故来这里幽会的也是富裕之家的男女："男则冠玉之貌，翩翩年少；女则舆仆而至，金饰翠翘，明珠满髻。重楼秘室，蓝笋象床，幽会情长，欢场梦短。"④ 但由于官府时常查禁，开台基者不敢公然铺排，故大台基数量较少，多数是装饰简陋的小台基。

来台基场所幽会的男女大致分为三种情形。一种是男女自由结识，相约到台基客店幽会，"初不过目成心许之人无可欢会，则携手同行，入室相叙而已"⑤，"桑间濮上，约图片刻欢娱"⑥。这种情况的男女基本处于自由恋爱的状态，"其有平时目成心许者，无不由此招致，以纵其荡游焉。"⑦ 第二种是男子看中某位女子，由店主引诱来此幽会："其有轻薄少年，目逆彼美，重门深闳，无由芳泽一亲，则以重金啖台基主，托其罗致"⑧，"苟门墙不甚高峻，或托词招邀，或藉端饵钓，即无有不得心应手者。"⑨ 这类情况中的女子多是被勾引而来，在两性关系中处于半自愿状态。第三种是台基店主引荐女子给男客，"其家有一二老妪出应，有叩之者，代为招致，精粗美恶随人捡选"⑩。此中的女子类似于暗娼，其中的男女关系跟两性情感没有多大关联。

"台基"风行于上海、苏杭、天津等地，并且屡禁不止、兴盛不衰。之所以如此，是因为台基现象与当地的发展相随而生，并满足了当时社会的需求。来"台基"寻欢的男女大致可分为两种：一是外地来沪谋生的单身男女，他们多身处社会下层，其职业男性多为车夫、店伙、小工、小贩，女的则多为仆妇、佣女；二是中小商贾、士人等中层市民，还有一些依家而居的

---

① 闻亦不解生：《论禁令宜申后》，《申报》1877 年 6 月 18 日。
② 《维持风化议》，《申报》1885 年 7 月 13 日。
③ 闻亦不解生：《论禁令宜申后》，《申报》1877 年 6 月 18 日。
④ 同上。
⑤ 《论禁令宜申》，《申报》1877 年 6 月 16 日。
⑥ 《论防淫》，《申报》1878 年 12 月 16 日。
⑦ 同上。
⑧ 《维持风化议》，《申报》1885 年 7 月 13 日。
⑨ 《论禁令宜申》，《申报》1877 年 6 月 16 日。
⑩ 同上。

良家妇女。

从男子的角度来看，无论身处中层还是下层，他们之所以乐于此道，是因为多数男子把上台基视为嫖妓，而且与嫖妓相比，其不仅价格低廉还不用冒嫖妓之名，更重要的是能在与良家妇女的私相交往中寻求到新奇感。[1] 嫖妓对于传统社会的男子而言本不算什么，如今在妓院之外又开辟了一条寻求欢乐的捷径，必然引得男子趋之若鹜。当然，还有少数男子是借台基之所来维持情人关系。从女子的角度看，为数不少的中下层妇女特别是中层妇女，能自愿或半自愿地接受这种男女私相交往的形式，这对历来注重"男女之大防"的传统社会而言是一种全新的突破。这种违背男女之防的礼俗，严重损害女性贞操的形式，为何能被诸多良家妇女接受呢？从根本上说，这与妇女生活方式的变化密切相关，具体来说有以下四方面。

第一，社会生活的商业化使妇女的生活方式与原来的乡间生活已迥然不同，她们走出家门，踏入社会，比较自由地到街市、茶馆、戏院等公共场所抛头露面，与男子见面、接触的机会大大增多，早已突破了"男女授受不亲"的环境。但在传统礼俗和观念的影响下，女子又缺乏与男子正常交往的途径，台基这种隐蔽的方式就成为男女交往的首选。

第二，离乡进城的单身妇女，脱离了正常的家庭生活，也脱离了家族、家庭的直接管束，但在缺乏亲情的环境中生活也需要情感的慰藉。对于城市妇女而言，因对包办婚姻有所不满，希冀在婚姻家庭之外寻求感情的安慰或新鲜感。同时，城市生活特别是移民城市失去了乡族聚居的社会监督机制和舆论约束氛围，传统家庭伦理的约束减弱，贞操观念淡薄，下层及商家妇女本受礼教束缚就少，加之一些女性少不更事，好奇心强，易于受到诱惑。

第三，上海娼妓业兴盛，娼妓特别是其中的高级妓女衣着华丽，生活时尚，使其成为引导生活潮流的一批人，并被许多女性所模仿，她们与男子交往的方式也在其中，上台基也是这种模仿的形式。

第四，女佣有一定的收入，商家妇女也有一定的消费支配权，这使她们在生活中的自由度和自主权加大。同时，城市消费生活丰富，享乐之风兴盛，她们希望能有更多的收入支配，得到更多的享乐。在社会不能为其提供

---

[1]　《论惩办台基之办法》，《申报》1882 年 4 月 4 日。

体面的赚钱职业时，上台基就成为这些女子赚取额外收入的来源。①

从上述分析看，开埠城市生活方式的变迁为台基的存在培育了深厚的社会基础，从而使台基风行一时。时人曾有苏沪一带"台基"情形的记载：

> 有屋一间，有榻一处，有私情之不能自遂者，咸取给于此以逞其志。而业此者则为之多方罗致之，力图从中邀利。……人之所欲每苦于不得逞，今之开台基者，则惟恐其不得逞而委曲以使之逞。其有平时目成心许者，无不可由此招致，以纵其荡游焉。……前者苏郡谭太守严行厉禁，凡娼妓、小寓所悉行驱逐，……于是若辈无所施其狡狯之计，而以沪为邻国之壑。②

从上述记载看，借台基者以此为满足私情的据点，而台基店主以此作为牟利的工具，可谓各取所需，共同推动了台基现象的兴盛。但台基现象毕竟与传统礼俗观念相悖，故而上海周边地区的台基屡遭官方查禁，这间接助长了上海台基现象的繁荣。

台基之所以在上海得以繁荣，除了生活方式变迁的内在驱动外，还得到了租界的庇护。有史料记载："上海客寓之为台基也，已数年于兹矣。……租界此种客寓早已如林，……为时已久，为地亦多，似乎难以禁绝。"③《沪游杂记》中也说，台基现象"初则城内外皆有之，大率引诱良家妇女来家与人苟合，谓之'借台基'。叠经历任邑尊重惩，或游六门，或毁房屋。近来城内此风渐少，而洋泾浜之西地稍僻静，藏污纳垢，指不胜屈，殊令人发指焉。"④ 据估计，截止到 19 世纪 70 年代末，英法租界内的台基约有二三百家之多。⑤

台基除了兴盛于苏沪之外，北方的天津也有"俗名'转子房'者，犹上海之台基也"⑥。来台基的女子虽也不乏被诱骗，或借此以博微资聊补生计

---

① 李长莉：《晚清上海社会的变迁：生活与伦理的近代化》，天津人民出版社，2002，第489～490 页。

② 《论防淫》，《申报》1878 年 12 月 16 日。

③ 《论禁止台基客寓事》，《申报》1877 年 1 月 3 日。

④ 葛元煦、黄式权、池志澂：《沪游杂记·淞南梦影录·沪游梦影》，上海古籍出版社，1989，第 23 页。

⑤ 《论不究台基》，《申报》1878 年 7 月 30 日。

⑥ 《津门记略》，第 95 页。转引自罗澍伟《近代天津城市史》，中国社会科学出版社，1993，第 215 页。

者，类如暗娼，但其中也有相当多出身中人之家，衣食无忧的女子，主要是寻求婚外情感，排解忧愁苦闷而来，"虽绣闼娇娃，璇闺淑质，一经煽惑，往往失足其中"①。租界内的大台基往往成为大家闺媛幽会偷情的活动场所："重楼密室，蓝笋牙床，幽会情长，欢场梦短。本不贪赚缠头，转赠多金者有之；或因家规整肃，舍夜卜昼者有之。"② 显然，这种巨商之女只为娱情而来。

在开埠城市，台基之风盛行不衰，英法两租界内"开设台基者亦实繁有徒"③，而热衷于借台基的男女也不乏其人。因为台基"可尽一宵之兴，故苟合者趋之若鹜焉"④。针对上海台基风气之盛，时人感慨道："他处之台基犹不多见，而上海则遍地皆是；他处之台基尚皆隐藏，而上海则彰明较著。"⑤ 台基之风长时间不能禁绝，成为一个引人注目的社会现象，对此有人惊呼："是将使上海之人，男无不有外舍，女无不有姘头夫也！"⑥

台基、姘居之风的盛行，让那些恪守传统道德礼教的士人感到特别愤懑，他们从既有的认识出发，强烈谴责男女私相交往的"导淫"之风。传统贞操观念既然仍是社会公认的妇女道德操守，女性特别是已婚妇女与丈夫之外的男性私相交往，自愿与男子随便同宿，这历来被认为是对贞操观念的最大损害，不能为社会所容忍。在他们看来，这些"妇女寡廉鲜耻，乐此不疲，而幽欢密约，不必成心许始可成事，日未谋面而夜已拥抱，姓名不知而肌肤已亲。呜呼！是尚有人道哉！狗彘不若矣！"⑦ 有论者甚至将妇女借台基之举视为比娼妓卖淫更有害的行为，其"伤风败俗，廉耻道丧，视娼家妓馆殆有甚焉"⑧。在他们眼中，娼妓以此为业是被迫无奈之举，其本身已无贞操可言；男人嫖妓对多数人而言是人情所在，所谓"行商日久，情欲难忘，旅馆孤凄，闲花偶采，是亦在人情中者"⑨。而对于良家妇女而言，无论是自愿或是被诱惑借台基，都是自甘堕落，丧失廉耻之举，"迨至习染既深，羞

---

① 葛元煦、黄式权、池志澂：《沪游杂记·淞南梦影录·沪游梦影》，上海古籍出版社，1989，第 102 页。
② 闻亦不解生：《论禁令宜申后》，《申报》1877 年 6 月 18 日。
③ 《台基宜禁说》，《申报》1883 年 7 月 28 日。
④ 《拿获台基为转移风气之机说》，《申报》1882 年 2 月 14 日。
⑤ 《论惩办台基之办法》，《申报》1882 年 4 月 4 日。
⑥ 《论禁令宜申》，《申报》1877 年 6 月 16 日。
⑦ 闻亦不解生：《论禁令宜申后》，《申报》1877 年 6 月 18 日。
⑧ 《台基宜禁说》，《申报》1883 年 7 月 28 日。
⑨ 《论防淫》，《申报》1878 年 12 月 16 日。

恶之良泪没已尽，虽欲不为此事而不得"①。如若良家妇女皆如此，那么世道人心将不知败坏到何种地步。因为"娼家之妓女有限，良家之妇女无穷，倘无禁令重申，任其勾引，其为地方风俗之害，有目不忍睹，耳不忍闻，口不忍言者。"② 像借台基这样任男女私会必是风俗之害，"桑间濮上之风日甚一日，即礼义廉耻之维日丧一日。虽欲救弊扶衰不可得也"③。

台基之风在遭到社会舆论谴责的同时，也遭到了官方的查禁。如上文提到苏州谭太守在其辖区内严行查禁，上海也并非风平浪静之地，地方官往往会同租界当局联合查办。1881 年，上海地方当局联合租界会审公堂共同查办了台基店主金余氏，并在此基础上重申查禁台基之令："照得租借地方前有不法男妇开设台基，引诱良家子女，调奸取利，败俗伤风，莫此为甚，节经查拿示禁在案……凡年轻妇女，务各谨守闺门，为家长者，慎勿纵令妇女日作浪游，致堕奸徒之术，丧节败名。嗣后如有不法男妇阳奉阴违，再有前项开始台基情事，一经访拿，立予提案，尽法惩办。"④ 1891 年，《点石斋画报》以"台基游街"为题，刊登了一副借台基妇女被荷枷游街示众的图画（见图 2 - 2）。

图 2 - 2　借台基妇女被判荷枷游街示众

图片来源：《点石斋画报》，1891。

---

① 《论男女无耻》，《申报》1879 年 9 月 21 日。
② 《台基宜禁说》，《申报》1883 年 7 月 28 日。
③ 《论台基》，《申报》1892 年 5 月 27 日。
④ 《禁台基事》，《申报》，1881 年 8 月 2 日。

借台基的女性无论已婚还是未婚，一旦东窗事发就要承受来自社会和家庭两方面的巨大压力。未婚女性要背负失去处女之贞的恶名，一旦如此，"虽有西江之水，难涤腥闻；纵回东海之波，已渝素志。呜呼！谁生厉阶，而使若女子身长抱无涯之垢也。有心世道者，慨焉伤之"①。已婚妇女被丈夫发觉后，轻则受到斥责打骂，重则会被休掉，这类事件不时见诸报端。如当时一位妇女因借台基之事被夫家拿获而送到官府，并要求休掉此妻。县令允其所请，当堂准予休妻，并"掌责该妇，交官媒发卖"。论者对此举深以为然，认为"此等妇人留之久必为祸，休之诚是也"②。还有的妇女因受到家庭和社会的苛责而被迫自杀。她们"或虑为翁姑所谴者，或虞为姒娌所讥弹，有因诒误须臾，遂改自寻短见者"③，又有"被父兄嗔责，夫婿所不礼，而投环跳井，了此余生者"④，"因失节而无颜见人，轻声以殉者又不知有若干人"⑤。由此可见，在传统礼法道德仍居主流意识形态的状态下，妇女对于礼法道德的超越将会受到传统势力的打压，甚至要付出沉重的代价。

自台基现象产生以来，民间舆论批评的声音就不曾间断，⑥ 要求查禁的呼声也此起彼伏。无论上海官员还是租界当局都曾发令查禁，但效果都不明显，租界内的台基现象仍是禁而复炽，日盛一日。随着男女私交的增多，人们对男女两性关系的观念也发生了一些变化。在主流舆论对台基的谴责声中，也有一些人从现实生活的角度对这一现象进行了比较客观的分析。他们以"圣人不禁男女大欲"的古训为依据，对人的性欲给予了更多的肯定，同时对于男女私交也愈加宽容。如有人撰文说：

> 男女之欲，人情也。故古人有聘则为妻，奔则为妾之说，周礼有奔者不禁之文。诚以情志所钟，不能自遏，在上者亦惟顺其情以行法，而未尝执其法以逆情。此非圣人之纵淫，正圣人之防淫也。大凡人情所欲，苟得遂焉而欲乃定，强而抑之，必有不可收拾者。此不禁之禁，乃愈于禁也。……近来如上海一区，此风尤盛，娇头、搭脚，居然安之以为素。⑦

① 《论台基》，《申报》1892 年 5 月 27 日。
② 《当堂休妻》，《申报》1880 年 8 月 11 日。
③ 《论台基》，《申报》1892 年 5 月 27 日。
④ 《维持风化议》，《申报》1885 年 7 月 13 日。
⑤ 《论台基》，《申报》1892 年 5 月 27 日。
⑥ 《原伦》，《申报》1877 年 10 月 2 日。
⑦ 《论防淫》，《申报》1878 年 12 月 16 日。

上文之意是说，男女之欲出自人的本性，男女私交之事不是任何外力所能够完全禁绝的，因而台基"虽惩之而仍不能绝之"，这是因为"台基恶俗也，犯奸人情也。王道本乎人情"①。从人的本能和欲望出发，男女在情欲方面并无二致。因此有人认为，妇女借台基与男子嫖妓没什么不同，都是自愿寻求娱乐消遣："虽为台基实则男院耳。往有轻薄子弟叙语风花，谓男女情欲本自相同，然男求女者恒多，故有妓院听人出入，而必令输金于女；何不亦开男院，而令来院之女亦输金于男，似为天地最平允之事。"② 此论对当时的社会而言显然属于奇谈怪论，不可能为更多的人所接受，但其中却渗透着男女平等的意味。

在以台基现象为代表的男女关系中，妇女的活动与妓女最大的区别在于其是以自由的身份，出于自主、自愿的选择。她们在性的选择上所表现出的自主性，反映了借台基女子追求男女自由交往、自主择偶的愿望，这既是对传统片面贞操观的挑战，也是对传统两性关系的蔑视。正是在这个意义上，借台基当代学者被视为近代婚姻自由的先声。③ 它是女子有了一定经济自主权和社会活动空间，开始以独立的社会人的身份参与社会交往的反映。它标志着在商品化和城市化的过程中，女子传统的社会身份和地位已经在开始变化。

（三）男女平等的诉求

在传统士人对违反旧礼教现象多方指责之时，也出现了主张男女平权的呼声。他们提出要关心和同情妇女的疾苦，提倡妇女应享有与男子同样的社会权利。曾有人比照西方男女平等而批判中国礼教对妇女不公，文中写道：

> 天地生人，乾道成男，坤道成女，初无厚薄于其间也。孤阴不生，独阳不长，万物莫不皆然，于人岂能独异？乃观于中国，则殊有不然者：男则可以恣意游观，及时行乐；独至妇女，断不听其出外，拘拘于阃内之禁，闺房深锁，即以为女道克贞，不至冶游诲淫，以贻帷薄之

---

① 《论惩办台基之办法》，《申报》1882 年 4 月 4 日。
② 闻亦不解生：《论禁令宜申后》，《申报》1877 年 6 月 18 日。
③ 李长莉：《晚清上海社会的变迁——生活与伦理的近代化》，天津人民出版社，2002，第482～531 页；邓伟志、胡申生：《上海婚俗》，文汇出版社，2007，第 76～87 页；刘志琴：《当代妇女研究的理论误区》，《妇女研究论丛》1997 年第 3 期；熊月之：《晚清上海女权主义实践与理论》，《学术月刊》2003 年第 3 期。

耻。然而奸淫之案件仍不能免也，因奸致死之事时有所闻也，此其故不可思哉。泰西男女绝无异视，男子所为之事，妇女皆得而为之；男子所游之地，妇人皆得而游之。以视中国之妇女，其苦乐有大相悬殊者。人以为泰西之俗逃乎礼法之外，而男女碍于无别，而其实奸案反少于中国。盖妇女日在外边与男子酬应，则见惯者初不为怪，而落落大方，转足以杜苟之行。①

上文以对比的手法，批判了中国女性无社交的积习及弊病。作者虽对欧美社会"男子所为之事，妇女皆得而为之"的认识并不准确，但对禁锢女性诸多弊端的分析却颇为中肯。中国女性无社交，其活动主要局限于家庭之中，不需要如男子般承担养家糊口之重任，其是否幸福快乐呢？对此作者予以否认，他认为女性要经受穿耳、缠足及怀孕的痛苦，其文继续分析道：

> 妇女之苦则固有过于男子者矣。妇女既有此种之苦境，则亦当共享一切乐境。乃中国规矩，妇女出外则有禁观剧，游春则有禁烧香，拜佛则有禁至游山玩水，跨马乘舆则虽无明禁，而旁人将窃窃焉议之，是不禁之禁，亦无异于禁，此则可谓至不平之事矣。……至于终年深锁，不得外出，除岁时来往眷属之外，即不得与男子交谈，则是狴处而犴守之，又何异于狱中之囚也哉！……或谓男子在外披星戴月，沐雨栉风，劳劳攘攘以求富贵，而富贵既得之后，则其家人安享其福，由是观之，妇女似较之男子为乐，安在其为苦者？而不知良辰美景之天，乐事赏心之境，皆男子躬尝之，而为妇人者闭门兀坐，不啻达摩之面壁，其气不能舒，其怀不能畅，安得如男子之时时出外，足以扩眼界而豁胸襟也。

作者认为，既然女性在家庭生活中饱受痛苦的折磨，本应当享受与之相对应的快乐。但事实恰恰相反，对女子的禁锢使其丧失了开阔眼界、增长知识、陶冶情操的机会，自然也失去了一切乐趣，这对于女性是极为不公的事实。当然，作者以男性的视角观察女性的处境，确实觉得女性会痛苦无比。但久居礼教束缚中的女性是否也有如此感触，却不得而知。

除此之外，文中最后对夫妇婚丧礼教的不平也提出了责问：

---

① 《论中国妇女之苦》，《申报》1880 年 2 月 27 日。

最不可解者，夫妇本属敌体，乃夫丧则妻应该服斩衰，或且以为终身之服；而妻死则例虽期限，依然衣锦而食肉，不终月而即行胶续，新人又在门矣。夫死再醮，例虽不禁，而群以为诟病。试一平心论之，何其厚于男而薄于女一至此极也耶？

作者最后认为，此等扶阳抑阴的习俗应当改变，两性伦理要达于平等之境，"使之视男女为一体，而不得高下轩轾于其间。原知无从为力，第以中国近来禁止妇女之事政令益多，窃以为但当禁男子罗唕滋事，不当禁妇女之出外娱游"①。正如社会对男女私交不能宽容的论调一样，此种曲高和寡的言论难以在当时的社会取得广泛支持。但这种反对传统礼教，提倡男女平权的议论在上海的报刊上居然能公然倡说，这已然说明西方文明的输入及妇女社会生活的变化在无声地推动着人们性伦观念的变化。

二 传统家庭与婚姻伦理的松动

随着开埠城市工商业的发展与西方文明的植入，这些地区的生活方式、价值观念、性伦理等都不同程度的发生了变化，这对于传统的家庭和婚姻观念产生了一定冲击。

（一）弃夫与传统家庭关系的松动

开埠城市工商业的繁荣吸引了大批女性进城佣工。这些背井离乡的乡村妇女，一旦进入繁华的商业大都市，马上被现代化的生活方式所吸引而流连忘返。再者，台基、姘居之风的流行让这些外来女性对原有的家庭感情逐渐淡漠，从而产生了为数不少的弃夫事件，这对传统的家庭观念产生了一定冲击并使其出现了松动。

这些离乡进城的妇女或为妓，或为佣，因能赚钱自养，眼界性情也随之发生变化，随即产生了厌弃旧夫的现象，此类报道不时见诸报端："上海地方，尽有本系结发，嗣因溷迹烟花……既而水性漂流，遂欲跳身霄汉，视前夫如敝屣，而其夫……无可设法。"② 还有人认为，村妇进城佣工后，往往崇尚城市的奢靡之风，变得爱打扮，装风雅，便开始嫌弃旧夫，甚

---

① 《论中国妇女之苦》，《申报》1880年2月27日。
② 《风俗宜防其渐说》，《申报》1882年2月25日。

至寻姘头，并将其视为固然："故夫或来，自惭形秽，先有不敢匹偶之念。而姘头相识，居然显扬于广众，供招于公堂，相习成风，毫不知耻。其甚者，乡间懦夫，寻妻数年，歧路相逢，顿加白眼……有讼之官而不得领妻以归者。"①

此类记载并非夸大其词，如《申报》在1873年曾报道，一位佣妇在街上遇到自乡间来寻找自己的丈夫，其夫欲拉其回乡，该妇不愿。在双方扭打之时，其夫之足被马车碾伤，其妻毫不理会竟然扬长而去。其原文记述如下：

> 夫纲之不振，莫坏于租界地方之泼妇。……昨大马路会审公廨门前有苏州之乡民，因妻在上海帮工，即女堂倌之一流也，久不回籍，夫来寻觅，见诸途，而拉令下船同去。奈伊妻已满身罗绮，未免别有交情，风月惯常，睹此牧牛奴，奚不生憎？遂不肯与之回乡。争扭间乡人反为伊妻推倒，适马车来，不及避让，足为碾伤，虽无重伤，已不堪步履。回首伊妻早如黄鹤之飞去矣。②

对于此事作者不胜感慨："夫妇间何其忍心至于若此耶？可胜叹哉。"1877年，此类事件再次发生并诉诸公堂：

> 某乡人之妻自苏来沪，佣于某妓，花天酒地之中，适彼乐郊，忘我故土。眉语目挑之后，既多快婿，不念拙夫。某亦旋来伺察，适遇诸途，将揪之以归，突有男子夺之，互认为夫，讼于公堂，而妇坚谓男子是其夫，乡人目瞪口呆，造堂上呵斥而去。③

作者在诉说此类层出不穷的事件时显得极其无奈，可见弃夫现象在下层妇女当中已不鲜见。1884年，《点石斋画报》曾以"乾纲不振"来报道此事（见图2-3）。

妇女这种弃夫的行为，明显悖于从一而终、夫为妻纲的传统伦理道德，因而遭到主流社会舆论的批判。礼教守护者认为，她们违背了夫妇伦理，丧失了妇德，破坏了纲常礼教。有人以"夫为妻纲"为依据申诉说："夫妇为

---

① 《书朱陈氏愿归原夫事》，《申报》1883年8月7日。
② 《夫被妻欺》，《申报》1873年4月4日。
③ 《原伦》，《申报》1877年10月2。

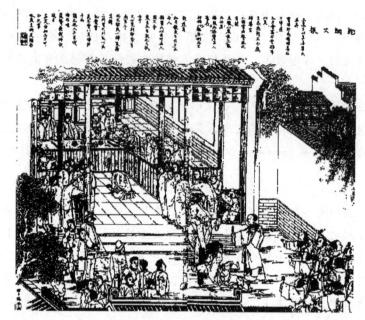

图2-3　洋行女佣不归家，其夫投诉反被殴

图片来源：《点石斋画报》，1884年。

人伦之一。……第凡物之对待者，既有彼此至形，既莫不有下承上、卑事尊之义。故夫妇虽分无差别，而妇之于夫，必若臣之于君、子之于父也。"[1] 以"男尊女卑"为出发点，夫妇离婚是男子的特权，妇女弃夫是对传统伦理的僭越。但在司法实践上，法律并没有切实维护前夫的权利。由妇女弃夫引起的诉讼，官方多判以离婚，并让奸夫给予前夫经济补偿，也并未对妇女和奸夫进行处罚。有人指责道："窃以为此等事，最足以害风俗。人见官之断此案，每断分而不断合。……又何所顾忌而不为耶？吾知自有断离，而人心因之愈坏，风俗因之愈薄，其所关诚非浅鲜也。"[2]

　　社会舆论的批判虽不绝于耳，但它在新生活方式的驱动下逐渐显得软弱无力。弃夫现象的出现，既与移民社会畸形人口结构有关，也与城乡经济的巨大差距紧密相连。更重要的是，商业化带来的妇女经济的独立使其有了更多的生活选择权。[3] 开埠城市特有的生活方式与价值观念重塑了走出家庭的乡村妇女，增加了其反抗"男尊女卑""男主女从"等礼教的

---

① 《原伦》，《申报》1877年10月2日。

② 《风俗宜防其渐说》，《申报》1882年2月25日。

③ 李长莉：《晚清上海：风尚与观念的变迁》，天津人民出版社，2010，第374～377页。

勇气，给传统的家庭造成了一定范围的冲击，从而使原来的家庭观念出现了松动。

（二）"良贱不婚"的争论

清代沿袭了传统的身份等级制度，依据不同的职业与身份形成了尊卑上下的等级关系。良贱之别就是一种比较严格的身份区分。按清初定制，从事倡、优、隶、卒等贱业者属于贱民，以与执士、农、工、商的"良人"相区别。这种关系反映到婚姻上形成了"良贱不婚"的礼制，并受到法律的保护。清代法律规定："凡吏娶乐人为妻妾者，杖六十，并离异。若官员子孙娶者，罪亦如之，注册候廕袭之日，降一等叙用。"[1] 又有良贱为婚的明确惩治规定："凡家长与奴娶良人女为妻者，杖八十。女家减一等；不知者不坐。"[2] 良贱之别，关系到家庭和家族的门第、名誉、地位乃至个人的命运，因而历来为人们所看重。民间谈婚论嫁讲究门当户对，首重良贱之别，这已是世代相传，被视为天经地义的礼法习俗。

随着开埠工商业经济的发展，部分市民经济地位与身份地位出现了巨大反差，出现了尊卑倒错的现象，这导致传统的身份观念出现了某些松动，并在某些方面发生了僭越现象。这些变化都为婚姻伦理的变动奠定了基础，由此在上海发生了名震一时的"杨月楼诱拐案"。此案轰动一时，历时数月，引起了民间与舆论界的热烈争论。

杨月楼是一著名京剧武生，技艺超绝，名噪一时，并且收入不菲。[3]在上海表演期间，一位名叫阿宝的粤商之女因慕其才艺，遂"作书函，并年庚帖，细述思慕意，欲订嫁婚约"[4]。后由阿宝之母王氏作主，并经媒妁说和，遂订婚嫁。但在迎娶之时，粤商族党以与"贱民"婚配有辱门风为由，群起阻拦，并将杨月楼以"诱拐罪"告到官府。于是刚刚新婚的夫妇被传唤到县署，并被同属粤籍的县令治罪，将杨月楼夫妇分别施刑责罚，"敲打其（杨月楼——笔者注）胫骨百五，批掌女嘴二百"[5]，然后收监候判。

---

[1]　田涛、郑秦点校《大清律例》，法律出版社，1999，第211页。

[2]　同上书，第212页。

[3]　《论上海繁华》，《申报》1874年2月14日。

[4]　《记杨月楼事》，《申报》1873年12月30日。

[5]　同上。

此案一出，立刻引起舆论一片哗然。上海市民因处在案发地，更是议论纷纷，"匿名揭帖遍贴于法租界内"①，为此案鸣不平。许多人给报馆写信发表自己的意见，于是在舆论上形成了与粤商相对立的一派，双方各执一端，反复辩驳，从而展开了激烈争论。两派争论的焦点就是杨月楼与阿宝的婚姻是否正当？"贱民"娶"良女"为妻是否可视为诱拐抢盗等重罪？官府的惩罚是否适当？而这一争论的实质是对传统歧视优伶等"贱民"、"良贱不婚"的旧习俗应持什么态度？

民间舆论对此案颇鸣不平，对杨月楼的行为极为同情，其中以署名"持平子"者最具代表性。他在《申报》撰文对起诉杨月楼的罪名提出质疑："在粤人以为大块〔快〕人心，在旁人以为大惨人目，敢问贵馆：邑尊究执何例以办？夫月楼虽不安分，咎实难辞。然就事论事，似尚不比于抢盗，今竟敲击胫骨，其将以强盗律之乎？"②接着该文作者又肯定了二人婚姻的合法性，其婚姻是"受母命，倩媒妁，具婚书，得聘礼，而后迎娶合卺"，一切符合婚姻程序。既然承认了婚姻的合法性，官府与族党行为显然不合适，而且"即令阿宝私通月楼，亦当候其父自行处置"，官府与粤商族党行为是越俎代庖之举。最后，作者提醒官员执法应依律而行，不应"淫刑以逞"，认为此案处罚过重，必然会激起民众的不平，"同乡有调停不善之讥，官长幼刑罚不中之议"。

此论一经刊出，立即受到卫道士们的反击。他们根据"良贱有别"的习俗认为，"月楼一优伶耳，胆敢与人家妻女通奸，罪当千刀万剐〔剐〕……究竟月楼一优伶，岂足污我粤人哉！"③根据"万恶淫为首"的古训，他们认为"奸重于盗"，此事乃"奸淫大恶"，应予以严办。给杨月楼、阿宝二人施加的刑罚不仅不为重，反而属于"轻恕发落"。由此他们自然认为，粤人族党的行为是义举，其"气节过人，誉之不暇，何毁之有？"进而他们还指责"持平子"妄议邑尊，属于"谤毁邑尊""悖谬太甚"④。关注此案的双方以《申报》为平台进行了反复申辩，使此案在民间的影响日益广泛。为平息事端，清政府被迫出面干涉并仍以"诱拐"结案，杨月楼发配远徙，阿宝交官媒择配，由此引起的舆论也逐渐平息。

---

① 《本馆复广东同人书》，《申报》1874 年 1 月 16 日。
② 《持平子致本馆论杨月楼事书》，《申报》1873 年 12 月 29 日。
③ 《书持平子、公道老人后》，《申报》1874 年 1 月 15 日。
④ 《不平父论杨月楼事》，《申报》1874 年 1 月 7 日。

从该事件的争论看，传统的"良贱之别""乡党与宗族"等观念仍顽固的存在，但已经开始出现某种程度的松动。① 杨月楼敢于娶商人之女为妻，报馆刊文公然称其为"夫妻"并为之鸣不平，这本身就是"良贱不婚"礼制与习俗约束力减弱的反映。在反对将杨月楼、阿宝自许婚斥为"奸拐"的议论中，有人曾引用孟子"食色，性也"的传统说法为其辩护："一优人耳，忽有配以美色之妇而不愿者，夫岂人情？一弱女耳忽许配以合意之婿而不从者，夫岂人情？而且窃玉偷香，士大夫、名闺秀向有犯之者，而欲以发乎情、止乎礼之道望之于优人弱女，能乎不能？"② 从人之常情出发，反对者要求官府按照律例秉公判决此案，对待属于"贱民"的优伶也应合乎情理。这些观念和呼声都是对传统等级身份观念的挑战，是传统伦理日益松弛的表现。

第三节　婚姻新理念的萌发

西方生产、生活方式的植入不断侵蚀着传统伦理观念，在开埠城市逐渐萌生了朴素的男女平等观念。与此同时，西方的精神文明也通过传教士这个特殊介质源源不断地输入，从而使新的价值观念不断影响着中国思想界。一些较早接触西方文明的知识者开始用新理念审视传统伦理和婚姻习俗，并零散地提出了一些改良建议。至此，传承了几千年的婚姻习俗逐渐被接受了西方文明的知识者视为陋俗，并受到了持久的批判。

一　传统婚姻文化的反思

鸦片战争之后，中外联系日益紧密，文化交流日趋频繁，中国迈出了走向世界的第一步。走向世界的中国人，除了考察西方的政教之外，对其婚姻风俗也多有接触和了解。利用坚船利炮之便再次进入中国的传教士基于布道的需要，把介绍西方文化作为吸引国人的重要手段，为此创办了大量报刊、兴建了不少学校以促进西方文化的传播，扩宽了国人了解西方的渠道，增加

① 李长莉：《从"杨月楼案"看晚清社会伦理观念的变动》，《近代史研究》2001 年第 1 期。
② 《公道老人劝息争论》，《申报》1874 年 1 月 9 日。

了必要的知识来源。

更重要的是，凭借这些渠道，教士们把西方的自由、平等思想也输入了进来，"首等中西互有裨益之事，敦正本也"①。这给中国知识界提供了反专制的思想武器，促成了近代中国思想界的觉醒与科学启蒙。例如，王韬长期就职于教会创办的墨海书馆和格致书院，并有多年游历海外的经历。康有为讲学长兴里时，"好浏览西学译本，凡上海广学会出版之书报，莫不尽量购置。"② 谭嗣同在上海时，"广购当时江南制造局翻译官译出的自然科学，广学会译出的外国历史、地理、政治和耶稣教神学以及《西国近事汇编》、《环游地球新录》"。③ 因此有人说，谭嗣同与"康有为等维新人士的新知识，有许多地方是从研读广学会中书籍而来的。"④ 西方文化的输入影响了以康、谭为代表的新知识者，促使其思想发生转变，他们开始用新理念来审视、评判传统婚姻文化。在这些因素的影响下，中国迎来了对传统婚姻文化进行自觉批判的时代。⑤

维新知识者以对西方文化的初步理解为价值参照，以悲天悯人的强国之心为出发点，开始反思传统婚姻文化中的不足。

（一）"严男女之大防"⑥

传统社会向来注重礼俗，而礼俗中的重要内容之一就是"严男女之大防"。"夫中国之礼俗，固以严男女之防为一大事者也。六经之中，谆谆教诲，百家诸子，罔不如一"⑦。《礼记·曲礼》中说："男女不杂坐，不同椸、枷，不同巾、栉，不亲授。嫂叔不通问，诸母不漱裳。外言不入于梱，内言不出于梱。女子许嫁，缨，非有大故，不入其门。姑、姊、妹、女子子，已嫁而反，兄弟弗与同席而坐，弗与同器而食。"⑧《礼记·内则》云："七年，男女不同席，不共食"，又云"礼始于谨夫妇，为宫室，辨外内，男子居外，女子居内。深宫固门，阍、寺守之，男不入，女不出。男女不同椸枷，不敢

---

① 沈毓桂：《兴复〈万国公报〉序》，《万国公报》第 1 册，1889 年 1 月 31 日。
② 冯自由：《革命逸史》，《戊戌变法》（4），中华书局，1981，第 240 页。
③ 杨廷福编《谭嗣同年谱》，人民出版社，1957，第 63 页。
④ 杨廷福编《谭嗣同年谱》，人民出版社，1957，第 52 页。
⑤ 梁景和：《近代中国陋俗文化嬗变研究》，首都师范大学出版社，2010，第 53 页。
⑥ 严复：《论沪上创兴女学堂事》，《严复集》（2），中华书局，1986，第 469 页。
⑦ 同上。
⑧ （清）孙希旦撰《礼记集解》，中华书局，1989，第 43～45 页。

悬于夫楎、椸，不敢藏于夫之箧、笥，不敢共湢浴。夫不在，敛枕箧簟席，襡器而藏之。"① 这些礼法中的观念不断被弘扬，进一步内化于世家显贵的家仪之中，成为他们日常生活的行为准则。

司马光在《涑水家仪》中规定："凡为公室。必辨内外，深宫固门，内外不共井，不共于是，不共厕。男治外事，女治内事。男子昼无故不处私室，妇人无故不窥中门。男子夜行以烛，妇人有故身出，必拥蔽其面。男仆非有缮修及有大故，不入中门。入中门，妇人必避之，不可避，亦必以袖遮其面。女仆无故不出中门，有故出中门，亦必拥蔽漆面。"② 茗州吴氏家典家规第八十条规定，妇人"无故不出中门，夜行以烛，无烛则止。如其淫狎，即异屏放"③。在男女交往上事无巨细的规定，人为疏远、隔离两性的目的在于造就一个"皆为重别，防淫乱"④ 的舆论和社会环境。这种伦理准则长期以来被视为理所当然，"男女有别，此其不得与民变革者也"⑤。

在西方价值系统的参照下，它的绝对合理性开始受到质疑。孙宝瑄在其日记中说："西国风俗日趋醇美，每见妇人，辄肃然起敬，绝邪僻之心，故男女之间犹近古风，未如中国今日防闲之密。"⑥ 以西俗比照中国，严复感慨地说：

> 夫中国之礼俗，固以严男女之防为一大事者也。六经之中，谆谆教诲，百家诸子，罔不如一，乃何为而至于斯乎？则其故即由于辨之太严而已。天下之事，大约隔之愈远，愈不可即，则愈以其事为可乐；若日日见之，则以为常情，而不以措意。今者读《士礼》、《小戴记》言礼诸文，谓中国三代时，男女之辨不严，不可得也。又读《春秋》内外传，《国风》之诗，谓中国三代时，男女之防不乱，亦不可得也。⑦

严复认为，中国礼俗以严防男女为第一要务。男女间人为的隔绝，更容易造成异性间的吸引，"男与女惟太隔绝，一旦相见，电感益厉"⑧，淫乱之

---

① （清）孙希旦撰《礼记集解》，中华书局，1989，第795页。
② 《涑水家仪》，陶宗仪编《说郛》第71卷，景印文渊阁四库全书，第880册，第50页。
③ （清）吴翟辑撰《茗州吴氏家典》，黄山书社，2006，第21页。
④ （清）孙希旦撰《礼记集解》，中华书局，1989，第43页。
⑤ 同上书，第907页。
⑥ 孙宝瑄：《望山庐日记》，上海古籍出版社，1983，第84页。
⑦ 严复：《论沪上创兴女学堂事》，《严复集》（2），中华书局，1986，第469～470页。
⑧ 孙宝瑄：《望山庐日记》，上海古籍出版社，1983，第1097页。

事终不能免。对此，谭嗣同也说："世之防淫，抑又过矣，而适以召人于淫"①。男女之间的隔绝，不但不会泯灭与生俱来的性意识，反而会更加强化：

> 夫男女之异，非有他，在牝牡数寸间耳，犹夫人之类也。今锢之，严之，隔绝之，若鬼物，若仇雠，是重视此数寸之牝牡，翘之以示人，使知可贵可爱，以艳美乎淫。然则特偶不相见而已，一旦瞥见，其心必大动不可止，一若方苞之居丧，见妻而心乱。直以淫具待人，其自待亦一淫具矣，复何为不淫哉！②

谭嗣同以方苞居丧的事例，验证了男女隔绝反而强化了"淫乱"之心的事实。因此他们认为，若男女相交成为人之常情，必然会弱化性别意识与性的异常吸引，即严复所说"若日日见之，则以为常情，而不以措意。"谭嗣同则更加直白地说：

> 男女构精，名之曰"淫"，此淫名也。淫名，亦生民以来沿习既久，名之不改，故皆习谓淫为恶耳。向使生民之初，即相习以淫为朝聘宴飨之巨典，行之于朝庙，行之于都市，行之于稠人广聚，如中国之长揖拜跪，西国之抱腰接吻，沿习至今，亦孰知其恶者？乍名为恶，即从而恶之矣。或谓男女之具，生于幽隐，人不恒见，非如世之行礼者光明昭著，为人易闻易睹，故易谓淫为恶耳。是礼与淫，但有幽显之辨，果无善恶之辨矣。向使生民之始，天不生其具于幽隐，而生于面额之上，举目即见，将以淫为相见礼矣，又何由知焉恶哉？③

在上文中，谭嗣同以"性交"为男女见面之礼的假设，希图论证男女交往之事的自然属性与正当性。谭的用意可谓用心良苦，但其论证思路显然有漏洞，因此他的假设很快遭到了孙宝瑄的质疑。他批驳了"男女之具若生于颅顶，则男女交媾事将视为平常"的观点。以"接吻"为例，嘴巴生在脑袋上，在西方以接吻为平常事，在中国则仍以淫秽待之。故作者认为，习俗的改变与男女生殖器官的生长部位并无关联，重要的是思想观念

---

① 蔡尚思、方行编《谭嗣同全集》，中华书局，1981，第303页。
② 同上书，第303～304页。
③ 同上书，第301～302页。

的改变。① 孙氏的观点并无不当之处，但谭嗣同所要强调的重点并不是男女生殖器的部位，而是要表达习以为常之事定会让人见怪不怪，其最终目的是为了打破男女交往的界限。

（二）批判妾制

妾在中国的发展历史可谓源远流长，并作为传统婚制的辅助形式长期存在。妾的来源多样化，她与媵制、强权的掠夺、女性的买卖以及男女结合是否符合礼法密切相连，后世妾的产生方式多由此演化而来。据研究，妾从字形、词源分析其本意是剃了头发、受了黥刑的女奴，她既充当女佣，又是主人泄欲的工具。因此，妾从产生之初其地位就非常低贱，并多以男性的娱乐工具形式存在。②

难能可贵的是，在纳妾氛围浓厚的传统社会，一些知识者却产生了朦胧的废妾意识，③ 但明确提出废妾这一问题却始于近代。1878 年，英国教士、汉学家艾约瑟在《益智新录》撰文质疑妾制的合理性。他说："若一夫而数妻，权纵不至旁落，而人多则疑生，疑生则情隔，情隔必至纷争。绿衣之咏，攘瑜之谿，古今可胜道哉！"④ 几乎是在同一时期，中国的知识者也展开了对妾的批判。严复认为，妾是妇女解放的障碍。⑤ 宋恕则认为妾的买卖违背了人性："盖彼特不幸而为贫家之女，何忍贱而等诸动、植之物，辱而加以'买卖'之名，且责以兽道，而断其父母兄弟、天性之恩爱也！又往往遭主人、主母毒虐，欲去不能，惟有待死，可悲实甚！"⑥ 王韬则从男女不平等的视角展开批判。他说，帝王"后宫佳丽至于数千，阿房之建，羊车之游，极欲穷奢，不可致诘。而庶人之拥多资享厚奉者，粉白黛绿列屋而闲居，妒宠负恃，争妍取怜。呜呼！以此观之，几等妇女为玩好之物，其于天地生人男女并重之说，不大相刺谬哉？"⑦ 王韬批判妾制的思想基础是其行为不符合"男女并重之说"，它的存在容易造成家、国的不安："室中既有二妇，则夫

---

① 孙宝瑄：《望山庐日记》，上海古籍出版社，1983，第 235 页。
② 王绍玺：《小妾史》，上海文艺出版社，1995 年，第 1~72 页。
③ 具体可参见李汝珍《镜花缘》，上海亚东图书馆，1932，第 50~52 回。
④ 艾约瑟：《泰西妇女备考》，《益智新录》1877 年第 5 卷，引自《近代中国女权运动史料（1842~1911）》，李又宁、张玉发主编，龙文出版社股份有限公司，1975，第 174 页。
⑤ 严复：《论沪上创兴女学堂事》，《严复集》(2)，中华书局，1986，第 469 页。
⑥ 胡珠生编《宋恕集》，中华书局，1993，第 32~33 页。
⑦ 王韬：《弢园文录外编》，辽宁人民出版社，1994，第 10 页。

之爱憎必有所偏，而妇之心亦遂有今昔之异，怨咨交作，讪谪旋兴，大家世族多有因此而不和者，门庭乖戾必自此始。一家既如此，一国可知矣。"① 由上述分析看，废妾的思想似乎呼之欲出。但由于时代的局限，王韬虽以体现平等之意的"男女并重之说"来批判妾，但其废妾的目的是为了避免"女祸"以保家国，② 其潜意识中又流露出"红颜祸水"的歧视心态。

（三）"男女之约，不由自主，由父母定之"③

传统婚姻奉行"父母之命，媒妁之言"的准则。《白虎通·嫁娶》中说："男不自专娶，女不自专嫁，必由父母，须媒妁。"④《诗》云："娶妻如之何？必告父母。……娶妻如之何？匪媒不得。"⑤《孟子·滕文公下》说："不带父母之命，媒妁之言，钻穴隙相窥，逾墙相从，则父母国人皆贱之。"⑥ 礼法一体是中国传统社会的特点，⑦ 此项婚姻准则最终法律化，被明文载入法典当中。《大清律例》规定："嫁娶皆由祖父母、父母主婚。"⑧ 因此，父母主婚不仅是伦理道德更是法律规范，它的主要功能就是"隔男女，防淫逸，养廉耻也。"⑨

这天经地义的礼法准则在西方自由理念的反衬下开始受到批判。宋恕强烈反对父母专婚，并认为婚姻应取得当事人的同意。⑩ 谭嗣同则说："本非两情相愿，而强和漠不相关之人，絷之终身，以为夫妇，夫果何恃以伸其偏权而相苦哉？实亦三纲之说苦之也。"⑪ 此时一些知识女性也对包办婚姻给予强烈谴责。她们认为："以自有之身，待人主婚，为人略卖，好恶不遂其志，生死悉听之人"⑫，是人生之大不幸。同时她们还指出："中国婚姻一事，最

---

① 王韬：《弢园文录外编》，辽宁人民出版社，1994，第11页。
② 同上书，第10页。
③ 康有为：《实理公法全书》，《康有为全集》第1集，中国人民大学出版社，2007，第150页。
④ （清）陈立撰，吴则虞点校《白虎通疏证》，中华书局，1994，第452页。
⑤ 周振甫译注《诗经译注》，中华书局，2010，第128～129页。
⑥ （清）焦循撰，沈文倬点校《孟子正义》（上），中华书局，1987，第426页。
⑦ 张仁善：《礼·法·社会：清代法律转型与社会变迁》，天津古籍出版社，2001，第28页。
⑧ 田涛、郑秦点校《大清律例》，法律出版社，1999，第204页。
⑨ 陈鹏：《中国婚姻史稿》，中华书局，1990，第317页。
⑩ 胡珠生编《宋恕集》，中华书局，1993，第31页。
⑪ 蔡尚思、方行编《谭嗣同全集》（下），中华书局，1981，第348～349页。
⑫ 王春林：《男女平等论》，《女学报》第5期，1898年8月27日。

为郑重，必待父母之命，媒妁之言。礼制固属谨严，然因此而贻害亦正无穷，凤鸦错配，抱恨终生；伉俪情乖，动多反目。"① 知识者们由世人的婚姻苦痛出发将批判的矛头引向了"三纲"之说，直接冲击了传统社会的思想根基。

（四）女子的贞烈之风

贞女现象是明清社会特有的社会现象，指已订婚但尚未结婚的女性，当未婚夫去世时，或为未婚夫终身守节，或自杀以殉。② 研究表明，贞女现象在 13 世纪出现端倪，且均出自精英阶层。从 15 世纪晚期至 16 世纪，贞女现象在受到广泛关注的同时，带上了为未婚夫殉死的极端特征。到了 17 世纪，这种极端行为达到顶峰，并且延续下来成为女性道德操守高尚的象征。③ 然而，这种抑制女性情感的贞烈之举是对人性的极大摧残，给女性带来了无尽的痛苦。对此，宋恕进行了强烈控诉。他认为：

> 此风盛于宋、元以后，实则用情大过，不合礼经；未嫁"贞"、"烈"，尤为无谓！盖其初，不过一二人情好特深，感激为此，等于士夫之侠行，虽非中庸，要自独绝。自儒者专以"贞"、"节"、"烈"责妇女，于是号称"贞者"、"节者"、"烈者"，多非其本心，而劫于名议，而为妇女者，人人有不聊生之势矣。
>
> 今南方大族，为之长者，往往逼死其族中夫亡无子之幼妇，以希冀仰邀旌表为一族疾荣。富贵之家，夫亡不适，久成铁例，闺房之流，岂尽贤圣？于是不能遏欲者，内则乱伦，外则通仆，溃决极于恣报，偶合反于异类，适则不适也，而人理或几乎灭矣！④

宋氏认为，"贞烈"的提倡不仅不合于古礼，且多不合乎女性的本意，致使妇女人不聊生。南方大族贪图名利，希冀用妇女的血肉来换取家族的虚荣。这不仅是对生命的蔑视，而且由此导致的私通事件层出不穷，反而败坏

---

① 《贵族联姻》，《女学报》第 5 期，1898 年 8 月 27 日。

② 《译者的话》，〔美〕芦苇菁：《矢志不渝：明清时期的贞女现象》，秦立彦译，江苏人民出版社，2012，第 1 页。

③ 〔美〕芦苇菁：《矢志不渝：明清时期的贞女现象》，秦立彦译，江苏人民出版社，2012，第 8 页。

④ 胡珠生编《宋恕集》，中华书局，1993，第 33~34 页。

了家族荣誉，扰乱了世风。宋恕的思维延续了清中期毛奇龄的分析逻辑，他以传统礼经为批判武器给予了妇女更多的同情。

二 婚姻新理念的初步设想

在反思传统婚姻文化的基础上，先觉者们对其进行了适当修正，希望建立一种婚姻新观念。其内容主要包括五点。

（一）夫妇择偶判妻，皆由两情自愿[1]

当时的维新女性在报刊上撰文，力主婚姻自主，"男女择偶，无烦月老，如或两情相契合，遂尔永结同心。"[2] 康有为在其《实理公法全书》中说："凡男女如系两相爱悦者，则听其自便"，"此乃几何公理所出之法。盖天既生一男一女，则人道便当有男女之事。既两相爱悦，理宜任其有自主之权"[3]。谭嗣同在《湖南不缠足会嫁娶章程》中规定："同会虽可互通婚姻，然必须年辈相当，两家情愿方可。不得由任指一家，以同会之故，强人为婚。"[4] 其中的条款已充分体现了婚姻自主的原则。宋恕不仅主张婚姻自主，"许自相择偶"[5]，他还从行政、法律等方面设想了一些保障措施：

> 及年订婚，婚书须本男女亲填甘结……己俩属意者，家长不得阻挠、另订；违者，许本男女状求保正、甲首反复开导。不听者，保正径为本男女主婚，勒令出婚嫁赀；不肯出者，依未及年订婚例惩治；系保正家事及保正力不能制者，归乡正办理；系乡正以上家事及曹长力不能制者，归知县自行办理。倘因阻挠、另订而致毙其女者，该家长依未及年订婚例惩治外，发惩罪所十年。若系伯叔为家长而致毙其侄女，兄弟为家长而致毙其姊妹者，无论官、绅、衿、兵、平民，均斩立决。[6]

---

[1] 蔡尚思、方行编《谭嗣同全集》（下），中华书局，1981，第351页。

[2] 《贵族联姻》，《女学报》第5期，1898年8月27日。

[3] 康有为：《实理公法全书》，《康有为全集》第1集，中国人民大学出版社，2007，第149页。

[4] 蔡尚思、方行编《谭嗣同全集》（下），中华书局，1981，第396页。

[5] 胡珠生编《宋恕集》，中华书局，1993，第31页。

[6] 同上。

　　在上述设想中，宋恕不仅主张要体现当事人的意愿，还主张男女自主择偶。为了保障这些主张的践行，他还设想了诸多举措，可谓用心良苦。严复也主张婚姻自主，并对未来婚姻做了大胆预测。他说："男女自行择配，亦为事之最善者。……实为天理之所宜，而又为将来必至之俗"[1]。自由择配虽为美俗，但他同时又认为在当下断不可实行，"若以我国今日之俗，即行之，则流弊不可胜言"。自己所倡导之事，为什么当下不能实行呢？他解释说：

　　　　尝谓中国之妇人，固无自主之权者也。而中国妇人之为娼者，则未尝无自主之权。无论其平日所为也，即以择配一事观之，彼固明明自行择配矣，乃其愚者每为客所诳，而黠者则又能谎客。情伪相攻，机械百出，倏去倏来，终返故辙。使天下之妇人尽若此，则此世界不能一日居矣。……以今日之俗论之，则皆无能行之理。

那么婚姻自主的习俗怎样才能得到较为理想的实现呢？他认为：

　　　　仍不外向所言，读书阅世二者而已。大家妇人非不知书，而所以不能与男子等者，不阅世也。娼家之女，日事宴游，而行事又若其狼藉者，不读书也。二者兼全，则知天下之变，观古今之通，有美俗而无流弊矣。[2]

　　严复认为，男女自行择配是成就婚姻之善法，是将来必须施行的习俗。但今日中国行此法则流弊百出，因为中国妇女一缺乏学识，二缺乏阅历，对于择配中的欺诈之事难以辨别，这样的自行择配必使婚姻陷入混乱。因此，作者提倡妇女读书、阅世，如此这般才能实现美满婚姻而无流弊。总之，对于婚俗变革，他主张循序渐进，有序进行。

（二）废除妾制，提倡一夫一妻

　　在批判妾制的同时，他们主张奉行一夫一妻制。艾约瑟明确指出，一夫一妻是人间正道。为什么这样说呢？他解释说："不观天之生人乎，天地间男男女女，畛域各判，彼此似不相谋，而统计万国男女之数，其寡多不甚悬殊者，冥漠中未必无深意于其间也。即以势而论，一夫一妻，或治内，或治

---

① 　严复著《论沪上创兴女学堂事》，《严复集》（2），中华书局，1986，第470页。
② 　同上。

外，各有专司，交相为助，以之齐家而家齐，以之治国而国治，以治天下而天下亦无不平。"① 艾约瑟从男女人数的均等状况以及传统的家、国、天下理念出发，指出确立一夫一妻制的正当性。与艾约瑟的解释相比较，中国知识者的理由似乎更充足。例如，王韬从四个方面阐释了这种合理性。

第一，一夫一妇是圣人之意。"《大学》一篇，首言治国、平天下，而必本之于修身、齐家，此盖以身作则，实有见夫平治之端必自齐家始。欲家之齐，则妇惟一夫，夫惟一妇，所谓夫夫妇妇而家道正矣。天之道一阴而一阳，人之道一男而一女，故《诗》始《关雎》，《易》首乾坤，皆先于男女夫妇之间再三致意焉。"② 从传统典籍的分析中，王韬点明了一夫一妻制的正当性。从其分析理路看，王韬并未生硬地移植西方婚姻文化，而是以传统礼经为思想武器，借圣人之言将西方婚姻思想的内核阐发出来，从文化心理上易于为国人所接受。

第二，从"女祸"的事实阐释了家不平、国难治的历史教训，强调了一夫一妻制对于国家的重要性。王韬说："历代以来多有女谒之祸。桀以妹喜亡，纣以妲己丧，幽以褒姒殒，吴以西施沼，汉成帝以飞燕戕其身，陈后主以丽华覆其宗，唐之高宗以武氏绝其传，玄宗以玉环蘖其国。其嬖愈甚，其祸愈亟，正后嫡室至于贬斥而不悔，此皆由乎家之不齐，而天下国家之所以不平不治也。"③ 基于家、国、天下的关系，再联系到中国贫弱被凌辱的现实，王韬的思想已经超出了传统政治理念的范畴。

第三，一夫一妻是教化之源。王韬认为："教化之原必自一夫一妇始，所谓理之正、情之至也。试观乡里小民，男耕女织，夫倡于前，妇随于后，岁时伏腊，互相慰藉，虽历辛勤而不怨。推之于一夫一妇者，亦无不然。室中既有二妇，则夫之爱憎必有所偏，而妇之心亦遂有今昔之异，怨咨交作，讪谪旋兴，大家世族多有因此而不和者，门庭乖戾必自此始。一家既如此，一国可知矣。"④ 在上述解释中，妾成为家庭不和的罪魁。家庭不和，社会不安，国家永无宁日。因此，要树立良好的社会风气，必须铲除妾制，这既符合两性之情，也是夫妇关系的正理所在。

① 艾约瑟：《泰西妇女备考》，《益智新录》，1877 年第 5 卷，转引自《近代中国女权运动史料（1842～1911）》，李又宁 张玉发主编，龙文出版社股份有限公司，1975，第 174 页。
② 王韬：《弢园文录外编》，辽宁人民出版社，1994，第 9 页。
③ 同上书，第 10 页。
④ 同上书，第 11 页。

第四，通过中西家庭的比较，得出了一夫一妻制的合理性。王韬说，欧美的一夫一妻制虽因家庭伦理淡薄而遭到国人的批判，但"泰西诸国于夫妇一伦为独厚，而其家室雍容，闺房和睦，实有可取者。因而知一夫一妇实天之经也、地之义也，无论贫富悉当如是。"① 通过中西的比较，王韬特别赞赏西方重夫妇之情的伦理特点。透过这些言论我们进而发现，他为贯彻一夫一妻理念似乎认同西方父子伦理淡薄的事实。

提倡一夫一妻，必须要改革妾制。在宋恕的改革理念里，他企图用行政或法律的手段禁止妾的买卖。② 对于既成事实的妾，尚未生子的转为雇工，已生子女的提高其名分，赐予妻的权利：

> 自大臣至平民，所有婢妾，无分长幼，但未生子，及虽生子而子年未满十六、或不及十六而亡者，该家长应以雇工相待，该婢妾亦应以雇工自处，去留两便；有事涉官，以雇工论。至已生子而子年已满十六者，无分其子是男是女，公私文字均着改称"侧妻"，有事涉官，一切与"正妻"同等论。其夫有官而正妻得封者，侧妻亦行例封，惟降正妻一品。③

宋恕的这种设计看似具有较强的操作性，但实际上仍是脱离实际的幻想，女子做妾多以生存为目的，在经济不能自立的情况下离开男子多数无法生存。男子置妾的目的之一就是延续香火，王韬希望通过改变中国人的子嗣观达到废妾的目的。他说："或谓纳妾以冀生育，继宗祧，此甚不得已之事，何不可行？不知纳妾以求子，不如行善以延嗣之为速也。"④ 用慈善的方法来获取永久的名声以弥补无嗣的缺憾，这种思想在西方较为盛行，而中国却缺乏这块思想土壤。在传统中国人的理念中，行善积德是基于佛学的善恶因果报应理念而来，其主要目的是为己、父母、子孙求得福报，带有明显的功利性倾向。在这种特定的文化氛围中，断绝子嗣可能从根上斩断人们行善的动机，迫使他们转向现世的享乐。因此，中西文化背景的差异，决定了王韬这一理念的践行缺乏现实的基础。

① 王韬：《弢园文录外编》，辽宁人民出版社，1994，第11页。
② 胡珠生编《宋恕集》，中华书局，1993，第32页。
③ 同上书，第33页。
④ 王韬：《弢园文录外编》，辽宁人民出版社，1994，第11页。

（三）离异自由

传统婚姻中的离婚权偏向于夫权，这一状况加剧了女性的痛苦。宋恕针对这种现状提出了"三出"与"五去"，主张给予夫与妻同等的离婚权。他说：

> 古人于妻有七出之礼，所定条目，实未皆协于情理之公。然自出礼废，而夫妇之伦始多苦矣！今宜改定三出礼：舅姑不合，出；夫不合，出；前妻男女不合，出皆由夫作主。欲出妻者，备礼致词，送回母家，请其改适，不许下贬语。另设五去礼：其三与"三出"同，二则一为妻妾不和，一为父母无子，归养，皆由妻妾作主。欲去者，向该舅姑、该夫礼辞而去。盖不设"五去礼"，则为妇女者，不幸而遇盗贼、灭伦之夫，惟有身与之俱死，名与之俱臭，斯乃数千年来第一惨政也；岂宜仍行于盛世哉！①

在大家庭制度下，"离婚主权，并非仅属于夫，夫之父母，及夫家尊长，女之父母及女家尊长，皆可主持离婚"②，在此氛围下不仅女性无离婚之权，就是作为丈夫的男性其离婚权也受到削弱。宋恕理念中的"三出"与"五去"恰恰是夫权与妻权的体现，特别是女方的"五去"之权是对女性的极大尊重。为了维护夫与妻的离婚权，宋恕还力图用行政或司法之力阻挡家长的干预，足见其维护夫妻人权的决心。

（四）主张男女交往、游历

谭嗣同从生物进化的角度分析，认为男女同为天地菁华所孕育，生命机理也大致相同，因而主张男女平等交往：

> 苟明男女同为天地之菁英，同有无量之盛德大业，平等相均，初非为淫而始生于世，所谓色者，粉黛已耳，服饰已耳，去其粉黛服饰，血肉聚成，与我何异，又无色之可好焉。则将导之使相见，纵之使相习，油然相得，澹然相忘，犹朋友之相与往还，不觉有男女之异，复何有于

---

① 胡珠生编《宋恕集》，中华书局，1993，第32页。
② 陈鹏：《中国婚姻史稿》，中华书局，2005，第600页。

淫？淫然后及今可止也。藏物于箧，惧使人见，而欲见始愈切，坦坦然剖以相示，则旦日熟视而若无睹矣。①

谭嗣同认为，男女平等交往，会使彼此对异性的存在习以为常，两性之间如朋友相交，悠然自得，必然会忘记淫邪之事。因此，男女交往是克服淫邪的根本之道。除此之外，男女社交还有其他功能。例如，严复认为，男女交往是女性提高阅世能力的重要手段。他说：

　　盖读书者，阅古人之世，阅世者，即读今人之书，事本相需，不可废一。……泰西妇女皆能远涉重洋，自去自来，故能与男子平权。我国则苦于政教之不明，虽有天资，无能为役。盖妇人之不见天日者久矣。今日既兴女学，效法泰西，然犹不使之增广见闻，则有学堂与无学堂等。不见村学究之日事咿唔，而一无所用乎？读书而不阅世，直如此耳。今倘有人，独排众议，自立一会，发明妇人应出门之故，庶几风气渐开矣。若谓既无限制，难保无越礼之事乎？小家妇女，其防闲又疏矣，岂尽人皆越礼乎？则此言不足辩也。②

在严复的分析框架中，女学应提倡读书、阅世相结合，即读万卷书，行万里路，二者不可偏废。为此，他还以欧美社会的妇女为例，借以说明阅世是实现男女平权的重要手段。同时他还以下层妇女生活的事实说明，女人走出家门并不会出现人人逾礼不贞的淫荡之举。对于阅世这一点，宋恕与严复有共通之处。他积极倡导国民游历，领悟社会发展公理以开通社会风气："民多游历，然后能渐悟天经地义之公"，"民多游历则陋俗自失其权。"③ 另外，世界万物只有互相比较才有鉴别和清醒的认识："天下事非相形则苦乐麻木……是故民不游历则愚，民多游历则智。"④ 是故，他提倡男女游历，以通交流，开阔眼界，增长智慧，变革风俗。

（五）主张聘礼简省、婚礼简便

谭嗣同认为，无论婚姻双方家境如何，应以节省为根本，女方不应索取

---

① 蔡尚思、方行编《谭嗣同全集》，中华书局，1981，第304页。
② 严复：《论沪上创兴女学堂事》，《严复集》(2)，中华书局，1986，第469页。
③ 胡珠生编《宋恕集》，中华书局，1993，第69页。
④ 胡珠生编《宋恕集》，中华书局，1993，第71页。

聘礼。在嫁妆问题上，女方也应当节俭，男方不能因妆奁不丰而予以谴责。之所以要改革婚礼，是因为"婚姻之礼久矣费绝，古礼既不适于今，能依大清通礼固亦可矣；有时不能不从俗从宜，总择其简便者用之。"① 由其陈述看，谭嗣同改革婚礼的依据是生活要"从俗从宜"，以达到简便易行之功效

　　囿于历史条件的局限，19世纪末的先觉者对于传统婚姻文化的反思还处在起始阶段，其批判并不深入，着墨也非常有限，婚姻新理念的构建也非常稚嫩。但在传统社会伦理的严密包围中，能集中笔墨抨击婚姻陋俗文化的主要特征，如包办性、抑女性、买卖性、繁缛性等，就已非常值得称道。他们"以自主为原则，以情志为媒介，追求个人人生幸福的婚姻观达到了19世纪中国进步婚姻观的最高水平。"②

小　结

　　19世纪中期东西方文明的碰撞，结束了中国社会的封闭状态，使中国与西方的联系日益紧密，从而改变了中国人的社会生活轨迹。"所谓社会生活，是指人们在以生产为前提而形成的各种人际关系的基础上，为了维系生命和不断改善提高生存质量而进行的一切活动的总和。"③ 社会生活的改变，主要体现在两方面：一方面国家政治生活的变动，使近代国人的生活状态从封闭走向了开放；另一方面，开埠城市居民的社会生活实现了从农民向市民的转变。"人们生活方式的变动，是引起社会伦理观念变动及孕育新社会伦理的温床。"④

　　如果说第一次鸦片战争期间睁眼看世界的是极个别人，那么洋务运动时期则形成了一个包括留学生、出国使臣、驻外公使等在内的小群体。走出国门的近代中国人开阔了视野，并领略到了异国的社会风情。中西社会风俗的对照，使早期国人的婚姻和伦理观念有了某些轻微变动。例如，张德彝曾认为，自由恋爱能减少包办婚姻的凄苦；薛福成认识到，妇女解放对于国家发

① 蔡尚思、方行编《谭嗣同全集》，中华书局，1981，第396～397页。
② 梁景和：《近代中国陋俗文化嬗变研究》，首都师范大学出版社，2010，第58页。
③ 梁景和：《社会生活：社会文化史研究的一个重要概念》，梁景和主编《社会文化史的理论与实践》，社会科学文献出版社，2010，第94页。
④ 李长莉：《从"杨月楼案"看晚清社会伦理观念的变动》，《近代史研究》2001年第1期。

展特别是劳动力不足的国家会产生积极作用。另外一些文人的思想则走的更远。王韬、宋恕、康有为等人在西方文明的浸润下产生了朦胧的两性平等观，并试图以此为基础对传统婚姻文化进行某些修正。这些认识虽然是感性的，甚至带有某些局限性，但这毕竟是近代国人伦理思想变动的起点，其意义重大。

　　生活方式的变动是社会伦理更替的内在驱动力。开埠城市工商业经济的繁荣，促进了其城市化、商业化、市民化的发展。"三化"的出现，使传统礼教的影响出现了弱化倾向，推动了人们生活方式的改变。这些变化削弱了传统等级观念，在社会生活中出现了贵贱颠倒、尊卑错位的风气，从而产生了超越等级秩序的平等意识。租界的存在，又使个人生活获得了较大的自由空间，培育了人们抗拒礼教压制、争取社会公正的社会环境。因此，社会生活的变化，使近代国人尝试着冲破传统礼制的枷锁去追求个人自由、幸福的新生活。虽然这种尝试和变动的范围非常小，仅仅局限在开埠，甚至在开埠范围也未必大，但这毕竟是近代国人追求幸福、自由的新起点。

第三章　清末民初文明婚姻的尝试

自清末以来，自由、平等观念逐步传入中国并被先觉者们所接受，它成为反对封建专制和包办婚姻的锐利武器，中华民国的建立又使其影响有所扩张。以自由、平等理念为指引，知识界对传统婚姻进行了深入反思与系统批判，力图打破包办婚姻，根除专制统治的根基。为此，他们积极倡导婚姻新理念，希冀建立以"学堂知己"为结合典范的文明婚姻形式，清末民初的婚姻变革就此拉开了帷幕。

第一节　婚姻变革意识的兴起

清末婚姻变革意识的兴起既是近代国力衰微刺激的结果，也与西方价值观念的输入密切相关。世界舞台角逐的惨败，使知识界认识到培育健全国民的重要性，而女性就是这一重任的承担者，为此知识界试图将女性塑造为"国民之母"。这种理论预判为女权的振兴奠定了基础，而自由、平等理念的输入又充实了这一基础。以促进男女平等为核心，以培育健全国民为目的，这是清末民初婚姻变革的直接动力。

一　"国民之母"的构建

19 世纪末，中外战争的惨败给中国带来了前所未有的政治危机，而政治危机又使中国的知识界陷入了沉重的思想危机。其表现主要在两方面：其一是由政治危机带来的对国家命运的担忧；其二是在帝国主义冲击下男人/男权产生的自卑。①

---

① 《从〈女界钟〉到"男界钟"：男性主体、国族主义与现代性》，杜芳琴、王政主编《社会性别》（2），天津人民出版社，2004，第 33 页。

无论是在反思民族极弱的根源还是寻找男性自卑的动因，新知识界的目光都聚焦到女性那里。当时的知识界认为，女性"妨文明之进化，蠹社会之资财"①，是"天下积弱之本"②，"我中国之所以养成今日麻木不仁之民族者，实四千年来沉沉黑狱之女界之结果也。"③ 在维新知识者关于民族国家的最初想象中，卑弱女性与当时的中国处于相互印证的同质地位，这一点几乎在当时的知识者中达成了共识。④ 例如，梁启超曾描述他心目中的中国是"鬼脉阴阴，病质奄奄，女性纤纤，暮色沉沉"，"不数年，遂颓然如老翁，靡然如弱女"⑤。蔡锷也把中西的较量比喻为："若罹癫病之老女，而与犷悍无比之壮夫相斗，亦无怪其败也。"⑥ 民族主义话语让本无关联的"女性"与"民族"成为互为象喻的两端，卑弱的女性成为衰弱国族的象征。因此，去"女性化"就成为现代民族国家构建中亟须解决的问题。

清末民初的维新知识者在"五四话语"下被视为女权主义的先驱，他们的言词长期以来被视为不刊之论，并被当作启蒙或民族动员的重要话语。但近年来有学者从社会性别的角度进行了反思，提出了不同见解。学者高彦颐说："中国女权主义的先驱，他的出发点是在一个全球国家的竞争当中自己觉得比不上他人，回过头来又把这种羞耻加之于身边的女人。"⑦ 在其著作中她进一步解释说："从晚清到'五四'新文化时期，有着落后和依从的女性身份，一直是一个与民族存亡息息相关的紧迫问题。当帝国主义侵略加剧时，受害女性成了中华民族本身的象征——被男性强权'强奸'和征服。对作为整体的中华民族的政治解放也对中国进入现代世界来说，女性启蒙成了一个先决条件。"⑧ 历史的发展出现了其吊诡的一面，男子的心理自卑却推动了近代中国女性的解放。从根本上讲，男性知识者女性解放意识的兴起是迎

---

① 佛群：《兴女学议》，《中国新女界杂志》1907年第3期。
② 梁启超：《变法通议·论女学》，《饮冰室合集》（1），人民出版社，1959，第39页。
③ 黄公：《大魂篇》，《中国女报》1906年第1期。
④ 在当时提倡女学的言论中，无论出自男性知识分子还是女性知识分子，其口径几乎是一致，如梁启超的《论女学》、清如的《论女学》、康同薇的《女学利弊说》、陈撷芬的《论女子宜讲体育》，等等。
⑤ 梁启超：《新民说·论尚武》，《新民丛报》1903年第28号。
⑥ 奋翮生：《军国民篇》，《新民丛报》1902年第1号。
⑦ 《从〈女界钟〉到"男界钟"：男性主体、国族主义与现代性》，杜芳琴、王政主编《社会性别》（2），天津人民出版社，2004，第33页。
⑧ 〔美〕高彦颐：《闺塾师——明末清初江南的才女文化》，李志生译，江苏人民出版社，2005，第1页。

合世界潮流、靠拢近代文明的标志。但在晚清维新知识者在近代认同中，男性主体的身份并无变化。① 因此，他们观念的转变仍是传统士大夫"正女"职责的惯性延续。

女性之所以被视为国家衰弱的罪魁，从根本上说是因为她们没有为国家尽到自己的义务。那么，女性应当承担什么义务呢？这个问题涉及女性的社会定位。在传统社会中，女性的理想角色定位就是"贤妻良母"，所涉及的是其在家庭中的身份、地位。清末社会局势的恶化，使知识界又为女性设置了新的角色，即承担国家范围内女性的责任，这关系到女性是回归家庭还是走向社会的问题。对此"贤妻良母"派和非"贤妻良母"派展开了激烈论争。② 前者的范型来自日本，后者采自欧美，它涉及的核心实质上是要选择哪个范型做蓝本。选择前者，有落入传统窠臼的嫌疑；选择后者又有拔苗助长之隐忧。鉴于上述范型选择的尴尬，来自西方的另一种范型"国民之母"受到了知识者的欢迎。"国民之母"既可直译为"国民的母亲"，又可意会为"女国民"，它获得了兼顾女子家庭与社会两种不同角色及权利的优势。"国民之母"仍然保持了女性作为妻子与母亲的家庭形象，女性不以走向社会为唯一的选择，在这点上它与"贤妻良母"相通。与此同时，它还肯定了女子作为国民有应承担的义务与权利，她可以用独立的声音向社会发言，也不以家庭为唯一的活动场所，这又使"国民之母"与非"贤妻良母"具备共同点。综合上述两点，"国民之母"的解释就是"对于家不失为完全之个人，对于国不失为完全之国民"③。在"贤妻良母"与非"贤妻良母"之间，"国民之母"取得了较大的回旋空间，两派都比较容易接受。因此，"国民之母"在晚清女权思想史中成为出现频率最高的词汇之一。

"国民之母"既然获得了新知识界的普遍认同，它自然成为女权主义者宣传的理论武器，凡称颂女子必冠以"国民之母"的美誉。署名"自立"的作者发表演讲时便说："我的姊妹们，岂不是别国人，讲生理学、人类学、进化的公理，所最敬重最尊贵的，叫国民母的么？"④《中国日报》的编者在

---

① 张文娟：《五四文学中的女子问题叙事研究——以同期女性思潮和史实为参照》，山东人民出版社，2013，第11页。
② 论争的具体过程参见夏晓虹《晚清文人妇女观》，作家出版社，1995，第79～91页。
③ 《兴女学议》，《大公报》1906年2月18日。
④ 《澜言》，《女子世界》第2期，1904年2月。

提到"女学"问题时也说："天下所最高贵，最郑重，冀以造就国民之母，视男学尤高著者"①。"国民之母"本身其意义非凡，在提及此言时又以最高级形容词来修饰，"国民之母"俨然成了至高无上的女性代名词。按照金天翮的说法："女子者，国民之母也。欲新中国，必新女子；欲强中国，必强女子；欲文明中国，必先文明我女子；欲普救中国，必先普救我女子，无可疑也。"② 由上述言论可见，当时的女性被赋予了拯救民族危亡，实现国家复兴的重要意义。这两大目标实现与否，完全以女性素质的提升为标尺。故妇女解放成为构建民族国家，实现民族复兴的唯一出路。妇女从千年蛰伏的状态中还未完全苏醒，似乎就承受了不能承受之重，故有学者认为这只是"近代国族主义范畴内用来动员女性的'善意的谎言'"③，似乎不无道理，但在女权思想发展史上无疑是极具振奋人心的观念。

二　女权与婚姻变革意识的兴起

"国民之母"的神话力量来源于女性诞育、教育国民的职责。吕碧城曾直言："女子为国民之母，对国家有传种改良之义务。"④ 竹桩（蒋维乔）亦曰："女子者，国民之母，种族所由来也。"⑤ 对于女子人种传续的使命，男女论者并无异议。女性作者林宗素，出于自我反省的意识，陈说更痛切、更充满民族意识：

> 女子者，诞育国民之母。今吾国之亡，……所谓"国民"者安在？吾痛夫吾国女子之不育矣。……故今亡国不必怨异种，而惟责我四万万黄帝之子孙；黄帝子孙不足恃，吾责夫不能诞育国民之女子。⑥

在痛极之言中，包含的仍是对女子要担负起养育之责的殷切期盼。女性除了诞育使命之外，还要负担子女的教育之责。早期的先觉者通过对比中西

---

① 《粤吏之整顿女学》，《中国日报》1907年2月20日。
② 金一：《女子世界发刊词》，《女子世界》1904年第1期。
③ 姚霏：《空间、角色与权力：女性与上海城市空间研究（1843～1911）》，上海人民出版社，2010，第82页。
④ 《兴女学议》，《大公报》1906年2月26日。
⑤ 《论中国女学不兴之害》，《女子世界》1904年第3期。
⑥ 《女界钟叙》，《江苏》1903年第5期。

女性教育状况，认为女性的状态决定了国家的精神面貌："吾国民格之卑鄙者，未始非母教有以胎之也。"① 反观西方，"英妇之德多醇，故其民平沉毅；法妇之德多达，故其民活泼；美妇之德多慈善，故其民平和。"② 也就是说，国民的人格系由"国民之母"塑造而成，国民品质的优劣女性都须负责。再进一步说，"女子为国民之母，欲强其子，必先其母"③。"国民之母"握有掌握国家命运的伟力，国民的强弱直接关系到国家的优胜劣败，正所谓"女界者，国民之先导也"④。既然"国民之母"对于国家"责何等重，功何等伟"⑤，由此不难获得支配社会的实际权力。"国民之母"的反思对于女性实际地位地描绘不见得准确，但这却是中国近代女权思想发育的重要环节。

女权实现的基础是男女平等。平等意味着消除任何人为的等级差别，改变扶阳抑阴、尊男卑女的两性格局。中国传统文化中虽也孕育着朴素的两性平等观，但男女平等观严格来说却是西学东渐的产物。借助西方传教士的译著⑥以及出洋人士的眼睛，欧美社会两性相对平等的伦理关系对晚清知识界产生了巨大吸引力。于是，维新志士在呼唤政治权利均等的同时，也开始关注男女平等问题。康有为以其天才的感悟能力得风气之先，他于1885年融会诸子百家的精义，探索儒释两道之微旨，融合西方的新理念，领悟了万物"齐同之理"，并将此转移到两性关系，则有"男女平等之法"⑦。此期编撰的《实理公法全书》，即倡言"人类平等是几何公理"⑧。以此来衡量夫妇之伦，中国自古以来的"男为女纲，妇受制于其夫"的"私理""私法"，便因"与几何公理不合，无异于人道"，而居于废除之列。⑨ 思想敏锐的谭嗣同也打通了儒、释、耶三教，兼取墨家之义，著有《仁学》一书，标举"仁以通为第一义"，"通之象为平等"⑩。在鼓吹要"冲决伦常之网罗"时，

---

① 吕碧城：《兴女学议》，《大公报》1906年2月20日。
② 巾侠：《女德论》，转引自《晚清文人妇女观》，作家出版社，1995，第94页。
③ 韦贞卿：《论过渡时代之女界》，《女报》临时增刊《女论》（第1卷第4号），1909年9月。
④ 黄公：《大魂篇》，《中国女报》1907年第1期。
⑤ 董寿：《兴女学议》，《女报》1902年第5期。
⑥ 19世纪末宣扬西方平等理念的书籍有《自西徂东》《佐治刍言》《泰西新史揽要》《治安新策》等。
⑦ 康有为：《康南海自编年谱》，中国史学会主编《戊戌变法》（4），上海人民出版社，1957，第117页。
⑧ 康有为：《实理公法全书》：《康有为全集》，人民大学出版社，20007，第148页。
⑨ 同上书，第149～150页。
⑩ 蔡尚思、方行编《谭嗣同全集》，中华书局，1981，第291页。

严厉斥责"重男轻女"的积习为"至暴乱无理之法"，以至宣称"中国虽亡，而罪当有余矣"①，其深恶痛绝之情溢于言表。他郑重宣布："男女同为天地之菁英，同有无量之盛德大业，平等相均"，力陈"变不平等教为平等"乃儒、释、耶三教共通之义，以破除"三纲"的不平等之法，认为只有将君臣、父子、夫妇、兄弟四伦以"自由""平等""节宣惟意"的朋友之道统领，才可享人生之乐，致天下大同，如此方显"仁"之本义。

湖南的皮锡瑞、皮嘉祐父子在晚清新思潮的流衍中也推波助澜，宣传平等。在南学会的第九次讲演中，皮锡瑞重新解释了"三纲五常"畅言平等，他说：

> 以夫妻而论，妻者，齐也，有敌体之意。古礼亲迎，以男下女；昏礼，夫妇不交拜。古无二人对拜之礼。主人敬客，则先拜客；客敬主人，则先拜主人。夫妇敌体，不能一人先拜，一人答拜，故不交拜。妻有过恶，夫可以出妻；夫有过恶，妻亦可以下堂求去。夫死再嫁，不为越礼。②

以此为标尺，皮氏认为"昌于秦而盛于宋"并流传至今的尊夫卑妻于古代礼法不合，反倒是西人的行为与其多有暗合之处，唯其"男女有别，不若中国之严耳。"③ 其子皮嘉祐撰写《平等篇》继续阐发平等之义。他驳斥了"夫妇平等，则刚柔无别"之说，表达了："妻之言齐，非有等差"的观念。他虽对"宋明诸儒扶阳抑阴，谓夫可再娶，妇不得再嫁，贞女不得事二夫"表示一定程度的谅解，但终以"待妇女太苛，乖平等之义"为弊端。因此，他极力颂扬"平等之义"，对其推崇备至，视其为治世之法宝，并且说：

> 一乡之中言平等之义，则乡为仁善之乡，而乡必安；一家之中言平等之义，则家为和好之家，而家必昌；一国之中言平等之义，则国为康乐之国，而国必强；天下之中言平等之义，则天下为太平之天下，而天下必治。④

① 蔡尚思、方行编《谭嗣同全集》，中华书局，1981，第304页。
② 《皮鹿门学长南学会第九次讲义》，《湘报》1898年第57期。
③ 同上。
④ 《平等说》，《湘报》1898年第60期。

上述维新人士的言论尽管充满了幻想，却见证了他们对于平等观念的无限敬仰，其平等观念，非中非西，亦中亦西，思想来源颇为庞杂。对其思想来源，康、谭二人直言中西合璧，而二皮则更愿意在中国传统资源的外衣下，搬运西方平等之义。皮锡瑞尚以经义为据，皮嘉祐则归宗于墨子，比较肯定的阐述了平等观的源流：

> 夫平等之说，导源于墨子，阐义于佛氏，立法于泰西。墨子之兼爱尚同也，佛法之平等也，泰西之人人有自主权利，爱汝邻如己而倡为君民一体也，名不同而旨则一页。佛法之平等，即出于墨子之兼爱尚同；泰西之人人有自主权利，爱汝邻如己，亦出于墨子之兼爱尚同。①

在其时墨学中兴②的学术背景下，这一源流追溯并不意外。"礼失求诸野"，找回来的仍是自己的家当，并不算辱没祖宗。其实，无论承认"西学东渐"，抑或是"托古改制"，根深蒂固的"男尊女卑"观念在晚清发生动摇，已是不争的事实。

如果说康、谭、皮等人的平等观此时还较多浸润在传统思想资源内，那么20世纪初的平等观则较多渗透了"天赋人权"的观念。1902年，康有为著成《大同书》，他明确提出"人权"是实现男女平等的基础。文中说道：

> 人者天所生也，有是身体即有是权利，侵权者谓之侵天权，让权者谓之失天职。男与女虽异形，其为天民而共受天权，一也。今人之男身，既知天与人权所在而求与闻国政，亦何可独抑女子而攘其权哉？女子亦何得听男子独擅其权而不任其天职哉？③

上文强调了男女权利的平等，但女性的权利从何而来呢？很明显，其权利乃天赋而来。康有为的观点与邹容《革命军》的观点如出一辙。邹容写《革命军》的目的是要推动社会实现从野蛮改良到文明的"文明之革命"。

---

① 《平等说》，《湘报》1898年第60期。
② 关于墨学中兴的历史脉络参见梁启超著《中国近三百年学术史》，上海三联书店，2006，第262～265页。
③ 康有为：《大同书》，《康有为全集》（第7集），中国人民大学出版社，2007，第55页。

要进行革命，"必有障碍吾国民天赋权利之恶魔焉，吾侪得而扫除之，以复我天赋之权利"①。他们二人都认为，"天赋人权"是男女都享有的权利，其看法与提出"国民之母"概念的金天翮的观点颇为一致。金天翮女性论的特点是以"天赋人权"为实现女权的基础。②竹桩（蒋维乔）认为，"地球生人依赖，斯有男女。男女童生天地间，同有天赋之权利，同有争存之能力"③。亚特也说道："夫十九世纪，如弥勒约翰、斯宾塞尔'天赋人权'、'男女平等'之学说，既风驰云涌于欧西，今乃挟其潮流，经太平洋汩汩而来。西方新空气，行将渗透于我女子世界，灌溉自由苗，培泽爱之花……夫天生男女，各有义务，既各有应享之权利"④。平等乃自由之基。对于男女平等的鼓吹，实际就是对女性自由的提倡。梁启超云："自由云者，正使人自知其本性，而不受钳制于他人。"⑤"自由者，天下之公理，人生之要具，无往而不适用者也。"⑥

　　在上述主张女权的言论中隐含有共同的特点，即女权的实现与婚姻的革新密不可分。在康、谭、皮等人的言论中不难发现，其男女平等观念是从夫妇之伦衍生而来。⑦ 在"天赋人权"的女权论中也把婚姻变革作为女权实现的重要步骤，如康有为在《大同书》中对于婚姻变革的诸多乌托邦式的理想描绘、金天翮在《女界钟》中对于婚姻自由的倡导等都是基于女权的实现而设想。在这点上，丁初我讲得更彻底：

　　　　世间之爱情，莫如夫妇；家庭之压制，亦莫甚于夫妇。宁断爱情，不受压制。能去压制，始长爱情。诸姊妹，勿以革命为斩情之利剑，吾且欲扬家庭独立之旗，擎鼓进行于女权世界，不忍使二万万个人天赋之权利牺牲于独夫之手也。纵观女权削弱之原因，半由亲族爱情之羁勒，半由家庭礼法、社会风俗之浸淫……欲革国命，先革家命；欲革家命，还请先革一身之命。有个人之自治，而后又团体之建设；有不依赖之能

① 邹容：《革命军》，张枬、王忍之编《辛亥革命前十年间时论选集》，三联书店，1960，第665页。
② 〔日〕须藤瑞代：《中国女权概念的变迁：清末民初的人权和社会性别》，姚毅译，社会科学文献出版社，2010，第71页。
③ 竹桩：《论中国女学不兴之害》，《女子世界》1904年第3期。
④ 亚特：《论铸造国民母》，《女子世界》1904年第7期。
⑤ 丁文江、赵丰田编《梁启超年谱长编》，上海人民出版社，1980，第235页。
⑥ 梁启超：《新民说·论自由》，《饮冰室合集》（4），中华书局，1989，第40页。
⑦ 夏晓红：《晚清文人妇女观》，作家出版社，1995，第60页。

力，而后有真破坏之实行。……婚姻自由，为吾国最大问题，而必为将来发达女权之所自始。①

从上述言论看，其主张男女平等的思想资源无论来自西方还是本土，都认同夫妻平等是男女平等建立之基的观点，其立论仍建立在"夫妇乃人伦之始"这一观念上。以此为基础，丁初我将女权与婚姻自由相联系就容易理解了。时人的思维逻辑是要兴女权，必兴女学；要兴女学，则必婚姻自由。对于前者，方君笋说："中国女子之无权，实由于无学，既以无学而无权，则欲倡女权，必先兴女学。"② 对于后者，鲍蕴华女士说："自由婚姻之风不倡，则女学永无兴盛之日。"③ 对此陈撷芬颇为赞同，并认为"婚姻自由，为女学进步之初基"④。以此来推论，婚姻变革与振兴女权就很自然地联系到了一起。晚清主张女权者的动机各有侧重，⑤ 但"国民之母"的普遍共识为女权的开展铺平了道路，也为晚清婚姻变革拉开了序幕。

民国之初，"国民之母"一词在舆论宣传中虽逐渐淡化，但知识界倡导婚姻变革的分析逻辑依然如前。高素素在《女子问题》一文中认为：

> 中国文明，在吾东亚如太阳系之于太阳，具有宗渊代表之资格，世所公认，无俟喋喋。观海通以还，欧风东渐，势如破竹，所向披靡。社会状态日易月迁，闭关时代之旧思想，不足应时势要求。新思想之输入虽欲严绝，有所不可。二十年以来，新旧相竞，一消一长，一进一退，稍有观察足见其趋势所在，竞争之剧烈，就中女子问题尤其显著者。

在高素素眼中，中华传统文明无疑是东亚文明的代表，但在东西文明的交融和碰撞中其昔日的辉煌显然已经不再。若想在激烈的竞争中立于不败之地，解决女子问题仍是纾解国难的重要途径。在作者看来，女子问题的根本解决在于女子教育，具体来说则涉及两性伦理、教育、婚姻、职业等问题。

---

① 初我：《女子家庭革命说》，《女子世界》1904 年第 1 卷第 4 期。
② 方君笋：《兴女学以复女权说》，《江苏》1904 年第 3 期。
③ 《鲍蕴华女士由神户来函》，上海《女学报》1903 年第 2 期。
④ 同上。
⑤ 梁启超、马君武、金天翮等人都认为女性的状况与国家文明度成正比。马君武主张女权，侧重于女权革命，而金天翮则侧重于女性"国民之母"的建设，让其为国家做奉献，这一点金与梁有共同之处。具体参见〔日〕须藤瑞代《中国女权概念的变迁：清末民初的人权和社会性别》，社会科学文献出版社，2010，第二章。

在婚姻问题上，她认为"夫人也者，介乎神物之间。夫妇之道，乃基于神的爱而不专系乎物的遗种。视物的遗种为结婚之惟一目的者，不异自侪于禽兽，视女子为制儿机械，则其婚媾如犬马之野合耳。"因此，她主张改变旧式婚姻"皆金钱、肉欲、卑污、野心、物的苟合"之现状，实现"恋爱为结婚之第一要素，……结婚当始于男女之恋爱"的文明婚姻。①

高素素的分析逻辑和观点在陈华珍那里得到验证。陈氏认为，中国从清末就提倡改良，企图通过发展农业、整顿工商来增强国力，但改良最大的瓶颈在于缺乏健全的国民来实践，这应如何解决呢？作者认为："非培植健良完全之国民，以任国家之事不为功。顾欲培植健良完全之国民，舍从女界上进行，其谁属哉？然则普及女子教育，改良婚姻与育儿问题，岂非今日之第一急务哉！"②那么，婚姻应该如何改良呢？作者认为，实行自由结婚，取缔早婚是婚礼改良的根本之道。

高素素、陈华珍等人的观点既然能在《新青年》杂志上刊行，说明至少《新青年》编辑部的同仁赞成这一分析逻辑，在读者群中也应有一定的赞同者。事实上，无论是婚姻还是家庭的改良，新知识界基本都遵循了这一分析理路，家庭和婚姻变革都承担着国家兴亡的重任，女性成为其中的关键性要素。③

第二节　婚姻新理念的扩张

戊戌变法失败后，维新知识分子为唤醒民众、挽救民族的命运，开始大力倡导自由民权观念。1899年，梁启超在《清议报》上撰文阐述民权与国家政治的关系，④这被认为是中国知识界系统阐述民权的开始。⑤以此为开端，维新知识分子大力宣传天赋人权论和自由平等观，极力冲击传统社会的君权与社会伦理，力图构建新的文化价值系统，这标志着近代中国人批判理性精神的觉醒与成长。另外，甲午战后的留学教育特别是留日热潮的兴起为

① 高素素：《女子问题》，《新青年》第3卷第3号，1917年5月1日。
② 陈华珍：《论中国女子婚姻与育儿问题》，《新青年》第3卷第3号，1917年5月1日。
③ 吴虞：《家族制度为专制主义之根据论》，《新青年》第2卷第6号，1916年2月1日。
④ 梁启超：《爱国论三·论民权》，《清议报》（22）1899年7月29日。
⑤ 刘志琴主编《近代中国社会文化变迁录》，浙江人民出版社，1998，第167页。

中国培养了大量新知识者。研究表明，在 1898～1937 年，中国留日学生多达 5 万人，其中仅 1906 年就有 8 千人之多并达到了历史高潮。[①] 在学习之余，他们还创办报纸杂志，向祖国输送科学知识与先进理念。仅在 1898～1911 年，留学生在日本创办的刊物就达 62 种之多。[②] "每一种既定的文化既是人类寻找自我满足的工具，又是对这种满足的限制。"[③] 价值系统的转换，使得知识者能利用新的社会伦理观全面审视传统婚姻文化，并对不能实现自我满足的婚姻要素展开批判，希冀建立新的婚姻文化价值观。

一 婚姻陋俗的系统批判

19 世纪末，倡导维新的启蒙知识分子已开始关注中国的婚姻的问题。从总体上讲，这一时期的批判因较为凌乱、缺乏系统性而显得较为肤浅。甚至可以这样认为，与其说这是维新知识分子对婚姻陋俗批判的开端，倒不如说是知识界对传统婚姻文化反思的起点。20 世纪初，这一状况发生了明显地变化。中国的知识分子以"自由""民权"为武器，对婚姻陋俗展开了猛烈的批判。其内容主要集中在七个方面。

（一）主婚权奉行"父母之命，媒妁之言"

传统婚姻奉行"父母之命，媒妁之言"的准则，这历来是保持婚姻合法性的基本前提。但在 20 世纪初的知识者看来，这一准则实在是中国婚姻弊病之渊薮："中国主婚之全权，实在于而无子女容喙之余地，此其弊之最大者也。"[④] 祖先崇拜催生了独特的婚育文化，使国人对于"种族延续的保障"[⑤] 功能情有独钟，香火的延续自然是为人父母者为家族应尽的重要义务。为实现这个神圣的目的并本着为家族负责的态度，必须将儿女的婚姻掌控在

---

① 〔日〕实藤惠秀著《中国人留学日本史》，谭汝谦、林启彦译，三联书店，1983，第 429、1 页。李喜所《清末留日学生人数小考》（《文史哲》1982 年第 3 期）一文中认为，1906 年在日留学人数为 12000 人左右，与实藤惠秀认定的人数有所不同。
② 此数字根据〔日〕实藤惠秀《中国人留学日本史》，三联书店，1983，第 346～348 页研究统计而来。
③ 刘云德：《文化论纲——一个社会学的视野》，中国展望出版社，1988，第 102 页。
④ 履夷：《婚姻改良论》，《留日女学会杂志》第 1 期。转引自张枬、王忍之主编《辛亥革命前十年间时论集》（3），三联书店，1960，第 840～841 页。
⑤ 费孝通：《生育制度》，《乡土中国》，上海世纪出版集团，2007，第 421～436 页。

自己手中。因此，长久以来，为儿女主婚就成为父母的重要职责：

> 今则不问其原与否也，苟经父母长亲之允诺，虽其子女心有不然，而亦无可如何，引为嫌疑而避之。而为之父母长亲者，亦悍然自居，以为此固我之责任也，此固我对乎子女之主权也，於乎何侵其子女自由之甚耶？①

传统婚姻因注重家族义务否认个体价值而显得特别悲壮，② 离婚权的缺失又使婚姻表现出超乎寻常的稳定。③ 因此，儿女婚姻的缔结，基本意味着父母担负的家族义务的完成："夫父母所以思专此权者，岂不曰我固能为子女择佳妇佳婿，以遂其一生之愿。"④

为人父母者，因完成家族义务而怡然自得，殊不知其行为产生的弊害却不可小觑。因此，时人对包办婚姻评论说：

> 今之婚姻，媒妁之权也，卜筮之权也，金钱之权也。以天然好合之男女而假手于人，听命于神鬼，并藉之以为贸易，居之以为待价，而爱之一质点遂无由而交合，种种悲欢离合，贪嗔怨慕，猜忌争夺之惨剧由是而演成，之间有好合相得者，万矢而中一的耳。呜呼！以如是之婚制行天壤间，其有能享家庭之乐者，几希！⑤

父母专婚之害在时人眼中已不容置疑，他们对其认识主要集中在以下四点。

1. 有情人历尽波折才可能成正果

传统婚姻的包办性及承嗣性决定了其"重礼轻爱"的特性。在此情景下的婚姻很难幸福美满，且包办婚姻往往造成棒打鸳鸯的惨剧，让有情人难成眷属。康有为对此弊害总结说："然立义既严，困人益甚，则有两美相遇，啮臂盟深，而以事见阻，好合难完。或以门户不齐，或以名义有限，海枯泪

---

① 杜士珍：《婚制改革论》，《新世界学报》1903 年第 14 期。
② 费孝通：《生育制度》，《乡土中国》，上海世纪出版集团，2007，第 466 页。
③ 传统社会离婚主权虽掌握在男性家族手中，但考虑到结婚的高昂费用、家族名声等问题，离婚在很多情况下并不是解决问题的首选。
④ 履夷：《婚姻改良论》，《留日女学会杂志》第 1 期。转引自张枬、王忍之主编《辛亥革命前十年间时论集》（3），北京三联书店，1960，第 841 页。
⑤ 亚兰：《论婚律》，《女子世界》1905 年第 2 卷第 4～5 期。

竭，心痛山崩，则艰危万状，甚且轻生以求同穴者，乡邑频见，则全地日月不知万亿可知也。"① 金天翮对此批判说：

> 夫崔屏幸中，或有巧合之时；惟不幸而妍丑各殊，蠢灵异禀，魔鬼之生涯已送，情天之缺憾难弥，古来破镜之占、离魂之剧，谁使之？婚姻之不自由使之也。诗曰："美人已属沙吒利，义士今无古押衙。"又曰："无双死适王仙客，一妹去随李药师。"谁使之？亦婚姻之不自由使之也。夫燕婉静好之美趣不赠于其友，而属于其仇，天下事之支离灭裂，孰有过于此也？②

金天翮分析说，包办婚姻未必不能产生幸福的夫妻，但所占比例较小，其常见的现象往往导致所适（娶）非人，抱撼终生的人间惨剧："贫富异配，智愚殊偶，嫫姆而妻潘岳，西施而嫁焦侥，遗憾父母，贻害终身，以至蒸梨搆釁，下堂求去。"③ 同时，他还援引唐代红拂女（张一妹）和李靖与刘无双和王仙客的爱情故事来论证传统文化氛围下两性追求爱情的艰难。

2. 人口繁殖过剩，致使人种质量低劣

孙宝瑄认为，婚配方式影响着人口的繁殖。他在日记中曾说：

> 我国人口繁殖，甲于地球之故，由男女配偶不能自择，皆为父母所强定，故男子无妻者盖少。且相传古训有云：不孝有三，无后为大。因重嗣续，于是男子几无不娶之人，此生齿所以日见其繁也。若西人，则匹偶听自择，不能强女子嫁人。故男子有终身不得妻者，殊不以为怪。且嗣续之见轻，不娶妻亦无责其不孝者，是以人口不及我国之多。④

上述材料认为，包办婚姻使子女缺乏独身的理念与机会，重视后嗣的理念使人口激增并成为社会发展的包袱。反观西方，他们主张婚姻自主，轻视嗣续，国内人口出生率较低。无论孙氏对西方婚俗的认识准确与否，他将婚

① 康有为：《大同书》，《康有为全集》（第7集），中国人民大学出版社，2007，第30页。
② 金天翮著，陈雁编校《女界钟》，上海古籍出版社，2003，第77～78页。
③ 凰城蓉君女史来稿《婚姻自由论》，《清议报》第15卷第4卷文苑上。
④ 孙宝瑄：《望山庐日记》，上海古籍出版社，1983，第499页。

配方式、人口繁殖和国力的盛衰联系在一起，其分析未尝没有道理。

同时，孙宝瑄还注重从人种学的角度来论证专婚的弊端。他在考察欧洲伟人成长历程后发现："凡欧洲自古大人物，强半野合而生。盖野合者，必两情相遂，故其种姓精良，造成之人往往不凡。我国男女禁自择配偶，其交合皆属勉强，故种姓不精良，而人才罕觏。国之不振，非一原因也。"① 通过中西婚姻状况的比较，他认为包办婚姻难以两情愉悦，由此交合产生的人种质量低下，造成国家人才匮乏，这是国运不昌的重要原因之一。

3. 抹杀青年的独立性，养成国人的依赖心理

依据现代理念，做人首要的在于保持个性独立，并自己担负人生的责任与义务。由此推之，婚姻应属于子女独立后自己管辖的范畴："人生婚事，实居冠后，故婚姻之事，揆之公理，即之人情，例由子女自立，父母不得专尸其责。"② 与之截然对立的是，传统社会的父母恰恰抹杀了子女的独立性，并为子女的婚姻煞费苦心：

> 中国父母之于子女婚事，当其始，有所谓问名纳采者，则父母为之；至其中，有所谓文定纳币，则父母为之；及其终，有所谓结缡合卺者，亦莫非父母为之。盖自始至终，而当婚之两主人翁，曾不得任一肩，赞一辞，惟默默焉立于旁观之地位，是焉得不谓之大怪事乎！夫人情莫不欲其子女成立，然必先绝其依赖之根性，导之于独立之地位，而后可。人当冠婚之际，正立身定性之初，于斯时，乃纵其晏安，恣行以乐，依赖之性定，则独立之性消。中国人以依赖根性闻于大地，而长为神州之污点者，未使非父母养成之也。③

从上文分析看，传统婚姻中的每一个步骤都在父母的指导、参与下完成，婚姻中的青年男女却默然置于第三方的立场。为人父母者为儿女的婚姻可谓殚精竭虑，但这并未产生多少积极的作用。这一过程不仅加重了父母自身的负担，还催生了早婚现象。早婚完成于子女独立之前，势必要仰仗父母的支持与操办。更为严重的是，在子女立身定性之初就结婚，容易养成他们

---

① 孙宝瑄：《望山庐日记》，上海古籍出版社，1983，第 598 页。
② 陈王：《论婚礼之弊》，《觉民》1904 年第 1～5 期合本。
③ 陈王：《论婚礼之弊》，《觉民》1904 年第 1～5 期合本。

的依赖性以及其他不良习惯，此论可谓一语中的。

4. 婚姻生活缺乏爱情调剂，造成夫妻情感恶劣

时人认为，婚姻既为人生大事，其始作之初须审慎详查，不能苟且从事。而传统婚姻实际的运作却是：

> 今以平时不谋面之辈，而由父母之专制昔为行道之人，今结床第之爱，天壤间闷杀风景之事，宁有过是耶？夫琴瑟燕婉之好，乃宇宙间最高尚纯洁之乐事，今以素不相识之人，蹂躏此等之风趣，则闺房之内，直等地狱焉。故定情之夕，人比之及第登科，吾比之烧琴煮鹤也。[1]

该文认为，素未谋面的男女却结为夫妇而有床第之欢，天地间没有比这更煞风景的事了。毫无爱情之人被圈禁于闺房之内，二人如陷地狱。古人把洞房花烛夜等同于金榜题名而将其誉为人生四大喜事之一，作者却将其看作焚琴煮鹤之举，是对琴瑟燕婉之好的亵渎。这种见解在知识界颇有共识，还有人撰文说："中国人结婚，由父母主之。今日秦楚，明日夫妇，而不相识。一朝纳于床第间，其无爱可知。顾夫妇反目者几什九，和好者仅什一。通达之士，无不知其害。"[2]履夷对此有更深入、精彩的阐述：

> 以路人而骤作夫妇，则因性情才学之异，易致乖违，此势所必至矣。然而饮食男女，人之大欲存焉，情欲之念，必不能终郁无所施，不施于正当之配偶，则施于密约之情人，濮上桑间，所以时有不名誉之结合也。故为夫者不钟情于其妻，则狎妓蓄妾之风开矣；为妻者不钟情于其夫，则外遇私奔之事至矣。嘉偶曰配，怨偶曰仇，为夫妇者苟破坏其爱情，而各移心以外向，则直雠仇而已矣，又安能宜室家而乐妻孥也？[3]

包办婚姻中的夫妻如果性情、才学等要素差距过大，其间难有精神的契合和爱情的产生。情欲之念是人之常情，如果正常的情感不能施之于配偶，

---

① 履夷：《婚姻改良论》，《留日女学会杂志》第 1 期。转引自张枬、王忍之主编《辛亥革命前十年间时论集》（3），三联书店，1960，第 841 页。
② 《西人之结婚成婚》，《新世纪》1907 年第 2 期。
③ 履夷：《婚姻改良论》，《留日女学会杂志》第 1 期。转引自张枬、王忍之主编《辛亥革命前十年间时论集》（3），三联书店，1960，第 841 页。

必施之于情人，乃至发生不名誉之事。因此，夫妻之间如缺乏爱情的调剂，必然横生波折："那守规矩的人，不是毫无爱情，难以生育，就是郁抑成疾，除死方休。那不守规矩的人，还要闹出许多新鲜的笑话儿来。"①

根据时人的上述分析，包办婚姻对于国、家和个人百害无一利。对此，杜士珍从两个层面进行了系统总结。从浅层次来说，其弊端有三：

> 一则使天下夫妇无相爱之心，而不保其家室之和平；一则使天下妇女多怨抑之气，而夭死弱亡之人多；一则使天下多淫乱败俗之风。

男女之间如不能彼此钟情，婚姻之旅必然枝节横生，以至家庭不和，妇女多怨抑、夭死之事，甚至于造成婚外情盛行。有此三端，社会已经弊病丛生，但这仍是对社会的浅层影响。从更深远的影响看：

> 夫自婚媾无自主之权，则一身之进退动作，全视乎人，故下流社会家之贫穷而无聊者，即有卖妾、卖婢之风。夫既可以鬻其女儿为人妾、为人婢矣，则鬻而为娼为妓固意中计事耳。是故秽乱之行布满全国，节义之风雕伤殆尽，而天下人习于声色淫靡之中，大局且不可问矣，於乎不尤大可哀耶？②

根据上文看，其深层次影响主要体现在两点：一是造成人与人之间的不平等，二是妓妾等秽乱之行使人沉溺于声色犬马而对国家大局不闻不问，这对于国家而言是极其悲哀的。由此逻辑分析可知，时人着眼婚姻改良的目的不仅在于家庭的改良和个人幸福的追求，更重要的是对国家命运的关注。

作为婚姻准则，"父母之命"与"媒妁之言"相辅而行，"媒妁之言"是"父母之命"的延伸。既然包办婚姻受到批判，"媒妁之言"也难逃被指责的命运。孙宝瑄首先对媒妁的作用产生了质疑：

> 郑氏《仪礼注》曰：昏必由媒交接设介绍，皆所以养廉耻也。余谓近日白种人男女自择配偶，岂皆可谓之无廉耻乎？盖文明世界，男虽与女交游，决无苟且可耻之事，故不必设媒以为介绍也。若支那，

---

① 三爱：《婚姻》（上），《安徽俗话报》1904 年第 3 期。
② 杜士珍：《婚制改革论》，《新世界学报》1903 年第 14 期。

男女苟非家人至亲，则不可相见，以防可耻之嫌。故昏配必以介绍，职是故也。①

上文说，西方普遍实行自主择偶，不能说其无廉耻。男女交游而无苟且之事发生，这一事实使媒妁防淫的作用受到强烈质疑。他认为，媒妁不仅没有发挥男女防闲的功能，反而在其间发挥了不正当的作用。媒妁被誉为"第二之造世主"②，其本为预防婚姻流弊而设："媒妁者，即今之证人也。通两家之驿骑，而较量其才智品德之高下，使无有怨诽。"③ 正因为媒妁在其中发挥着联络作用，一旦用人不当流弊甚大："然支配不得当，较量者不在男女之才智品德，而在一己之锱铢，当抑而扬，心毁而口誉，则媒妁之毒流社会矣。"④ 媒妁的流毒在于上下其手，对双方进行欺骗，以至鸳鸯错配，淫风四起：

媒妁者，中国淫风之起原乎！何以言之？……世之为媒妁者，大率皆趋附之徒，好事之辈。其本意所在，或以之博取厚酬，或以之交欢豪族，财帛之外，他非所顾。于是短长其言，上下其手，事成则己任其功，事败则人受其祸，其心术与狐狸相去无间矣。……夫其人格如此之卑，其心术如此之乖，为弊昭昭，当为世人所共晓。⑤

媒妁本为预防男女私情以缔结美好姻缘，但由于其承担者人格低下，意"在一己之锱铢，当抑而扬，心毁而口誉"，其贪图蝇头小利、乱点鸳鸯谱的行为加剧了包办婚姻的苦痛。更严重的是，它的存在不仅没有起到应有的隔绝作用，反而加剧了世间的淫乱之风："男与女惟太隔绝，一旦相见，电感益厉。"⑥ 异性间性的吸引是人的本能反应，两性的隔绝使性的吸引力进一步扩展。因此，传统社会的男女私情并不鲜见。综合其存在的诸多弊病，媒妁被视为"自由结婚之大蟊贼"。由于媒妁成为败坏社会风气的源头，其存在的意义降到了历史最低点。

---

① 孙宝瑄：《望山庐日记》，上海古籍出版社，1983，第318页。
② 金天翮著，陈雁编校《女界钟》，上海古籍出版社，2003，第75页。
③ 同上。
④ 同上。
⑤ 陈王：《论婚礼之弊》，《觉民》1904年第1～5期合本。
⑥ 孙宝瑄：《望山庐日记》，上海古籍出版社，1983，第1097页。

（二）婚姻择配注重金钱与门第

传统婚姻素来讲究"聘仪奁赠之礼"。其肇始之初，"有所谓'男有室女有家'者，……既曰有室，则必有以构造之；既曰有家，则亦有以筹谋之。由此言之，则聘仪奁赠之制，殆为组织新家室之预备乎！第宜互相斟酌，称其有无，且勿使出之父母耳。"① 由此看来，"聘仪奁赠"本是帮助子女组建新家庭而行的定制，是双方家族对于儿女呵护之情的表达，但其在后世的发展中却发生了异变。为什么会有如此变化呢？究其原因主要有两点：

第一，国力的衰弱和人民的贫困导致严重的拜金现象。金天翮认为，金权是影响传统婚姻的重要问题。他分析说：

> 大抵世界贫弱之国，其国民人人有崇拜黄金之心。己则褴褛，而美人之锦绣；己则藜藿，而妒人之膏粱。既艳美攫取而不得，则以其子女之婚嫁为之缘。娶妻觊奁赠之丰，嫁女问制产之薄，苟或不得，则因而反目者有焉矣，因而离异者有焉矣。而如或得之，则虽老夫枯杨，牙郎卖绢，屈体以从，亦所不顾。②

据金氏猜测，国力的衰弱使人民日益贫困，这无形中激发了国民的贪婪之风。物质的贫乏以及实用主义的引导，使婚姻体现出较强的买卖特性，这使得娶（嫁）非人者不在少数，致使婚姻生活质量下降。更重要的是，双方家庭在金钱的讨价还价中伤透了感情，使女性难以在夫家立足。陈独秀对此总结说：

> 亲事都已经说好了，到了接亲的时候，女家为了聘礼，男家为了嫁妆，还要大闹一场。无论男家的聘礼怎样好，女家总是不合式［适］，纵然男的懂得大体，不讲究这些小事，那里边一般女太太们，也定要吹毛求疵，寻点小毛病来吵闹……那男家见了嫁妆不好，也是要说闲话的，即便嘴里不骂出来，那冷言冷语，姑娘过了门一年半载，还有难免的……。③

---

① 陈王：《论婚礼之弊》，《觉民》1904 年第 1~5 期合本。
② 金天翮著，陈雁编校《女界钟》，上海古籍出版社，2003，第 76 页。
③ 三爱：《婚姻》（中），《安徽俗话报》1904 年第 4 期。

物质替代了情感，婚姻变成了金钱与性的机械结合，生活的意义主要表现在吃、穿和性的满足。缺乏精神交流和情感融合的婚姻生活变得索然寡味，中国人的精神世界日益空虚。

第二，虚荣心作祟。传统社会注重礼俗，与之相连的虚文浮礼催生了独特的面子文化。"聘仪奁赠"本为子女生活筑基而为，但世俗之人却将其数量的多寡与自己的身份、地位乃至面子联系起来，由此推动了世人的虚骄之心：

> 后人因之习而不察，失其自立之本意，成为互市之浇风。或且竞事纷华，互相凌驾，富者竭其脂膏，贫者亦思步武，相夸以力，相尽以财，不至于犬竭兔毙不止。[1]

婚姻中财富的攀比，使得婚礼务求奢华，无论贫富都难以应付。1906年，扬州人陆英嫁给了合肥人张武龄，给她送嫁妆的队伍从四牌楼一直延伸到龙门巷，足足排了十条街。陆英的母亲为了准备这些嫁妆，花了十年的时间。当一切打点完毕，女儿出阁不久，她也因操劳过度而离开了人世。而这种做法，无非是要保证女儿在夫家的新生活有一个最佳的开端。[2] 当儿女的婚姻以家庭资产的巨大消耗，甚至以父母的生命为代价时，这种婚姻的合理性必然要受到质疑与批判。

时人认为，金钱婚姻在社会上造成了诸多消极影响，概括起来主要有三点。

1. 社会进化不良

按照传统观点，家庭是社会的细胞，而婚姻又是家庭的基础。因此，社会进步与否与婚姻关系紧密。在时人看来，社会的衰退全因婚姻的不良："夫个人竞争之弊害日增，而家庭日不治，社会日退落，教育日衰替，道德日分裂，人种日不改良。问以效果之何以至于如此？曰金权。"[3] 金钱婚姻造成了人种的不良、道德的分裂、教育的衰退和社会的蜕化。诸多消极影响叠加在一起，可谓有使"国将不国"的趋向。

2. 贬低人类自身价值

在物种的进化过程中，人类以高等智慧而从众多物种中脱颖而出，并自

---

① 陈王：《论婚礼之弊》，《觉民》1904 年第 1~5 期合本。

② 金安平：《合肥四姐妹》，凌云岚、杨早译，三联书店，2007，第 1、5 页。

③ 金天翮著，陈雁编校《女界钟》，上海古籍出版社，2003，第 76 页。

诩以万物之灵长，其价值与地位要高于其他物种："人类所以异于他等动物者，谓其价值不可以金钱计量也。今流俗之结婚姻，必索要聘钱，为父母者多居其女为奇货。此与贩卖鹿豕牛羊何以异？其污损人类之价值，盖亦甚矣！"① 婚姻的买卖行为，降低了人类自身的价值而将自己等同于鹿豕牛羊，污损了人类的价值。

3. 婚配失序，缺乏生活情趣

金钱婚以资产为嫁娶的唯一标准，其性情、学识、才能被忽略不计，这使男女配偶失序：

> 约婚之际，既存一博取金钱之心，则其择婿之标准，必不在于学问才能，惟问资产而以。于是有以绝世才媛，下嫁于枯杨老夫者。痴汉偏骑骏马走，巧妻常伴拙夫眠，昔人所以代鸣不平也。且嫁女者，既问聘钱之有无；则聘妇者，亦将视妆奁之多寡。故蓬门之中，虽有扫眉才子，然因妆奁之不丰，亦难于选择佳婿，因之而配非其偶者，又不知凡几矣！②

配偶失序，男女双方无论是年龄还是性情、学识可能都相去甚远，如此情形下的夫妇无论是价值观还是生活情趣都难以契合而产生共鸣。因此，其存在的合理性备受质疑："夫婚姻为人道之大经，宜以爱情结合，而不容夹入他种之观念。乃以可贮金屋之阿娇，而视同牛羊，借金钱以作之合，不独污损钗裙之声价，且联姻之事，等于商贾之贸易，亦复有何风趣耶？"③ 针对中国社会顽固存在的卖婚现象，时人曾感慨地说：

> 夫语人类婚姻之历史，则第一期为掠婚时代，第二期为卖婚时代，第三期为赠婚时代，第四期为自由结婚时代。今世文明各国，其婚姻之制已入于第四期矣。独中国之婚姻尚在卖婚时代。即此一端，中国人之品格，其下于他国人数等，已可概见矣。④

中国在世界发展的大潮中落后于西方，这已是不争的事实。那么，中国

---

① 履夷：《婚姻改良论》，《留日女学会杂志》第 1 期。转引自张枬、王忍之主编《辛亥革命前十年间时论集》（3），三联书店，1960，第 840 页。

② 同上。

③ 同上。

④ 同上。

的落伍始于哪里呢？在时人的视野中，它毫无疑问地始自婚姻。在自由婚与金钱婚的比较中，孰高孰低不言自明。在落伍的婚姻文化中，自然难以产生高尚的国民品格，而这恰恰是中国落伍的根源。国民品格的关注，其着眼点仍属于人种范畴。改良婚姻的目的就是要改良人种，以增强民族精神，最终达到改变国弱民贫的目的。

（三）夫妻关系尊奉"男尊女卑"

在传统文化中，两性伦理有明确的教义。《易》云："天尊地卑，乾坤定矣"；"乾道成男，坤道成女。"① 古代中国人历来重视天人合一的理念，天地之理被比附为男女关系，由此男尊女卑就成为亘古不变之天理。《礼记·郊特牲》说："出乎大门而先，男帅女，女从男，夫妇之义由此始也。妇人，从人者也……夫也者，以知帅人者也。"② 男尊女卑的伦理催生出"夫妇有别""夫尊妇卑"的观念。康有为对传统的两性格局进行了批判，他说：

> 夫男女本为兄弟，且婚媾之好多出至交，乃婿于妻家则视如上宾，妻于夫家则降为皂隶，虽有至亲通家，平日则以兄弟叔伯为称，既嫁则以"少爷""相公"为称，上背圣经，下违公理，颠倒无义，岂不异哉！又非奴而何？然此皆就都会士家言之，若夫山野僻县，除贫家农业，夫妇并出，通力合作外，中家以上妇女，莫不跣足入山，斩柴艾草，负薪于田，而其夫则高卧室中，清谈以受供养。故多添一妇，实为多添一隶，故乡民买妾实为买奴而已。大概愈山野则抑女愈甚，稍近士夫则抑女稍少，其世家贵阎则或得从容读书游览，不下厨执役者。此以知人道稍文明则男女稍平等，人道愈野蛮则女妇愈过抑，亦足为证据矣。③

"男女本为兄弟"，这意味着康有为已经接受了男女平权思想，这点无论在《实理公法全书》还是在《大同书》中都有所体现："人类平等是几何之公理""男与女虽异形，其为天民而共受天权"。④ 康有为列举了富贵抑或贫

---

① （清）李道平撰《周易集解纂疏》，中华书局，1994，第541、544页。
② （清）孙希旦撰《礼记集解》，中华书局，1989，第709页。
③ 康有为：《大同书》，《康有为全集》（第7集），中国人民大学出版社，2007，第64页。
④ 康有为：《实理公法全书》，《康有为全集》（第1集），中国人民大学出版社，2007，第148页；康有为：《大同书》，《康有为全集》（第7集），中国人民大学出版社，2007，第55页。

寒之家存在的诸多男尊女卑的事实后，以男女平权的标准将其定性为"上背圣经，下违公理，颠倒无义"之举，借以表达其内心的愤恨之情。同时，他通过比较还发现，国人的文明程度直接影响着两性伦理，文明之家愈趋向于平等，反之则抑女愈甚。

（四）婚姻礼仪过于繁缛

六礼是传统婚姻必须遵守的仪规，只有六礼完备的婚姻才具备社会性与合法性。《礼记·昏义》开宗明义地说：

> 是以婚礼，纳采、问名、纳吉、纳征、请期，皆主人筵几于庙，而拜迎于门外。入揖让而升，听命于庙，所以敬慎、重正昏礼也。……敬慎重正，而后亲之，礼之大体，而所以成男女之别，而立夫妇之义气也。男女有别，而后夫妇有义；夫妇有义，而后父子有亲；父子有亲，而后君臣有正。故曰："昏礼者，礼之本也。"①

传统婚礼之意在于，通过分男女之别以达到夫妇有义、父子有亲、君臣有正，从而实现社会有序、天下安宁的目的。由于婚礼事关伦理秩序与天下安宁，必然要遵循严格的程序，以维护其社会意义的严肃性："纳采用雁，将欲与彼合婚姻，必先使媒氏下通其言，女氏许之。乃后使人纳其采择之礼"；"问名，问名者将归卜其吉凶"；"纳吉，归卜于庙，得吉兆，复使使者往告，婚姻之事定"；"纳征，使使者纳币以成婚礼"；"请期，阳倡阴和，期日宜由夫家来也，夫家必先卜之，得吉日乃使使者往辞，即告之"；"亲迎，所以重之亲之。"② 上述虽仅言之大略，但六礼之意已明晰。另外，每一仪礼中多有繁缛细微之处，如有催妆、普房、障面、撒谷豆、转席、铺毡、跨马鞍、泼水、拜堂、牵巾、合卺、撒帐、馂女、闹房、回门。③ 六礼于周代形成，虽历时千年演变但其烦琐之式始终不改。繁缛的仪礼使婚姻当事人束缚其中，缺乏自主；婚姻的操办者也深陷于琐碎的泥潭而疲于奔命，既靡费钱财，又遭劳瘁。夏仁虎在《旧京琐记》中曾记载："满人家与府第结亲，往往破家，盖房族多，仪文烦，不堪酬应也。"④ 更严重的是，婚姻双方

① （清）孙希旦撰《礼记集解》，中华书局，1989，第1416、1418页。
② （清）孙希旦撰《仪礼注疏》，上海古籍出版社，2008，第87~105页。
③ 马之骕编《中国的婚俗》，岳麓书社，1988，第58~147页。
④ 车吉心、王育济主编《中华野史》（清朝卷五），泰山出版社，2000，第5903页。

往往拘泥于其中的细节而忘记了婚姻的本意，致使婚姻波折丛生。

这些繁冗的习俗在 20 世纪初受到了严厉批判。陈王在《论婚礼之弊》中痛批了传统婚姻中的繁冗之弊：

> 夫乐工礼生谓之六局，喜婆媒媪是为六婆，此两六者，实惟赘人，亦曰惰民，大之足以蠹国，小之足以病身。……徒以一人之事，动劳百千之众，揆之公德，已属有亏；况以耳目之故，驱人于奴隶之域，上以病国，下以殃民乎！由是言之，繁文缛节之制，其弊有如此者。①

生活在家族氛围中的中国人认为，替子孙操办婚礼天经地义，并乐此不疲。倘用另一种观念审察传统婚礼，其价值所在却很值得商榷。在陈王眼中，传统婚礼不仅劳师动众，还产生了一批专营婚礼的惰民。以个人的私事来劳师动众，有损个人的私德；为满足耳目的私欲而驱使众人操劳，无异于祸国殃民。在此基础上，金天翮批判了六礼中的某些具体习俗。他对其中的细节描述说：

> 中国婚姻一事，吾百思而不得其解：居恒渺不相涉之人，犹可得而平视，或加以品评嘲笑，恬不为怪；及至红丝一系，隐然薰莸，一旦迎面而来则狂奔绝叫，如逢怪魔。至于男子亲迎之夕，东阶三揖，西阶三让，拜跪起立，如环无端，宾相喃喃，疑诵番咒，一人呆立，万夫揶揄。而为女子者，红巾被面，无颜见人，不病而扶，当笑而哭，闭目入定，如是三日，洗手入厨，而羹汤之大事来矣。②

在金氏眼中，观礼之人对新娘了无忌讳地品头论足，无疑是对女性人身权利的侵犯。其他的一些举动更让人疑惑：婚姻当事人受礼仪的束缚如同木偶，新娘红巾遮面似乎无颜见人，不病而扶、当笑而哭更与喜庆的气氛不相符。对此，陈独秀也曾以诙谐的白话体裁进行控诉：

> 新妇过门的时候，穿大红，戴凤冠，记玉带，好像妆殓死人一般。另外头上还要批一块大红方巾，浑身上下通红，手脸一点都看不见，乍一见真真有些吓人。坐的那顶大花轿，上下四旁，没有一点空儿出气，

---

① 陈王：《论婚礼之弊》，《觉民》1904 年第 1~5 期合本。
② 金天翮著，陈雁编校《女界钟》，上海古籍出版社，2003，第 78 页。

角门还要锁住，那身体弱的人，便要闷个七死八活。上下轿的时候，自己还不能随便走，必定学那瘫子似的，要好几位牵亲太太扶着上轿下轿。进了门，下了轿，又不能爽快进房，还要将地下铺的两条红毡子，前后掷换，名叫做"传红"。那新人小小的三寸金莲，已经是寸步难移了，还要踏着一双厚底的男鞋，名叫做"同鞋到老"，一步一步挨进房里。夫妇相会，并不说话，只是低着头，二人都呆子似的坐在床沿上，名叫做"坐帐"。坐了片刻，又有人牵了去，拜天地，拜祖宗、拜堂、拜花烛、拜床，满屋拜得团团转，真是令人头昏脑晕。①

如果说上述习俗还只是让人感到"受罪"，闹房可能就让人无法忍受了。那么，新婚闹房到底是什么情景呢？康有为以忠实的笔触还原了其家乡的闹房习俗：

> 若夫新妇初来之夕，集宾客，聚宗族，入洞房，索妇物，多者千百数十金，少亦十数，终夕勒索，丑言恶气；妇若不应，扯其衣饰，焚以炮爆，甚或以热水火钳烫其手足，至于面损足伤，以为欢笑。此与狱吏之迫索囚徒财物何异？妇女何罪，新昏燕尔，方为兄弟之好，洞房窈窕，乃为狱囚之迫？中国号称教化礼义之国而乃出是，岂不悖欤！吾妹之嫁，坐蒙斯辱，吾为大愤。然既作人妇，在人檐下，岂得不勉强赔饷哉？呜呼！此殆太古野蛮旧俗之遗而扫除未尽者欤！②

从上文描述看，闹房过程中宗族之人聚众索取新妇财物，对待新妇的手段与狱卒对待犯人般野蛮、残酷，在康氏眼中这是对妇女物权与人权的侵害。新婚宴尔，本是大喜之事，新妇为何要饱受这般苦楚呢？如此野蛮的行为与号称礼义之邦的美名截然相悖。实际上，他所描述的闹房习俗在全国具有普遍性，其手法也大同小异。

闹房习俗在中国可谓源远流长。据研究，闹房自两汉时期见诸文字记载后，历经晋、唐、宋、明、清不仅没有改革反而流行日广。③ 民俗学家黄华节曾撰《闹洞房》一文，其中引用了《群书治要》中西汉仲长统所著之《昌言》中关于闹房的记载：

---

① 三爱：《婚姻》（中），《安徽俗话报》1904 年第 4 期。
② 康有为：《大同书》，《康有为全集》（第 7 集），中国人民大学出版社，2007，第 62 页。
③ 马之骕编《中国的婚俗》，岳麓书社，1988，第 136 页。

> 今嫁娶之会，捶杖以督之戏谑，酒醴以趋之情欲，宣淫泆于广众之
> 中，显阴私于族亲之间，污风诡俗，生淫长奸，莫此之甚，不可不断
> 者也。①

由仲长统的记载看，在西汉时期闹房已蔚然成风，并因戏谑宣淫于大庭广众而受到质疑。到了晋代，葛洪在《抱朴子·疾谬篇》中对闹房习俗也做了详细描述：

> 世俗有戏妇之法，于稠众之中，亲属之前，问以丑言，责以慢对，
> 其为鄙渎不可忍论。或蹙以楚挞，或系足倒悬。酒容酗蓓，不知限齐，
> 至使有伤于流血，跌折肢体者，可叹者也！古人感离别而不灭烛，悲代
> 亲而不举乐。礼论：娶者羞而不贺。今既不能动韬旧典，至于德为乡同
> 之所敬，言为人士之所信，诚宜正色矫而呵之，何为同其波流，长此敝
> 俗哉！②

葛洪将闹房习俗安置在"疾谬篇"中，这足以表明作者对它的态度。从其描述看，闹房习俗猥亵粗俗，不堪入目，是闹房者"意淫"的下意识表现。有些手段凶狠暴虐，甚至酿出人命惨案，更使人愤慨。③ 因此，闹房习俗在传统社会就已饱受批判。明代的杨慎曾说：

> 娶妇之家，亲婿避匿，群男子竞作戏调，以弄新妇，谓之"谑亲"，
> 或褰裳而针其肤，或脱履而规其足，以庙见之妇，同于倚市门之倡，诚
> 所谓弊俗也。④

正经的良家妇女，落得个"娼妇"的骂名，这也难怪会被视为陋俗。20世纪初，知识界以人权理念为武器吹响了批判闹房习俗的号角。上文提到的康有为就是其中的代表，陈独秀对此进行积极响应。他分析说：

> 成婚三日以内，不分尊卑长幼亲疏内外的人，都可以想些新鲜奇怪

---

① 黄华节：《闹洞房》（下），《东方杂志》1934年第31卷第23期。
② （晋）葛洪著，杨明照撰《抱朴子外篇校笺》，中华书局，1991，第628页。
③ 车吉心、王育济主编《中华野史》（清朝卷五），泰山出版社，2000，第4704页。
④ （明）杨慎：《杂识·戏妇》，《丹铅续录》卷6，《文渊阁四库全书·子部》第855册，第186页。

的法子，来糟践新人。那一班表弟兄弟同学的朋友们，更是要拿烟送茶，捏脚看手，胡行乱语，无所不至。可怜那新人任人怎地糟蹋，只得合着眼，低着头，半句话也不能说，好像犯了什么大法，应该任人陵 [凌] 辱的一般。①

从"糟践""陵 [凌] 辱"的用语看，陈独秀对于侮辱人格的闹房习俗是深恶痛绝的。综合康、陈的观点，他们集中表达了一点：文明的婚姻习俗与个人尊严和独立人格紧密联系在一起。闹房者形骸放荡，有失文明，新妇被人羞辱是对女性人格的践踏。要完成从野蛮到文明的进化，这些陋俗必须剔除掉。

（五）纳妾之风盛行

关于妾的问题，近代早期的维新知识分子如王韬、宋恕等人曾对此进行过反思与温和的批评。20 世纪初知识界则一脱温和之气，以严肃的态度和激烈的言辞对此进行了猛烈批判。他们认为，中国的多妇之制由来已久，它的存在造成了家庭不安。严复说：

> 中国多妇之制，其说原于《周易》，一阳二阴，由来旧矣。顾其制之果为家门之福与否，男子五十以后，皆能言之。大抵如是之十家，其以为苦境者殆九。而子姓以异母之故，貌合情离，甚或同室操戈，沿为数世之患。②

严复据此认为，多妇之制并非家门之福，其貌合神离或同室操戈所造成的苦难与祸患可能会延续几代之久，但凡过来人都会有深刻的体会。对于上述观点，金天翮表示赞同，但在他的笔下所描述的祸患则更加生动与惊悚：

> 夫婚姻交合既由两人之契约而成，则契约之中决不容有第三位者插足之地，犹之两国密约，不能受他国之离间也。曾是夫妻之间，而可以合纵连横之术处之哉！今行尸走肉类多蓄妾之风，斗宠争怜，交嘲互讧，初则疲于奔命，终必左右为难。八国要求，竞索公敌，猬缩鼠伏，而为妻妾

---

① 三爱：《婚姻》（中），《安徽俗话报》1904 年第 4 期。
② 严复著《〈法意〉按语》，《严复集》（4），中华书局，1986，第 980 页。

者，终亦将扩张其治外法权，以立于均沾之地位，吾见不鲜矣。①

在这里，金天翮以契约论为思考问题的出发点，认为妾的存在严重影响了家庭关系，进而否认了其存在的合理性。同时，他还将夫妻关系比作两国之间的战略合作，二者的关系如若松动两方必然同时受害。妻妾成群，其必不安于名分而索取额外利益，斗宠内讧终不能免。男子为维持家庭和睦起见，必然要用尽浑身解数以缓解妻妾间的紧张关系。"初则疲于奔命，终必左右为难"，男子终会陷入家庭内耗的泥潭不能自拔。

严、金二人从妾的危害阐述了废妾的理由，杜士珍则另辟蹊径从维护女权的角度阐发了废妾的见解：

> 婚制中之最大最深之弊窦者，莫如一夫多妻之风。一夫多妻为社会极野蛮、极愚蠢之举动。……抑我谓一夫多妻非特为不平之深，抑且大有违于世界进化之公例，社会文明之进步不可不去者也。盖一夫多妻之国，其男女之情爱必不笃，而女子位常居于卑贱。吾中国数千年来女权之不振，女学之不昌，虽其致弊之原因甚多，而由于一夫多妻者，实居其强半。②

在杜士珍眼里，一夫多妻是愚蠢野蛮之举，它妨害了女学的昌盛与女权的振兴，违背了世界发展的潮流，阻碍了社会的发展进步。杜亚泉对此论深以为然，并对此进行了更为清晰地论述。他说："蓄妾一事，其为有乖人道，固已无待犹豫。此而不去，则所谓男女平等、女权发达诸说直无庸置议。……彼等之所为，直辱没我社会，玷污我文明。……我东洋民族果欲发挥其固有之文明，使家族制度益臻于圆满，则蓄妾之制有不可不铲除净尽者矣。"③ 从杜士珍、杜亚泉的分析中，我们看到振兴女权是他们废妾的主要根由，这对于男女平等和一夫一妻制的实现有积极作用。

妾制在清末思想界虽迭遭批评，但民国成立后这一习俗仍完整地保留了下来。究其原因，一方面在于婚姻传统的延续和社会改造的乏力；另一方面，法律虽明确了一夫一妻制度，但其内在的缺陷又使妾有了一定的生存空间，甚至一度有泛滥的趋势。④

---

① 金天翮著，陈雁编校《女界钟》，上海古籍出版社，2003，第80页。
② 杜士珍：《婚制改革论》，《新世界学报》1903年第14期。
③ 杜亚泉：《论蓄妾》，《东方杂志》1911年第8卷第4号。
④ 采真：《废妾号发刊宣言》，朱采真编《废妾号》，北平进步研究社，1935。

有人对此描绘说："达官贵人，豪商巨贾，金屋藏娇，粉黛罗列，固无论亦。即寻常百姓家有担石之储者，亦复小星在户，室有姬人，面纳妾之风反以大盛。"① 此论并非夸张之说，民初纳妾的风习在各地多有记载。在广东，社会上常常以妻妾的多寡来判定其财力的丰啬，因此不少人以纳妾来撑门面："闻某富豪家，有胡椒树百零八株，每年收入极丰，而竟娶百零八妾，每妾各收一株之利益，以为饮食服饰之费。至于三妻四妾者在在皆有。盖如此方足以维持其中等人家之体面。"② 在上海，"一朝幸获温饱，即须另置外妾。寻常一商人，每有额外住宅数处，每处开支款额，俨然成一小康之家。偶尔营业不佳，势必一败涂地。此则一生为妾忙矣。"③ 普通商贾如此，即使教育界中人、军队的高官、政府的要员依旧妻妾成群，其纳妾的绯闻、艳史不时见诸各种报刊之上。④ 一些受过新式教育的女学生为了物欲、情欲的满足也甘心做妾。⑤ 由此可见，在民初社会纳妾的氛围依然非常浓厚。针对上述现象，有人讥讽说：

> 今日之时代，风流之时代也。今日之官场，风流之官场也。少年英俊博爱为怀，一妻不足，又顾而之他。自总长、都督、参赞以下至知事皆能钻头觅缝，多置妻妾，读新国风流史，历历可数。⑥

在某些时人看来，民初的历史俨然成了官员置妾史。但民国毕竟不同于清末，一方面民主、共和理念逐渐深入，婚姻自由理念的影响力增大；另一方面，法律上毕竟有了明确的一夫一妻制的规定，这一切都使妾的生存空间在缩小。

一些有识之士为改良风俗也在积极努力。1912 年 2 月，蔡元培、唐绍仪、汪精卫等社会名流和政府要员倡议创立了"以人道主义及科学知识为标准而定改良社会之条件"为宗旨的"社会改良会"，其章程规定不置婢妾、提倡婚姻自由。⑦ 1913 年，由易昌樨、史济成、陆绍芬、张继、刘清扬等人

---

① 林眉镜：《治妾之炉》，朱采真编《废妾号》，北平进步研究社，1935，第 33 页。
② 胡朴安编《中华全国风俗志》，河北人民出版社，1986，第 373 页。
③ 同上书，第 214 页。
④ 《教务长勾引日妇》，《中华新报》1917 年 3 月 31 日；《借妻据》，《中华新报》1917 年 5 月 12 日；车吉心、王育济主编《中华野史》（民国卷），泰山出版社，2000，第 354、436 页。
⑤ 胡朴安编《中华全国风俗志》，河北人民出版社，1986，第 373 页；《女生甘做色鬼妾》，《中华新报》1917 年 6 月 18 日。
⑥ 《重婚法·开丧》，《申报》1913 年 3 月 22 日。
⑦ 《社会改良章程》，《民视报》1912 年 3 月 19 日；陈旭麓主编《宋教仁集》（下），中华书局，1981，第 378 页；王光远、姜中秋：《汪精卫与陈璧君》，中国青年出版社，1992，第 26～27 页。

发起成立了"中华民国家庭改良会"，其章程总则中规定要"厉行一夫一妻制"，并规定"置纳婢妾者不得为本会会员"①。他们经常在北京的公园中举办演讲活动，宣传"小老婆为败家之种""小老婆为戕身之器"，甚至有人将小老婆视为官吏贪污的根源所在。② 有些言论虽危言耸听，或存在污蔑女性之嫌，但他们试图以此来营造一个振聋发聩的废妾氛围，其心情也可以理解。

随着清末民初教育的普及和宣传力度的加大，废妾的氛围浓厚了许多。有一些粗通文墨的女性用极为浅显的语言表达了废妾的心声。如有人说："可惜我的好心肠，却可恨我不会做文章。若果我会做，我一定关门三年伤伤心心的做一部书，说纳妾的损害人道。""不知何年、何月、何日方无女子为人之妾。"③ 文化高深的知识分子则通过小说、歌谣等形式力陈做妾之苦和危害。如通俗文学《繁华》杂志刊登"苦命妾"一文，介绍一名做妾的女子被男子当作生育工具，还经常遭受男子的虐待。尽管如此，当家庭生活无法维持时仍落了个扫地出门的悲惨下场。④ 有人还以歌谣的形式，力陈娶小老婆的诸多烦恼，以此来劝诫人们奉行一夫一妻制。歌谣说：

> 娶妾苦，最苦恼，平日间，多吵闹，太平米饭难吃了。
> 娶妾苦，最苦恼，两相争，我讨好，处处地方要做到。
> 娶妾苦，最困恼，房门关，怕敲敲，两头逐出真蹊跷。
> 娶妾苦，最苦恼，你也想，他也要，施尽经历弗够饱。
> 娶妾苦，最苦恼，兴虽豪，年渐老，临阵退缩兴味倒。
> 娶妾苦，最困恼，暗地里，跟人逃，多带一顶绿纱帽。⑤

作者通过朗朗上口的歌谣，将娶妾对于个人以及家庭所造成的弊端清晰地揭示出来，便于废妾思想的传播。有人更是别出心裁，撰写一些虚构的游戏文章讽刺纳妾之弊。有文章说，一夫一妻制度虽已得到法律承认，但因积习相沿，违背者多，奉行者少，对于夫妇幸福大有阻碍。因此，女界英杰应

---

① 《中华民国家庭改良会暂行草章》，《北京档案》1986 年第 2 期。
② 《小老婆之害》，《中华新报》1917 年 5 月 30 日。
③ 《心声》，《妇女鉴》1914 年第 1 卷。
④ 钱香如：《苦命妾》，《繁华杂志》1914 年第 1 期。
⑤ 一趣：《娶妾最困恼》，《余兴》1914 年第 2 期。

起来组织"多夫会"与此陋习相抗衡。①

更有思维敏捷者，以清晰的理路分析了妾的危害，较为系统地阐述了一夫一妻制对于提高家庭经济水平、提升身体素质、减少家庭纠纷等方面有诸多益处。通过正反两面的对比来论证废妾的必要性，凸显一夫一妻制的重要意义：

> 一夫一妇主义，合于自然之天理。为社会计，为国家计，为将来人种之强弱计，皆不可不有赖于此制。愿吾国人实力铲除此敝习，必自上流社会明达之贤者，毅然为异国之模范。有妾者解放之，无妾者永不娶，庶几中下社会，亦不期绝而自绝。吾国富强文明之基础，盖在此矣。②

在作者的分析框架内，实行一夫一妻制是强化人种，推动社会发展，实现国家富强、文明的基础。通过社会贤达的率先垂范，妾制自然而然就会消灭。单独通过如此方法是否能消灭妾制我们不得而知，但对一夫一妻制认识的强化则是有目共睹的。

一夫一妻观念的贯彻，还需要国家强制力量的保驾护航。法律上一夫一妻制的确立，使妾在法律上失去了保护，间接冲击了妾的存在。广东议员邱树人与省城廖礼耕之妾姘识，廖氏向广东审判厅控告邱氏。广东判决邱氏有罪，他不服上诉到大理院，最后被判决无罪。其理由如下："文明国家断不能认一夫多妻制之存在，故妾在法律上之地位不能有婚姻关系。故不能有夫之名义，在私法上便不能谓其当日之行法定代理人之资格，而何有于亲权之可言"③。从其判决看，法律上虽没有明确否定妾制，但亲属权的否认已经变相否认了妾。此案公布后，在社会上引起广泛关注。有人针对大理院的判决评论说："多妻为民国之玷，今既提倡一夫一妻之制，则妾在法律上之地位自不能认为有婚姻关系，即不能更有夫之名义。而妾与有妾者直可称为泛泛无关系之人，并可称为姘识。今日之拥有多妾者，盖一读邱树人和奸陈五妹之判词。"④ 在这一时期的其他案例中，判决结果也较为有力地维护了一夫一

---

① 《游戏文章·发起多夫会宣言书》，《申报》1913 年 2 月 27 日。
② 《一夫一妇主义之提倡》，《东方杂志》1917 年第 14 卷第 2 号。
③ 《大理院判决邱树人和奸案判词》，《申报》1913 年 1 月 22 日。
④ 《杂评二·多妾者鉴》，《申报》1913 年 1 月 22 日。

妻制。①

一夫一妻制的倡导，为妾的离异提供了理论支持。上海有一官员新纳一妾，没过多久她为求自由而提起诉讼，官方判令"该妾仍归原主"，引起女界的激烈反对。上海妇女会指出："一夫一妻各国所公例，一夫多妻各国所唾弃，既为民国首重人道，今有何官纳妾，已为不正当不规则之国民，尤敢傀儡偏公堂，代其断令仍归原主，似此惨无人道，大约问官亦有此病，诚恐一经主持人道，自己之妾亦在自由离异之列。余等此次攻讦实为民国妇女离此黑暗世界。"②

通过清末以来对妾的批判和废妾的呼吁，废妾不仅成为许多人的共同呼声，它还与婚制改革逐渐联系起来，一夫一妻制在婚姻变革的框架体系中更加明晰。既然一夫多妻的弊害是如此之大，新知识界必然要努力铲除这一陋习。对此，严复非常明确地提出了自己的主张：

> 欲革此制，必中国社会出于宗法之后，而后能之。否则，无后不孝之说，鲠于其间，一娶不育，未有不再求侧室者也。其次，则必早婚俗变，男子三十而后得妻。否则，乾运未衰，而坤载先废。三，则昏嫁之事，宜用自由，使自择对。设犹用父母之命，媒妁之言，往往配非所乐，乌能禁别择乎？四，则女子教育，必为改良。③

从上述改革措施中，我们可以看到影响废妾的因素主要有宗法观念，早婚、专婚习俗，女性的文化素质。解决这些障碍的措施首先要改变生育观念和早婚习俗，提倡婚姻自由和提高女子教育水平及自立能力。倘若女性不能自立，经济还需依赖男子，女子仍避免不了做妾的命运。对此，严复说：

> 盖匹合之后，寡女必多，非能自食其力，谁为养之？窃谓多妇之制，其累于男子者为深，而病于女子者较浅。使中国旧俗未改，宗法犹存，未见一夫众妻之制之能遽革也。④

应当说，严复的头脑极为清醒，洞见至为深刻。他解决问题的手段是综

---

① 《定重婚罪》，《申报》1913年2月25日；《说谎重婚之结局》，《申报》1913年3月22日。
② 《上海妇女会反对纳妾案》，《大公报》1913年1月22日。
③ 严复：《〈法意〉按语》，《严复集》（4），中华书局，1986，第980页。
④ 同上。

合性的，而且四条措施有机联系在一起。女性自立的状况决定了能否实现男
女平等，她们对于男性的依赖会延续父权宗法社会，这一切都妨碍了妾制的
根除。正如作者"畏公"所言，如果不对生计问题大加改革，只是空言提倡
废妾，那么"即使可以骤废，然废者其名存者其实"①。此论可谓一针见血，
它明确指出了女子经济独立对于废妾的重要意义。

事实上，宗法观念的存在也极大阻碍了妾的革除。即使在主张改革妾制
的知识分子那里，宗法观念也往往成了不可逾越的鸿沟。如杜士珍虽主张
"男子于一妻之外而变换名目以娶妻娶妾者，必课以重罚"②，但他对宗法观
念也做了让步。他说：

> 其或由无嗣而出于不得已者，不在此例，然亦须有至当之理由，由
> 其亲族许可如此，则男女之间无丝毫不平之气，而社会文明之进步其速
> 率为不可及矣。③

杜氏认为，出于延续后嗣而非淫乐目的而纳妾不会妨害男女平权、家庭
的和谐与文明的进步。他显然尚未认识到，延续后嗣本身就是男性主导社会
的产物，以此框架确定的废妾当然不可能彻底，他所想象的男女平权的实现
必然要大打折扣。由此可见，男女平权的倡导者始终以男性为主力军，性别
的差异使其不自觉地站在维护男权的立场上，这必然影响到对宗法观念的改
革力度。而女子缺乏谋生手段，难以自立，也使废妾显得遥遥无期。

杜亚泉继严复之后提出了自己的建议，主张从法律和道德两个层面着手
废妾。从法律角度看，"将来民法之亲族篇中，断不至于将蓄妾之事，以明
文承认之。民法既不承认，则蓄妾之事苟非重婚，即为奸淫，殆无疑义"；
从道德角度看，"则全赖社会之热心者共同提倡，而其责任尤在于维新之士。
彼等既具新知识、新思想，或任官吏、公吏、议员等职，报革新政治之希
望，或任教育实业等文明事业，以开通社会。"④ 在杜氏的建议中，他一方面
寄希望于热心人士的提倡和社会风气的开通，另一方则希望用法律手段为一
夫一妻制保驾护航，其观点也颇为中肯，具有相当的可行性。

---

① 畏公：《女子劳动问题》，《天义》1907 年第 6 卷。转引自李又宁、张玉法主编《近代中国
  女权运动史料（1842～1911）》，龙文出版社股份有限公司，1995，第 714～715 页。
② 杜士珍：《婚制改革论》，《新世界学报》1903 年第 14 期。
③ 同上。
④ 杜亚泉：《论蓄妾》，《东方杂志》1911 年第 8 卷第 4 号。

综合上述观点，笔者认为，严复和杜亚泉两人的废妾举措为五四后的废妾思潮指明了方向。五四前后，时人围绕着废妾提出了不少建议，但他们基本都是围绕着法律的完善、女子经济和人格的独立、婚姻自由等内容展开，①而这些建议都未能超越严、杜二人的设计框架。应当说，清末知识界在理论框架上将废妾问题推向了近代婚姻变革过程的最高点，而五四前后则形成了高潮。

（六）早婚习俗根深蒂固

关于婚龄，古代先人早有认识并有定制。《周礼·地官·媒氏》说："令男三十而娶，女二十而嫁。"② 《礼记·内则》中讲，男子"三十始有室"，女子"十有五年而笄，二十而嫁"③。《谷梁传》中对婚龄的规定大致亦如前者："男子二十而冠，冠而列丈夫，三十而娶。女子十五而许嫁，二十而嫁。"④ 由上述礼法规制可见，先秦时期中国人对于婚龄的限定较为科学，即男子在二十至三十岁之间，女子在二十岁上下，对于婚龄的规定也并不属于早婚范畴。实际情况却并非如此，民间社会的婚姻实态从周代以后逐渐趋于早婚，并一直延续到民国。

早婚的形态各异，康有为对此进行了细致划分："或且年为弱冠，则本人固无一定之智识，而父母长亲已哑哑为谋婚媾之事。年之长成者，或能自决其可否；年之幼弱者，尤一听诸父母长亲之所行而已。尤可痛者，或甫脱褓褓而婚事已定，其得长成与否，未可知也。其长成后之良否，又未可知也。甚且有许婚于胎腹者，于乎非特不情之甚，抑且不任之深者矣。"⑤ 之所以存在五花八门的早婚形态，究其原因主要有四点：一是国家政治力量的强迫与诱导，二是增加劳动力的需要，三是续嗣的需要，四是遵循男女生理规律的结果。⑥ 综合来看，早婚是传统中国社会政治、经济、家族文化等要素共同作用的结果，有其历史必然性。

近代中国落伍的现实，迫使知识分子将婚姻、生育等问题与国家的前途

---

① 朱采真编《废妾号》，北平进步研究社，1935。另外，五四前后革除纳妾的主张可参见余华林《女性的"重塑"：民国时期城市妇女问题研究》，商务印书馆，2009，第312～318页。

② （清）孙诒让撰《周礼正义》，中华书局，1987，第1034页。

③ （清）孙希旦撰《礼记集解》，中华书局，1989，第772～773页。

④ （清）钟文烝撰《春秋谷梁经传补注》，中华书局，1996，第398页。

⑤ 杜士珍：《婚制改革论》，《新世学报》1903年第14期。

⑥ 马之骕编《中国的婚俗》，岳麓书社，1988，第171～173页。

命运紧密联系在一起。综合比较世界各国的婚育实况与国力，他们发现婚龄问题与人种的强盛、文化的发达紧密联系在一起，而早婚恰恰是他们揪出的致使种族衰弱、文化落伍的元凶。杜士珍认为：

> 夫一国婚媾之早迟，有绝大之关系存焉。婚媾愈迟者，则其国愈文明；婚媾愈早者，则其国愈不振，此可按之地球公例而比较以得之者也。盖一国之文明与否，其大要不外两端：一曰种类之强弱，一曰教育之良否，而此二者皆于婚制乎系之。婚制而善则二者自居于优胜之地，婚制而不善则二者均失，二者失而国不可闻矣，曷谓种类强弱之有关于婚制也。……中国婚媾之期最早，而衰弱之原至今无可救药。其所以然者，盖有二大故：一则人种未达于成熟之极点，一则任其情欲之纵肆而无节制之方。①

在这里，杜士珍将婚龄和国家是否文明昌盛紧密联系在一起，因为文明的进化与人种、教育的发展息息相关，而这两者在杜氏看来都由婚制操控。通过中西婚媾与国力状况的比较，他将中国的衰弱归结为早婚带来的人种不成熟和纵欲所致。无独有偶，梁启超同样持此观点：

> 凡愈野蛮之人，其婚姻愈早；愈文明之人，其婚嫁愈迟。……婚嫁之迟早，与身体成熟及衰老之迟早，有密切关系，互相为因，互相为果。……社会学公理，凡生物应于进化之度，而成熟之期，久暂各异。进化者之达于成熟，其所历岁月必多，……劣者速熟，优者晚成，而优劣之数，常与婚媾之迟早成比例。……故欲观民族文野之程度，亦于其婚媾而已。②

综合杜、梁二人的观点可以发现，他们之所以将婚龄与国家发展相联系，乃基于进化论观点推导而来。在其分析框架中，婚龄与人种成熟成正比，人种问题即人口素质是国家文明、强盛的基础。因此，放眼世界，纵观各国婚姻，早婚与否成为文明与野蛮的分水岭。

早婚既然是中国落伍的元凶，那么它产生了那些弊害呢？据时人总结，其弊端主要体现在六个方面。

---

① 杜士珍：《婚制改革论》，《新世界学报》1903 年第 14 期。
② 梁启超：《禁早婚议》，《饮冰室全集》，上海文化书局，1934，第 89~90 页。

1. 所嫁非人，痛苦终身

幼童乃至少年时期人的性情、形貌、学识等尚未定型，其间变化较大往往令人始料不及。陈独秀对此曾批判说："孩子没有一尺长，便慌着说媒定亲。到后来是个瞎子也不晓得，是个哑子也不晓得，是个疯子、傻子、瘫子、跛子都不晓得，是个身带暗疾不能生养不能长寿的也不晓得，男的是个愚笨无能的也不晓得，是个无赖败家的也不晓得。女的是个懒惰泼辣的也不晓得，是个流荡不顾廉耻的也不晓得。"[①] 通过陈氏的陈述看，早婚确实增加了许多不确定因素，这为日后的婚姻生活埋下了祸根。康有为以其家乡所见的实例，痛陈了早婚所造成的悲剧：

> 一则人有幼年明慧孝谨而长大昏愚纵浪者，更有横逆颠狂之性幼少未露者，其或少有父母之教而粗知义方，后丧父兄而赌饮嫖吹任性荡产者。吾乡有此日劫窃其妇之首饰，不得则威挟而刀揎之，其终则卖其妻以供一博者矣。又有幼年美秀而长大丑恶，又有幼年强健而长大被疾，至肢体残缺或肺痨就死者，即吾伯姊亦以此终身长寡矣。又有幼年家富而长大中落者，甚至夫家田园皆尽，几于行乞，而女家贵富日盈，文采日盛，以此而嫁为卖菜佣、乞丐妇者。不嫁则不义，嫁则何以为生？以此而抱憾致死者，又不知千万也。即吾乡族中，有富家女来嫁而夫家中落者，胼首胝足，茹苦含辛，一切自母家持馈而来，持薪手炭而自炊，其苦不堪，而其夫不肖，日事烟赌，簪钏拔尽，笞楚迫求，索母千金，夫应手立尽，卒乃以盗下狱，而妻恚愤致死，殊可惨焉![②]

康有为从个人性情、体质、品行、容貌的剧变，家庭的衰落等方面详细阐述了早姻的种种消极影响。由其所列举的事例看，早婚家庭的夫妻关系不睦，婚姻生活很难美满幸福，对于女性影响尤大。她们要么因夫婿品行不端而陷入痛苦的深渊，要么因男方家道中落而生计日趋艰难，苦不堪言。因此，康有为感慨地说："沉沉苦海，谁共百年？渺渺孽缘，空劳双宿；愁思遍地，怨气冲天。父母虽爱不能救，才德虽美不能补，谁造恨天，贻此咎害？"

---

① 三爱：《婚姻》（上），《安徽俗话报》1904 年第 3 期。
② 康有为：《大同书》，《康有为全集》（第 7 集），中国人民大学出版社，2007，第 59～60 页。

2. 夫妻不睦，家庭不和

少年成婚，自身血气未定容易冲动，性情表现喜怒无常，从而引发夫妻矛盾："人之性质，当青年时代，喜怒易生，即衅隙易启，以是而结婚，当其情谊殷浓时，固两小无猜，欢同鱼水，然小有细故，则诟谇生矣，而交谪时闻，则不惟一时之失欢，且常致终身之不睦。"① 况且，从孩提订婚到少年成婚的十几年间，少年男女受家庭、外在环境的影响变化较大，而"早聘一事，以彼此父母之情谊，遂订姻娅，而绝不计男女果同心与否。故往往男女之思想不等，志趣不同，又迫于礼制，不能离婚。遂使成家之后，反目勃谿时有所闻，家庭之幸福不能安享。"② 更有甚至，还时常发生女性谋杀亲夫的惨闻。③

青年男女性情、志趣的差异不仅让夫妻间难以和睦，还诱发婆媳矛盾："家庭难言之痛，莫甚于姑媳之勃谿，而不知其弊亦由于早婚。盖为子者，既必须依赖乎父母，从而为姑者有轻蔑其媳之心。若子能富贵，母必依赖乎子，又安敢轻蔑其媳者？而为子者，苟未及壮年，未易致身富贵。况青年夫妇，疏于世故，不善承欢，亦易得罪于其姑乎？"④ 青年夫妇经济不能自立，生活要仰仗于父母。经济上因寄人篱下，其生存权被人控制，致使婆婆有轻视其媳之心。再加之青年女性缺乏生活经验，不善于或不懂得讨公婆欢心，那么婆媳之间的矛盾势不可免。

3. 减损国人体质

少年男女身体尚未发育成熟，婚媾容易损伤元气，对体质危害很大。更有甚者，少年男女智力尚未发育完全，两性生活缺乏经验与指导，易沉溺于肉欲之乐而忘却了终身痼疾之苦，以至损伤身体甚至丧命。因此，梁启超说："夫我中国民族，无活泼之气象，无勇敢之精神，无沉雄强毅之魄力，其原因虽非一端，而早婚亦实尸其咎矣。一人如是，则为废人；积人成国，

---

① 履夷：《婚姻改良论》，《留日女学会杂志》第1期。转引张枬、王忍之主编《辛亥革命前十年间时论集》（3），三联书店，1960，第839页。

② 《朱品璋致岳丈书》，《觉民》1904年第1~5期合本。

③ 《杀夫惨闻》，刘精民编《光绪老画刊——晚清社会的〈图画新闻〉》（第1辑），中国文联出版社，2005，第56页；车吉心、王育济主编《中华野史》（清朝卷五），泰山出版社，2000，第5133页。

④ 履夷：《婚姻改良论》，《留日女学会杂志》第1期。引自张枬、王忍之主编《辛亥革命前十年间时论集》（3），三联书店，1960，第839页。

则废为国。中国之弱于天下，皆此之由！"① 杜士珍也说："谓人之居斯世也，其善良与否，全视自力与物力之胜负而已。（自力即道德心，物力即私欲心）然当夫年少之时，血气未定，则自力之薄弱决不能如年长者之坚持也，又明矣；未成年者而使之居室，自力不足以制之，则必放纵其淫欲而无所底止。夫质之不厚者，则其成物也必易摧。"② 少年由于缺乏自制力，"物力"往往压倒"自力"致使体质日渐削弱。因此，梁启超说早婚"害于养生"，此言不虚。

少年结婚不仅影响自身的体质，对于后代子孙也极为不利。梁启超认为，人之所以贵于物，文明人之所以贵于野蛮者，不在于其擅长孵育，而在于人懂得如何使之"体魄之健壮，养教之得宜"③。因此，为人父母者一要达到适宜的年龄，二要能承担做父母的责任，只要如此才能为国家孕育良种。如若不然，长此以往可能招致亡国灭种。为此，他警告说：

> 夫我既以早婚而产弱子，则子既弱于我躬；子复以早婚而产弱孙，则孙又将弱于我子。如是递传递弱，每下愈况，虽我祖宗有雄健活泼虎视一世之概，其何堪数传之渐灭也？抑尪弱之种，岂惟无益于父母之前途，而见累又甚焉。一家之子弟尪弱，则其家必落；一国之子弟尪弱，则其国必亡。……昔贤所谓"不孝有三，无后为大"，正此之谓也。一族一家无后，犹将为罪；一国无后，更若之何？欲国之有后，其必自禁早婚始。

对于此言，杜士珍也有同感。他认为，人种的发育有其自身的规律。男子二十是小成，三十是大成；女子十五为小成，二十是大成。孔子做礼而制，男子三十、女子二十为婚媾之年期，符合人种发育规律。人如未到成熟年龄必然血气不足，"所传之嗣必不强，子而孙焉，孙而曾孙玄孙焉，弱以传弱，遗毒无穷。夫物之未成熟而生，与早成熟者其，所延之时日必不久。是故我中国人年未四十而衰落者比比然矣，此岂有他故哉，亦早婚之有以误人而已"④。在其分析逻辑中，早婚可谓谬种流传，于国、于民都贻害不浅。

---

① 梁启超：《禁早婚议》，《饮冰室全集》，上海文化书局，1934，第90～91页。
② 杜士珍：《婚制改革论》，《新世学报》1903年第14期。
③ 梁启超：《禁早婚议》，《饮冰室全集》，上海文化书局，1934，第91页。
④ 杜士珍：《婚制改革论》，《新世学报》1903年第14期。

4. 损害国民教育

梁启超认为，人须学业有成、经验增多，其行为举止才能为后辈楷模。因此，人至二十五或三十岁以上才具备为人父母的资格。对于早婚者而言，自身尚童心未泯，贸然为人父母并担负教育儿女的责任，能胜任其责者十中无一。这样的父母，必然误人子弟。但儿童并非父母私产，"彼实国民一分子，而为一国将来之主人翁也。一国将来之主人翁，而悉被戕于今日愦愦者之手，国其尚有豸乎？故不禁早婚，则国民教育将无所施也。"① 如此这般，定然影响到国民素质的提高，禁止早婚成为改变这一现状的根本手段。

履夷对此也表达了相同的意见。他说："人必有为父母之资格，然后能教育儿童，使归于正。若青年时代，自身且常有佻达之行为，而需父母之监督，以事而结婚生子，不特不能以义方之训教其子使成器，且言动无法，易启其子以轻侮之渐，于是其弊又及于伦常矣。此不能教子之害也。"② 杜士珍同样认为，婚制与教育密切相关。他说："夫今日倡言国民教育者多矣，不知国民教育者在儿童教育，尤在胎内教育。今以未成年者之夫妇，彼固不过纵一时淫欲之情，何知为子女久远计，于胎内教育固必不问已。即生有子女，而为之父母者，本未能荷为人父母之责任，一己之性情尚未知所正几何，而能教其子女，儿童教育之谬又不待言而可知。"由此可见，禁止早婚，提高儿童家庭教育水平，在知识界有一定的共识。

5. 妨害自身学识的提升

从教育发展规律看，青年是教育的黄金时期，婚育必然扰乱心神，不能集中精力进行学术研究和专业的修造："忽投诸春花秋月、缠绵歌泣、绻恋床第之域，销磨其风云进取之气，耗损其寸阴尺璧之时，虽有慧质，亦无暇从事于高等事业，乃不得不改而就下等劳力以自赡。"③ 青年如沉溺于春花秋月之中，定然无暇学习以提升自身素养，大好的前程损耗于花前月下，最后只能从事简单劳动的职业聊以糊口。履夷对此有同感："人当青年时代，正届修学之期，一结婚姻，则为女子者几全失入学之机会，而在男子亦因家室

---

① 梁启超：《禁早婚议》，《饮冰室全集》，上海文化书局，1934，第92~93页。
② 履夷：《婚姻改良论》，《留日女学会杂志》第1期。转引自张枏、王忍之主编《辛亥革命前十年间时论集》（3），三联书店，1960，第839页。
③ 梁启超：《禁早婚议》，《饮冰室全集》，上海文化书局，1934，第93页。

之累不能举其材力精神全用之于学问。此修学上之害也。"① 是故，杜士珍沉痛地说："欲为教育计者，尤不可不留意于婚制。"②

6. 害于国计民生

早婚者年龄尚幼，因不能自养而要仰食于父母。在宗法观念指导下，一旦成婚必儿女成行。对于子女，如不抚养则未尽父母之责，而要抚养却因自顾不暇而难以顾及。如此这般，作为一家之长除了养活自己的儿子之外，还要供养其媳、孙，因此"累父母者益重"③。故梁启超说："夫我之一身而直接仰给于我之父母，其累先辈既已甚矣；乃至并我之妻子而复间接以仰给于我之父母，我父母生产力虽极大，其安能以一人而荷十数口之责任也？夫我中国民俗，大率皆以一人而荷十数口之责任者也，故所生之利，不足以偿所分，而一国之总殖日微，然其咎不在累于人者而在累人者。无力养妻子而妄结婚，是以累人为业也，一群之蠹，无耻之尤也。"④ 在包办婚姻特别是早婚制下，生利之人少而分利之人多，所生之利不足以抵偿生活所需，故家庭生活日艰，国力日微。在梁启超的分析中，国力的贫弱恰是由此所致。因此，早婚者被梁启超称之为国家的"蠹虫"。

对于早婚问题的洞察，康、梁、杜等人功不可没，他们所陈述的问题基本确立了早婚问题批判的架构。民国成立之后的十几年间，早婚依然作为主要的婚姻陋俗而受到批判，当时的不少报刊如《复旦》《锡秀》《兴华》《中西医学报》《新青年》《学生》《新民报》《觉悟》《农民》《学生文艺丛刊》《教育与人生》《礼拜六》等均发表过批判早婚的文章，数量有几十篇之多。⑤ 但遗憾的是，这些文章无论是分析理路还是在深度、广度上，几乎都

---

① 履夷：《婚姻改良论》，《留日女学会杂志》第1期。转引自张枬、王忍之主编《辛亥革命前十年间时论集》（3），三联书店，1960，第839页。
② 杜士珍：《婚制改革论》，《新世界学报》1903年第14期。
③ 履夷：《婚姻改良论》，《留日女学会杂志》第1期。转引自张枬、王忍之主编《辛亥革命前十年间时论集》（3），三联书店，1960，第839页。
④ 梁启超：《禁早婚议》，《饮冰室全集》，上海文化书局，1934，第93～94页。
⑤ 治心识：《早婚与多妻之害》，《兴华》1916年第13卷第33期；郑佩昂：《说青年早婚之害》，《新青年》1917年第3卷第5号；邹恩润：《早婚与修学》，《学生》1917年第4卷第9期；孙方鋂：《论早婚之害》，《复旦》1917年第1卷第3期；《早婚应完全拒绝》，《觉悟》1920年7月28日；岳钟琦：《劝诫早婚歌》，《新民报》1921年第8卷第3期；林斯陶：《早婚》，《礼拜六》1922年第159期；何文德：《论早婚之害》，《学生文艺丛刊汇编》1924年第7期；文中：《早婚的不好处》，《农民》1925年第24期；《可骇之早婚学生统计》，《教育与人生》1925年第49期。

很难超越康、梁、杜三人，唯一可以证明的是早婚的危害已为更多人所熟知。

另外，随着民初科学水平的提高，知识界对于早婚危害的认识已经超越了传统的气血理论，他们从西医的角度将问题阐述得更为清晰。如女子"未及期而嫁者，恒罹贫血症及因贫血而发生之种种危疾，如神经病、如消化不良、如加答儿性病、如肺痨有一于是必为大患不特此也。早婚者以失其培养，故生活之力必较微弱，遇有传染病乘虚来袭，亦且难以防制焉。"① 早婚问题的深入阐释，说明时人对其危害性认识更加明晰，这在一定程度上利于早婚观念的消除。

通过上述知识的阐发，知识界逐渐明了早婚的弊害。它既造成国民体质衰弱、家庭不和、社会不安，又是国力衰弱的根本所在，国家、社会和个人在早婚制下"不胜其病"。不仅如此，在社会各界的大力宣传下，早婚的弊害在社会上有了一定的认同度。在清末，国家层面已有杜绝早婚的提议。如吉林提学曹广桢规定："男不满二十，女不满十七岁者，结婚罪其父母。"② 知识界的呼吁最终在法律层面得以落实，1911 年的《大清律民律草案》规定："男未满十八岁，女未满十六岁者，不得成婚。"③ 这比修律之前的婚龄提高了两岁。④ 民国成立之后，政府继续沿用《大清律民律草案》的相关精神，对于早婚仍持反对意见。⑤

在根绝早婚问题上，知识界提出了一些改良建议。康有为认为，婚姻要加强国家管理，结婚需要到国家行政机关"领取凭照。惟须限年二十始能领照。其早婚未及年者，悉当禁断"⑥。梁启超认为，杜绝早婚教育是根本。只有加强教育，提高青年的自立能力才有可能避免早婚："若德育不兴，则虽如今日之早婚，斯弊亦安得免？""故必俟修学年龄既毕，确执一自营自活之职业，不至累人，不至自累，夫乃可以语于婚姻之事。"⑦ 在梁启超提议的基础上，有人认为只有教育的普及才能根除早婚。他认为：

① 严桢：《早婚与迟婚之研究》，《中西医学报》1917 年第 8 卷第 5 期。
② 《逐日要电》，《通问报》1910 年第 415 期。
③ 杨立新点校《大清民律草案·民国民律草案》，吉林人民出版社，2002，第 171 页。
④ （清）俞正燮著，涂小马等校点《癸巳类稿》，辽宁教育出版社，2001，第 74～77 页。
⑤ 《教育部禁止早婚》，《医学世界》1913 年第 28 期。
⑥ 康有为：《大同书》，《康有为全集》（第 7 集），中国人民大学出版社，2007，第 75 页。
⑦ 梁启超：《禁早婚议》，《饮冰室全集》，上海文化书局，1934，第 95、93 页。

中国男女之早婚，其弊在于无权无制。无权则男女不能自主，无制则父母可以妄行。是故当遍设男女学堂，严定入学毕业年限，而早婚之禁例，亦附设于学堂之内。如男女果有早婚违例之事，或监督或堂长，可以举发，无待寄耳目于民间。……自学堂遍设之后，无论贵贱贫富之家，凡有男女，均当由学堂毕业之后，方准婚嫁，否则定其父母罪名。①

从上述材料看，作者一方面力图通过教育来提高两性的文化水平和自立能力；另一方面，他希望通过限定教育资格的手段来限制早婚。这些建议对根除早婚会产生什么影响呢？从第一方面看，学生文化水平的提高以及科学知识的普及，对于科学婚姻观的树立确实大有裨益，在相当程度上能起到限制早婚的作用；从第二方面看，利用限定教育资格的手段来限制早婚其效果未必明显。该举措的影响范围仅限于学生群体，而在清末民初受教育群体的数量极其有限。再加之"不孝有三，无后为大"观念的影响，有些家长可能即使让子女退学，也不会在婚育问题上让步。因此，笔者认为，康梁关于国家管理辅之教育普及的建议在理论上具有一定的可行性，而且随着清末教育的普及对于婚姻改良确实起了不少作用。

（七）贞烈之风影响至深

早期维新知识分子宋恕曾对南方世家大族逼迫妇女自尽赚取贞烈虚名的恶行提出过批评，20世纪初的知识界延续了这一思路，从多个角度对此展开深入批判。

首先，贞烈于古礼有所不合。关于贞烈是否具有合理性，明清知识界对此曾展开激烈争论，② 严复秉承了归有光、毛奇龄、汪中等人反对贞烈之志并有所发挥。他认为，礼本由人制定，其意在于使上下相安，人与自然和谐相处，只有如此才能实现人生幸福。圣人制礼，贤人乐于尊礼，皆因二者知礼之本意。后人却以僵化保守之态对待礼仪，使其难以与时俱进而与时代脱节。以此进行推理，圣人之所以制礼以别男女，是为保护女性的名声以利于其婚嫁。后人则完全曲解了圣人之意：

---

① 严汉章：《禁止早婚须遍设男女学堂说》，《通学报》1906年第1卷第14期。
② 详情请参阅〔美〕芦苇菁著《矢志不渝：明清时期的贞女现象》，秦立彦译，江苏人民出版社，2012，第7章。

乃至后世其用此礼也，则杂之以男子之私。己则不义，而责事己者以贞。己之妾媵，列屋闲居。而女子其夫既亡，虽恩不足恋，贫不足存，甚或子女亲戚皆不存，而其身犹不可以再嫁。夫曰事夫不可以贰，固也。而幽居不答，终风且暴者，又岂理之平者哉？且吾国女子之于其夫，非其自择者也。夫事君之不可不忠者，以委贽策名，发于己也。事亲之不可不孝者，以属毛离里，本乎天也。朋友之不可不信者，以然诺久要，交相愿也。独夫妇之际，以他人之制，为终身之偿，稍一违之，罪大恶极。①

应当说严复的批判策略甚为高明，他将"礼"所造成的消极后果与古代先贤的关系完全撇清，"为贤者讳"颇符合国人的情感，为其立论建立了情感基础。既然错不在圣人，那么后世歪曲圣人之举完全可以更改，从而为改良风俗开辟了道路。至于圣人制礼的本意到底如何，因不能与古人直接对话而得以自由解释。据此，严复认为贞烈并不是古人制礼之本意，完全是男子为满足私欲而将女性引入了歧途。后世常将女子的贞与政治的忠和家庭的孝相类比，在严复看来却荒唐透顶。他认为孝是人的天性，忠出于自己的本意，而妇女的婚姻因他人的撮合而付出终身幸福的代价，实属罪大恶极。

其次，烈女的殉夫之举是野蛮行为。烈妇殉夫因其忠贞曾被赠予极高的荣誉，到了近代却因其对生命的漠视而受到批判。有史料记载：

南海城内科甲里，富户陈姓，年已不惑，因艰于嗣续，广置姬妾，以冀甘蔗旁生。岂知膝下难期，精神顿耗。垂毙时，有爱妾姚氏，曾隔指沥血，冀挽天心。及陈死，氏遂服毒以殉。②

对此事的记载附有按语："姚氏割指殉身，皆未经智化之举动。然纤纤一女子，而知牺牲一己，追随亡夫，事虽迁执，胜于贪生怕死者万万也。"从上表述看，作者呈现出矛盾的心态：一方面，他明显不赞成女子殉夫之举，认为其行为是野蛮的、迂腐的、非理性的；另一方面，又赞扬其慷慨赴死的忠义行为。言语虽矛盾，但能认识到殉夫是"未经智化之举"，这在当时的思想界已经难能可贵了。有时候烈妇殉死，并不是他人逼迫的结果，而

---

① 严复：《〈法意〉按语》，《严复集》（4），中华书局，1986，第 1017~1018 页。
② 刘精民编《光绪老画刊——晚清社会的〈图画新闻〉》（第 1 辑），中国文联出版社，2005，第 141 页。

是个人自觉、自愿。对此，邹韬奋曾回忆说：

> 区区在七、八岁的时候，就听见家里的伯伯、叔叔与父亲往观节妇殉夫的惨剧。（时在福州）看了回来，还围坐大谈，说节妇先穿好凤冠霞披，坐了一顶轿子，前面有人打著锣，在热闹的街市逗［兜］了一个圈子，再抬到特别搭好的高台上，将要上吊以前，还由所谓父母官的知县老爷向她三跪，然后她才从容不迫的把头套入绳圈上吊。①

从上述两则材料看，寡妇选择做烈妇完全是自觉自愿，并不存在强迫行为。对此美国学者芦苇菁将其称为体现传统女性"主体性"的行为，是对传统中国女性作为被动受害者的颠覆。② 从某种意义上讲，这些案例确实能体现传统女性选择的"主体性"，从而对传统女性的被动受害进行颠覆。但笔者认为，这种"主体性"与"颠覆"恰恰体现了女性受害者的身份，因为这种主动性并不是在两性相对平等的文化氛围中发生的，而是在"抑女"文化氛围中的抉择。在此情此景下，这种主动性体现的越充分，女性无疑受害越严重。

再次，贞烈之风使寡妇遍地。古代礼法的突出特点就是强调男女大防，以防淫为第一要务："故旧教之国，皆以淫为极恶，故其礼俗亦以防淫为大闲。其女子有再嫁者，不齿于人类，不收于父兄宗族，不理于邻里乡党。"③ 防淫成为抑制女性正常生理欲求的利器，"烈女不事二夫""饿死事小，失节事大"像一道道绳索捆住了妇女再嫁的脚步，"于是嫠守之寡妇遍地矣"④。对于寡妇守节的惨况，康有为以其在家乡的见闻做了实证：

> 吾乡族触目所见，皆寡妻也，半巷皆是。贫而无依，老而无告；有子而不能养，无子而为人所欺；薰砧独守，灯织自怜；冬寒而衣被皆无，年丰而半菽不饱。吾乡居夜归，闻机杼铿然，五更未已，举巷相应，皆寡妇也。然犹诉之人。其或力抚遗孤，艰难医疾，而中道殇殂，则终无可倚矣。即抚孤有成，而贤否未知，然不肖者多，或博弈饮酒而

① 〔美〕佚名：《一位美国人嫁与一位中国人的自述》，龙文出版社股份有限公司，1994，第135页。
② 〔美〕芦苇菁：《矢志不渝：明清时期的贞女现象》，秦立彦译，江苏人民出版社，2012，第6页。
③ 康有为：《大同书》，《康有为全集》（第7集），中国人民大学出版社，2007，第71页。
④ 同上书，第72页。

不顾尸饔，或自私妻子而时行忤逆。又或远游不反，空对弱媳；又或夭折，徒遗孤孙；又或勤劬抚孙而长大又夭，终至绝嗣；又或旁继他子而本非生母，弃而不顾。以吾所见，有执刀而索继母之财者。又见妯娌二人皆为孀寡，同继一子，淫赌破家，犯疾而死，遗妻及子，合力抚孙，既长而盲，犹冀传宗，为之娶妇，既娶而夭，两枝皆绝，亦孀老矣，年垂七十，白发盈头，子媳则妻妾在旁，孙媳则女儿并侍，饥寒交迫，茕绝可怜。谁实为之？贻斯惨状！以天行之无定，而以人理之有定限之，其为无量之苦必矣。

寡居的妇女其惨状触目惊心，其罪魁皆因防淫而起。康有为认为，推广节烈非常让人敬重，但其行为犹如舍家苦行的僧人，倘若中华大地人人皆为此而出家，则五十年内中华民族人种就会灭绝。因此，寡妇于个人享受无量之苦，于国家无丝毫益处，故他断然否决了节烈寡居的合理性：“夫以人权平等之义，则不当为男子苦守；以公众孳生之义，则不当以独人害公；以人道乐利之宜，则不当令女子怨苦。”

知识界为改良婚姻可谓煞费苦心，其动机何在呢？简言之，其目的在于改良风俗，革新政治，增强国力。梁启超说：“言群者必托始于家族，言家族者必托始于婚姻，婚姻实群治之第一位也。中国婚姻之俗，宜改良者不一端，而最重要者厥为早婚。”“一国之盛衰，……必使一国国民，皆各能立于此竞争世界，而有优胜之资格。故其为道也，必以改良群俗为之原。……我国即使政治革新之目的既达，而此后所以谋进步者，固不可不殚精竭虑于此等问题。”① 至少在梁启超眼中，婚姻变革是风俗改良的基础，风俗改良又是提升国民素质之源头。换言之，中国能否摆脱民弱国衰之境地，能否改良政治增强国际竞争力，婚姻改良成为其中的关键环节。

为实现婚姻改良的目的，知识界对传统婚姻展开了猛烈批判，将其中可能产生的弊害予以无情的揭露，这无疑有利于婚姻新理念的确立。但因国家沦落而产生的焦虑情绪使其对传统婚姻文化的信心产生了根本动摇，从而落入了单线进化论的陷阱。在中西婚俗的对比中，非黑即白的判定对传统婚姻文化显然有失公允。

---

① 梁启超：《禁早婚议》，《饮冰室全集》，上海文化书局，1934，第89、95页。

二　婚姻理念的革新

知识界在运用自由平权理念猛烈抨击传统婚姻陋俗的同时，还力图以西方婚姻伦理为参照系并结合中国国情构建婚姻新观念。因此，这一时期的知识分子首先在理论层面阐发自己的观点，对婚姻伦理、择偶观念、婚姻主权等提出了改革的新趋向。

（一）婚姻伦理的更新

婚姻伦理集中体现在两性伦理上，而两性伦理的核心就是男女之间是否平等和相互尊重。知识界在批判"男尊女卑""夫为妻纲"的基础上提出了新准则：

1. 主张社交自由

传统礼法强调男女之大防，故婚姻以媒妁为媒介，禁止男女私相交往，由此造成了诸多弊害而被视为"淫风之原"。基督教士为布道之需，对中国"抑女"风俗极力批判，宣扬西方男女平等交往理念："西国男女，往来无禁，……西国女子出门，为父母者，不设防闲之法，乃西国女子，反教中国为善。此无他，西人有公德，以为之范围，无论男女，皆当遵守，初不必分别之耳！"① 通过中西风俗及国家发展的对比，他们认为拯救中国之道在于释放女性："释放女人一端，实为拯救东方诸国之良法，而中国为犹亟，因对症发药，非此不能奏效也。"②

为正本清源，中国的知识分子力图打破媒妁的束缚。他们积极翻译各国论著，宣传男女自由社交的主张："人生至重至大之关系，在于男女之间，合则和，离则愠，由其离合之自由不自由而生之利害，关于一身一家，并关于人群之全体，至大至广也。"③ 通过外国译著，中国知识分子充分表达了自己的主张：男女交际虽是个人私事，但对社会、国家却大有影响。从小处着眼，男女交际可令两性心情舒畅；从大处着眼，男女交际可推动家庭的和谐与国家的安宁。反之，则必受其害：

---

① 林乐知：《论女俗为教化之标志》，《万国公报》（172 册）1903 年 5 月。
② 林乐知：《论中国变法之本务》，《万国公报》（169 册）1903 年 2 月。
③ 〔日〕福泽谕吉：《男女交际论》，《清议报全编》卷二十第五集外论汇译通论，第 21～27页。

惟男女相接而后情意之浓相引、相吸，匪可言喻，亦非淫放之谓也。淑女君子乐而不淫，爱恋之情别有所在，此非老生腐儒所得知，亦不足为浮华年少者道也。

……故男女相接，嗥嗥熙熙，如登春台，拂逆之意，云消雾散，……男女之间，人生至大之关系存焉。好合悲欢，人有同情。离合之自由与否，不徒身价之利害攸关，而社会亦必阴受影响。①

男女交际彼此间会相互吸引，由此产生的浓情厚意并非"淫放之谓"，而男女之间的爱情也并非迂腐儒生和浮华少年所能体会。男女隔绝并不能抑制与生俱来的欲望："男女既不得接见，则偶一见之，属目必甚，淫念必兴。以中国礼教遏淫之严，清议之重，而中人以下，遇有剧场、道路每见妇女，评头品足，肆目妄言；其尤下者，则探手摩挲，淫言撩拨，不可听闻，非独相鼠贻讥，实亦狂且可恶。"② 异性隔绝不仅没有达到防淫的目的，反而刺激了不正当欲望，塑造了卑劣的人格。而男女交际"习见相忘，电力亦微"③，不仅推动了男女关系正常化，还使人心情愉悦，心境偶有拂逆之意，也会云消雾散，故男女社交于人生关系重大。对此种妙用，有文章描绘说：

夫情交之外面，虽不过如同名之交无异，然其一颦一笑之微，亦有无限之情趣，心匠意绘，如精巧之画工，遇山水之景胜，感动一片落叶，一块顽石，其微妙之风韵，在于他人所不知处也，此男女两生之间南风之薰，名之为情感之交。④

上文之意是说，男女的情感交往有无穷的韵味。彼此间细微的一颦一笑都会引发对方无限的情趣，其中的意蕴犹如画工勾勒的山水图画，只可意会不可言传，远非第三者所能体会。但男女交际定有流弊，古人早已洞见，那么应如何权衡裨益与流弊呢？时人认为，即使男女交际偶有瑕疵，但不能因噎废食："然虽然火或为灾，不闻因灾而废火；水或溺人，不闻因溺而废水。徵偶然之瑕疵，没必然之利益，坐令千古宿弊无日能除，天下宁有是乎？"⑤

---

① 张华桐译，秦毓鎏校《男女交际论》，《女子世界》1905 年第 2 卷第 6 号。
② 康有为：《大同书》，《康有为全集》（第 7 集），中国人民大学出版社，2007，第 73 页。
③ 孙宝瑄：《望山庐日记》，上海古籍出版社，1983，第 1097 页。
④ 〔日〕福泽谕吉：《男女交际论》，《清议报全编》卷二十第五集外论汇译通论，第 21～27 页。
⑤ 张华桐译，秦毓鎏校《男女交际论》，《女子世界》1905 年第 2 卷第 6 号。

作者以"水""火"两个耳熟能详的事例表达了废除"千古宿弊"，实行社交公开的决心。

上文的阐释集中表达了男女社交是婚姻之基的观念。专制婚姻将素不相识之人强为配偶，致使弊端丛生。"今欲救其弊，莫如至及格之年，任其游行，得与往来交际，相识有素，则彼此之性情智力各得其底蕴，以此约婚，吾知种种反目之弊无自生矣。"① 男女相互交际，彼此熟悉对方的性情、智力，以此作为婚姻的基础，则专婚的弊端可以极大地避免。另外，男女交际还能革除男尊女卑的恶习，养成国人独立自由的精神，两性共同合作才能更好地担负起救国兴亡之责。

2. 倡导男女自由、平等

基于布道的需要，西方传教士较早的对中国婚姻陋俗展开批判，大力宣扬基督教男女平等理念。林乐知在《万国公报》撰文说："上帝创造世人，男女并重，犹慈父母爱怜亲生之儿女，决无厚薄之意也。"② 在西方的社交场合，男性对女性表现出极高的尊敬："女子出门无禁，即赴宴聚会，皆得与焉。且凡有女子同在者，其男子皆肃然起敬，不敢偶涉笑言。"③ "男女聚会，或街上往来，皆想让以为礼，彼此交谈下气柔声，和颜悦色，每见车中让座，男必让于女，长必让于少。"④ 这些理念的宣传无疑会开阔中国人的视野，同时教士们的言传身教也能起到一定的示范作用。

受自由平权理念的启发，国内知识分子也开始宣传男女平等思想。《清议报》刊文说："夫天之生物也，人为贵，君人也，民亦人也，男人也，女亦人也。……正夫妇而齐男女于平等，亲父子而予子女以自由，文明至此，大同至此，人道之乐，如是而已。"男女平等原理推动夫妇之伦的变革："寰球公理，平等相施，男可以再婚，女可以再醮，其义至大焉。……一妇一夫，交相为理，此则文明世界之极则，太平时代之隆规也哉！"⑤ 知识界虽提倡男女平权主义，但也注意到性别与分工的差异："天赋既疏，义务既异，性有所近，才有所长，政治从军，男宜优于女，教育美术，女宜优于男，相

---

① 军毅：《求婚之部》，《觉民》1904 年第 6 期。
② 林乐知：《论中国变法之本务》，《万国公报》（169 册）1903 年 2 月。
③ 同上。
④ 得一庸人：《续海外闻见略述》，《万国公报》（169 册）1903 年 2 月。
⑤ 《男女平等之原理》，《清议报全编》卷二十五附录一群报撷华通论，第 126～131 页。

辅而行，不可事事相提并论也。"① 上文对于男女分工的论述未必准确，但他
们能注意男女平权下的性别差异本身就是理念上的重大进步。

在众多知识分子中，康有为对于男女平等理念的阐述最为系统。他从自
由平权理念出发，极力倡导男女平等："人类不平等者有三：一曰贱族，一
曰奴隶，一曰妇女。不平之法，不独反于天之公理，实有害于人之发达。"②
据此论，男女不平等违背天理，妨害了人类自身的发展进化，这是他倡导男
女平等的根本原因。具体来讲，康氏倡导男女平等的依据主要有三点。

第一，男女平等是天赋之人权。"凡人皆天生，不论男女。人人皆有天
与之体，即有自立之权，上隶于天，与人平等，无形体之异也。其有交合，
亦皆平等。……人人有天授之体，即人人有天授自由之权。故凡为人者，学
问可以自学，言语可以自发，游观可以自如，宴飨可以自乐，出入可以自
行，交合可以自主，此人人公有之权利也。"③ 按照天赋人权理论，男女同是
上天的儿女，形体上虽有差异，但都有上天赐予的各项权利，并不因形体的
差异而不同。故女性可以受教育、自由阐发言论或自行出入、观游、赴宴，
甚至可以自主选择婚配对象。

第二，保全人种的需要。"夫夫妇平等，亦固人理之宜而先圣之所原
也。……既为保全人种、繁衍人类之大故，且当上古文明之物一切未备，势
不能行男女平等之事。"④ 康氏认为，男女平等不仅是天之公理，也是圣人
之意愿。之所以如此，乃着眼于"保全人种、繁衍人类"的目的。他明确
交代，实行男女平等只是上古文明不能复位情况下的无奈抉择。男女平等
有利于人类自身的繁衍，这应是可信之论。如果将其归结为圣人之心愿，
笔者对此不能苟同。这一说法与其托古改制的理论如出一辙，纯属穿凿
附会。

第三，学理与实践证明的结果。康有为从理论分析到实践比较，论证了
男女平等的必然性。在理论层面，他说："夫以物理之有奇偶、阴阳，即有
雌雄、牝牡，至于人则有男女，此固天理之必至，而物形所不可少者也。既
同为人，其聪明睿哲同，其性情气质同，其德义嗜欲同，其身首手足同，其
耳目口鼻同，其能行坐执持同，其能视听语默同，其能饮食衣服同，其能游

---

① 龚圆常：《男女平权说》，《江苏》1903 年第 4 期。
② 康有为：《大同书》，《康有为全集》（第 7 集），中国人民大学出版社，2007，第 38 页。
③ 同上书，第 57～58 页。
④ 同上书，第 69 页。

观作止同，其能执事穷理同。女子未有异于男子也，男子未有异于女子也。"他从物理的奇偶、阴阳推导出生物有雌雄、牝牡，人有男女两性，并认为这都是天理之表现。男女两性的智商、性情、品德、五官及其功能都无差异，这是男女平等的表现。从实践层面来看，"今乡曲之农妇无不助耕，各国之工商既多用女子矣。以女子为文学仕宦之业，其胜任亦与男子职治事，明决果敏，见于史传者不可胜数矣。"从古今中外女性的所作所为看，无论农商仕宦女子都不逊于男子，青史留名者也比比皆是。因此综合两个方面看："以公理言之，女子当与男子一切同之；以实效征之，女子当与男子一切平之。此为天理之至公，人道之至平，亘宇宙而莫易，质鬼神而无疑，亿万世以待圣人而不惑，亿万劫以待众议而难偏。"① 从理论到实践，在康有为的论证体系中男女平等成为难以撼动的世间真理。

既然男女平等被视为世间公理，那么它何时能够实现呢？康有为还为此设定了男女平等实现的时间进化表（见表3－1）。

表3－1　人类平等进化表

时间进度	男女关系特征
据乱世	女子依于其夫，为其夫之私属，不得为平人。一夫多妻，以男为主，一切听男子所为。族分贵贱，多级，各不通婚姻。种有黄、白、棕、黑贵贱之殊。
升平世	女子虽不为夫之私属而无独立权，不得为公民、官吏，仍依于其夫。一夫一妻，仍以男为主而妻从之。族虽有贵贱而少级，婚姻渐通。
太平世	女子有独立权，一切与男子无异。男女平等，各有独立，以情好相合而立和约，有期限，不名夫妇。无贵贱之族，婚姻交通皆平等。

资料来源：康有为《大同书》，《康有为全集》（第7集），中国人民大学出版社，2007，第49页。

从进化表看，女性历经三世的变化，逐渐从男性的附属转向平等，婚姻形态也从一夫多妻制转向以两性平等为基础的一夫一妻制。两性伦理的变化构成了婚姻进化的基础。

自由、平等既然作为一种价值观而被中外所倡，它们具备哪些特征呢？有人解释说："所谓自由者，盖欲天下人人自由，非纵我一人之自由也。……所谓平等者，非破除一切爵位名分之谓平等，盖欲凡国内无论尊卑

---

① 该段引文均出自康有为著《大同书》，《康有为全集》（第7集），中国人民大学出版社，2007，第53页。

贵贱长幼，皆人人各养其所欲，各给其所求，熙然皥然，无不得所，此之谓平等。平等自由，道理极为完美，然毫忽看错，即贻害不浅。"① 在作者的意识中，真正的自由并不是少数人的自由，而是大多数人都能享受自由，其中必然包含女性的自由；真实的平等就是破除礼教名分，无论贵贱、长幼、男女各类欲求都能得到满足。与此同时，作者还清醒地指出：自由、平等道理虽极完美，可一旦理解偏差，其危害也甚大。

从两性情感发展的基本规律预测，自由平权的实现必然使一夫一妻制成为婚姻形态的首选：

> 是故自由起而后平权立，平权立而后一夫一妻之制行，则君子之道，造端乎夫妇也。……我同胞欲实行其社会主义，必以一夫一妻为之基础：红袖添香，乌丝写韵；朝倚公园之树，夕竞自由之车；商量祖国之前途，诞育佳儿其革命。婚姻之好果，孰有逾于此者哉？我瞻西方，吾眼将花，吾心醉矣。美人赠我青玕，何以报之？自由平权！②

自由与平权相辅而行，男女权利的平等是一夫一妻制实行的基础。一夫一妻制利于婚姻生活的幸福美满和自由生活的追求，健康的家庭才能培育具备健全人格的国民。正因为如此，一夫一妻制被时人誉为君子之道。

3. 宣扬爱情婚姻观

传统婚姻强调"门当户对"，讲究门第的对等与财富的衡量，而对于情感要素几乎置之不理，故形成了"重礼轻爱"的特色。虽有西方人士曾断言："中国并不是一个毫无爱情土壤的地方，……在这个像鲜花一般绚丽的国度里，人们的心中系满了那象征着永恒、浪漫和忠贞的爱的情结。"③ 但这并不能改变传统婚姻的基本状况。婚姻中缺乏爱情的维系，生活幸福指数低下，婚姻生活要么是索然寡味，要么彼此痛苦不堪，更有甚者还酿成奸情或情杀惨案。

雪莱曾说过："爱情真正的元素只是自由。"④ 国人对于平等自由的向往，意味着在婚姻上必然要抛弃门第婚追求爱情婚。基于此，时人猛烈批判传统婚姻"轻爱"的特色，开始公开倡导爱情婚姻。

---

① 孙宝瑄：《望山庐日记》，上海古籍出版社，1983，第403页。
② 金天翮著，陈雁编校《女界钟》，上海古籍出版社，2003，第80～81页。
③ 〔英〕麦高温：《中国人生活的明与暗》，中华书局，2006，第239～240页。
④ 萧瀚编《大家西学：婚姻二十讲》，天津人民出版，2008，第267页。

爱情就像是一道看不见的强劲的电弧在男女之间产生精神和肉体的强烈倾慕之情，它看似虚无却又支配着男女的精神与肉体，其神秘性吸引了众多的探秘者。从个人体验而言，爱情纯粹是男女两性的私事。在晚清这个特殊的时段，因改造社会拯救国家危亡的需要爱情被披上了庄重的社会性外衣，"工具化"色彩浓厚。有人撰文说：

> 社会何自成立于男女之交合，基于男女之爱情，人类无爱情即无社会。男女之爱情深者，其家必兴，其国必强，其种必蕃盛，其社会之进化必速。故一夫一妻，世界公理，婚姻之制，为代表爱情之团结，而永远定其爱情之团结者也。①

依据传统观念，家庭是社会的细胞。上文作者以此为立论之基，极力宣传爱情对于家庭、社会、国家的积极意义：婚姻、家庭须基于爱情而建立，无爱情就无社会。爱情浓厚者家庭兴旺，国家强盛，种族繁盛，社会发展迅速。由此进一步推断，爱情观决定了一夫一妻制的婚姻形态，它的存在是夫妇关系和谐融洽的表征。正因为爱情对国家、社会的意义重大，故作者还特意提醒：男女之交要特别谨慎，否则一步走错就会贻误终身，不仅伤害男女之间的情感，还会戕害家庭、种族和社会。

上文还蕴含着另一层深意，即爱情是婚姻的基础，婚姻为爱情的归宿。此论在新知识界中有普遍的共识。在上文曾提到的交际论中，作者对男女社交中爱情的意义有细致的描绘，他们的着眼点虽在社交，但隐然已是爱情观的支持者。对于爱情的倡导，锋芒者莫过于金天翮。他说："爱矣，有演绎，有归纳，归纳惟何？曰婚姻。""婚姻者，世界最神圣、最洁净的爱力之烧点也。"② 这样爱情就构成了婚姻的精神内核："夫妇之际，人道之大经也。而人道何以久？非婚姻，婚姻其仪式也。仪式之中有精神，是名曰爱。神圣哉此爱！洁净哉此爱！"③ 夫妇关系是人道之大经，而维持这一重要关系的纽带就是夫妇之爱。爱情是婚姻的精神和仪式，是婚姻的灵魂所在。

爱情在婚姻中是如此重要，但人的社会性决定了它的存在并非是无条件的：

---

① 壮公：《自由结婚议》，《女子世界》1904 年第 1 卷第 11 期。
② 金天翮著，陈雁编校《女界钟》，上海古籍出版社，2003，第 67 页。
③ 同上。

婚姻何也？人道之发轫也。……道德之相合，品性之相符，学问之相等，才技之相敌，臭味之相和，而后感情生焉。况于夫妇之交，种幸福于帷房之内，所谓"天然佳偶"者，非金追玉琢，乃其兰蕙之芳、水乳之味，所因袭融泄而成者也。①

爱情是两性情感水乳交融的产物，而情感的产生依赖于两性道德、品性、学问、才能等的吻合。"凡人之情，必男女相悦，性情相等，彼此爱慕，然后为夫妇"②。孙宝瑄在日记中也表达了此意："世界文明之极则，男女自择配偶，以学问为媒妁，并以学问为防限。何以？无论男女，苟有学问，必不与无学问之人忽然相爱也。"③ "以学问为媒妁，并以学问为防限"，则表示男女性情、品性、知识、兴趣、志向等决定了男女是否能沟通得当，是否能在此基础上碰撞出爱情的火花并成为爱侣。如果说传统社会以财产与门第作为婚姻谈判的基础，那么学问是否相当就成为当下男女沟通的媒介，这是爱情产生的基础。与此同时，对爱情的追求也意味着对一夫一妻婚姻形态的选择，因为"一男一女建立在爱情基础上的共同生活在解决社会矛盾方面有极大的作用。这种作用在历史上促成了一夫一妻制的进化"④。故对于爱情的追求，使得一夫一妻制成为题中应有之义。

（二）择偶观念的变更

传统婚姻虽讲究门第，但对青年男女的个人条件也并非不重视，民间社会就流行"郎才女貌"的匹配模式。在"郎才女貌"的设计理想中，男子以"才"实现自身价值，女子以"貌"作为进入男性世界的资本，"男子有才，女子有貌。谓男女相配，姻缘美满"。但研究认为，这种婚姻理想体现了男性文化专制下女性对男性的绝对依附，并常常孕育着女子的婚姻悲剧，⑤这种状态与"国民之母"的女性设计理想相抵牾。

为家、国、未来计，新知识界对女性提出了"齐家治国"的新标准。在择偶标准上，男性不仅对女性的知识水平有了要求，身体的解放也成为其中

---

① 金天翮著，陈雁编校《女界钟》，上海古籍出版社，2003，第77页。
② 《男女平等之原理》，《清议报全编》卷二十五附录一群报撷华通论，第126～131页。
③ 孙宝瑄：《望山庐日记》，上海古籍出版社，1983，第612页。
④ 〔保〕瓦西列夫：《情爱论》，赵永穆等译，三联书店，1984，第34页。
⑤ 谭学纯：《从俗语"郎才女貌"看男性文化的实质》，《北京社会科学》1994年第3期。

的必要条件。蔡元培在《自写年谱》中记载：

> 我的元配王夫人之卒，已过了一年，友朋多劝我续娶，并为我介绍相
> 当之女子；我那时提出五条件：（一）天足者；（二）识字者；（三）男子
> 不得娶妾；（四）夫妇意见不合时，可以解约；（五）夫死后，妻可以再
> 嫁。同乡的人，对于（一）、（二）两条，竟不易合格；而对于（四）条
> 又不免恐慌，因而久不得当。①

蔡元培以翰林之身，娶妻竟然"久不得当"，足见他提出的五项条件在
当时是多么惊世骇俗。后经朋友介绍，蔡元培迎娶黄尔轩先生之次女黄世
振，"天足，善书画。""其有孝行，为亲疾刲臂者三。"他们二人之所以能
成功结合，首要的条件在于黄氏女熟读诗书，精通书画，符合蔡氏对于知识
的要求。另外，黄世振割臂事亲之举与蔡元培年轻时的行为颇为一致，这在
潜意识当中也暗合蔡氏的要求。蔡元培作为世纪交替的新人物，也仍然无法
彻底摆脱传统观念的影响。因此，从文化心理看，蔡元培的再婚应是传统文
化与现代文明相结合的产物。

无独有偶，《第一晋话报》曾提到这样一个事例：

> 太原府有一个最文明的人陈某，家甚豪富，现有一子，最是聪明，
> 业已二十岁，尚没有定婚。临近处有多少财主势家的女儿，想和陈某子
> 结婚，陈某皆不允。有人问其缘故，陈某言说那些女儿姿容未尝不好，
> 只惜没有入过学堂，又不是天足，故我是甚不愿意的。若是他们先把女
> 儿足放了，至于入学堂不入学堂，我娶过来再便行止。那些做女儿父
> 母，是很不情愿的。随后邻县里有一个天足会，会中有一女儿，今年才
> 十二岁，未曾缠足，又是初入学堂，陈某遂与定婚。年纪虽 [差] 八
> 岁，然待五年而娶，男二十五岁，女十七岁。那时节他一双文明的夫妻
> 真是令人可羡慕的。②

从该实例看，知识界最时尚的婚姻观念对传统妇德有了一定程度的冲
击，原先的缠足、擅女红，打理家务等传统女德已不再受欢迎，男性知识分
子开始转向对女子学问的追求。蔡元培与太原陈某的婚姻皆属个人自主，故

---

① 王世儒编撰《蔡元培先生年谱》（上），北京大学出版社，1998，第46页。
② 《文明家之择婚》，《第一晋话报》1906年第4期。

择偶时对女性提出了明确要求。在此潮流影响下，即使幼年早有婚约的男子也强烈要求岳父增进妻子的学识。朱品璋在致岳丈的信中说：

> 夫人无男女，不读书，不明理，则不知世界大势与本国事情，而无识无知，长此终古。璋不才，辱蒙赏识，谊属姻亲。窃以令媛年已及笄，成人在即，宜及时游增，学进普通知识，洞悉世故人情，则异日内可以齐家，外可以治国。①

女性"齐家治国"的能力成为男性择偶的新标准，这是知识界面对忧患的应激反应。对于近代中国人的婚姻而言，它承担了太多的义务显得过于沉重与悲壮，但接受了西方教育的男性对于择偶则充满了浓厚的个人生活气息。E. A. 罗斯在其游记中曾记载这一事实：

> 过去那种以安静、无生气的洋娃娃型妻子为美的看法正在消失，另一种类型的美感正在产生。大学毕业的年轻人喜欢娶一个受过教育的妻子，能读会写的女孩在婚姻市场上就像热蛋糕一样走俏。非常有礼貌的男青年经常仔细向女校长询问这个或那个女学生的文化程度和能力：她能唱歌吗？能弹钢琴吗？懂不懂英语？②

唱歌、弹钢琴这些充满个人生活情调的元素在逐渐融入中国人的生活，这是近代中国婚姻生活的重要变化。社会变迁与中西文化的交流使维新知识分子的择偶观发生了变化，传统的妇德正在遭受鄙夷与批判，新的价值观念正在悄然兴起。在具备维新思想的男性知识分子那里，知识的储备与身体的自然美成了他们对女性共同的要求。

（三）经济独立是婚姻成立的基础

在传统社会，经济与婚姻的关系可谓微妙至极：一方面，婚姻择配比较注重门第与财产；另一方面，在宗法嗣续观念的指导下虽居赤贫之列也勇于婚配。严复对此曾说：

> 人即无资以给朝夕，乃娶妻生子之事，虽赤贫犹为之。告贷于亲

---

① 《朱品璋致岳丈书》，《觉民》1904年第1~5期合本。
② 〔美〕E. A. 罗斯：《变化中的中国人》，中华书局，2006，第129页。

友，名正而言顺也。助人为嫁娶，仁至而义尽也。问以事畜之所恃，则曰天不生无禄人，儿孙自有儿孙福也。夫其信天遂性如此，又奚怪教养之难为，而中国之民，仅足为五洲当苦力乎！①

传统婚姻虽注重财产与门第，但个人能否婚配与财产的多寡并无关联。个体家庭间的门第与财产虽有差异，但嗣续的观念则是共有的，在其支配之下婚姻成为人生之必然。嗣续既为人生大事，故助他人嫁娶完成嗣续之重任会被视为仁义之举。至于儿孙的教育、幸福等事则受经济所限却无暇顾及，完全寄托于天命，"天不生无禄人，儿孙自有儿孙福"体现的是"生死有命，富贵在天"的宿命论，岂不知儿孙之福禄在很大程度上来源于家庭的教养与蒙训。

鉴于经济对于婚姻、儿童教养的影响，当时知识分子开始改变固有的认识，主张"非有自立之资格，不得约婚。""故必使确有职业，独立不倚，又必于其岁入之余足以蓄养子女，夫然后可以言婚。"② 经济独立的提倡至少会在两方面产生积极影响。

第一，益于改良风俗。经济独立对于风俗改良大有裨益。杜士珍对此曾说："婚制之中宜限有资格，必确有自立之学术，自立之营业者，然后得为婚媾之事，世俗以此相推重，家族以此相告戒，则无自立之学术，自立之营业者，自见羞于同侪，既可以奋少年之心志而绝游手者之迹，又可以使全社会少困乏之虞。""其对乎女子之条例，亦必俟其性情闲熟，得任男子助理室家之重，不然其见弃亦与男子同准。此行之既以年期限之，又以资格养之。早婚之弊庶几可绝行之。"③ 依据杜氏的理念，婚制中对于经济自立的要求有利于在社会中培育男子的独立观念，这样可以绝其游手好闲之弊。同时，还有利于提高女子齐家的能力。长此以往，早婚习俗必得以根本改观，社会定会取得长足进步。

第二，益于婚姻自主。从西方婚俗看，欧美社会必待子女长成、自立之后才允其谈婚论嫁，而且须在父母监督下完成，即使如此谨慎仍会造成婚姻悲剧。反观中国，"今中国沿早婚之鄙俗，当其为合，不特男不识所以为夫与父，女不知所以为妇与母也。甚且舍祖父余荫，食衣租而外，

---

① 严复：《〈法意〉按语》，《严复集》（4），中华书局，1986，第1009页。
② 军毅：《约婚之部》，《觉民》1904年第6期。
③ 杜士珍：《婚制改革论》，《新世界学报》1903年第14期。

毫无能事足以自存。如此而曰自由结婚，不待父母之命，庸当有乎？庸当有乎？"① 早婚中的子女并不懂夫妇之道，也并不清晰自己所要承担的责任。更有甚者，子女因缺乏自立能力，婚姻必然要依赖于父母包办。要打破婚姻包办，取得自主权利，个人必须要有自立能力。

鉴于经济独立对婚姻自主的推进作用，提倡自立成为当时知识分子的重要理念。履夷认为："凡青年男女，其能入学读书者，虽在专门大学之学校，亦必俟其毕业，方许成婚。而寻常一般之人，其结婚之期，亦必限于各有职业之后。"② 亚兰则表示："其资产相当者，其学业相当者，其体质相当者（学业与体质相当，必俟教育普及后）乃得有结婚之资格……使人人有自立之观念，有自活之生计，得成独立完美之性质。"③ 张竞生在其回忆中曾说："从新加坡回来后，我父叫我二兄告诉我，要继续求学，当先娶老婆。我那时不过十七八岁，也已看到一种正确的主张，是先要有养家的生活能力，然后始能有妻子。"④ 从众人的表述看，提倡个人独立在新知识分子中有一定的共识，这一切都是为婚姻自主夯实基础。

（四）提倡婚姻自主

西方自由平权学说的输入，激发了知识者女权意识的觉醒。他们在批判婚姻包办的同时，大力提倡婚姻的自主、自由。秋瑾在《劝女权歌》中讲："吾辈爱自由，劝勉自由一杯酒。男女平权天赋就，岂甘居牛后？"⑤ 1900年，蔡元培写下《夫妇公约》，明确主张"夫妇之事，当由男女自择"⑥。高燮化名"吹万"在《女子世界》上作诗十首倡导自由结婚，其中之一篇说："匈奴未灭叹无家，亡国人民泪似麻。我表同情心更痛，拟将丝绣自由花。"⑦ 国破家亡的局势使婚姻自主成为当时知识分子的宏愿：

　　我今欲发大愿，出大力，振大铎，奋大笔，以独立分居为根据地，

① 严复：《〈法意〉按语》，《严复集》（4），中华书局，1986，第1008页。
② 履夷：《婚姻改良论》，《留日女学会杂志》第1期。转引自张枬、王忍之主编《辛亥革命前十年间时论集》（3），三联书店，1960，第839~840页。
③ 亚兰：《论婚律》，《女子世界》1905年第2卷第4~5期。
④ 张竞生：《张竞生文集》（下），广州出版社，1998，第58页。
⑤ 秋瑾：《劝女权歌》，《秋瑾集》，上海古籍出版社，1979，第117页。
⑥ 蔡元培：《夫妇公约》，《蔡元培全集》（第1卷），中华书局，1984，第103页。
⑦ 吹万：《题自由结婚第一编十首》，《女子世界》1904年第1卷第9期。

以自由结婚为归着点，扫荡社会上种种风云，打破家庭间重重魔障，使全国婚界放一层异彩，为同胞男女辟一片新土，破坏男女之依赖，推到专制之恶风，遏绝媒妁之干涉，斩芟仪文之琐屑。呲！我务将此极名誉、极完全、极灿烂、极庄严之一个至高无上、花团锦簇之婚姻自由权，攫而献之于我同胞四万万自由结婚之主人翁！①

值此国家危难之际，婚姻改造成为家、国变革的基础。自由结婚成为争取男女平等，创建小家庭制度，营造良好家庭氛围，铲除社会恶俗的良药，而此药的引子就是婚姻自主。金天翮在《女界钟》中更是表达了对婚姻自主的渴望：

欧洲结婚之事，虽尊亲如父母，不能分毫干涉。居恒选择，必于同学之生、相交之友，才智品德、蠢灵妍丑较量适当，熟习数年，爱情翕合，坦然约契，交换指环。结缡之夕，偕赴会堂，长老作证，亲知欢悦，同车并辔，握手归家，参姑嫜于堂前，开舞蹈之大会，夫如是其风流而快意也！此连理之木、共命之禽，所以生于西方，而不产于中国也。吾欲移此鸟、此木于亚洲之大陆，使四千万方里化为乐土，四百兆同胞齐享幸福，则必自婚姻自由始矣。"愿天下有情人都成眷属"，吾愿大矣！②

上述材料介绍了西方婚姻自主的美好意境：男女双方能在同学、朋友间自由选择配偶，两性才德、品质、容貌大致相当。经过多年的交往磨合，彼此之间感情融洽，自然地携手步入婚姻殿堂，尽情享受"风流而快意"的人生。鉴于婚姻自主的种种好处，金氏欲施行移花接木之能将此良好风俗移到中国，使天下有情人皆成眷属，四亿同胞同享婚姻自主之幸福。金天翮以较为夸张的笔触，表达了自己对于婚姻自主的渴望。

新知识界在婚姻自主问题上取得了某些共识，他们大力倡导婚姻自主的动机何在呢？具体来讲，其着眼点主要有三点。

1. 发达女权的必要

西方是近代民主、自由的发源地，其社会男女交际自由，彼此待之以

---

① 陈王：《论婚礼之弊》，《觉民》1904年第1～5期合本。
② 金天翮著，陈雁编校《女界钟》，上海古籍出版社，2003，第78～79页。

礼，其乐融融，反映到夫妇生活上则感情融洽，如水乳交融。反观中国，男尊女卑的礼法决定了夫妻之间权利的失衡，夫君俨然具有第二君主的威权。因此，时人慨叹中国夫妇之道苦，其根源就在于结婚问题。为此，丁初我大声疾呼："欲革国命，先革家命；欲革家命，还请先革一身之命。有个人之自治，而后又团体之建设；有不依赖之能力，而后有真破坏之实行。……婚姻自由，为吾国最大问题，而必为将来发达女权之所自始。"①在时人看来，争取个人的独立、自由是女性的第一要务，只有实现自由才能推动婚姻变革的真正转向。也只有如此，才能达到家庭改造和国家变革的目的。

2. 缓解家庭矛盾，兴旺宗族

家庭特别是大家庭制度，因其人际关系复杂自古被视为是非之地："父子之乖戾，妇姑之勃豀，兄弟之龃龉，夫妻之反目，骨肉纷争，人生莫大之苦也。然而支那国中被是害者，十室而九矣。欲免其害，莫若异居。夫妇则自择配偶，家祸于是得稍纾焉。"②同时，传统观点认为，夫妇乃人伦之始，夫妇之权衍生男女之权。故婚姻关系到一身之祸福，一生之安危，一家之兴亡，宗族之盛衰，尤其对于宗族关系尤大。婚姻既然如此重要，那么"以理论之，固不容男女之无自主之权；以情论之，又不得不使男女之有自主权。盖非经其本人许可者，其爱情必不笃，其相契必不深，而乖违之祸难免不作，此婚媾之原，所以必经两造之自主也。"③无论从天理还是人情来分析，婚姻都应当自主。婚姻自主是爱情笃厚的基础，只有夫妻和睦、家庭和谐，才能推动宗族的兴旺。

3. 纯化社会风气

婚姻是人生所紧要、美好之事，"红丝一系，琴瑟终身，才德相当，爱情翕合，迨人天职幸福哉"。如此美好之事却被传统礼法所破坏，"女子豢养闺门，蠢如鹿豕，使婚姻媒妁骤弛其防，则鸨合鹑奔，必举世无复有法律，无复有名教矣"。鉴于传统礼法对于美好婚姻生活的破坏，其补救之道在于"昌言婚姻之自由，则必民智既开，道德日尚，我同胞女子咸知以礼自卫，守身如玉，然后于其同学、于其交友坦然订约，风流美满。其有佚情肆志者，则立一夫一妇之制以为之防，则爱情真挚。此君子之道，所以造端乎夫

① 初我：《女子家庭革命说》，《女子世界》1904年第1卷第4期。
② 孙宝瑄：《望山庐日记》，上海古籍出版社，1983，第351～352页。
③ 杜士珍：《婚制改革论》，《新世界学报》1903年第14期。

妇也。"① 在作者眼中，婚姻自主益处颇多，它能使人们的智识提升，道德日益高尚，女子能以新道德守卫自己的贞节，同学朋友之间能坦然相处。即使偶有佚情肆志者，也因夫妻间真挚爱情的存在不能得逞。因此，和谐的夫妇关系被视为良好社会风气的源头。

在新知识界的观念中婚姻自主虽已成为必然，但他们同时也认识到婚姻自主的实现并不是无条件的。有时人曾说："自由结婚，岂易言哉？不能自治其身者，不得享自由之乐；不能自养其身者，不容谋结婚之事。此文明国自由结婚之正例也，真相也。"② "自治其身"，即个体须有独立人格，自己掌握自己的命运；"自养其身"，即个体须经济独立。如无此条件做基础，则不能考虑结婚之事。如若不然，婚姻易受人控制、摆布。配偶自择虽被视为世界公理，但它常被传统观点视为男女之苟合。那么，婚姻自择与苟合到底有什么区别呢？孙宝瑄对此回答说：

> 夫妇配合，宜由自择，欧人之风也。然与苟合有别，何也？盖当未结为夫妇之先，彼此先为朋友，必待二三年之久，互相察知性情之如何，品性之如何，以及身体之强弱，学问之优劣，无不体验周备，然后两情认许，再以父母老成之敏眼认可之，方能订盟结缡，至不易也。若夫苟合者，不过因一时之情欲，苟且成婚姻，往往有后悔无及者。……是故婚姻之事，由父母压制而成者，固不可也；由两人一时之血气热情而成者，亦不可也。③

从上述解释看，婚姻自择有一套严格、谨慎的程序。男女之间先以普通朋友身份公开交际，通过两三年的交往与观察，详细审查彼此的性情、品性、身体、学问等，如若双方彼此中意还要认真听取父母的意见，得到父母许可方能成婚。而苟合完全是两性性欲冲动的结果，根本不需如此繁杂的过程。因此，两相比较，婚姻自择是情欲与理智的结合，而苟合完全是性欲支配的产物，二者大相径庭。

配偶自择为什么要特别注意考察对方的性情、品性、身体、学问呢？作者"壮公"在《自由结婚议》一文中对此进行了较为详细的解释。

---

① 该段引文均出自立《女魂篇》（续），《女子世界》1904年第1卷第4期。
② 壮公：《自由结婚议》，《女子世界》1904年第1卷第11期。
③ 孙宝瑄：《望山庐日记》，上海古籍出版社，1983，第612页。

第一，婚姻对于国家种族强弱干系重大。个体作为国民是国家的一分子，作为个人是社会同时也是种族的一分子。积民而成国，积个人而成种族。民与国、个人与种族紧密相连，因此欲强国必须强民、强种族，这就对婚姻及其男女的交合赋予更高的意义："盖以结婚为对于国种最尊重之义务，以交合为对于国种最要大之事业，以生育对于国种最密接之关系。男女之间，不敢妄施爱情，不敢妄图结婚，不敢妄为行交合。而自行结婚后之夫妇，视同密友，相亲相爱，相敬相勉，于是子孙愈传愈盛，亦愈传愈强。二十世纪之舞台，演种族之竞争，……谓黄族之强盛，必自个人之婚姻、交合，注重于国种之开始也。"爱情、婚姻、生育被从家族的视野中转移到国家的框架中，婚姻成为强种、保国的基础。

第二，注重体质利于传种。作者认为，结婚以交合为目的，则交合又必以传种为归宿。体质雄壮者，跋涉山川，不避艰险，奔走风尘，不辞劳苦，此体质中最优等之人。男女若皆能如此，结婚之后必善于交合，其生子必英伟奇特，异于常人。因此，从改良遗传基因的角度看，结婚前对于体质不能不详细审查。

第三，注重性情利于婚姻稳定。天下最难测者，莫过于人的性情。人的性情虽在天赋，但受后天影响极大，幼时的教养及外界的影响都会对性情塑造产生干扰。并且国人还有一种恶习，即"彼此于初相见之时，必于一种不可思议之状，异于待旧交，此流俗之人见生客，所以必装三分假气"，故非眼光独到、富有观察力者断难以戳穿其假面具。"若昧于一时，苟且图成，积久生厌"，容易造成夫妇离婚，这在作者看来是人生的大不幸。因此，"男与女非最亲爱，至知己，志同道合，同情投契者，决不宜妄行结婚。"

第四，注重学识利于夫妇共同进步。人兽之别在于灵顽之殊，文明人与野蛮人之别在智愚之殊。以此推论，有学识者必不能与无才无德者结婚，因其灵顽、智愚相差过于悬殊，如果强为婚配可能会使其怨恨终身，追悔莫及。因此，男女如若独身则罢，如果要结婚必须对双方的学识程度有所了解，力求学识的匹配。只有这样，"结婚而后，互相讨论，互相切磋，互相问难，互相质疑，其学识之进步，必有不可测量之速率。较之师友间陶融之益，凡有甚焉者也。他日相与筹画，相与提携，出其平生之学问识力，以谋国计民生之利益。"

第五，注重品格利于培养独立人格。作者认为，中国人品格低贱名闻于世，"为异种之顺民，任人鞭笞而不知耻，供男子之玩物，听其指挥而以为乐。奴隶性质，则根父母之遗传；服从强权，则始于民贼之压制，此基于弱，基于贱，而亡国亡种之品格也。"国人的这种奴隶特性是亡国灭种之诱因，要根除这种顺从之性，扫除自私之念，改良遗传之性质，择配注意品格的选择是其重要手段。

以上五种是国人结婚必须注意的事项。如若以此为基础，并能打破门第、财产的限制，定能扫除婚姻陋俗，实行文明国民的自由结婚。如若不然，"日日言自由结婚而浮薄轻贱之士女，反藉以便其苟合之野蛮行为，小则贻老成顽固之口实，大则风俗反因之日坏，道德反因之日堕者，岂吾辈提倡此主义之心乎！"基于此种弊害，作者告诫说，男女"于结婚之际，小心谨慎，详加审察，非知其人之品格若何，学识若何，性情若何，必不能轻易与之结婚"，假如男子知道女子的可敬可爱之处，明了自由结婚的重大意义，"庶几，自由结婚，可以行之于吾中国矣"。

既然婚姻自主的观念在新知识界中取得了某些共识，实施要件业已讨论清楚，是不是可以将其马上付诸实践呢？答案是否定的。时人认为，"婚制主权之当变，庸可缓哉。"① 奉化不缠足会简章中规定："会内嫁娶诸例，现在一仍时俗，日后文明渐近，有意改良，自当由诸同人议定照行。"② 由此可见，婚姻自主虽是新知识者所倡导的理念，但不少人并不主张立即实施，而是认为应当渐变、缓变，要随着国人文明程度的提高逐步实施，否则极易产生副作用。杜士珍对此说：

> 世俗靡靡习焉，不觉苟有倡此议者，吾知不群吠以为不伦，即訾为坏乱风俗之谈，不知男女之情可通而不可塞者也。通则两相忘于无，愈塞则其为祸也益烈，特于通之中有秩序、有限制耳，非漫无经制者所可得而混也。漫无经制是真驱民于禽兽之域而无所底止矣，我岂敢哉！我岂敢哉！③

杜士珍明确否定了阻碍婚姻自主的正当性，但同时认为婚姻自主的实践必须要"有秩序、有限制"，如若婚姻无所约束，其行为无异于"驱民于禽兽之域"。为什么婚姻自主的践行要特别强调秩序呢？这与中国人对自由的

---

① 杜士珍：《婚制改革论》，《新世界学报》1903 年第 14 期。
② 《奉化不缠足会简章》，《女子世界》1904 年第 1 卷第 7 期。
③ 杜士珍：《婚制改革论》，《新世界学报》1903 年第 14 期。

认识有关。竹桩（蒋维乔）对此曾总结说：

> 西哲之言曰自由者，以他人之自由为界旨哉。是言自非私德，素优
> 学行，纯粹有完全之人格者。盖未足以语此非然者，则野蛮之自由。优
> 为之能行文明之自由者，鲜矣。我国年少之士，血气未定，道德未闻，
> 人格未完，徒喜其说之便己也，于是肆意妄行，处家庭则谩骂其父母，
> 处社会则互相诋诽、互相讽刺，……不暇殚述也之人者，处家庭则为家
> 庭之蟊贼，处社会则为社会则蟊贼，处国家则为国家之蟊贼。嘻！挟此
> 而谈自由，吾宁愿泰西自由之学说毋越太平洋东渡以扰乱我东亚，且以
> 污自由之美名也。[1]

自由一词在中国由来已久，并非舶来品，但其意与舶来"自由"之意相
去甚远。自由在中国语境中作何解释呢？汪康年曾说："自由之说，乃一己
之私意也"[2]，这种解释基本能概括中国人的观念，即自由是个人私意、私
利的反映。它与社会公义截然相反，并会对其造成损害。在西方，自由也
是个人私意、私利的反映，但其语境中的自由必须以不侵害他人利益为前
提，[3] 即"以他人之自由为界旨"。中西语境的对比可知，国人理解下的自
由势必将人诱导至自行其是、为所欲为的无政府状态。在竹桩眼中，这种自
由会对家庭、社会、国家造成伤害，故它被斥之为"野蛮之自由""蟊贼"，
汪康年将其视为"大乱之媒介"[4]。由此不难想象，以此自由之意指导婚姻
改良，必然如杜士珍所忧虑的那样将人导入禽兽之境，这绝非他们所预期的
结果。

另外，婚姻自主的缓行还与女性的学识水平等因素有关。竹桩对此继续
分析说：

> 若夫妄谈女权之弊，因吾国二万万女子，有智识者绝少，……盖我
> 国男子，学问纯美者鲜，奸猾邪愿者多，一闻维新学说有所谓自由结婚
> 者，于是谬讬志士结交女学生，颇有高尚纯洁之女士而几陷于骗贼之手
> 者。……夫以学问未优，练历未深之士骤入世途，与奸猾者伍，丧其资

---

① 竹桩：《女权说》，《女子世界》1904 年第 1 卷第 5 期。
② 汪康年：《汪穰卿笔记》，中华书局，2007，第 331 页。
③ 〔英〕约翰·密尔：《论自由》，商务印书馆，1959，第 112 页。
④ 汪康年：《汪穰卿笔记》，中华书局，2007，第 137 页。

财，丧其生命者且屡见不一，见况以少年女子，既无学识又无阅历，贸贸然曰自由结婚，以启奸猾者之觊觎，安有不受愚者乎？①

竹桩的担忧并非没有道理。他认为，中国女子既缺乏学识又缺乏社会历练，骤然实施自由结婚难保不受奸佞小人的欺骗而陷入万劫不复之境地。对此，严复曾经提出过自己的解决之道，即读书与阅世相结合，蒋严二人在此达成了共识。从竹桩的分析看，自由结婚的实施是有条件的，青年男女如若学识与阅历相差甚远而遽然实行自由婚姻，难面不产生"橘生淮南为橘，生淮北为枳"的怪相。为此，自由结婚的实施不能贸然行事，必待教育发展，青年男女的文明素养日渐提高而逐渐实施。为此，竹桩还对急功冒进的维新志士提出了批评：

> 大抵成材之士，骤闻西哲之学说，急欲灌输于我国，不暇问其适合与否，每有倒果为因之弊，亦过渡时代必不可避之阶级。殊不知成材之士，其凤昔受国粹之学说，旧社会私德之陶铸，故可代昔日之私德为公德，领各新学说而无障碍耳。今忘其自幼至长之经历，而遽以目前所创获者，骤施之未尝学问之青年男女，亦何怪其主张自由、主张女权有百弊而无一利也。……夫惟平昔于男女之界，一毫不苟者而后可实行自由结婚主义，而后可破夫妻之界限。……日日谈自由结婚者，吾安知其非奸盗也。②

在上文中，竹桩实际提出了两个问题：一是要考虑西方文化的适应性问题；二是文化的实行要遵循规律，急躁冒进必然产生"倒果为因之弊"。他认为，如若不考虑这些问题而一味鼓吹自由结婚，可能导致无良之人借自由结婚之名而行奸淫之实。

青年追求婚姻的自主、自由，那么两千多年来一直把持婚姻主权的父母将被置于何种境地呢？从父母的角度讲，子女是自身骨血所系，集血脉与情感于一身，不得不去关心子女的婚姻；从子女的角度看，父母将自己抚育成人，出于对父母的尊重也应当听从父母的建议。问题在于，父母的参与度将达到何种程度？父母的参与对于这场婚姻有何意义？时人对此陈述了三点

---

① 竹桩：《女权说》，《女子世界》1904 年第 1 卷第 5 期。
② 同上。

建议。

第一，父母必须参与子女的婚姻。父母参与的必要性主要体现在两方面。首先以此表明"婚姻公开化，即非个人私事。"其次"约婚时彼此亲缮约婚书，各由其父母交换，并无一切繁文。"①，即改革婚仪的必要。他们认为，婚姻仅与当事人有关，如若为此劳师动众于心何忍？并且婚姻牢固与否，跟二人是否有矢志不渝的情感有关，跟一切繁文缛节毫无关系，为什么要搞得如此烦琐呢？现在由双方父母交换婚书，参与者仅两人而已，无论程序还是费用都大为缩减。之所以不让青年男女自行交换，是为了表达婚姻非二人私约之目的，双方家庭对此都非常重视，即"亲自缮书者，所以重视夫此约也。"另外，欧美、日本等国的婚姻虽由子女自主，但父母并未放弃自己的职责，"例如日本之结婚，两意相投，仍须受命于父母，必得父母之同意，我中国大可效仿"②。

第二，订婚中"父母则仅有裁度之责，而无阻止之权"③。他们认为，婚姻是男女二人之事，应由其自身来做最后的裁决。父母应立于旁观之角度，为其出谋献策，如若出面阻止则被视为侵权，是反客为主之举。父母对子女有抚养、教育之责，使其长大成人并能自立，这样父母就算尽到职责，其他的事不应过于干涉。

第三，父母参与的积极作用在于能给予子女必要的指导，使其少犯错误。在中国，青年们认为西方风格意味着完全自由，E. A. 罗斯此予以纠正。他说，中国的青年"并不知道我们西方年轻人所受到的那些无法用语言表达的限制。那些被称作'自由女孩'者认为，她们必须完全由自己来解决心中大事，而忽视了这样的事实，父母的指导时常阻止我们的女儿犯错误。"④ 孙宝瑄对此总结说："必半自择，半由父母，庶得中道。"⑤ 中庸之道是传统中国人处事的最高境界，以此来概括父母与子女在婚姻决策中的关系，足见当时知识分子对其法则的重视。

综上所述，时人对婚姻自主实施的必要性、要件、步骤、婚姻决策中子女与父母的权力关系等重要理论问题进行了细致、充分的论证，既强调了婚

①　军毅：《约婚之部》，《觉民》1904 年第 6 期。
②　《论今日宜定婚律》，《时报》1906 年 4 月 10 日。
③　军毅：《约婚之部》，《觉民》1904 年第 6 期。
④　〔美〕E. A. 罗斯：《变化中的中国人》，中华书局，2006，第 130 页。
⑤　孙宝瑄：《望山庐日记》，上海古籍出版社，1983，第 612 页。

姻自主对于强国保种、营造和谐家庭氛围、追寻个人幸福的重要意义，又对实施婚姻自主可能出现的问题提出了自己的见解，其强国育民之苦心无以言表。婚姻决策中子女与父母权力的分配，既借鉴了西方自由理念又参合了中国家族制度的实情，可谓西俗中国化的产物，由此可见当时知识分子的文化理性。

（五）婚仪删繁就简

新知识界在批判传统婚礼繁缛、铺张、迷信充斥的同时，主张婚姻礼仪删繁就简以节省资金，降低人力、物力的损耗。在婚期上，传统中国人喜欢选择黄道吉日，而吉祥与否则取决于卜筮之士。时人认为，这种日期择取之法不仅荒诞不经，毫无科学根据，而且结婚日期往往由男方单独决定，丝毫不能反映女子的意志，此举甚为不公。因此，结婚日期须"故苟非斟酌尽善，彼此无勉强，则不得任定婚期。俟日期已定，即以结婚书亲自交递，其一切繁文，删除不用"[1]。在婚期的选择上，由男女双方共同定夺，不假手于他方，以缩减程序节省开支，并能体现男女平等之意。

婚姻是人生大事，它受到国人的格外重视，无论贫富皆竭尽全力搞得体面、隆重，以为家族增光添彩，故奢靡浪费成为中国婚礼的一大弊病。知识界为改革靡费之弊做了一些改革设想。亚兰认为，婚姻中的聘币嫁奁应当有所限制。聘币嫁奁之起源是礼的象征，但后世流变将其视为聚敛财富的手段，婚姻逐渐剔除了情感因素而买卖之风日盛。因此，他认为"今宜酌定一聘币嫁奁之制限，断以百两为衡，虽在富贵之家，不得踰越，而社会贪黩之风稍戢矣"[2]。亚兰将财礼定为百两为限，估计是以富裕之家为考虑基点，对于普通家庭其不啻天文数字。数量断限虽显出一定的局限性，但这并没有丝毫削弱他试图改良风俗、革除社会贪黩之风的良苦用心。还有人认为，结婚的"当日婚费，男女各任其半。至日用器皿费，则由男子独任"[3]。费用之所以要男女均摊，是基于男女平等及其作为婚姻当事人的事实而设定，而且婚礼当天的来宾，都来自男女双方家族，更应当平摊费用。但这仅仅只是理论上的设想，因为中国的女性主要从事家务劳动，有职业者百中不足一二，费用自然难以承担，不得不度量现势，取变通之法，实际上仍得男方支付。

---

① 军毅：《结婚之部》，《觉民》1904 年第 6 期。
② 亚兰：《论婚律》，《女子世界》1905 年第 2 卷第 4～5 期。
③ 军毅：《结婚之部》，《觉民》1904 年第 6 期。

因此，作者欲以此设想根除国人依赖之根性，但在女子尚未走向社会之前恐难以实现。

中国人建造房屋之时，稍有资财者必造大厦大厅，其功能之一即作婚丧大事之用，但平时却基本弃置不用。以有用之地而供不急之需，显得较为铺张浪费。时人主张，"结婚之仪，于公众地行之"①。或用庙宇改建婚丧专所，或租借公馆、会馆，以节省建造大厦大厅之费用。另外，传统婚礼中亲友交往、盘桓耗时较长。一旦遇到婚事，亲友团聚往往会盘桓数日，其间饮酒作乐，聚众赌博，无所不至，废时失业，莫过于此。"今限自上午九小时至下午四小时止，一切行仪宴会及跳舞欢歌等事，皆在其中。前者之弊，其亦可免矣。"②此设想虽缩短了婚礼时间，但却不误中国式的人情交际，又有热闹欢娱之气氛，可谓一举两得。

传统婚仪因至为繁重、多虚文、迷信而受到批判，故时人主张简化婚仪，废除其中的繁文缛节。亚兰主张，婚礼应"参照泰西诸国之通例，定一社会通行之礼仪。长老作证，新人交揖，姑嫜参见，来宾颂辞。一堂之上，风琴杂奏，秩序雍然焉"③。具体来说，他们心仪的新式婚礼应是如此："至行仪之时，来宾左右分立，男女盛装，各由其父母导入……男自东阶升，女自西阶升，既登中堂而立，相向四揖。来宾之代表，……即于此时出而读祝辞，男女各三鞠躬以答。礼毕，男女更向其父母，四揖，父母亦以四揖答之。礼毕，两氏之亲戚朋友东西分立，或别为一室，男至女党，女至男党，各依亲疏，奉揖有差。"④婚仪虽可简化，但其所代表的庄重、严肃的社会意义不能降低。如杜士珍认为，婚仪庄重与否与夫妇之交的牢固程度密切相关，故仪式与男女之伦关系重大。同时他还认为，欧美婚制的优点在于其宗教仪式。因此，他结合儒教影响中国的事实，欲将儒教与婚礼结合在一起："今中国孔教未兴，教堂固未徧设也，然学宫即教堂也，煌煌在上，为一县一邑之所风仰。凡男女成婚者，即莅此而从事焉，其礼制岂非甚重。即不能如此，亦当令家悬孔子之像而使之成事于其前，此非我过作骇怪之语也，天下事固有非浅见寡闻者所得而知者矣。"⑤杜士珍对欧美婚制的观察未必那么

---

① 军毅：《结婚之部》，《觉民》1904年第6期。
② 同上。
③ 亚兰：《论婚律》，《女子世界》1905年第2卷第4~5期。
④ 军毅：《结婚之部》，《觉民》1904年第6期。
⑤ 杜士珍：《婚制改革论》，《新世界学报》1903年第14期。

精准，但其欲仿欧美以改良中国婚俗进而实现强我国族的意愿表露无遗，这是知识界对现世关怀的重要表现。

另外，在婚书上时人也主张简化。据研究，清代婚书种类繁多，有求婚书、允婚书、年庚帖、定帖、婚契、休书等。[①] 应时代变化的需求，他们主张从订婚到结婚有两张婚书即可，即订婚书与结婚书。[②] 婚书与六礼联系紧密，其数量的减少意味着婚姻程序的简化。

（六）提倡适龄结婚

传统婚姻有早婚的习俗，因其造成了种种弊端而受到强烈批判。如何选择一个适婚年龄，时人可谓动了一番脑筋。他们认为，现时婚龄太早，而古礼规定又过迟，"礼经曰：男子三十而娶，女子二十而嫁。古人非不知女子之发育早于男子，惟三十则不免过迟，而女子二十正肉欲方炽之时，年齿相远，断非所以配合之道"[③]。"昔三代礼制，尝言丈夫三十而娶，女子二十而嫁，其规定男女结婚之年龄太相悬殊，未可为法"[④]。既然古礼所定之年龄使男女年岁相差过于悬殊，故他们结合现实与礼法并参合男女发育规律提出了折中方案。如有人认为："早婚者弊固丛生，而晚婚者其害又不少。今男以二十三，女以十八，则适合各当成熟之年，而前此二弊，庶几可以免矣。"[⑤] 但更多的人主张男女适婚年龄均应在二十五岁左右："今折中其制，男女之婚期皆限于二十五岁以后，庶其其可矣。"[⑥] "吾谓婚媾宜有一定之限制，女子非年满二十者不得嫁，男子非年满三十者不得娶。即不能骤复古制，亦当以二十五岁为限，不然吾恐中国人种之亡也无日矣。"[⑦] 之所以将年龄定在二十五岁左右，是因为他们觉得这个年龄段的青年生理已经发育成熟，个人品性、智商等业已塑造成型，易于判断把握。由此可见，时人对婚龄的预设既符合科学规律又考虑到了实践的操作性，可谓深思熟虑。

---

① 郭松义、定宜庄：《清代民间婚书研究》，人民出版社，2005。
② 军毅：《约婚之部》，《觉民》1904年第6期。
③ 同上。
④ 履夷：《婚姻改良论》，《留日女学会杂志》第1期。转引自张枬、王忍之主编《辛亥革命前十年间时论集》（3），三联书店，1960，第840页。
⑤ 军毅：《求婚之部》，《觉民》1904年第6期。
⑥ 履夷：《婚姻改良论》，《留日女学会杂志》第1期。转引自张枬、王忍之主编《辛亥革命前十年间时论集》（3），三联书店，1960，第840页。
⑦ 杜士珍：《婚制改革论》，《新世界学报》1903年第14期。

综上所述，西方价值理念的传入以及留学教育的发展为近代中国塑造了一批初步具备自由、平等理念的知识者。他们从"天赋人权"的理念出发倡导自由，追求男女平等，并对产生男女不平之渊薮——传统婚姻展开了猛烈批判。他们坚持破立结合，不仅猛烈批判旧风俗，还大力提倡新观念，近代中国婚姻新理念的基本框架日益清晰。

第三节　"学堂知己结婚姻"：文明婚姻的尝试

近代婚俗改良运动发端于新知识界，他们利用中西文化中的优秀因子来批驳婚姻陋俗并用西方的婚姻良俗加以佐证，以此来扩大婚姻新理念的影响。这些新理念首先在青年学生中引发共鸣，并由他们推动了理念向实践的转化。以此为开端，近代婚姻变革有了实质性转向，文明婚姻受到新青年的追捧。

一　"学堂知己结婚姻"成为特色

1901 年，清政府为挽救时局开始推行新政，从而全面开启了中国近代教育的改革。废科举、派游学、兴学堂是晚清教育发展的三重变奏曲，极大推动了晚清教育的发展。1904 年，全国有新式学堂 4222 所，在校学生 22000余人。至 1909 年，学堂数已达 59177 所，学生数量达到 1639921 人。到1912 年，全国学堂达到 87470 所，学生数近 3000000 人。[1] 晚清教育的跃进也促进了女子教育的发展，1907 年全国女学堂总数达到 428 所，学生数达到15496 人。[2] 另外，晚清十年也是近代留学教育特别是留日教育的黄金时期，到日本留学的学生达万人以上。[3] 清末教育的井喷式发展，为近代中国培养了大批接受了现代科学知识的知识分子，整体上提高了国人的文化水平，这为接受男女平权理念、改良婚姻习俗奠定了文化基础。

教育的发展特别是晚清女子教育的发展，为知识男性择偶提供了广阔的空间。女学堂传授现代科学知识，注重培养学生自敬自重、自立自强的意

---

[1]　陈学恂主编《中国教育史研究》（近代卷），华东师范大学出版社，2009，第 129 页。

[2]　乔素玲：《教育与女性：近代中国女子教育与知识女性觉醒（1840～1921）》，天津古籍出版社，2009，第 29 页。

[3]　李喜所：《清末留日学生人数小考》，《文史哲》1982 年第 3 期。

识，重视体育健身，与传统（知识）女性迥异。传统社会尊崇"女子无才便是德"的观念，明清社会虽在江南形成了备受称道的"才女"文化，但放眼全国能读书识字的女性寥若晨星，即使出身书香门第却不识字者比比皆是。据民国时期著名的影评家、著作家冒舒湮回忆，她的母亲是翰林黄叔颂的长女，竟然也目不识丁，他的姨妈也是文盲。① 由此可见，在读书识字率较高的男性群体当中，特别是知识分子能找到学识相当的配偶实属不易。男女学识差异悬殊，在时人眼里也是引发夫妇龃龉的病根："男女程度不能立于平等之地，则夫妇之间易生嫌怨。"② 女学堂的创办，女学生数量的增多为改变这一现状提供了可能，并在学生群体当中形成了"学堂知己结婚姻"的共识。秋瑾在《精卫石》中曾说：

> 此生若是结婚姻，自由自主不因亲，男女无分堪作友，互相敬重不相轻，平日并无苟且事，学堂知己结婚姻。一来是品行学问心皆晓，二来是性情志愿尽皆知闻，爱情深切方为偶，不比那一面无亲陌路人。平日间相亲相爱多尊重，自然是宜家宜室两无嗔。③

秋瑾在此除了表达婚姻自主的意愿之外，更重要的是提出了青年择偶的范例，即"学堂知己结婚姻"。之所以提出这样的主张，是因为如此结合便于男女之间的相互了解，无论品性、学问、性情、志愿等通过平日的接触或者同学、师长的介绍都可以摸清。根据爱情学原理，"发展水平相同，受到同样教育的人们互相产生吸引力。"④ 由此可以肯定"学堂知己结婚姻"范例的科学性，即男女同学通过接触可以直接了解到彼此的学识是否相当，性情、气质等特质是否产生吸引力，从而判断两性之间是否有产生爱情的可能。充满柔情蜜意的青年男女平日相亲、相爱、相互尊重，这样的婚姻自然是宜家宜室。年仅十七岁的朱品璋，求新学不过一年，既已深受其惠，为此写信给未来的岳父，请求准许其"年已及笄，成人在即"的未婚妻及时游学，以增进知识，洞悉人情世故，进而达到齐家治国之目的。朱品璋此举深受《觉民》杂志编者的赞赏，并呼吁奉父母之命而早聘的男女，"效

---

① 冒舒湮：《我的家世追忆》，《北京文史资料》（53），北京出版社，1996，第210页。
② 师竹：《论女学之关系》，《云南》第18号。转引自李又宁、张玉法主编《近代中国女权运动史料》，龙文出版社股份有限公司，1974，第595页。
③ 秋瑾：《精卫石》，《秋瑾集》，上海古籍出版社，1979，第156页。
④ 〔保〕瓦西列夫著《情爱论》，赵永穆等译，三联书店，1984，第301页。

法朱君使同受教育",以免因"男女思想不等,志趣不同"而不能安享家庭幸福。① 约会地点从花园移到新学堂,由同学而结为夫妻,自然别有乐趣在其中。如若畅言那便是:

> 前之夫妇,以媒妁之一言,而订百年之契约;今则男女联姻,学问生计,皆须立于平等之地位,床第之间,几成讲学之地。②

甚至有人要求将"治理平均"写入"约婚书"中,以表明二人"足以交相扶助"③。如此夫妻共同学习的场面,在古代必然能形成供后人传颂的佳话,而在清末却是力求普及的理想。由于清末教育的发展,此理想在一定程度上得以实现。E. A. 罗斯回忆说,大学毕业的年轻人喜欢到教会学校去寻找文化程度和能力相当的女学生做配偶。④ 实际上,不光是教会学校培养的女学生受欢迎,在当时任何知识女性都会受到男性的青睐。1905 年,《女子世界》第 11 期报道了无锡廉砺卿和桐城姚女士在上海张园(又称味莼园)举行婚礼的新闻,它被誉为中国最早的文明结婚的案例。⑤ 其中,男方为文明书局老板廉泉之弟,日本西京大学法科留学生,女方的学历没有明确介绍。但从男女宾客的代表人为务本女学堂的校长吴馨夫妇判断,姚女士很可能是该校的学生。《女子世界》在其后的报道中以"文明结婚"或"婚礼一新"为题又陆续介绍了六对文明结婚的事例,结婚者的身份绝大多数为学堂学生,如张鞠存为复旦公学学生,其妻王忍之拟入务本女学堂读书;吴回范毕业于日本士官学校,新娘顾璧为镇江承志女学堂学生;刘千里将游学欧美,必已有文化根基,其妻吴小馥为宜兴著名盐商吴馥荪之女,廉泉夫人吴芝瑛的侄女,新学、旧学应当都有基础;王雅先为上海爱国学社毕业生,其妻吴震就学于上海务本女学堂;范绍洛与其妻林惠都是日本留学生。郑端甫与张瑞娥均为上海人,报道中对二人的学历均未做报道,但从出席婚礼的宾客判断他们也应为知识阶层。⑥ 从报道情况看,知识青年的结合及令人耳目

---

① 《朱品璋致岳丈书》,《觉民》1904 年 1～5 期合本。

② 《新人篇》,《湖北学生界》第 5 期 1903 年 5 月。

③ 军毅:《约婚之部》,《觉民》1904 年第 6 期。

④ 〔美〕E. A. 罗斯:《变化中的中国人》,中华书局,2006,第 129 页。

⑤ 《文明结婚》,《女子世界》1905 年第 2 卷第 3 期。

⑥ 《文明结婚》,《女子世界》1905 年第 2 卷第 3 期;《婚礼一新》,《女子世界》1905 年第 2 卷第 6 期。

一新的婚礼毫无疑问被视为中国婚姻的奇葩。

从理论层面看，对于婚姻的理想追求是要实现婚姻自主；从实践层面看，"学堂知己结婚姻"已经初步践行。那么这里可能存在一个问题，即实践中的"学堂知己结婚姻"是不是时人理想中的自由婚呢？或者说这种结合形式离自由婚有多远呢？

晚清学堂教育兴起后，新知识体系在学堂得以传授，这使传统价值观受到一定挑战，并冲开若干缺口。但另一方面，学堂教育的实际状况却是"启发知识"与"保存礼教"两不相妨，新教育与旧道德处于调和与折中之状态。[①] 因此，学堂对于男女学生交往和婚恋控制较为严格，异性之间交往的机会不多，自由恋爱的基础非常薄弱，故青年学生之间的婚姻绝大多数情况下仍需媒妁的介绍。不过，此时的媒妁已不是专业媒婆而是学生的师长、朋友等，上文提到的"学堂知己结婚姻"的几对夫妻关于婚礼的报道基本都提到了介绍人或证婚人等。这说明，异性青年在成为知己进而结婚的进程中，仍需要媒人（介绍人）的沟通，他们至少在形式上仍是不可或缺的人物。因此，从婚姻实际讲，这与真正的自由结婚仍有一定的距离，但在当时已经被媒体视为自由结婚了。[②]

更有余味的或许是范绍洛与林惠的结婚，他们于1906年7月11日举行婚礼，二人均是日本留学生。记者在介绍他们的婚礼时特别指出，"范君林君的系自由结婚，在东京订定，尤为特色云"[③]。自由结婚成为特色，言外之意此前多次见诸报端的"文明结婚"尽管婚礼一新，但从形式上仍未摆脱"父母之命，媒妁之言"的旧范式，或者介绍人已将其合二为一。不过由介绍人代替家长，也明白无误地显示出父母在子女婚姻中的决定权已经削弱，婚姻的基础还是两情合意，这在由"父母专婚"向"父母主婚"过渡的晚清，确实是一种进步。

另外，通过婚前、婚后的改造，可使目不识丁的女子接受新知识，仍能实现"学堂知己结婚姻"的理想，柳亚子的婚姻就属于这种情况。柳亚子自幼向往维新，倡导种族与女权革命，其心目中的理想配偶已颠覆了传统观念：

---

① 夏晓虹：《晚清女性与近代中国》，北京大学出版社，2004，第38页。另外参看该书第二章屈疆函写信向杜成淑求婚事件。

② 刘千里与吴小馥的结婚礼在1905年9月1日的《申报》登载时，题为《自由结婚》。

③ 《婚礼一新》，《女子世界》1905年第2卷第6期。

　　我最初的目标，自然希望找一位才貌双全的配偶。但到辛丑壬寅之间，天足运动起来，目标便又转移了。一个理想的条件，应该是知书识字的天足女学生。更理想一点，则要懂得革命，或竟是能够实行革命的，象法国玛丽侬、俄国苏菲亚一流人物才行。①

这样的条件对身居家乡的柳亚子来说无疑是件奢侈的事。在其家乡不要说革命，就是"要找一位十五六岁没有缠足的女孩子，也绝对找不出来"。虽说柳亚子极具反抗精神，毅然拒绝了母亲为其选择的小脚未婚妻，并在上海谈起了自由恋爱，但仍无法坚持到底，最终仍与叔父介绍并得到父母首肯的包办对象郑佩宜结婚。柳亚子送郑氏入学堂的要求虽未能满足于婚前，但婚后郑氏在柳氏的熏染下努力学习，最后成为柳亚子合格的终身伴侣。1906年的婚礼也如柳亚子所愿以"文明结婚"的形式举行，"礼节极简单，废除跪拜，实行鞠躬"，这在其家乡吴江县可算是"第一次破天荒的创举"② 了。柳亚子的婚姻虽几经波折，但最终还是归入"学堂知己结婚姻"之列，达成了最初的心愿。

　　综上几种情形看，"学堂知己结婚姻"是从男女最终的结合而言的，其结合过程仍保留了较多的家族主义的形式，即使留学海外的学子亦绝少例外，上述几例就是明证。为了突破此种限制，同时又避免男女公开交往带来的骚动，新知识界进行了不少有意义的尝试。

　　首开风气之先的是教育家蔡元培先生。1900年，他的第一任妻子王昭因病去世，面对纷至沓来的媒人，蔡氏在书房挥毫泼墨写下了他人生中第一张也是中国知识界的第一张征婚启事，并将其贴在书房的墙壁上，以此为条件最终觅得她的第二任妻子黄世振。

　　蔡元培的征婚在知识界可谓尽人皆知，或许是受到他的启发，1902年6月26日、7月27日，天津《大公报》与上海的《中外时报》这两家颇负盛名的报纸先后刊登了所谓"北来游学"的"南清志士某君"的征婚广告。以《大公报》为例，其内容录如下：

　　　　今有南清志士某君，北来游学。此君尚未娶妇，意访求天下有志女

---

① 柳亚子：《五十七年》，《柳亚子文集（自传・年谱・日记）》，上海人民出版社，1986，第160页。
② 同上书，第160~169，201~206页。

子，聘定为室。其主义如下：一要天足。二要通晓中西学术门径。三聘娶仪节悉照文明通例，尽除中国旧有之陋俗。如有能合以上诸格及自愿出嫁又有完全主权者，毋论满汉新旧，贫富贵贱，长幼妍媸，均可。请即邮寄亲笔复函，若在外埠能附寄大著或玉照，更妙。信面写 AAA，托天津《大公报馆》或青年会二处代收。

该则征婚广告与蔡元培征婚中"须识字"相比较，前者显然更倾向于接受过新教育的女性。征婚者提出的三条择偶标准，分别代表了当时国人有关妇女问题的三种最新观念，即破除缠足恶习以提倡人体自然美，创兴女学以提高妇女文化修养，摒弃传统婚仪的繁文缛节以趋向文明。该则征婚广告的出现，不仅代表了求婚形式的变化，而且反映了知识男性择偶标准的新趋向。以此之故，7 月 27 日的《中外日报》在刊登这则广告时，特意加上了异常醒目的大标题《世界最文明之求婚广告》，以表达编者的赞誉之情。但这位勇于吃螃蟹的志士却没有勇气自报家门，信函也须代转，这被女权主义者林宗素视为对中国女性的侮辱而予以痛斥：

> 今南清志士之悬此格，可谓知择人矣，然彼之姓名不详，学业无考，世有择南清者，将奈何矣。然则南清此举，但就主观而思，未曾为客观设一想也。嘻！夫其求婚也果文明耶？抑野蛮耶？方巾女权大衰，彼南清者，既以志士自命，必当思所以扶植之，乃不特不扶植，而且抑压之，视文明女人若奴隶然，谓吾一呼彼当即至矣。乌夫！此以待上海之雏妓可耳，若以之待中国女人，则吾恐世苟足以合南清之格者又将不愿为南清妻矣。不才寓沪滨，行将与二三同志研究女学，为将来恢复女权基础，痛我同辈横遭奇辱，故不能不声南清志士之罪，而为我二万万女子吐气也。①

从上述文字看，林氏言语虽有偏激，但所言却也属实。她以女性特有的敏感，看出了这位征婚者单向择偶、不报家门的疏漏，并从女性的立场给予谴责。在她看来，这种疏漏实属有意为之，这是当时知识界男性在接受西方新理念的同时，依然不自觉地留有男子中心主义思想的表露。但如果他者能进行换位思考，站在"南清志士"的角度来考虑，他心中固然有大男子主义

---

① 汪康年：《汪康年师友书札》（2），上海古籍出版社，1986，第 1157～1158 页。

思想在作祟，但与蔡元培一样有首开先河之功。真正的问题在于，他不敢自报家门，欲应征者如何知晓他的实情呢？不难想象，这样的征婚必会无疾而终。

三年之后，上述不足被弥补。1905 年，日本留学生王建善在《时报》与《女子世界》上刊登《通信订婚法·敬告女同志》的征婚广告。与三年前的"南清志士"相比，王氏最大的改变在于公开了自己的姓名、住址、职业等信息，而且整个征婚广告不提对女方的要求，充分表现了一个受过现代教育的新青年对女性的尊重。王氏之所以提倡通信订婚法，乃有感于西方对中国婚俗的批判与社会文明程度的低下，"西人言中国人婚配，如牛马任人牵弄，此言殊酷，近人所以有自由结婚之说也。然吾国教化幼稚，骤令男女会合，或反紊纲纪，识者又忧之。"① 因国内教化幼稚，为避免男女紊乱纲纪给卫道者反对婚姻自主的口实，故设计了这一良策：

> 余以为宜由男女互通信，先各抒衷曲，质疑问难，徐议订婚，既可免嫌疑，又不致妍媸误配。诚一夫一妻偕老同穴之善法也，创法自我始。敢告女同志，如欲与余通信，可照下开地址邮寄。信到，誓不示他人，并望亦示地址，令可写回信，藉通信以讲学，亦文明风俗所许，正不必拘于婚字也。

王建善认为，他创立的"通信法"是男女交往的必要手段，既可以加强男女之间的交往，又为自由择配创立了良好的条件，避免了包办婚姻的诸多弊端。在男女公开交往时机尚未成熟之际，此法确实能推进男女间的交往。

由于作者信息公开，且明白无误地表达了求偶或征友的意愿，其真诚的态度很快被女性认同，取得了良好的效应。为此，作者感到此法确有实效，故再次刊登广告予以推广并给予广大青年以鼓励：

> 此法由男女先行通信，各抒衷曲，徐议订婚是也。自将此法登报后，竟有与仆通信者，足见斯道不孤。男女配合，以专一为贵，故须守一夫一妻主义。然择偶之际，不妨多其途以求之。如有女同志愿与余通信者，请奋自由之勇气，幸勿以怯懦自阻。唯此系人类高尚之行，仆当

---

① 王建善：《通信订婚法·敬告女同志》，《女子世界》1905 年第 2 卷第 1 期；《时报》1905 年 7 月 5 日。

守平生正直主义，加意恭敬将事。

此后，王建善又将通信订婚法编撰成册，加以发行，向国人大力推荐这一方法。该书再版广告称："出版《通信订婚法说明》，印刷不多，出版后立即售罄，爰速再版，以应诸君之求。"[①] 从其出版情况看，对通信结婚法感兴趣者大有人在。其观念和方法的流播必然会推动其他人的进一步效仿，如1905年《女子世界》第3期已有署名"慕蝶"的《求妻告白》了。从总体上讲，由于时代条件的局限，直至1911年敢于在出版物刊登征婚广告者还是凤毛麟角，毕竟广告征婚在当时还显得过于招摇或激进。"路漫漫其修远兮，吾将上下而求索"。前路虽漫长、艰难，但蔡元培、南清志士、王建善、慕蝶等人毕竟已用实际行动开辟了一条"学堂知己结婚姻"的新路。

在"学堂知己结婚姻"的范例中，无论媒妁还是征婚都变成了男女结识的手段，男女结合的关键还在于孙宝瑄所宣扬的"男女自择配偶，以学问为媒妁，并以学问为防限"理念。清末婚姻新理念从肯定情感要素出发，以学问作为纯化情感的重要手段，使婚姻"以爱情结合，而不容夹入他种之观念"[②]，"结婚而后，互相讨论，互相切磋，互相问难，互相质疑"[③]，学问的相互切磋必然伴随着情感的升温。

倘若考虑到爱情的持久、家庭的稳固，教育也是首要考虑的因素。因为教育不仅意味着个人文化水平的提升，也在一定程度上代表着自立能力的高低，它必然要被囊括在择偶的先决条件中。因此，自主婚姻并非毫无限制，许多论者之所以不约而同地将经济自立列为结婚的要件其原因就在于此。在当时，甚至传出了管学大臣张百熙拟定婚嫁章程之风说，限令"不问男女，未婚未嫁时，必先入学校肄业云"[④]。此闻令《女子世界》的主编丁初我颇不以为然，"老大专制宇下乃颁此文明之法律。此风声，此臆语，吾姑作为一则快事谈"。其虽断言不可能，但同时也反映了他念兹在兹的心愿。希望所有未婚者都接受教育，在当时根本不具备可行性：一方面，国家的主要精力在整军备武，无多余的财力办更多的学堂；另一方面，并不是所有的家庭

---

① 《广告》，《时报》1905年11月1日。
② 履夷：《婚姻改良论》，《留日女学会杂志》第1期。转引自张枬、王忍之主编《辛亥革命前十年间时论集》（3），三联书店，1960，第840页。
③ 壮公：《自由结婚议》，《女子世界》1904年第1卷第11期。
④ 《婚嫁章程》，《女子世界》1905年第2卷第1期。

都有能力供子女上学。对于此种现状，履夷适时做了妥协：

> 凡青年男女，其能入学读书者，虽在专门大学之学校，亦必俟其毕业，方许成婚。而寻常一般之人，其结婚之期，亦必限于各有职业之后。①

理想向现实的妥协使其实现增添了几分可能。这样的择婚标准实际上取法于西方，燕斌曾以知情人的口吻谈论道："吾观文明国民之结婚也，必有相当之学力，有相当之职业，有相投之意气。"② 其之所以被纳入新知识界的视野，因为它与国家的前途命运密切相关："或相取以学识，或相重于人品，或相尊以职务。如是则为男女者，益不得不勤其学，励其行，奋发于其职务，则国家之进步，不大有影响哉！"③ 上述观点在知识界具有代表性。青年们学识水平的提升及自立能力的培养表面上是为改良婚俗做准备，但其最终的着眼点在于改变国家民族的命运，这与知识界救亡图存的基调是一致的。

二 婚姻自主的追寻

"学堂知己结婚姻"的范例虽离婚姻自由还有一定距离，但仍被视为自由的象征而大肆报道，究其原因在于这样的结婚案例在清末为数不多。

清末虽说开始了学制改革，新学堂如雨后春笋般遍地开花，但一般而言，"启发知识"与"保存礼教"并行不悖是绝大多数学堂的特点，青年学生虽接受了一定的科学知识，但在思想观念上未必有多大改观。因此，"学堂知己结婚姻"的范例并不多，真正的自由结婚更属凤毛麟角，上文提到的范绍洛与林惠是自由订婚。另据柳亚子回忆，同里明华学校的孙济扶就和"浙江大学陆军的周赤忱自由订婚"④。革命党人在共同反清过程中，青年男

---

① 履夷：《婚姻改良论》，《留日女学会杂志》第 1 期。转引自张枬、王忍之主编《辛亥革命前十年间时论集》（3），三联书店，1960，第 840 页。
② 燕斌：《中国婚俗五大弊说》，《中国新女界杂志》1907 年第 3 期。
③ 师竹：《论女学之关系》，《云南》第 18 号。转引自李又宁、张玉法主编《近代中国女权运动史料》（上），龙文出版社股份有限公司，1975，第 595 页。
④ 柳亚子：《五十七年》，《柳亚子文集（自传·年谱·日记）》上海人民出版社，1986，第192 页。

女往往结下深厚的革命友谊而成为夫妇，汪精卫和陈璧君的结合就属此例并被传为佳话。汪精卫风流倜傥、玉树临风，且才华出众，被陈璧君视为梦中情人。1907 年，汪精卫奉孙中山之命去槟城活动，陈璧君与汪相识于吴世荣宅邸之荔兰园，二人一见钟情，畅谈革命。由此，陈璧君加入同盟会。在共同反清的革命生涯中二人同生死、同进退，结下了深厚的革命情谊。1912 年5 月，二人在广州结婚。① 黄兴与徐宗汉的结合也极具传奇性，据史料记载：

> 克强先生是一位革命的健将，黄花岗之役，他躬冒矢石，身先士卒。他攻广东督署失败以后，便逃到一个厕所里，后来又逃到一家米店里；好容易才逃到城外，便遇到徐宗汉女士。那时克强先生手已炸去一指，流血很多，徐女士便替他粗粗的包裹起来，随他到了小轮船上。克强先生装了一个病人的模样，徐女士坐在他的旁边。当时有人问她道，她说是她的丈夫，到了香港的医院里，她又代他做了家属签字。后来他们便成了夫妇，他们人是志同道合，而以革命事业为媒介的，这真所谓"天作之合"了。②

革命夫妇以革命事业为媒介，以志同道合的志趣为黏合剂，从而成就了幸福美满的婚姻。在婚姻自主理念的指引下，一些风气开化地区的女性，开始勇敢地破除陋俗偏见，追求自主择偶，较为典型的事例是梁保屏自由结婚事件。广东顺德女子梁保屏，曾为未婚亡夫守节八年。1904 年，她结识了以照相为职业的陈燧生，并私订终身。二人恐双方父母拘于礼俗而不允准，遂双双赴香港登记结婚，引起了家乡绅耆的激烈反对。为此，梁保屏具禀香港华民政务司，申诉其结婚理由。从其禀词中我们可以看到了一个深受旧婚姻折磨的女性如何去寻求自身的幸福。其禀词云：

> 窃保屏年仅及笄，由父母主意，命往未婚天亡周姓子家为死人妇。是时懵然无知，不识所谓守贞也。自是八年于兹，苦雨凄风，殊无生人乐趣。及稍长，见理愈真，方知男女居室，乃人之大伦。古有明训，何须自寻烦恼，有负天地生成，将必择人而事，如是立志，既有年矣。乃于本年孟夏，偶携仆妇阿三等往县城艳真居拍照小影，因此得见该店主

---

① 王光远、姜中秋：《汪精卫与陈璧君》，中国青年出版社，1992，第 4~28 页。
② 车吉心、王育济主编《中华野史》（民国卷），泰山出版社，2000，第 767 页。

陈燧生，年少老成，非同俗子，自愿托以终身。回家即亲修一函，着阿三送去，询问燧生曾否成家。旋得回书，知其尚虚中馈，私心窃喜，商定姻盟。无如燧生屡次书来，皆为必须禀明两家父母，方可从事等语。惟自念堂上老人，素泥风俗，纵有请命，难邀允准。于是以大舜不告而娶之大义，知父母，且求宽宥独断独行之罪。[①]

在古代，男女追求幸福婚姻因无所依托必然要私奔，而梁保屏则懂得"托庇于文明宇下"去香港注册结婚，这里固然有地理上的便利，实际上也是斗转星移、时代风气转化的必然结果。梁保屏的禀词被当时香港的各大报纸刊发，"均馨香而神圣之，甚或著为论说，许以自由结婚之美名。"梁保屏的命运如何因缺乏后续报答而无从知晓，但有一点确定无疑，那就是在专制文化的层层围堵中的女性要争取到婚姻的自主极为不易，必须付出百倍的努力。

《女子世界》中曾以"吐弃功名"为题介绍了女性争取婚姻自主的事例：

> 嘉应何君素喜新学，尝以开通风气诶己任。丁母艰后，父命其从权匿丧应试，何欲遵之。其妻邱氏怫然曰：恶是何为？君平日言新学，妾所望君者。望君多一年则高一层学业也，妾岂望君多一则高一层奴隶顶子耶！何壮其言，乃报丁忧。闻邱来归何时，其母以地僻为嫌，然迟至三年，来议婚者皆不愿，盖早属意于何也。母知其意，卒许何，亦可谓得自由结婚之权矣。[②]

此事例中的邱氏可谓是奇女子。首先，其注重学问鄙视功名的意识是当时社会中一般女性难以企及的。正是在她的鼓励和劝慰下，其夫毅然放弃了父亲要其追求功名之意，转而继续学习自己心仪已久的新学。其次，邱氏公然违背父母之意，坚决要求嫁给何君，并为此与其母争斗了三年，最后有情人终成眷属。邱氏争取婚姻自主的精神固然让人感动，另一位女性的执着更是让人唏嘘不已：

---

① 《真女权歟》，《女子世界》1904 年第 1 卷第 10 期；《婚姻奇案》，《大公报》1904 年 9 月 7 日。

② 《吐弃功名》，《女子世界》1904 年第 1 卷第 10 期。

阿胜，广州人，逸其姓，少孤。游于美利坚国之旧金山，善贸易，居六载，积资颇丰，航海而归。将缔婚，有某氏女及笄，因媒合之。女母闻其丰于资也，许焉。既又惧其仍远游也，曰："吾女岂能相从于海外哉？"故使媒妁索重聘。阿胜鄙之，曰："卖婚，非礼也，吾何患无妻？"遂已其事，复出游。女闻之，不直其母，窃附海舶至旧金山寻夫。一日，于途中遇之，连呼曰："阿胜，阿胜。"胜顾之，惊曰："卿闺中弱质，何为至此？"女具告之。胜感其义，与俱归旅舍，成礼焉。①

广州地处南部沿海，较早的成为东西方文化交流的桥头堡，风气相对开化，这可能为某氏女千里寻夫创造了良好的氛围。千里寻夫婿，其勇气可嘉可叹，她用自己的行动感动了阿胜，并赢得了对方的好感而结为夫妇。

民国的成立，为青年们争取婚姻自主带来了更多的生机。南京临时中央政府不仅建立了共和政体的基本框架，还积极倡导社会文化变革，它"承戊戌进步文化之余波，又开五四新文化运动之先河，是近代文化变迁、发展的重要里程碑"②，推动了民初文明婚姻的发展。更重要的是，辛亥革命打破了传统礼教思想与政制系统的高度结合，松懈了政治对文化的刻板控制。传统的伦理道德、价值信仰虽仍在影响人们的观念、行为，但因失去了政治的支持和行政贯彻的渠道，其原有的神圣性和规范力已失去了往日的威慑，它关于社会、身份以及文化的种种观念似乎都成了明日黄花，人们不再顾及自己的行为是否与传统伦理秩序相互吻合，这为辛亥之后青年们追求婚姻自主开了方便之门。③

据吴士贤等人回忆，在民国初期的北京，民智已开，结婚的双方也有了一定的发言权。在媒人的撮合下，由父母将对方情况转告子女，并验看照片。如果双方有意，可以见面相看。④ 在苏州，男女"大都以照片互相交换"⑤。在当时，青年争取婚姻自主的事件时有耳闻。云南女学生刘宇岐离婚后，与滇军第四连第三大队长黄临庄结识，并愿与其自由结婚。身为女学堂教习的刘父以自主择偶悖逆伦理为由强烈反对，刘宇岐被迫逃匿并一纸诉状

① 徐珂编《清稗类钞》（第5册），中华书局，1984，第2103页。
② 刘志琴主编《近代中国社会文化变迁录》（3），浙江人民出版社，1998，第1页。
③ 许纪霖、陈达凯主编《中国现代化史》，上海三联书店，1995，第294页。
④ 吴士贤、吴敬晨：《北京汉族的旧式婚礼》，《旧京人物与风情》，北京燕山出版社，1996，第364～365页。
⑤ 朱惠贞：《苏州婚嫁之风俗》，《妇女时报》1911年第3期。

将其父告到云南都督府。官方虽对刘宇岐丑化其父之举进行痛斥，但也对自主结婚表示同情。^① 据报载，长沙北正街年仅 16 岁的中学生王某，与表亲刘某订有婚约，王某在未征得双方父母同意的情况下，将未婚妻刘某领到提调家私自完婚。^② 某女学校毕业生蒋女士，早年由媒人撮合许给杂货店老板之子胡连根。在胡家欲迎娶蒋女士之际，蒋氏却以胡家是小商户为由意图悔婚，并声称共和法律首重自由结婚。胡连根盛怒之下，跑到蒋家兴师问罪。此时，蒋女士见到自己的未婚夫竟是翩翩少年郎，急忙收回悔婚之成命。^③从蒋女士悔婚及收回成命的过程看，女性婚姻自主的意识非常明确。

1917 年，徐悲鸿成为江苏宜兴县第一个砸开封建包办婚姻枷锁的勇士。他本和出身名门的蒋碧薇女士一见钟情，而蒋却早已有婚约。当男方要迎娶蒋碧薇的消息传来时，她在徐悲鸿的鼓励下一起逃到上海，并举行了婚礼。^④更有意思的是，在自主理念的影响下还发生了女子"单独结婚"之事。有称之为"王大娘"的女子，钟情于"晋昌公子"。不料，落花有意，流水无情，"晋昌公子"对"王大娘"的痴情无动于衷。"王大娘"并不因吃了闭门羹而改变初衷，反而发表了"单独结婚"宣言，以表达自己的不渝之志：

> 现今时代婚姻所以崇尚自由者，无非欲求室家之和好耳。妾标梅已届情窦早开，正所谓"小姑居处，不惯无郎"。会有晋昌公子者，家声克绍，仪度翩翩，闻其久断鸾胶，逍遥海上。妾不觉梦魂颠倒，以为如我两人者才貌相当，工力悉敌，苟谐伉俪，则闺房和好。当有甚于画眉。……妾已抱定嫁郎之宗旨，纵被挡驾，亦知从一而终之义。与其悲悲切切，害单相思之病。何如老老面皮，开单独结婚之语？是用正式宣言，使咸族咸知，彼虽不以我为妻，我必以彼为最亲爱之夫。曲在彼而不在妾也。总之实际上之夫妇今生虽已无望，而名义上之夫妇则固。单独可以主张，固无须郎之承认矣。^⑤

从材料看，"王大娘"的"单独结婚"属于单相思。古代的妇女往往将

---

① 车吉心、王育济主编《中华野史》（民国卷），泰山出版社，2000，第 434 页。
② 《秘密结婚》，《中华新报》1917 年 5 月 12 日。
③ 《女学生自由》，《中华新报》1917 年 6 月 23 日。
④ 徐铸成：《旧闻杂忆续篇》，四川人民出版社，1982，第 139 页；孔繁杰编著《民国往事（三）：红颜纪闻》，百花文艺出版社，2011，第 135 页。
⑤ 车吉心、王育济主编《中华野史》（民国卷），泰山出版社，2000，第 467 页。

相思之情转化成诗词聊以自慰，并不大张旗鼓地宣传。像"王大娘"这样明目张胆地公开自己的相思之情，并用从一而终之义来激励自己要坚决守护这份相思之情的女子并不多见。其思想之中既有自由、自主的精神，同时又混杂着礼教中的旧思想。"王大娘"对于这份情感的坚守到底能维持多久，因史料缺乏我们不得而知，但她的宣言无疑在一定程度上体现了婚姻自主的精神。

清末民初的婚姻自主，还体现在中外互婚渐成风尚。自晚清以来，中外交往日趋频繁，一些留学生、驻外公使等以自己的才识与品行赢得了异域女子的青睐，从而喜结连理。作为中法文化交流使者的陈季同，以其博学的才识赢得了法国女子佛伦西的青睐，二人相恋并结为伉俪。与此同时，一名叫玛德的英国女子也为陈氏横溢的才华所折服并爱上了他，陈季同也为她的美丽、痴情所迷恋。他回国时，将二女同时带回中国。但不久陈的行为被佛伦西发现，并与玛德发生了争执。① 这段经历在小说《孽海花》中也有所反映。民国外交家陆徵祥在清末时曾任驻俄参赞，时年28岁的他结识了44岁的比利时女子培德·博斐，并一见倾心。培德·博斐不仅美丽且才华横溢，二人跨越了年龄的差距私订终身。陆氏不顾官场的反对之声，毅然于1898年与培德在圣彼得堡教堂结婚。② 1902年，驻法公使裕庚的二公子与法国女子地拿斯结婚，婚礼在巴黎的斐力比教堂举行。地拿斯本为裕庚女儿的家庭教师，二公子见了甚是喜爱，并与之相爱，最终喜结连理。③ 1906年，四川陈新知从日本留学归来，娶日本女子山口智慧为妻。其妻在大梁子五公馆教授日本语，陈为助教。④ 20世纪初，中国留美学生黄添福冲破家庭的重重阻力与美国女子结婚，1916年病逝于美国。其妻独立抚养三个孩子，并留下了《一位美国人嫁于一位中国人的自述》，成为研究婚姻史的重要参考资料。⑤ 还有一些外国女教士在传教期间与中国教徒结婚。1898年前后，挪威女教士某君嫁于华人教士成秀琪，并改名为成玉英。婚后育有一女，夫妇二人在山西太原海子边设立戒烟局。

---

① 张威：《跨国婚姻：悲剧·喜剧·正剧》，世界知识出版社，1999，第6～7页；魏秀春主编《中外文化交流史轶闻趣事》，山东画报出版社，2008，第417～419页。
② 张威著《跨国婚姻：悲剧·喜剧·正剧》，世界知识出版社，1999，第7～8页。
③ 《记裕公子娶法国女子事》，《中外日报》1902年11月28日。
④ 《东语夜课》，《广益丛报》第3号，1906年3月14日。
⑤ 佚名：《一位美国人嫁于一位中国人的自述》，龙文出版社股份有限公司，1994。

1899年，在广州的美国女教士哈尔佛生与华人蓝子英结婚，并得到美国官方的认可。①

民国之后，中外互婚的热潮并没有衰退。1913年，保定军校校长蒋百里深感报国之志难酬，在给学生训话时因激愤突然拔枪自杀，但并没有击中要害。其后，袁世凯迅速派出日本医生和护士为蒋疗伤，在这期间他与日本护士佐藤屋子产生感情，并于1914年在天津德国饭店结为夫妇。② 1916年，郭沫若置包办婚姻于不顾，疯狂地爱上了日本护士佐藤富子，异国之恋抒写了这位抒情诗人浪漫生活的第一篇章。③ 在民国初期，中外互婚的事例可谓比比皆是。在文化界，有诗人李金发、作家徐仲年、雕塑家王临己、画家张道藩、画家李凤白、美术家常书鸿、北平市长何思源、北大教授张凤举、平民教育家晏阳初等；在科技界中则有物理学家夏元瑮、现代生理学奠基人林可胜、化学冶金学科奠基人叶渚沛、结核病学家吴绍青等。④ 他们以自己的跨国奇缘，书写了民初婚姻自主热潮中的美丽篇章。

清末民初中外互婚中的青年，都以爱情为结合基础。不少人的婚姻还历经种种磨难，但他们大都生死不渝，厮守终身。他们的结合，不仅冲破了传统包办婚姻的束缚，还打破了东西方民族的界限。它不仅是近代婚姻自主潮流中的重要组成部分，还给后人留下了婚姻史上的佳话。

中国传统社会历来注重礼法，借以营造层次分明的"差序结构"社会。婚姻自主所体现的是男女平等理念，这对传统的"差序结构"社会形成了挑战，必然要受到传统势力的挤压。因此，婚姻自主的践行经常会受到家庭的羁绊、社会的阻碍以及强势集团的打压。只要自由结婚超越男女个人范围而波及公众，地方官吏大都给予严办以维持风化。1909年，曾留学日本的浙江女士张维英在江西某学堂充当图画教习时，设立自由演说会，提倡自由结婚。此事被学部获悉后，以其有碍风化，严令江西官员查办，张迫于压力遂将该会解散。但张维英自由结婚之意却矢志不改：

查该女士年仅二十一岁，尚未出阁，仍拟立志自由，一时慕该女士

① 《女教士嫁华人》，《中外日报》1899年11月26日。
② 陶菊隐：《蒋百里传》，中华书局，1985，第30~35页。
③ 张威：《跨国婚姻：悲剧·喜剧·正剧》，世界知识出版社，1999，第12页。
④ 散木：《闲话晚清以来的中外通婚潮流》，《书屋》2002年第9期；张威：《跨国婚姻：悲剧·喜剧·正剧》，世界知识出版社，1999，第12~14页。

之才貌者均纷往求婚，络绎不绝。女士遂定一试格，先验身体，后验学科，如有中式者，即与举行新式结婚。①

1910 年，广东南海县澜石附近绅士劳伯华等人，因邻乡附近女子皆染有自由习气，故联名赴县属，呈请县令严禁此风。县令准其所请，批示云：

> 男女婚姻，由父母之命，媒妁之言，岂能任听妇女自由择配。据禀前情，在女子固越礼逾闲，在父兄亦疏防失教，应候出示严禁。该绅等仍传谕各乡绅耆父兄，善为教训，妥为约束，俾使习娴礼义，为嫁前则贞静自守，已嫁则敬戒无违，以挽浇风，是为至要。②

从县令的批示看，作为一县之尊其明确反对妇女自由择配，而且还要利用一切手段来隔绝婚姻自主的习气：发挥父兄的权威加以严格管束，利用绅耆谕令加强教化。广东是近代最早的开埠城市之一，得自由风气之先，即使如此，其反对婚姻自主的势力仍很强大，由此可以想象国内其他城市的禁锢状况。

即使到了民国初期，婚姻自主的践行也是困难重重。婚姻习俗的变化多局限于通都大邑，即使在这里也只限于极少数上流社会或商学阶层，一般民众遵旧俗者居多。另外，国家还颁布了《褒扬条例》，对于贞节、烈女的颂扬报道时常见诸报端。③ 在这种社会氛围中，青年对于自主婚姻的追求必然要付出惨重代价。例如：

> 粤省新会法庭近审讯一宗同姓结婚案，观者数百人，远近传为笑话。缘外海乡陈某之女已许配马某为妻，马貌不扬，女甚恶之，本族陈惠泉年少貌美，愿与之结为夫妇。二人虽属同姓而皆破除氏族界限主义，悍然不顾。该族绅耆以其有伤风化大集会议，据理斥，勒令离异，该女子不服，哓哓致辩，激动分愤，故扭之送官讯办。④

---

① 《电阻张女士自由结婚》，《大公报》1909 年 6 月 28 日。
② 《粤绅请禁自由婚嫁之恶习》，《时报》1910 年 9 月 16 日。
③ 《烈妇殉夫》，《申报》1913 年 9 月 14 日；施淑仪：《对于烈妇殉夫之感言》，《妇女杂志》第 1 卷第 8 号，1915 年 8 月；《礼失而求诸野》，天津《大公报》1918 年 3 月 22 日；《女士贞节可风》，《申报》1918 年 4 月 18 日；《陈烈女追悼大会详记》，《申报》1918 年 8 月 5 日。
④ 《同姓结婚之起诉》，《申报》1913 年 3 月 29 日。

　　"同姓不婚"是传统婚姻所奉行的准则之一，并被法律所认可。清代法律规定，同姓结婚者，杖60、判离异。① 但据瞿同祖研究，"同姓不婚"的原则在民间社会并没有被严格的遵守，而且官方也恪守民不告、官不究的原则。如果因此涉案进而步入法律程序，则会严格按照法律来判决。② 民初的婚姻律还在执行清代的法律准则，一旦进入司法程序，由此不难想象这对青年夫妇的命运。

　　在当时，轰动上海的周静娟案件更清晰地表明了青年们追求自主婚姻的悲惨命运。周静娟，江苏省议员周钺之女，毕业于上海务本女塾，后在浦东南洲女校充当教员。由于她热心教务，校长徐品花敬慕其才，将校长之位相让。教员顾某出于嫉妒大肆造谣，说周和徐的关系不清白。周父思想极为顽固，闻听到流言蜚语后极为愤怒，力劝其辞职。周静娟害怕遭到其父的迫害，同时为保全名誉决定与徐品花自由结婚。同时，她还修书其姑丈刘子瑜让其说和。不久，周父与其继母到校接周静娟回江苏老家，并佯装接受其自由结婚。在回家途中，周父暴露出了真实面目，怒斥周静娟有辱门风并将其推落水中淹杀。③

　　周静娟事件发生后，有人针对当时自由结婚环境的严酷感慨地说："堂堂省议员，尚且如此不文明，何况市乡愚民！"④ 由此推断，民初社会中的许多人仍然无法接受婚姻自主的观念，⑤ 身处传统礼教禁锢中的青年人若要做到婚姻自主是何其不易。实际上，社会上连对男女的自由社交都尚未被接受。即使在上海、广东、江苏等相对开化之地，对于男女"相携过市""结伴长堤""杂沓盈坐"等行为也是极尽禁止之能事。⑥ 在如此的环境中男女相识都很困难，更不用谈自主结婚。但复苏的人性一旦觉醒，其对个体生活欲望的冲动就不可能被阻止，张维英、陈樨芝、梁保屏、周静娟以及其他无名女性在男女平权理念的指引下奋勇抗争，逐渐汇成了婚姻自主的涓涓细流。

---

① 田涛、郑秦点校《大清律例》，法律出版社，1999，第208页。
② 瞿同祖：《中国法律与中国社会》，中华书局，1981，第90~92页。
③ 《自由谈话会》，《申报》1913年10月12日；车吉心、王育济主编《中华野史》（民国卷），泰山出版社，2000，第434页。
④ 《判决周静娟投水案》，《申报》1913年10月26日。
⑤ 《闲评二》，天津《大公报》1913年9月15日。
⑥ 《中国男女礼防大弛之可惧》，天津《大公报》1913年5月13日；《维持风化》，《申报》1914年8月30日；《知事维持风化》，《申报》1914年12月5日。

三　耳目一新的文明婚礼

伴随着自由结婚的兴起，婚礼作为男女结合的重要标志也焕然一新："光、宣以还，欧风东渐，衣冠之族、章袚之伦，损益繁缛，酌剂文节，谓之文明结婚"①。婚礼一新，主要表现在程序的删减及其精神内核的变化。婚礼的删繁就简是对传统婚礼奢华、繁缛的否定，而其中贯注的男女平权因子更推动了婚礼的升华。

文明婚礼最早出现于 19 世纪末 20 世纪初，它以西式婚礼为参考蓝本，适当渗透、融合了中国文化元素。至 1905 年，在北京、上海、天津等地，文明婚礼已成为知识界的新时尚。

文明婚礼在新知识界流行得益于《婚姻谈》一书的翻译出版。该书由法国斯达康女士撰写，中国驻法参赞刘式训将其翻译成中文。该书的出版成为国人了解西方婚姻礼仪的参考书，同时又迎合了文明结婚的需要。当时的报刊在介绍该书时说："此乃泰西礼俗新编之一，其中叙文明结婚礼式既详且明，序次秩然，诚我国志士改良婚礼之参考书也。"②《婚姻谈》不仅只是一本婚礼参考书，同时它还是中国婚姻改良合理性的证据所在："我国婚姻之野蛮也，如马牛然，任人牵弄。于是矫其弊者，乃欲举行婚姻自由之制，以增进社会之幸福。不知泰西所谓婚姻自由，男女主之，而父母谐之，教主证之，非苟焉而已。谓予不信，请观是编，当知吾言之不诬也。"③ 此书的出版以事实证明了国人所仿行的自主结婚并非男女之间的苟合，而是人类文明的象征，从而为婚姻改良增加了合法性依据。此后，关于西方文明结婚的介绍不时见诸报端，④ 从而为文明结婚理念的传播构筑了更坚实的基础

婚礼的文明是与传统婚礼的"野蛮"相对而言的。两相比较，文明婚礼的优势在哪里呢？徐珂编撰的《清稗类钞》中说：

> 文明婚礼，实有三长。一，以父母之命，媒妁之言，而取男女之同

---

① 《沈阳县志》（十五卷·民国六年铅印本），丁世良、赵放主编《中国地方志民俗资料汇编·东北卷》，书目文献出版社，1989，第 46 页。

② 《广告》，《时报》1905 年 9 月 4 日。

③ 《广告》，《时报》1905 年 10 月 16 日。

④ 《美国婚嫁之风俗》，《妇女时报》1911 年第 2 期。

意，以监督自由。其办理次序，先由男子陈志愿于父母，得父母允准，再由介绍人约期订邀男女会晤，男女同意，婚约始定。二，定婚后，男女立约，先以求学自立为誓言。三，婚礼务求节俭，以挽回奢侈习俗，而免经济生活之障碍。①

从上文来看，文明婚姻的长处体现在三点：第一，子女个人意愿在先，父母承认在后，整个过程既体现当事人的自由意志，又使得婚姻合乎社会性，即婚姻乃公约而非个人私约；第二，当事人以求学自立为目的，不拘泥于家庭俗务；第三，婚礼简单、节俭，避免了因奢靡浪费而影响日后的生活。节俭、自立是时人推动改良婚姻的重要目的，体现了时代最前沿的呼声。

光、宣之交的文明结婚乍现神州，还无固定制式，但各地的婚礼程序大同小异，其基本步骤如下：

一、奏乐。二、司仪人入席，面北立。以下皆由司仪人宣唱。三、男宾客入席，面北立。四、女宾入席，面北立。五、男族主婚人入席，面南立。六、女族主婚人入席。面南立。七、男族全体入席，面西立。八、女族全体入席，面东立。九、证婚人入席，面南立。十、介绍人入席，面南立。十一、纠仪人入席，面北立。十二、男女傧相引新郎新妇入席，面北立。十三、男傧相入席，面北立。十四、女傧相入席，面北立。十五、奏乐。十六、证婚人读证书。十七、证婚人用印。十八、介绍人用印。十九、新郎新妇用印。二十、证婚人为新郎新妇交换饰物。二十一、新郎新妇行结婚礼，东西相向立，双鞠躬。二十二、奏乐。二十三、主婚人致训辞。二十四、证婚人致箴辞。二十五、新郎新妇谢证婚人，三鞠躬。二十六、新郎新妇谢介绍人，三鞠躬。二十七、男女宾代表致颂辞，赠花，双鞠躬。二十八、奏乐。二十九、新郎新妇致谢辞，双鞠躬。三十、女宾代表唱文明结婚歌。三十一、证婚人介绍人退。三十二、男宾退。三十三、女宾退。三十四、新郎新妇行谒见男女主婚人及男女族全体礼。三十五、奏乐。三十六、男女主婚人及各尊长面南立，三鞠躬。三十七、男女平辈面西立，男女晚辈面束立，双鞠躬。三十八、男族女族全体行相见礼，东西相向立，双鞠躬。三十九、

---

① 徐珂编撰《清稗类钞》（第5册），中华书局，1984，第1987页。

男女傧相引新郎新妇退。四十、男女两家主婚人及男族女族全体退。四十一、纠仪人、司仪人退。四十二、茶点。四十三、筵宴。①

整个婚礼过程被解析成四十三步，貌似繁杂，但实际上述步骤可以概括成三个环节：第一是行结婚礼，男女二人行礼、交换信物等，包括第一至二十二步；第二是受贺礼，来宾代表发言祝福新人，包括二十三至三十三步；第三是行见家族礼，包括三十四至四十一步。从总体上讲，文明结婚的过程主要包括这三个环节，每个环节中的内容还可以酌情调剂。

徐珂对于文明结婚程序的记录不可谓不详，但抽象的记录很难感受到现场的婚礼气氛，当时关于文明结婚的报道可能有助于加深对文明婚礼的认识。无锡廉砺卿与姚女士的婚礼留下了较为详尽的记载，婚礼分为三节：

（甲）结婚。诸男宾伴送新郎，诸女宾伴送新娘，至礼堂北面立；主婚者西南面立，展读证书。新郎、新娘、主婚人、绍介人各用印毕，主婚者为新郎、新娘对换一饰品（如指环、时针类），即对立行鞠躬礼。主婚人读颂词，新郎、新娘谢主婚人，次谢介绍人，均鞠躬退，此时贺客均拍手欢呼。

（乙）见家族礼。先谒尊长叩头，次同辈，次下辈，彼此鞠躬行礼毕，时均授新郎、新娘以金银牌，或他饰物；下辈则各献花为贺（俱入礼堂瓶内），新郎、新娘则于次日报酬之。

（丙）受贺。男女宾各依新郎、新娘，以次排列，行一鞠躬礼。男女宾代表人出读颂词毕，各执花一束，插于新郎、新娘襟上。复位，又一鞠躬，新郎、新娘出位读答词，谢众客，行一鞠躬礼，来宾又拍手欢呼。礼毕，乃宴饮，饮时随意举杯祝颂，或歌舞，尽欢而散。②

除此之外，上文提及的其他婚姻实例，都举行了文明婚礼。在吴回范与顾璧夫妇的婚礼上，来贺礼的嘉宾达到 200 人，"一堂嘉礼，秩序彬彬，为镇地未有之盛举"③。

---

① 徐珂编撰《清稗类钞》（第 5 册），中华书局，1984，第 1987～1988 页；周人：《婚仪略说》，《广益杂志》1919 年第 9 期。
② 《创新婚礼》，《女子世界》1904 年第 1 卷第 11 期。
③ 《文明结婚》，《女子世界》1905 年第 2 卷第 3 期；《文明结婚记》，《时报》1905 年 9 月 2 日。

《女子世界》的创办者们对文明结婚给予了极高赞誉。其主编丁初我说："吾国文明结婚之举，从未有闻。自去年海上廉君举行后，一年间已并此四焉。吾国诸父老故旧，其亦知此举之出自贵族，出自学人，出自诸名誉人之赞成，或亦一洗繁缛节文之习惯而造成。自由完美之家庭，使吾国数年间风俗史上骤现，一新家礼，其亦家庭改革之先声矣。"① 丁氏乐观地认为，文明结婚所造就的新家庭不数年必会在神州大地骤现，他们必定会成为家庭改革的先行者。同时，丁氏之语还道出了一个事实，那就是文明结婚在社会知名人士中颇有市场。如在见诸报道的文明婚礼中，参与婚礼的嘉宾多为学界或商界名流。以张鞠存与王忍之的婚礼为例，到场祝贺的有教育界名流马相伯、商界知名人士穆抒斋；吴回范与顾璧的婚礼上，证婚人曹家麟为承志学堂校长，孙铭为新军部队中的中层军官。喻塵涧与潘裴秋夫妇在天津举办婚礼，主婚人是教育家张伯苓。② 由上述实例可以看出，文明婚礼在社会名流中具有相当的认同。

另外，从婚礼现场的报道看，文明结婚也有相当的群众基础。以吴回范与顾璧婚礼为例，参与人达到二百余人；私立中学学生马仁声君与普育女学教员张祝春结婚时，前去观礼的人数达到了四百余人。③ 汪康年在其笔记中记载，"扬州有自由结婚者，发券过限，屋将不容，而来者竟入，亦以水退之。"④ 其记载虽志在讥讽自由婚，但从反面亦证明了文明结婚对世人的巨大吸引力。

从 1905 年起，文明婚礼逐渐为社会所认同。有的新婚夫妇干脆将婚礼的内容在报刊上布告周知，其所刊登的内容不仅包括婚礼的过程，还有结婚人的情况、婚礼的时间地点等，这可以算作中国早期的结婚启示。1905 年 9 月 1 日，刘千里、吴小馥在上海张园举办文明婚礼，主持人为文明书局创办人廉泉，介绍人为上海和无锡的实业大亨周舜卿和薛南溟。婚礼举行当日，他们在上海《时报》刊登了《文明结婚礼式单》，此举既表明了婚姻的社会性，又通过报刊向社会宣扬文明结婚的理念。对于后来者而言，此举无疑给他们提供了观察婚姻最详实的材料。

①　《文明结婚》，《女子世界》1905 年第 2 卷第 3 期。
②　《文明结婚》，《大公报》1911 年 7 月 21 日。
③　《文明结婚》，《大公报》1910 年 10 月 3 日；候杰、王昆江编著《醒俗画报》（精选），天津人民出版社，2005，第 48 页。
④　汪康年：《汪穰卿笔记》，中华书局，2007，第 217 页。

清末寥若晨星的文明结婚，在民国初期逐步拓展。宋教仁、汪精卫、蔡元培、唐绍仪等革命党人为移风易俗以践行民主共和理念，积极倡导社会改良，推行文明结婚。① 还有人将文明结婚的特点和优点编成朗朗上口的歌谣以利于传颂："文明结婚……戒指为定，大媒就作见证人。最要紧，结婚书呀，双方盖印……礼节呼腰，西装汉服随人好……结婚由呀，新人可自表……主婚再通告。……郎才女貌两情愿，合家欢。入洞房呀，客人只好看……勿好再瞎缠。……改良新礼……论是非，实骨子呀，简便而已。"② 还有人根据国人上行下效的心理，积极倡导国家公职人员变革婚礼："满清官吏于婚礼极事奢华，是其劣性使然，固无足怪。吾愿民国公仆婚礼当从节俭。"③ 在西方文明的浸润以及志士仁人的积极推动下，不少官宦和社会名流的子女结婚逐渐采用文明婚礼。

梁启超的女儿梁令娴与周希哲的婚礼是我国婚姻史中的一段佳话。婚礼仪式由梁启超亲自定制，新旧参半。其中，男方主婚人为周子怡总长，女方主婚人为梁启超，主礼是马湘伯，大宾为孙宝琦总理与前任总理熊希龄。婚礼的参与者要么是达官显贵，要么是社会名流，其场景可谓蔚为大观。④ 袁世凯称帝前为拉拢冯国璋，将家庭教师周道如女士许配给冯国璋，其婚礼参用中西，举行文明仪式。⑤ 1914 年 8 月 24 日，袁世凯的四公子袁克端在北京结婚，礼堂设在怀仁堂。新郎穿西装、披红绸，新娘穿粉红色裙衫。所用仪仗、仪礼系新旧结合，沿途有军乐前导，彩舆前后有军队，结婚队伍所过之地，观者如堵。⑥ 锦江饭店创始人董竹君女士与革命志士夏之时于 1914 年春在日租界文明结婚。董竹君身穿白洋纱制成的法式连衣裙，脚穿白色半高跟的尖头皮鞋，梳法国式发结；夏之时身穿燕尾服、白衬衫、黑领结、黑皮鞋，婚礼在日本旅馆松田洋行举行。他们的着装之所以都是法国样式，是因为不少知识者向往法国的民主共和制，故其谈吐、服装等多模仿法国做派，在当时这被认为是文明而时髦的行为。⑦

---

① 陈旭麓主编《宋教仁集》（下），中华书局，1981，第 377～379 页。

② 褚博甫：《文明结婚五更调》，《申报》1912 年 6 月 24 日。

③ 《心直口快》，《申报》1912 年 4 月 11 日。

④ 《钗裙韵语·梁令娴于归记》，李定夷编《民国趣史》，上海国华书局，1915，第 86～91 页。

⑤ 车吉心、王育济主编《中华野史》（民国卷），泰山出版社，2000，第 355～356 页。

⑥ 《钗裙韵语·公府新式结婚记》，李定夷编《民国趣史》，上海国华书局，1915，第 85～86 页；严修：《严修年谱》，齐鲁书社，1990，第 324 页。

⑦ 董竹君：《我的一个世纪》，三联书店，1997，第 59～60 页。

图 3 - 1　董竹君与夏之时文明结婚照

资料来源：董竹君《我的一个世纪》，三联书店，1997，第 59 页。

　　文明婚礼不仅盛行于大都市的官宦与社会名流之家，即使在地方的诗礼、缙绅之家也开始仿行文明结婚。在辽宁铁岭，"自民国成立，改行文明结婚礼，其礼制颇称慎重，诗礼之家从之"①；在江苏武进，"民国以来，旧式未改，参用新礼"②；在浙江海宁，"近皆欧化风行，古礼蔑弃，号为文明，别成婚缔。变媒妁之称曰介绍人，男谐女允，证人定盟。设礼堂，会宾朋，观礼有券，裙屐如云。登台演说，贺辞缤纷，指环交换，鞠躬有礼，百年偕老"③；在河北晋县，"自欧风东渐，自由结婚盛行一时，婚礼亦变更新制"④；在四

---

① 《铁岭县志》（8 卷·1915 年铅印本），丁世良、赵放主编《中国地方志民俗资料汇编·东北卷》，书目文献出版社，1989，第 105 页。

② 胡朴安编《中华全国风俗志》（下编），河北人民出版社，1986，第 177 页。

③ 《海宁州志稿》（41 卷·1922 年铅印本），丁世良、赵放主编《中国地方志民俗资料汇编·华东卷》，书目文献出版社，1995，第 665 页。

④ 《晋县志料》，（2 卷·1935 年石印本），丁世良、赵放主编《中国地方志民俗资料汇编·华东卷》，书目文献出版社，1995，第 89 页。

川巴县，"入民国，其仪又变，或临时酌定，曰'文明结婚'"①。另外，地方基督教会也积极倡导传统婚礼的改革，力图剔掉传统婚礼中的奢靡等不合理要素，使其更加符合现代文明。②

与传统婚礼相比，文明婚礼在形式上增加了一些环节，如婚礼中有演讲、唱祝福歌以及颂辞等。婚礼演讲之先河由蔡元培先生开创，"余请以演说易闹洞房。于是翰香（贵林）、朱则季（世效）、陈冕斋（懋）、汪叔明（希）、孙偶耕（翼中）、魏充叔（易）、宋燕生（恕）、陈介石（黼宸）、叶少吾（景范），各以意演说。"③ 以此为开端，演说成为文明结婚的必要环节。演说的目的，一般在于申明新式婚礼之文明，抨击传统婚姻之愚昧。1910 年著名活动家徐佛苏与黄剑秋在天津举行文明结婚，《大公报》创始人英敛之到场演说。其内容大致如下：

> 夫妇之道，最重爱情。有此真精神以固结于其间，则百年和合，永无反目之虞。我国数千年来，婚姻一事，专听父母之命及媒妁之言，其祸之烈，不可胜言。西方结婚，所以必讲自由者，职是之故。且我国结婚一事，繁文缛节，虚浮滥费，举皆无益……。④

演讲替代了传统婚礼中的闹房，增添了几丝文明气息，同时又可借机向来宾宣扬文明婚姻的理念，收到了一石二鸟之功效。民初，董伯康和侯文贞在北京铁门安庆馆中文明结婚。礼毕之后，武昌起义的元老，医学、书法造诣颇深的许学源先生发表演讲，阐述了中国传统婚姻的优点，并认为文明结婚是在西方理念引导下将传统婚姻合理要素发扬光大的结果。⑤ 又如，宁波张某与某女校学生在上海爱文义路结婚。来宾多宁波人，仍坚持该地闹房的习俗，新娘被百般捉弄。有人出于恶作剧的心理，以新娘为新学界人物为由提议她演说，"不意语未毕，而新娘起立，慨然允诺，就妆台之旁鞠躬，滔滔不绝，力陈闹新房之恶习，带讽带刺，一时闹新房者大窘，亦可谓自讨其辱矣。"⑥

---

① 《巴县志》（23 卷·1939 年刻本），丁世良、赵放主编《中国地方志民俗资料汇编·西南卷》，书目文献出版社，1991，第 32 页。

② 《基督教江苏联会婚丧公礼》，《新民报》1915 年第 5 卷第 8 期。

③ 王世儒编撰《蔡元培先生年谱》（上），北京大学出版社，1998，第 54 页。

④ 《文明结婚》，《大公报》1910 年 10 月 17 日。

⑤ 车吉心、王育济主编《中华野史》（民国卷），泰山出版社，2000，第 359 页。

⑥ 《新娘演说词》，《中华新报》1917 年 7 月 5 日。

能有如此功效的还有婚礼上大唱《自由结婚》歌的环节：

> 改造出新中国，要自新人起。莫对着皇天后土，仆仆空行礼。记当初指环交换，拣着生平、最敬最爱的学堂知己。任你美妙花枝，氤氲香盒，怎比得爱情神圣涵天地？会堂开处，主婚人到，有情眷属，人天皆大欢喜。

> 可笑那旧社会，全凭媒妁通情。待到那催妆却扇，胡闹看新人。如今是婚姻革命，女权平等，一夫一妻世界最文明。不问南方比目，北方比翼，一样是风流快意享难尽。满堂宾客，后方跳舞，前方演说，听侬也奏风琴。①

歌词对文明结婚仪式的描摹可谓传神之极，当这首极力渲染"学堂知己"成为"有情眷属"的幸福歌曲在文明婚礼上响起时，肯定会感染在场的每一个人。同样能形成感染力的是耳目一新的音乐，它与整个婚礼相伴随，但在文明结婚中已经摒弃传统节庆音乐而改用西洋音乐。

清末民初的文明结婚虽在都市的社会名流中成为时尚，但在地方城市和农村通行的范围仍很小，实属"沧海一粟"②。例如，在辽宁昌图"行文明结婚礼者，然乡间不多见"③。在铁岭，"乡里平民仍沿旧习"④。在浙江兰溪，"婚嫁全凭媒妁之言，文明结婚实属罕闻"⑤。另外，在诸多县志的记载中，根本找不到文明结婚的记录。从常理来推测，其地通行文明结婚的可能性很小。

由于文明结婚通行未久，还处于"草创伊始，无定制可考"⑥ 的状况，因此文明结婚的程序各地不尽相同，婚礼上新人的着装、仪仗尤其混乱。在北京，"民国光复，世界共和，宫廷内外，一切前清官爵命服及袍褂、补服、翎顶、朝珠，一概束之高阁。独见近来城市官神士庶人家，每至婚娶，新郎

① 《自由结婚》刊于《女子世界》1905 年第 11 期时未署名；1906 年倪寿龄编译、文明书局发行的《（改良再版）女学唱歌集》，则写明此歌作者为金一。
② 汪妙微：《昆山婚嫁之风俗》，《妇女时报》1916 年第 6 期。
③ 《昌图县志》（18 卷·1916 年铅印本），丁世良、赵放主编《中国地方志民俗资料汇编·东北卷》，书目文献出版社，1989，第 104 页。
④ 《铁岭县志》（8 卷·1915 年铅印本）丁世良、赵放主编《中国地方志民俗资料汇编·东北卷》，书目文献出版社，1989，第 105 页。
⑤ 胡朴安编《中华全国风俗志》（下编），河北人民出版社，1986，第 259 页。
⑥ 徐素英：《我乡今昔婚嫁风俗谈》，《妇女时报》1916 年第 6 期。

概穿天青马褂缎袍等件，只头带礼帽，并不穿礼服。而新娘则家家惯用凤冠霞帔，及衫裙袍带，甚至补褂、朝珠等件，仍沿前清旧制。此婚礼之最奇者也"①。在江苏宜兴，"民国以来，政体虽改，而新郎之戴顶履靴者仍属有之。然亦有喜学时髦，著大礼服，戴大礼帽，以示特别开通者。最可笑者，新郎高冠峨峨，履声橐橐，在前面视之，固俨然一新人物也，讵知背后豚尾犹存，红丝辫线，坠落及地（乡俗新郎辫线多以红丝为之）。又有所谓陪宾者，新郎之护卫也，多亲友任之，通常四人。此四人中，有西装者，有便服者，有仍服满清时礼服者，形形色色，无奇不有。……此种非驴非马之礼制，殊可笑也"②。文明婚礼仪仗、着装的混乱，直至 1920 年代仍时有耳闻。③ 为此，南京国民政府内政部多次训示要改变此种状况。

在文明结婚的典礼上，国人开始使用西洋音乐，但有些地方因缺乏对西方习俗的了解致使洋相百出。据汪康年记载，自清末以来国人媚洋习气特别严重，"凡婚丧之事以有西洋鼓吹为体面，上海尤甚。即有预备此种鼓吹，待人雇用者，顾曲调不多，亦不审所宜"④。西洋音乐的引进对国人来说未必不是好事，但多数国人对西洋音乐都不甚了解，加之曲目单调，致使出现婚丧用同一曲目的滑稽现象。生与死在国人眼中虽都是人生要事，但其意义和心境却有天壤之别，如若知晓自家的婚礼音乐恰在别人的丧礼上用过，不知做何感想。

文明结婚的通行范围虽小，仪式上也有不尽完善之处，但它的出现仍具有重要意义。从实质上看，文明婚礼与传统婚礼相比，其突出特征表现在男女主体性的上升。传统婚礼中拜谒父母这一环节被内置于结婚礼中，凸显了父母之尊位。在文明结婚中这一环节却被剥离出来，二人的结婚礼与见家族礼平行而立，足见个人的主体性在上升。但男主女从的格局并未从根本上发生改变，这点可从结婚颂词看出。廉砺卿与桐城姚女士结婚时，男嘉宾的颂词说，"得贤媛之助，轨仪中壸，福祚得门"；女嘉宾的颂词说，"作贤夫之助，内仪相翼，家政宣勤"⑤。从其颂词看，男女的人格平等在婚礼中尽现，但在男女分工模式中仍然秉承着"男外女内"的模式，只不过受过现代教育

① 胡朴安编《中华全国风俗志》（下编），河北人民出版社，1986，第 17 页。
② 胡朴安编《中华全国风俗志》（下编），河北人民出版社，1986，第 182 页。
③ 王伯言：《记济南的婚嫁情形》，《妇女杂志》第 14 卷第 7 号，1928 年 7 月。
④ 汪康年：《汪穰卿笔记》，中华书局，2007，第 221 页。
⑤ 《创新婚礼》，《女子世界》1904 年第 1 卷第 11 期。

的女性其"主内"的质量可能有所提升。故女性"妻"与"母"的角色仍是其分内之事，并没有过多的超越传统女性。

文明结婚仪式的中西合璧是最合情理的安排。与西方的教堂婚礼和中国《仪礼·士婚礼》中的条文相比，它既没有西方的宗教色彩，又剔除了侮辱女性人格的习俗，但其中依然活跃着传统婚姻的影子，如介绍人、证婚人依然存在，这是传统婚姻要素的保留。介绍人，即媒妁是二人关系正当性的见证；证婚人是婚姻有效性的见证，同时也是父母的化身，他的存在从形式上保留了父母的尊严，满足了国人"长者为尊"的文化心理。证婚人、介绍人的存在虽然履行了父母与媒妁的职能，但却只是形式的存在，这样文明结婚恰是"婚姻自由，男女主之，而父母谐之"的真实写照。

另外，需要保持清醒的是，"父母谐之"的现状虽表明父母的职能由"专婚"转向"主婚"，其干预婚姻的影响力削弱。但国人素来主张仪文，形式的存在便意味着权力并非彻底消失。因此"父母主婚"虽在当时被视为"婚姻自由"，但二者仍非同质。"父母主婚"是自由选择之婚姻需得到父母的承认，倘若父母拒不承认又该如何呢？这对当事人而言确是一个两难的现实问题。婚姻改良论者似乎也别无良策，只想得一个叫人"苦求"之法："凡为父母者，既不赞成自由，则于其当婚时，自必许多扭捏，甚至大哭大怒。然为子女者，总当号泣以谏之，切勿暂时小不忍以致终身大不孝也。"①于是期待父母的开明便成为婚姻当事人的唯一出路。幸运的是，"学堂知己结婚姻"是婚姻自主的主潮流，肯于送子女接受新教育的父母多半也为人开通，这给婚姻自主留下了一线生机。文明结婚虽还有需要完善的地方，但因其简洁、民主，渗透着人性化，故它不仅在江南地区风行，就连受到严密控制的天子脚下文明结婚也蔚然成风。②

小　结

清末民初的 20 年间不仅是近代中国社会发展的转折期，同时也是婚姻变革的重要时段。自由、平权理念的输入，不仅为立宪运动和民主革命提供

---

① 《东西南北》，《民立报》1911 年 2 月 27 日。

② 《条陈婚嫁典礼》，《大公报》1909 年 4 月 30 日。

了理论基础，也使"男尊女卑"的两性关系发生改变，"国民之母"理念的提出开启了近代中国的女权时代。"国民之母"的塑造以女子教育为基础，而要达到这一目必须将女性从家庭中做适当的剥离以推动其独立，故陈撷芬说："婚姻自由，为女学进步之初基。"① 在塑造新国民理念的推动下，教育、婚姻的变革相辅而行，从而推动了婚姻变革时代的到来。

基于批判封建专制的需要，一些知识分子以极为严厉的态度对传统婚姻进行了抨击，并试图确立以爱情为核心，以自主结合为特征的婚姻新文化。他们以"学堂知己结婚姻"为两性结合的典范，以新式婚礼为文明的象征。婚姻中的文明气息主要体现在婚姻决策中的民主、平等氛围，体现了对个体意志的尊重。文明婚礼一改传统的奢靡与繁缛，废弃了传统中体现男尊女卑的陋俗，是清末以来自由、平等理念在婚姻文化中渗透的重要体现。

婚姻变革首倡于知识界，特别是留学生群体。他们不仅向国内积极输送婚姻新理念，还成为新理念的躬行者。民国初期，文明结婚从留学生群体转移到国内普通学生。自主结婚的理念既融合了西方元素，又具有中国特色。体现西方特色是婚姻自主理念，即子女选择，父母承认，子女在择偶问题上有了一定的自由度；极具中国特色的是近代国人并没有从父权人伦中完全摆脱出来，父母仍保留了相当的权威，在某种程度上仍可以成为婚姻自主的障碍。但幸运的是，婚姻自主理念在专制文化的夹缝中竟然顽强的扎下了根。

需要注意的是，清末以来兴起的婚姻变革其"工具化"色彩浓厚。近代国家地位的沦落，使知识界将婚姻变革作为实现强种的手段，以达到保国的最终目的。在此氛围中，知识界关注的焦点自然是如何改良结婚问题以实现"诞育佳儿"的目的。因此，清末民初语境中的"婚姻自由"其内涵倾向于自主结婚，而没有其他指向。即使如此，从"父母包办"到婚姻自主已经标志着在传统人伦关系中打开了缺口。对于少量知识青年而言，自主结婚已经超越了传统盲人瞎马式的结合，幸福的人生之路已迈开了第一步。

---

① 《鲍蕴华女士由神户来函》，上海《女学报》1903 年第 2 期。

下卷　变革与高潮（1920～1930）

五四新文化运动高扬民主与科学的旗帜，使"素来陈腐固陋的思想界，受了这种新的激荡和灌溉，也奔向新生的道上"①，从而实现了"人"的觉醒。所谓觉醒，"就是人的自我意识的猛烈骚动和确立，就是将人的解放置于自觉并为之勇敢呐喊"②，自此"人的解放"被提高到至高无上之境地。"解放云者，脱离夫奴隶之羁绊，以完其自主自由之人格之谓也"③。通俗的讲，所谓解放就是剔除传统人伦关系中的依附性，"以恢复独立自主之人格。"④ 树立独立人格是人的解放的根本目的，它是确立个性主义，追求个性化生活的基础。自此，个性主义成为五四时人孜孜以求的目标。个性主义的提倡使个体的自主、自立精神与婚姻自由紧密联系在一起，它要求人们独立裁决自己的婚姻，掌握婚姻主动权，并在觉悟者中取得了相当的认同。对此，陈望道总结说："现在我国一班已经觉醒的人们，也承认那一恋爱为基础结婚或恋爱自由，比旧式婚姻更有价值了。这固然不也说没有例外，但这种思想——就是以恋爱为男女结合要素的思想——已经成了觉醒底人的倾向，却是一个不可争论的事实。"⑤ 同时，婚姻自由原则的贯彻有利于养成人们追求"自由、真理之精神"⑥ 和特立独行之人格⑦，因为婚姻自由"只是根据于'尊重人格'一个观念"⑧。自此，五四学人以个性主义为旗帜，掀起了近代婚姻变革的第一次高潮。

　　本卷集中阐述了两性平等人格的确立以及恋爱、结婚、离婚等问题。具体来说，第四章主要论述男女社交公开与两性平等贞操观的确立，这是婚姻自由观构建的基础。第五章阐述了恋爱观念的确立以及恋爱对于婚姻的意义，通过知识界关于恋爱问题的几次论战，如"自由恋爱与恋爱自由""非恋爱与非非恋爱""三代之恋"等内容的探讨，帮助人们树立了正确的恋爱观。第六章涉及的是结婚问题，主要论述了婚姻价值的重新解读、结婚新观念的确立和未来婚姻的畅想等问题。第七章阐述了离婚问题，主要涉及离婚观念的确立以及离婚的诉求、困境与离婚妇女的救济问题。

---

① 邓颖超：《错误的恋爱》，《中国妇女运动文献资料汇编》（1），中国妇女出版社，1987，第55页。
② 杨雪聘：《五四精神就是人的觉醒》，《江西大学学报》（社科版）1989年第2期。
③ 陈独秀：《敬告青年》，《新青年》1915年第1卷第1号。
④ 陈独秀：《一九一六》，《独秀文存》（卷1），安徽人民出版社，1987，第35页。
⑤ 陈望道：《略评中国的婚制》，《陈望道文集》（第1卷），上海人民出版社，1979，第77页。
⑥ 袁振英：《易卜生传》，《新青年》1918年第4卷第6号。
⑦ 胡适：《易卜生主义》，《胡适文存》（1），黄山书社，1996，第640页。
⑧ 《胡适答蓝志先书》，《新青年》1918年第4卷第6号。

第四章 个性主义引领下的两性伦理

从现代观点看，两性伦理的核心内容表现为两性能否平等相处和彼此尊重。两性平等自戊戌维新以来一直是近代女权主义者追求的目标，特别是五四新文化中由于"人"的发现将两性平等提到前所未有的高度："'人的发现'，推广应用于妇女身上，发现了'妇女也是人'，妇女发现了'我是人'，由此而生的种种问题。"① 何为男女平等呢？新知识界认为："平等的意义，从消极方面来说，是将人类的一切阶级打破，使人人同在一水平面上，受同等的待遇。从积极方面说来，是使人人有同等的机会，使他们的才能得尽量的发展。男女平等，即是使男女之间有同等的待遇和机会。"待遇和机会的均等意味着两性地位的真正平等，这既是两性人格平等的标志，也是两性平等的核心。以男女平等为诉求，知识界掀起了男女社交公开与贞操问题的讨论，从而推动了社交公开的践行与平等贞操观的确立。

第一节 男女社交正当性的阐释

传统社会基于防淫的考虑，历来重视"男女大防"，男女之间缺乏健康的社交氛围。这不仅妨害了两性的正常交往和健全心理、人格的培育，还成为包办婚姻产生的温床。自清末以来，先觉者们对此时有批评。五四前后，为培育女子独立人格，健全社会肌体，知识界站在新的高度对此继续展开了批判，并积极倡导正确的男女社交观。

一 五四前两性社交的境况

从现有史料看，近代中国人对于男女社交新理念的关注与记录始于张德

---

① 闵家胤编《阳刚与阴柔的变奏——两性关系和社会模式》，中国社会科学出版社，1995，第354页。

彝、斌椿。他们于 19 世纪 60 年代曾跟随赫德、蒲安臣等人出使欧美，并将包括男女社交在内的诸多西方风俗见闻记录于《航海述奇》《乘槎笔记》《欧美环游记》中，使少量中国人开始了解西方男女交往的风俗。继张德彝之后的半个世纪，虽有人不断介绍西方社会风俗，宣扬、提倡男女社交公开，但星星之火在强大礼教的禁锢下却难成燎原之势。直至民初，无论社会风俗还是民众的心理都无多大改观。

《扬州春梦录》中曾记载："兹见一年老者，率其子妾媳妇，于稠人广众之中，同席叉麻雀，谑浪笑傲，自命为风雅众人。以为此举雅乎否乎？"[1]作者由此判断说："扬俗极风流，而亦极秽亵。"此间"秽亵"之语是普通知识分子对翁媳同桌叉麻雀之举合理性的强烈质疑，实质上也是对男女公开交往的批判，这种心理在中国社会具有深厚的土壤。鲁迅对此做了精辟的总结："一个女人在外面走，一定想引诱野男人；一男一女在那里讲话，一定要有勾当了。"[2] 传统的男女大防观念造就了国人对于异性交往的阴暗、卑下心理，这成为男女交往的巨大障碍。

学生界是清末新政以来接受了新教育的特殊群体，他们对男女社交的心态与普通民众相比有无区别？其对男女社交持什么心态呢？心珠女士曾撰文披露说：

> 我们偶尔离开了伴侣，一个人在中央公园里散步就免不得有人在后面紧紧的追随，就免不得看见挤眉弄眼的丑态！甚至于有不认识的青年，竟敢开口问"你住在那里？"

> 甚至于一群学生模样的青年，眼看着一个女学生被追得面红耳热，在后面拍手叫好，大起其哄！甚至于打听到了姓名住处之后，写许多肉麻的诗文，左一封右一封的寄个没完，害的受者因此受家庭里或学校的高压的监视，因此失掉了各样的自由！这些不是新教育制度之下的新青年所干的好事么？[3]

由心珠女士的记述看，青年学生虽属受教育阶层，但知识水平的提高并没有让其摆正男女两性的关系，也不懂得如何与异性社交。对于知识青年的

---

① 车吉心、王育济主编《中华野史》（民国卷），泰山出版社，2000，第 353 页。
② 鲁迅：《阿 Q 正传》，《鲁迅全集》（1），人民文学出版社，2005，第 525 页。
③ 心珠女士：《我所希望于男子者》，《妇女杂志》第 10 卷第 10 号，1924 年 10 月。

现状，有人说："要风化好，是在解放人性，普及教育，尤其是性教育，这正是教育者所当为之事。"① 但性在传统观念中是讳莫如深的禁区，民初社会的性教育虽有所发展但并未使时人的性观念发生根本改观。正是由于教育的缺陷，才使此类状况在学生界较为普遍，以至产生了"河北党""月牙党""蝴蝶党"等企图以骚扰女学生获得恋爱的组织。② 在学校中，远离男性的女生最受舆论的恭维：

> 据我所见的，凡受舆论恭维的女同学，几乎个个是不觉悟的人。她们把"男女防闲"四个字在脑筋里印的非常之深，轻易不和男同学说句话，偶然因公共的事情而交谈，也要两颊绯红，赧赧然若可羞者，在她们自身的周围高高地筑起一堵厚墙来，恨不能围得水泄不通，因此就博得舆论的赞许了，什么"密司A真纯洁呀！""密司B真能自重呀！"……大家这样七言八语地啧啧称赞。③

由于"男女防闲"思想的作祟，使得男女之间自筑围墙交际极少，而这样的女生却备受赞誉，足见学生心态之一斑。同时，在男女同校的环境中，异性间的相吸、相处又在所难免，男女生以令今人匪夷所思的方式相处着。秋星女士回忆北京女高师附中的情形时说：

> 男生方面，在最初因为数千年习惯的惰性，当然不免少所见多所怪的情形；对于女子的行动，似乎特殊的注目。当女生唱歌或舞蹈时更易于吸引多数目光的聚集。有游艺会时，总希望她们担任舞蹈；记得有一次竟有不求同意而列入次序单的情形。当她们在图书馆借书时，虽然仍有别人借书的地位，但他们总愿稍候，不愿和她们同时借书。反之，她们也是如此。有时在路上遇见她们，也不免局促。④

由男生和女生间的社交状况看，传统男女大防的藩篱并没有被打破，即使有心交往的同学也因受客观环境的制约，难以产生恋爱或催生了畸形的恋爱。针对男女社交的现状，杨潮生曾愤懑地说："自从有了这'礼教'两个

---

① 鲁迅：《坚壁清野主义》，《鲁迅全集》（1），人民文学出版社，2005，第274页。
② 峙山：《打破翁姑儿媳的关系与应采取的步骤》，《天津女星社》，中共党史资料出版社，1985，第232页。
③ 渭川：《实际的男女同学观》，《妇女杂志》第9卷第10号，1923年10月。
④ 秋星：《北京师大附中男女同学纪实》，《妇女杂志》第9卷第12号，1923年12月。

字，那么，男女有起界域来了！有起礼防来了！男女的交际秘密起来了！男女的情感，变成不可以对人说的了！因了这种种的缘故，就生出什么'奸淫'，'贞操'，'节操'等等的问题。一个四万万人的中国，几乎变成二万万人的两个中国，这不是一件可笑的事么？"①

杨氏的观点虽有些许偏激，但对于男女隔离弊害的判断则是基本准确的。自清末以来新知识界就认为，女子无社交会造成女权的萎缩："观于男女交际一端，吾国殆寂然无闻，即曰有之，亦为亲长所不容，乡党所厉禁。盖必今谨守闺门，不闻世事，而缠其足，洞其耳，使之不能自由运动，养成天地间一种自居玩物之依赖性。致二万万有智有识之女国民，不齿于圆颅方趾蠕蠕群动之中，虽蓄远大之志者，奈英雄无用武之地，怀抱无商榷之方。而无意识之古训，至为今日女界进化之障碍。悲夫！悲夫！苟长此终古，则女权萎靡，女学沉沦，母教乌能良善？"② 应当说，此论依旧是从"国民之母"的基调看女性社交。五四前后，知识界将社交问题提升到一个新高度，从"人"的视角来看待社交。胡适对此总结说："我们以前从不将女子当做人：我们都以为她是父亲的女儿，以为她是丈夫的老婆，以为她是儿子的母亲；……从来总不认她是一个人！在历史上只有孝女，贤女，烈女，贞女，节妇，慈母，却没有一个'女人'！"③ 女子独立人格的缺失，使社会肌体长期处于"半身不遂"的病态之中。

社会的病态乃由人的病态所造成。作为社会组成分子的个体处于非正常状态，容易产生"乱伦"和不规则"性自由"。有学者从人的本性出发，认为男女防闲恰恰成为性行为不道德的重要根由。处于青春期的青年女子因与男子无交接机会，正常情欲难以宣泄，致使情欲颠倒，发生同性恋爱现象。④ 更有甚者，由于男女的长期隔绝，彼此不懂得尊重和平等相处，易于造成青年的堕落。曾有人举例说："有一位密司 C 刚入学不到两星期的工夫，大家就公认她是一位'缺德家'，因为她丝毫不在功课上注意，专交接些乱七八糟的朋友，通些白字满纸的情书，终日吃馆子，唱二簧，……脸上涂着很厚的粉，从别人身旁走过去香气扑鼻；和异性的朋友认识不上三天，就和人家通融经济；看电

---

① 杨潮声：《男女社交公开》，《新青年》1919 年第 6 卷第 4 号。
② 佩玉：《男女交际说》，《妇女时报》1912 年第 8 期。
③ 胡适：《女子问题》（一），《妇女杂志》第 8 卷第 5 号，1922 年 5 月。
④ 善哉：《妇女同性之爱情》，《妇女时报》1912 年第 7 期。

话的人一天找她十几次，……这其中的危险，也可想而知了!"① 这样的情况并不是孤例，在各地的报纸杂志中多有介绍。

男女因缺乏社交经验所造成的婚姻悲剧也比比皆是。"男女的性欲是极富反动力的"②，隔绝愈严，愈对异性产生好奇心和神秘感，这点在清末知识界早有所点评。处于青春期的异性一旦相遇多会产生性的冲动，而"人心机诈既生，便不是空空洞洞的礼教可以束缚"③ 了，本为培养高尚人格计，"反而养成男女不规则的自由，而比较的高尚人格的自由幸福，被他抑制摧残尽了!"④ 赵颜如女士以亲历者的身份介绍说："C 女士向在 H 大学读书，她和一个男同学有了八小时谈话的友谊，就发生了恋爱。不到一星期，就租屋同居了，不到一年，竟也有宁馨儿出世了；可是她的父亲是一位政界里很负盛名的人士，因为他们两人未经正当手续，做这勾当，就和她脱离父女关系。后来又知道这人早已有妇了，才十四个月，她所恋爱的异性朋友，竟已厌弃她，回家去后修旧好。她到此进退两难，懊悔无及了。"⑤

有感于此，胡适曾痛心疾首地说："'防闲的道德，就是最不道德'! 我国学生，何以多说是不道德? 因为防闲太厉害了，一遇到恶人，便要堕落! 我希望以后要打破防闲的道德论! 平心而论，完全自由，也有流弊，不过总不可因噎废食的。不要以一二人的堕落而及于全部。而且自由的流弊，决不是防闲所可免，若求自由不流弊，必定要再加些自由于上面；自由又自由，丝毫流弊都没有了!"⑥ 由于男女防闲流弊甚多，故知识界对此深恶痛绝，彻底否认了其道德性。胡适据此分析认为，青年们只有享受充分自由才能补救时弊。只有自由的，才是自然的："男女之交际是自然的，男女情好也是自然的，而'礼防'是人为的，人为的决不能胜自然。我们不设'礼防'，看人类一律平等，俺么，交际自然不秘密而公开，情感不滥发而专一，于是人类的真正自由幸福可享，人格也高尚了"⑦。故要实现男女平等，培育高尚人格，享人类幸福，非实行社交公开以实现男女交往的充分自由不可。

---

① 渭川:《实际的男女同学观》,《妇女杂志》第 9 卷第 10 号, 1923 年 10 月。
② 雁冰:《男女社交公开问题管见》,《妇女杂志》第 6 卷第 2 号, 1920 年 2 月。
③ 同上。
④ 杨潮生:《男女社交公开》,《新青年》1919 年第 6 卷第 4 号。
⑤ 赵颜如:《我的恋爱观》,《妇女杂志》第 14 卷第 7 号, 1928 年 7 月。
⑥ 胡适:《女子问题》（一）,《妇女杂志》第 8 卷第 5 号, 1922 年 5 月。
⑦ 杨潮生:《男女社交公开》,《新青年》1919 年第 6 卷第 4 号。

二　社交公开问题的论战

既然旧的两性伦理已然遭到新知识界的唾弃，那么两性新伦理就成为他们必然的追求。因此，以胡适为代表的知识分子从追求人格独立的层面来阐发男女社交公开的主张。他们认为，在男女共同组织的社会中，个人都应有独立的人格和自由交往的权利。

1918 年，胡适在北京女子师范学校讲演时曾阐发了男女社交的意义。他说："女子因为常同男子在一起做事，自然脱去许多柔弱的习惯。男子因为常与女子在一堂，自然也脱去许多野蛮无礼的行为。最大的好处，在于养成青年男女自治的能力。中国的习惯，男女隔绝太甚了，所以偶然男女相见，没有鉴别的眼光，没有自治的能力，最容易陷入烦恼的境地，最容易发生不道德的行为。美国的少年少女，从小受同等的教育，同在一个课堂读书，同在一个球场打球，有时同来同去，所以男女之间，只觉得都是同学，都是朋友，都是'人'；所以渐渐的把男女的界限都消灭了，把男女的形迹也都忘记了。这种'忘形'的男女交际，是增进青年男女自治能力的唯一方法。"①根据胡适在美国的观察，男女之间坦然相处不仅有助于彼此文明习惯的养成，还能培养青年男女的自治能力，从而提高异性之间互相欣赏的眼光和鉴别的能力。这种忘形的交际，是青年男女作为"人"的身份的平等交际，这是对"男尊女卑""男女有别"礼教纲常的根本否定。

对于社交公开，沈雁冰也阐发了他的真知灼见："我们为什么要男女社交公开呢？我以为无非是想把反常的状态回到合理的状态罢了！男女既然同是人，便该同做人类的事。男人可到的地方，女人当然也可以到；能这样的便是合理的状态，不能这样的便是反常的状态，这是极显明的。至于再进一步讲，拿社会进化的大题目来说，便知偏枯的社会绝没有进化的希望。男女社交不公开是偏枯的表面的最显见的，背后藏的，便是经济的知识的道德的不平等。如此男女关系的社会，总是一天一天向后退，不能朝前进，不论是经济的、知识的、道德的方面。"②男女社交公开不仅推动着社会的进化，还是人际关系合理、正常的表现以及培养女性独立人格的需要。在男女隔绝的

---

① 胡适：《美国的妇女人》，《胡适文存》第 1 集第 4 卷，黄山书社，1996，第 470 页。
② 雁冰：《男女社交公开问题管见》，《妇女杂志》第 6 卷第 2 号，1920 年 2 月。

状态中，要养成健全的人格，培植美丽的心灵，树立文明新风显然是极其困难的。

在先进知识分子大力鼓吹社交公开、自由，倡导人性解放的同时，维护封建礼教的卫道士也不甘示弱，公开为封建礼教辩护。于是双方以"性道德"为进攻武器，展开了针锋相对的较量。

反对社交公开者认为，"女子是多半无知识、容易受人诱惑，决没有现身社会的资格"①，自然不能与男子公开、平等交往。此立论固守"男尊女卑"的老调，"将女子看低，将男子提高，认做女子是天生的不如男子"②，遭到了社交支持者的鄙夷与批判，认为他们的观点"更没有理由""无讨论的价值"③，不值得浪费唇舌和笔墨与之争辩。

反对者的另一种观点更具有攻击性和迷惑性。他们说："男女社交公开，是使国民道德堕落。现在礼防尚严的时候，尚且有许多不道德的事情发生，将来男女社交自由，便接触的机会愈多，不道德的事情自然更易发生。"④ 他们"一听见人提倡男女社交，就疑惑人是提倡开放节操"⑤，故讥讽、污蔑社交自由的男女"完全是发挥肉欲"⑥。在反对者眼里，社交公开基本与"苟合""肉欲"同义。他们将女子视为无独立人格的传宗接代的"淫具"，将女子放到社会公开示人即是将"淫具"示人，公开"淫具"必然刺激肉欲，"淫风"大起成为必然，这是反对者的思维逻辑。

针对其立论之基，支持社交公开者进行了批判。他们认为，"不道德的事情"发生绝不是男女社交所致，只要"人格观念立着"，以平等人格对待女子，不道德的事情必然会减少，靠礼教的束缚根本不能杜绝苟合之事。沈雁冰全力驳斥反对者的观点："造成不道德事情的要素，仅仅是常见面多交际呢？还是尚有其他的要素呢？……通常男女间只要有人格观念立著，便也不致发生不合理的性的恋爱了，怕什么社交公开之后会多不道德的事呢！……不从根本想个正本清源的法子，而单在表面上设堤防，是终究要失败的。"⑦ 鲁迅对此也不无讽刺地说："修了长城，胡人仍然源源而

---

① 雁冰：《男女社交公开问题管见》，《妇女杂志》第 6 卷第 2 号，1920 年 2 月。
② 同上。
③ 同上。
④ 同上。
⑤ 汉浚：《男女社交应该怎样解决》，《妇女评论》第 7 期，1921 年 9 月 14 日。
⑥ 雁冰：《再论男女社交问题》，《妇女评论》第 9 期，1921 年 9 月 28 日。
⑦ 雁冰：《男女社交公开问题管见》，《妇女杂志》第 6 卷第 2 号，1920 年 2 月。

至，深沟高垒，都没有用处的。未有游艺场和公园以前，闺秀不出门，小家女也逛庙会，看祭赛，谁能说'有伤风化'情事，比高门大族为多呢?"①他们从正反两方事例驳斥了男女大防的荒谬，用这种消极的方法来维护社会秩序根本行不通，属于典型的"懒政""怠政"。

当然，社交公开也不可避免地会出一些乱子，但这是久经禁锢的国人在自由乍现时的不良反应，只是暂时现象。沈雁冰对此解释说："解除'男女之防'后，要出点小乱子，也难说：但这暂时的乱子，我以为确是无法完全避免的，决不是永久的；而且光景不用鳃鳃染多所想法防止，而他会自己止息的。固然纯粹的男女关系是绝对不容许有'乱'的，有时社会上发生'乱'的现象，一定含有别种原因，例如金钱的交换，威吓逼从，受人诱骗等等，那是不良的社会制度养成的；没有社交的社会里也常常有的，根本问题不解决，决不能禁止其绝对不发生。"②沈氏等人在鼓吹社交公开理念的同时，并不否认其行为本身可能产生的弊病。不过，在他们看来，这并不是社交本身之弊，而是由不良的社会制度催生而来。由社会现象本身解释其中的弊病不仅合情合理，而且具有说服力，为社交公开在理论上奠定了较为坚实的基础。

三　社交功能的界定

在社交公开的论战中，其表面上是围绕着要不要男女社交公开而展开，其实还内在的涉及什么是正当的男女社交这一问题。在赞成男女社交公开的群体中，他们对其理解的水平高下不一，各自着眼的目的也有所不同。因此，正确理解社交公开的功能对于社会的良性发展，独立人格的培养和个人幸福的追求意义重大。

实际上，由于传统礼教长期宣扬"男女大防"观念，多数人并不懂得社交的意义所在。不少人从自己既定的知识背景和目的出发各自阐释着对社交的理解，这就使社交公开的意义和践行多样化。具体来说，其表现主要集中在三点。

（一）　社交成为"寻夫""寻妻"的代名词

男女交际是依据男女平等原则，为女子解放而追求的两性新伦理。既然

---

① 鲁迅：《坚壁清野主义》，《鲁迅全集》（1），人民文学出版社，2005，第274页。
② 雁冰：《再论男女社交问题》，《妇女评论》第9期，1921年9月28日。

主张男女平等，社会上男子参与的团体，女子也可参与，男女同在社会上尽"人"的责任。社会上一切事务，须由两性参酌互助而行，不能搞性别垄断。因此之故，社会产生了男女交际。男女交际的本意虽是共尽公民之责任，但在交际中难免产生友谊，进而升华为爱情，这是谁也禁止不了的。沈雁冰曾说："'男女有爱慕之情是谁也不能否认的，倘若由友谊而发生爱情，你能禁止他，应该禁止么？你能说那些正在恋爱途中的男女交际不是正当的么？'"① 男女交际中产生友谊、爱情等事是社交自发的产物，但如若认为男女交际就是为了爱情或婚姻则是荒谬的。中国数千年的习惯，女子拘守闺中，除姊妹姑嫂外不知有交际。因此，在社交初倡的时候，不免失之于"画虎类犬"。"现在有一部分人不懂得为什么男女要有交际，和交际应有的知识态度，一味的讲社交公开，女的先存有交男朋友的心，男的也先有要交女朋友的意，于是交际有了成见，就强免而不自然。"② 这种现象在五四时期较为突出，因而引起了时人较多的关注。

觉悟社成员张若名化名"衫六"撰文说："现在提倡男女社交公开时代，一般'以身作则'的人，要都存着'寻夫'、'寻妻'为惟一目的，则'社交公开'的前途，一定要发生很多的危险，并且很多的青年男女要牺牲在这个里头，不能脱出'换汤不换药'旧式家庭的圈套。照这样，实在够不上'社交公开'的真价值，社会上的人眼光，要都看成是没有价值，还有什么人敢出来提倡女子解放？即便有不能解放，恐怕更要加上一层黑暗"③。从上文分析看，以"寻夫""寻妻"为目的的社交并不是真正的社交，这种行为与旧家庭的包办婚姻相比是"换汤不换药"，婚姻包办的危险依然存在。这种状况不仅不能促进女性解放，反而还会迟滞妇女解放的历史进程。

作者"音奇"女士在谈及社交问题时表达了类似的观点："人与人间有种种相依，相助的需要，便自然发生一种交谊。男女社交的立脚点，其实也不外如此。可是在初讲社交的中国，便会很不自然起来，'结婚以恋爱为基础'的一句话，似是而非地印在脑中，于是一见了异性，便发展其求偶观念，动不动就肉麻连天的求起婚来，……甚有不遂而横施污蔑者……遂竟有因怕惧求婚的烦扰而不敢实行男女交际者。"④ 据上文分析可知，部分男子不

① 雁冰：《再论男女社交问题》，《妇女评论》第9期，1921年9月28日。
② 《男女交际的商榷》，《女学界》1923年第19号。
③ 衫六：《"急先锋"的女子》，《解放与改造》1919年第1卷第3号。
④ 音奇：《我所希望于男子者》，《妇女杂志》第10卷第10号，1924年10月。

了解社交的本意，他们把社交等同于恋爱以至把社交场变成了恋爱场。这种人对女性肆意追求甚至骚扰，致使部分女性厌恶、恐惧社交，从而使社交失去了本来的意义。一位出生在同治年间的传统知识女性也怀着一副古道热肠中肯地指出了现时社交中的弊病。她说："现在是妇女解放的时代，男女交际，何尝不跟着解放。但默察群众心理，在男女交际场中仍然免不了不自然的态度，而在他方面看来，似乎交际即涉于婚姻，从旁推测，捕风捉影，或以善意的赞助，或以恶意的讥评，都可使当局人，异常为难，这便是平常没有交际的影响。"① 从时人的观察与诸多记录可知，此种观念在社会上具有相当的普遍性。

把社交等同于恋爱在逻辑上讲不通，"恋爱只是社交公开里面所许可的一件事，并不能概括社交公开于恋爱二字的"②。再进一步讲，如果"说异性社交，只是达到异性恋爱底目的的手段，那就大错了。试问如果异性社交底作用，只是这样；那么，恋爱成功以后，从此就可以和异性断绝社交了吗？恋爱成功以后的异性社交，依然存在；那就可知道异性社交底作用，不单是成功恋爱了。"③ 上文用一简单假设，就轻易地将社交等同于恋爱的观点击破。

社交的本意是要实现男女互助，以达到共尽国民之责，恋爱只是男女交际过程中的自然产物之一，其本身并不能与社交公开等同。而且，如果社交等同于恋爱，那么恋爱成功之日，就是男女社交中止之时，这与社交的本意相违背。为此，张东荪先生说，青年抱着求偶的念头去社交，那恐不是男女社交公开的本意。以此为立论基础，沈雁冰继续发挥说："我们主张男女社交公开的人，见女人不知其为女人，只觉得伊是和我一样的一个人，我们欲去了异性的爱情，异性的爱情是座大偶像，骗人有几千年了！我们只觉得那些服式和我们不同的姊姊妹妹们，是和我们共撑成一个社会的，犹如一车之有两轮，并不是来满足我们异性的爱情。"④ 知识界对男女社交正本清源、反复告诫说："要认清男女交际的目的，是预备将来一齐出力，替社会上办有

① 不平人：《婚姻是人生和社会的问题应有先决的主义》，《妇女杂志》第 14 卷第 7 号，1928年 7 月。
② 陈德徵：《社交公开和恋爱》，梅生编《中国妇女问题讨论集》（2），上海书店，1989，第154 页。
③ 《男性社交底态度问题》，梅生编《中国妇女问题讨论集》（2），上海书店，1989，第 151页。
④ 雁冰：《男女社交公开问题管见》，《妇女杂志》第 6 卷第 2 号，1920 年 2 月。

益的事业的，并不是借来出风头的。"①

（二）少数女子的社交流于放荡，失于检点

男女社交以人格的独立为基础，以两性的平等和彼此的尊重为核心，倘若丧失了这个基础和核心男女的交往必流于放荡。在社交公开初倡时期，一些青年人虽受了"社交公开""恋爱自由"的感召，但并不了解其真义，因此其行为不免有不谨慎、有失检点的地方。

新吾学社的组织者阮毅成曾以当事人的身份说："我晓得，杭州有一个十六岁的高小女生，她有数百个男朋友。差不多在杭州城里，无论那一校，总有她的朋友。我听人说，青年会影戏场所所坐著的男青年，她都知其名知其人；无论那一校学生，只要总知道她的大名，和她有一面之缘。一个这样年轻的女子，得着许多不好的朋友，因之而行为日恶一日，思想日卑一日，即一日一日的堕落下去。但是要晓得她此刻不过十六岁，不过一个高小学生，再十六年后怎样？中学生的时代怎样岂不要堕落到无所底止吗？"② 这位高小女生的行为在当时并非孤例，类似的事例在其他刊物中多有报道，如上文提到的"缺德家"密司 C 也同该女生如出一辙。

中国家庭特别是士绅或富裕之家平日对于女子禁锢甚严，绝少有机会与男子正大光明的交往。求学期间由于远离家庭，父母对她们的控制弱化，"骤然脱离了羁绊，和喂养熟了的小鸟一旦出了笼子一样，在天空中无目的的乱飞，大有莫名其妙的神情"③。以自由的名义进行放荡，不知选择的与男生交往是非常危险的。"交际是人生不可缺的，也是人生最危险的；这不过就同性朋友说，若异性朋友交了，那更是十二分的危险"④，既耽误了学业，又可能因两性的误交而陷入人生困境。

（三）部分男子心怀鬼胎，以交往女性为荣

传统礼教的基调是压抑、轻视女性的。在社交风气初开之期，部分男性知识青年一改传统之风而将女性顶礼膜拜："他们将女子看做一种可崇拜的东西，自己情愿'低首下心'，而且很以交女友为荣耀。若是有个女子同他

---

① 《男女交际的商榷》，《女学界》1923 年第 19 号。
② 阮毅成：《社交公开与妇女》，《妇女旬刊汇编》1925 年第 1 集。
③ 渭川：《实际的男女同学观》，《妇女杂志》第 9 卷第 10 号，1923 年 10 月。
④ 《男女交际的商榷》，《女学界》1923 年第 19 号。

讲了话，或写了信给他，便感觉无上的快乐，终日如醉如狂的跑到交际场中应酬。有一些还特别设法来交些女友，以表明他是一个新人物。"① 从此类男子的心态看，他们以社交为荣、以结交女子为荣，不过以此表明自己是新人物而已，说穿了就是把女性当作自己履新的招牌。

上述男子虽有把女性当作工具之嫌，但至少还未直接贬损女性人格。有一类男子，他们不仅有上述目的，还直接中伤女子人格："更有很多的男子以结交女友为荣幸，今天巴结一个，明天趋奉一个，却到人前去夸耀，去捏造，某某是我爱人，某某是我腻友，说得天花乱坠，试问这还把女子当什么东西看？这样的人，如果还有女子肯和他结交，除非她是自甘污蔑的人了。"② 更有些男子不仅停留在观念和言语上，还以不正当手段占有女性为目的。他们"无论在什么时候，什么场所，只要看了女子，便觉夺了魂魄似的，并且觉得任何女子都是好的。先想法以结识，复想法以通讯，次想法以同居，女子断没有能因此而得幸福，只有得苦的……写一封信给异性人，而得其异性人之答覆，无论此函是责他骂他，都觉得香甘有味；与异性青年在路上同走一回，那比在学校中得九十分以上成绩列入优等，更为觉得愉快"③。上述三类男子在贬损女子方面虽有程度的不同，但其共同的特点就是未将女性当作平等的人来看待，故引起了时人的忧虑。

上述两性社交的三种病态因离社交的本意甚远，因此被冠之以"非驴非马"的社交。那么，此种病态的社交何以出现呢？

时人分析认为，每当新思潮发生的时候，因理解的差异必定会产生许多似是而非的举动，出现如此怪相也在情理之中，但这并不是社交本身造成的，而是社会制度的压迫和冒牌的男女社交者使然。

就社会制度而言，"因为社会不许女子有独立的人格，而又不许伊们有独立的经济，社会利用女子没有经济独立的能力便支配女子，损害女子，请问这些女子该不该逃出来？伊们逃出来后，为要生活，急于要在社交之中觅一个人，担任伊的经济，自然也是常情，假说当这时候有不肖的男子利用这机会以便其私图，自然是容易，这些男子当然在该骂之列。"④ 实际情况确如时人所言，思想觉悟了的女性试图冲破封建家庭的牢笼，故这一时期逃婚的

---

① 忘生儿：《我所希望于男子者》，《妇女杂志》第 10 卷第 10 号，1924 年 10 月。
② 同上。
③ 阮毅成：《社交公开与妇女》，《妇女旬刊汇编》1925 年第 1 集。
④ 雁冰：《再论男女社交问题》，《妇女评论》第 9 期，1921 年 9 月 28 日。

知识女性比比皆是。然而，社会并没有给女性提供充足的就业岗位。女子教育的兴起虽为社会培养了一批职业女性，如女编辑、女记者、女教师、女护士、女店员等，但从整体的社会环境看，新女性就业仍受到排斥。[①] 在此种情况下，逃离了旧家庭的新女性除了依靠男性似乎并没有什么新出路，这确实给一些不肖男子创造了玩弄女性的机会。

就冒牌的社交者而言，其主要集中在风化稍开的大商埠、大都市。他们虽披上了新青年的外衣，但脑子里依然充斥着传统男子玩弄女性的肮脏思想，"随你'王法''礼教'都不能禁止他们，乘了'男女社交'的新潮，自然要冒牌了，浅人不察，以为这些人就是主张男女社交的人，自是万分可奇的事！"[②] 在这些都市或商埠中，知识界稍染文明之风，而社交公开的观念还尚未被多数人所了解，这给色欲熏心之徒以可乘之机。当然，在这里还隐含另一种情况："现社会中的青年男女刚刚走上了自由社交的路，他们那初觉醒的恋爱，随处都有强烈腾放之势，鲁莽办事，恋爱随冷，也是不用讳言的事。"[③] 对于此类情况，不能用社交的冒牌货来简单论之，但他们恋爱的失败可能从反面给人一种心理暗示，那就是男女社交是如此的不可靠。总而言之，无论是哪一种情况，对于男女社交的倡导都将产生严重干扰。

既然上述情况背离了社交的本意，那么怎样才算是正当的社交呢？针对这个问题时人展开了热烈的争论，其见解虽是仁者见仁，智者见智，但对"社交"一词并未给出精准的概念。时人采取迂回的战略，用"否定之否定"策略，廓清了社交的相关理论问题。

首先，社交是不能强求的。[④] 他们认为，结交同性朋友，原先本没什么预谋，只是因为同学或同事的关系，两下接触，于是认识了。后来又因品性相投，不知不觉成了朋友，这本是非常自然的，丝毫没有强求之意。同姓如此，异性朋友的结交，也何尝不是这样呢？如果不自然发展，胸中先有预谋，这就是错误的男女交际。

---

① 何黎萍：《试论近代中国妇女争取职业及职业平等权的斗争历程》，《近代史研究》1998 年第 2 期；蒋美华：《中国近代妇女就业初探》，《江苏社会科学》1998 年第 4 期；王晓丹：《历史镜像：社会变迁与近代中国女性生活》，云南大学出版社，2011，第 143～160 页。

② 雁冰：《再论男女社交问题》，《妇女评论》第 9 期，1921 年 9 月 28 日。

③ 同上。

④ 陈东原：《男女社交的正义》，《妇女杂志》第 8 卷第 5 号，1922 年 5 月；《男女交际的商榷》，《女学界》1923 年第 19 号。

其次，社交不是一男一女固有的，其本身也并不就是恋爱。[1] 同性朋友含有广泛的性质，在同性中断不会有某人只是某人的朋友这种情况。在合群的、复杂的人类社会中，人际之间互助之处很多，断不会只有单独的朋友。那么，在异性朋友中，何尝不是如此呢？如若不愿自己的异性朋友再和别人做朋友，或者看见别人的异性朋友不止一个，便心生怪异，这都是错误的。再者，以社交为恋爱，这是当时社会中最常见的现象，也是过渡时代不可避免的。异性原有相吸引的本能，因此异性的交谊比同性容易发生；加之两性长久蛰伏的情感，一旦有机可乘，便不免乱用起来，尤以当前社交尚未普遍、青年眼光不正确时尤甚。从实际来看，朋友间少不了友谊的存在，没有友谊便不能成为朋友，但这种友谊，可称之为"友爱"，而非"恋爱"。社交如不辨清友爱与恋爱，则异性朋友中不免容易滋生别的问题。社交与恋爱的关系如图4-1所示。

图4-1　社交与恋爱关系图

资料来源：廷灏：《社交与恋爱》，《妇女评论》1922年第71期。

图4-1非常明晰地表明了社交与恋爱的关系。社交是男女交际互助的基本形式，在此过程中产生了纯洁的友谊，以此为基础有可能升华为爱情。因此，异性的恋爱只是两性交际中的一小部分内容，社交本身并不等同于恋爱。

对于什么是非正当的社交时人已基本搞清，那么正当的社交也就不言自明了。这种正当的社交怎样才能实现呢？时人对此也给出了不少有益的建

---

[1]　陈东原：《男女社交的正义》，《妇女杂志》第8卷第5号，1922年5月。

议。他们认为，要实现正当的社交至少要从以下三方面去着手。

第一，女性要取得经济和人格上的独立。李汉峻认为，男女之间经济上的不平等造成了社交的差别。女子无创造经济的条件，只能靠出卖节操来生活。大部分女子将自己深锁闺中，把节操出卖给自己的丈夫，杜绝自己与其他男子交往；少部分女子做了妓女，将自己的节操零售给男子，与所有肯出钱的男子交往。总之，这两部分女子都是靠节操活着。"要解决这问题，最好是使一切女子都能得到经济独立，与一切男子占到平等地位，使一切男女都能得到互相交际机会。但女子要得经济独立，非先打破私有制度不可。在这私有制度还没有打破的过渡时代，我们就只好满足于限于阶级的男女社交了。"① 在经济差别尚未消除的情况下，男女社交必然有阶级或阶层性，这样恋爱或婚姻的发生也就有了"门当户对"之嫌，这也是有人以此质疑恋爱平等性的理由之一。

第二，男女社交要有负责任之中间人介绍，父母应给予必要的指导。时人认为，"不相识的男女，没人介绍而互相谈话或通信，恐怕不能算做正当"②。在他们看来，社会上的人品类混杂，故交友不能不有选择。一个陌生的人，如不知道他的来历，便贸然和他结交，难免不发生危险，这便是需要介绍人的理由。另外，正当的交际，个人当然应该有自由之权，不受他人的干涉。但父母对于子女的择交，本有指导和劝告的责任；做子女的，也该有容纳之胸怀。如果顽固的父母对于子女的交友，只以其为异性而加以干涉，自然又当别论。但这时做子女的，应该向父母说明理由。如果正当的交际却行秘密交往，似乎也不甚合宜。

第三，丰富择交知识，保持冷静态度。沈雁冰说，提倡男女社交公开要"增进女子教育"③。他们认为，同性择友如所择非人有可能被朋友算计，甚至被同化堕落。异性择友更须谨慎，在社交初开的时代，以文明之形式而行玩弄女性之实的流氓颇多。因此，青年们特别是女青年必须得有知识、有能力识破那种当面谄媚，背后污蔑的小人或以伪装面目玩弄女性的流氓。另外，男女交际应当打破男女的界限，两方处之若素。通信往来本无不可，但总不外讨论学理、研究问题，其行为正大光明，可以公开，绝不是不能见人的。总之，男女交际不宜过于亲密，且要见于形迹，并以冷静的态度处之。

---

① 汉浚：《男女社交应该怎样解决》，《妇女评论》第 7 期，1921 年 9 月 14 日。
② 《结婚的仪式》，《妇女杂志》第 9 卷第 10 号，1923 年 10 月。
③ 雁冰：《男女社交公开问题管见》，《妇女杂志》第 6 卷第 2 号，1920 年 2 月。

通过知识界的热烈讨论，青年人对社交公开的认识逐渐明晰，明白了正当社交所具备的要素。他们对经济和人格独立的强调可谓一语中的，只有具备此基础的男女，才有条件去实行那真正意义的社交公开。真正的社交不仅使青年男女相互扶助去共尽国民之义务，还有可能使得他们在扶助、真诚交往的基础上产生纯正的爱情。社交虽不为恋爱而生，却是恋爱产生的必由之路。

第二节　贞操革命的浪潮

民国初年，袁世凯取代孙中山成为中华民国大总统，但其政权的强权特色和民选制度的不健全使其政权面临严重的合法性危机。为恢复、巩固政权的合法性基础，袁世凯企图以传统的儒家权威及其象征方式解决政权面临的危机。为此，他大力提倡尊孔读经，掀起了复古逆流。在此形势下，清末刚刚萌芽的婚姻自主之风受到了严重压制。1914 年，袁世凯政府颁布了《褒扬条例》，其中的妇女节烈问题又与传统道德观念重新衔接，即"凡遇强暴不从致死或羞忿自尽及夫亡殉节者属之，其遭寇殉节者同"①，其内容规定妇女节烈贞操可为模范者，应得到该条例的褒扬，并由政府官员给予匾额题字。1917 年，冯国璋上台之后，又修改强化了《褒扬条例》。传统道德观念在中国本就具备深厚的土壤，经过北洋政府的提倡，在清末本受强烈批判的贞烈事件又时常见诸报端，并受到部分舆论、媒体的盛赞和褒扬，刊登在《中华新报》上的海甯朱尔迈所作之《会葬唐烈妇记》是体现当时社会风气的绝佳例证。

在鼓吹传统贞烈的同时，建立在自由、平等观念之上的婚姻自主观顺理成章地受到了批判。有杂志刊文说："世风日下，道德沦丧。一般女子，每醉心于自由平等之说，以贞烈为无足轻重。……岂若当世之文明女子，辄借口于婚姻自由，今日孤寡，明日即另求佳偶。"② 在新文化运动的激荡下，新知识界的先进分子对此开始反弹。1915 年，有人在《妇女杂志》撰文批驳贞烈观，认为它对国家的发展、社会的建设、两性平等、人格的树立等多方面都有损害，呼吁女性应以有用之身"为社会造幸福"③。1916 年，《妇女时

---

① 袁世凯：《褒扬条例》，《政府公报》1914 年 3 月 12 日。
② 《烈女魂》，《妇女鉴》1914 年第 3 卷。
③ 施淑仪：《对于烈妇殉夫之感言》，《妇女杂志》第 1 卷第 8 号，1915 年 8 月。

报》发表小说《不贞之夫婿》，作者借女主角婉芝之口表达了对传统贞操观
的蔑视，批判的锋芒毕露：

> 婉芝指一椅示之坐，曰："……原有一时为我所至不解者，大凡男
> 子娶妻，恒欲得贤淑之女子而妻之，绝不一反省己身。名义上虽未尝娶
> 妻，然久已身为人夫，此宁非一奇极不可解之理耶。"……

> 婉芝又曰："君谓已往者非所计智哉，是言君已往之事将尽忘之矣。
> 然此已往之事，可耻之事也，罪也。我自问则殊无足耻，绝无罪恶。第
> 君欲其妻贤淑，独不一自顾己身之贤淑否耶？君欲其妻之贞，独不一自
> 顾己身之贞否耶？"……

> 婉芝又曰："以一无行之男子而欲一高尚清洁之女子，其可乎，其
> 不可乎？请君为我断之。"……

> 婉芝摇首曰："休矣！君虽知自悔，我究勿能允。君少知自爱之女子，
> 均不屑嫁此不贞之夫婿也。他人弃而不衣之旧衣，我不衣之；他人所掷之残
> 肴，我不食之。君则直一残肴、一旧衣也。天下良少年多矣，何必君。"①

女主角婉芝通过对不贞之夫婿的谴责，批判了男性主导的片面贞操观。
在她看来，传统贞操观根本站不住脚：首先，多数男子不管自身操守如何，
总想娶一贤淑贞节之女，这于理不通。其次，男子不贞是可耻之事，对纯洁
婚姻是一种破坏，要想女子忠贞，男子也须忠贞。第三，不贞之男子其人格
低贱，可与残羹、敝衣等同，毫无价值。婉芝一系列掷地有声的发问是对男
女不平等的强烈批判和片面贞操观的断然否定，坚定地表达了她对两性平等
贞操观的追求。

如果说该小说的刊行还是知识界对传统贞操观较为婉转的批判，那么周
作人先生在1918年翻译与谢野晶子的《贞操论》则是民初知识界明确表达
男女平等观，追求女性人格独立的开始。以此为导火索，知识界进行了热烈
讨论，进而掀起了五四前后贞操革命的浪潮，推动了恋爱自由时代的到来。

一　女性问题的聚焦：贞操问题的初次交锋

周作人在《贞操论》的前言中曾讲，他翻译的初衷"并非想借他来论

---

① 天笑、毅汉：《不贞之夫婿》，《妇女时报》1916年第20期。

中国贞操问题"，只是让中国人看一看日本先觉者是如何认识男女关系的。周氏的行为之所以如此保守，是因为他认识到中国的知识界尚处于"万马齐喑"的状况，他们连男子问题尚不关注，更何况女子呢？要讨论贞操问题可能很难取得众人的响应。

无论周氏是否想在知识界掀起关于贞操问题的讨论，包括新青年主编在内的知识分子对与谢野晶子及其作品是比较欣赏的，这点确定无疑。他们认为，她是"极进步，极自由，极真实，极平正的大妇人"，其文"纯是健全的思想"。[①] 其思想虽然健全，但那些衰弱病人或久在暗地里的人，骤然遇着新鲜的气、明亮的光，反觉极不舒服。出于知识分子的良心，他们仍要"去赞美这日光与空气的好处"。

与谢野晶子《贞操论》的内容分为三部分。首先，她对传统贞操道德在现代社会的适应性提出了质疑：

> 道德这事，原是因为辅助我们生活而制定的。到了不必要，或反于生活有害的时候，便应渐次废去；或者改正。倘若人间为道德而生存，我们便永久作道德的奴隶，永久只能屈伏在旧权威的底下。这样就同我们力求自由生活的心，正相反对；所以我们须得脱去所有压制，舍掉一切没用的旧思想，旧道德才能使我们的生活，充实有意义。

在与谢野晶子看来，道德因生活而定，故其具有时代性。为了实现最真实、最自由、最正确和最幸福的生活，道德必须随时代的变动而不断进行调整，对于不合时宜的束缚人的旧道德要进行修正或废除。因此，道德是辅助人类生活的工具，而不是主宰人类的主人。与氏在道德礼教与人的比较中，凸显了人的主体性。贞操道德的更替要以务实的态度建立起规范实际生活的新道德、新制度，使人类生活更加充实、有意义。上述关于贞操道德变动合理性的解释得到了李大钊的认同。他在《物质变动与道德变动》一文中说：

> 道德是精神现象的一种，精神现象是物质的反映，物质既不复旧，道德断无单独复旧的道理，物质既须急于开新，道德亦必跟着开新，因为物质与精神是一体的，因为道德的要求是适应物质上社会的要求而成

---

① 〔日〕与谢野晶子：《贞操论》，周作人译，《新青年》1918 年第 4 卷第 5 期。

的。……女子贞操问题也是随着物质变动而为变动。①

李大钊运用马克思主义唯物论精辟地论证了道德变动的必然性，从而为贞操道德的变动提供了更充分的理由，即贞操道德的变化是在生产力发展基础上男女平等合作的必然产物。

在肯定贞操要随时代发展而变动的基础上，与野谢晶子又对"贞操单是女子的道德"这一问题提出质疑。这个问题由三个小问题组合而成：第一，贞操是人人遵守的绝对道德吗？第二，是不是任何人都能做得到？第三，守护这道德能使生活更幸福吗？在对上述三个子问题的回答中，与氏亮出了自己的观点："倘这贞操道德，同人生的进行发展，不生抵触，而且有益；那时我们当他新道德，极欢迎他。若单是女子当守，男子可以宽假；那便是有抵触，便是反使人生破绽失调的旧式道德，我们不能信赖他。又如不能强使人人遵守；因为环境体质不同，也定有宽严的差别；倘教人强守，反使大多数的人，受虚伪压制不正不幸的苦；那时也就不能当作我们所要求的新道德。"在与氏的结论中，首先明确的是贞操道德能否促进人生的幸福。如若能，则当新道德欢迎之，反之则须抵制；其次，贞操道德如若仅是女子当守的义务，而男子得以宽假，则必与人生幸福相抵触；第三，贞操道德不是人人都能做到的，倘若强迫别人信守，增加其人生痛苦，则必不能当新道德遵守。至此，作者以"贞操单是女子的道德"问题为切入点，以是否增进人生幸福、促进人生发展为判断依据，将传统女性独守的片面贞操观从理论上予以击破。

最后，与野谢晶子讨论的是贞操的归属问题。贞操是属于精神、肉体还是性交呢？还是既又属精神，又属肉体，即所谓灵肉一致的呢？

从精神方面看，只要异性之间动了爱情，那精神的贞操便算破了。无论单相思、失恋，或只是对于异性的一种淡淡爱情，便都是不贞。如此而言，有什么人能在结婚前绝对不犯这"心的不贞"呢？倘若不独居深山，全然脱离了社会，恐怕谁都不可避免地要犯这种错误。从另一方面说，男女之间即使肉体上曾有关系，只要精神未曾相许，那不是便与贞操道德毫不相背了么？与之相反，世间还存在许多此类情况：夫妇虽有性交存在，但精神上却十分冷淡；又或肉体上也无关系，精神上也互相憎恶，却仍然同居一室。这样的人分明已经破了精神的贞操，但传统贞操道德非但不把他们当做不贞的

---

① 李大钊：《物质变动与道德变动》，《新潮》1919年第2卷第2号。

男女看待，只要他们维持夫妇的形式，终身生活在一起，就是道德的。综合来看，前者对于人类过于苛责，在实践中难以行得通；后者精神与肉体的分离，恐怕对于人类自身的幸福多有妨碍。

从肉体方面看，男女绝对不能再婚。不但如此，女子因强暴失身，男子容纳了"奔"女，便都已破了贞操，一生不能结婚了。又如因家庭变故不得已做了妓女的人，便是永远的败德者。"精神上悔过的人，罪自除灭"，此类思想就是对败德者的庇护，不应该在世上存在。反过来，倘若肉体上只守着一人，即使爱情转移到别人身上也无妨，这样矛盾就不免出现了。因此，从肉体上看贞操，肉体与精神存在分离的矛盾，此种悖论不利于人生幸福的获取。

如若说贞操是灵肉一致的，这样的道德在现今的社会制度上能够实现吗？精神和肉体相统一的婚姻，除了恋爱结婚绝不能存在。但如今的现实是多数人得不到恋爱自由的机会，引导人们享受恋爱自由的人格教育也尚未施行，如将灵肉一致的贞操当作道德，期待它的实现，是否有不劳而获之嫌？因此，从这个角度看，灵肉一致的贞操论缺乏现实的实践基础。

从理论上讲，"凡是道德，必须无论什么时地，决无矛盾；又如有人努力实践了这道德，虽不免稍受苦痛，然而必又能别得一种满意，能胜过这苦痛。因为我们所要求的将来的道德，是一种新自制律；因了这新道德，能将人间各自的生活，更加改善，进于真实自由正确幸福的境地。"但从上述分析看，贞操道德无论归属哪方面都存在着矛盾。针对这些无法克服的矛盾，与谢野晶子把贞操从道德的框架中剥离了出来。她说："我对于贞操，不当他是道德；只是一种趣味，一种信仰，一种洁癖。既然是趣味信仰洁癖，所以没有强迫他人的性质。我所以绝对的爱重我的贞操，便是同爱艺术的美，爱学问的真一样；当作一种道德以上的高尚优美的物事来看待，——且假称作趣味，或是信仰都可。"① 笔者认为，她未必从根本上否认贞操作为道德的属性。之所以这么说，她无非是想解除道德的强迫性。因为贞操一旦被当成了道德，某种强制或强迫的属性必然伴随而来，但在实践中却未必人人都能做得到。因此，笔者个人揣测，如果换一种句式来表达，如"与其说贞操是一种道德，不如说它是一种趣味、信仰、洁癖"，可能更能准确表达她的思想。总之，贞操无论当作道德还是趣味，其目的只有一个，那就是以能否从

---

① 〔日〕与谢野晶子著《贞操论》，周作人译，《新青年》1918年第4卷第5期。以上注释均出于此文。

根本上促进人生的发展，实现人生的幸福为依归。

正所谓一石激起千层浪，与谢野晶子的《贞操论》在《新青年》翻译刊行后，立即引起了胡适、鲁迅的回应，此后叶圣陶、蓝志先、李大钊等人陆续参与进来，并引发了胡适、蓝志先、周作人三人之间的辩论。

鲁迅对于贞操的探讨别具一格，他将女子"节烈"与国家政局、家族发展紧密联系起来，以辛辣的笔调质疑、批判了国家提倡"节烈"的动机，即"节烈救国论"。为此，他连续发问："不节烈的女子如何害了国家？""何以救世的责任，全在女子？""表彰之后，有何效果？"① 通过这一系列问题的回答，鲁迅彻底戳穿了国家提倡"节烈"的骗局。"节烈"不仅体现了男性对女性的束缚，同时也揭露了男子不敢承担家庭、社会、国家责任的懦弱及妄图以女子的"节烈"掩盖男子无能的事实。

鲁迅之外的其他同仁对贞操的研讨则另辟蹊径，他们主要围绕着什么是贞操、贞操的适应范围等方面重点发力，对此表现最突出的则属胡适无疑。如果说与谢野晶子的《贞操论》是"是东方文明史一件极可贺的事"，那么胡适的《贞操问题》则完全立足于中国，他以《贞操论》的理论为立论基础，批判了中国传统的节烈行为并提出了自己的见解，其理论主要有三点。

第一，贞操并不是天经地义、一成不变的，而是可以研究、讨论的。他以《墨子·公孟》中"室以为室也"伦理来论证传统道德的破产，并得出结论说："这个问题，从前的人都看作'天经地义'，一味盲从，全不研究'贞操'两字究竟有何意义。我们生在今日，无论提倡何种道德，总该想想那种道德的真意义是什么，……'贞操'这个问题并不是'天经地义'，是可以彻底研究，可以反复讨论的。"② 贞操既然是可以讨论的，其言外之意就是传统贞操观已不合时宜了。那么，胡适心中的新式贞操观是什么样子呢？他认为，"贞操乃是夫妇相待的一种态度。夫妇之间爱情深了，恩谊厚了，无论谁生谁死，无论生时死后，都不忍把这爱情移于别人，这便是贞操"③。换句话说，贞操以爱情为基础，夫妻间若没有爱情恩意便没有贞操可言。若不问夫妇之间有无可以永久不变的爱情，若不问做丈夫的配不配受他妻子的贞操，只晓得主张做妻子的总该替他丈夫守节，这是偏执贞操论，这是不合人情公理的伦理。

---

① 唐俟：《我之节烈观》，《新青年》1918 年第 5 卷第 2 号。
② 胡适：《贞操问题》，《新青年》1918 年第 5 卷第 1 号。
③ 胡适：《贞操问题》，《新青年》1918 年第 5 卷第 1 号。

第二，倡导男女平等的贞操观。按照传统道德，中国的男子可以让他们的妻子替自己守贞节，自己却可以公然嫖妓、纳妾、"吊膀子"。再婚的男子、多妻的男子，丝毫不损害他们的身份。如按贞操新观念来评判，则明显存在男女不公，因为"贞操不是个人的事，乃是人对人的事，不是一方面的事，乃是双方面的事。女子尊重男子的爱情，心思专一，不肯再爱别人，这就是贞操。贞操是一个'人'对别一个'人'的一种态度。因为如此，男子对于女子，也该有同等的态度"①。既然贞操是男女相待的一种态度，乃是双方交互的道德，那自然不是偏于女子一方面的。

第三，反对外在制度对贞操的影响、干涉。他认为，"贞操既是个人男女双方对待的一种态度，诚意的贞操是完全自动的道德，不容有外部的干涉，不许有法律的提倡"②。若用法律的褒扬作为提倡贞操的方法，势必至造成许多沽名钓誉，不诚实、无意识的贞操举动。许多贞操问题，如寡妇再嫁，处女守贞等问题的是非得失，都还有讨论的余地，法律不当以武断的态度制定褒贬的规条。法律对于男子的贞操既无要求，便不该单独提倡女子的贞操。以近世人道主义的眼光看，褒扬烈妇、烈女杀身殉夫，都是野蛮残忍的法律，在今日断没有存在的必要。

在胡适的论点中，其最振奋人心的表达就是将两性特别是女性置于"人"的地位来衡量，他主张树立以爱情为基础的男女平等的贞操观，并将贞操视为两性发自内心的道德操守。

在旗帜鲜明地亮出自己的观点后，胡适还邀请知识界同仁蓝志先一同参与贞操问题的讨论，由此展开了思想的交锋。蓝志先对胡适全文的主旨"贞操为男女相持的一种态度，夫妇之间，是纯以爱情为主。"从根本上表示赞同，但在某些枝节问题上仍存在一些分歧。

第一，蓝志先承认夫妇关系自当以爱情为重，但他同时认为爱情是盲目而极易变化的。如果夫妇关系纯粹是爱情问题，就会变成一种极不确定的关系，彼此可能利用对方来满足自己一时的情欲、肉欲和感情，其表面上虽有高尚和卑劣之分，但骨子里还会有意或无意地把对方看作一种器具，其间并没有什么大分别。而且，发展到极端，还会产生独身等病态现象。因此，爱情虽是夫妇结合的重要的因素，却不是唯一的条件。结婚、离婚虽可自由，

① 胡适：《贞操问题》，《新青年》1918年第5卷第1号。
② 胡适：《贞操问题》，《新青年》1918年第5卷第1号。

但不能毫无限制。贞操虽是相互对待的要求，却并不以爱情有无为标准，也不能仅看做当事者两个人的自由态度。故蓝志先认为，"以夫妇关系，爱情之外尚当有一种道德的制裁。简单说，就是两方应当尊崇对手的人格。从这尊崇人格上，即有一种不能不遵守的义务。……爱情仅有浓淡的时候，道德的制裁却始终不能动摇。"① 在蓝志先的解释中，他特别强调道德制裁对于爱情的保障。所谓道德在这里其实是人格的产物，而它一经产生又独立于爱情之外，为爱情的永续保驾护航。在胡适的解释中，这种贞操道德也产生于人格，但它却内化于爱情之中，并与爱情融为一体。贞操就是爱情，爱情即是贞操，这是两人观点的一个重要区别。

　　第二，蓝志先认同胡适将贞操视为道德的观点，但不赞成与谢野晶子将贞操看作一种趣味、信仰、洁癖。他认为，道德是不可不的要求，与美的宗教之趣味信仰不同。贞操之所以成为人类不得不实行的道德，是因为其能节制性欲，这是人类之所以为人的重要原因。因此，"一夫一妇是道德上不可不遵守的制度，贞操是一夫一妇制的生命，道德上的最高要求。……要不把贞操看作一种道德，夫妇制度，就不能成立，成立以后，即有贞操的道德。与谢野晶子趣味、信仰洁癖说，根本的错误，在忘却人有人格。吾可以下一句断语，凡是男女不是人格的结合，在道德上都是罪恶。"② 既然夫妇是两性在爱情基础上的结合，而爱情是经道德洗礼的人格之爱，那么人格的结合本身就是一种道德关系。是故，贞操是一夫一妻制的生命线，是道德的最高要求。

　　第三，蓝志先认同胡适将贞操视为完全自动的道德之观点，认为褒扬条例非常荒谬，但他不赞成将外部制裁一概抹杀。据蓝志先的分析，中国这样提倡贞女、烈妇是提倡罪恶，为现今道德所不能容许。至于法律上消极的制裁，如保留夫或妇的通奸罪，夫妇同居的义务，以及离婚的限制等，却不能没有。现代的文明社会虽以个人为本位，但家庭生活还占据着人类生活最重要的部分，至于儿童的教养更是家庭的专职。故家族仍是社会的基石，夫妇关系对社会具有重要意义。夫妇关系既然存在，它与社会的安宁、个人的幸福就有密切关系，那外部的制裁就应当具备。夫妇间如有一方破坏贞操就是毁损对方的人格，受损的一方应有请求法律保护的权利。这样，外部的制裁更是不可缺的条件了。

---

① 蓝志先：《蓝志先答胡适书》，《新青年》1919 年第 6 卷第 4 期。
② 蓝志先：《蓝志先答胡适书》，《新青年》1919 年第 6 卷第 4 期。

另外，蓝志先还认为，处女守贞绝对不应有，寡妇再嫁与男子续娶应平等相待，男子既可续娶，寡妇即可再嫁。但实际上他主张极严格的一夫一妇制，以为续娶、再嫁都不应有。实际道德当然不可能如此严格，故再嫁或续娶须有一定条件的限制，譬如男子续娶，应当以儿童幼小或是家事无人管理等为条件；寡妇再嫁，应当以生活困难或是家庭难处等为条件。有自由权者结婚时应当各负责任，慎重选择。一旦结合以后，便不能随便动摇。至于那不自由的结婚，责任不在本人，尽可任意离婚。而且，在蓝志先的观念中，自由恋爱即是乱婚，这种野蛮的制度应当被铲除。

蓝志先的观点亮明之后，胡适和周作人立即反弹，其中又以胡适与蓝志先的交锋最为激烈。胡适与蓝志先的论争实际上主要集中在两个方面，一是爱情中的人格问题，即爱情与人格的关系；二是贞操是否为道德。爱情与人格的关系主要集中在三方面。

第一，胡适对蓝志先"贞操是一夫一妻制的生命线，是道德的最高要求"的观点表示赞同，但在贞操与爱情是否为一体上存在分歧。在爱情的认识上，胡适的观点和蓝志先存在差异。在胡适眼中，爱情本身就是人格之爱，"夫妇之间的正当关系应当以异性的恋爱为主要元素；异性的恋爱专注在一个目的，情愿自己制裁情欲的自由，情愿永久和他所专注的目的共同生活，这便是正当的夫妇关系。人格的爱，不是别的，就是这种正当的异性恋爱加上一种自觉心"[1]。由此来推论，爱情基础上必然产生贞操，或者说爱情本身等同于贞操，即把"道德的制裁"看作正当的、真挚专一的异性恋爱。蓝志先认为，爱情有人格之爱、肉欲之爱的区分，故"爱情之外尚当有一种道德的制裁"。也就是说，爱情与贞操是两回事。在这个问题上，周作人支持胡适的立场，他对蓝志先"将爱情误解作情欲"的认识持批判态度。[2]

第二，在人格与贞操问题上，胡、蓝二人对夫妇应该相互尊重彼此的人格达成了一致看法。但胡适同时还认为，人格有时候就是贞操，但又超越于贞操。从一般意义来看，夫妇间的人格问题就是"真一的异性恋爱加上一种自觉心。"人格的爱情自然应该格外尊重贞操。但是人格的观念，根本上研究起来，实在是超于平常人心里的"贞操"观念的范围以外。平常人所谓"贞操"，大概指周作人先生所说的"信实"、胡适的"真一"和蓝志先所说

---

[1] 胡适著《论贞操问题——答蓝志先》，《胡适文存》（1），黄山书社，1996，第489～490页。
[2] 《周作人答蓝志先书》，《新青年》1919年第6卷第4期。

的"一夫一妇",但人格的观念有时不限于此。以易卜生的《娜拉》为例,郝尔茂对于娜拉并不曾违背"贞操"的道德。娜拉弃家出门,并不是为了贞操问题,乃是为了人格问题,由此可见人格问题超越贞操问题。①

第三,自由恋爱是否是放荡行为,离婚是否伤风败俗?蓝志先认为,自由恋爱就是轻薄少年的浪荡行为,离婚是伤风败俗的;而胡适认为,自由恋爱是尊重人格的,离婚恰恰显出人格的尊贵。他曾在《美国妇人》中表达过相同的观点:"自由结婚的根本观念就是要夫妇相敬相爱,先有精神上的契合,然后可以有形体上的结婚。不料结婚之后,方才发现从前的错误,方才知道他们两人决不能有精神上的爱情;既不能有精神上的爱情,若还依旧同居,不但违背自由结婚的原理,并且必至于坠落各人的人格。所以离婚案之多,未必全由于风俗的败坏,也未必不由于个人人格的尊贵。"② 在此胡适又特别强调,"古今正式主张自由恋爱的人,大概总有一种个性的人生观,决不是主张性欲自由的。……自由恋爱未必就有'淫乱'的危险,因为人类的通性总会趋向一个伴侣,不爱杂交;再加上朋友的交情,自然会把粗鄙的情欲变高尚了。……自由恋爱的离散未必全由于性欲的厌倦,也许是因为人格上有不能再同居的理由。他们既然是人格的结合……如今觉得继续同居有妨碍于彼此的人格,自然可以由两方自由解散了。"③ 在胡适的解释中,自由恋爱成为个性展现的重要形式,它的存续完全取决于是否有利于彼此人格的尊重。因此,恋爱与伤风败俗并无内在的关联。

在贞操是否可以看作道德问题上,蓝志先将贞操看作夫妻之间最高的道德要求,反对将其看作趣味、信仰,而胡适的观点则远没有这么鲜明。胡氏认为,从哲学角度看,"道德"本可当做一种信仰,一种趣味,一种洁癖。孔子的"吾本见好德如好色者也""知之者不如好之者,好之者不如乐之者。"这种讨论很有道理,远胜于康德那种"绝对命令"的道德论。道德教育的最高目的是要人人都能自然行善去恶,"如恶恶臭如好好色"一般。西洋哲学史上也有许多人把道德观念当作一种美感的,"要是人人都能把道德当作一种趣味,一种美感,岂不很好吗?"④ 也就是说,胡适在此点上没有明确否认蓝的观点,但同样也承认了与谢野晶子的论调。

① 胡适:《论贞操问题——答蓝志先》,《胡适文存》(1),黄山书社,1996,第490页。
② 胡适:《美国的妇女人》,《胡适文存》(1),黄山书社,1996,第476~477页。
③ 胡适:《论贞操问题——答蓝志先》,《胡适文存》(1),黄山书社,1996,第494~494页。
④ 同上书,第490页。

在上述讨论中，其内容虽多有分歧，但也达成了诸多共识。在论争中形成的最大共识就是女性必须确立独立的人格，她们不应再以"第二性"① 的二等国民身份蛰伏于男子之下，而是以与男子对等的身份共同成为家庭、社会的擎天之柱。五四乃至以后的历史时期，知识界对于女性及婚恋问题的讨论都以此为框架而展开。

二 恋爱与贞操：贞操革命的浪潮

持续了一年多的贞操问题论战，其功绩在于确立了女性人格独立的理论框架，女性"人"的形象基本树立起来。五四之后，来自日本、西方的性伦理持续输入，如泽田顺次郎、本间久雄、爱伦凯等人的贞操观念的传播营造了被新知识界普遍认同的性伦道德。他们认为："道德的本质是约束或鼓励个人行动的一种东西，使社会得以安宁，有秩序，而适于生存和进化。性的行为的伦理，简单的说，也是这样，怎样可以使性生活安宁，幸福，这便是他的重要要求"② 。近代性伦新观念的树立，使传统贞操观的影响日益萎缩。知识界在破除片面贞操的同时积极倡导贞操新观念，"这种杀人的礼教，我们自然要彻底排斥他，但是他方面，我们又不得不建设一种合理的，平等的，人格的贞操观啦。这就是我所要高声大呼的'贞操观革命的呼声'呵！"③ 知识界这种破立结合的科学态度，推动了五四后贞操革命浪潮的到来。

（一）贞操的学理性认识

要讨论贞操必须要对其概念有科学的认识，这是正确理解贞操的基础。作者沈沛恩借用日本泽田顺次郎的观点表达了自己对于贞操的看法。泽田顺次郎认为，融合东西方语意贞操可以理解为清洁，人类要清洁的不只是肉体，还有精神。即从贞操来讲，肉体和精神是并重的。肉体的清洁大家自然知晓，那精神又如何清洁呢？"精神清洁之根本方法，就是保守人伦、人格、和尊重性道德。性道德，就是关于（Sex）的德义。明白地说，就是对于异性的性关系，在法律和从来的习惯上，只能适用于有契约的夫妇间，夫妇以

---

① 关于"第二性"的解释，请参阅〔法〕波伏娃《第二性》，陶铁柱译，上海译文出版社，2011。

② 高山：《男女理解与性的伦理》，《妇女杂志》第 10 卷第 10 号，1924 年 10 月。

③ 颜筠：《贞操观革命的呼声》，《妇女杂志》第 10 卷第 7 号，1924 年 7 月。

外之性的关系，是绝对的罪恶的。更进而言之，所谓贞操也者，就是巩固一夫一妇的制度，遵守一夫一妇的制度，使不致与其他异性发生性的关系的代名词。夫妇间之性的关系，不得谓之破操，而非夫妇或夫妇以外的性的关系，方可以说是破操——野合或通奸。"① 沈氏借用泽田顺次郎的分析框架，明确提出贞操是一种两性伦理关系，它规范的是两性道德关系。要保持贞操，不仅肉体上不得与第三方野合，就是精神上也不能有奸淫的意念和想象。此论与蓝志先的"贞操是一夫一妻制的生命线，是道德的最高要求"的观点颇为相似，不过在这里讲得更透彻。

无独有偶，署名仲云的作者用同样的手法表达了自己的贞操观。他借用本间久雄的分析框架批判了历史上的禁欲主义和注重童贞的观念，大力颂扬恋爱神圣。本间久雄引用《性道德》的作者密赛尔的话说："恋爱要是弃去了肉的要素，便无异弃去自己的奉献而杀灭友谊，弃去思想的自由而绝灭科学，弃去形而上学而绝灭宗教，将恋爱加以杀害。"本氏同时还引用了伦理学家摩尔的观点："结婚的中心基础，常可由对于一定的异性的性的恋爱中看出来。要是没有这种幸福的性的恋爱那么生活虽然继续下去，虽然由教会而变为神圣的，但到底不是结婚，不过是卖淫罢了。"本间久雄通过先抑后扬的手法明确表达了自己的观点，"在恋爱中的肉的要素，为结婚的中心基础"②。由此他树立了自己的恋爱贞操论，即夫妇间的恋爱是贞操之本。用本间久雄自己的话说，所谓贞操"一言以蔽之，这便是全在真的恋爱。真的恋爱……就是虽非以纯粹的肉为根本条件，却不能缺少肉的条件。贞操实与完全的恋爱共同发达，而其恋爱也是与精神的要求，肉体的要求不能相分离的。……灵肉一致的状态，视为恋爱的终极，就是恋爱，至少从感情的状态上看来，要确然是灵肉一致的。"在灵肉一致的状态下，人们不能把精神与肉体的要求相分离。为了恋爱的实现，须将自己的人格纳入恋爱，只有这样才能感受到恋爱的幸福，并且唯有从这种恋爱中才能真正认识到恋爱的自由及伴随的责任，这就是贞操的产生过程。

当然，这样的恋爱在人的一生中来之不易。如果按照爱伦凯及其他先觉者之言，不论男女，这种恋爱在一生中可能只有一度。在恋爱过程中，人们一定要通过一个或数个阶段，才有可能获得在一生中仅有的一次天赐之物。

① 〔日〕泽田顺次郎：《贞操问题》，沈沛恩译，《妇女杂志》第14卷第8号，1928年8月。
② 〔日〕本间久雄：《自由恋爱与贞操问题的关系》，仲云译，《妇女杂志》第10卷第7号，1924年7月。

法国大仲马曾说，"女子的处女性不属于她最初的恋人，乃属于她最初的恋爱"。以此来推论，女子所感受到的真挚的恋爱，便是处女性所在，"故不论在男在女，这所发见的最初的恋爱，也便是将来最后的恋爱：这就是贞操真意的所在。这种境地，决不受法律条文，规矩准绳的束缚，到底要由男女相互的自由意志和从这意志所生的责任意识及连带观念的诱致，实现，才能完成。因是，从这意义说来，上述自由恋爱第二场合的自由恋爱——是恋爱自由的终极，同时也可说是贞操的终极：这就是新性道德的基础的所在"①。在理想的恋爱论者看来，真正的恋爱一生只会有一次，这种真正意义的恋爱实际上就是贞操，这与胡适关于恋爱与贞操的观点极为相符，即恋爱与贞操实现了内在的统一，它是双方人格和精神相交融的产物，并不受外在因素的影响和控制。此观点也验证了泰戈尔的观点："贞操是从丰富的爱情中生出来的资产。"② 在这里，仲云借用本间久雄的分析框架和观点完整表达了近代贞操观，而且通过新性道德的确立，还为恋爱自由的实现奠定了理论基础。

1920 年代的知识分子用介绍国外译著的手段，将近代贞操观引入中国知识界，并引起了广泛的共鸣。刘清扬在演讲中曾说："若以新道德而论'贞操'，则凡真懂爱情的青年男女，当还没有嫁娶，正在访觅知音的伴侣之时，自然都当彼此保守'贞操'，以为将来的意中人。若在结合以后的伴侣，爱情正在浓厚之际，自然而然，双方贞操都能坚固保守，虽欲破坏之而不能。一旦双方爱情破裂，已不能维持共同生活，那样则双方的'贞操'，也无再须彼此保守的义务。这样的'贞操'，乃是完全出于自动而为正式的爱情而保守的，才有真正的意义与价值。"③ 在刘氏的分析中，贞操至少包含两方面的内容，即婚前要为将来的爱人保持童真，婚后要相互固守爱情之贞。总之，无论婚前还是婚后的考量其标准都以爱情为核心。

邓颖超从爱伦凯的恋爱论中引申出贞操的意义："夫妇间，只要爱浓了，情深了，恩谊厚了，无论怎样，颠沛流离，他们俩人总不愿把爱情移给别人的。这就是贞操。由此我们可知道贞操与否，是系乎恋爱的有无。换一句话来说：'有恋爱，便是贞操，也便是恋爱'。"④ 周建人则以更犀利的语调说：

① 〔日〕本间久雄：《自由恋爱与贞操问题的关系》，仲云译，《妇女杂志》第 10 卷第 7 号，1924 年 7 月。
② 王辉、佟飞编《爱情的七个音符》，天津社会科学出版社，1992，第 270 页。
③ 刘清扬：《"贞操"与"节妇"》，《天津女星社》，中共党史资料出版社，1985，第 118 页。
④ 邓颖超：《姊妹们起哟》，《女权运动同盟会直隶支部特刊》第 3 期，1923 年 5 月 24 日。

"贞操的意义，它自然存在恋爱里，你倘若将它单独提出，恋爱的精神便死了，人间男女的关系，也便成了虚伪。"① 朱锦江更是一针见血地说："贞操是自由恋爱的结晶体。"②

通过上述论者的反复阐述，我们清晰地看到，恋爱贞操论的根基建立在两性独立人格基础上，这是人格深处觉醒的必然要求："所谓某人的贞操，全以他自己的力，自己的气节，自己的精神为集中点。而且这一种集中的气节，精神和力，是预防外界偶然的侵害的；所以这一种的贞操，是人生的一种态度，使恋爱能够伟大的工具。因此贞操的欲求，是自己的完成，内的操守，与心灵的威严，连行于人格感情的内部的。"③ 从深层意义讲，贞操是个体内在的一种操守和自律行为，它也是男女相守的一种人生态度，它的存在凸显了恋爱的伟大意义。

综上所述，恋爱贞操论以两性人格的独立为基础，以恋爱为核心，这是判断贞操合理性的重要依据。两性新道德为两性恋爱提供了依据，同时也决定了两性离婚的正当性。

（二）新式贞操观的特性

如上所述，两性新道德建立在独立人格基础上，这意味着新式贞操观必然具备自主和平等两大特性。

1. 贞操观的自主性

传统贞操观是片面的、针对女性而言的，"贞操是无形的保险箱，装女人的意志和思想的！"④ 总体而言，女性没有选择的权利，只有被动承担的义务，故传统贞操观又被称为"义务型贞操观"。恋爱贞操论认为，"新的，真正的贞操，乃是肉体不违反灵魂，灵魂不违反肉体的那样灵肉一致的贞操。和一个自己心爱的人谐和到老，固然是最好的贞操，被强暴所污辱，被无赖所诱惑，立刻丢开了他们，另和自己心爱的人结合，这也是最好的贞操。"⑤ 也就是说，"贞操是恋爱纯洁化，人格化的灵肉一致的产物"⑥，这使

① 周建人：《贞操》，《晨报副刊》1921 年 7 月 13 日。
② 朱锦江：《妇女贞操之研究》，《盛京时报》1922 年 12 月 27 日。
③ 吴觉农：《爱伦凯的自由离婚论》，《妇女杂志》第 8 卷第 4 号，1922 年 4 月。
④ 周建人：《贞操》，《晨报副刊》1921 年 7 月 13 日。
⑤ 章锡琛：《中国女性的贞操问题》，《新女性》1926 年第 1 卷第 6 期。
⑥ 颜筠：《贞操观革命的呼声》，《妇女杂志》第 10 卷第 7 号，1924 年 7 月。

贞操观实现了从"义务"向"权利"的转变。例如，亮麈女士撰文说："我希望现代的男子不要把女子的贞操看做义务的。应当承认是女子自己的权利；并且要明白女子最初之性的行为，不能当为她最后的性的行为的贞操，就是她一生的运命，决不是完全要受最初之性的行为的支配。"① 亮麈女士代表女性进行呼吁，希望女性摆脱被动的贞操包袱，将性与贞操绝对统一的关系做适当剥离，给女性更多的自由。

颜筠女士对此也表达了类似的愿望。她认为，对于恋爱时代的贞操观而言，"恋爱最大的要素，便是贞操。由恋爱发生的男女关系，是有贞操的夫妇；不是由恋爱结合的夫妇，是无贞操的男女关系。……在这中间所守的贞操，不是为未来的丈夫（或妻）守贞操；乃是为高洁自身守贞操，完成恋爱守贞操。这就是恋爱结婚观底下的未婚时代的贞操观念，是男女两性各拥护其贞操的共同享有的一种人权，是以称做'权利说的贞操观'。"② "权利说的贞操观"就是灵肉一致的理论，主张贞操为高洁的灵魂而守，如若失去了恋爱这个核心要素两性关系就只有性交的结合，这样的男女关系与卖淫并无分别。那么，失偶的人们如何守护自己的贞操呢？颜筠女士继续分析说："失偶的人们从既爱过异性的灵肉去结合自己所欲爱的异性。其对于求异性的恋爱和拥护自己恋爱观的权利，未婚人和失偶人毫无差别，即是失偶人的拥护即再现恋爱上的贞操的权利，和未婚人的拥护及初现恋爱上的贞操的权利，完全相同。从这种'权利说的贞操观'上看来，寡妇可以再嫁，全不成问题了。不惟可以再嫁，且有和处女同样的人权去享受灵肉一致的恋爱生活及一切的社交。"③ 从权利说看贞操，当事者的行为完全独立自主，在权利上失偶者与其他人并无分别。以此为出发点，颜筠肯定了女子再嫁的权利。

与此同时，颜筠女士还认为："不忘故夫的爱情，甘心清守那朝朝暮暮凄凉的生活，虽不是如何坏事，然也并非如何可称可赞的美事，确实一种不澈底的怪事啦！"从其观点看，作者急于打破旧式贞操观，在理论上存在偏激现象。传统女性失偶，不少人因迫于礼教的束缚欲嫁而不能，如果说其不觉悟、不彻底尚无可厚非。如若真心恋于前夫的恩情，自己心甘情愿矢志不嫁，岂不是人间情爱的最好见证吗？其实，恋爱不仅是生前做的事，它应该也是一个人思念的美好事物。如若女性既不是惑于传统节妇或烈女的虚名，

---

① 亮麈女士：《我所希望于男子者》，《妇女杂志》第 10 卷第 7 号，1924 年 7 月。
② 颜筠：《贞操观革命的呼声》，《妇女杂志》第 10 卷第 7 号，1924 年 7 月。
③ 同上。

又非惑于夫家的财产等身外之物，而是因感于与前夫的真情而要固守心中的那份回忆，这有何不可呢？从权利说看，这不仅是当事人主动的选择，还是女权践行的重要体现。既然此举能体现女性的权利，为什么非要以改嫁为寡妇的唯一选择呢？

自主贞操观要求恋爱中人既要注意性情的契合，又要保持个体的独立性："只要承认恋爱是人格的根源，结婚必须有恋爱的意义之后，就可晓得贞操问题，不是个人的'自我'的不变，可以解决的：因为恋爱（一）必须有欲求相同的二人的'自我'；（二）两个'自我'必须均能在两方表现。无论何人，虽然以自己的运命与他人的运命相接合，可是自己将来的全运命，决不能完全依托在他人的支配下。"① 个体独立性的保持，要求个人要将命运掌握在自己手中。只有自主掌握自己的命运，才有可能追寻到个人的幸福，"我们只希望人人都能使自己的生活格外美满，丰富，因而使社会格外美化而且幸福"②。这是贞操新观念确立的最终目的，即为人的精神解放和个人幸福的实现而服务。以人的个性发展为前提，社会肌体也会变得愈发健康，人们的幸福度也会相应提升。

2. 贞操观的平等性

贞操既以恋爱为核心，以人格独立为基础，其中也蕴含着男女平等的要求，这是贞操新道德中的题中应有之义。

时人认为，小家庭是理想的家庭组织形式，这种形式必然要建立在男女平等的基础上，因为："在理想的家庭中间，为小家庭之组织，即是一夫一妻的固定配偶。双方各保持其贞操，各尊重其神圣之人格，夫对其妻或妻对其夫，俱问心无愧！"③ 在恋爱贞操论者看来，婚姻乃恋爱的结合，而恋爱又是纯粹的具有整体性的事物，不能分割零售。在恋爱的个体中若有其他因素侵入，恋爱就变得不纯粹，或者说转化成变态的恋爱了，这决定了"夫妇间的贞操也自然是双方共守的"④。因此，新式贞操观中内含的平等性是不言而喻的。如若放弃了男女平等的基础，两性关系必然丧失恋爱的内核而成为徒有其表的形式的结合。时人曾揭露说："现在的男子，尤其是一班鼎鼎大名的新人物，太不重视贞操了！只图当前的快乐，逞一己的肉欲，兼收并蓄，

---

① 吴觉农：《爱伦凯的自由离婚论》，《妇女杂志》第 8 卷第 4 号，1922 年 4 月。
② 章锡琛：《中国女性的贞操问题》，《新女性》1926 年第 1 卷第 6 期。
③ 高思廷：《理想之家庭》，《妇女杂志》第 9 卷第 8 号，1923 年 8 月。
④ 颜筠：《贞操观革命的呼声》，《妇女杂志》第 10 卷第 7 号，1924 年 7 月。

不厌多妻。究竟谁是他恋爱的对手，不说旁人不明，连他自己也不知道罢！还有些已婚的男子，另外已有了恋人，却不设法与前妻脱离，实行兼收的做法，真是滑稽，不道德到已极！然而一般新人物却迳行不讳，毫无内疚，真可痛心！"① 缺乏男女平等的恋爱势必演变成男子肉欲的发泄，而成为新式不平等的渊薮。因此，夫妻双方"应当严守一夫一妇的制度，双方相互尊重彼此间之贞操。……双方相互守操，是原则的、伦理的"②。在男女平等的原则下，恋爱充盈便保持夫妇关系，恋爱枯竭便脱离夫妇关系，这才是人格的夫妇的相处原则。

上述材料对于贞操的解读，从纯文本层面来分析其正确性不言而喻，它体现了男女平权的观念，其理念具有进步意义。打破片面贞操观，确立以爱情为核心的新式婚姻观是新知识界的共同追求。但问题在于贞操并不是独立存在的伦理观念，其存在和践行与男女双方的地位密不可分。在女子不能取得与男子大致对等的地位前，平等贞操观只能存在于观念上。没有经济、政治、法律等外在因素的支撑，任何理念都难以向现实转化。

小　结

性伦理是调节男女两性关系的道德规范和社会准则，它的状况决定了人类社会的文明程度。近代以来，文明社会所确立的两性伦理的核心是男女之间能否相互尊重和平等相处，而人格平等成为其中最核心的要素。

延续了几千年的中国传统社会，女性多以"第二性"的面目示人，即使个别家庭出现所谓"悍妻"现象，也因其"非主流"的地位难以改变基本的两性格局。③ 五四时期关于"人"的重大发现，给两性伦理变革奠定了深厚的理论基础，为两性平等的实现提供了可能。两性平等是男女之间权利与义务的对等，社交公开与平等贞操观的确立是两性伦理平等的重要体现。

社交公开赋予了女性从家庭走向社会的权利，是女性解放的重要步骤。从宏观角度看，社交公开有利于女性国民权利的获取和男女社会互助的实

---

① 音奇：《我所希望于男子者》，《妇女杂志》第 10 卷第 10 号，1924 年 10 月。
② 〔日〕泽田顺次郎：《贞操问题》，沈沛恩译，《妇女杂志》第 14 卷第 8 号，1928 年 8 月。
③ 赵毅、赵轶峰：《悍妻现象与十七世纪前后的中国社会》，《明史研究》第 4 辑，黄山书社，1994，第 197～206 页。

现；从微观而言，社交公开使两性在社会扶助和真诚交往的过程中产生纯正的爱情，为爱情婚姻观的实现奠定了深厚的基础。因此，社交公开不仅使女性取得与男子平等交往的权利，还为打破包办婚姻、创造两性恋爱提供了良好的平台。贞操问题的交锋，破除了男女不平等的观念，树立了女性独立人格意识，使女子"人"的形象最终树立起来，女性以与男子对等的身份成为家庭、社会的擎天柱。更重要的是，平等贞操观成为两性人格恋爱确立的基础，并使恋爱中的两性既能合二为一，又能保持彼此的独立性。只有如此，两性的恋爱生活才能美满、丰富，进而使社会得到净化而日益进步。平等是自由之基。在平等的两性关系中，女性才能获得更多的自由权和选择机会，这为打破包办婚姻制度，实现恋爱自由奠定了基础。因此，从这个意义上看，两性伦理新观念成为青年们争取幸福婚姻生活的动力源泉。

第五章　恋爱价值在两性生活中的提升

在传统社会，婚姻注重门第与财富，爱情成为婚姻的附属物①，它在婚姻生活中居于次要地位。再者，男女大防的观念使恋爱缺乏深厚的土壤，爱情多处于畸形发展的状态而又多以悲剧收场，因此它成为"淫荡"或"悲剧"的化身，是典型的"非礼"性命题。在近代社会，爱情被视为两性关系特殊审美的产物，它的存在使两性生活既充满了激情又散发出精神文明的魅力，并促进了人类对世界的艺术化认识。五四前后，爱情成为一个显性的话题而备受知识分子瞩目，它被放置于公共领域而进行了开放式探讨，从而使众多知识青年逐渐懂得了什么是爱情以及爱情对于婚姻的意义，爱情婚姻观在更多的青年中扎下了根。

第一节　恋爱问题进入公共视野

在清末，以金天翮为代表的新知识分子就开始鼓吹爱情，并认为爱情是婚姻的内核，婚姻是爱情的外在形式。但囿于时代的局限，当时与金天翮遥相呼应者寥寥无几。伴随着教育的发展和五四新文化的洗礼，爱情进入了更多知识青年的视野而成为备受瞩目的新鲜事物。什么是爱情或恋爱？它的存在对于人生有何意义？这成为知识界亟须解决的重要课题。

一　恋爱问题的关注

中国传统社会向来注重礼法，礼教成为国人社会生活的指针和神圣不可

---

① 恩格斯：《家庭、私有制和国家的起源》，《马克思恩格斯选集》第 4 卷，人民出版社，1972，第 72～73 页。

侵犯的信条。在礼法的束缚下，女子以"第二性"的面目展现自己的姿态，缺失独立人格，并在很大程度上成为男子的附庸。在"男女大防"观念的指导下，两性缺乏正常的社交机会，几乎不具备恋爱的条件，并且在家族观念的影响下，展现个性主义的恋爱也不具备合理和合法性。① 偶尔发生的一点男女之情，也变成了"钻穴隙相窥桑间濮上""逾东家墙而搂其处子"的苟且之举，会被冠以"寡廉鲜耻"的恶名，并受到严厉打压。在恋爱问题上受到打压的不仅是女子，就连男子也是受害者。② "礼教观的社会里底青年男女，对于恋爱，好像是'捉迷藏'：闭了眼瞎摸索。他们不能预备要恋爱那样一个人，他们只由着命运指示，去爱那指定的一个人，不论好坏，就盯在这个人身上。这种恋爱，就是中国人的恋爱。"③ 鲁迅对此形象地说："爱情！我不知道你是什么。……这婚姻，是全凭别人主张，别人撮合：把他们一日戏言，当我们百年的盟约。仿佛两个牲口，听着主人的命令：'咄，你们好好的住在一块儿罢！'爱情，可怜我不知道你是什么！"④ 针对传统社会的婚恋现状，有人就此断言说，中国人没有恋爱可言，他们也不明了恋爱的意义是什么，因此不能和中国人说恋爱。其实，与其说国人不明了恋爱的真意，倒不如说国人缺乏恋爱的机会，这才是婚姻的大不幸。为此，有人大声疾呼："恋爱是自由的，中国人的恋爱，自由在哪里？恋爱是意志的，中国人的恋爱，意志又在哪里？"⑤

以男女社交公开与平等贞操观为核心的新性道德的确立，为国人恋爱的践行铺平了道路。时人认为，"真正之两性道德，发端于身心之一切有机的冲动，认调和之相互作用时。蔑视肉体者，背乎自然；忽略精神者，不合道德。轻视人之性的行为者，不明之尤者也。……恋爱起于肉体，而净化于精

---

① 《汪穰卿笔记》中曾记载，北京大栅栏处目姓女子，与货郎男子私自相恋。其后，目姓女子染病日重，货郎男子与其约定死后同穴。目姓女子死后，货郎男欲依约而行，但遭到目姓女子之兄及其母的坚决反对并引发冲突，引起诉讼，但其并没有得到官方的支持，最后无果而终。由此可见，在民间社会，青年男女虽突破两性禁区偷偷恋爱，但此举有违性伦常情，于礼不合。因此，多数情况下此举并不能得到社会的承认。即使在一方已经逝去，另一方无论怀有多少深情，也不能得到对方家庭的认可。（《汪穰卿笔记》，中华书局，2007，第157页。）

② 梁景和、廖熹晨：《女性与男性的双重解放——论清末民初婚姻文化的变革》，《史学月刊》2012年第4期。

③ 世衡：《恋爱革命论》，梅生编《中国妇女问题讨论集》（4），上海书店，1989，第75页。

④ 鲁迅：《随感录四十》，《鲁迅全集》（1），人民文学出版社，2005，第337页。

⑤ 世衡：《恋爱革命论》，梅生编《中国妇女问题讨论集》（4），上海书店，1989，第75页。

神，此性的道德与真谛也。说者谓恋爱为求灵魂救济肉体，肉体救济灵魂之设施，盖至言也"①。此论明确认为，恋爱是精神与肉体的结合。蔑视肉体，一味追求精神的结合违背自然规律；忽略精神，单纯追求肉体的结合，违背近代的性道德。因此，它与以往"捉迷藏"式的恋爱大有不同："在昔以为两性关系，无非配合而已；配合成伦；是为伦事。在今则以为两性关系，在人格之交融，与情操之发展，达此二者，是为人生；不及二者，仅事配合，则不合人生之条件，而以人生毗兽；彼仅言伦常习俗，不问性情恋爱即落此病。"② 简而言之，传统婚姻中的两性关系多为形式的关系，两性的结合受礼法制度的支配；现代的两性关系是生物的关系，即发乎内心的、本真的人的关系。两性的结合是人格与性情相互交融的结果，以此为基础则破除了礼法制度的束缚。

传统与现代的两性关系可谓两个极端，但它们实际有一个共通的基础，那就是对于"生之满足"：前者主要着眼于社会的整体进化，后者则着眼于个体生活的满足。一切伦理方式的形成，在社会的发展进化中都承担着调节生活的某种功能，它的作用是有限的，而不是无限的。其后生活随历史的演进而多方变化，而伦理却日趋固定。以有限的伦理功能调节无限丰富多彩的生活，必然要承担不能承受之重而使社会日益病态化。因此，两性伦理如不能随社会的发展时时修正，做到与时俱进，势必不能履行"生之满足"的功能。两性生活是一切生活之基，它不能仅谈形式与制度，男女人格与性情的交融才是两性相处的根本之道。

两性新道德的确立，引发了恋爱的高潮，时人曾详细描述了当时社会的状态："近年来在中国所喧闹着的妇女问题，差不多完全是集中于'恋爱'的一个题目上。一般努力于妇女运动的人，不惟尽量的在讨论和宣传'自由恋爱'的理论，并且都献身把自己做一个实地的试验者。这种趋势在社会的各方面都可以看出来：新体写实小说的出现，浪漫的剧本和电影的编制，动人的观听的社会新闻，与一般青年所爱读的杂志材料，没有脱得了恋爱问题。……因为恋爱是属于情感方面的关系，而在中国男女的这种情感又是长久地被压抑着而不得自由发泄，所以一朝有了机会，便如怒潮奔放，不可遏阻。恋爱问题在今日社会上所以有这样的重要，乃是无足怪的。"③ 两性新道

---

① 云鹤：《性的新道德之基础》，《妇女杂志》第 8 卷第 5 号，1922 年 5 月。

② 文宙：《恋爱之伦理的意义》，《妇女杂志》第 8 卷第 5 号，1922 年 5 月。

③ 仲华：《嫁前与嫁后的恋爱问题》，《妇女杂志》第 15 卷第 10 号，1929 年 10 月。

德的确立，使恋爱问题在新知识界取得了合法性。小说、戏剧、电影、社会新闻的广泛宣传使恋爱问题从地下转到地上，成为当时公共视野中热议的话题。因此，备受情感煎熬的青年们，一旦从专制的牢笼中释放，情感的怒潮便奔涌向前，不可阻挡。

另外，因恋爱而引发的一系列问题，也引起时人对于恋爱的强烈关注。传统中国社会缺乏正常的恋爱机制，国人对于恋爱的实现途径及其意义又知之甚少，因恋爱而误入歧途者不在少数，"自由恋爱而结婚的，也常常发生离婚的悲剧；而在未结婚正当恋爱期中的青年，更有种种失恋，情死，独身和遁世等等不幸的事情发生出来。这不仅在过渡时代中的中国是如此，在先进的美法等国更见得厉害。青年在投身于恋爱中的时候是一颗坦白与朴质的心，回出来时已满抱着怀疑和失望了，简直仅有很少数的人是满意的"①。在此情况下，"结婚是恋爱之坟墓""恋爱就是痛苦"的喟叹不绝于耳，这种种的矛盾引起了具有现实关怀的知识分子的焦虑。为此，恋爱的指导就成为社会的必需。以《妇女杂志》为例，在其各卷号中都曾刊发大量关于恋爱的文章，并出版专门讨论恋爱问题的"爱之专号"。另外，各地出版社也出版了大量指导恋爱的理论书籍，反映恋爱问题的剧本、小说等。前者如《恋爱的技术》《恋爱论》《恋爱与贞操》《恋爱与结婚》《中国妇女的恋爱观》，后者如《恋爱之神》《恋爱问题》等不一而足。② 对恋爱问题如此宣传指导，势必要造成相当的社会影响，使恋爱成为青年日常生活中关注的焦点，备受新知识界瞩目。

二　恋爱本质的探讨

中国传统婚姻的特色之一就是"重礼轻爱"，异性之爱饱受礼法压制并带有悲情色彩。文学大师林语堂曾说："'爱'在中国人的思想中因而与涕泪，惨愁，与孤寂相揉和，而女性遮掩的结果，在中国一切诗中，掺进了凄惋悲忧的调子。唐以后，许许多多情歌都是含着孤零消极与无限悲伤，诗的题旨常为闺怨，为弃妇，这两个题目好像是诗人们特别爱写的题目。符合于

---

① 仲华：《嫁前与嫁后的恋爱问题》，《妇女杂志》第 15 卷第 10 号，1929 年 10 月。
② 《恋爱的技术》，良友图书印刷公司，1932；郭真著《恋爱论》，ABC 丛书社，1929；《恋爱与贞操》，生活书店，1933；《恋爱与结婚》，商务印书馆，1928；《中国妇女的恋爱观》，光华书局，1926；《恋爱之神》，广益书局，1929；《恋爱问题》，潮锋出版社，1939。

通常对人生的消极态度，中国的恋爱诗歌是吟咏些别恨离愁，无限凄凉，夕阳雨夜，空闺幽怨，秋扇见损，暮春花萎，烛泪风悲，残枝落叶，玉容憔悴，揽镜自伤。"① 从其描述看，传统文学发展史见证了妇女的孤苦情爱历程。爱情在文学叙事中与涕泪、惨愁、孤寂相糅合，易于给人造成强烈的心理暗示：爱情是凄凉、愁苦的代名词，追求爱情的人生是不幸的。这一点早期共产党人郑超麟的回忆给予了重要佐证。他说："在这一年，我第一次读了《红楼梦》，结合过去读的小说，知道结婚之外尚有'爱情'。又从小说中知道：结婚应以'爱情'为基础。但旧社会的道德势力太大了，认为以爱情为基础的婚姻必然要演悲剧。《红楼梦》《西厢记》就是实例。"② 林黛玉的《葬花吟》："侬今葬花人笑痴，他年葬侬知是谁？试看春蚕花渐落，便是红颜老死时。一朝春尽红颜老，花落人亡两不知。"③ 其字里行间渗透着浓浓的哀伤，这是传统社会中对爱情无情压制的铁证。另外，国人熟悉的"孟姜女哭长城""杜十娘怒沉百宝箱""梁祝化蝶""牛郎织女""白蛇传""孔雀东南飞"等典故也对此给予了最好的注脚。

对于爱情的渴望是人的本性之一。虽有礼教的束缚和如此之多前车之鉴的告诫，但这并不能阻挡人们对于爱情的渴望，传统社会讴歌爱情的诗篇可谓俯拾即是。《诗经·关雎》中说："关关雎鸠，在河之洲。窈窕淑女，君子好逑。"唐代李商隐写下了"身无彩凤双飞翼，心有灵犀一点通"的名句；北宋的柳永吟出了"衣带渐宽终不悔，为伊消得人憔悴"的千古绝唱；金代的元好问发出了"问世间情为何物，直教人生死相许"的唏嘘感叹；清代纳兰性德则低吟"风絮飘残已化萍，泥莲刚倩藕丝萦。珍重别拈香一瓣，记前生。人到情多情转薄，而今真个悔多情。又到断肠回首处，泪偷零。"对于爱情的赞叹不只是中国人的专利，许多世界文豪都留下了对爱情的赞赏之笔。托尔斯泰说："充满了宇宙，只是一个爱字。"印度诗哲泰戈尔也说："凡物都是由爱所生，被爱所维持，向着爱而进步，而入于爱的领域。"五四时期的知识分子也留下了讴歌爱情的浓彩重墨，如"爱情是装载人类渡茫茫人世间的海洋的慈航；爱情是沙漠的人世间的绿洲，供倦乏的人生路上旅行的人们憩息的地方；爱情孕育一切，爱情使一切生长，爱情是神圣

---

① 林语堂：《吾国与吾民》，群言出版社，2010，第136～137页。
② 郑超麟：《郑超麟回忆录》，东方出版社，2004，第124页。
③ 曹雪芹：《红楼梦》（上），京华出版社，1995，第244页。

的。……爱情是一种创造，……是一种活艺术的创作"①。"爱情之于人，犹之乎鱼之于水；鱼不能绝水而生活，犹之乎人们不能绝爱情而生存。"② "爱情在敲着你底心门。愿明天太阳早早照耀，光明的钥匙开开你底心门，燃烧着你底爱情。"③ 由此可见，对于爱情的渴望、追寻、描绘实际是古今中外知识分子共通的特性，是其生存时代社会生活层面的反映。

（一）恋爱与爱情释义

什么是恋爱？古今中外的学人大力讴歌的爱情是什么？二者之间又有什么关联呢？五四时期对于爱情的理解有狭义与广义之分，狭义的爱情专指男女之爱，将其称之为恋爱；广义的爱情则泛指家庭中一切成员之间的情感，包括夫妻在内。因此，在民国时人的认识中，爱情与恋爱有所不同，前者的外延比后者要大得多，这一点与现代语意的理解颇有不同。为研究方便以及实际的需要，本文所涉及的恋爱或爱情都专指男女之性爱，即民国时人对于爱情的狭义理解。

爱情虽是古今中外的永恒话题，但长久以来并没有产生一个科学严谨的概念，更多的是文学家们形象的描绘。保加利亚社会学家、伦理学家基尔·瓦西列夫在其名著《情爱论》中界定了让学界较为信服的爱情概念。他认为，爱情是"在传宗接代的本能基础上产生于男女之间、使人能获得特别强烈的肉体和精神享受的这种综合的（既是生物的，又是社会的）互相倾慕和交往之情。"④ 从其概念来看，爱情"是融合了各种成分的一个体系，是男女之间社会交往的一种形式，是完整的生物，心理、美感和道德体验。……人的爱情不可能不反映人的本质的深度，不可能无视社会关系，……它是冲动和意识的仙境，是性欲和精神渴求的神奇融合。"⑤ 从瓦西列夫的界定和分析看，爱情既是人类性的本能的产物，又是人类社会关系的反映，它是二者相融合的结果。这种强烈的爱情享受既产生于异性情感追寻的过程，又升华于爱情形成之后。因此，爱情不仅是一个异性相互爱慕和交往过程，也是两

---

① C. Y.：《我所希望于女子者》，《妇女杂志》第 10 卷第 10 号，1924 年 10 月。
② 冯璘：《两度缔婚的我》，《妇女杂志》第 9 卷第 10 号，1923 年 10 月。
③ 汪静之：《蕙的风》，人民文学出版社，1957，第 24 页。
④ 〔保〕瓦西列夫：《情爱论》，三联书店，1984，第 5~6 页。另外，本文对于爱情的界定仅限定于异性之恋，同性恋爱不在此研究范围之内。
⑤ 〔保〕瓦西列夫著《情爱论》，三联书店，1984，第 29 页。

性情感升华的结果。

恋爱一词在五四时期的报刊中出现频率非常高，其理解随语境的不同呈现两种意义。首先，恋爱被当作婚姻。署名"世衡"的作者在评述传统婚姻时说，"男子要有恋爱，——不是恋爱，简直满足性欲罢了——必得经过'父母之命，媒妁之言'，种种礼教上的手续，娶得一定的女子，固定的行他底恋爱。女子在未嫁之前，简直不能说恋爱；要由礼教上的手续，嫁了一定的男子，死心塌地的行恋爱。"[1] 在这里，恋爱有一定的情感之意，但更多的则指代婚姻，恋爱成为婚姻的代名词，这里仅指代传统婚姻。其次，恋爱等同于爱情。一位名叫云鹤的作者在阐述新性道德时说，"恋爱起于肉体，而净化于精神，此性的道德与真谛也"[2]。同样是"世衡"本人，他在阐述恋爱时说："'自由恋爱'，是男女互相爱悦的一种天真烂漫最真，最善，最美的感情。"[3] 在作者云鹤、世恒的眼中，恋爱与爱情同义。根据现代汉语词典的解释，"恋爱"既指男女互相爱慕的过程，又指男女互相爱慕的行动表现，[4] 故其本身合动词、名词于一身，既指爱情本身又指爱情产生的过程。从其解释看，恋爱之意与民国语境中的第二种解释意思极为相近。

由上述概念界定可见，在新性道德范畴，恋爱与爱情之意极为相近，都包括情感产生过程与情感升华结果两方面。相比较而言，前者侧重于动态过程，后者侧重于情感，但在绝大多数情况之下二者可以互相通用，如本间久雄在论述"自由恋爱"问题时曾说，"恋爱或爱情是极微妙，并且极多缘多相的东西"[5]，在这里二者就是同义使用的情况。

（二）恋爱本质的阐释

正如瓦西列夫所言，异性之爱产生的基础首先是性，但恋爱绝不是性这个要素能单独概括的。换句话说，恋爱是多种要素相混合的产物，"人类的恋爱可以分析为三个原素。（一）是本能的机官的吸引，这差不多是全然不自觉的；（二）是美的吸引，如闻见对手的声音，眼目，身材，态度而发生

---

[1] 世衡：《恋爱革命论》，梅生编《中国妇女问题讨论集》（4），上海书店，1989，第74页。
[2] 云鹤：《性的新道德之基础》，《妇女杂志》第8卷第5号，1922年5月。
[3] 世衡：《恋爱革命论》，梅生编《中国妇女问题讨论集》（4），上海书店，1989，第80页。
[4] 《现代汉语词典》（第5版），商务印书馆，2008，第849页。
[5] 〔日〕本间久雄著《"自由恋爱"与贞操问题的关系》，仲云译，《妇女杂志》第10卷第7号，1924年7月。

爱；（三）最后有所谓情操的吸引，这才纯是一种心的现象。纯粹的恋爱系合此三者而成。所以恋爱是灵肉混合的，虽然各人的混合成分各有不同，而且又时时刻刻变改的。恋爱的混合要素，虽然因个性不同而成分不无差异，然过偏于一面，两性的结合便不幸福"。[①] 由此可以推论，恋爱是灵与肉的结合体，它以性欲为基础并与人的审美、情操相结合，三者不可偏废。"恋爱乃精神化的性欲。单纯的性欲，决不能成为恋爱；性欲的发动，达于精神化的境域，然后才成立男女间的特别爱情——恋爱。且应其精神化的程度，恋爱才从单纯性欲分化出来。精神化的程度愈少，愈近于单纯的性欲发动；精神化的程度愈大，愈近于单纯的性欲发动，而发挥其特质。"[②] 其所表达之意就是，"'文明的男女的正则的恋爱，犹如一株树，其根深深的种在动物本性里面的——根枝也许已经修剪过，但从不完全切去的——但其高枝则升入日光里，并且结着精神的果了。'"[③] 由于性欲与恋爱的特殊关系，使恋爱与其他类型的爱，如友爱、父爱等截然不同。

真正的问题在于，怎样叫作性欲的精神化呢？或者说性欲怎样才能精神化呢？性欲产生之时，如瞬间就能得到满足则必不会产生恋爱。社会的进化使生活日趋复杂，并使性欲的发动与性欲满足之间，生出时间、空间的距离，男女间的心理也随之起伏。距离愈增大，其心理紧缩的程度便愈强，两性会彼此予以精神化的想象。进一步说，"男女互相附于对象体以审美的，伦理的，宗教的，及其他文化价值而意想着。这样性欲渐渐达于精神化的极点，一个人以异性的他个人，为自己心目中意识中所积想的一个或数个之绝对价值，而欲使之实现，或空想其若能与异性的个人相结合，可以完成其现身；因而恋爱乃成一绝对价值，人人不惜为恋爱而牺牲其身家性命，——甚且有自己为恋爱牺牲其生命恋爱才能完全实现的感想。"[④] 也就是说，"爱情是作为男女关系上的一种特殊的审美感而发展起来的。"[⑤] 由于这种特殊美感的存在，使得恋爱中人将异性的价值无限放大，从而树立了对方在自己心目中的完美形象，最终积聚、升华为不可撼动的绝对价值观念。至此，男女双方在彼此心中的不可替代的特性也最终形成。如此而言，"问世间情为何物，

---

① 高山：《性的进化》，《妇女杂志》第 10 卷第 9 号，1924 年 9 月。
② 〔日〕米田庄太郎著《恋爱与文化》，资耀华译，《妇女杂志》第 8 卷第 5 号，1922 年 5 月。
③ 高山：《性的进化》，《妇女杂志》第 10 卷第 9 号，1924 年 9 月。
④ 〔日〕米田庄太郎著《恋爱与文化》，资耀华译，《妇女杂志》第 8 卷第 5 号，1922 年 5 月。
⑤ 〔保〕瓦西列夫著《情爱论》，赵永穆等译，北京三联书店，1984，第 33 页。

直教人生死相许"那种生死相依的爱情也就不难理解了。

　　如上文所述，完全的恋爱由性欲、审美情趣、情操三个基本要素构成。或者说，这是理论意义上的恋爱分析。实际上，恋爱三要素往往因人的素养的差异而造成对恋爱问题认识的偏颇，导致在追求异性之爱时偏重于某方面而忽视了其他要素，使世俗之爱有多种表现形式。那么，何种恋爱才是真正的恋爱呢？或者说，恋爱的三要素中何种要素才是最重要的呢？

　　恋爱以男女的性欲为基础，但单纯的性欲绝不是恋爱，这已是不刊之论。与之相反，摒弃性欲的纯粹的"柏拉图式爱情"则是无源之水、无本之木。"如果爱情仅仅出于本能，即仅仅具有生物性，而不合乎理性，那么它就不会蕴含着精神文明的魅力，它就会仅仅表现为一时的激情。如果爱情仅仅是理性的，仅仅是来自于思想；那它就永远无法振奋心灵，它的生命力也就枯竭了。"① 因此，恋爱必然是理性和非理性、本能和精神的完美结合，这种欲求的生命力随着文明的发展而不断地升华。因此，高尚的恋爱必然是灵与肉的完美结合。在灵与肉的结合之前，还有一个从肉到灵的升华过程，而且只有"灵"的实现，即两性精神化的结合才算是真正的恋爱或真爱情。蓝志先在与胡适论战时曾说："爱情必须经过道德的洗炼，使感情的爱变为人格的爱，方能算的真爱。"② 这一观点在五四时期的知识界得到普遍认同。如有人认为，"'恋爱自由'决不只是从陈旧的选择配偶的标准里加上自己的当面允诺，必须从人格的相合和了解为其基本的要素的。对于恋爱的实质，不当视作描写情欲的小说中所描写的那样亵秽，也不是伊甸花园里消魂的一隅的仅可供诗人吟咏的事情"③。"纯洁的恋爱究竟是什么？决不是金钱的臭，肉体的香，更不是一切恶势力的诱惑，只是两性的灵魂，得着深切的瞭解和吸引，觉得有永远结合的需要，恋爱遂由此发生了。所以恋爱是两性灵感的契合，绝不混杂一点别的东西，也决不受别的影响而动摇，转移，损伤，消灭"④。从知识界对恋爱的理解来看，凡是赞成恋爱的贤明之士都认识到真正的恋爱或爱情是人格之爱，这也是判断异性之爱是否真爱的标准。

① 〔保〕瓦西列夫著《情爱论》，赵永穆等译，三联书店，1984，第117页。
② 胡适：《论贞操问题——答蓝志先》，《胡适文存》（1），黄山书社，1996，第489页。
③ 《思想改造的重要》，《妇女杂志》第10卷第11号，1924年11月。
④ 葆苏：《结婚与幸福》，《妇女杂志》第16卷第1号，1930年1月。

在恋爱过程中，因理想与现实的矛盾以及恋爱经验的缺乏，容易产生貌似恋爱的男女之情。对此，Y. D. 先生曾转述日本著名的劳工运动领袖贺川丰彦的观点。贺氏认为，男女因接触机会较多而容易产生情感，如学徒与店主女儿的恋爱，汽车夫与小姐们的恋爱，都因接近而发生，但这可能不算真正人格的恋爱。又有因同情而生恋爱，或因怜悯而牺牲自己。怜悯绝不是恋爱，如果有不纯之物夹杂进去，不仅不能发生真正的恋爱，还是对恋爱的蔑视。还有贪恋美貌而生恋爱的，此种情况多半会"色衰爱弛"，无论男女结局大致相同。喜欢美貌本身并没有错，因为美也是恋爱的要素之一，但若因贪恋美貌而忘却了人格是否相合则是极其错误的。如果要以美来衡量恋爱，则"须把全人格的美做标准"①。通过逆向分析，新知识界懂得了真正的恋爱，不由于接近、不起于生活、不依于同情、不赖于美貌，它完全是至纯的心中涌出的敬爱，即人格之爱。

（三）恋爱的意义

贺川丰彦在谈到恋爱时曾说，"有恋爱才有人生"，② 此论虽有拔高恋爱功能之嫌，但却突出了恋爱对于人生发展的重要意义："恋爱是人生不可缺少的，也是人生不能避免的，她可以使人兴奋，使人颓废，使人努力，使人堕落，使人生，使人死，这是何等伟大的魔力！"③ 通过时人的阐述看，恋爱对于人生的作用确实不可小觑。具体来说，恋爱的意义主要体现在以下几个方面：

1. 恋爱是自我解放的表现和个性主义的现实化。

恋爱是性欲精神化的表现，它是两性人格的结合，而人格又是人的独立精神的重要体现。因此，"爱情是人性的自由表露的形式，是生活隐秘领域中美好和高尚、理性和善的观念的实际体现。……爱情的实质是精神的自由振奋，是主体的自我实现。……爱情是肯定人的个性达到成年的形式，是个性现实化的重要心理因素"④。是故，爱情是对人性价值的认同，同时也是个性主义的重要表征和自我价值的肯定。"由恋爱的'自我否定'，推进扩大到'自我肯定'，这是近代恋爱的进步。……从浅的到深的，从外面的到内

---

① 〔日〕贺川丰彦著《告失恋的人们》，Y. D. 译，《妇女杂志》第 8 卷第 5 号，1922 年 5 月。
② 同上。
③ 葆苏：《结婚与幸福》，《妇女杂志》第 16 卷第 1 号，1930 年 1 月。
④ 〔保〕瓦西列夫著《情爱论》，赵永穆等译，三联书店，1984，第 168 页。

面的，从自己省察的结果，真的'自我'也从此解放。现代恋爱的心境，所谓'于自己主张中，放弃自己'，即献身于自己所爱的人，肯定自己最强的主张。从恋人中间，发见自己，从'自我'与'非我'之间，结成同心一体，这是人格的结合。一方从自我的扩大，得真正解放的意义，得真正自由的美果，大我的基础，也从此完成。"① 恋爱中人格的结合是在"自我"与"非我"之间找到平衡点，即恋爱是"男女相互感觉和心灵的结合，欲望和义务的结合，自我主义和自我奉献的结合"②。恋爱过程中充满了辩证法的智慧，是传统先贤所追求的中庸之道的体现。

2. 恋爱是婚姻幸福的保证，人种改良的基础。

五四时期，署名"志坚"的作者讲述了一个名为"恋爱之力"的爱情故事，其大意是：牧羊女与一只白鸟结婚，她为了将白鸟变成人，误信了恶魔的话，弄丢了丈夫的灵魂，致使丈夫被恶魔抓走。为了将丈夫变为一个有灵魂的男人，她历尽千辛万苦，终于达成了心愿，夫妻最后团圆。③ 该故事隐含的信息有两点值得注意：其一，真正的恋人、夫妻，可以为对方牺牲一切，即使历尽千辛万苦，至死不渝；其二，缺乏爱情黏合的夫妻，无异于行尸走肉，只有恋爱结合的夫妻，才能追寻到人生的幸福。

恋爱能实现人生幸福的观念在知识界中达成了某种共识，有人对此表达了自己的看法："我们只知道有真正的爱情，才可获得无上的幸福，绝不羡慕那黄金铺地同床异梦的夫妇，也不羡慕那金玉其外败絮其中的配偶，更不羡慕那醉生梦死浪漫享乐的伴侣，因为这些，最后都要踏上痛苦的魔劫，发出罪恶的忏悔，只有真正的爱情，才可以永远的给我们以新的生命。"④ 不仅如此，因恋爱而结合的夫妇由于从肉体到精神都极为协调，其后代也远优良于机械结合的夫妇："恋爱的男女两人所生的子女比别的更聪明更纯良……而且儿童养育在恋爱的父母俩和睦的环境之中，也更可以养成和善的性情，儿童的效育也格外有希望。儿童是第二代社会底分子，第二代社会底负担全在佢们。恋爱既能给第二代社会分子以如许益处，所以恋爱在社会为有意义

---

① 〔日〕厨川白村著《近代恋爱观》，Y.D译，梅生编《中国妇女问题讨论集》（4），上海书店，1989，第54～55页。

② 李三无：《自由离婚论》，《盛京时报》1920年7月30日。

③ 志坚：《恋爱之力》，《妇女杂志》第14卷第8号，1928年8月。

④ 葆苏：《结婚与幸福》，《妇女杂志》第16卷第1号，1930年1月。

为有价值。"① "必定先有恋爱，方可结为夫妇，必定彼此永久恋爱，方可为永久的夫妇。这样的结婚，后来生出子女，聪明灵秀，是改良人种的大利益，而且彼此恋爱，个人相互间的幸福愈益增进，可构成社会的真价值。"② 变革婚姻以促进人种改良曾是清末以来知识界的夙愿，但对于五四时人而言，这显然已不是婚姻改良的主要目的，它只是婚姻的附属物，时人更关注个体幸福的追求和夫妻生活质量的提升。

3. 恋爱能调节心情，陶冶情操，培育高尚品质。

恋爱多在具有独立人格的男女之间产生。独立是自由之基，自由是人类快乐之源。因此，恋爱中人必然能从情感的交汇中体会到与众不同的快乐和独特的心境："爱情者，人生最要之元素也。极自由之模范也，希望愉乐之所由创作，人类命运之所由铸造……贵为天子，富有四海，若爱情不属于己，终难免离索之苦也。若爱情之我属，则如冰天雪地，忽现阳春。瓮腑绳枢，骤登大宝。是以爱情之魔力，足以使乞丐变为天上人。"③ 在时人看来，爱情的作用巨大，它是人类自由、快乐的源泉，自身命运的塑造者。哲学博士张竞生则对恋爱的神奇之力描绘的更是天花乱坠："凡恋爱的人对于所爱者觉有一种不可思议的乐趣在心中，好似有无穷的力量要从四方八面射去一样。如被爱者是光，则用爱者即觉满地包涵了光的美丽和他满身是光化了。如被爱者是声是电，用爱者即觉自己是声化电化了，遇着什么事都觉有一种声与电的作用了。被爱者是用爱的天神与生命。真晓得极端的恋爱昔觉得他的生命充满了爱的甜蜜，一思想，一动作，一起一睡，都是爱神在其中鼓荡激扬。他的亿兆细血轮，轮轮有一爱情作元素；他的不停止的吹嘘，次次有无数的爱神随呼吸的气息相出入。领略极端爱的乐趣者处地狱如天堂，上断头台如往剧场一样。他似一个狂人疯子，但他愈觉狂疯化愈觉快乐！"④ 爱情使人深陷其中，产生了彼此被对方融化的感觉。它不仅让人懂得了爱情的甜蜜，还会控制人的思想、动作，鼓荡人的神经，整个人都如痴如狂，好似一个疯子，以此足见爱情魅力之伟大！

爱情不仅改变人的心境，而且还能使青年养成积极的精神、强固的意

---

① 晓风：《恋爱论发凡》，梅生编《中国妇女问题讨论集》（4），上海书店，1989，第3页。
② 李达：《女子解放论》，《解放与改造》1919年第1卷第3号。
③ 〔美〕高曼著《结婚与恋爱》，震瀛译，《新青年》1917年第3卷第5号。
④ 张竞生：《张竞生文集》（上），广州出版社，1998，第115~116页。

志，调剂青年性格上的缺陷，[①] 从而丰富青年的人生意义。"男女有了恋爱底维系，可以使性情融合而更进于高尚，纯洁，光明，相引著乐于为善，……恋爱有这样使人向上的功能"[②]。"无论一个男子或女子，在找到了一个情人的时候，便会把一切的烦闷消散，生出种种新的希望；他或她的心，便有了一个归宿的地方，读书和办事，都可以为爱人而更加努力，嗜好与习惯，也都可以为爱人而渐渐改正。恋爱的力量真大！恋爱的乐趣真多！"[③] 正因为恋爱引导人们积极向上，故成为新知识界着力倡导的焦点之一。

4. 恋爱能促进社会的和谐。

传统观点认为，夫妇乃人之大伦，由此衍生了家庭是社会的细胞这一观念。以此为立论之基，社会的安宁取决于夫妇关系是否和谐。"人类相互间的爱，是发原于亲子间的爱，亲子间的爱，是发原于两性间的爱。所以性爱是一切爱的基础。男女间的争斗消灭，一切的争斗也跟着消灭。……要把残杀悲惨的世界，改造成平和欢乐的世界，须先从免除男女的争斗起；要把仇视冲突的人类关系，改造成同情握手的人类关系，须先从提倡两性的恋爱起。"[④] 性爱是人间之爱的基础，两性和谐即男女二人精神的愉悦，可以免除夫妻间的纠葛，减少家庭的争斗，促进社会的安宁。因此，恋爱承担了改造社会，创建和谐世界的功能。

第二节　恋爱认识的日益深化

恋爱是男女交往的特殊形式，它是一个融合了生物、心理、美感和道德体验等要素的复杂体系。因此，不同教育背景、审美情趣、心理以及道德体验者对其认识各有不同，使它的理解和践行异彩纷呈，呈现"多缘多相"[⑤]的特性。针对恋爱"多缘多相"的实际，知识阶层根据自己的体验与理解纷纷发表独立见解，围绕着"自由恋爱"与"恋爱自由"、爱情与道德、恋爱

---

① 沈兆瀛：《恋爱与青年》，《学生》1924 年 11 卷 1 号。
② 晓风：《恋爱论发凡》，梅生编《中国妇女问题讨论集》（4），上海书店，1989，第 2 页。
③ 志坚：《失恋自杀之预防》，《妇女杂志》第 14 卷第 8 号，1928 年 8 月。
④ 《男女争斗之世界》，《妇女杂志》第 9 卷第 2 号，1923 年 2 月。
⑤ 〔日〕本间久雄著《"自由恋爱"与贞操问题的关系》，仲云译，《妇女杂志》第 10 卷第 7 号，1924 年 7 月。

与"非恋爱"、三代之恋、爱情定则等问题展开热烈讨论，从而掀起了恋爱问题论战的高潮。在上述议题中，爱情定则的讨论学界已有涉及，[①] 笔者仅就"自由恋爱"与"恋爱自由"、"非恋爱"与"非非恋爱"、"三代之恋"等三个方面展开，以呈现知识界对恋爱认识的深化和个性主义追求的过程。

一　"自由恋爱"与"恋爱自由"的辩驳

恋爱是具有独立人格的异性间的社会交往形式。在民国语境中，独立意味着个体摆脱了家庭的束缚，实现了个性自由。自由对近代东方国家的文化构建意义尤为重大，故恋爱又被称为"自由恋爱"。

但令人尴尬的是，自由在东方语境中不那么受欢迎，它基本上与放纵、恣肆、无所节制同义，[②] 与西方的责任、义务之意迥然不同，故恋爱加上自由的限定后就产生了歧义。日本早稻田大学文学教授本间久雄说："向来自由恋爱一语，所含的观念，与贞操一语的观念，不必说不是互相一致的。"[③] 贞操一词在新性道德语境下，其含义可理解为人格之爱，它与恋爱或爱情基本同义，从本间久雄的理解中可知，"自由恋爱"与恋爱之意已相去甚远。

那么，"自由恋爱"应作何解呢？从目前来看，"自由恋爱"的解释至少有两种，本间久雄和爱伦凯等人都持此观点。第一种观念认为，恋爱是具有独立人格的男女之间的自由交往、结合形式，"对于结婚以为首当以恋爱为根柢，并且这种恋爱不仅须有情意，还不可不有结婚当事者男女二人间相互人格的尊重——即须相信夫妇在或种意味完全如友朋一般"，[④] 至于婚姻仪

---

① 关于"爱情定则"的讨论，可参见余华林著《女性的重塑：民国城市妇女婚姻问题研究》，商务印书馆，2009，第 27～37 页；张杰：《不确定性、陌生人与现代性的矛盾性——以1923 年"爱情定则的讨论"为中心》，《江苏社会科学》2011 年第 6 期；杨华丽：《孙伏园与"爱情定则"大讨论的构建——以〈晨报副镌〉为中心》，《平顶山学院学报》2014 年第4 期。

② 汪康年在其笔记中关于自由的阐述可谓国人的典范，他说："自由之说，乃一己之私意也，与公义相见，则势穷屈。夫人孰无私意，私意盛，势必害公，公义亡，则人尽为私，成何世界哉。"由此可见，国人对自由的理解是自私自利之意，与西方之责任与义务的理解恰恰相反。（汪康年：《汪穰卿笔记》，中华书局，2007，第 331 页）

③ 〔日〕本间久雄著《"自由恋爱"与贞操问题的关系》，仲云译，《妇女杂志》第 10 卷第 7号，1924 年 7 月。

④ 同上。

式已被淡化，甚至主张将其废除。第二种观点将自由放置于恣肆、淫逸与无责任的场合中解释，故所谓"自由恋爱"实即放恣淫逸的恋爱之意。如若依此解释，则恋爱与原始的乱婚乃至西方享乐主义指导下的无序性生活无异，其理念完全建立在刹那主义①基础上，男女之间只注重双方官能的刺激和吸引，并不执着于恋爱本身，故这种两性生活并不伴随着人格的责任感，或者说其交往完全是一场游戏。这种恋爱游戏因无责任意识，所以其对象不限于一个固定的异性，有同时以许多异性为对象的倾向。本间久雄对此总结说："自由恋爱一语所含的第一意义，实即是游戏的，刹那的，无执着的，回避责任的，一夫多妻的或一妻多夫的爱，这便是其特色之所在。"②若以此来解释，自由恋爱必然扰乱性道德，破坏贞操观念，是一种低级的本能主义、肉欲主义，此种行为将会败坏风气、危害社会。因此，近代的社会学者主张对此行为加以干涉，法国社会学家奥古斯特·孔德、德意志教育家福斯德博士皆持此观点。如孔德曾认为，我们的心情是最容易变化的，对于导致社会动荡不安的因素不能任其自由发展，应当加以干涉，否则人生便要堕落成无目的、无价值的旅行。对于这种堕落的风习进行一定的干涉和制止是必要的，但凡事过犹不及，"在两性关系上，若过于尊重外的拘束及羁绊，则要被囚于其中，将一步也不能自拔，这是应加以考虑的。在向来的性道德上，大大的受着这外的拘束，其弊害——对于道德社会的弊害，由这拘束所生的实为更多。换言之，所谓自由恋爱——由第一场合的自由恋爱之放恣及淫逸而生的社会的与道德的弊害，比之设了两性关系的外的规矩，强迫着严守一生涯的一夫一妇而生的社会的及道德的弊害，实有更少的倾向"③。两害相权取其轻，故新性道德成为近代两性关系发展的新趋向。但对于新性道德的弊害，并不是置之不理，爱伦凯常说："在现在的性道德上，有两种不同的敌人，一是信奉因袭的道德的；一是误用'自由恋爱'的名词而赞成一时的结婚

---

① 刹那主义所代表的是一种与现代性不同的时间观念，即对当前的强调和对过去以及未来的否定。当前成为被关注的焦点，与现在有关的一切，特别是审美，受到突出地强调。在这里，时间实际上已经停止，并且向空间形式转化。把当前与过去和未来切断并孤立起来的结果，就是主体对现在的体验其深度和强度极大地增加；感觉、视觉、听觉本身得到充分地发展。同时，客体的审美性质也大大加强。所以身体、物体等都成为审美欣赏的对象而得到顶礼膜拜。（参阅李耀宗编《伦理学知识手册》，黑龙江人民出版社，1984，第182页。）

② 〔日〕本间久雄著《"自由恋爱"与贞操问题的关系》，仲云译，《妇女杂志》第10卷第7号，1924年7月。

③ 同上。

者。"她认为，对于"自由恋爱"意义的误解、误用前者是一种没有灵魂、人格的真诚热爱与敬虔，常常表现为伪善的无价值的思想；后者是追求官能放荡者，这种恋爱的横行，除了使文化堕落，招致卑俗的野蛮主义以外，对社会并无丝毫的益处。

这里存在一个吊诡的现象，爱伦凯首先是新性道德的支持者，而新性道德里却包含着"自由恋爱"的第二种含义，但实际上她是明确反对滥用"自由恋爱"的。为了将"自由恋爱"的两种含义做明确区分，爱伦凯提出了"恋爱自由"一词以明确概括"自由恋爱"中的人格之爱。本间久雄解释说："自由恋爱系自由，放纵恣肆只逞己意的，感觉的，刹那的，回避责任的恋爱；恋爱自由系带着自由的恋爱，惟其又将自由包藏在内。因为是带着自由的恋爱，所以对于恋爱选择，不受他人强迫，得任其以自由意志，自由地选择恋爱的对象。又因为这是包藏着自由的恋爱，同时便有充分的责任——对恋爱当事人各自的幸福或所从生的儿童的充分的责任。"① 从其解释看，"自由恋爱"与人格、责任毫无关联，是本能的肉欲主义的反映；"恋爱自由"是在"自由恋爱"的基础上加上负责任的人格的尊重之意。因此，是否有责任意识是"自由恋爱"与"恋爱自由"的根本区别。

在笔者看来，"自由恋爱"与"恋爱自由"概念的提出完全是建立在对"自由"做出矛盾释义的基础上提出来的。"自由恋爱"中"自由"被理解为"放纵""恣肆"，显然是东方语境中的理解；"恋爱自由"中的"自由"却被理解为西方语境中的"权利""责任"。同是"自由"，为什么与恋爱搭配的位置不同释义会大相径庭呢？爱伦凯等学者虽欲将恋爱做明显的区分，但实际情况却是无论从哪个方面都很难讲得通。实际上，没有自由便没有责任，放纵、自恣的自由并非真正的自由。自由与责任互为表里，它既反映个体的自由意志，又应当伴随着自己的责任感。② 如若以此来理解，"自由恋爱"与"恋爱自由"实际是同义词，故当时不少知识者在阐述恋爱问题时将"自由恋爱"与恋爱混同来用。

从理论层面看，"自由恋爱"与"恋爱自由"可混同使用来指代人格之爱，而实际的恋爱生活也确如爱伦凯所言既有追求人格之爱的真爱，也有不

① 〔日〕本间久雄著《"自由恋爱"与贞操问题的关系》，仲云译，《妇女杂志》第10卷第7号，1924年7月。
② 〔英〕约翰·密尔：《论自由》，商务印书馆，1959，第112页。

少放纵、恣肆的肉欲之爱。特别是在社交初开的中国社会，有一些无良青年借恋爱之名而行玩弄女性之实，故知识界所宣扬的恋爱理念与实际的两性关系相差甚大。在此境况下，爱伦凯对于恋爱的区分在某种程度上与中国的实际相契合，并引发了知识界对此问题的热烈讨论。

这场关于"自由恋爱"与"恋爱自由"的论争主要围绕在凤子女士、Y. D. 先生和《妇女杂志》主编章锡琛先生之间，其中以凤子女士和 Y. D. 先生为主角，章锡琛先生实际充当了裁判的角色。

凤子女士的具体情况不详，但据其离婚的叙述判断其为浙江仙居县人，应有中学教育背景，曾受过包办婚姻的折磨。[①] Y. D. 先生的生平知之甚少，仅知其为《妇女杂志》的重要撰稿人。二人以《妇女杂志》为平台，就"自由恋爱"与"恋爱自由"问题展开了反复交锋。

凤子女士也许因为曾受过包办婚姻的折磨，故其观点可能有少许偏激。她不仅反对包办婚姻，即使在当时流行的自由婚也受到她的批判："现在流行的有种照片式和考试式的婚姻，这不过是媒妁式的恋爱，既觉悟的女子，当然不能承认他。就是自由结婚，也不过是一种经济式（为金钱所惑）地位式（为势力所迫）美学式（为美貌所迷）的婚姻罢了，又有什么意思，好在什么地方呢？"在不曾有恋爱和自由婚的中国，能有如此变化，其本身就是一种进步，如若将这种变化全盘否定，显然不合适。另外，她以自己的苦难经历为思考问题的出发点，明确支持女性的独身。她认为，每个人都有恋爱选择权，恋爱并不是女性不可避免的，"我不信人类有恋爱的不可免，……我只晓得自由。以我的自由，行我的爱情，任其自然的发展，终我的一世，发生恋爱也罢，不发生恋爱也罢，一切都听凭他自由。人不是专为恋爱而生存的呀！"[②] 在凤子的观念中，女性应该有充分的自由选择权，女性应做出什么选择是以能增加个体的幸福为依据。对恋爱问题的认识，她完全支持爱伦凯的观点："恋爱的意义，是性欲和爱情的混合物。除去爱情，就是乱交；除去性欲就是独身；都不能叫做恋爱。偏重性欲的是自由恋爱，以性欲为爱情的表征；偏重爱情的是恋爱自由，以爱情为性欲的移转。"这样，"自由恋爱"与"恋爱自由"就有了本质的区别。

凤子所阐述的上述观点受到了各方人士的质疑，她在"答客问"中对各

---

① 凤子：《我的离婚》，《妇女杂志》第 8 卷第 4 号，1922 年 4 月。
② 该段注释均来自凤子《我的离婚》，《妇女杂志》第 8 卷第 4 号，1922 年 4 月。

方质疑做了统一的解答，实际上是强化了上述观点。在"答客问第一"中，她重点表达了三点。

第一，"自由恋爱"解释为自由的恋爱。因为自由的恋爱，注重在恋爱，恋爱有种种方式，自由只是其中方式之一，故解释为恋爱之自由。"恋爱自由"解释为恋爱的自由。因为恋爱的自由注重在自由，自由有种种对象，恋爱只是其中之一，故"恋爱自由"解释为自由之恋爱。

第二，"自由恋爱"注重恋爱，连带自由，其发展是从肉到灵、偏重性欲的，并以性欲的追求做恋爱的表征。"恋爱自由"注重在自由，其恋爱是从灵到肉偏重爱情的，以爱情为性欲的基础。

第三，"自由恋爱"的自由是消极的，它所表达的自由是解放旧道德，使真实的、高尚的恋爱有自由。"恋爱自由"的自由是积极的，它所表达是个人对生活的自由选择权，无论恋爱还是独身都是个人意志真实表达，不受外在环境或制度的影响。其言外之意，凤子本身是赞成女性独身的。①

凤子女士在"答客问第一"中主要阐述了"自由恋爱"与"恋爱自由"的区别，在"答客问第三"中她重点解释了对"恋爱自由"的理解，其内容也表现在三方面。

第一，"恋爱自由"是自然的，这是相对于当时社会存在掠夺式、买卖式、媒妁式、照片式、考试式、经济式、地位式、美学式的恋爱而言的。她认为，诸如此类的恋爱是异性之间目的性很强的选择，是人造的、不自然的。凤子的观点颇符合当时知识界的一种共识，即最纯粹的恋爱只能发生于同学之间，双方由普通朋友接触，在性情相投、学识对等的基础上逐渐培养感情，最后酝酿恋爱，这与清末"学堂知己结婚姻"观念如出一辙。

第二，"恋爱自由"是明白的，这是相对于传统礼教下的包办婚姻而言的。"恋爱自由"下的两性是一对一的交往，双方能敞开心扉直接畅谈交流，彼此之间能够相互了解，故此种形式是明白的。

第三，"恋爱自由"是纯洁的，这是相对于只知遂一己私欲的浮荡行为而言的。"恋爱自由"下的爱情是人格之爱，因为它是性欲精神化的产物，故其是纯洁的。

总而言之，自然的真、明白的善、纯洁的美，是"恋爱自由"的三要

---

① 凤子：《恋爱自由解答客问第一》，《妇女杂志》第8卷第8号，1922年8月。

素，尤以自然的真具为首位。① 基于以上理由，凤子旗帜鲜明地表明了自己的态度，"我是主张'恋爱自由'了"②。

针对凤子的"答客问"，Y.D. 先生提出了自己不同的见解，并系统阐述了自己的观点：

第一，他驳斥了凤子"人生不是为恋爱而生存"的观点。他认为，所谓妇女问题就是妇女人格的解放，最终实现男女平等。要实现两性平等，男女双方必须以自由的意志实现平等的结合，达到这个目的唯一途径就是提倡恋爱自由，这是提高两性人格的不二法则。因此，恋爱问题是妇女解放的基础问题，也是妇女解放的终极问题。

夫妇为人伦之本，也是一切爱的起源。因此，恋爱是人类爱的根本问题。爱伦凯女士曾说，人生应该决定的大事有三件：根本的人生观、终生的职业及恋爱。人生观是做人的根本目的，它与个人的一生有重大的关系；职业不仅仅是衣食问题，还是对社会的义务；而恋爱是贯穿于人生观、职业的根本问题，若将恋爱从中剥离出来，则人生就显得毫无意味了。因此，恋爱就是人生，人必须为恋爱而生存。

第二，在恋爱自由的认识上，Y.D. 先生和凤子女士的认识大致相同。所谓恋爱的自由，便是男女凭着自由的意志，不受任何的拘束，获得相互的灵肉的结合，从而达到恋爱之春，这就是恋爱的自由。但是如果青年们对于恋爱没有自制的修养，不明白恋爱对于人生、子女、社会及世界的关系，只图肉欲的满足，假借恋爱之名行自由性交之实，这是恋爱之魔，是"滥用的自由恋爱"。

第三，在独身问题上，Y.D. 先生虽不像凤子女士那么旗帜鲜明地支持独身，但也变相地认同了独身。他认为，独身生活从繁衍种族的角度讲是件极不道德的事，但也要依个人的个性、事业具体而论，毕竟独身是个人的自由。③

Y.D. 先生的阐释同样引起了凤子女士的强烈反弹，针对上述观点凤子女士进行了针锋相对的辩驳：

第一，凤子认为，她与 Y.D. 先生在恋爱的解释上都认同灵肉一致，在

---

① 凤子：《恋爱自由解答客问第三》，《妇女杂志》第 8 卷第 8 号，1922 年 8 月。
② 凤子：《恋爱自由解答客问第四》，《妇女杂志》第 9 卷第 2 号，1923 年 2 月。
③ Y.D.：《自由恋爱与恋爱自由——读了凤子女士的"答客问"以后》，《妇女杂志》第 9 卷第 2 号，1923 年 2 月。

这一点上他们有共通之处。另外，凤子不同意王平陵先生所谓"精神的""肉欲的"恋爱之分，也不同意 Y. D. 先生的所谓"滥用自由恋爱"的说法。

第二，在自由恋爱的理解上，凤子与章锡琛、Y. D. 二位不同。凤子的自由恋爱，是"恋爱自由"的颠倒，是由肉到灵的恋爱，而二位先生的"自由恋爱"的解释则是以爱情的名义施行性的乱交。她认为，在两位先生的解释中性的乱交确实存在，爱情的有无则是个未知数。

第三，凤子主张的"恋爱自由"，是由灵到肉的，从灵魂的自由交流最后升华到肉体的结合，最终实现灵与肉的结合和灵与肉的统一。因此，恋爱的起点是灵，最终的趋向是灵肉一致。对于这一点，笔者认为 Y. D. 先生在字面的表达上只强调了最后的状态，即阐述了恋爱的理想状态。这个状态是指男女双方带着严肃的态度，以自由的意志相互交流，最终达到恋爱的理性彼岸，其实暗含的也是从灵到肉的过程。因此对于"恋爱自由"的解释二人是一致的，并不像凤子所讲的那样不同。

第四，凤子认为，"独身"是有灵无肉的爱。① 笔者认为，恋爱是男女双方灵魂的交流乃至于肉体的结合，无论灵魂还是肉体都是双方的。她提到的有灵无肉的爱按照恋爱的常识来推导应是柏拉图式的精神恋爱，而不是独身。因此，两相比较笔者更赞同 Y. D. 先生的观点。

随后，Y. D. 先生对凤子的观点又进行了反驳，其主要内容主要有以下两点。

第一，凤子对于"自由恋爱"与"恋爱自由"的解释前后矛盾。在《答客问第一》的首段中凤子将"自由恋爱"解释为自由的恋爱，"恋爱自由"解释为恋爱的自由。但在下一段中却将自由恋爱解释为恋爱之自由，恋爱自由解释为自由的恋爱，这样的解释便前后矛盾了。之所以发生这样的状况，是因为凤子女士将自由恋爱与恋爱自由混同，以至在概念的运用中发生逻辑上的谬误。如凤子女士一方面承认恋爱对于妇女解放的作用，另一方面却又认为无论"自由恋爱"还是"恋爱自由"都使妇女堕入婚姻的窠臼，这无疑表达了"婚姻是爱情的坟墓"的观点。其认识上的前后矛盾，让 Y. D. 先生无法理解。

第二，在爱伦凯的理解中，"恋爱的自由"是"恋爱能够自由发展"之意。Y. D. 先生只承认恋爱有程度上的差异，但不能认同凤子女士将恋爱区

---

① 凤子：《恋爱自由解续编》，《妇女杂志》第 9 卷第 2 号，1923 年 2 月。

分为"自由恋爱"与"恋爱自由"的两个概念。他觉得凤子女士对于恋爱的分类与解说并不能给人清晰的思路。Y. D. 先生所主张的"灵肉一致"是使已得到灵感的两个恋人再结合，而发生肉感上的关系以完成恋爱的本质及种族的使命，并不是灵肉同时并起才叫灵肉一致。而凤子女士将"自由恋爱"认作恋爱的一种，并将其解释为由肉而灵的过程，这让 Y. D. 先生不能理解。他以旧式包办婚姻为例，解释了这种由肉而灵的的结合形式并不是恋爱，更不是自由恋爱了。

通过上述观点的阐述，Y. D. 先生表明了自己的态度：知识界平时所讲的恋爱就是爱伦凯的"恋爱自由"。所谓"恋爱自由"，就是"一方面提创恋爱，同时并于他方面有妨碍恋爱的旧道德，旧习惯，不适时代的法律，不平等的教育，不良的经济组织，要设法加以改造，使恋爱得自由的发展，这是恋爱的本意，也是恋爱自由的本意。"① 不言而喻，对于一切误解恋爱及自由的观念、障碍都应大力铲除。

面对凤子女士与 Y. D. 先生的反复争辩，章锡琛先生以资深权威人士介入并一锤定音。他对凤子女士能积极参与恋爱问题的大讨论及所展示的严密思维表示钦佩，同时也表达了自己对凤子观点的疑义。

第一，章锡琛并不认同凤子对于"自由恋爱"与"恋爱自由"的解读。在他看来，"自由恋爱"简而言之是"无论怎样的恋爱都可自由"，详细说来就是：所谓自由恋爱的恋爱，有结婚或不结婚的自由，有一朝相处或终身相守的自由，有分居或同居的自由，有同时恋爱多人或只恋爱一人的自由，有对子女负责任或不负责任的自由，有只有性交或兼有灵感的自由。所谓恋爱的自由，则如爱伦凯女士所说，"只是一种感情的自由"，对于异性有不受任何干涉的恋爱的自由。有了恋爱以后，两性必须结为夫妇，直到恋爱破裂为止，不能再和第三人发生恋爱；并且必须组织家庭，对于所生的子女要负相当的责任，这便是恋爱自由。

第二，章锡琛不赞成凤子女士将恋爱做由肉而灵和由灵而肉的划分。他认为，既然大家都承认恋爱是灵肉一致的，那么便无所谓先后的区别，更不应有先后的划分，因此"自由恋爱"与"恋爱自由"的区别毫无必要。

第三，章锡琛认为，Y. D. 先生对于"恋爱自由"的解释比较清晰，但

① Y. D.：《自由恋爱与恋爱自由续篇》，《妇女杂志》第 9 卷第 2 号，1923 年 2 月。

"自由恋爱"的概念解释并不明确，尤其是"乱交"与"自由恋爱"的关系并未厘清。凤子女士认为乱交并不是自由恋爱，章锡琛对此予以否认。他认为，"乱交"有时也被认作"自由恋爱"，但乱交并不能包括"自由恋爱"。凤子女士之所以认定"乱交"不是"自由恋爱"，是因为恋爱是灵肉一致的而乱交是有肉无灵的，所以它不是恋爱，自然也不能称为自由恋爱。这话在逻辑上固然很合理，但在实际上，乱交也常为滥用自由恋爱者称之为自由恋爱。因此，我们便不妨加以"滥用的自由恋爱"的名称了。

第四，章锡琛批驳了凤子女士"恋爱自由"包括"独身"的观点。他认为，这一观点在逻辑上是错误的。因为独身即表示没有恋爱，恋爱是正词，独身是负词。从逻辑上讲，正负二词为完全不同的两物，不能相互概括，因此"独身"不是"恋爱自由"的内容，正如恋爱不是独身之理相同。①

章锡琛的文章发表后，关于"自由恋爱"与"恋爱自由"的争论基本结束。通过上述辩论，知识界基本廓清了恋爱的基本概念及其内在的联系，深化了人们对于恋爱的认识，使青年们能理直气壮地铲除阻挡恋爱的魔障，从而旗帜鲜明的去宣传、践行恋爱。

二 "非恋爱"与"非非恋爱"的论争

所谓"非恋爱"，是指反对新性道德框架下的恋爱与贞操观，提倡"性交自由"；而"非非恋爱"实际上是对"非恋爱"否定，鼓吹的仍然是恋爱贞操观，这种提法只是作者行文时所玩的文字游戏。前者的代表人物是谦弟，后者则以章锡琛为代表。他们以《新女性》为主要阵地，发表相关文章20余篇，进行了激烈交锋。这次论战参与的人数并不多，规模也不大，但却持续了两年之久，但议题中对于恋爱、恋爱与贞操、恋爱与性的讨论使相关概念和认识得到了深化。

支持新性道德的恋爱贞操论者，如章锡琛、陈德征、邓颖超、刘清扬等人提倡恋爱自由，主张为恋爱保持自己的贞操。1927年，署名"谦弟"的作者发表《恋爱贞操新论》一文，明确提出了与之相反的"非恋爱"观点。他认为，上述作者虽反对片面贞操观，宣扬两性相对的、平等的贞操观，但

---

① 章锡琛：《读凤子女士和 YD 先生的讨论》，《妇女杂志》第 9 卷第 2 号，1923 年 2 月。

对什么样的性生活才符合人性这一问题并不能自圆其说。①

不过，令人费解的是，谦弟虽主张"非恋爱"的观点，但其分析问题的逻辑起点却仍从恋爱贞操论者普遍认可的"爱情"概念开始。恋爱贞操论者眼中的爱情是男女灵肉一致的结合，彼此享受性生活的乐趣，不受法律和道德的约束与制裁，也不承认婚姻制度，恋爱破裂了可以自由脱离关系。以此为出发点，他批判了恋爱贞操论的四点不足。

第一，恋爱与贞操并无关联。他认为，男女的结合乃基于恋爱而不是贞操，两性生活的维持也不靠贞操。他还援引帆足里一郎的《新时代之新贞操论》中的观点加强自己的论证，重申两性关系的维持依靠恋爱而不需要贞操。② 谦弟在《非恋爱与恋爱》一文中重申了自己的观点，断然否认恋爱贞操一致论。在他的观念中，两性的结合只有性交没有恋爱，而"性交则完全是肉感"。为了加强自己观点的合理性，他又援引近代病理学家诺尔陶的话加以论证。既然两性的结合只有性交，而性交又单纯是生理现象，并无心理参与其中，因此也就不会有自发的贞操。③

第二，两性关系中并不存在恋爱。在谦弟看来，恋爱贞操论的根据让人难以置信。他认为，贞操论建立的基础自由、平等是一种玄学的解释，它完全忽略了两性生理和性生活的特点。这种贞操论并不能抑制自由发展的性欲和遏制社会上的不贞行为，现行的夫妻制度也可以证明此点。恋爱贞操论者之所以提倡这种性伦理，是因为他们对于一夫一妻制缺乏自信。理论上他们虽承认一夫一妻制是恋爱的最高境界，而实际上他们却不敢承认这种制度无论理论还是实践都不能成立的事实。④ 在恋爱与文化的关系上，谦弟不同意米庄田太郎和晏始两人关于恋爱与文化的阐述，即不承认两性关系能在性欲的基础上向恋爱转化。⑤

第三，恋爱具有反社会性。在这里，他吸收了米庄田太郎《恋爱与人间爱》的观点，以"人类爱"来代表社会性。以此为出发点，谦弟认为恋爱

---

① 颜筠：《贞操观革命的呼声》，《妇女杂志》第10卷第7号，1924年7月；陈德征：《节操的功能》，《妇女杂志》第9卷第5号，1923年5月；与谢野晶子：《贞操论》，《新青年》1918年第4卷第5期。剑波：《我所认为新女子者》，《新女性》1926年第1卷第11期；吴觉农：《爱伦凯的自由离婚论》，《妇女杂志》第8卷第4号，1922年4月。
② 谦弟：《恋爱贞操新论》，《新女性》1927年第2卷第5期。
③ 谦弟：《非恋爱与恋爱》，《新女性》1928年第3卷第5期。
④ 谦弟：《恋爱贞操新论》，《新女性》1927年第2卷第5期。
⑤ 谦弟：《非恋爱与恋爱》，《新女性》1928年第3卷第5期。

站在了"人类爱"的反面。它不仅是社会的敌对者，还是维护资本主义制度下小家庭组织的工具。恋爱为什么站在"人类爱"的反面呢？这是因为"恋爱之热烈者，也没有父母，也没有子女，也没有国家，也没有人类，只以自己与爱人充满了世界。"①

第四，恋爱与性交没有关系。在恋爱与性交的关系上，他认为，男女的两性生活应当尊重彼此的性交自由，两性性观念的培育也应当以性交自由为正鹄。两性只要生理上没有妨碍，即使没有感情也可以性交而不能加以反对。也就是说，恋爱与性交并无必然的联系。

通过以上四点，谦弟基本将自己的"非恋爱"理论阐述明了。在他的认识中，男女结婚"代表两性性生活的不自由，两性的结合还是在奴隶状态中。"② 性生活的不自由是他反对恋爱贞操论的根本理由，为此谦弟抛出了鼓吹性交自由的"非恋爱"观点。毛一波与谦弟遥相呼应，也表达了类似的观点。他认为，厨川白村对于恋爱的定义，"由平等的男女两人格的性的抱合，便是恋爱"过于抽象和神秘，其中所涉及的"灵"的意义很难用现代生理学解释清楚，故认为"所谓灵肉一致的恋爱论并无有科学的证明"③。

谦弟在论证自己的观点时存在一个很大的缺陷，那就是逻辑混乱。他的"非恋爱"论建立在对"爱情"概念的基本认同上，但在其逻辑分析中却断然否认了恋爱的存在，这个漏洞被作者"孤魂"捕捉到。"孤魂"对此分析说，"谦弟是不承认社会上有恋爱还是承认有恋爱而要根除它呢？"从"非恋爱"观点分析，谦弟应当不承认社会有恋爱存在。但在《非恋爱与恋爱》一文中，他发现谦弟在多次的阐述中却承认恋爱的存在，其行文中存在的矛盾之处让"孤魂"搞不懂他是要表达前者还是后者。④

谦弟提出的"非恋爱"论受到了部分知识分子的关注，他们根据自己的理解，对其中的观点予以驳斥。其内容主要集中在五个方面。

第一，两性之间是否存在恋爱？

在"非恋爱"论中，谦弟否认了恋爱的存在，而不少人却提出了与之相反的观点。卢剑波认为，即使如谦弟所说人类之间是一种经济关系，但这也

① 谦弟：《恋爱贞操新论》，《新女性》1927年第2卷第5期。
② 谦弟：《近代的两性结合》，《新女性》1928年第3卷第11期。
③ 一波：《我的恋爱观》，《新女性》1927年第2卷第7期。
④ 孤魂：《谈谈非恋爱和我的恋爱观》，《新女性》1928年第3卷第11期。

不足以否认恋爱的存在。① 对此，"孤魂"立场鲜明地说："我认识它是我们青年人的生命……认定在这个社会无论要给它下什么样的解释，都是有恋爱的事实存在的。"② 以此为立论之基，他对谦弟的观点进行了层层批驳。首先，他对谦弟"只有性欲没有恋爱"的观点表示不能苟同。他分析说，人的性欲高涨时，自然要求性交以满足性欲。但若如谦弟所言，性交可以不甄别对象，无论有无情感、老弱美丑，只求生理的满足，必然无恋爱可言，恋爱也不会存在了。事实上，两性的交往不可能只要求性交的满足如此简单，除非处在不自由的状态下。因此，"他或她一定有更进一步的要求，有理想的要求的。就是要求精神上能够有相爱的人，这就是恋爱的要求，也就是灵魂的呼声。……恋爱就是将性欲在肉的一方面的生活化为灵肉一致的两方面的生活。这就是全生命的生活。这也就是谦弟先生所不承认的或者不赞成的灵肉一致的恋爱。然我却以为这才是人类的真生命的生活。"

接着，"孤魂"又分析了恋爱与性交的关系。如果承认对方是和自己一样的人，那么性交必然要征得对方的同意，这是恋爱的表达；除此之外，要完成性交就必须用强力，这就是强奸了，这于情于法都不能容。因此，恋爱在"我们的生活上说，是生命之光，是伟大的艺术，在以性交为目的的他在恋着伊，伊在恋着他，两方相恋，两方都陶醉在爱河之中，这人生是何等的快乐，何等的幸福呀！"由此，作者驳斥了谦弟的两性只问性的条件适合与否而不计其他的观点。

恋爱是否只是"纯全的肉感"？谦弟认为，恋爱的成功与否以性交作为判断标准，并进而认为恋爱只是"纯全的肉感"。对此，"孤魂"分析说，以性交判断恋爱的成功与否，其观点有一定的道理。因为"男女两性间的爱，虽不能说是全部基于性欲，但大部分都可以说是有性欲观念的。"但是，他对于恋爱只是"纯全的肉感"的观点却绝不认同。"孤魂"反驳说，如果恋爱基于性交，那么失恋就是没有完成或不能继续性交之意。一个人如果性欲高涨而不能满足，难道便要如失恋者那样上演自杀的惨剧吗？如果是这样，那么失恋的惨剧应该遍地皆是了，因为失恋仅仅是不能达到性交的目的而已。实际上并非如此，失恋在"精神上的损失，是莫大呀！精神上的损失才会发生悲痛的惨剧！谁能谓失恋只是为不能有性交便会有那样的惨剧表现

---

① 剑波：《非恋爱与恋爱贞操》，《新女性》1927 年第 2 卷第 8 期。
② 孤魂：《谈谈非恋爱和我的恋爱观》，《新女性》1928 年第 3 卷第 11 期。

出来呢？"①

"孤魂"以细密的推理详尽地驳斥了谦弟两性之间无恋爱的观点。对此，卢剑波也做了类似的阐述。他认为，两性之间存在恋爱，并以性欲为基础。不过，恋爱是两性关系的形式或外衣，剥开这种形式则只有"男女两个个体因性欲的和生殖的要求为一定时间内的结合，没有什么神秘之可言"②。人类因为经济、文化、法律等因素的限制，两性关系固化为法定的婚姻，并成为满足两性需求的常态手段。如果这些需求不能得到充分的满足，一些人会出现精神的病态。据此，卢剑波再次重申两性之间恋爱的存在，而且它是性欲基础上产生的精神现象。

与"孤魂"立场鲜明的观点不同，卢剑波的态度显得比较折中，他坦诚地承认自己既认同恋爱的存在，又主张性交自由："谦弟在积极方面的'性交自由'主张，也是我素所提倡的。"③卢剑波的性交自由论观点在其《谈"性"》一文中得到了充分表达。他在该文中说，性虽然不是人类社会全能的主宰，但它对个人、社会非常重要。由于对恋爱和婚姻持有消极的看法，故而主张性的自由："给性以它的本来面目不仅要铲除'现今唯一的法认奴隶制'……的结婚制，而且还要将'恋爱'这个带有性的神秘，性的占有，性的自私……的'唯一公认的性的奴隶制'铲除方可。在这上面，我们……要努力向上述二者进攻，在它们掩瘗了的残骸之上建筑我们合于人类的生理，性的本来，而且和将来社会的政治经济新原则相合的'自由性交论'"④。从上述观点看，卢剑波之所以主张"性交自由论"，是因为认为当下的恋爱与婚姻存在着诸多弊病，故而主张用一种新型的两性伦理以与将来社会的政治、经济相匹配。从字面解释看，他虽然与谦弟同样主张性交自由，但卢剑波的观点显然与张竞生主张的"情人制"更为接近。正因为如此，我们对于卢剑波既主张性交自由，又承认恋爱的存在就较为容易理解了。

洪钧引用作者"高山"的话驳斥了谦弟关于"灵"的认识，并且也承认恋爱的存在。他认为，所谓的精神、心或灵只是为了表达的方便，并不含有玄学之意。从生理上讲，人的情绪有其产生的生理机制，但因限于科技的

① 孤魂：《谈谈非恋爱和我的恋爱观》，《新女性》1928年第3卷第11期。
② 剑波：《非恋爱与恋爱贞操》，《新女性》1927年第2卷第8期。
③ 同上。
④ 剑波：《谈"性"》，《新女性》1928年第3卷第8期。

局限以及研究者生理知识的缺乏，他们不能从生理角度清晰地表达出高兴、郁闷、愤怒、爱等情绪或心理如何产生，只能依据生理学的大致情形选择一个词来笼统地表达其意。因此，"灵""精神""心"的表达并不是玄学的阐述。①

作为恋爱贞操论的坚定维护者，章锡琛对此解释得更为清晰。他认为，灵肉一致论之所以受到性交自由论者的诟病，就在于"灵"的表述显得有些虚无缥缈，不如性交那么有肉感。实际上，"灵"是人类情感的代名词，它在现实生活中确实存在，只是为了概括的便利才用"灵"来表达。即使性交自由论者的"人类爱"，也摆脱不了"灵"的范畴。把"灵"解释得更科学、更合理是可能的，但要排除它则是不可能的。灵与肉为什么要相连呢？因为男女交媾不仅是肉感的享受，还要承担人类延续的重任，即使肉感的冲动也是以这一自然属性为基础。正因为如此，为了培育后代遂产生了"性的淘汰"，使两性在此过程中相互竞争、追逐，一方面可以训练人的情感使之更为复杂，另一方面也有利于人类利他道德的培育。②

第二，恋爱与贞操是什么关系？

在谦弟的"非恋爱"论中，恋爱与贞操并无关系，而其他人则表示了不同意见。卢剑波虽是性交自由论者，但他不仅承认恋爱的存在，同样也承认贞操的存在。据他陈述，自己并不主张因恋爱保持自己的贞操，只是提倡尊重贞操。③"保持"和"尊重"显然有很大不同。"保持"有外在强迫之意，而"尊重"是自由意志、操守内化的自觉行为。实际上，卢剑波的尊重贞操与胡适对于贞操的理解有异曲同工之妙。④

章锡琛主张恋爱贞操一致论。在他看来，恋爱本身就是贞操，其实根本用不着贞操一词。之所以保留贞操，一是表达的方便，二是要打破片面的传统贞操观："我说恋爱本身就是贞操，因为恋爱本身是灵肉一致的：在一方面，对于有灵而无肉的不能认为恋爱的完成；在他方面，真正恋爱也决不能有肉而无灵。所以我们倘使承认了男女间的性交必须以挚密的爱好为原则，则在有恋爱的恋人同志的各方，自然不会对于自己恋人以外无爱情的异性发

---

① 洪钧：《混战声中》，《新女性》1928 年第 3 卷第 11 期。
② 章锡琛：《尾巴以外之续——非非恋爱论并就教于主张杂交者诸君》，《新女性》1928 年第 3 卷第 8 期。
③ 剑波：《璧还恋爱贞操新论者的声明》，《新女性》1927 年第 2 卷第 5 期。
④ 胡适的贞操观可参见《胡适答蓝志先书》，《新青年》1919 年第 6 卷第 4 期。

生肉的关系。这便是我所以主张恋爱贞操一致说的由来。"① 从这个意义上说，所谓贞操只是恋爱的自然的结果，并不是恋爱的必备条件。

第三，恋爱是否具备反社会的性质？

根据谦弟的分析，恋爱是反社会性的，而一些学者对此提出了相反的看法，章锡琛明确表示反对。他分析说，谦弟的理论来源于日本的米庄田太郎，米氏对于恋爱的描述过于褊狭甚至污蔑了恋爱，他所表述的并不是恋爱的准则和模范。恋爱是基于挚密的友谊而产生的两性关系，我们有一个真挚的密友，并不是要排斥其他的朋友和亲友。谦弟所说的这种排他性和占有性是资本制度的产物，是恋爱同经济联系在一起的缘故。资本制度灭亡之后，这样的恋爱也就自然消亡了。②

对于谦弟的理论来源晏始也进行了点评。他认为，米氏做该文其目的本为旧礼教做辩护，而谦弟却以此为出发点得出了与米氏相反的观点，提出了反对夫妻制度、不承认恋爱的性交自由论，着实令人不可思议。为此，他觉得谦弟的观点大胆前卫，对于冲击旧式性爱观有积极意义，但给恋爱反社会的定性自己无法表示赞同。他质问谦弟说，恋爱本包含性交在内，其社会意义在于延续后嗣以达到人类的绵延。性交自由也从生殖而来，为什么恋爱会站到人类爱的反面呢？以人类爱来反对两性爱的依据是站不住脚的。谦弟反对恋爱的理由无非是说恋爱之人无亲、无友、无国家、无人类，以自己为世界的中心，但这样的恋爱显然不具有普遍性，也不是知识界所倡导的恋爱法则。即使发生因情而死的事件，也是社会压迫的结果，没有人提倡情死是恋爱的最高准则。

晏始最后总结说，谦弟反对恋爱论无非是想较为容易的满足性欲。其实要实现性交自由不必如此大费周折，只要抛弃了人格等事项即可得到满足。"非恋爱论者中，从就了解维持者以至于性交自由论者，虽然好象可以分为许多派别，但在有一点上却是一致的。就是他们都以为人不过是机械的动物，在性的关系上，只须满足低级的欲求便够，不会并且不必有怎样复杂的情感的。然而恋爱的有复杂的情感，乃是人类的自然的现象，决不是恋爱论

---

① 章锡琛：《我的恋爱贞操观——写在谦弟剑波两君的文后》，《新女性》1927 年第 2 卷第 5
期。
② 章锡琛：《我的恋爱贞操观——写在谦弟剑波两君的文后》，《新女性》1927 年第 2 卷第 5
期。

者所能故意杜撰的。"① 在谦弟的观念中，只有性交自由才符合人性，有利于人类的身心健康；而在章锡琛、晏始等人眼中，这种不辨美丑、不讲情感的性交自由与杂交等同。

卢剑波对反社会化的表述也表示异议。他认为，"恋爱反社会"的表现"都不是恋爱的正轨和本性，而只是恋爱的病象，是为伴着财产私有制度而起来的社会制度所决定的一种病的形式。恋爱本质不是反社会的，也不是占有的……占有性或拒他性都是私有制度下的环境的特产。加入要干脆的废弃他，倒不如去纠正他，或努力消灭那决定他形式的根源。"② 在卢氏的认识中，承认恋爱存在着一定的反社会性倾向，但这并不是恋爱的主流和本性，只是一种社会病，而这种病是可以治愈的。洪钧的观点于此有相似之处。他认为，即使发生此类现象也只是暂时的或迟缓的，它们并不去破坏社会。谦弟之所以得出这般结论，是因为他太重视社会的整体价值，忽视个人的价值。社会价值固然要兼顾，但在不妨害社会的情况下，不妨让个人有自由的行动。③

第四，性欲与恋爱是什么关系？

在谦弟的认识中，性欲自性欲，恋爱自恋爱，二者并无关联，这也是性交自由论的主要观点。卢剑波对此表示了不同意见，他认同恋爱论者所坚持的"无性欲即无恋爱"的观点。与此同时，他也对谦弟所表达的"在性欲成立原理中，看不出'灵'在哪里"的观点表示赞同，进而认为性欲的产生完全是由生理关系所致，与精神并无关联。他认为，谦弟在其表述中并未否认性欲是恋爱之基的观点，只是强调了性欲的产生与精神无关而已。但他对谦弟"恋爱与同性爱无分别"的观点表示怀疑。在卢氏看来，谦弟的这个提法否认了自己曾阐述过的"无性欲就无恋爱"的观点，将性欲与恋爱完全割裂无法解释恋爱问题。为了阐述自己"性交自由"的观点，人为的将二者割裂明显不妥。恋爱的产生不仅受社会环境的影响，还与性欲有密切关系，这是两性生理所决定的。性欲的作用不仅要满足肉欲的快感，同时还兼有繁衍后嗣的意义，而同性之间只有肉欲的快感却无法完成生殖的意义。因此，卢剑波认为同性爱是变态之爱。④

---

① 晏始：《非恋爱的又一派》，《新女性》1927 年第 2 卷第 6 期。

② 剑波：《非恋爱与恋爱贞操》，《新女性》1927 年第 2 卷第 8 期。

③ 洪钧：《混战声中》，《新女性》1928 年第 3 卷第 11 期。

④ 剑波：《非恋爱与恋爱贞操》，《新女性》1927 年第 2 卷第 8 期。

对谦弟关于男女有无情感均可性交的观点，洪钧进行了折中处理。他认为，在男子或女子性欲非常强烈而又无理想恋人时，可以与陌生人进行性交；但如果有了恋爱对象再与陌生人性交就大杀风景了。况且，两性不讲情感只注重性交的行为是人类的劣根性所在，从友谊和恋爱的角度都讲不通。[①]

第五，恋爱与私有制是什么关系？

谦弟等"非恋爱"者认为，恋爱是私有制的产物，也是资产阶级所玩的把戏，章锡琛对此不能认同。他认为，人类的爱情在原始社会已有了雏形，并不是私有制度的产物。再者，私有制度下的产物并不都是有害的。恋爱的技巧、艺术在以前有了相当的训练、养育，有利于日后使恋爱变得更加微妙，人类社会更加美化。至于说恋爱是资产阶级的把戏则是非常无聊的。[②] 洪钧对此也表达了基本相同的看法。他认为，谦弟误把恋爱生活看作少爷、小姐的逛公园、看电影、吃大餐、学跳舞等奢侈生活。实际上，人世间除了这样的恋爱外，还有朴素的恋爱生活，把恋爱看成有产阶级的专利是不对的。对于无产者来说，因为要奔波生活就必须放弃恋爱。那么，如果为了生活，难道我们还要放弃教育吗？[③] 作者的言下之意就是，谦弟的理由过于牵强，难以让人信服。

通过上述辩论，作者们畅所欲言清晰地表达了自己的观点，可谓仁者见仁，智者见智。章锡琛总结说："人类进化的靳向，一定是要脱离现在非人的生活而朝着全人的路上走。"[④] 也就是说，被章锡琛视为杂交的性交自由论并不符合人类进化的方向，自然应当受到批判。

承认恋爱存在的知识者对"非恋爱"观点进行了有力批判，他们彼此的立场可谓泾渭分明。由于事物的复杂和思维主体的主动性，有些作者保持了自己独立的思维，他们不仅批判了"非恋爱"理论，就是对恋爱贞操论也进行了反思。例如，卢剑波在批判谦弟的同时也认为"一切的爱是由于性爱而扩充的"论断过于夸大其词，这是恋爱至上论的观点。不仅如此，他对章锡琛把"性交自由"称为杂交的观点也持有异议。他再三解释说，"所谓性交

---

① 洪钧：《混战声中》，《新女性》1928 年第 3 卷第 11 期。
② 章锡琛：《尾巴以外之续——非非恋爱论并就教于主张杂交者诸君》，《新女性》1928 年第 3 卷第 8 期。
③ 洪钧：《混战声中》，《新女性》1928 年第 3 卷第 11 期。
④ 章锡琛：《尾巴以外之续——非非恋爱论并就教于主张杂交者诸君》，《新女性》1928 年第 3 卷第 8 期。

自由，纯全是依据两性的欲求而以不违反身心为原则"。① 如果此言还过于抽象而难于理解，那么他在《性交与友谊》中的解释可谓一目了然："性交自由论并不是要毁灭性爱只不过要将性交与性爱的必然联属分开，即是说，不必要有性爱才性交。但也因为性交不即是性爱，所以性交自由并不即是性爱破坏。……性交自由不即是要他或向任何要求与之性交的人发生性交的关系，自然也不是要他要她守着贞操。"② 在他看来，"性交自由"并不是杂交，他或她有性交的对象虽不止一个，但却是根据自己的兴趣爱好来选择的，并不是人尽可夫（妻）的乱交之举。他不是故意去毁坏恋爱中的贞操，而只是更加强调思想的多元和个性的独立。

又如，洪钧对用贞操来代表恋爱的专一性表示了怀疑。他认为，用贞操来代表恋爱的专一性极为不妥当，因为"专一性乃是恋爱之一种普遍的性格。它是恋爱的本质之一种特点，而不是本质的一部分。所以它不应当离恋爱而独立，曾为所谓'贞操'者也。专一性是性质不是道德，所以恋爱没有专一性时，仍不失为道德的，至多只能够说这恋爱是破裂了，不成其为真正的恋爱了了，但这样的恋爱，对于道德上一点也不发生关系。……贞操是道德不是性质，性质天生的，自然的，道德却是人为的强制的。不贞操就是不道德。所以一般恋爱论者虽然只承认自发的贞操，实际上却不免有'强迫他们应当守着贞操而专心为着一人抑压他们性生活之发展'的嫌疑。因此我主张恋爱论者以后须把贞操这个讨厌的名词根本打到。但这是打倒一个空空洞洞的贞操这名词，对于恋爱的专一性，我还是深深地信仰着。"③ 在作者的认识中，专一性是恋爱的本质属性之一，它与道德毫无关系。爱情的破裂使专一性不能持续下去，但这并不否认两性间曾经存在的恋爱是道德的。贞操是道德的、后天的、人为的，它强调两性在肉体和精神上的高度统一，否则就是不道德行为。实际上，作者的观点易于造成精神和肉体的某种分离倾向，他的恋爱论更倾向于两性精神的统一，而肉体上偶尔的放纵并不损害这种专一性。

通过上述论战我们发现，不管众人的观点如何分歧但共识依然存在。论战者们的思想都突破了传统礼教的束缚，倡导个性化的生活，只是在程度上有所差别。恋爱贞操论者强调精神与肉体的结合、统一，其中包含着性欲、

---

① 剑波：《非恋爱与恋爱贞操》，《新女性》1927 年第 2 卷第 8 期。
② 剑波：《性爱与友谊》，《新女性》1928 年第 3 卷第 7 期。
③ 洪钧：《混战声中》，《新女性》1928 年第 3 卷第 11 期。

精神、责任等要素；性交自由论者注重更随性的个体生活，关注如何实现自身欲望的满足，而对于责任等要素的重视降低到最低点。通过两方的比较，后者在个性化的方向上似乎走得更远。

三　"三代之恋"的讨论

"非恋爱"与"非非恋爱"的论战刚刚接近尾声，关于"三代之恋"论战的硝烟又起。1928年，《新女性》杂志第3卷第9期刊登了苏俄驻挪威大使柯伦泰女士的小说《三代的恋爱》，它叙述了一个俄国家庭三代女性的恋爱观。同一期刊登的还有两位日本学者林房雄和高群逸枝的评论文章，但他们二人的观点截然对立，迥然不同。对于这三篇文章，《新妇女》杂志社的编辑特别说明，他们"并不是想有什么的鼓吹宣传，是完全□在客观的地位想使大家一看现代关于恋爱思想的转变的情形"[①]。在解释之余，编辑希望广大读者能够表达自己对于恋爱问题的感悟，从而揭开了这次讨论的序幕。

《三代的恋爱》实际上叙述了祖母玛利亚、母亲奥尔伽、女儿盖尼亚三代人的三种恋爱观及其冲突，其中又以奥尔伽和盖尼亚为冲突的主线。母亲奥尔伽是在战争环境中成长起来的革命女性，强调女性人格与职业的独立，奉行恋爱贞操论，并与名叫廖勃科夫的青年男子恋爱同居。女儿盖尼亚是充满激情与活力的苏维埃新女性，对党的事业尽职尽责，全身心投入，但在两性关系上她与母亲有着截然不同的理解。

通过女儿盖尼亚意外怀孕之事，母亲奥尔伽发现她不仅与自己的丈夫廖勃科夫有性关系，而且同时与不少男子保持同样的关系。更让母亲震惊、愤怒和不解的是，即使性关系是如此混乱，盖尼亚却从未与任何男子发生过恋爱。面对母亲的质问，盖尼亚并未感到羞愧，她反而质问母亲：如果自己是他的儿子，并且与自己中意的众多女子发生性关系是不是也会对他的"不检束"表示愤怒和绝望呢？盖尼亚还表示，自己履行党的义务和私生活并无关联。更有甚者，盖尼亚还对母亲和廖勃科夫所保持的两性关系进行了指责。她认为，母亲忙于工作没有时间和自己的丈夫恩爱，却仍用恋爱的道德束缚他，使其不能享受性爱的乐趣，这本身就是龌龊的行为。自己同母亲一样忙于党的事务，无暇去谈长久的、缠绵的恋爱，只能去追求这

---

① 编者：《新恋爱问题——征求解答》，《新女性》1928年第3卷第9期。

暂时的、片刻的欢娱。

面对女儿的指责，母亲奥尔伽思想发生了混乱：女儿是毫无感情、无热情的冷血动物还是蔑视道德的淫妇呢？又或是从新生活、新阶级中生出来的新见解、新道德呢？①

柯伦泰女士并没有对上述疑问给予明确的答复。据林房雄分析，柯伦泰所希望的实际上是后者，即"新生活，新感情，新概念的阶级中的新道德"。他进而精炼地概括了柯伦泰的恋爱思想："恋爱是私事。"② 对于这个观点，林氏本人极为赞赏。他说："我以为，就一般论只要那人不踰越比较的宽大的某一定范围，他的性生活，全只是他个人的私事。人的真价，不应由其家庭道德的行为上判别，是应视其事业，才能，意志，及其对于国家社会的有用性而决定的。"③ 但在现实的社会制度的压迫下，恋爱却很难实现，很多人享受不到恋爱的乐趣，这个问题应该如何解决呢？林氏结合玛赛尔·海斯、柯伦泰等人的思想提出了"恋爱游戏"这一原则，希望通过"这'恋爱游戏'——'恋爱演习'的过程中，可以克服从来作恋爱经验的特征的无止境的利己主义，独占欲，及强烈的嫉妒心。又，可以学习只在愿欲而感情达到最高顶时才委身于对手的真的高洁的贞操。又，因了此，在生理的能力旺盛的青年期中，也可以避免那向我们袭来把我们的个性化作春情的奴隶的恋神的毒箭"④。

应当说，林氏对于柯伦泰的恋爱思想的把握可谓精准，提出"恋爱游戏"的建议也未必没有几分道理。与之相反，同是日本学者的高群逸枝却对此表达了强烈的批判。她认为，"恋爱游戏"跟自由性交并无分别，"所谓性交者只是意识的人为的生殖器的玩弄而已"⑤。在高氏眼中，"恋爱游戏"其实就是人类兽欲的发泄，是对人类人格的贬损。

通过上述三篇文章，中国知识界加深了对俄、日学者恋爱观的了解，拓宽了对于恋爱的认识视野。有作者说："高张在恋爱革命声浪中最惹人注目

---

① 〔俄〕柯伦泰著《三代的恋爱》，芝葳译，《新女性》1928 年第 3 卷第 9 期。
② 〔日〕林房雄著《新"恋爱道"——柯伦泰妇人的恋爱观》，默之译，《新女性》1928 年第 3 卷第 9 期。
③ 同上。
④ 同上。
⑤ 〔日〕高群逸枝著《排官僚的恋爱论——关于柯伦泰夫人的恋爱观》，芳子译，《新女性》1928 年第 3 卷第 9 期。

的旗帜，谁也会举出俄国柯伦泰女士所写的‘三代恋爱’”①，还有人认为三代恋爱的问题“值得我们注意”②。中国知识界通过对《三代恋爱》的阅读以及两位日本学者观点的剖析，并结合自身的学识、阅历等主观条件，对议题中的主要内容纷纷发表见解。综合分析《新妇女》杂志刊登的十六篇来稿，作者们讨论的焦点主要集中在“恋爱是私事”“自由性交”“恋爱游戏”等问题上。

（一）“恋爱是私事”的普遍认同

作为“非恋爱”问题的重要参与人，卢剑波首先表达了自己的意见。他认为，柯伦泰女士的恋爱观并无新颖之处，《新女性》上关于恋爱论与非恋爱论的争论以及自由性交论与非恋爱论等观点比“恋爱游戏”更为先进。但他仍对“恋爱是私事”的观点表达了赞赏的态度：“当事人可以自由处理自己的性关系而别人毫不能过问，而社会也不能过问。性关系不是没有道德的说明，不过这种道德的说明不是不变的。而且是要和时代的精神相适应的。无论如何，对于恋人的欺骗与强迫都是不合法的。”③ 从上述观点看，卢剑波主张性关系的自由，并不是要以超越时代的激进面目抢夺什么风头，而是希望能随着时代的进步纳入道德的范畴。

陈醉云将恋爱的私事论称之为“个性本位的恋爱”④。他认为，“恋爱是私事，是一男一女两个人由爱慕而同意的私事。……两性间如果互相爱慕，互相契合，便仅可以自由的发生关系，尊重相互间的灵肉一致的要求。”不过，他所主张的恋爱的自由、性关系的自由不是无原则的，它“应当以不妨碍别人的自由为原则。在两个人的同意中间，倘足使第三者发生痛苦时……也应当有同情的在可能范围以内的适当处置才是。这就是人类生活的基本条件，理性与情感的调和……在没有轶出自由的范围，在没有妨碍公众时，是不应该受任何条件的干涉的。同时，法律和道德，也应当会尊重个人恋爱上的自由，尊重适合于个人个性的恋爱自由”。上述观点认为，恋爱自由要与对他人的尊重相结合，双方的恋爱行为不能引发他人的痛苦。只要保持这个

---

① 姚方仁：《关于“三代恋爱”的分析观察》，《新女性》1928 年第 3 卷第 12 期。
② 朱梅：《恋爱的现在与将来》，《新女性》1928 年第 3 卷第 12 期。
③ 剑波：《论性爱与其将来的转变》，《新女性》1928 年第 3 卷第 12 期。
④ 陈醉云：《个性本位的恋爱——应新恋爱问题的解答而说几句话》，《新女性》1928 年第 3 卷第 12 期。

限度，恋爱就应当被认可、尊重，不应当被第三方势力所干涉，以保持个体的个性自由，这种观点在作者群当中有一定的认同度，如作者"安之"就引用日本山川菊荣《柯伦泰底恋爱论》中的观点对此加以论证。他说："所谓恋爱是个人底私事这只在它底结果不会引致种族底衰微和退废底范围以内是可以承认的原则。"① 应当说，从支持者的态度看，他们对于"私事""自由"的理解非常理性，至少在理念上已克服了"自由"是利己主义的偏执观念。

对于"恋爱是私事"的观念表示怀疑者也有之。作者"文宙"认为，恋爱从生理、生物的角度完全可以解释清楚，它并不神秘、神圣。两性伦理的变化与经济的变动密切相关，因此三代恋爱的出现有其合理性。但在某些假定条件之下，"我自然要否认柯伦泰夫人'私事'的私字，因为我们不易为'私生活'一词下以定义。"② 正因为"私"字从概念上难以把握，故"私事"难以理解和实践。从"文宙"的文字表达看，作者实际并未全盘否定"恋爱是私事"这一观点，他只是为了规避由此带来的风险而已，由此也表明了作者较为理性的态度。

（二）"自由性交"的褒贬不一

对于"自由性交"论不少人表示赞同，卢剑波在文中重申了他在《友谊与性爱》一文中的观点。他说："性交自由论并不是要毁灭性爱，只不过要将性交与性爱的必然联属关系分开，即是说，不必要有性爱才性交。但也因为性交不即是性爱，所以性交自由便不即是性爱破坏。……性交自由不即是要他或她而任何要求与之性交的人发生性交的关系，自然也不是要他或她守着贞操。"③ 他之所以主张性的自由，是因为"无论在任何社会制度的制度里面，人们的智愚，和人们相互间待遇的感情，决不能划一平均的"。由于个人情况不同，用统一的道德标准来要求所有人就会形成束缚，这对于个人自由的实现无疑是障碍。以此来推论，《三代的恋爱》中的三代人的选择只要是基于个人意愿的选择即是合理的。从卢氏的本意看，他主张自由性交

---

① 安之：《用相对性原理来应〈新女性〉九月号里所征求的关于新恋爱问题的解答》，《新女性》1928 年第 3 卷第 12 期。
② 文宙：《读了"三代的恋爱""新恋爱道"和"排官僚的恋爱观"三文》，《新女性》1928 年第 3 卷第 12 期。
③ 卢剑波：《友谊与性爱》，《新女性》1928 年第 3 卷第 7 期。

并不是为了杂交，只是更加强调个体思想的多元和个性的独立。

卢剑波承认恋爱，但憎恶恋爱贞操论对人性的束缚故主张自由性交。作者"弋灵"同样承认恋爱的存在，但他从人的生理的实际需要去论证自由性交的合理性："真正的恋爱固然是在性的关系以外，还含有两性间的爱，但不能说因了这个关系，性交便不当独自存在。试想，要是一个人还没有找到合适的爱侣，……可是因了自然的生理的冲动也发生了性的要求，——我们不能说没有恋爱便没有这种要求吧，那时，有一个异性也因了性的要求，或被引起了性的要求，出于自愿的和这个人发生了性的关系，这双方既不是为了金钱或是强迫，也没有所谓'灵'的支配，只是依了自然的要求，我想，这是非常地合理，也极自然的罢！"[1] 从其表述来看，"弋灵"之所以赞成自由性交，是因为一些人无恋爱对象来缓解生理的冲动。一旦开始恋爱，有了固定的配偶就再没有必要与恋人以外的异性发生性交。因此，他可以说是有限度的"自由性交"论者。

与之相反，作者章克标从否认恋爱入手去鼓吹自由性交。他说："恋爱是镜花水月，恋爱是海市蜃楼，恋爱是青年空漠的迷妄，恋爱是痴人梦里的谵言。道德是枯骨髑髅，道德是囹圄监狱，道德是束缚也是保弱者的金城铁壁，道德是自由人眼中所无的枯朽栅栏。"既然恋爱与道德是如此的不堪，人们也就没有必要遵守，两性关系也就自由了："放任它，让他们像路上的野狗一般乱干去吧。当中自然有天然的法则来整理的。"[2] 主张让人类的两性关系放纵到禽兽这般地步，这不是理性者所为；完全依靠自然法则来理顺两性关系，是人类文明的倒退。

更为奇妙的是，有作者竟然从恋爱和非恋爱两个角度同时论证了"自由性交"存在的合理性。从前者看，"恋爱的神圣在乎自由，不能有制度上和习俗上的束缚。只要他愿意爱任何人，他便可以实行，不必有所顾忌。"从后者看，"非恋爱者虽不承认有所谓恋爱，但赞成双方合意的性交自由。"[3] 对于性交自由，上文作者认为不能从贞操观念上去评判，而应从个人自由和幸福上着眼。注重个人的自由和幸福，这应当是性交自由论者的初衷，但这种自由和幸福的争取必须得有深厚的支撑，那就是男女经济上的平等："经济条件，是能够决定人类一切活动的。在未来的社会里，男与女的享受，地

① 弋灵：《新恋爱问题——关于柯伦泰夫人的恋爱观》，《新女性》1928 年第 3 卷第 12 期。
② 章克标：《读"三代的恋爱"后之感想》，《新女性》1928 年第 3 卷第 12 期。
③ 毛尹若：《读"新恋爱道"后》，《新女性》1928 年第 3 卷第 12 期。

位和工作，都是同等的，决不会再有什么分别。……性欲同食欲一样，需要满足时，就可以去满足。男女或感到恐慌，就可以找对手发泄。"① 从理论上分析，两性经济地位的平等必然赋予男女同等的自由权，他们有权利寻求自身欲望的充分满足，这将给自由性交提供广阔的空间。

当然，身处礼教氛围浓厚的中国不可能所有人都赞成这种观点。如作者孙福熙就认为，"没有恋爱而与人性交，这在男女间是何等重大的罪恶呢！中国的旧式婚姻勉强没有爱情的人性交，已是很不合理的了……嫖妓是许多人认为万恶的，因为这种性交只是兽欲，没有爱情做他们的骨子里……盖尼亚真实比旧妇女、比卖淫妓女都不明白的人呵！"② 孙氏从恋爱贞操论的立场出发，断然否认了性交自由的合理性。从征文的情况看，只有该作者明确表示反对"自由性交"，但从上文"非恋爱"与"非非恋爱"的争论看，反对"自由性交"者应大有人在。

（三）"恋爱游戏"的厌恶

从征文来看，有不少作者对上述两个问题表示赞成，但对于"恋爱游戏"几乎没有人赞成。卢剑波首先对"恋爱游戏"的存在表示了疑义，他认为：

> 他说的"恋爱游戏"就是"恋爱演习"。是因为在如今无恋爱时间，生活着的人类，如果要获得享受的能力，非如此不可。它需要纯真的魂，仔细的心情，及心理的节制。需要充分的时间的尊敬与戒心。
>
> 这样的"恋爱游戏"于我觉得是什么？是更左倾的试验结婚一样的把戏罢了。恋爱就是恋爱，恋爱自身不是经验，不是学校吗？若说恋爱没有时间，那么，纯真的魂，仔细的心情，及心理的节制，需要相互间的充分的尊敬与戒心的恋爱游戏——"恋爱演习"不需要时间吗？——这个理论，我认为不是以解释三代恋爱中盖尼亚的思想与行动。③

在卢剑波看来，之所以搞所谓的"恋爱游戏"，是因为当事者没有充分的时间谈恋爱，但"恋爱游戏"所要具备的条件并不比恋爱少。若说没有时

---

① 蒲察：《对于新恋爱问题的解答》，《新女性》1928 年第 3 卷第 12 期。
② 孙福熙：《三代的恋爱的二人的谈话》，《新女性》1928 年第 3 卷第 12 期。
③ 剑波：《论性爱与其将来的转变》，《新女性》1928 年第 3 卷第 12 期。

间恋爱，当然也没有时间进行"恋爱游戏"。因此，他认为"恋爱游戏"不足以为盖尼亚的思想与行为作出合理的解释。与卢氏的质疑相比，朱梅女士则没有这么客气，她毫不犹豫地否定了"恋爱游戏"存在的合理性。她说："我是根本地反对这种论调，因为这是一种玩弄。人与人应该有关系，这关系不管男的对女的或女的对男的，是应该相互尊敬，因为大家都是人。……这种'游戏'，充分地表现着那个人的卑劣，有可以说是欺骗；一点人的爱都没有。"① 与朱梅不同，洪钧首先从逻辑上论证了"恋爱游戏"理论上的矛盾：

> 无感情的肉的结合，只要两方面同意，不患传染病，性的条件相合，是道德的。这是"性交自由"论者，与"恋爱游戏"论者共通的见解。是的，只要事实上人们确喜欢这样的结合，我是并不反对其为道德的。但反过来说，假如有许多人不喜欢与无感情的异性发生肉的关系，不知谦弟与柯伦泰是否将认其为不道德？若然，则性交自由论变成了"性交强迫"论，"恋爱游戏"论变成了"恋爱尊严"论。若否，则"性交自由"论者与"恋爱游戏"论者的非恋爱为无意义。"②

既然"性交自由"与"恋爱游戏"论在逻辑上难以讲得通，其存在的理论根据就被大大削弱了。作者认为，"性交自由"论者漠视情感，果真如他们所鼓吹的那样包办婚姻不是很值得提倡吗？但事实上，他们却赞成性交自由而反对包办婚姻。如果说前者因自由而受到提倡，那么这种自由也只是玄学上的自由，因为他们把感情抹杀了，而事实上人是有感情的动物。因此，性交自由论者的思想与行为违背了自然规律。

否认"恋爱游戏"的理由可谓五花八门，作者"波弟"将其与无产阶级专政联系在一起。他认为，"恋爱游戏"是恋爱未曾实现前的过渡产物，它的存在是一种政治主张，就如同马克思主义者提倡在革命的过渡时代应该实行无产阶级专政一样错误。③

与以上非此即彼的观点不同的是，有人坚持存在即合理的主张，认为应该对新恋爱观持宽容的态度："一切事物只有相对的合理，相对地有存在底

---

① 朱梅：《恋爱的现在与将来》，《新女性》1928 年第 3 卷第 12 期。
② 洪钧：《"自由性交"与"恋爱游戏"》，《新女性》1928 年第 3 卷第 12 期。
③ 波弟：《读三代的恋爱后》，《新女性》1928 年第 3 卷第 12 期。

必要。……在客观的条件还不容许真的恋爱状态之间，当作进向更高的两性关系底发展的过渡期中的难免的矛盾与困难之一，当作牺牲的经验之一，而有盖尼亚那样的无关心的刹那的享乐主义者来，也是不得已的事实吧。又何必大家起来攻击辩难，把她认为是问题呢？"① 在作者看来，既然"恋爱游戏"是社会过渡中的产物，其产生有其客观性，我们就应该对其多一些宽容，少一些苛责。在笔者看来，作者的悲天悯人之心，是对人性的一种变相肯定。

无论诸位作者持有什么观点，他们的态度都是认真严肃的。如朱梅女士说，恋爱是一个重大问题，必须要搞清"它是如何地值得我们注意"② 的。还有人坚持认为，评判事物必须"屏去时代观念的拘束，以及袒新嫌旧的成就，而就事实的本身来理论"③。只有如此才有可能客观公正。难能可贵的是，孙伏园从唯物史观的角度对比了中俄两国相似的国情，并大胆地预言"我们将有自己的三代的恋爱"④。

在笔者看来，中国有没有自己的三代恋爱，"自由性交"或"恋爱游戏"的实现程度如何并不重要。重要的是，论战的本身就是一个思想解放的过程。如有的作者说："第三代的恋爱，倒是一反以前忸忸怩怩的，黑幕重重的，被偶像所欺骗的，怪难弄的恋爱观；而能赤裸裸地，干脆地，大胆地，喊出切合于新兴阶级自身需要的恋爱观来。"⑤ 在婚姻问题上中国人能喊出自身的需求，大胆去追求个人的自由和幸福，这是个人意志觉醒的重要体现。

第三节　恋爱在婚姻中的价值体现

传统社会虽也有人艳羡朝朝暮暮的爱情，但多数人希望缔结稳定的婚姻以实现续嗣的目的。在礼教纲常的束缚下，传统社会缺乏实现爱情的土壤，故很少有人懂得恋爱对于婚姻的意义。五四时期，新性道德的确立使恋爱取

---

① 安之：《用相对性原理来应〈新女性〉九月号里所征求的关于新恋爱问题的解答》《新女性》1928年第3卷第12期。
② 朱梅：《恋爱的现在与将来》，《新女性》1928年第3卷第12期。
③ 陈醉云：《个性本位的恋爱——应新恋爱问题的解答而说几句话》，《新女性》1928年第3卷第12期。
④ 伏园：《我们将有自己的三代的恋爱》，《新女性》1928年第3卷第12期。
⑤ 姚方仁：《关于"三代恋爱"的分析观察》，《新女性》1928年第3卷第12期。

代了门第观念而成为两性结合的着眼点。那么，新时代的恋爱婚姻其价值体现哪里呢？恋爱婚姻又如何保证其稳定呢？时人对此进行了大量探讨，并发表了独到的见解。

一　恋爱成为婚姻的核心要素

"恋爱自身的概念，与结婚自身的概念，都随时代而变迁。"[①] 在近代西方文明诸国，恋爱虽成为两性生活的重要元素，但纵观人类历史，恋爱与结婚并不总是合二为一。甚至在相当长的历史时期，爱情被从婚姻中剥离出来。故长久以来结婚都是作为社会伦理义务而存在，恋爱不属于个人的私事。当伦理义务与个人私事发生冲突时，个人私事要为伦理义务让步，因而恋爱便成为被牺牲的对象。传统婚姻从来都不是件私事，[②] 女子在其中付出的牺牲尤大。从古至今，男子固然也是包办婚姻的受害者，但男子在婚姻之外另有合法满足其情欲或性欲之地，并成为男子的特权。因此，在旧式婚制中，男子所受的苦痛稍轻，而女子却不得不忍受最大的苦痛。

人类步入近代社会以来，"个人主义与自由主义，日新月异的发达。以新式的见解眼光，批评旧式社会制度道德，以致旧式结婚制度，万难继续，对于结婚，都以为须尊重其个人的自由；换言之，就是须尊重其恋爱的自由；因而以恋爱为结婚最根本最重要的原素之思想，就奔潮般流行起来了"[③]。价值系统的转换使自由成为个人的权利，恋爱被视为婚姻的核心要素和精神所在。

五四时期，恋爱与婚姻的关系受到中国新知识界的广泛关注。新性道德体系的确立，使恋爱的实现成为可能，如何成就刻骨铭心的爱情并取得美满幸福的婚姻成为青年关注的热点问题。

恋爱与婚姻是什么关系？当时不少青年对爱伦凯女士的恋爱结婚论深信不疑。她说："结婚应以恋爱为中心的，有恋爱的结婚，是道德的。无恋爱的结婚，无论法律上的手续怎样完备，也是不道德的。"她还在《妇人之道德》中讲："以完全思想的爱的两恋人，就可变成一个人似的生活。以各人的自由，达到最大的完全的地方，在乎两人能够相互的发展。如果这样恋爱

---

① 〔日〕米田庄太郎著《恋爱与文化》，资耀华译，《妇女杂志》第 8 卷第 5 号，1922 年 5 月。
② 费孝通：《生育制度》，《乡土中国》，上海世纪集团，2008，第 448～452 页。
③ 〔日〕米田庄太郎著《恋爱与文化》，资耀华译，《妇女杂志》第 8 卷第 5 号，1922 年 5 月。

的共同生活所完成的夫妻，……便是天成的事业。"

知识界在肯定爱伦凯女士观点的同时，还对此进行了热议，青年们直言不讳地表达了自己的观点。林长民说："夫妇是含有两种的关系：一为实质，一为形式：恋爱是实质的关系，婚姻是形式的关系。……世界人类男女之间无论取何种形式，都要用结婚的制度来作恋爱关系的证明，或是来加恋爱关系的限制。恋爱是天然的，婚姻是人为的。文明与野蛮的区别多半是在乎人为与天然之间。"① 按照林长民的观点，恋爱是婚姻的实质和精神内核，婚姻是恋爱表达的形式和证明，二者是一种天然和人为的关系，婚姻是人类文明的产物。叶圣陶也表达了相同的观点，他认为："男女结合最正当的条件是'恋爱'。两相恋爱便结合起来，倘有一方不复恋爱，那一方虽仍恋爱，也无可奈何，便应当分离开来。……所以男女对待的态度应只问恋爱不恋爱。那时两方都是主动的，自由的，两方果是恋爱深时，彼此互对，觉有一种美感，以为是精神所托，灵魂所寄的"② 。叶圣陶重点阐述的是恋爱对于婚姻的意义，强调的是其作为实质和内核的作用。Y. D. 先生通过自己的译作阐述了自己对恋爱与婚姻的观点，他认为："双方各以自由的个人相结合，来完成各自的生命，这相互间，完全以恋爱为至上至高的媒介。如果没有恋爱，对于自己的存在，已没有意味，而民族的发达，人类的进化，也生出极大的障碍。所以财产、法律、声望等各种外的条件，不论怎样完备，若两性间缺少恋爱，这婚姻就不值半文钱。……二十世纪中的结婚生活，发生自我的肯定，以恋爱做根本的基础，在真正的意义中，结真正的结婚，决不是只以个人供单方面无意义的牺牲。……所谓真的结婚，与卖淫的奴隶生活，绝对的不同，有新的至高的恋爱道德，含在里边，不可不十分注意啊！"③ 很明显，Y. D. 先生是恋爱至上论者。在他看来，恋爱不仅影响到个人存在的意义，还对民族的发展、人类的进化产生重要影响。因此，真正的婚姻绝不是个体单方面的付出，它以恋爱为婚姻的道德基础，这是个体自我肯定的重要方式。

从上述论者的观点看，恋爱已经不仅仅是两人的私事，它已经上升为伦理道德范畴，成为判断婚姻是否道德的主要依据，这是婚姻新伦理基本确立的重要标志。

---

① 林长民：《恋爱与婚姻》，《盛京时报》，1922 年 3 月 24 日。
② 叶志善等编《叶圣陶集》（第 5 卷），江苏教育出版社，1988，第 6 页。
③ 〔日〕廚川白村著《近代恋爱观》，Y. D. 译，梅生编《中国妇女问题讨论集》（4），上海书店，1989，第 52～54 页。

恋爱虽被视为婚姻成立的核心要素，却并不是唯一的要件，"对于结婚，恋爱当然是一个不可缺的要素；却也不是惟一的要素。恋爱之外，尚有要素；这种要素，比恋爱更多含有文化人生观的意义。"① 恋爱之外的另一个重要元素就是经济，经济上能否独立对婚姻的成立、延续也至关重要。

时人认为，在目前社会还没有改革完善之时，我们还不能抛开经济去谈恋爱。但我们也并不像市井人物那样蔑视恋爱强调经济，恋爱才是目的，经济不过是完成恋爱的手段，所以"两性给合的动机，必定要基于恋爱的本质上，而恋爱成熟后的结合，便不能不确立经济的基础，并且这种经济的基础，还是从恋爱的本质上去确立……我们所谓经济的基础，只是在两性灵感的，具有真实谋生的技能，以获到安定适宜的职业，有忍苦耐劳的精神，以从事心力换来的储蓄。这种基础，只要体格健全，意志完善的人，就不难确立"②。由作者的分析可知，这里的经济并不是泛指一切经济要素。恋爱的经济要基于恋爱基础上产生。既然恋爱是两性独立人格的结合，那么恋爱或婚姻的经济基础必然也是两个独立经济联合体。两人通过正当的职业和勤劳的付出共同打造坚实的物质基础。"假使两性还不能确立这种经济的基础，纵然自己相信恋爱已经成熟了，最好还是不要骤然同居。因为'性'和'食'在矛盾的环境中，便不免互相侵略，且照人类生理的现象，'食'的需要较'性'为急切。所以'性欲'可以用理智去制裁，用艺术去导化，'食欲'则不可能。由这最根本最不可蔑视的一点，经济基础的确立，实为结婚以前必须考虑的一个先决问题"。无论从生活经验判断，还是从唯物论的角度进行理论推导，经济要素对于恋爱、婚姻的作用都不可忽视，这是五四时人对青年们真诚、殷切的劝诫。

二 恋爱如何维持婚姻稳定

恋爱不仅是婚姻成立的根本要素，还是婚姻得以延续的重要着力点，这已毋庸置疑。但问题在于，婚后的人们如何保持恋爱情绪不衰退呢？这关系到恋爱婚姻存续时间的长短。要搞清这个问题，必须从如何看待恋爱与婚姻的关系，即恋爱与婚姻是否一体这一问题入手。

---

① 〔日〕米田庄太郎著《恋爱与文化》，资耀华译，《妇女杂志》第8卷第5号，1922年5月。
② 葆苏：《结婚与幸福》，《妇女杂志》第16卷第1号，1930年1月。

（一） 婚姻中的恋爱观

即使在当代国人的意识中，仍有不少人认为恋爱是婚前的浪漫行为，婚后是否存在或需要仍莫衷一是。这个问题在五四时期已经有人在思考，他们追问："（一）恋爱同结婚是两件事，还是一件事呢？（二）两性间有了极端的恋爱，即必定免不了要结婚么？（三）夫妇的相恋爱，真能同亲友间的爱情一样的纯洁同高尚么？既是一样，又何必要结婚？"①这三个问题如要讨论，必定要引起激烈的争论。但第一个问题在中国人的意识中似乎早有定论，"中国向来认为恋爱与婚姻为两件不相关连的事情……在中国按实说爱的概念，还不发达，只有小说中的男女关系算是爱情，这固然为礼教所不许"②。传统社会对于个人情感的压抑，使恋爱长久以来与婚姻相互脱节，从而造成了一种印象，即恋爱自恋爱，婚姻自婚姻，两者平行发展很难有交汇之时，或以婚姻结束了恋爱。"在许多人的心目中，总把'恋爱'和'结婚'看做事两件事，好像结婚是一个目的，恋爱不过是达到结婚的一种手段，这是大大错误的观念。因此有许多爱侣在未婚以前，不惜牺牲自己的意志，极力去逢迎对方的心理，粉饰自己的弱点，设法去求得对方的欢心，不论物质的，虚荣的，凡足以博对方欢喜的求爱法，几乎应有尽有。到了一结婚后，似乎目的已达，于是从前热恋的态度完全变了，恋爱的假面具也透底揭穿了，结婚竟成了一幕不可掩饰的悲剧！"③恋爱与婚姻的分离，使恋爱变成了营造婚姻的手段，婚姻成了最终的目的，这种观念势必造成恋爱中的弄虚作假，使婚姻最终变成了爱情的坟墓。作者"婉珍"对男子婚前婚后如变色龙般的拙劣表现做了形象的描绘：

> 当一个男子正在求爱的时候，他的一言一语，一举一动，实在可怜而又可笑极了。当他预备去看爱人的时候，总得像所谓闺阁小姐一般修饰半天！刮胡子，擦雪花膏，洒头水，把头发梳得光淋淋；皮鞋擦得闪闪亮，再换上一套崭新的衣服，左拉右扯地把领结打好；末后，在胸前的小袋里插上一条美丽的小丝手巾，于是，耸耸肩，扭扭颈，左顾右盼，大摇大摆的出去了。

---

① Ｍ．Ｒ：《通信》，《少年中国》1919 年第 1 卷第 4 期，第 6 页。
② 长青：《恋爱与婚姻》，《盛京时报》1925 年 4 月 17 日。
③ 葆苏：《结婚与幸福》，《妇女杂志》第 16 卷第 1 号，1930 年 1 月。

但他一见爱人，顿时把他刚才在路上的那种活泼潇洒，洋洋自得的态度化为乌有，他现在是像臣子见了君王，仆役见了主人般地战战兢兢，垂手待命的了。他说起话来，总得装着笑脸，殷勤恭维，备尽所能；如果看见爱人有不快的样子，他就像犯了王法似的垂头丧气，甚至坐立皆非，寝食难安，大有莫知所措之概；看见爱人笑了，他就像因犯得赦，涸鱼得水似的欣喜雀跃，乐不可胜。为要达到被爱的目的，他会用着哀求与叹息的声调对爱人说：“世界上的一切，我都不追求，我的唯一的愿望是能永远做你的侍役，奴隶，我要为你而活，为你而死，我愿……”说得多么可怜，多么好听！

随后爱求到了，目的达到了，在这个时期，他仍旧非常的温和，非常的驯服。他对于爱人的一切，关切备至，体贴入微。爱人要他上山，他就上山；要他下水，他就下水；爱人要这样，就这样；要那样，就那样，真是千依百顺，唯命是听。总之，他这时把爱人看做神仙，把爱人的话看做圣旨，就是为她赴汤蹈火，粉身碎骨，也在所不辞的样子。

现在他已和她结婚了。起初自然是照旧向她献殷勤，博她的欢心，可是日子久了，可就慢慢的不对了。他不像往日那么恭维她，奉承她，敬她，爱她了；他不像往日那么小心谨慎，俯首听命了；他现在渐渐地想要操纵一切，霸持一切，俨然摆出丈夫的架子，好像不可一世似的！甚至不高兴的时候，便对他妻子竖眉横眼，咆哮叫骂，总要把妻子做泄气洞。妻子偶有所谏，便说：“你懂得什么？你不要管我的事！”

再下去可就更不对了，他对他的爱人渐渐厌倦了，他有了别的追求了。他在家里简直坐不住了。他一天到晚在外面，偶然回来一下，也不会有好颜色给他妻子的。妻子多问他几句话，他便要喝住她，说她侵犯了他的自由，不许她啰嗦。

干脆一句话，他这时已完全露出狐狸尾巴来了，不，已完全露出男子的真面目来了！①

作者以形象的笔触描述了部分男性在恋爱和婚后判若两人的丑陋面目，诠释了“婚姻是恋爱的坟墓”这个观点。其实，“所谓因结婚而消灭恋爱的话，是只肉感的一时的游戏，不是真的灵魂的生活所要求的人格的结合。如

---

① 婉珍：《男子的真面目》，《申报·自由谈》1932 年 12 月 12 日。

果只以每日朝晚抱腰接吻的结婚生活为限，那仍然是浪漫的恋爱时代，没有得着内面的潜在的恋爱观念。真的善美的恋爱结婚，两人的内的生活，已经过了几种阶段，由起初浪漫的盲目的恋爱，进而为自己省悟的娜拉时代，再进而为现代自觉的新理想主义的恋爱肯定时代。"① 婚姻之所以变成了爱情的坟墓，一方面在于观念上的错误，即认为恋爱与婚姻可以相分离，从而造成了恋爱中的虚假，两性并不是人格的结合，故缺乏长久的吸引；另一方面，两性中特别是男性不懂得经营婚姻，以至生活平淡乏味，从而使双方逐渐失去了生活的信心。

（二） 婚姻是恋爱的升华与延续

由于恋爱与婚姻的分离，致使婚姻质量严重下降以至出现了"坟墓说"。为此，要提升婚姻生活质量，实现个人幸福，必须改变原有的陈旧观念，把握恋爱发展规律，用科学的理念指导婚姻生活。

1. 改变固有意识，使婚姻更好地推进恋爱。

既然恋爱与婚姻分离的观点在生活中造成了严重问题，为此，时人告诫青年们要改变既有的观点："亲爱的青年，我们再不可蹈这覆辙了，要知道结婚并不是人生最后的目的，更不是恋爱的终点，只不过是恋爱的演进，而恋爱才是我们毕生的目的，永远给我们以新的生命。"② 在未婚以前，恋爱应本着真诚的态度，不可欺骗对方；结婚以后应继续发扬诚挚的精神，把自己的生活更真切、更热烈的恋爱化。许多婚姻幸福的夫妻，结婚以后，他们总是把爱的热力不断的增加，唯恐对方有一丝烦恼、一毫痛苦。夫妻之间有快乐应互相传递给对方，有痛苦应互相的安慰，有过失应互相的指摘、勉励。总之，夫妻之间应该彼此珍惜，让彼此时时刻刻都享受着新的生命、新的幸福。他们打破了一般人心目中的结婚观念，并认为恋爱成熟了就应该结婚，结婚之后更应该继续推进恋爱以至生命的尽头。因此，已结婚的两性，应当打破"结婚是恋爱终点"的观念，继续营造恋爱的生活。

2. 把握爱情发展规律，调节两性婚姻生活。

从普遍意义上看，爱情会依照什么规律发展呢？作者"仲华"认为，"就自由恋爱的婚姻而言，在嫁前的爱情大概才是向上进的，上进到了顶点，

---

① 〔日〕厨川白村著《近代恋爱观》，Y. D. 译，梅生：《中国妇女问题讨论集》（4），上海书店，1989，第55～56页。

② 葆苏：《结婚与幸福》，《妇女杂志》第16卷第1号，1930年1月。

便是结婚。但在嫁后爱情的趋势却不是直向上进了，它是时升时降，不绝的前进，但总不很离开结婚时爱情高度的水平线。能保持着这时升时降的爱情状态，是很足以调剂夫妇间的精神生活的；因为在暂时降下而爱情复又升高来的时候，他们正如重温了一遍初婚的情味。"[1] 在婚姻生活中，爱情的起伏有助于夫妻精神状态的调剂，但这里也埋藏着凶险，那就是爱情如果不再上升则会急转直下导致婚姻破裂。对传统婚姻而言，一纸婚约基本可以保持婚姻终生延续，不管其爱情浓厚、有无；在新性道德指导下的婚姻是自由的，婚约成为一纸空文，因一时气愤致使婚姻破裂的不在少数。

"仲华"继续分析说，要把握爱情起伏的规律，必须清晰影响爱情起伏的因素。首先，生理的关系会影响情绪。对女性而言，其每月生理的变化会影响自身的情绪，其态度的冷热变化自然会影响到夫妻情感；对男性而言，也有同样的冷落与兴奋现象。其次，占有本能的满足。心理学研究认为，一般人对一件欲得而得不到的东西，总是怀着非常强烈的欲望，但在得到之后又熟视无睹了，男女的恋爱也正是这样。在恋爱未成功以前，双方总是在努力追求以期得到对方的欢心，但恋爱成功乃至结婚以后，则变得很冷淡了，以至时有争执发生。这些小争执虽有调节爱情的作用，但经常的争吵势必弱化两性间的情感。再次，生育的影响。女子生育后受到诸多事务的影响不免分心，对丈夫的情感可能有所冷落；在子女教育上也会有分歧，时常会引发夫妻间的冲突。但当夫妻二人面对天真可爱的儿女时，就会感到婚姻的美满而希望爱情绵延永久。第四，职业分工导致夫妻分离的影响。就职业分工而言，虽有少数女性步入职场，但社会仍主要遵循男主外、女主内的分工模式，男子在外赚钱养家，女子主持家务。在此情况下，丈夫远在外地长久不归是平常之事，如此这般夫妻情感可能会淡薄；但久别重逢，团聚的欢喜之情能增加彼此的情感。即使不是长久隔离，丈夫如经营不顺，可能会在家寻衅出气，感情也可能逐渐淡漠；如果妻子能给一些安慰，则犹如枯木逢春，其和乐之气又远非笔墨所能形容了。爱情的起降升沉，虽由客观环境所造成，但也须保持积极的态度勇于去应对，否则只有任凭感情日益冷淡乃致破裂了。

一般夫妇发生离婚的时期，以婚后的两三年间最多。为什么在新婚宴尔、爱情浓厚的时期会出现如此高的离婚率呢？离婚的理由有千万条，"但最大的理由，却是由于婚后夫妇不知爱情起伏的原理，所以小有不合，便不

---

[1]　仲华：《嫁前与嫁后的恋爱问题》，《妇女杂志》第 15 卷第 10 号，1929 年 10 月。

惜隔绝旧情，另觅新欢。"① 爱情的起伏是婚后必有的现象，因其容易滋生误会致使婚姻破裂从而造成痛苦，因此应当想方设法调剂婚姻生活，使其时时散发出趣味。在西方，夫妻在工作之余，往往偕同去公园或公共娱乐场所游玩，或共同健身以娱乐身心。因此，他们的婚姻生活质量较高，至少在婚姻存续期间幸福度较高。在中国显然不具备这些条件，但"我意在这种种的生活调剂方法之外，或再在家中多备几册书画，在志趣相投的夫妇可以采拾一些新资料来谈论谈论，或栽几枝花草，养几样禽兽，则在闷寂的家中，也可以增多一点生趣。只要有新的事物题旨穿插他们刻板的生活之中，则感情也时时会有新振作，不致萎退下去。"②

综上所述，只有改变既有的陈旧观念，才能充分发挥爱情在婚姻中的作用，使其不仅充当婚姻的基石，更要成为婚姻生活的目的。同时，两性还需洞悉爱情起伏的规律，及时调整、应对出现的问题，不断为情感拾柴加薪。只有如此，才能营造有情趣的婚姻生活，不断推动爱情的升华。

第四节　自由恋爱在城市中风行

在知识界的大力宣传下，恋爱无论在日常生活，还是在文学、戏剧、电影、新闻中都成为青年们广泛关注的焦点问题。③ 在生活中，恋爱问题实现了从观念到实践的转向，青年们压抑的情感得到了释放，并在新知识界成为一种新风尚。作为影响青年当下与未来的新生事物，在饱受礼教束缚的社会中短时间内并不容易被多数人接受。另外，因缺乏恋爱训练而造成的种种悲剧，纨绔、浮华子弟以恋爱之名行玩弄女性之实的存在，都使之成为旧势力攻击的标靶。因此，如何正本清源使恋爱步入正轨，引导青年走向婚姻新生活就成为新知识界的当务之急。

一　自由恋爱成为新风尚

在五四新文化运动中，知识界确立了新性道德的基本框架和价值体系。

---

① 仲华：《嫁前与嫁后的恋爱问题》，《妇女杂志》第 15 卷第 10 号，1929 年 10 月。
② 同上。
③ 同上。

这个新体系凸显了"人"的价值存在，并为自由恋爱的践行奠定了充分的理论基础，使之在1920年代成为知识界的生活新风尚。

五四时期的知识青年不仅是新观念的接纳者，很多还是勇敢的实践者。"觉悟社"成员李毅韬在25岁以前曾是独身主义的坚定拥护者，但当她遇到同为"觉悟社"成员的谌小岑后观念迅速发生了转变。李毅韬发现，二人的人生观、价值观等大致相同，性情甚为相投，于是毅然放弃了独身主义主张，二人由友谊进而恋爱并于1922年结婚。① 徐颖溪，《小学生杂志》的编辑，"天津女权同盟会"的总务副委员长。她与姚作宾一起反抗包办婚姻，毅然实行自由恋爱，并于1923年4月1日结婚。有人虽对姚作宾"停妻再娶"之举颇有微词，但对"恋爱至上"的知识青年而言这点已微不足道了。② 冀朝鼎，中国著名经济学家，五四时期是"唯真学会"的内部组织"超桃"的重要成员。"超桃"主张男女平等、婚姻自由，其成员中有几位都因反抗包办婚姻而逃离家庭。冀朝鼎的包办妻子是当时山西某校一位才貌出众的女性，后攻医学并成为名家。由于他拒不从命，这门亲事遂成泡影。1927年9月，他由美国乘船去莫斯科，途中认识了前去莫斯科参加十月革命10周年纪念会的美国女子海丽（Harriet）。她是犹太人，同亚洲人一样在美国受到种族歧视；而且她的家族观念很深，兄弟手足之间讲究提掣互助，这点和中国的大家庭相若。另外，海丽和冀朝鼎一样，在恋爱问题上也受过挫折，余痛未去。这些相似的经历使他们的人生目标有了较多契合点，他们一见钟情，并在船上订了婚。1929年，冀朝鼎陪海丽自莫斯科返美后，两人正式登记结婚。③ 郑超麟，早期共产党人，"四·一二政变"之后在上海找到了志同道合的革命恋人，他们相约要为革命而牺牲。④

在革命志士的恋爱中，瞿秋白和杨之华的恋爱传奇轰动了上海滩。瞿秋白，中共早期领导人，时任上海大学社会哲学系主任；杨之华，妇女解放运动的先驱，长期从事工人运动，在上海大学社会哲学系就读时非常仰慕瞿秋白的才华。杨之华曾与沈剑龙自由结婚，但因沈氏沉醉于上海滩的十里洋

---

① 李毅韬：《我的婚姻观念的变迁》，《天津女星社》，中共党史资料出版社，1985，第207～210页。
② 小岑：《改造途上的婚姻——徐姚结婚记》，《天津女星社》，中共党史资料出版社，1985，第211页。
③ 唐纪明：《生命不息，战斗不止——冀朝鼎传》，北京市政协文史资料委员会编《北京文史资料》（53），北京出版社，1996，第46、59页。
④ 郑超麟：《郑超麟回忆录》，东方出版社，2004，第125页。

场，过着灯红酒绿的生活以至二人感情长期不睦。瞿秋白的夫人王剑虹去世后，杨之华非常同情他并不时照顾他的生活。二人相处时间不长，瞿秋白就对杨之华提出结婚的请求；随后，杨之华向沈剑龙提出离婚。三人经过谈判达成了协议，他们在民国日报登了三个启事，即杨之华与沈剑龙解除恋爱关系，瞿秋白与杨之华建立恋爱关系，沈剑龙与瞿秋白建立朋友关系。1924年11月7日，在"十月革命"纪念日这天，瞿秋白与杨之华在上海正式结婚，婚后二人情感甚笃。瞿秋白有一枚印章，篆刻的是"秋之白华"，表示二人你中有我，我中有你，这是他们爱情的见证。虽说五四之后的中国社会相对开放了些，尤其是上海这样的东方大都市，但二人的结合仍然引起了重大轰动。新中国成立后，曾有人问杨之华在瞿秋白牺牲后为什么不再婚，杨回答说："再没有人比秋白对我更好了。"当时虽有人将沈、瞿、杨三人的关系视为三角恋，但生活为瞿、杨二人坚贞无比的爱情对其给予了有力的回击。①

如果说上述对象阐述的主要是热衷于社会事业的革命志士，那么普通青年是否能如他们那样义无反顾地追求自己的恋爱呢？甘肃某师范校长高文慰与该校学生张淑贞女士产生恋爱，因师徒如父子的观念在国人心中根深蒂固，故受到"乱伦"的非议。二人以坚韧的毅力顶住了各方的压力，高文慰以牺牲行政职务的代价保住了二人的恋爱成果。② 近代著名诗人、学者刘大白在1920年代以《卖布谣》而蜚声中国文坛，他在浙江第一师范任职期间以才华俘获了该校女生何芙霞的芳心。二人因文学结识并迅速热恋起来，一个月后便闪电结婚。他们二人的结合虽备受新知识界称道，但师生恋为世俗所不齿，刘大白被迫辞职。夫妇二人回到刘大白的老家，过着隐居写作的生活。③ 但令人扼腕的是，他们二人的爱情与婚姻并没有持续太久就消散了。

自由恋爱观在新知识界虽已深入人心，但其影响所及无论在地域上还是群体上都有一定的局限。从地域上讲，恋爱婚姻观传播范围广、影响程度深的区域多集中在深受五四新文化洗礼的地方，在此之外多遵循传统的婚姻方式；从群体上讲，接触恋爱婚姻观的人群主要是知识阶层，认同并能勇于实

---

① 赵曦：《瞿秋白轰动上海的婚姻》，《章回小说》（下半月）2010年第3期。
② 《甘肃的师弟结婚问题》，《妇女杂志》第9卷第8号，1923年8月。
③ 李伟：《曹聚仁传》，河南人民出版社，2004，第205～207页；施立松编著《民国风月：未跳完的狐步舞》，浙江文艺出版社，2010，第34～38页。

践的知识分子数量少之又少。① 要在传统势力的包围中义无反顾地践行自由恋爱并不是件容易的事，这不仅需要坚韧的毅力，还要有一定的斗争艺术。不幸的是，中国的青年长期生活在宗法社会中，缺乏与婚姻包办者的斗争经验，要取得反抗的胜利实属不易。因此，即使在自由恋爱呼声最高的五四时期，"纯粹的恋爱结合，总的还只有少数人敢去尝试"②。事因难能，所以为贵。虽然只有少数人在践行自由恋爱，但毕竟在传统氛围中打开了一个缺口，引导人们冲破封锁之罗网，展现自由之个性。

二　自由恋爱之百态

从理论上看，恋爱是两性独立人格的结合，其存在是个性主义的展现。而实际的恋爱，在很多时候可能因受现行制度的干扰而脱离了其本质，从而呈现复杂的姿态。与此同时，新旧知识界对恋爱的理解也存在一定差异，其态度截然不同。于是，恋爱者、旁观者共同构成了一副恋爱百态图。

对于谋求恋爱者而言，其恋爱目的不尽相同，形态表现也有差异。具体来说，其形态主要表现在四个方面。

（1）以恋爱为促进人生兴味，谋求婚姻幸福的手段。恋爱是两性独立人格的表现，个性主义的现实表达，它的出现是两性自我解放的标志。从小处着眼，恋爱能调节个人的心情、陶冶情操、培育高尚品质，提高婚姻生活的幸福度；从大处着眼，恋爱的和谐关系到社会的安宁。恋爱无论对于人生还是社会意义都极为重大，故受到近代青年的鼓吹。胡适、鲁迅、陈望道、张竞生、章锡琛等人无不为恋爱摇旗呐喊，激励青年们追求恋爱的婚姻生活，以实现个性的解放。上文提到的李毅韬与谌小岑、徐颖溪与姚作宾、瞿秋白与杨之华等人就是勇于追求真的恋爱生活的勇士。

（2）以恋爱为个人虚荣的资本。中国素来缺乏恋爱的土壤，即使在思想激荡的五四时期勇于追求自由恋爱的青年也是少数。因此，这些少数成了新

---

① 即使在新知识阶层中，反对接受新式婚恋观的人也大有人在。如有些工科出身的知识分子留洋海外，自身掌握了相当的科学技术，但思维仍停留在传统层面，认同传统婚姻方式；即使文科出身的知识分子也未必认同新式婚恋观，如陈寅恪、吴宓等文化保守主义者，虽不赞同完全包办，但这种全新的理念也在其反对之列。参见吴学昭《吴宓与陈寅恪》，清华大学出版社，1992，第14～16页。

② 陈东原：《中国妇女生活史》，商务印书馆，1937，第339～402页。

思潮的弄潮儿。但"弄潮儿"的身份，使恋爱成了某些人身份履新的工具。一些人去接触异性、发展恋爱关系只是为了谋求"新青年"的虚名。署名"荷荷"的女学生以当事人的身份揭露了其就读学校青年人的不正当心态："T校有一种风气：男生以为得与一女生恋爱自豪，女生以得与一男生恋爱为荣。而所谓恋爱，据我所见，又夹着种不纯粹的分子。"① 在此心态下，恋爱已失去了其本真的意义而成为"新青年"的标签。瞿秋白曾对此类心态做过深入的剖析，认为这是传统势力主义在恋爱、家庭问题上的化身，是典型的病态表现。②

（3）以恋爱作为玩弄异性的手段。反思恋爱问题的五四时人常说："恋爱的本身不是罪恶，惟有不了解恋爱者，才会造成罪恶。在现代的社会中，我们时常可以听得种种不幸的消息，看见不少悲惨的结果，差不多都是由那些冒充恋爱的轻薄少年所造成。"③ 上海马振华自杀案可以说是这方面的典型案例。马振华时年31岁，毕业于通州刺绣学校，善画工绣，国文亦佳，还曾担任杭州某校教员。马女士与其姨母住在上海，邻居为在军队任书记员的汪世昌，时年29岁。汪氏由窗口投诗相诱，二人书信往来频繁并多次晤叙于影戏院。不久，马父允其婚事，汪氏以婚约有期为由诱其失身，之后却以其非处女的话来羞辱马女士，她羞忿难当，愤而投江自尽。这一事件受到了社会的广泛关注和报道，汪世昌也遭到了世人的一致谴责。

与此同时，也有论者对马振华等受骗女子有所批评："女子既然也有自由的意志，为什么会受男子的欺骗和玩弄，决不能不说是女子自己的责任。如果连这样的责任都可以卸除，则我们对于女子的人格不免要发生疑问了。"④ 作者此言当然不是为汪世昌等薄幸之人辩护，但马振华等知识女性之所以被骗，确与其自身对两性关系处理过于随便有关，其中的分析并非没有道理。针对这一问题，有人评论说："要知道'始乱'是'终弃'的张本，始乱的时候便含有终弃的种子。女子明白了这一点，便应当知道在未正式结婚以前，绝对不该答应对方男子不正当的要求；与其致终弃而觅死，不如因

① 荷荷：《六个男同学给我的信》，《妇女杂志》第9卷第7号，1923年7月。
② 瞿秋白：《中国知识阶级的家庭》，《瞿秋白文集》政治理论编（第1卷），人民出版社，1987，第15页。
③ 《青年女子的"恋爱"与"婚姻"》，天津《大公报》1928年4月19日。
④ 晏始：《重男轻女与重女轻男》，《妇女杂志》第9卷第10号，1923年10月。

拒乱而绝交。"① 马振华在一封信里说："咳！我好命苦啊！为什么诚心诚意的待人，却遇不着知心的呢？"实际上，个人如无择偶的经验，无论其如何以诚待人找到佳偶的可能性都很小，其待人之诚心恰恰易于被无良之徒利用而让自己陷入愁城苦海之中。

（4）以恋爱之名行包养之实。在清末，近代女子教育逐步兴起，其办学之初宗旨在培育"国民之母"。教育的本质"在使个人发展本能，使与社会环境适合，并且同时要培养他，使有改良环境的能力。"② 但不少女性接受教育的目的则与教育的本义背道而驰，女子教育与婚姻紧密联系并成为女子成就美满姻缘的跳板。时人对此总结说："父母之送女入学也，望其受教育后可得一富女婿。"③ 这在旧式父母中具有一定的代表性。在江苏溧阳，家长"送女儿入校，可是并非真的为求学而读书，不过为了将来易于出嫁，可以寻一个家产丰厚的人家，才貌兼全的夫婿。他们的送女儿读书是这种意思，女子自己对于入校，也多是这种见解；所以她们并不努力于功课方面，天天只在装束上下功夫，模模糊糊过日子"④。锦江饭店的创始人董竹君女士以亲历者的身份验证了这个问题："我虽然是个女孩，长相还不错，又聪明、灵活，所以再苦也很重视我的读书问题。希望我念成后嫁个好丈夫，他二老日后有个出头日子。"⑤

传统女性以婚姻为职业，以此作为获取谋生的手段，这些曾被视为天经地义的观念受到了五四时人的强烈批判："以自己专有的不可轻用的爱情为儿戏，甚而至于当做经济的代价，这实在令我不得不开罪于这些玩弄爱情的女子，而赠以'秘密卖淫'的恶念。……这种藐视性爱而妄用性爱这名词以遂其欲其人，我不得不说她在那些被迫着卖淫于一人的可怜的女性之下了！"⑥ 在这些女性的意识中，恋爱成为了索取经济利益的手段，为此甚至不惜搞多角恋爱。在作者眼中，此类女性的人格比包办婚姻中的妻子还卑贱。五四时期著名诗人汪静之曾写下了鼓吹恋爱的著名诗集《蕙的风》，该诗集是为其恋人——杭州女子一师学生傅蕙兰而写，但诗集写成之时，傅却抛弃

① 《青年女子的"恋爱"与"婚姻"》，天津《大公报》1928 年 4 月 19 日。
② 《为什么要教育》，蒋梦麟著《蒋梦麟学术文化随笔》，中国青年出版社，2001，第 3 页。
③ 《云裳氏漫谈》，《妇女日报》1924 年 9 月 11 日。
④ 蒋星德：《溧阳妇女的生活》，《妇女杂志》第 14 卷第 9 号，1928 年 9 月。
⑤ 董竹君：《我的一个世纪》，三联书店，2008，第 9 页。
⑥ 陈德征：《妇女运动的第一步——经济独立运动》，《妇女杂志》第 9 卷第 1 号，1923 年 1月。

了这个穷酸书生而嫁入豪门。① 短篇小说《她恋爱的是什么》也是对这种情况的无情揭露：新婚的丈夫（督办的公子）正要外出，无意中接到了他人给妻子若婉的信。信是妻子以前的恋人写来的，丈夫从信中得知，若婉在校期间因追求恋爱新观念而与某同学相恋，但后来却闪电般移情别恋并与自己结了婚。丈夫由此判断，妻子之所以与自己结婚，并不是因为爱情，而是看中了自己家庭的显赫地位和优越的条件。丈夫经过深思熟虑之后，果断与妻子离婚。② 从该小说来看，以若婉代表的知识女性依然没有摆脱对男性的依赖。或许对当时的部分女性而言，所谓学问、理想不过是时髦的玩意儿，生活还是需要实际的经济支撑。因此，新思潮的热度褪去之后，显现的依然是传统女性的面貌。

上述形态从本质上看多数并不算恋爱，但其毕竟是在恋爱的名义下呈现，特别是后三种形态的恋爱者各携私利而使恋爱工具化，以至恋爱被污名化。

抛开这些真真假假的恋爱实践者，旁观者对自由恋爱又是什么态度呢？旁观者大致分为三类，即礼教守旧者、文化革新者和文化保守主义者。他们的认识各有不同。

礼教守旧者依然钟情于包办婚姻，将自由恋爱视为洪水猛兽。社交公开、自由恋爱的风潮激荡了青年人的思想，为追求自由恋爱不少青年选择了潜逃。这些"桃色新闻"被堂而皇之地登载于报刊，引起了礼教守旧者的仇视。他们认为，这些潜逃、幽会事件都是提倡自由恋爱的消极后果。③ 其实，传统社会中"桃色新闻"并不少见，④ 只是囿于传媒的落后进入公众视野的机会比较少而已。汪静之的诗集《蕙的风》出版后就曾引起轩然大波，"因为讴歌恋爱，描写大胆，又因童心赤热，天真幼稚，引起很大的注意。当年就有很多人认为他的诗有破坏道德的嫌疑，因此招致了许多卫道之士鸣鼓而

---

① 〔马〕温梓川：《文人的另一面》，广西师范大学出版社，2004，第43～44页。
② 董小苏：《她恋爱的是什么》，《妇女杂志》第9卷第2号，1923年2月。
③ 健孟：《新学说与旧礼教》，《妇女杂志》第9卷第7号，1923年7月。
④ 汪康年在其笔记中曾记载，河南某县村中茶肆主人借驴送妻回娘家，该妇女独自回家途中偶遇骑驴男子，二人发生苟合之情随即私奔，夜宿山中老姬家中。翌日晨，老姬发现二人双双被杀。案件侦破真相大白，老姬之女有一情郎，夜间经常在该女房中私会。是日夜，该男子发现该女房中宿有二人，疑其移情别恋，愤而将他们杀死。在此事件中"苟合"与"幽会"同时出现（汪康年著《汪穰卿笔记》，中华书局，2007，第152～153页）。诸如此类的事件，在民间社会并不少见，并不是"自由恋爱"风潮推动之结果。

攻之。"① 五四新思潮虽风起云涌，传统势力依旧强大，足以摧残大部分青年
进步的志向，幸亏周作人为之解围，从而保护了汪静之。

另外有些人虽并不认为潜逃、幽会事件是提倡自由恋爱所致，却认为潜
逃、幽会是社交公开、自由恋爱带来的恶果，其实并不尽然。纵观传统社
会，基本可以得出这样的结论：幽会、潜逃是特殊时代的恋爱形式，跟误解
新性道德观念并没有关联。② 因此，对于守旧者而言，无论怎么理解他们都
站在自由恋爱的对立面。周作人在阐述该问题时候特意引用了路易士
（E. Lewis）在《凯本德传》里的名言："社会把恋爱关在门里，从街上驱逐
他去，说他无耻；扪住他的嘴，遏止他的狂喜的歌；用了卑猥的礼法将他围
住，又因了经济状况，使健全的少年人们不得在父母的创造之欢喜里成就了
爱的目的：这样的社会在内部已经腐烂，已受了死刑的宣告了。"③ 在礼教守
旧者的刻意围堵下，自由恋爱的生存空间狭小，其践行者步履维艰、困难
重重。

新知识分子也不见得完全赞成自由恋爱，"我国一般的意见，大概都卑
视恋爱；不但顽固的守旧派，把恋爱当作兽欲，竭力加以排斥，就是号称新
思想家的，也往往把恋爱当作一种自私自利的东西，以青年人的荣心于恋爱
为堕落的证据。"④ 爱伦凯曾对误读恋爱的行为进行了严厉驳斥。她认为，贬
黜恋爱的意义，把恋爱理解为卑下的肉欲主义而加以反对容易造成人类的堕
落。如果把恋爱看作动物生活的特色，在人类之间一说到恋爱便带有羞耻的
感情。那么，恋爱当然要和肉欲生活一样的卑下了。同样，在人类之间，倘
若把恋爱当作一种堕落的义务。那么，恋爱便成为被迫去保存种族的事情
了，而事实却并非如此。国内部分人虽基本认同恋爱的意义，却否认了当下
践行自由恋爱的必要性。他们认为，"处于今日中国外患内乱交迫，国势危
殆的时候，青年们努力救国尚且来不及，如何可用心于讲求不重要的恋
爱?"⑤ 这派人虽不反对自由恋爱，但却认为自由恋爱在人生当中是可有可无
的，值此国家危难之际尤其应集中精力参与救亡，不应在恋爱问题上耗费青
春和时光。

---

① 〔马〕温梓川：《文人的另一面》，广西师范大学出版社，2004，第49页。
② 健孟：《新学说与旧礼教》，《妇女杂志》第9卷第7号，1923年7月。
③ 周作人：《情诗》，许志英编《周作人早期散文选》，上海文艺出版社，1984，第290页。
④ 瑟庐：《爱伦凯的儿童两亲选择观》，《妇女杂志》第9卷第11号，1923年11月。
⑤ 《中国目前的恋爱问题》，《妇女杂志》第10卷第9号，1924年9月。

　　人生虽不专为恋爱而存续，但恋爱也绝不是旁枝末节。告子曾说：食色性也。这一观点由于孟子的记录而得以广泛流传并被国人认可，性爱被置于与吃饭同等重要的地位，都是人生不可或缺的重要元素。如果生命的根本都可以放弃，那么其他的各种需求也就无足轻重了。因此，青年恋爱、组建新家庭，是人类生活的重要步骤。恋爱表面上似乎在消耗青年的精力，但实际上于工作、生活并无妨害。个人如对民族的进步不能有所贡献，即使不谈恋爱依然无所贡献。国人向来主张男女隔离，婚姻由父母代办，这样确实能省下一部分心力推动学问、事业的发展。那么，中国数千年来禁谈恋爱的结果，应当造就高度发达的社会，为什么中国自宋代以后逐渐衰落乃至近代完全落伍了呢？由此可见，后一种观点虽貌似有理，实际却难以讲得通。

　　文化保守主义者对于自由恋爱有自己独特的见解，其观点如同其思想流派一样折中，既不赞同完全的包办婚姻，又不支持完全的自由恋爱，这一点在吴宓的私人日记中体现得较为充分。1919 年 3 月 26 日，吴宓在日记中写道："宓意婚姻之要，不尽在选择，而在夫妇能互相迁就调和。若安着一付歹心肠，则无处不见神见鬼，故今之倡自由者毋宁教男女以处人接物之道，反可多享幸福。由是，则婚姻之事，决不能不重视宗教之观念 Religious feeling；faith。梅君谓，凡言自由婚姻，则荡子流氓，必皆得志，而君子正士，必皆无成。征之中西，事实昭昭然也。"[①] 从其记载看，吴宓认为婚姻的要诀在于相互迁就、调和而不在于选择，对于选择的否认实际上是变相放弃了自由恋爱，恋爱与否对婚姻并不重要。从日记中我们还发现，梅贻琦也并不赞成自由婚姻，当然也不可能认同自由恋爱了。这一点，吴宓与梅贻琦的认识有惊人的相似，"'自由结婚'本属虚语。夫自由立意 Free‐will 之为物，心理学家犹不敢定其必有。且婚姻之事牵制种种，古今东西，无或自由。境遇之限制，虽云人生之不平事，然亦事理之所宜然。而正见天道之大公。中国有'月老红丝'之说，佛家有'前生夙缘'之论，实即境遇之解说耳"[②]。正因为不认同自由恋爱，吴宓的婚姻缔结呈现较强的"同意婚"色彩。1918年冬，吴宓的同学清华丁巳级留美学生陈烈勋，介绍其姐浙江省立女师毕业生陈心一与他结婚。吴宓先让清华留美老友朱君毅的未婚妻毛彦文（与陈心

---

① 吴宓著《吴宓日记》（2），北京三联书店，1998，第 21 页。
② 吴宓著《吴宓日记》（2），北京三联书店，1998，第 35 页。

一同学）了解情况，然后又禀报生父、嗣父同意，最后和陈寅恪等朋友商量才将婚事核定。① 婚姻的经营固然在于调和、迁就，这未尝没有道理，但吴宓可能忘记了一点，两人的调和、迁就需要有共同的话语基础，在婚前如没有必然的选择要实现此点可能有些困难，东南大学教授郑振埙的婚姻可能是对此最好的注脚。况且，从以后吴宓对毛彦文的"柏拉图式爱情"看，他未尝不在恋爱，恋爱毕竟是绝大多数人无法克服的本能。

综合三派观点我们发现，无论在哪一群体中自由恋爱生存的空间都极为狭小，而社会人士的普遍心态则是"对于事不干己的恋爱事件都抱有一种猛烈的憎恨"②，故虽经知识界的大力提倡，勇于实践的仍是少数人。

三 如何推动自由恋爱的践行

从社会诸人的恋爱百态看，之所以如此这般主要在于传统习惯势力的影响。它一方面继续左右着普通人的观念；另一方面又以其坚韧性束缚了新思想的扩散，致使社交公开环境非常不充分，极大影响了自由恋爱的践行，一切与恋爱相关的行为都显得那么"非艺术化"。

五四运动之后的三四年间，时代的思潮像洪水般的涌入中国。素来陈腐固陋的思想界受了这种新的激荡也奔向新生的道路，较以前进步了许多，而尤以青年所受影响最大。对于昔日一切不良的旧论调和压迫都考虑反抗和铲除，破除包办婚姻追求恋爱自由的要求随之产生。但"在从来不许男女交际的中国社会里，青年男女没有受过恋爱生活的培养与训练，对于恋爱，自难明确的了解认识，往往双方甫经相识，交友不久，便因性的作用，生了浓厚的感情，而急谋结合。一任感情的盲目冲动，或是性欲的临时要求，遂不待理智的熏陶，详细的观察，严格的批判，便走到恋爱的圈里。更有许多男女青年，仅因着金钱色相……等关系，便贸然结合，但对于其他应有的成分，全不顾及。故结婚后，相处日久，不融洽的地方，渐渐发露出来，就成了痛苦的源泉了。因此社会上，也要增添许多失意痛苦的青年，呈现一种沉闷凄凉的状态"③。五四新文化运动虽然给青年们带来了思想的转换，但长期的礼

① 吴学昭：《吴宓与陈寅恪》，清华大学出版社，1992，第16页。
② 周作人：《狗抓地毯》，许志英编《周作人早期散文选》，上海文艺出版社，1984，第33~34页。
③ 邓颖超：《错误的恋爱》，《天津女星社》，中共党史资料出版社，1985，第54页。

教束缚使他们并不懂得如何恋爱，① 许多人以恋爱的名义而逞一己之私欲，如此恋爱并没有给青年们带来预期的幸福感，反而徒增了不少痛苦。

另外，社交公开范围狭小，青年们没有充足的恋爱环境，不少人因缺乏经验而上当受骗，致使长期陷入失恋的阴影而无法自拔，中国近代女作家石评梅就是其中的受害者。1923 年，石评梅从北京女高师毕业并留教于该校附中，在此期间她与吴天放相恋，然而不幸的是，"W 君又是已经有妻子的人，他对于评梅只不过游戏似的，操纵她处女的心。自然评梅是初出笼的小鸟，很容易的，就把一颗心交给他了。到评梅发觉她的理想，完全是梦的时候，她的心是伤透了。怎么样都难使她恢复，从此评梅就由她烂漫黄金的天国中，沉入愁城恨海中了。她这时了解什么是悲哀，后来虽然是咬着牙和 W 君绝交，而这种深刻的伤痛，是永远存在着"②。一朝被蛇咬，十年怕井绳。备受情感打击的石评梅抱定了独身主义，面对高君宇的百般求爱始终不允，致使病魔缠身的高君宇带着遗憾撒手人寰。石评梅懊悔万分，终日郁郁寡欢，三年之后郁郁而终。北大教员杨栋林向学生韩权华女士写了一封求爱信，结果却被韩女士公之于众，引起了社会各界对杨栋林教员的谩骂。为此有人对韩女士事件处置失当提出了批评。他们认为，在恋爱问题上"大学生临事的手段，不异于中学生"③。为此，知识界认为要解决恋爱问题社交公开就显得异常重要了。

知识青年对于恋爱虽持有饱满的热情，但明了恋爱意义的不多，"'恋爱'这个名词到中国以后，很快的普遍在受过教育的青年们脑海里，并且很快的起了反应，就是跃跃欲试的想去享受恋爱生活。然对于恋爱的意义，恋爱的永久性，……反而忽略。因此近几年来，恋爱成功而且美满的得着充分愉快的人寥寥无几，而陷于恋爱的悲哀，演出种种惨剧的却不胜其数。"④ 正因为不懂得恋爱的真义，青年们对恋爱的认识可谓五花八门：有以偶尔相遇，彼此示意为恋爱的；有以与异性相见即为恋爱良机，从而强行恋爱的；有已届婚龄之青年饥不择食寻找配偶，甚至以欺骗手段寻对方欢心为恋爱

① 中共天津市委党史资料征集委员会、天津市妇女联合会：《天津女星社》，中共党史资料出版社，1985，第 437～439 页。
② 庐隐：《石评梅略传》，卫建民选编《魂归陶然亭——石评梅》，人民文学出版社，2002，第 24 页。
③ 起睡：《两性间一椿习见的事》，《妇女杂志》第 10 卷第 7 号，1924 年 7 月。
④ 峙山：《怎样才可以得着美满的恋爱》，《女星》第 12 期，1923 年 8 月 15 日。

的；还有以异性间的普通友谊为恋爱的。李毅韬对此总结说："在男子方面，在［有］许多要想得恋爱的生活，就组织些个甚么'河北党'、'月牙党'、'蝴蝶党'……每在街上看见女子行走的时候，就趋亦趋势，步亦步，希望这个女子相识相交以至于发生恋爱。这简直是笑话。在女子方面，也有极少数的分子，不甘心屈服于包办婚姻之下，也想尝尝自由恋爱的滋味，在伊们的亲戚当中，偶尔认识一位男子，便要想到同他交朋友，而他们又没有正当交际的材料——因为没有人生观同事业的观念——彼此就携起手来，逛公园，看电影，听戏，游游戏场，——他们也自命之为'社交公开'，其实，这又算得甚么社交？更何所谓公开？在这种情形之下，男女两方面必定各将劣点隐藏起来，作出种种假面具来以求对方的欢心。他们也自名之为发生了恋爱以至于结合。"① 这种情况下发生的恋爱"似乎并不是因性情的契合而恋爱，是因为要恋爱，所以假作性情的投契。他们相见时，只是夸示，虚伪，隐瞒和奉承，用这些作为引入恋爱的工具"②。换句话说，他们并不是寻求人格结合的恋爱，只不过从前由媒人说的话现在由自己说出来罢了。这种所谓恋爱的结婚目的仍是旧的，变化的只不过是手段而已。用这种手段得来的结果当然不能持久，结婚之后，从前当作珍奇难得的异性马上蜕变为平庸的凡人。从前所希望的幸福，逐一变为苦痛了。在假面具包装下的恋爱，其欺骗性显而易见，结婚后自身的缺点马上暴露出来，结果自然可想而知。是故，如此恋爱不仅不能打破包办婚姻，反而给主张包办婚姻的顽固分子以口实，给自由恋爱设置了莫大的障碍。总之，"青年走的恋爱歧途，就是对于恋爱发源点，弄的'一错再差'。"③

上述恋爱瓶颈的制约，在社会上造成了为数不少的恋爱惨剧，产生了严重的负面影响，其表现主要有两点。

首先，青年们对"自由"的意义产生了怀疑，认为它是致祸之源，并进而产生认同包办婚的想法。澹如女士撰文抒发了对自由婚的失望情绪，她在文中介绍了两则恋爱婚姻惨剧：一则是其同学王女士因病失明而被丈夫抛弃，遁入了空门；另一则是同学杨女士遭遇了骗婚，因气愤欲绝而抱病在床。澹如女士由此质问："唉！恋爱！恋爱！不是因为男女双方敬慕而发生

---

① 峙山：《打破翁姑儿媳的关系与应采取的步骤》，《天津女星社》，中共党史资料出版社，1985，第232页。

② 《中国目前的恋爱问题》，《妇女杂志》第10卷第9号，1924年9月。

③ 姚宾贤：《恋爱问题分析观》，《妇女旬刊汇编》1925年第1集。

的爱情吗？那么既经恋爱，当然会维持永久；因为恋爱是不易发生的，既然会发生感情，怎么无端离异呢？"由此她对自由恋爱产生了怀疑："现在的所谓自由恋爱，自由结婚都是假的，都是不可靠的，都是由男子片面的爱恶，为感情的增减。"为此，她对一切假借自由名义作恶的现象进行了反思："自由两个字，是万恶的渊源，为什么现在还是竭力高唱呢？这几年来道德上的佳名，被一般坏人假以为恶者，不知多多少少，岂特自由而已呢？什么人道主义呀！男女平权呀！种种新名词，流转于我们耳目间，一天多一天，而人类所受的影响，也一天利害一天了！"①澹如女士进而反问道："这种新名词，难道是人们为恶的媒介吗？这种新名词的本义，难到就像他们一般人说实现的吗？为什么欧美各国，竭力提倡，并没有什么危险，我们中国一实行，就有种种不好的现象，难道程度没有到吗？"通过这一系列的追问，我们明显感觉到她已经对自由恋爱产生了强烈的质疑。

署名"仲华"的作者讲述了一个出身于旧家庭而追求新思想的女性，她的初恋遭到了男方的欺骗，由此产生的心理阴影致使其一直没有过成功的恋爱，精神受到沉重打击，思想产生了倒退。她说："新式的自由恋爱真没意思，我要结婚时宁可由家中定规，糊糊涂涂的任它去，倒也会快乐一世的。"仲华由此分析这部分女性的心理说："她们觉得要由自由恋爱去求一个完全满意的对方，正和从前旧式碰幸运时一样的难，远不如由家长代定了再实行恋爱反觉得稳当些。……自由恋爱或者竟不如旧式恋爱好了。"②一名男子在自由婚解体后，被迫与从前的包办对象陶女士结婚，由此反而尝到了夫唱妇随的快乐。他以自己的亲身经历告诉青年们："现今高唱入云的'恋爱结婚'，我想这种名词，只好有钱的人享受，穷人绝不能沾着一点的，这是我敢武断的话，如果我们要成百年的大事，还是娶旧式女子的好，不过我们用点良心待遇她，可怜她，不可过于束缚她。那么亦可白头到老了。"③其实，包办婚姻固然造成苦痛，但自由婚姻的过程也是危机重重。幸福婚姻的实现需要理性的思维、冷静的头脑，细密、周全的考察。自由恋爱，男女双方都应对自己的选择负责任。虽然某些男性的做法受人指责，但女性也要为婚姻的失败承担责任。从当时的客观情况分析，两性对社交都缺乏经验，恋爱或婚姻失败在所难免。在激愤之下，他们产生如此心态尚可原宥，恋爱意义也

---

① 澹如：《恋爱结婚的失败》《妇女杂志》第9卷第10号，1923年10月。

② 仲华：《嫁前与嫁后的恋爱问题》，《妇女杂志》第15卷第10号，1929年10月。

③ 《恋爱失败者的愤言》，《妇女杂志》第9卷第12号，1923年12月。

不会就此被抹杀。

其次，对爱情是否真的存在产生了质疑。五四时期的青年对爱情持有较高的热情，充满了天真烂漫的幻想："爱情之于人，犹之乎鱼之于水；鱼不能绝水而生活，犹之乎人们不能绝爱情而生存。"但接踵而来的失恋及不断发生的离婚惨剧使青年对爱情产生了强烈质疑：

> 我看我眼光所能看得见的人们，每一个够得上是"有爱情"者。现今人们的爱情，谁能跳得出"怜才爱貌"，"贪财爱势"，"玩弄异性"，"虚伪欺诈"，……种种的圈子的呢？越是自认是一个"爱情者"的人们，越是虚伪欺诈的厉害。爱情是平等的，不平等的爱情，算的是爱情么？爱情是交互的，纯一的，清洁的，不交互的，不纯一，不清洁的爱情，算的是爱情么？
>
> 我眼光所看得见的人们，新的太新，旧的太旧了。新旧不相融洽，爱情何自发生呢？新人是爱时髦的，是好讲爱情的；以讲爱情为时髦，他们——或她们——的爱情，重在一个"讲"字，也就坏在这一个"讲"字上头了。旧人为虚伪的环境所束缚，不懂得爱情是什么，他们——尤其是她们——的爱情，为"束缚"和"不懂"所湮没了。湮没了爱情的人，自然是列入没有爱情者之列，而好讲爱情的人，是不是真"爱情者"呢？①

上文的作者冯璘女士两次结婚仍落得个单身的结局，两段情感经历让其对爱情彻底绝望，从而对真爱的存在产生了怀疑。在她的视野中，似乎每个人都受到恋爱之风的熏染，但这些人不是"贪财爱势""玩弄异性""虚伪欺诈"，就是仅将恋爱停留在口头上，只是追求时髦而已，其实并不懂得恋爱是什么。为此，有些自由婚失败者激愤地说："恋爱，恋爱，我现今晓得全是假的了。"②笔者认为，由于时人对包办婚姻的批判与自由婚姻的宣传采用了笼统的、抽象的笔调，从而给青年造成了一种刻板印象，即包办婚姻是痛苦的代名词，而自由恋爱、自由婚就是幸福的化身，由此使青年对自由恋爱产生了过高的期望。在此情况下，自由恋爱一旦遭遇挫折便迅速对其产生了怀疑，甚至产生了幻灭感。

---

① 冯璘：《两度缔婚的我》，《妇女杂志》第 9 卷第 10 号，1923 年 10 月。
② 《恋爱失败者的愤言》，《妇女杂志》第 9 卷第 12 号，1923 年 12 月。

要根除这些消极后果，必须用自由恋爱的成功范例来鼓舞青年的斗志，重建他们对恋爱的信心。要做到这些必须处理好两个问题，即如何保证恋爱成功与正确对待失恋问题。

要最大限度地保证恋爱的成功，必须从四个方面着手。

第一，要保持自然的、谨慎的社交。依据新性道德，婚姻的成立与否要根据恋爱的有无。那么，什么样的恋爱才可能成功呢？知识界认为，保持自然的男女社交有利于恋爱的实践与成功。什么样的社交才是自然的呢？时人认为，对青年来说最要紧的就是"立定人生观"。人生观不仅决定着青年事业的发展方向，同时它还可能会聚集持有共同人生观的异性同伴。"在这种男女同伴携手向事业进行的过程中，这便是很自然的社交公开。在我们这种交际中，必然常有讨论、研究、互助……等自然的机会，彼此间当然很容易得着深刻的了解，也有很多的机会遇着思想、个性、习惯……都相融洽的朋友。这种朋友如果是同性的，当然是莫逆交；如果是异性的，爱之嫩芽就乘机发生了！根据这种爱的结合，必定是很愉快的生活；而对于事业上必定更加努力；社会的进化，亦必增加速度！如果所有的男女都走到这一步，便是得真正的'人'的生活了！"[1] 这种不带任何功利性目的的社交是自然的、愉快的，有利于异性情感的筑基："人生观相同，事业相同的保障，这对恋爱者才是一举一动都表示出他们心坎的愉快，到处都留他们微笑的波痕。"[2] 不仅如此，它还能更好地推动事业的进步，社会的发展必能增速，这样的人生才是真正具有"人"的价值的生活。

即使如此，异性之间的相处仍然要保持谨慎，要注意对其审慎的考察。"一个真正聪明认识恋爱的男子或女人，对于自己心中的爱人，断不肯轻率从事，总要下一番试探工夫的。你要是善于试探情人的心性，一定会试探得出来。第一，你先看你的情人的个性，是不是和你自己相合；第二，你要看你的情人是不是真心爱你，这可先看他或她能不能为你牺牲一切。"[3] 如果两人的人生观相同，性情又大致相符合，那么对于"爱"的程度的考察也是必要的。"希布塔尼曾写道：'看一个人如何评价某一对象，不是看他如何议论对象的价值，而是看他为了得到对象并使其保持完整而付出多大的努力。'

---

① 崎山：《打破翁姑儿媳的关系与应采取的步骤》，《天津女星社》，中共党史资料出版社，1985，第232页。

② 崎山：《怎样才可以得着美满的恋爱》，《女星》第12期，1923年8月15日。

③ 志坚：《失恋自杀之预防》，《妇女杂志》第14卷第8号，1928年8月。

主体的主动性同克服障碍是联系着的，这些障碍的阻力大小和方式都是各不相同的。正是这种阻力能够表明，或者确切地说，能够测量意志力的强度，归根结底是测量动机，情感的具体内容、信念的力量和坚定性，个人价值系统的现实价值和适应程度。"① 在恋爱过程中，双方能够考察彼此的意志力强度，在互动中能够判断对方的动机、爱情的内容和对爱情的坚定性等问题，并以此来判定自己在对方心目中的价值所在。一般而言，在追求爱情的过程中遭遇的阻力越大，越能体现被追求者的价值，如此成功的恋爱或婚姻可能更持久。

在异性交往中，为了保护情窦初开的少女，有人建议不要痴迷于"一见钟情"。初恋正如一枝初长的蓓蕾，虽充满活力，却又脆嫩而易遭摧折。它应该在煦和的阳光下，丰润的雨露中滋长起来，要避去一切狂风暴雨的伤害。但少女历世未深而感情又最丰富，一见稍有可意之人就倾心相爱，毫无保留，危险性极大。一见钟情"决不是一般人所能采用的方法，因为谁能一定有这样的眼光智慧去看出对方的人格与心迹来呢？……总之，就一般而论，少女于初恋须当十分审慎；在没有深刻的相知以前，不当盲目地倾心相爱，如能有妥当的介绍最好；而在交际往来之中，尤当以理智自制，勿为虚荣或巧言所欺蒙。"②

第二，学校要对青年学生展开恋爱教育。自清末癸卯学制以来，新式教育在中国逐步确立，这为中国性教育的普及奠定了一定的基础。但 20 世纪初的性教育更多的是学术界的讨论，面向学生的性教育成效微乎其微，③ 故了解恋爱真谛、懂得恋爱技巧的并不多，青年恋爱的失败与此有很大关系。对此，有人提出了强烈批评："教师只给了他们一点历史，地理，理科等知识，却不曾把男女关系应该怎样的道理正正经经详详细细的教授他们，仍旧任他们自己去暗中摸索，要望不发生今日的所谓流弊，又怎能做得到呢？"④ 针对性教育的缺失，瓦西列夫曾建议说："学校应当对年轻的一代进行性教育。"⑤

中国知识界也深刻认识到了这个问题，为此他们开始强烈呼吁学校要加

---

① 〔保〕瓦西列夫著《情爱论》，赵永穆等译，三联书店，1984，第 163 页。
② 仲华：《嫁前与嫁后的恋爱问题》，《妇女杂志》第 15 卷第 10 号，1929 年 10 月。
③ 朱梅：《20 世纪初中国的性教育》，《南京大学学报》2001 年第 1 期。
④ 晏始：《男女同学与恋爱的指导》，《妇女杂志》第 9 卷第 7 号，1923 年 7 月。
⑤ 〔保〕瓦西列夫著《情爱论》，赵永穆等译，三联书店，1984，第 14 页。

强恋爱教育。邓颖超曾殷切地说："教导栽培青年的各校先生们！你们负着教育的责任，负着为将来社会，训练出许多优秀份子的责任，我恳切的盼望你们在学校里作一个好学〔先〕生。要为将来延续人类生命的男女青年计，要为你们学生的前途计，作人的训练、恋爱的指导、性的教育，这几种重要的责任，是教育者应负的。"① 章锡琛先生从教育的功能阐发了恋爱教育的必要性，他说："教育的要务，应该注重在启发人间性，开展人类的本能，而对于一向所不看见的性教育，更不可不格外注意，务使一般青年都有充分的性的知识，正确的性的观念，自己都有解决恋爱问题的能力，不致有无知的错误，这是今日的要务。"章锡琛的理念在知识界引起了共鸣，有人对此撰文说："是一个人，是一个有灵有肉的人，恋爱问题是不能不注意到的，教育如不注意到恋爱，这样的教育是不教人去做人的；女子教育如不注意到恋爱，这样的女子教育是不教女子去做女子的。"在他们眼中，教育是否注意到恋爱问题，决定了教育是否在引导青年"成'人样'的人，'女样'的女的"②。恋爱教育的有无决定了教育的存立，如此推论将恋爱提高到体现人类自身价值的高度，从而奠定了恋爱教育在整个教育环境中的重要地位。既然承认恋爱神圣，自然要进行恋爱教育，"实行的方法，就是一方面随时把恋爱的原理，教示学生，一方面使学生将恋爱的事实，完全公开，毫不隐饰，随时由教师加以适当的指导，他人互为严正的批判；如果他们的恋爱确系正当，就不妨订为婚姻。如此正大光明的做去，那些鬼鬼祟祟的举动，便可不禁而自息"③。学生的恋爱由教师进行必要的指导，他人加以批判，如此公开的恋爱必能减少其中的失误，最大限度的保障恋爱的健康运行。

第三，家长要对子女的婚姻加以适当的指导。家长作为人父、人母，其情感经历要比自己的子女丰富得多，加之多年生活的历练及体悟其对两性情感与婚姻有深刻的认识："为人父母者处于旁观的地位，以深远之眼光烛见子女之所不及，而暗监察之，规劝之，实于真自由恋爱主义上，实得一大臂助也。"④ 因此，民初不少人认为父母有责任对子女的恋爱与婚姻进行指导。邓颖超曾深情地说："爱子女的父母们，你们果真爱你们的子女么？你们果真愿意你们子女享幸福么？那么，你们不但要与子女以婚姻自主权，你们还

① 颖超：《错误的恋爱》，《女星》第 2 期，1923 年 5 月 5 日。
② 《女子解放与女子教育》，《妇女杂志》第 10 卷第 11 号，1924 年 11 月。
③ 晏始：《男女同学与恋爱的指导》，《妇女杂志》第 9 卷第 7 号，1923 年 7 月。
④ 恂齐：《自由结婚，母应处监察地位》，《盛京时报》1922 年 7 月 30 日。

有一种迫切的责任，对于你们的子女，要与［予］以恋爱的培养和指导，使他们不致得不好的结果。"① 有人用惨痛的"马汪事件"作总结，认为马振华之所以上当受骗就是因为没有得到贤明家长的帮助，以此来反衬家长或父母的指导作用意义重大："如今做父母或家长的人，对于子女的恋爱问题确有指导或顾问的责任。当用诚恳的态度指导他们，做他们的顾问，不应该置之不理，或板着面孔，反而使他们秘密进行，乱碰一阵，闯出大祸来，已后悔无及！"② 父母对子女婚姻的指导，一方面有利于提供合理化建议；另一方面也使得恋爱得以公开，使子女能光明正大的、审慎的选择配偶，从而减少盲目性与随意性，降低恋爱的风险。

第四，要运用优种学选择恋爱对象。为了免除婚后爱情破裂的痛苦，时人主张要应用优种学知识，目的是"教一个人当预先在未爱之前，估定他（或她）的求爱是否有可爱的价值。优种学可预先告诉你：你的求婚者，与你在结婚后，其爱情是否可以维持永久，及是否可能相爱日深，同偕白头。优种学告诉我们：配偶的选择，不可凭着金钱做标准，不可凭着肉的冲动，更不可凭着其他一切卑劣的情感的引诱；优种学惟指示我们：配偶的选择，当以双方真正爱情为标准，当以双方德性的瞭解与企慕为权衡。"③ 具体来说，爱情的发生应当以此为条件，即"以有康健的身躯，优美的容颜，颖慧的智力，成功的能力，忠实的德性，愉快的禀赋为皈依。此种品性，在择婚时，其求婚者与求婚者的祖先，均宜具备最好。"优种学主张选择恋爱对象，除了考察当事人的诸多条件之外，对于其祖先状况的审查也是必要的。由此来看，优种学的目的就是教会青年人如何选择自己的最佳配偶，以挖掘两性间存在的优美本质，它"不但使配偶间能互相发生恋爱；且可发生一种互相羡慕而景仰的心理，益促进其恋爱，结果能维系其爱情于无穷"④。故优种学被誉为爱神的随身侍者。

上述四点就是要让青年人懂得如何恋爱及保障恋爱的成功，但"人不能预约永久的恋爱，就如不能预订生命一样"⑤。在恋爱的同时必然存在着失恋的风险，一旦恋爱失败青年们应当如何认识和处理呢？这个问题对青年们意

① 颖超：《错误的恋爱》，《女星》第 2 期，1923 年 5 月 5 日。
② 《青年女子的"恋爱"与"婚姻"》，天津《大公报》，1928 年 4 月 19 日。
③ 方乔：《优种学与择婚》，《妇女杂志》第 16 卷第 1 号，1930 年 1 月。
④ 同上。
⑤ 黄石：《家庭组合论》，《妇女杂志》第 9 卷第 12 号，1923 年 12 月。

义重大，它轻则影响到青年们有没有勇气尝试下一次婚恋，重则对其整个人生都可能产生消极影响。为了正确处理失恋问题，时人发表了不少真知灼见，具体来说主要有两方面内容，即正确对待失恋和如何摆脱失恋。

关于如何正确认识失恋，Y. D. 先生借用日本贺川丰彦的观点来劝诫青年。①

第一，自由恋爱的支持者认为，包办婚姻的胜利，还不如恋爱的失败。自由恋爱有时虽不免发生破裂，但这不是人生的失败。真正的那种刻骨铭心的恋爱在一生之中非常难得，情感的这种片刻辉煌值得用一生去回忆、品味，比那平淡的、庸碌的盲婚强似百倍，是人生宝贵的精神财富。

第二，真正的恋爱，只要得到过即是人生的胜利，即使失败了也能促进人生的进步。真正的、觉悟的恋爱是两性人格的结合，彼此在相似的人生观、价值观基础上携手前行。有了高远目标的指引，在恋爱过程中必能促进人生的进步，即使失败了对于整个人生历程而言也不虚此行，得到过即是人生的重大胜利。

第三，恋爱有了淘汰才有了趣味。恋爱之旅实际是一个淘汰的过程，没有淘汰，就没有恋爱；不经淘汰，恋爱就不能成立。恋爱就如同战争只有第一没有第二，它需要参与者奋勇争先，否则你就是失恋者。恋爱如同探险，正是因为前方充满了冒险和变数才使整个过程充满了趣味，它引导人们在好奇心的驱使下兴致勃勃的走下去。如果恋爱的结果必定要成功，整个过程必然索然寡味，使参与者失去了兴趣。

第四，失恋为恋爱增加了经验。恋爱是人生中对异性配偶的选择，既然是选择，必然存在着失误的可能性。从人生经验的积累看，每失败一次必然为日后的成功增加了一分可能。"真正的恋爱，不由于接近，不起于生活，不依于同情，不赖于美貌，完全成自至纯的心中涌出的敬爱。"这样至纯的心，在不成熟的人格者心中，绝不会发生。高尚的恋爱，可以从浅薄的恋爱失败后发生，所以为修炼高尚的恋爱起见，第一次恋爱的失败，绝不是可悲的事。

应当说，上述观点对于失恋的分析是客观、理性的，但对当事人而言在特定的时段里必定痛苦难当。一旦失恋，如何帮助当事人尽快走出失败的阴

---

① 〔日〕贺川丰彦著《告失恋的人们》，Y. D. 译，《妇女杂志》第 8 卷第 5 号，1922 年 5 月。

影呢？时人提出了三种解决之法，即"迁换环境""转换注意""亲友劝慰"①。

之所以要变换环境，是因为失恋的人，最忌触景伤情。凡是恋人的信件、照片、赠物以及他的家庭、学校和频繁出入的场所，都足以唤起回忆中的旧情，引起伤痛。因此，失恋的人要换地居住，或远行游历拥抱自然，从执着的人间世界中解放出来，这样心境必然开阔，人的精神会逐渐从悲苦的氛围中解放出来。② 环境于人的心理影响最大，故这是摆脱失恋痛苦最好的方法。

恋爱对于人生影响重大，但人生不仅仅限于恋爱，故性格坚毅之人应当把从前用在恋爱上的精力转移到事业上。此事虽比较难做，但如能实践却有益于己。失恋之人如以此来激励自己，便可激发上进之心，事业成功之后，爱情则不难实现。

亲友的劝慰是最普通而见效最微的方法，但其存在有它的必要。因为前两种方法必须有人帮助才能实现，空言劝慰徒增烦恼，而代为作切实的筹划，使其改变环境与心境，这是作为亲友对失恋者最大的帮助。

综上所述，由于恋爱环境不充分，致使青年们的恋爱悲剧迭生，并在社会上造成了回归盲婚的逆流。为了更好的推动恋爱实践，知识界开展了热烈的讨论，不仅较为详尽地阐述了保障恋爱成功的要件，还教会青年如何对待失恋和保持对恋爱的信心。其考虑问题紧紧围绕在如何做人这个中心点，这是人类自尊的重要体现。

小　结

传统婚姻注重门第和财产，两性情感在婚姻生活中居于次要地位，甚至被视为不祥之兆。受五四新文化的洗礼，"人"的意识在知识界中逐渐生根发芽，这一变化使恋爱取代了门第，成为婚姻成立的要件，爱情成为婚姻的核心要素。

爱情是人的生物性和社会性相结合的复杂体系，它融合了人的心理、审

---

① 仲华：《嫁前与嫁后的恋爱问题》，《妇女杂志》第 15 卷第 10 号，1929 年 10 月。
② 〔日〕贺川丰彦著《告失恋的人们》，Y. D. 译，《妇女杂志》第 8 卷第 5 号，1922 年 5 月。

美和道德体验等精神内核。从形式上看，爱情是两性独立人格的结合，它所体现的是"人性的自由表露的形式，是生活隐秘领域中美好和高尚、理性和善的观念的实际体现。"从本质上讲，爱情是人的精神的自由振奋，是主体的自我实现。它是肯定人的个性达到成年的形式，是个性现实化的重要心理因素。无论从哪个层面看，爱情都是主体自由性的重要体现。

中国社会素来缺乏培育爱情的深厚土壤，多数人并不懂得何为爱情，它与婚姻有何关系，对个人发展有何影响。为了推动恋爱观念的深化，知识界对其掀起了一轮又一轮的热烈讨论。通过激烈的辩论，知识界不仅廓清了恋爱的基本概念，丰富了恋爱的内涵。在此基础上，知识界还试图探讨什么样的两性生活更能满足个体需要，提出了"恋爱是私事"这一命题，从而将恋爱问题的探讨引向深入。

通过知识界的反复论争，更多青年懂得了恋爱对于婚姻的价值，选择什么样的恋爱生活才能体现个人意志和增加幸福感。不仅如此，恋爱价值的提升使婚姻成为爱情与义务的结合，这不仅推动了婚姻生活的质变，还能通过两性合作使各自的人生价值得到充分实现。以此为指导理念，不少青年人勇于尝试恋爱生活，努力拓展自己的个人空间，尽情展现自己的个性。当然，囿于时代的局限，知识界对于恋爱的宣传虽如火如荼，但恋爱的践行仍是步履维艰、困难重重，勇于尝试者仍是青年中的少数，但这并不能抹杀恋爱自身的重要意义。

对恋爱问题的讨论以及恋爱价值的肯定，充分体现了知识界对人性及个体价值的尊重和对人的真、善、美的认同。道德是生活之规范，要为生活服务。确立恋爱在性道德中的地位，肯定爱情在人生中的重要性，意味着国人个性主义意识的高涨和自由度的不断提高。恋爱生活的选择不仅是国人对个体价值的认同，还意味着社会价值实现方式的转变，这是近代中国人新生活的重要开端。

第六章　自由结婚的多重变奏

在新性道德框架下，恋爱取代了门第成为婚姻的核心要素。在恋爱过程中，两性情感的升华使彼此产生了长久结合的欲望。因此，对多数人而言，婚姻是自由恋爱的必然归宿。但新旧交替的过渡时代，旧制度的批判与新观念的扩张并不意味着婚姻问题的彻底解决，相反却滋生了更多的问题。为此，知识界展开了热烈讨论，如新旧结合的婚姻应如何救济才能使当事人脱困、自由婚姻如何践行才能顺利结合。更有甚者，为解救时弊有人还对未来婚姻的发展趋向做了大胆预测。在这思想激荡的历史时代，知识界怀着济世的情怀推动了五四婚姻的多重变奏。

第一节　婚姻价值的新阐释

五四新文化运动是思想更替的催化剂，其间输入的价值新观念引导青年们以新理念重新审视自己的传统，从而激起了新旧价值观念的紧张与对立。在此背景下，婚姻问题引起了青年们乃至知识界的普遍关注。

价值观的新旧杂陈造成了青年们的婚姻苦痛，"不知有多少的年轻的人，为了'婚姻问题'而踯躅在十字街头。举头望着那崇高的精致的象牙之塔，觉得幸福之源泉，近在咫尺；同时，却又感到远隔天涯，可望而不可及；不知走向哪里才是坦道，又时时怀着误入歧途的忧虑"①，更有甚者"'解约''离婚''投河''蹈海'……许许多多的事件，遂由此而发生"②，从而使"'婚姻问题'几乎成了今日社会上一个中心问题了。……一般学者也很注意这个问题，作学理的研究，就事实上讨论，以求正当解决的方法。于此更

---

① 陈伯吹：《婚姻问题的六个片段》，《妇女杂志》第 14 卷第 8 号，1928 年 8 月。
② CY：《婚姻问题概论》，《妇女杂志》第 14 卷第 7 号，1928 年 7 月。

可知这个问题在社会上的影响与重要了。"① 为了使人们感受到婚姻的幸福，营造和谐的社会，推动人生进步，实现种族改良，② 知识界通过报刊舆论的宣传、艺术的感化、社团的倡导以及自身的垂范等多种形式批判旧婚制，宣传婚姻自由观。

一　个性释放：传统婚制再反思的焦点

新性道德框架为知识界审视婚姻提供了理论武器，它对于婚姻的要件、意义、价值等问题都有了颠覆性认识。以此为立论之基，他们对传统婚姻展开了批判。当然，对于传统婚姻的审视并非肇始于五四时期。早在清末，维新知识分子就以西方婚俗为参照开始反思、批判传统婚姻，五四时期的知识分子继承了清末知识界批判传统婚姻的内在理路，继续进行深入思考。不过，与清末有所不同的是，五四知识界对传统婚姻的批判是在"民主"与"科学"两面旗帜下进行的，无论批判力度还是思想深度都超过以往。清末知识界改造婚姻的着眼点是追求男女权利的均等，以使之更好地履行国民的义务；五四知识界的指导思想向前推进了一大步，其目光集中在如何实现"人"的解放，进而实现婚姻自由以提高生活的幸福度。

传统婚姻陋俗表现在"抑女性""承嗣性""无自主性""买卖性""繁缛性"五个方面，③ 若以民主思想为参照，其最大的弊端在于当事人缺乏婚姻自主权，即"无自主性"："就我国一般的婚姻而言，大都所谓配偶者自身，绝无选择的主权，尤丝毫没有选择的机会，多依旧俗而行，结果之良与否，则以'月下老人，赤绳系足'的神话，和'夫妻本是前生定，五百年前结成因'的俗谈去解释之。"④ 一位出生在同治年间化名为"不平人"的老妇人以自己的亲身经历和观察对此提出了批评："近世婚姻的弊害，都是由于主持婚姻的人，纯以家庭为婚姻的主体。"⑤ 为此，有人对传统婚姻总结说，中国的旧婚制"完全靠着专制势力，和虚伪欺骗的手段"⑥。此论虽略

① 冰村：《两个女子的婚姻问题》，《共进》1922 年第 23 期。

② 吕炯：《读顾绮仲张勉寅我们的结婚以后》，《妇女杂志》第 8 卷第 5 号，1922 年 5 月。

③ 梁景和：《近代中国陋俗文化嬗变研究》，首都师范大学出版社，2009，第 30～37 页。

④ 丘式儒：《我的自由结婚观》，《妇女杂志》第 14 卷第 7 号，1928 年 7 月。

⑤ 不平人：《婚姻是人生和社会的问题应有先决的主义》，《妇女杂志》第 14 卷第 7 号，1928 年 7 月。

⑥ 妙然：《婚制改良的研究》（上），《新妇女》1920 年第 1 卷第 3 期。

显夸张，但专制婚姻的事实则不容置疑。

专制婚姻，"人事之极，不祥者也"①。其不祥之处在于造成了婚姻当事人的莫大痛苦，其表现之一在于有情人难成眷属："尤为忍心害理的家庭，仅使男女双方在精神上、学问上、职业上，已具有合作的能力，并且双方都有固结不解可合不可分的情状。而他们的父母，有因为门第不合，有因为引避嫌疑，和其他种种的顾虑，一定要禁闭、拒绝、离间、破坏，用一切毫无知识的举动，来表示至尊无上的权威。这种结果，激烈些的就要弄出家庭革命，或脱离家庭的事情。就是一二纯愿守分的子女，其始虽然因为要实行'顺亲为孝'的古训，没有一毫抵挡的意思，然后受了这样深的精神痛苦，难保不意志颠倒，弄出意外不可思议的变态。"② 其表现之二在于，新旧结合的夫妇很难培育爱情，营造融洽的家庭氛围。这样的夫妇性情、学识、志趣往往相差很大，彼此之间交流都很困难，更不要奢谈爱情了。东南大学教授郑振埙在谈及自己与妻子之间的交流时说："她同我谈的，是由女仆们传来邻舍新闻，我同她谈的，是普通常识。她同我谈的时候，我由喉咙里发一最简单的声音回答她；我同她谈的时候，她亦如此回答我。"③ "两性间知识上发生了缺陷，好像就是恋爱的岩石。"④ 这些阻隔使夫妇二人难以找到产生共鸣的兴趣点，更不可能有思想的交流，情感自然难以向爱情转化。因此，专制婚姻棒打鸳鸯，令热恋中的男女肝肠寸断；不和谐的家庭氛围又使矛盾横生，甚至引发严重的社会问题。

另外，传统家庭的夫妻关系之所以如此隔膜，与礼教对女性的束缚有莫大关系。郑振埙在分析其妻子为什么对其较为冷漠时指出了四点：首先，女子出嫁要么是遵循父母之命，要么是追求物质上的安乐或满足性欲，对于未曾谋面的丈夫无所谓爱不爱；其次，女子平时所受的教育是服侍男子而不是爱他，男女之间如何相爱是一个令人忌讳的话题，闺中的少女只能与仆妇谈心，很难听到爱情二字，故其根本不懂得如何爱男人；再次，女子即使在婚后懂得爱情，她也只能在姊妹面前表达，对于丈夫则尽量压制表示出一种半推半就的态度以示自己的贞洁；最后，传统氛围中的女子非但不敢对丈夫表

① 风凉：《盲婚》，《饭后钟》1921 年第 12 期。
② 不平人：《婚姻是人生和社会的问题应有先决的主义》，《妇女杂志》第 14 卷第 7 号，1928 年 7 月。
③ 旷夫：《我自己的婚姻史》，《妇女杂志》第 9 卷第 2 号，1923 年 2 月。
④ 王平陵：《中国妇女的恋爱观》，光华书局，1926，第 9 页。

示爱情，且以有爱情为耻，以爱情淡漠为荣。由于以上因素的困扰，富贵或书香之家的夫妇情感相对来说都比较淡漠。为此，郑振壎反而羡慕贫寒之家那种共同劳作、相濡以沫的夫妇。

在传统社会，夫妻关系恩爱的最高境界就是"相敬如宾""举案齐眉"，故冀芮和梁鸿两对夫妻成为恩爱的代表并受到传颂。其实，仅通过这两个成语我们并不能确切知道他们夫妻到底如何恩爱，但从其作为来看，似乎儒家的仪礼规范更多于实际的爱情。针对传统婚姻特别是世家大族的婚姻状况，有人感慨地说："贵族之家，文胜于情。……夫妻间礼貌亦隆。"[1] 为了增加其判断的可信度，作者还以晚清官僚家庭的夫妻生活作为例证：

> 昔闻溥仲露尚书于其夫人生辰，恭具冠服，童仆持礼品先之。至夫人许，高唱曰："老爷来拜寿。"夫人出迎，互请安道谢，肃坐进茗，寒暄而退。尚书生日，夫人礼亦如之。遇年节亦然。

从上描述看，其"文胜于情"的判断并非夸大其词。晚清溥尚书夫妻之间可谓相敬如宾，但我们只看到了"敬"字所呈现的礼法，并没有看到恩爱的影子。因此，郑振壎对于传统女性的控诉并非没有道理。

两性感情淡漠反要以夫妇之名相维持，对于觉悟者而言实在是人生之不幸。此类婚姻在有些知识分子看来直与强奸之罪相等，甚至还不如强奸，"因为一般的'强奸'，不过被强奸一个人受痛苦，而且是一时的；若在盲目结婚的'强奸'言之，则含有永久性的，而且关乎男女两方的痛苦，同时影响家庭秩序的不安宁"[2]，"姑媳不和，姑嫂妯娌之间，都是意见横生。使得家庭里头，天天费口舌，闹意见；把快乐的家庭，做成了黑暗的地狱"[3]。署名"臻悟"的作者曾利用暑假做过调查，从其结果看，旧式夫妇情感恶劣乃至离婚的占到调查总数的79%。[4] 剩下的夫妇再除去感情平淡者，能感到婚姻幸福的微乎其微。即使微乎其微的数据也表明包办婚姻未必都是不幸的，五四时人对传统婚姻的指控确有夸大其词之嫌。那么，我们对于这种幸福应该怎么理解？它是否和爱情婚姻中的幸福追求相同呢？对于这个问题，

---

① 车吉心、王育济主编《中华野史》（清朝卷五），泰山出版社，2000，第5085页。

② 丘式儒：《我的自由结婚观》，《妇女杂志》第14卷第7号，1928年7月。

③ 妙然：《婚制改良的研究》（上），《新妇女》1920年第1卷第3期。

④ 该数据由调查报告《关于离婚的小调查》中计算得出，参见《妇女杂志》第8卷第4号，1922年4月。

"不平人"作为过来人其说法或许更有说服力："也有暗中摸索，幸而联成嘉偶，彼此永久恋爱着；这也许是家庭之福，不过这种幸福，不是从真正精神结合得来的。对于人的价值，和社会的组织，完全没有关系，并且这样幸运的结合，不过是极少数罢了。"① "不平人"作为时代变迁的见证者，以现身说法的方式指出了包办婚姻的幸福与恋爱婚姻的不同。两者最大的差别在于，前者仍是以女性的人格依附为前提，女性对于自身的价值并没有明晰的认识；后者的婚姻幸福恰恰以两性的个性伸张为前提，两者既能保持相对独立，精神上又合二为一，它是两性自我价值的展现。正因为如此，"不平人"才遗憾地说包办婚姻中为数不多的幸福感与个体的自我价值认同并无关联，它的存在纯属侥幸。

五四时期，知识界将"人"的地位提升到前所未有的高度。因此，他们在批判传统婚姻陋俗时，更将批判的锋芒指向对个体精神的压抑和摧残，这是五四时人对传统婚姻反思深化的重要体现。具体来说，其矛头主要集中于两点。

第一，压制子女的个性，蔑视人的尊严。② 青年人富有情感，但缺少理智；年长者富有经验，长于理性。二者如能互补，则有益于婚姻的选择。但如年长者要强其所好，则会出现凿枘难以和同的状况。如果两性之间相处都极为困难，更不可能创造出和谐的家庭氛围，这样的家庭不利于孩童的优生优育。子女的意志、个性如不能有效伸展，势必妨碍他们良好性格的养成和独立意志的培养。更重要的是，父母的越俎代庖之举"时常剥夺了青年的事业心和发明天才"③，以至使其逐渐甘于平庸。因此，它被视为"侵犯人的自由，灭杀人的幸福底魔鬼"④。

第二，摧残恋爱的本能。⑤ 爱情是人的生物性和社会性相结合的产物，但首先以生物性为基础。因此，从这个角度而言，恋爱是人的本能之一。⑥ 男女社交环境的缺失，使多数青年在婚前缺乏与异性正常交往的机会，正常

① 不平人：《婚姻是人生和社会的问题应有先决的主义》，《妇女杂志》第 14 卷第 7 号，1928年 7 月。

② CY：《婚姻问题概论》，《妇女杂志》第 14 卷第 7 号，1928 年 7 月；妙然：《婚制改良的研究》（上），《新妇女》1920 年第 1 卷第 3 期。

③ 林语堂：《吾国与吾民》，群言出版社，2010，第 157 页。

④ 妙然：《婚制改良的研究》（上），《新妇女》1920 年第 1 卷第 3 期。

⑤ CY：《婚姻问题概论》，《妇女杂志》第 14 卷第 7 号，1928 年 7 月。

⑥ 〔英〕霭理士著，潘光旦译注《性心理学》，三联书店，1987，第 431 页。

的异性之恋爱很难发生。父母与媒妁的包办代替了子女的选择，青年们择偶与恋爱的本能受到压制逐渐萎缩。长此以往，恋爱的技巧与艺术也会逐渐流逝，青年们在恋爱与婚姻方面产生的诸多弊病充分说明了这一点。

包办婚姻对于个性的抹杀、尊严的毁灭是其主要罪状。人类社会由男女两性构成，社会道德、风俗、教育、法律、政治等形式都由男女精神的结合而构成，故要实现自然、快乐的新生活，对于人的自由、精神必不能有所束缚。"人类的健全的发达，全靠两性的健全的结合。"① 包办婚姻对于两性自由意志的摧残戕害了人类的天性，影响了社会肌体的健全，阻碍了人类的繁衍与文化的发展。②

但令人奇怪的是，如此不合理的制度竟然因袭了几千年，"最可怪者，譬如这样结成的一对夫妇，自己受了痛苦，后来反忘记了。对于自己生出来的子女，也照样画葫芦，预先为他们结些奴隶牛马的契约，一误再误，千千万万，谬种流传。天下最忍心害理惨无人道的事，要算这是第一了！"③ 时人分析认为，之所以如此是传统因循思想使然："人类情性太深，泥于守旧，怕于革新。"④ 国人性格中因循之特点从何而来呢？据林语堂先生分析，"孔教不独寻求人生的意义，抑且解答了这个问题，使人民以获得人类生存的真意义而感到满足。这个解答是确定而清楚的，而且条理分明。故人民不需在推究未来的人生，亦无意更改现存的这个人生，当一个人觉察他所获得是有效而且为真理，天然变成保守了。"⑤ 这个解释可谓一语中的，它从文化的角度阐释了这一奇特现象得以延续的根由。

传统中国人的人生的轨迹基本都以家庭乃至家族为中心。家对于中国人而言，意味着它是"共同保持家系或家计的人民的观念性或现实性的集团"⑥。家计是针对于财产而言的，家系则靠人丁的兴旺来维持。要维系家族的兴旺发达，后代子孙的延续是其必要条件，故婚姻承嗣的意识根深蒂固，"做父母的，总抱有一种衍长宗祀，光耀门楣的希望。什么'瓜瓞绵绵'呀，'螽斯衍庆'呀；都以为子孙众多，便是家庭的幸福。所以生了儿女；

---

① 转引自任白涛译《现代的结婚生活》《妇女杂志》第 10 卷第 10 号，1924 年 10 月。
② 妙然：《婚制改良的研究》（上），《新妇女》1920 年第 1 卷第 3 期。
③ 李达：《女子解放论》，中华全国妇女联合会、妇女运动历史研究室《五四时期妇女问题文选》，中国妇女出版社，1981，第 44 页。
④ 昨非：《怎样补救旧婚制的遗毒》，《女星》1924 年第 28 期。
⑤ 林语堂：《吾国与吾民》，群言出版社，2010，第 55 页。
⑥ 〔日〕滋贺秀三：《中国家族法原理》，商务印书馆，2013，第 60 页。

不去计算他将来的学问怎样，职业怎样。就是男的先要替他定亲；女先要替他择配；以为毕了'向平之愿'；便交卸那父母的责任。……所以父母替子女结婚，视为当尽的义务"①。中国的家族乃至社会在此理念的支撑下行进在无限循环的轨道中，个人很难摆脱它的强大吸引力。

如果从唯物论的角度来解释这个问题呈现的又是另一番景象。马克思说："一夫一妻制是不以自然条件为基础，而以经济条件为基础，即以私有制对原始的自然长成的公有制的胜利为基础的第一个家庭形式。丈夫在家庭中居于统治地位，以及生育只是他自己的并且应继承他的财产的子女，……是一种必须履行的对神、对国家和对自己祖先的义务。"② 农业社会形态以及私有制的出现是父权制确立的基础，由此衍生了确定父系血脉的生育及财产继承制度。因此，农业社会形态的延续使父权制社会愈加稳固，与此相关的婚姻制度也就很难改变。

传统婚姻成立的要件是财产、门第等要素，故其买卖性特征非常明显，然而"门第是要式微的；金钱是聚散靡常的；姿色是和年岁成反比例"③。由于这些婚姻要件缺乏恒久性，说明这些选择并不科学。因此，传统婚姻注定要受到历史的批判与抛弃。

时代的变迁必然要求理念的转换，时人认为："一时代有一时代的需求，一时代有一时代的特色，绝不能立一个古今不变的标准，尤不能立一个中外如一的社会制度。"④ 制度要随着时代的转换而变迁，绝无亘古不变之制度，婚姻制度亦是如此。他们从唯物论出发，认为传统婚姻"是必趋于灭亡的"⑤。之所以要衰亡，是因为它已失去了存在的经济基础："现在时代不同了！西洋的工业经济势力尽管压迫过来，我国的农业经济组织已经压碎了。那么我们几千年来礼教风俗的基础，大家族制度的基础，父母之命的基础，已经被工业经济势力推翻了。基础已经被推翻，我们还不快快去做适应这新势力的事情，我们就难免要被这新势力压杀！"⑥ 从唯物论的角度出发，他们认为社会经济制度的变迁已为婚制的改革奠定了基础。为此，知识界呼吁为

① 妙然：《婚制改良的研究》（上），《新妇女》1920年第1卷第3期。
② 恩格斯：《家庭、私有制和国家的起源》，《马克思恩格斯选集》第4卷，人民出版社，1972，第60~61页。
③ 汤宗威："自由结婚"的我见》，《新妇女》1920年第2卷第6期。
④ 丘式儒：《我的自由结婚观》，《妇女杂志》第14卷第7号，1928年7月。
⑤ 刘仪宾：《婚姻的过去与将来》，《妇女杂志》第14卷第7号，1928年7月。
⑥ 陆秋心：《婚姻问题的三个时期》，《新妇女》1920年第2卷第2期。

人父母者要顺应时代大势，主动让渡权力，还青年们以自由。"精神的爱，不是勉强，压制，能够做到的……要构成纯洁，圆满的婚姻，当使儿女完全自由为第一目的。"① 只有如此，青年的婚姻才能实现正当的结合，获得精神的快乐，进而使个性伸张以利于健全人格的培养。

二 婚姻动机之新解读

传统婚姻的目的不外乎三种，即祭祀、继嗣、内助，② 它以"礼"为根本指导思想而服务于父系家族，呈现了较强的义务性，故"重礼轻爱"是传统婚姻的重要特点。"古今之社会不同，古今之道德自异。"③ 伦理随时代的变动而更新，近代社会的婚姻应该怎样解读成为知识界必须解决的重要问题。婚姻的目的到底是什么，这是正本清源的根本问题，只有搞清它才有可能树立正确的婚姻观，为此知识界展开了讨论。

作者"幼雄"选译了英国格里康夫人的著作《婚姻的心理》，文章开篇首先点出了爱情对于青年的魔力："真的恋爱，有势不可当的吸引力。这在曾有过恋爱的人，大概没有不知道的。'无论你变了什么人，我总爱你。'"爱情是人的本能的产物，它具有不可抵挡的吸引力。只要条件充分，两性之间可以产生恒久的情感。但文章同时还认为，爱情具有社会性，易于受到社会制度的影响："社会愈人工化，纯洁的自然选择的机会愈少。于是热烈的或罗曼的献身，决不成为结婚最普通的理由。"人的社会化使爱情不再成为婚姻成为的唯一要件。除爱情外，引导两性结婚的因素依个人性格和心理的不同而呈现多样化："怠惰的，强欲的，没把握的女子，常喜富有的男子，这是出于贪欲的动机。也有怕一失时机得不到结婚机会致有独身的怨苦的。也有未解恋爱的女子，受男子的诱惑而由其好奇心和冒险心而起的。也有对于恋人并没有真切的爱情，意在早得结婚，早得为母而起的。也有单顾世俗，并无爱情，无意识的服从兽类的本能而结婚的。也有在女子想早早脱离单调生活的苦况，或免除家庭的魔力而试行夫妇生活的。"④ 在其分析中，人类结婚的动机可谓多种多样。爱情在理论上应是婚姻的核心要素，但因人类

① 妙然：《婚制改良的研究》（上），《新妇女》1920年第1卷第3期。
② 陈鹏：《中国婚姻史稿》，中华书局，2005，第5页。
③ 李大钊：《自然的伦理观与孔子》，《李大钊文集》，人民出版社，1984，第264页。
④ 〔英〕格里康著，幼雄选译《婚姻的心理》，《妇女杂志》第9卷第11号，1923年11月。

贪欲的干扰和古怪心理的作祟，它已遭到世俗观念的严重冲击，其存在价值大打折扣。

如果说上文对于婚姻动机的分析过于凌乱，那么"昨非"则系统总结分析了传统婚姻的动机。他认为，婚姻的结合基于生理学和社会学而来。从生理学看，结婚是两性满足性欲的方式。但性欲的满足并不一定非要结婚，故结婚的社会学因素显得更为充分。从社会学来分析，婚姻的目的有四点："经济底组合""养育子女""疾病底扶持""安定生活"。① 人为实现生存，必须有完善的家庭组织推动经济的发达，以抵御天灾人祸及生老病死。又因人类的成年期较长，故为养育子女计必须有安定的处所、固定的父母使其受到安全的养护。两性间深厚的情感能够安慰遭受苦难折磨的心灵，扶持疾病者得到康复，以延绵精神与肉体的生机。这种深厚的情谊，多从夫妇的亲密关系中产生。另外，人类的性欲虽是文明的助推剂，但在满足性欲的同时必须有所节制。有了夫妇的形式，性欲的发泄有了固定对象，可以节省时间、精力，多做文明之事。通过上述四方面的分析，作者大致得出了与格里康相似的观点："人们智识进步，其欲望超过欲性底要求；婚姻制度受其他问题底牵制，自身是涸死了，不能活用；还有它自身因产生于非科学发达时代，组织未及完善，所以酝酿许多毒来。"

上述两文集中批判了当时婚制存在的弊病，即欲望超过了性欲自身的要求，婚姻受到其他因素的干扰过于严重，以致使其失去了本真的意义。那么，婚姻的真义体现在什么地方呢？具体来说主要有两点。

从宏观层面看，"婚姻的广大目的是在保持社会的文化"②。社会文化的保持依靠什么呢？那就是种族的延续。种族继承在传统意义上是为保证家族的延续，在现代意义上则负有根本的文化使命，即维持人类自身的传承与延续。在自由主义和个人主义理念的推动下，恋爱成为婚姻的核心要素，没有恋爱不能结婚。但只有恋爱的婚姻未必能维持两性生活，在儿童公育未能实施的社会环境下，婚姻是生育最根本、最正当的社会制度。"在现代的文化国民，婚姻是一种社会伦理制度，有最重大的社会伦理义务；婚姻一经成立，不但在于男女互相恋爱，并须保持夫妇的永续共同生活，尽一定的社会伦理的义务或人类的义务。恋爱在于自由，而婚姻则以义

---

① 昨非：《怎样补救旧婚制的遗毒》，《女星》1924 年第 28 期。
② CY：《婚姻问题概论》，《妇女杂志》第 14 卷第 7 号，1928 年 7 月。

务为主体；恋爱与义务相结合，换言之，以恋爱渗透义务，以义务紧缚恋爱，这时才保持婚姻永续性。恋爱与义务的结合，乃完成人类最高的义务。"① 在时人的观念中，婚姻自由并没有抹杀伦理的义务，反而强调恋爱与义务的有机结合。这种结合能增进夫妇情感，使其关系更加紧密，从而保持夫妇生活的永续性。这既是人类延续自身文化的最佳方式，也是育儿的最佳环境。"今日两性结合的儿童，即为将来社会的主人翁，这个儿童所以会成良好的主人翁，在今日社会情形之下，最初一步非受父母的养育不可。"② 在以爱情为核心的婚姻中，孩子被誉为爱情的见证和结晶。同时，它的存在也标志着婚姻伦理义务的完成。恋爱与义务的结合使得爱情更加稳定，实现了家庭动态的和谐稳定。"种"的传承延续了社会文化，它是民族绵延永续的重要保障。

从狭义层面看，夫妇的永续生活能实现两性自身特有的价值。男女两性优劣差等的思想虽被推翻，但其身体与精神的差异依然不能忽视，如果两性能把精神的差异完全发挥出来，社会文化的发展必定更上一层楼。无论中西，传统文化的创造多由男子精神的发达所造成，女子精神被压抑无所伸张，故传统文化可谓男权文化。要打破传统，实现文化的飞跃必须培育、提升女子的精神特质，只有如此才能真正实现男女的平等，这是文化实现高等发达的要件。"男女以排他的恋爱相结合，不是于其结合之自身可以完成人生；是由这结合，成立永续的共同生活，而实现比恋爱更高尚的文化价值。恋爱譬如一纽带，用这个去结合男女精神的差异，因这恋爱的结合，男女互相用他力补其不足，以完成人生。这就是结婚特有的价值。"③ 恋爱结合的夫妻，在能力上能够互相弥补，精神上能够相互激励，从而最大限度地发挥个体价值，实现完美的人生。

在现代婚姻中，恋爱是两性结合的纽带。婚姻不是两性人生的终结，而是以婚姻的结合实现比恋爱更高的文化价值，即利用男女的差异实现互相弥补以共同实现辉煌的人生，这是婚姻的独特价值所在。从较为理想的角度看，恋爱婚姻是女性解放或者是两性实现共同解放的有机组合。

---

① 〔日〕米田庄太郎著《恋爱与文化》，资耀华译，《妇女杂志》第 8 卷第 5 号，1922 年 5 月。
② CY：《婚姻问题概论》，《妇女杂志》第 14 卷第 7 号，1928 年 7 月。
③ 〔日〕米田庄太郎著《恋爱与文化》，资耀华译，《妇女杂志》第 8 卷第 5 号，1922 年 5 月。

第二节　婚姻自由观日趋完善

五四新文化运动唤醒了知识青年内心做"人"的欲望，人性的复苏与个人独立意识的觉醒推动着他们继续反思传统婚姻，构建婚姻新理念，从而深化了青年们对婚姻的认识。那么，青年们所向往的婚姻自由的内涵是什么？其实施的要件有哪些？怎样才能弥补自由婚带来的潜在风险？上述问题都一一纳入了知识界的视野，并得到较为圆满的解答，这意味着婚姻自由观的理论构建日趋完善、成熟。

一　婚姻自由观的深化

专制婚姻的批判与反思，使青年们对婚姻的意义有了新认识。他们的观念逐步脱离了服务于家族的狭隘目的，而将其与个人的幸福、社会的安宁紧密联系在一起："婚姻的圆满与否，不但可以解决个人的幸运，就是国家的强弱，种族的盛衰，也与之有无限的关系！所以婚姻问题，比任何问题都来得重要。"[1] "婚姻是人生一个绝大问题，关系于毕生的幸福，也即是一切安慰的基础。"[2] "婚姻问题……直接关系于男女间一生的幸福，间接影响于社会公众的安宁"。[3] 既然婚姻对于人生、国家、社会是如此重要，那么破除包办观念，树立正确的婚姻自由观就显现出非凡的意义。为此，知识界对此进行了多方探讨。

什么是婚姻自由？炳文认为，对于婚姻自由的探讨首先要从婚姻的基本概念入手。在他的观念中，包办婚姻不算真正的婚姻，"从婚姻的当然上立界说，那末婚姻应当是恋爱的结合。……有自由恋爱的结合，才算真实、正确、含有意义的婚姻——才算婚姻自由。所以照婚姻的当然看来，婚姻离不了自由恋爱，有自由恋爱的结合，才算婚姻"[4]。从上述界定看，婚姻能否成立以恋爱的有无为判断标准，由恋爱所确立的婚

---

① 王宪煦：《婚姻的研究》，《妇女杂志》第14卷第7号，1928年7月。
② 丘式儒：《我的自由结婚观》，《妇女杂志》第14卷第7号，1928年7月。
③ 郭心玄：《婚姻的选择和改进》，《妇女杂志》第14卷第8号，1928年8月。
④ 炳文：《婚姻自由》，《妇女杂志》第6卷第2号，1920年2月。

姻就是婚姻自由。

　　婚姻自由是两性真实情感的表现形式。男女之欲，人皆有之，"青年男女尽管否认他们的真动机，或是隐讳了；然而他们跃跃欲动的情欲，不期然而然会暴露他们的底蕴，那接吻，那握手，俨然是个兴奋剂，把通身的血脉都震动了。两者之间同唱歌，同唱乐，那音响的声声句句都与他两个人的腺相和。两者相对立的时候，直把两性一切的真美，统统都收纳到彼此的眼睛里"①。情欲的自由展现，进而产生了结婚的欲望，"浪漫的爱应该成为婚姻的动机"②。有人转述加尔特的话说："男女两个身心结为一体，融合、亲切、相依、相助，到最圆满的地位，别人不能来分离，自己也不能分离，有时为生计的牺牲，有时为生活的献身，这才是人类恋爱的神秘，这才叫做真正的结婚。"还有人引用本间久雄在《妇女问题十讲》中的名言，"婚姻的精髓，可以用'当事者相互的合意'"来概括，此语可谓一语中的，受到五四时人的广泛认可。

　　"当事者相互的合意"是婚姻生活中个人意愿的体现，它赋予了婚姻新的价值，即寻求人生的幸福和快乐，因为"浪漫的爱是生活所赋予的最大快乐的源泉"③。这给予了青年生活的信心和希望，故成为他们的理想追求。曾有人以诗歌的形式表达了这种意愿：

> 山坳里一片呼声，
> 顺着风从梅花从穿出来，
> 吹送到大家耳朵里——
> "现在是什么世界？中华民国的婚姻，可曾达到德谟克拉西"？
> ……
> 大家听了好气。
> 接着又是——
> "不要生气！这主权全在你们自己！你们能够尽力做去，便可达到德谟克拉西"！
> ……
> 大家听了好欢喜。

---

① 丘式儒：《我的自由结婚观》，《妇女杂志》第 14 卷第 7 号，1928 年 7 月。
② 〔英〕罗素：《婚姻革命》，东方出版社，1988，第 53 页。
③ 同上书，第 52 页。

"姊姊妹妹，哥哥弟弟，从今以后，大家不要忘记，不要忘记！"

……

这一片欢呼声又送到大家耳朵里。

梅花旁边这许多活泼泼的鸟儿，

和着这一片呼声

在自由空气中飞来飞去。①

在这里，婚姻自由与民主紧密联系在一起，充分体现了五四时期的思想氛围。五四新文化运动以"民主""科学"为旗帜，"民主"就是自由的化身，故婚姻自由是民主话语中的题中应有之义。梅花盛开的季节在寒冬腊月，用来比附当时严酷、封闭的婚姻环境。在传统礼教的严密封锁中，一丝民主的氛围给了青年人无限的希望与欢呼，并以此鼓励年轻人为婚姻自由而奋斗。陆秋心对此说："我相信婚姻自由和德谟克拉西是在一条线上的，在德谟克拉西下面的婚制一定是完全自由的。那种半自由的婚姻是和德谟克拉西相违反的。要做民国国民，一定要婚姻自由。要拥护德谟克拉西，一定要拥护婚姻自由。"②

由上所述看，婚姻自由理念俨然已获得新知识界的基本认同。但其中还有一个问题尚未涉及，那就是自由的限度在哪里？"婚姻自由，不是没有制限，可以放意迳行的。——那就成了朝秦暮楚，送旧迎新的妓女性质了……所以婚姻自由，仍旧要受法律规定的，但是法律对于婚姻自由的规定，我的主张，应该适用对于契约自由的规定。因为婚姻也是一种契约，契约有缔约自由，解约自由，所以婚姻也有订婚自由，离婚自由。"③ 作者认为，自由的限度以法律为依据。法律对于婚姻自由的规定以契约精神为依托，契约的自由决定了婚姻的自由，即当事者有订婚的自由和离婚的自由。从契约角度看订婚，订婚者必需具备完全民事行为能力且充分体现个人的自由意愿，故早婚、包办婚都是无效婚姻，只有自主订婚才是真实有效的；从契约的角度看离婚，恋爱是婚姻契约得以成立的要约，要约消灭婚姻自然作废，这决定了离婚自由的合理性。至于离婚之后，男女两性各自恢复单身，自然又有再婚自由。

---

① 拯闉：《不要忘记！》，《新妇女》1920 年第 2 卷第 6 期。

② 陆秋心：《婚姻自由和德谟克拉西》，《新妇女》1920 年第 2 卷第 6 期。

③ 炳文：《婚姻自由》，《妇女杂志》第 6 卷第 2 号，1920 年 2 月。

从理论上看，离婚自由权是人生幸福的保障，因为"理想事实，往往不能符合圆满，故不惟结婚须得自由，即离婚亦须自由！否则，貌合神离，尚有什么人生的真意义？"① "既然要自由结婚，就该要求自由离婚！……既然自由结婚，又可自由离婚，那不就同自由恋爱一样吗？"② 对于女性而言，再嫁自由是女性个人意志的重要体现。女子再嫁完全是"一个个人问题"③，须按照本人的意愿去办。女子"既经要想再嫁了，就应该一往直前，做个改革社会的先导"④，不要管他人的讥笑和禁阻，更不可为了褒奖条例和贞节牌坊而断了再嫁的念头。如果基于男女平等而主张男子不再娶，女人也不能再嫁，其观念同样是错误的。男性可以不再娶，但仍不能干涉女性的再嫁，这是自由的要求。

从理论框架上看，婚姻自由理念的内涵日益丰富，它包括恋爱自由、结婚自由、离婚自由、再婚自由四项内容。自由理念在婚姻中的贯彻是个性主义的重要体现，这是近代国人精神进化的重要标志。

但理论自理论，实际归实际，在短短的二十几年间国人不可能与传统骤然决裂，契约式的自由与传统的群体主义伦理严重冲突。因此，婚姻自由理念的践行定会受到传统氛围的制约而大打折扣。如果其理念不能完全践行怎么办呢？邹韬奋曾主张，"在这个过渡时代，我觉得即由父母物色好了，虽不能使双方当局就先做朋友，也要暂勿宣布，先由两方家族来往，（例如约期宴会或聚餐之类），使两方当局本人有相当机会见面，谈谈天，然后再征求同意，比'素昧平生'，只叫他们点点头就算数，妥当得多了！这似乎是过渡时代最低限度的适当办法。"⑤ 社会学者潘光旦在给学生上课时曾说："父母之命，媒妁之言，并不是专制，而是慎重将事。当然过去的盲婚、童婚等等，是要不得的，可是现在已经可以改正了。在正正当当的介绍之下，在经过严密考察之下，给你们介绍，你们自己可以看见他们，同他们往来、谈话、通信。为了慎重其事，为了终身的大事，婚姻双方负责，有什么理由反对呢？"⑥ 麦惠庭将这种办法称之为"同意婚"，并将其视为专制婚向真正

---

① 高思廷：《理想之家庭》，《妇女杂志》第 9 卷第 8 号，1923 年 8 月。
② 陈望道：《我想》，《新妇女》第 4 卷第 3 期，1920 年 11 月。
③ 胡适：《贞操问题》，《胡适文存》（1），黄山书社，1996，第 484 页。
④ 陆秋心：《婚姻问题的三个时期》，《新妇女》1920 年第 2 卷第 2 期，
⑤ 〔美〕佚名：《一位美国人嫁与一位中国人的自述》，龙文出版社股份有限公司，1994，第 19 页。
⑥ 〔马〕温梓川：《文人的另一面》，广西师范大学出版社，2004，第 116 页。

自由婚转变的过渡方式。① 虽然有人批评"同意婚",认为它是君主立宪的产物而要将其打倒,② 但它的存在符合大众心理,著名报人徐铸成的婚姻就是此例。其日记记载:"春间,百瑞弟得家书,其太夫人已征得嘉稣同意,允与我订婚。我喜极而赋一结俪诗,写之丝帕上,并寄去一长信,倾吐多年爱慕之心。旋得嘉稣复信。从此,情书往来不断,订为白首之盟。"③ 1927年,潘光旦通过《学灯》向读者调研婚姻时发现,认同"同意婚"的读者占了绝大多数。④ "同意婚"兼顾了子女、父母双方的意愿和意志,能较大限度地受到两者的拥护。"同意婚"虽不能完全贯彻契约自由精神,但它的出现既承接传统又维护了父母的尊严,使青年的自由意志得到一定程度的体现。因此,这种方式不仅有利于青年个性的培养,还使其具有较强的可操作性。

婚姻中自由气息的渗透对于个人、社会的意义重大。家族观念的破除,使婚姻成为两性合作的开始和新生活创造的起点,⑤ "两性既成功了一个小组织,对于工作上的计划难点,都能各抒所长,交换意见,而作妥善的解决;工作的效能,比之独作,自然和去不可以道理计了。这便是婚姻的价值的一点。"⑥ 改良人种是清末以来知识界变革婚姻的初衷,婚姻自由理念就内在地包含了这一目的,同时对于娼妓及卖淫制度的消灭也不无裨益。⑦ 更重要的是,"当事者相互的合意"使两性无论在工作上还是生活上都能通力合作,互补长短,人生价值由此可以得到更充分的实现。

二　自由婚姻的实施要件

既然恋爱是婚姻的核心要素,那么两性之间有恋爱就一定能获得幸福美满的婚姻生活吗?当然未必。作为社会化了的婚姻,它的实现程度要受社会条件的制约。因此,婚姻自由的实现需要诸多条件的保障,缺失了这些条件的恋爱难以向婚姻转化,即使结了婚也可能会横生波折。那么,自

---

① 麦惠庭:《中国家庭改造问题》,商务印书馆,1935,第133页。
② 陆秋心:《婚姻问题的三个时期》,《新妇女》1920年第2卷第2期
③ 徐铸成:《徐铸成回忆录》,三联书店,2010,第28页。
④ 潘光旦:《中国之家庭问题》,上海新月书店,1929,第73~76页。
⑤ 文索:《谈谈嫁事的本义》,《妇女杂志》第15卷第10号,1929年10月。
⑥ 陈伯吹:《婚姻问题的六个片段》,《妇女杂志》第14卷第8号,1928年8月。
⑦ 丘式儒:《我的自由结婚观》,《妇女杂志》第14卷第7号,1928年7月。

由婚姻的实施需要具备哪些条件呢？综合时人的诸多见解，其要件主要有四点。

（一）人格独立

既然婚姻须以恋爱为核心，健康的婚姻必须是两性独立人格的结合。有人曾说，天理不外人情，婚姻虽基于恋爱，但在恋爱之前必须有"先决主义"才能实现恋爱的真价值，这个"先决的主义，就是关于男女自身的人格"①。人格的确立首先必须明确人是归属于家庭还是社会。如果归属于家庭，女子必然为男子所私有，两性同时又受制于家族。因此，传统社会产生了依附性人格，它的存在使子女较为自觉地服从于家庭，可能成为婚姻包办的牺牲品。在五四时人看来，人格不能独立，就难以组织良好的家庭和实现改良社会的愿望。两性必须从家庭的附属中摆脱出来以实现独立人格，保全人应有的权利。

五四新文化猛烈批判传统家族制度，试图帮助青年人摆脱宗法束缚以实现人格的独立。②另外，他们还以贞操问题为着力点，力图突破传统礼教的解释框架以确立女子的独立人格，进而实现男女平等。为此，时人强调说，新女性不应以"三从四德"为人妻的标准，而应做"以人为基点而观察的'妻'"③。这样的"妻"不再是家庭的私属，而是从属于社会和人类，故女性人格的树立至关重要。

（二）经济独立

"爱情"与"面包"是人生的两大问题。没有"爱情"的人生其意义可能会黯淡许多，但要追求"爱情"又须以"面包"的获取为基础，否则"爱情的四周筑起了长城似的高墙，这梗着的极大阻力，你怎能有力气来奋斗呢？"④因此，经济的独立对婚姻能否自由意义重大，对于青年学生来说尤其如此。

---

① 不平人：《婚姻是人生和社会的问题应有先决的主义》，《妇女杂志》第14卷第7号，1928年7月。
② 吴虞：《家族制度为专制主义之根据论》，《新青年》第2卷第6号，1916年2月1日；吴虞：《说孝》，《吴虞集》，四川人民出版社，1985，第172~177页；瑟庐：《家庭革命新论》，《妇女杂志》第9卷第9号，1923年9月。
③ 宋孝璠：《妻的责任》，《妇女杂志》第15卷第10号，1929年10月。
④ 陈伯吹：《婚姻问题的六个片段》，《妇女杂志》第14卷第8号，1928年8月。

处于求学时代的青年学生，思想上已具备独立意识，但经济上尚依赖、受制于父母，二者如在婚姻问题上发生碰撞，必然会削弱婚姻自由理念的实践力度。因此，有人总结说："照现在社会情形，还够不上婚姻自由四个字，虽然有少数青年都想改弦更张一下，就为女子经济不能独立，也弄得进退狼狈。"① 1921 年，江西女子万朴为反抗父亲的包办婚姻，典当首饰、衣物后只身来到北京并考入中国大学。但在京举目无亲，困苦异常，修书其父请求接济却杳无音信，告贷于戚友众人皆避而不见。② 一位女子参加了同学的婚礼后曾感慨地说："他以为他铺的爱情，是可以维持永远了的了，他俩的新生活，是可以平等的了……但是他不能想到，一经订婚，便失却自由，而居于附属人的地位了！"③ 诸多事实证明，经济尚未独立的青年难以抵抗"长城似的高墙"，争取婚姻自由之路艰难曲折。为此，有人告诫说："求学时代不应该有婚姻问题发生！没有自立的人不可以讲什么结婚和爱情！"④

马克思曾说："母权制的被推翻，乃是女性的具有世界历史意义的失败。"⑤ 女性经济的寄生影响了夫妻关系的平等。"女子有夫以后，若无生活能力，自然是要公婆丈夫养赡，既受人家养赡，那么就要丧失自由，服从人之命令，到那时想取回自由，才能谋经济独立，已经迟了，有了阻碍了。"⑥ 女子自身地位的低下，容易引起对方对其存在价值的鄙视，"夫妇间任何一方面营'寄生生活'的，常使对手方面发生鄙视的心理，轻蔑的态度，这不是恋爱应有的正当态度，而处在这样的情形之下的两性间的恋爱虽则不被面包所击破，却要给另一种势力打得粉粉碎碎了"⑦。从根本上看，没有经济独立就谈不上人格独立。故时人特别提醒"非经济独立不能结婚"⑧，必须"牢记'独立生活'，也是婚姻问题中主要的一个！"⑨

---

① 混沌：《婚姻与职业》，《新女性》1920 年第 1 卷第 6 期。

② 《婚姻问题与经济问题》，上海《民国日报》1922 年 2 月 13 日。

③ 《随感》，《女学界》1923 年第 17 号。

④ 严棣：《棒喝》，《新妇女》1920 年第 3 卷第 2 期。

⑤ 恩格斯：《家庭、私有制和国家的起源》，《马克思恩格斯选集》第 4 卷，人民出版社，1972，第 52 页。

⑥ 《婚姻问题的我见》，《女学界》1923 年第 10 号。

⑦ 陈伯吹：《婚姻问题的六个片段》，《妇女杂志》第 14 卷第 8 号，1928 年 8 月。

⑧ 《随感》，《女学界》1923 年第 17 号。

⑨ 陈伯吹：《婚姻问题的六个片段》，《妇女杂志》第 14 卷第 8 号，1928 年 8 月。

（三）学识、性情须相当

在社交逐步公开，女子教育日渐发达的前提下，"知识阶级的女子——或男子就应当谋自己的终身幸福，作社会的先导"①，要率先垂范倡导婚姻新理念。

专制婚注重财产和门第，多忽略个人条件的匹配，致使夫妻时常反目，家室不安。为此，他们认为，人生最痛苦的事莫过于强迫知识不相等者同居，在过渡时期尤其如此，故对于婚姻不能不谋求知识的相等、性情的匹配。自清末以来，"学堂知己结婚姻"就成为学识、性情匹配的典范。秋瑾在《精卫石》中说："一来是品行学问心皆晓，二来是性情志愿尽皆知闻，爱情深切方为偶，不比那一面无亲陌路人。"五四时期，知识界对此更加重视，并反复强调。许地山认为，恋爱生活的"标准是依着个人底地位，人品，学识财产容貌，等等而定底"②。汤宗威说，婚姻自决必须"对于对手方面的性情、道德、学识、志趣，身体等，要详加观察！"③ 还有人认为，"假使男女二人性情相合，自然会有爱情"④。两性的学识、性情如能匹配，有助于促进男女间的"机能调和，就能进于高尚、纯洁、光明的路上去"⑤，由爱情到婚姻也就水到渠成了，婚姻生活也必然丰富而具有人生兴味。

（四）适宜的婚龄

自清末以来，早婚习俗就一直受到知识界的强烈批判，并对适宜婚龄进行了多角度探讨。知识界通过比较世界各国的婚龄发现，"迟婚已成为社会上的倾向"⑥。婚龄过早或过迟对于婚姻都有弊害，那么什么年龄才是适宜的呢？有人认为，男女成长的年龄因气候和人种而不同，根据我国的特点"男子须在十八岁以上，女子须十六岁以上，而男的年龄必须高于女的"⑦。有人从女性生殖的角度来考虑，认为"女子一到十八岁，就好结婚，无论如何，不可在二十五岁以后才结婚，男子一到了二十五岁左右就好结婚，无论如

---

① 《婚姻问题的我见》，《女学界》1923年第10号。
② 许地山：《现行婚制之错误与男女关系之将来》，《社会学界》1927年第1卷。
③ 汤宗威：《"自由结婚"的我见》，《新妇女》1920年第2卷第6期，
④ 旷夫：《我自己的婚姻史》，《妇女杂志》第9卷第2号，1923年2月。
⑤ CY：《婚姻问题概论》，《妇女杂志》第14卷第7号，1928年7月。
⑥ 同上。
⑦ 戚维翰：《婚姻问题的我见》，《妇女杂志》第14卷第7号，1928年7月。

何，不可过了三十三岁才结婚。"① 许地山则从两性性情的塑造考虑婚龄问题，他认为："女子可婚的年龄是在二十五六左右……男子的个性在二十五六以下还不十分固定在'可塑性'底时期，在这时期，最宜于男女底婚配。这两个可塑性底结合，便是我所谓'性情相投'。性情既然相投，然后进一步去讲恋爱，则对于将来夫妇底共同自然会得着许多利益。"② 由上述分析看，从不同的着眼点出发对于适配婚龄的要求也不同。但对当时的知识界而言，年龄最后定在哪个时段并不重要，关键是从中体现了知识界对于个人、婚姻、家庭乃至社会的关注以及对人性的关怀。

综上所述，自由婚的践行需要多方条件的保障。只有条件充分的婚姻，才是健康的婚姻。从上述要件看，无论是强调人格、经济的独立，还是学识、性情的匹配，又或是年龄的适宜，其着眼点都在于如何使两性匹配更加契合，爱情更加稳固，从而培育坚实的婚姻基础。

第三节　择偶标准日趋多元化

配偶，又称"夫妻"，合法婚姻中的男女互为配偶。因"夫妻"称谓有沿袭传统社会男女不平等的制度和体例的嫌疑，故"配偶"这一概念更能体现已婚男女最本质的生物学关系。配偶的选择与婚姻的关系非常紧密，它的选择即是以结婚为目。在人的生物属性和社会属性的引导下，婚姻仍是绝大多数人的必然选择。当然，在恋爱婚姻观的理论体系中，恋爱与婚姻浑然一体，密不可分。恋爱的目的就是寻找心仪的结婚对象，以增进个人幸福，完成社会义务。因此，恋爱、婚姻与择偶紧密关联。

所谓择偶，就是选择什么样的人恋爱、结婚，其中涉及由谁来选择，以什么标准选择等事项，这是择偶的核心问题。

一　择偶权的转移

在中国，配偶选择历来不是问题。历史上虽也有所谓孟光择对、孔明择

---

① 李廷：《结婚年龄与妊娠调节》，《妇女杂志》第 14 卷第 8 号，1928 年 8 月。
② 许地山：《现行婚制之错误与男女关系之将来》，《社会学界》1927 年第 1 卷。

妇之类的故事，但其在国人心中只是一些珍稀的传说，并不是社会的普遍实例。就一般情况而言，择偶基本遵循"父母之命，媒妁之言"，选择儿媳和女婿基本都由父母做主，而配偶者自身基本没有选择的权力和机会。[①] 媳、婿的选择，也不过以辗转探访为限。其调查的要点，男方主要侧重于女子的教养、德行；女方主要侧重于男方的财产、地位、声望和男子的职业、品性及公姑的性情。

由于配偶者之间无选择权，故彼此之间只是互相瞎撞，至于撞的巧与不巧，则只能委之于命运。"月下老人赤绳系足"的神话，"夫妻本是前生定，五百年前结成因"的俗谣，都为解释这命运之说服务。对传统婚姻择配的状况有人总结说："向来我国人对于婚姻的观念，只以继承宗嗣为重，所以配偶的选择，除了门第而外，几乎可说没有别的重要的条件。这因为从前的人，有一种共同的谬见，以为人类从起初便已经完全，次代的人类，只要能够类似从前的模型，不致失坠，便算已足；至于人类可以逐代改良的话，实在是他们所不曾梦见的。既然把人类当做没有改良的可能，男女的结合，当然除血统的持续外别无目的，而配偶选择的重要性便不能存在了。"[②] 根深蒂固的宗法观念使嗣续成为重要的人生义务并延续了数千年，而生物进化知识的匮乏又使国人缺乏人种改良的危机意识。在诸多因素的影响下，配偶选择的科学性被忽视了。

在清末，学生界已然流行"学堂知己结婚姻"的理念，自主择偶的意识开始萌发。民国成立后，在共和理念的推动下，青年自主择偶的意识进一步增强。

在青年们力图实现婚姻自主的同时，有人基于提高婚姻质量、维护婚姻稳定的考虑试图对此予以修正。1917 年，《东方杂志》的主编杜亚泉[③]结合自己的成长经历，系统阐述了他对自由结婚特别是主婚权问题的认识。杜亚泉是一位"温和渐进改革"[④]者，他主张"接续主义"。在他看来，有保守

[①] 所谓"基本"的表达是指社会的普遍情况而言，但在事实仍有例外。《清稗类钞》中记载"孙耀宗邓巧姑为生死鸳鸯"的故事表明，即使在传统社会，如遇到开明的家长和特殊的家庭情况，儿女会有一定自主择偶的机会。

[②] 瑟庐：《爱伦凯的儿童两亲选择观》，《妇女杂志》第 9 卷第 11 号，1923 年 11 月。

[③] 杜亚泉（1873—1933），原名炜孙，字秋帆，化名"伧父"，生于浙江绍兴府山阴县伧塘乡。他少时刻苦自学，精于理算，通日语，长于理化、矿物及动植物诸科，是近代著名的科普出版家、翻译家。1911～1920 年间任《东方杂志》主编，并参与了五四时期著名的"东西文化问题"等论战。其代表作有《人生哲学》《博史》《杜亚泉文选》。

[④] 王元化：《杜亚泉与东西文化问题论战》，傅杰编《海上文学百家文库·王元化卷》（119），上海文艺出版社，2010，第 267 页。

而无开拓只会拘泥于旧俗，有开拓而无保守会使新旧风俗中断。① 因此，东西方婚俗的调和是最佳之选择。实际上，杜亚泉的婚姻思想是希望在传统婚俗中引进西方的合理元素，打破传统婚姻僵化的形式，以丰富其内涵。是故，杜亚泉虽赞成社交公开，但并不主张纯粹个人结合的自由婚姻，在主权问题上他自始至终建议不能剥夺父母的建议之权，甚至由睿智、开明的父母来主婚。②

杜亚泉的婚姻主张在开明的知识家庭中有一定的影响力，至少梁启超先生就是这种主张的忠实践行者。他曾在给女儿的家书中毫不掩饰对父母主婚的得意之情：

> 我对于你们的婚姻得意得了不得，我觉得我的方法好极了，由我留心观察看定一个人给你们介绍，最后的决定在你们自己，我想这是理想的婚姻制度，好孩子你想希哲如何，老夫眼力不错吧。徽因又是我第二回的成功。我希望后你弟弟妹妹哥哥都如此。（这是父母对于儿女最后的责任）我希望普天下的婚姻都像我们家孩子一样，唉，但也太费心力了。③

与杜亚泉一样，梁启超显然不赞成青年自己主婚。他认为，最理想的择婚方式就是父母精心挑选，让子女做最终的抉择。这样的方式要取得圆满结果，父母与子女间必须要有良好的沟通和默契，否则所挑选之人必定是父母意志的体现，未必符合子女的心愿。另外，要完成这一重任还须具备一个潜在条件，即父母须有丰富的知识和经验以及相当的交际能力，有一个较为宽泛的择偶圈。如不具备这些条件，任你慧眼独具也不可能选出子女中意的配偶。他的方法虽然比较审慎，从实际操作的案例看也比较成功。但正如梁启超本人所言，这种方法费心、费力，对父母智识的要求比较高，其推广性较小。

既然由杜亚泉所设计的主婚方式其推广性不大，那么主婚权问题应该怎么解决呢？针对这个问题，恽代英与杜亚泉进行了对话并提出了自己不同的见解。

---

① 许纪霖、田建业编《杜亚泉文存》，上海教育出版社，2003，第12～15页。
② 以上六点均来自伧父《自由结婚》，《东方杂志》1917年第14卷第5号。
③ 中华书局编《梁启超未刊书信手迹》，中华书局，1994，第583～584页。

恽代英认为，主婚权问题确实是值得研究的重要问题，因为无论由父母还是子女单独主婚都存在弊病，特别是我国传统的父母主婚方式弊病尤为明显。为此，他特别强调："伦父先生自谓昔日主张应属于男女自身，今日则主张应属于男女之父母，然窃以为皆非最良之解决也。"① 既然子女主婚和父母主婚均非上策，那么它们的不足体现在何处呢？恽代英认为，子女主婚其弊病存在三端：首先，婚姻是夫妇终身相托的事业，故配偶应详慎选择。但子女在选择配偶时能否详慎，任何人都不敢担保。其次，婚姻事关男女自身的长久幸福，故在理论上他们应该比父母代办更详慎。实际上，当事者因缺乏经验，其选择、谋划未必比父母更详慎。再次，实际的婚姻生活非常复杂，绝非恋爱二字所能囊括。如果将婚姻等同于恋爱，婚姻多数难以长久。由上述阐述看，恽代英所分析的子女主婚的弊病与杜亚泉的担忧极为相似。理想与现实之间总是存在一定的差距，看似完美的婚姻新理念落到实际同样有意想不到的缺陷，其分析颇为中肯。

当然，父母主婚也非杜亚泉所描绘的那样完美，其弊病也存在三端。其一，主张父母主婚者认为，父母对于子女的爱护超越子女的自爱，故婚姻应由父母详慎选择。但实际上，父母对子女的爱并不都超于子女的自爱。因此，由父母主婚并非妥善之策。即使父母对子女之爱超越子女之自爱，其选择也未必详慎。其二，主张父母主婚者认为，父母阅历丰富，智识正确，故选择必为详慎。但实际上，阅历丰富与智识正确完全是两回事，阅历丰富并不见得智识正确。并且仅凭经验做判断之依据，有主观臆断之嫌，并不能充分考察实情。其三，结婚延续子嗣是人类对于祖宗乃至社会的义务，故婚姻应有父母主婚。但实际上，中国人的子嗣观深受孟子"不孝有三，无后为大"的误导。既然破除了孟子的子嗣观，父母主婚的依据也就打破了。通过恽代英对父母主婚缺陷的分析可见，杜亚泉所持之论据也不堪一击，难以站得住脚。

既然子女和父母单独主婚都存在弊病，主婚权应如何妥善解决呢？恽代英认为，即使子女主婚存在弊病权力也应当归属个人，因为"结婚为男女自身之事，故当以男女自主之为正也"。杜亚泉的设想其本意是要弥补传统婚姻的弊病，既然它并不能达到预期的效果说明其理论预设并不合理，自然要用更正当的法则来代替，即子女主婚。

子女单独主婚所存在的弊病也为恽代英所承认，那么这些问题应如何补

---

① 恽代英：《结婚问题之研究》，《东方杂志》1917 年第 14 卷第 7 号。

救呢？他认为，"欲为男女自身主婚而补偏救弊，当使凡欲结婚之男女，皆具有关于结婚之正确知识，即于男女各中学加结婚学为一种必修学科，或更另设研究结婚学之速成学校是也。……今之少年有以结婚为乐者，亦有以为苦者，实则皆未知结婚之真谛者也。如能为之讲结婚学，使之知结婚之真谛，彼自不至漫以为乐，而堕于恋爱之迷途，亦自不至漫以为苦，而走入独身之极端。"① 在恽代英的预设中，子女单独主婚是有附加条件的，那就是必须以结婚知识的完备为基础。只有这样，他们才能真正了解婚姻的真谛，掌握择配的技巧，从而避免陷入婚姻的困境。

恽代英的婚姻自主理念，成为五四前后婚姻自由思想的重要内容。在自由思想的引导下，婚姻包办的锋芒受到顿挫，"这种风俗，近年来虽一部分已经打破，但只限于稍具知识的人家，大部分还是保留着……这种家族主义的选择配偶的方法，已经打破之后，却怎么办呢？那当然由家族而移入当事者的手中了"②。因此，五四前后的知识青年，自主择偶、自由恋爱的意识逐步清晰，并成为一种婚姻新时尚。

邹韬奋曾说，青年们对于婚姻需要的是自由选择，父母只要做好子女的顾问就足够了，不要越俎代庖地选择与干预。③ 当时一些社会学者对于青年的社会调查，也充分说明了自主择偶意识在其思想中已扎下了根。1921 年，在陈鹤琴面向男学生的婚姻调查中，有 35.87% 的人主张婚姻自主，21.19% 的人赞成双方同意制，仅有 1.09% 的人同意父母包办。④ 在 1923 年甘南引的调查中，已婚者自己订婚的占 5%，合订的占 9%；已订未婚者中自订者占 15%，合订者占 15%；在未定婚者中主张自订者最多，占 86%，合订者占 5%。⑤ 1928 年，葛家栋通过对燕京大学男生调查发现，在已订婚的男生中自己订婚的占 50%，与家庭合订的占 14.28%；在未订婚的男生中，主张自己订婚的占 63.63%，与家庭合订的占 35.6%。⑥ 1929 年，陈利兰对燕京大

---

① 恽代英：《结婚问题之研究》，《东方杂志》1917 年第 14 卷第 7 号。
② 乔峰：《配偶选择的价值》，《妇女杂志》第 9 卷第 11 号，1923 年 11 月。
③ 〔美〕佚名：《一位美国人嫁与一位中国人的自述》，龙文出版社股份有限公司，1994，第 19 页。
④ 陈鹤琴：《学生婚姻问题之研究》，《东方杂志》1921 年第 18 卷第 5 期。
⑤ 甘南引：《中国青年婚姻问题调查》，李文海主编《民国时期社会调查丛编》（婚姻家庭卷），福建教育出版社，2005，第 127 页。
⑥ 葛家栋：《燕大男生对于婚姻态度之调查》，李文海主编《民国时期社会调查丛编》（婚姻家庭卷），福建教育出版社，2005，第 46、49 页。

学女生进行了婚姻调查，结果发现其状况跟甘南引的调查类似，但各项所占比例要比前者高。在已婚者中自己订婚的占 35%，合订的占 15%；已订未婚者中自订者占 50%，合订者占 30%；在未订婚者中主张自订者最多，占 62.5%，合订者占 30.8%。[①] 通过上述学者的婚姻调查我们发现，即使在已婚者中自订婚姻也保持了一定的比例，在已订未婚和未订婚者中婚姻自择的比例逐渐升高，父母的包办代订开始呈现没落的趋势。这种状况在潘光旦、周叔昭以及社会科学会社会研究组的调查中也有充分的体现。[②]

配偶的自由选择，是家族主义破产和个性伸张的重要体现："大多数的青年男女，都有自己选择配偶的意识，或竟见之于实行，而对于父母所选择的配偶，不但表示不满意的态度，并且从实际声明拒绝或要求撤销。这在一方面固然是家族制度及旧婚制破裂的朕兆，而在他方面更是青年个性发达的呈露，从进步的思想家看来，不能不说是一种可喜的现象。"[③] 在配偶选择上，青年们极力表达个体的自由意志，这不仅是人性觉醒的标志，还是个性主义萌芽的呈露。它是对传统礼教思想的突破，在近代思想发展演化进程中具有里程碑意义。

二　择偶标准的更替

传统社会的婚姻择配，在家庭背景上讲究"门当户对"，在个人条件上注重"郎才女貌"。"门当户对"是"指男女双方家庭的社会地位和经济状况相当，结亲很合适"[④]。它所呈现的是同类性和对等性原则，其存在有一定的积极意义。它不仅有利于个人的身心健康，还能推进家庭的和谐稳定。[⑤] 但凡事过犹不及，"门当户对"如成为唯一的择偶标准则会变成僵化的教条，势必会成为婚姻的绊脚石。

---

① 陈利兰：《中国女子对于婚姻的态度之研究》，李文海主编《民国时期社会调查丛编》（婚姻家庭卷），福建教育出版社，2005，第 230 页。
② 潘光旦：《中国之家庭问题》，李文海主编《民国时期社会调查丛编》（婚姻家庭卷），福建教育出版社，2005，第 230 页；周叔昭：《家庭问题的调查》，李文海主编《民国时期社会调查丛编》（婚姻家庭卷），福建教育出版社，2005，第 285～286 页；社会科学会社会研究组编制《大学生婚姻调查报告》，《复旦月刊》1928 年第 2 卷第 3 期。
③ 瑟庐：《现代青年男女配偶选择的倾向》，《妇女杂志》第 9 卷第 11 号，1923 年 11 月。
④ 《现代汉语词典》（第 5 版），商务印书馆，2008，第 932 页。
⑤ 韩琳琳：《社会学视角下对当代社会"门当户对"择偶观再认识》，《成都教育学院学报》2006 年第 4 期。

　　五四新文化运动宣扬个性主义，批判包办婚姻，"所谓恋爱结婚，因此成为一般青年切身的问题"①。但我国长期以来缺乏恋爱的环境，青年们缺乏恋爱的知识和必要的训练，不懂得恋爱是有选择、有条件的，盲目恋爱会带来一系列悲剧。因此，"配偶的结合，在恋爱的热情之上，不可不更加以理知的选择。普通恋爱结婚之所以失败，不但因为恋爱的虚伪，也因为他们把恋爱看做太神秘的东西，以为其中并没有选择的条件，遂致造成错误的恋爱，种下了不良的初因，这是决不能归咎于恋爱的"②。为了普及恋爱知识，知识界对配偶选择的相关问题进行了必要的宣传和讨论。1923 年，《妇女杂志》特为此出了专刊"配偶选择号"，并刊登了大量文章，如《配偶选择的价值》《配偶选择与疾病》《关于配偶选择的几个要件》等。另外，学者们还在青年学生中特别开展了以"我之理想的配偶"为题的征文活动，让学生吐露自己的心声以把握他们择偶的思想动态。通过宣传，使青年们了解到永久和完美的恋爱，不可不经过审慎的选择。配偶的选择，是婚姻成立的重要原则。

　　为了切实了解社会成员对择偶问题的动向，学者们在 1920 年代做了不少调查研究。1923 年，瑟庐根据"我之理想的配偶"征文做了调研问卷。问卷调研法的优点是通过数字统计直观地看到思想动态的变化，但也存在调研群体的数量是否能代表全体民众、职业的选取是否合理等问题，在一定程度上会降低问卷调查的精准度。但从总体而言，通过调研问卷仍能大致窥测青年择偶的倾向性。

　　瑟庐的调研人数为 155 人，其中男女人数的比例如图 6-1。

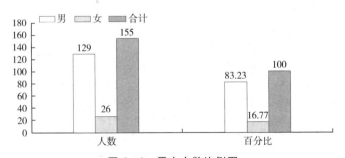

图 6-1　男女人数比例图

资料来源：瑟庐《现代青年男女配偶选择的倾向》，《妇女杂志》第 9 卷第 11 号，1923 年 11 月。

———————————

① 无兢：《关于配偶选择的几条要件》，《妇女杂志》第 9 卷第 11 号，1923 年 11 月。

② 同上。

　　从上表看，男子参与的数量远远超过女子，这是否说明男性比女性更关
心自己的配偶问题呢？此论确实牵强。从两性受教育的情况看，女子数量要
比男性少得多，[①] 故能做此文章的必也不多。另外，中国的习俗向来不鼓
励青年人谈论自己的婚事，对于女子禁止尤为严厉，因此多数的女子可能
不敢发表此类文章。中国女性素来以娇羞、腼腆著称，能有女性大着胆子
来应征畅谈自己的理想配偶，数量虽少但也足以证明女子个性的觉醒。
　　在男子应征者之中，其职业情况如图6-2。

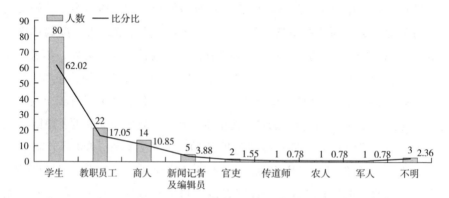

图6-2　男子职业调查统计表

资料来源：瑟庐《现代青年男女配偶选择的倾向》，《妇女杂志》第9卷第11号，1923年11月。

女子应征者职业情况如图6-3。

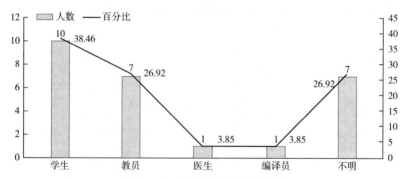

图6-3　女子职业调查统计图

资料来源：瑟庐《现代青年男女配偶选择的倾向》，《妇女杂志》第9卷第11号，1923年
11月。

---

　　① 例如，在1920年，全国各专门学校共有学生34889人，其中女生847人，仅占总数的
2.43%。参见陈启天《中国近代教育史》，台北中华书局，1969，第255～277页。

　　综合上述两图看，应征者中学生数量最多，占应征总数的 58.06%；其次为教员，占应征总数的 32.22%；再次为商人，占应征总数的 9.03%。从职业状况看，以学生占比例最高。因为学生处于青年时期，对于外在事物比较敏感，也热衷于参与。另外，大多数的学生都属于未婚状态，故对这个问题自然比较关注。但也有已经结婚或订婚的青年参与应征（见图 6 - 4）。

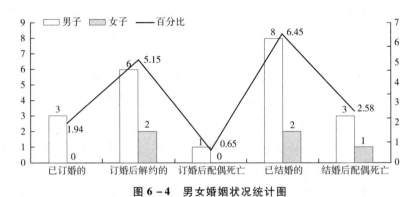

图 6 - 4　男女婚姻状况统计图

资料来源：瑟庐《现代青年男女配偶选择的倾向》，《妇女杂志》第 9 卷第 11 号，1923 年 11 月。

　　从图 6 - 4 所示，已订婚及已结婚者占全部应征者的 16.78%。在女性应征者中，最引人注目的是竟然有一个从前的所谓"未亡人"，因不满足于现状而想寻找理想的配偶，这在维持纲常名教的礼教先生们看来是"世风日下"的证据，而在维护新性道德者看来，恰恰是女性个性觉醒的又一重要标志。

　　应征者的年龄主要集中在 18～24 岁之间，这似乎表明青年求偶最旺盛的时期应在此期间。"近来有许多人，都非难我国学生太热心于恋爱问题和婚姻问题，以为这是我国青年堕落的一证。……青年的注意于自己的配偶选择，在我们看来，乃是青年个性发达的现象。"[1] 青年们个性的觉醒，同时意味着配偶选择标准的多样化，应征者对配偶的身体、容貌、才识、品格等诸多方面都提出了要求。

　　在应征者中，男性要求配偶健康的比例为 48.64%，女性则占其 61.54%，其比例在两性的要求中都是最高的。由此来看，青年们对配偶的身体状况都提出了较高的要求，他们都懂得，"健康是人生最重大的要件。健全的精神，寓于健全的身体，身体如果不健康，便不能发挥自己的才能，……一经入了性的

───────────────

　　[1]　瑟庐：《现代青年男女配偶选择的倾向》，《妇女杂志》第 9 卷第 11 号，1923 年 11 月。

生活，更有肉体的交涉，不健康者便不能完成其性的任务。所以选择配偶的时候，不可不注意于双方的健康"①。由此可见，青年们已经基本树立了这样一种意识：身体健康不仅是个性发挥的重要条件，而且它还是健全的两性生活、民族健康的动力来源，是值得重视的婚姻要件。

在教育问题上，男性和女性中超过半数的应征者对配偶的教育背景提出了要求。"教育是人生最重大的要件；人之所以为人，就在教育。凡属人类，都不可不终生教育自己，开发自己的。……在配偶的选择上，教育确是极重大的要件。选择了没有教育的配偶，不但是非常错误，并且招致自己人生的灭亡。"② 因此，配偶的教育水平正日益受到青年们的重视，"别有一班青年是有一种主见的，对于结婚的希望，重要的是在希望女子有和相当的学识。……青年们为了要求未婚妻的求学，往往不惜费许多力气，冒许多困难，或甚至说，如果不送她入学读书则宁可解约"③。从调查结果看，男性对配偶的教育要求更强烈，但要求的水平并不高，仅要求普通以上即可。相比较而言，女性对配偶教育的要求更高，这一方面固然是出于对男性职业谋求的考虑；另一方面也符合女性仰视男性的心理要求。另外，教育水平的相当有利于培养共同的志趣，志趣相投有利于婚姻的稳定。"夫妇的志趣如果同一，感情便常能一致，对于个人性的发挥及样式，而已互相诱导，互相援助，以实现人生的目的，而收成功及福利，恋爱当然也能安全巩固了。如果再在这志趣的一致上加双方相互的人格，那理解便愈加健实，恋爱遂带永久不变的性质，这是可以深信的。"④

在才识的要求上，男性和女性的要求并不相同。女性对于男性的才识要求并不清晰，笔者揣测其着眼点更主要的是谋求职业的能力："职业实在是人生所不可缺的必要条件，人格陶冶的唯一机关。……配偶选择的时候，以有确实的正业为要件；男子没有定职的，尤其不应该有可以做女子的恋人的资格。"⑤ 男性对于女性才识的要求更具体：一方面，在受教育的基础上具备独立谋生的能力；另一方面，更在意她们是否具备操持家政的能力，这是众多男性对于女性的要求。署名毕云程的作者以当事人的身份，讲述了他的朋

---

① 无兢：《关于配偶选择的几条要件》，《妇女杂志》第 9 卷第 11 号，1923 年 11 月。
② 同上。
③ 健孟：《配偶选择与疾病》，《妇女杂志》第 9 卷第 11 号，1923 年 11 月。
④ 无兢：《关于配偶选择的几条要件》，《妇女杂志》第 9 卷第 11 号，1923 年 11 月。
⑤ 同上。

友因太注重女性的容貌而娶了没有操持家政能力的妻子，其妻虽终日忙碌但家中仍凌乱不堪。毕云程在综合了诸多的婚姻实例后总结说："我以为在择配之前，我们先应该认清楚夫妇是终身的伴侣，不是一时的结合，故在选择的时候，应该慎重考虑将来数十年的共同生活，而不要太放纵一时的感情冲动。尤当注意男女都有良好的品性，都有治事的能力，都有健康的体格。"[1] 其中所谓"治事的能力"，尤指独立的能力和操持家政而言。另外，他文中还暗藏深意，即所谓漂亮的容貌、高贵的气质、金钱的魅力都抵挡不住生活的磨炼。因此，健康的体魄、性情志趣相投，职业或治家能力，都是择偶过程中特别注意的。

从统计来看，男女两性在容貌、年龄、财产等其他要素的选择上大致类似，但基于两性生理的差异及传统习惯势力的影响仍略有分歧。如在容貌上，男女之间的要求都不高，但基于传统"郎才女貌"观念的影响，男性对容貌的要求要比女性略高。在年龄上，大部分男性要求配偶的年龄要比自己小，而女性则要求相等。从两性生理及心理发展的一般规律看，男性年龄偏大更有利于婚配。在财产问题上，两性都已彻底突破了对财产的要求，但相比较而言，女性对财产的重视仍略高于男性。这一方面可能是基于现实择业困难的考虑；另一方面也可能是因袭习惯势力的影响。

从当时其他学者的调查研究看，上述状况能基本反映青年学生择偶的思想状态。在1928年对燕京大学男生的调查发现，他们"以对方性情为第一重要；身体第二；品貌第三；品行第四；才能第五；学问第六；年岁第七；家世第八"[2]。在稍后调查的燕京大学女生中，性情仍占第一，其后依次是学问、身体、才识，等等。[3] 燕京大学的男生和女生对于配偶的选择标准大致相同，但男生与女生对学问的要求略有差别。很显然，女生对配偶学问的要求要比男生高，这既可能是传统才子佳人心理的反映，又可能是基于男子就业的实际要求。在1930年陈利兰对女学生的调查中，其情况也基本如此。这些女生无论已婚或未婚，她们对于配偶的要求主要集中在健康、学识、情

---

① 毕云程：《举几个做夫妻的实例》，《生活》1927年第3卷第29期。
② 葛家栋：《燕大男生对于婚姻态度之调查》，李文海主编《民国时期社会调查丛编》（婚姻家庭卷），福建教育出版社，2005，第43页。
③ 梁议生：《燕京大学60女生之婚姻调查》，李文海主编《民国时期社会调查丛编》（婚姻家庭卷），福建教育出版社，2005，第63~64页。

感等三方面。①

实际调研虽有选择范围和群体是否具有代表性的局限，但其结果仍能大致反映知识青年的思想动态。通过瑟庐及诸多学者的调研分析可以发现，青年们有较好的教育基础，思维清晰，对于配偶选择的倾向基本符合新性道德范畴，其选择是传统家族势力式微，个性主义显露的标志。

三 自主择偶的局限

从婚姻角度看，自主择偶与自由恋爱几乎是同步的，它和自由恋爱一样具有重要意义，"配偶选择的价值本非常巨大，关系非常重要的。两人性情相投，智慧相当，而又美好健全的人格了解的结合，在个体一方面说，可以增进生活的幸福；在社会一方面说，两人能同心协作，也多能从事于建设；从种族一方面说，聪明美好健全的父母多得优良的子女，将来的民族能够更进于优适"②。自主择偶能促进性情相投、智慧相当、人格健全的两性结合，这无论对于个体、社会、种族都具有积极作用。从个体而言，可以提升婚姻生活幸福度；从社会发展而言，性情相投的夫妇能够实现同心协作，有利于社会事业的建设；从种族进化角度看，自主择偶有利于良好基因的遗传和种族的进化。

自主择偶意义非凡，这是不可否认的事实。但囿于时代的局限，自主择偶的践行也呈现出许多不足，其表现主要有三点。

首先，"父母之命，媒妁之言"是青年择偶的主要方式。自主择偶虽在知识青年中渐成风尚，但婚姻的包办习俗"大部分还是保留着；许多许多对的青年夫妇，是这样选择成功的"③。由时人的观察看，当时能够自主择偶的群体数量很小，仅局限于少数觉悟的知识青年，大部分青年的配偶选择仍依赖于传统方式。现代学者的研究也证实了这一点。以京津两地为例，青年婚姻自由所能普及的范围，仅达到舆论与法规层面，在社会现实中则困难重重。家长在缔结婚姻中的绝对权力及恪守婚约的传统习俗，都是横跨在婚姻

---

① 陈利兰：《中国女子对于婚姻的态度之研究》，李文海主编《民国时期社会调查丛编》（婚姻家庭卷），福建教育出版社，2005，第234页。
② 乔峰：《配偶选择的价值》，《妇女杂志》第9卷第11号，1923年11月。
③ 同上。

自由实践中的巨大障碍。① 这充分说明，观念的确立与实际的践行存在相当的差距。在传统习惯势力的束缚下，包办仍是绝大多数青年择偶所采用的方式。

其次，青年缺乏择偶经验，自主择偶意识不明确。传统婚姻以包办形式促成，这不仅使社会缺乏恋爱环境，还使绝大多数青年不懂得如何恋爱，应该选择什么样的配偶，"有许多人并没有一定目标和成见，只取随便的态度。遇到可爱的便爱，父母给他代定婚姻，如果自己不遇爱人，也并不一定要反抗。"② 即使配偶自择也存在不少弊病："多数不是仍由朋友介绍，或先后曾见过几回面，对于对手的性情，体格，思想等并不真明白知道的。这种婚姻，称自主则可，称自由选择则不能，比之于从前旧制度下面的配偶选择，并不见有多大价值罢。"③ 选择目标不明确，采取随遇而安的态度，这样的婚姻缺乏人格的凝结，结合的容易，离散也不难。因此，婚姻一旦遭遇变故或第三者的干扰极容易发生解体。

另外，部分知识女性由于自视甚高，以至婚姻失时。女子教育在近代兴起以来，给众多女性提供了受教育的平台，但总体而言，即使五四之后，步入新学堂受教育的女性仍是极少数。④ 因此，知识女性特别是接受高等教育者在社会上可谓凤毛麟角。物以稀为贵，这种状况助长了一些女性的虚骄心理。有人对此描述说："我看见有几位女士，会说了几句外国话，做了几篇本国文，就要趾高气扬，心满意足，不是自命为扫眉才子，就说是巾帼英雄了，瞧着学问比他浅些，或是没有学问底人，便侧着眼儿，睬也不愿睬人家，搭起架子十足。"⑤ 女性的这种心理使其对配偶要求过高，知识女性在求偶过程中形成了不成文的规矩："男人非比她高一层，绝不能和她平等匹配，所以大学毕业生只能娶中学女生，留学生才能娶大学女生，女人留洋得了博士，只有洋人才敢娶她，否则男人至少是双料博士。总之，嫁女必须胜吾家，娶妇必须不若吾家。"⑥ 她们抱着这种心理去择偶，很容易错过最佳婚龄而使婚姻失时。《中华新报》曾记载，湖南某女校校长某女士，北京女子师

① 王印焕：《试论民国时期京津两市婚姻自由的实施进度》，《北京社会科学》2006 年第 6 期。
② 健孟：《配偶选择与疾病》，《妇女杂志》第 9 卷第 11 号，1923 年 11 月。
③ 乔峰：《配偶选择的价值》，《妇女杂志》第 9 卷第 11 号，1923 年 11 月。
④ 乔素玲：《教育与女性——近代中国女子教育与知识女性觉醒》，天津古籍出版社，2005，第 45 页。
⑤ 陈兰言：《我底新希望》，《妇女旬刊汇编》1925 年第 1 集。
⑥ 钱钟书：《围城》，人民文学出版社，1994，第 33 页。

范毕业，"丽质多才，择婿过酷，以故年逾花信，尚赋摽梅"。某君拜见该女士时谈及其婚事，她说："欲予变清洁体为浊秽身，非其人财产在十万元以上，官在荐任以上者，不字。"某君根据其言逐次分析批驳，言明其择偶过于苛刻，如果过于坚持必不得善缘，该女士心悦诚服的点头称是。① 应该说，这位女士是幸运的，她有幸得到有识之士的点拨并能幡然醒悟，其人生幸福不难实现，但如无人点拨则有可能独身而孤苦终生。

再次，社交环境不充分，自主择偶范围太小。自由恋爱的观念虽已基本确立，但社交环境远没有达到公开的程度，这给青年择偶带来了不少问题："近来社交公开的声浪虽然很高，实际上离公开二字还是很远，从大范围中求个人人格的结合，还有点不可能。一方面又因为人在黑暗的旧习惯下居住既已长久，一旦出来到有阳光照着的地上，难免没有睁不开眼睛的弊病，因此在这狭小的范围内选择，错认目标的事情也在所不免。我们常见有些自主结婚的青年，往往不久发生苦痛，大概便是这个原因。"② 由于社交环境不充分，青年们只能在狭小的交际圈内活动，严重限制了他们的择偶视野。为了完成社会伦理义务和实现自由选择的权利，他们只能降低标准在狭小的社交圈中违心的选择结婚对象。实际上，他们并未找到性情匹配、知识对等，能与自己进行精神交流的伴侣。青年们不仅很快尝到了仓促选择的苦果，还使自由结婚只能践行到自主的层面，大大降低了自由婚的价值和意义。

为了解决社交不充分，择偶困难的现状，继清末王建善之后有人再次提出利用广告征婚的高招，并引发了社会各界持续的争论。赞成者有之，反对者亦大有人在。赞成者认为，此举既扩大了择偶范围，又能公开透明，是自由结婚的重要形式；反对者认为，此举是媒妁的变相，跟货物买卖并无二致，而且交往对象的底细不容易考察，会产生不少潜在的危险。③ 实际上，反对者的担忧并非没有道理，但在社交不充分的情况下也是值得尝试的重要方式，问题的关键在于当事者必须具备一定的选择、鉴别能力。更有甚者，还有人提出了设立"婚介所"的奇思妙想。④ 从理论层面看，广告征婚或婚介所能在一定程度上解决因社交不充分而发生的择偶困难问题。但从实际效果看，"不同立场的人怀有不同的目的来征婚。征婚既可以体现新婚姻观的理想，又可以

---

① 《女校长之择配》，《中华新报》1917 年 4 月 13 日。
② 乔峰：《配偶选择的价值》，《妇女杂志》第 9 卷第 11 号，1923 年 11 月。
③ 《用广告求婚的可否》，《妇女杂志》第 10 卷第 7 号，1924 年 7 月。
④ 王超然：《怎样可得佳偶的刍议》，《妇女杂志》第 14 卷第 7 号，1928 年 7 月。

促进旧式婚姻的完成。"① 因此，社会实际总是跟人们的理想产生差距。

从社交这个角度向外延伸，我们会发现自主择偶的实现仍较大程度地受到社会制度的制约。"配偶选择，本是个体选择的事，但人们既不能脱离社会独立生存，就不能不跟随群众观念，经济制度，参入社会的原因。群众的观念如尊崇财富，阶级，声望，选择配偶的时候，遂将这些作为一部分的选择条件，或甚至于成为主要的条件，反将个体的固有性质忽略了。"② 传统婚姻比较注重财产与门第，并有意或无意从进化论的角度证明自己的优势。但现在我们明白，适合生存的并不一定就是积极进化者，财产的占有、门第的显赫并不代表人种的优良。由此我们可以判定，财富的多寡不足以成为婚姻成立的必要条件。

近代婚姻强调两性人格的结合，财产、门第在婚姻中的地位正在下降，但它似乎又走到了另一个极端，即对"教育资格"的过度重视。"这种选择条件，当初一看似乎比较进步，因为学业上的资格的得来，比较的靠本身的努力的。然仔细一想这种条件仍然是财产和地位的选择，不过换了一个名目罢了。……现代的教育是为少数人而设的教育，并不就多数人中选择优秀的青年养成他们才干能力的教育。所以学力资格也是偶然的社会条件之一，决不能作为选择个人性质的标识看的；况且资格只能证明其人读书到如何程度，却不能证明他的思想怎样聪慧的。"③ 由于近代中国经济发展的不平衡和贫富不均现状的存在，受教育者确实是青年群体中的少数。青年教育的获得与其家庭的财产、地位紧密相连，因此接受教育的多数是中等以上的人家。④ 这样，婚姻的选择若以片面的学业为资格，实际上也有变相选择财产的嫌疑。但这种选择比之以前仍有稍许进步，那就是比较注重当事人的素质。当然，读书的多少只能代表教育的程度，并不能代表其思想、品行一定优良，这点笔者甚为赞同。澹如在《恋爱结婚的失败》中提到的两位丈夫，就是反

---

① 〔日〕高岛航：《1920 年代的征婚广告》，《近代中国社会与民间文化》，社会科学文献出版社，2007，第 314 页。
② 乔峰：《配偶选择的价值》，《妇女杂志》第 9 卷第 11 号，1923 年 11 月。
③ 同上。
④ 《女学界》一作者在查看了该校"学生家庭职业比较表"后发现本校女学生出身非官即绅，普通平民出身的女学生寥寥无几，故认为该校女子教育为贵族教育（《女学界》，1923 年第 14 号）。中国素有重男轻女的传统，女子能上学说明其家庭经济非常充裕；男子由于受到家庭重视，故其教育水平要比女性高，但能系统接受教育的男性其家庭经济亦必较为雄厚无疑。

面代表的典型。[①]

　　考虑到因社会制度制约而产生的种种弊病，时人主张要摒弃一切社会条件的影响，要充分考虑"个人本身性质上的各种美德"。此主张虽带有良好的意愿，却是难以实现的乌托邦。作为社会意义的个体，其生存脱离不了社会诸多因素的制约，如能脱离这些因素则其为人的社会属性必然也随之消失。另外，笔者认为，以"个人本身性质上的各种美德"为条件选择配偶，恐怕也非完美之条件。所谓美德，是真善美的表现。选择配偶要找品行优良之人，这本无可厚非。但问题是，品行优良是否一定就是自己寻觅的嘉偶呢？恐怕未必。人毕竟是社会性的，社会的条件的考量仍需要充分考虑。如两性的交流需要以相似的教育背景为基础，如果双方教育不对等，交流可能存在障碍，这样的婚恋未必成功或幸福。故笔者认为，比较理性的择偶观应以品行为基础，辅之以社会条件。如果没有品行做基础，社会条件的存在就变得毫无意义。

第四节　自由视域中的婚姻景象

　　对于近代婚姻变革而言，"自主"与"自由"虽只有一字之差，但其中所蕴藏的含义却有天壤之别。"自主"以"知情权"的实现为前提，并得到当事人的首肯，集中指向结婚问题；"自由"与爱情紧密相连，它指两性独立人格的精神结合，包括婚姻的所有问题，是"人"的权利的充分展现。因此，"自主"与"自由"区别关键在于对"人"的价值的实现程度。

　　五四新文化使"人"的价值被重新发现，促成了婚姻从"自主"向"自由"的转变。在此理念指导下，自由结婚成为新青年群体的时尚。与此同时，知识界就帮助青年如何摆脱旧婚制也展开了激烈辩论。新与旧的交织和博弈，共同构成了近代婚姻变革的真实景象。

一　自由结婚成为新青年的时尚

　　五四前后，专制婚姻的批判为婚姻自由理念的传播奠定了基础，自由结婚日益受到知识青年的追捧。对幸福人生充满渴望的青年人开始寻找自己的

---

① 澹如：《恋爱结婚的失败》，《妇女杂志》第 9 卷第 10 号，1923 年 10 月。

真爱，并顺理成章地步入了婚姻殿堂。

1920 年 9 月，森仁医院留洋大夫杨步伟在其友冯织文家中认识了留美博士赵元任，两人通过一年的交往彼此加深了了解，建立了恋爱关系，并于 1921 年自由结婚。① 《晨报》曾以"新人物之新式婚姻"② 为标题进行报道。1921 年 7 月，刘文端和刘文庄姐妹相继出嫁。刘文端为高师教育研究科主任，嫁于芝加哥大学博士、东南大学心理系主任陆志韦；刘文庄为北大、燕大的心理教师，嫁于哥伦比亚大学法政学硕士、香港大学讲师徐淑希，证婚人有张伯苓、杜威等人。③ 1921 年，觉悟社成员李毅韬与谌小岑相识、相恋，第二年两人结婚同居。婚后两人过着小家庭生活，并全心全意投入到社会事业中。④ 1923 年，徐颖溪和姚作宾结婚。二人由沈玉书介绍相识，后通过书信来往熟悉了彼此的经历和人生观。通过交往二人发现，彼此的性情和生活习惯较为契合，随之订立婚约。虽然徐家戚友对姚氏有不满之处，但他们的爱情战胜了一切障碍，最终喜结连理。⑤ 五四婚姻中较为知名的还有"向蔡同盟"。早期妇女活动家向警予曾用"以身许国，终身不婚"的态度婉转而又坚决地拒绝了湘西军阀周则范的求婚，而去追求真正的爱情生活。在留法勤工俭学时，向警予和蔡和森勇于冲破包办婚姻的牢笼，自由恋爱进而结婚。婚后，他们给国内的亲人寄了一张结婚照片，两人肩并肩坐着，共同捧着一本打开的《资本论》，表明他们的结合是建立在马克思主义的共同信仰之上。⑥ 毛泽东听闻"向蔡同盟"之事为之一喜，他认为向蔡二人已冲破了旧的婚姻制度，应该成为大家的榜样，在婚姻问题上要奉向蔡做首领。⑦ 从他们的结合可以看到，其婚姻以社交为媒介，以恋爱为核心，其婚姻形态与传统婚姻有了本质区别。

在倡导自由结婚的同时，与之相随的婚礼改革也势在必行。他们认为，中国的旧式婚姻"偏重礼仪不注重实际"⑧，"平常的结婚礼节，实在太麻

① 杨步伟：《一个女人的自传》，岳麓书社，1987，第 180～208 页。

② 《新人物之新式婚姻》，《晨报》1921 年 6 月 6 日。

③ 《两起新人物的新式结婚》，《晨报》1921 年 7 月 9 日。

④ 李毅韬：《我的婚姻观念的变迁》，《星火》1923 年 3 月 21 日。

⑤ 小岑：《改造途上的婚姻——徐姚结婚记》，《星火》1923 年 4 月 3、4、7 日。

⑥ 戴绪恭：《向警予传》，人民出版社，1981，第 36 页。

⑦ 《致罗学瓒信》，《毛泽东早期文稿》，湖南出版社，199，第 567 页。

⑧ 小岑：《改造途上的婚姻——徐姚结婚记》，《星火》1923 年 4 月 3 日。

烦"①，"现在的婚姻，既是出于自己精神的结合，一切事情，都可以直接交涉，自然用不到问名，请期，许多虚文；就是礼帖和致意帖也何必去用他呢！"② 为了突出婚姻的精神内核，新式婚礼成为奉行自由结婚理念的青年们的首选。一位叫方珍奇的作者在 1927 年参加了其同学李怀薪的婚礼，并将之记录如下：

> 余于下午二时驱车至无线电台，结婚礼堂设在该台楼下，室虽不广布置得宜。男女宾客济济一堂，颇形热闹。俄顷，忽闻军乐洋洋，爆竹一声，始知一对新人来矣。于是，各宾客视线不约而同直射于新郎新娘面部，只见新郎眉目清秀，眉宇间时露喜色；新娘亦春风满面，姿态婉娜，不愧为一对"小情人"（影片名）。旋由赞仪员毛君大唱其绍兴高调，令人闻之捧腹。所有证婚人、主婚人及介绍人等皆用拉夫方法临时招来，亦婚礼中别开生面者也。婚礼颇简单，历二十分钟而毕。四时许，新郎与新娘在台前摄影留作纪念。③

由其介绍来看，李怀薪的婚礼简约而不失情调，确实得到了知识青年的青睐。但作者的记述过于简略，虽能把握大致过程，却难以窥探新式婚礼的细节。徐颖溪和姚作宾结婚时谌小岑为记录员，他将新婚过程详细记录下来，让我们得以细致观察其婚礼的原貌：

> 1923 年 4 月 1 日下午一点多，谌小岑和李毅韬来到徐颖溪家中。当时徐家门前停着几辆汽车，最前面的车用五颜六色的华彩进行了装饰，大门也用其装饰一新。来到家中，谌小岑首先看到了新娘徐颖溪，最引起作者兴趣的是新娘佩戴的红宝石戒指，套在带着白丝手套的无名指上，特别引人注目。新娘穿着紫色大黑花的绮花霞缎裙袄，鞋子同衣服颜色相同；头上未佩戴饰品，但脸上略施脂粉，白里透红露出自然而愉快的神情。新郎姚作宾穿着一身大礼服，同样戴着白丝手套。两点钟，众人由家中启程来到结婚礼堂。礼堂正面墙壁的正中挂着一个金色的囍字，右侧墙上挂有一个泥金黑字屏，讲台上摆着三个花篮。讲台的后面同两侧各有一排椅子，预备给婚礼的主持人、证婚人、主婚人及新人家

① 刘天耳：《婚事漫谈》，《妇女旬刊汇编》1925 年第 1 集。
② 妙然：《婚制改良的研究》（下），《新妇女》1920 年第 2 卷第 2 期。
③ 方珍奇：《观婚记》，《电友》第 3 卷第 1 期，1927。

属坐。两点半，婚礼开始。主持人时子周先生先介绍了二人的履历，接着行结婚礼。新婚夫妇先相对行鞠躬礼，接着向主婚人行三鞠躬礼，再向证婚人行一鞠躬礼，最后向介绍人行一鞠躬礼。行完礼后，证婚人代表李仲吟先生致祝词，接着介绍人演说。主席提议让来宾向新婚夫妇及主婚人行一鞠躬礼道贺，新人向来宾鞠躬致谢。之后，新娘、新郎依次演说；最后李毅韬进行演说，论证恋爱结婚的优点。①

通过谌小岑的详细记录，我们得以了解五四时期女权主义者的婚礼全貌，无论仪式还是其内核都充分体现了当事者个人的精神意志。但并不是所有新青年的婚姻都能如此的彻底，有的出于尊重长者意愿的考虑，婚礼采用了中西结合的方式。徐铸成的婚礼如同他践行的"同意婚"一样，采取的就是这种方式，其婚礼状况在他的日记中有大概的记载：

> 当时宜兴习俗，结婚礼尚用旧式，我主张在城内公开场所之"厚余堂"举行。岳母则谓女子出阁必坐花轿，必拜天地，自不能重违其意。……结婚之日，先用花轿载新郎、新娘至厚余堂，伴郎有小学同学潘志涵、任肇基二人，两史姓表妹执花束为牵披纱。
>
> 到厚余堂后，由徐姓族绅为主婚，婚毕，回茶局巷岳家。大厅已花烛高烧，桌椅皆红缎帔，依然相对拜天地，拜见岳母，然后喜筵数桌，款宴亲友，如此新旧混合之仪式，一时轰动全城，围观者如堵。②

"中西结合"的婚礼都能引起社会的轰动，徐颖溪、李怀薪等人的婚礼更是足以让社会注目。但即使如此，一些激进知识分子仍嫌其不彻底，主张将婚礼彻底废除，"新式结婚的礼节，什么证婚人的签字，什么夫妇间的契约，都可不必。因为这些形式上的仪式，做了也不足为夫妇间爱情的保险，不行也无妨于夫妇间关系的存在，正可不必虚行故事，费无谓的金钱"③。"我们对于婚姻，澈底地主张废除仪式，仪式对于婚姻是赘疣。……因为我们的婚姻的生命是恋爱。至多对外声明：'我俩是同居了！'已够了。"④ 谌小岑在参加徐颖溪的婚礼时曾私下认为，他们二人的婚礼"似乎多余。他们

---

① 小岑：《改造途上的婚姻——徐姚结婚记》，《星火》1923 年 4 月 3、4、7 日。
② 徐铸成：《徐铸成回忆录》，三联书店，2010，第 41 ~ 42 页。
③ 戚维翰：《婚姻问题的我见》，《妇女杂志》第 14 卷第 7 号，1928 年 7 月。
④ 陈伯吹：《婚姻问题的六个片段》，《妇女杂志》第 14 卷第 8 号，1928 年 8 月。

两人既是恋爱的结合，本来就用不着有婚礼"。

谌小岑等人的主张在杨步伟和赵元任的婚礼上得到了践行。赵元任当时在清华大学任教，罗素在中国讲学时曾任翻译；杨步伟出身皖南望族，时为森仁医院的大夫。依照他俩的家庭关系、社会地位和经济实力，婚礼本应办的排场、体面，但他们蓄意向世俗发起挑战，安排了一个别出心裁的婚礼。他们觉得，"结婚是我们两个人自己的事何必夹着一般别人在里面忙而花钱呢？所以除自己两个人以外，打算不告诉一个别人"。于是，他们先到当年定情的地方中山公园照了张相，然后向有关亲友发了结婚通知书，声明概不收礼。1921年6月1日晚，他们打电话把胡适和杨步伟的同事朱徵请到家中吃晚饭，家中虽有厨子，但杨步伟仍亲自掌勺烧了四碟四碗家常菜。晚饭吃完后，赵元任拿出自己写好的带有中英文两种文字的结婚证书，请胡适和朱徵两人签字，当证婚人，至此他们才知赵、杨二人结婚。为了显示其合法性，结婚证书还贴了四毛钱的印花税。其结婚证书格式如下：

> 下签名人赵元任和杨步伟同意申明他们相对的感情和信用的性质和程度已经可以使得这感情初信用无条件的永久存在。
>
> 所以他们就在本日，十年六月一日，就是西历一九二一年六月一日，成终身伴侣关系，就请最好朋友当中两个人签名作证。
>
> 本人签名　杨步伟　赵元任
>
> 证人签名　朱徵　胡适

胡适将二人结婚的消息报告给《晨报》的翟世英，通过报纸的报道，这无仪式的结婚在当时引起了巨大轰动，连在中国讲学的罗素都认为"够简单了，不能再简单了！"[①]胡适在晚宴当日的日记中说："这是世界——不但是中国——的一种最简单又最近理的结婚式。"[②]

婚姻新理念及婚礼虽让人耳目一新，但传统习惯势力仍根深蒂固，新理念的实践受到层层阻碍，能够实现婚姻自由的青年终究是少数。[③] 即使如此，这些有限度的行为仍显得意义非凡，它既是思想启蒙的胜利，又是幸福人生

① 杨步伟：《一个女人的自传》，岳麓山书社，1987，第205～208页；黄培云、赵新那：《杂忆赵家》，《书屋》2011年第5期；《胡适的日记》，中华书局，1985，第73页；《新人物的新式结婚》，《晨报》1921年6月6日。
② 《胡适的日记》，中华书局，1985，第73页。
③ 王印焕：《民国时期京津两市婚姻自由的实施进度》，《北京社会科学》2006年第6期。

的新起点。

就在婚姻自由理念的践行刚刚迈出第一步，知识界的先驱们又开始了全新的思考：自由结婚作为一种价值新理念应该如何理解、践行才能尽善尽美呢？

从当时的情况看，不少人对当下婚姻的认识有失偏颇，"大多数因为主观的不同，好作混统的反对，如对旧式婚姻，总批评是桎梏式的，新式婚姻总批评是野合式的；……不知世间任何的事物，有优点必有劣点，有劣点也必有优点，婚姻也是这样的，不论是新式、是旧式，各有其优点，亦各有其劣点，旧式婚姻是应该改革的，他的优点是仍旧有存在的价值，新式的婚姻是应该提倡的，他的劣点也不妨竭力的指摘；互证参考，黜瑕崇美，才是研究者的正当态度。"① "黜瑕崇美"，正视新旧婚制的优缺点，这是客观的持中之论。基于该理念，知识界开始对新式婚礼进行反思。有人说，新式婚礼也不免趋重于仪式，一切布置、张罗、酬酢、馈赠比之旧式婚礼不见得如何省事。证婚一事尤其可疑。婚姻既然基于恋爱，二人的情感又何必要第三者的证明呢？天下之事有待于证明的，多带有契约性质，倘若真正的恋爱也有待于第三者的保证，这和昔日的买卖婚有什么分别呢？② 曾有人对新式婚礼一事咨询于《妇女杂志》，他说："所谓文明结婚的仪式，我尚未见过完善的，——非失之草率，即不免失之华靡。"记者对此回复说："结婚的仪式，固然也很重要，但于婚姻生活上，可说没有多大的关系。而且这仪式也往往须随个人的境遇，信仰等事而有差别，不能用一种的方式来范围他们，所以我想还不如听个人自由罢。"③ 对于新式婚礼无论如何理解、践行，"听个人自由"应是最好的解决之道。

由于受到现实环境的困扰，青年们对于婚姻的理解与新理念之间存在偏差，理想与社会现实有一定的差距。其问题归结到一点，那就是"自由缔婚，亦易犯一盲字之病"④。具体来说表现在五方面。

（1）青年人对于婚姻有不切合实际的理想，造成现实与实际脱节过甚。

（2）青年人性欲冲动不能自制，致使婚姻不慎重。

（3）婚前因爱情的魔障，以至一叶障目，不见泰山；婚后对彼此的缺点

---

① 王宪煦：《婚姻的研究》，《妇女杂志》第 14 卷第 7 号，1928 年 7 月。

② 不平人：《婚姻是人生和社会的问题应有先决的主义》，《妇女杂志》第 14 卷第 7 号，1928 年 7 月。

③ 《结婚的仪式》，《妇女杂志》第 9 卷第 10 号，1923 年 10 月。

④ 风凉：《盲婚》，《饭后钟》1921 年第 12 期。

不能容忍。

（4）爱情的根基不稳固，有利害冲突时不能有效调和。

（5）对男女恋爱心理状态的差异缺乏了解和必要的沟通。①

这些问题的存在影响了爱情的延续，造成了夫妻间的冲突和矛盾，致使婚姻难以稳定，甚至出现离婚的危险。为了有效地解决上述问题，知识界对此进行了多方探讨，并提出四项方法。

第一，择偶要谨慎。在自由择偶时，青年们应该懂得如何审慎和措置。赵颜如女士总结说，有的人一见异性就生爱，一见面就有情；还有的姐妹明明并不佩服、喜欢该男子，却偏偏与之虚与委蛇。为此，她认为，既然对此人无意，就要尽早谢绝，不要若即若离以免发生误会。② 针对赵女士所言之状况，有人告诫说："女青年啊！旧社会里崇奉礼教，防闲严密的人家底女子，会爱上蠢庸的仆役，其精神毅力和用心不减于你们，不过受铜墙铁壁似的环境拘役，于是'难则苟'了。男女社交渐渐公开，你们尽可审慎选择，千万不要'不难而犹苟'！……男青年啊！妻是终身的伙伴，应该如何审慎选择，千万不要认识了一个女子，便扭扭捏捏，自命多情起来！就是有误解的女子对你提出恋爱，也应该竭力自持，更要纠正伊或给伊一种表示，使得伊觉悟。"③ 卢绍稷先生以过来人的身份向大家介绍了他的婚姻经验：男女之间品貌和性情的契合不能有半点勉强和草率，否则婚姻定要破裂。最稳妥的方法是青年们自己寻觅配偶，要注重彼此的学识和性情，尤其要注重性情的契合。④

第二，订婚前制定相应的规则。为了避免重蹈旧婚制的覆辙，以谋求两性幸福生活的永久，作者"昨非"认为，订了婚的男女在未同居之前应当解决好几个问题：家庭的形式应当怎样组织、两性除了身心相投外还有什么交换条件、预先妥订离婚的条件等。订婚的目的是为取得双方生活的愉快、生命的安全，不能因为结婚而做无意义的牺牲。因此，以上三条可作为订婚的大纲。⑤

第三，试婚制。为了保持夫妇关系的和谐和婚姻的幸福长久，有知识者

---

① 关桐华：《爱之纯化》，《妇女杂志》第 9 卷第 8 号，1923 年 8 月。

② 赵颜如女士：《我的恋爱观》，《妇女杂志》第 14 卷第 7 号，1928 年 7 月。

③ 宗威：《自由结婚底我见》（2），《新妇女》1920 年第 3 卷第 5 期。

④ 卢绍稷：《女学生的婚姻问题》，《妇女杂志》第 14 卷第 7 号，1928 年 7 月。

⑤ 昨非：《怎样补救旧婚制的遗毒》（续），《女星》1924 年第 29 期。

提出了试婚的办法。许地山先生在分析现行婚制的缺陷时说，不能因为两性有做嘉偶的愿望就用终身相守的绳索去束缚他们，"社会应当承认男女结婚后数年间是一个'试婚期'，在那个期间，彼此可以自由离异。不过社会因为对于离婚男女所生底子女还没有相当的安置，故在试婚期中底夫妇应当尽力避免生育底事。至于婚后夫或妇发生恶疾或废疾，乃至道德的病害，两方愿意离异时，社会也不能以此为不义。"① 之所以如此设想，是因为家庭必须由健全的男女组建而成，不健全的男女不应有结婚的权利，也不必担负组织家庭的义务。因此，终身相守的法则表面上似乎是女子的保障，其实是家庭幸福的羁绊。戚维翰先生同样认为，自由恋爱的结婚似乎也不是尽善尽美之道。他结合美国社会学者提倡的以五年为期限的"短婚期"的主张，提出了"试婚制"的想法："我意最好把贞操观念放的宽大一点，行一种试婚制。定若干期间为相爱男女的同居试婚期限，在试婚期内两方不发生龃龉者，便可订为偕老的夫妇。我想经过这一度试验而成的婚姻，结果定可比教美满而持久些。据一般社会学家调查的结果，离婚问题的发生，以在初结婚的二年之内为最多数，所以我意试婚的期限，亦以二年为宜。"② 非常明显，试婚最主要的作用在于两性性情、习惯等方面的磨合。"试婚制"要以两性平等贞操观为基础，其能实践与否取决于社会的承受度。

第四，夫妻的相互理解。婚姻生活的幸福不仅取决于爱情，还与夫妻的相处之道密切相关，故一些家庭箴言中提到"夫妇相爱，还须相勉"、"夫妇相勉，还须相谅"③。事实确实如此，婚姻生活的幸福或苦恼，全赖以彼此之间能否相互理解。夫妻如能相互理解和体谅，情感会日益加深，从而营造幸福的婚姻生活；反之，爱情则会日益削减。

夫妻的幸福度依其相互理解的差异各有不同，理解最深的方能使爱情纯化，筑成最高的幸福。夫妻之间欲增加幸福并保持永久，婚后在修养上就仍有继续提升的必要。如果彼此的年龄和个性相差不远，又有共同的兴趣与知识，就初步具备了巩固、增进爱情的要素。修养如能得到继续提升，夫妇的情感自然与日俱增，精神的快乐自不可以言语形容了。婚后夫妇间的理解，当以互相同情为前提。夫妇能各以真挚、热烈的爱，不断努力，互相同情、尊重和理解，两人的生活定会和谐、幸福。即使偶遇急难，夫妇也必能各自

---

① 许地山：《现行婚制之错误与男女关系之将来》，《社会学界》1927 年第 1 卷。
② 戚维翰：《婚姻问题的我见》，《妇女杂志》第 14 卷第 7 号，1928 年 7 月。
③ 抱一：《家箴》，《生活》1926 年第 2 卷第 8 期。

发挥爱的真义以相救护。困难越多，彼此的感恩越深，两心的结合越牢固，情感会在不自觉中渐入爱情纯化之域。①

自由婚及与之相随的文明婚礼是婚姻自由理念得以贯彻的表现，它的践行是青年个性得以舒展的重要标志。自由婚的实践囿于时代的局限还存在不少弊害，为解决这些问题知识界群策群力、献计献策以求婚姻的圆满和幸福的长久，这标志婚姻自由理念日趋成熟，也意味着青年们在追寻人生幸福的方向上迈出了重要一步。

二 逃婚和重婚：反抗旧婚制的两种选择

五四知识界虽然指出了传统婚制灭亡的趋势，但它彻底地崩溃却时日尚早。从唯物论的角度看，"当社会的生产力发到某一程度，新的经济状况把社会的生活大大改变时，人类在这种情势之下，就要感着以前的制度之不满，而要求一个更适应、更合理的制度之必要。在这个转机时候，新的制度，在人类的生活中渐渐的得着势力；那旧的制度，随着新制度的生长而慢慢的失势，终至于灭亡。新制度在旧社会母胎内，若是未曾充分发育完全，断不能遽然蜕化出来；那旧制度在旧社会未曾失却基础，也同样的不能遽然崩坏"②。社会发展是一个新陈代谢的过程，新婚制虽然要从旧婚制中孕育而出，但它的产生并不意味着旧婚制的遽然崩坏。在新旧并存的状态中，两者必然发生冲突，"男女两性间最显著的痛苦，就是无爱情的被迫到结婚，有爱情的而强制不能结合这些现象，是在过渡时期所不能免的……这时期的婚姻，只可说是半新不旧的，比较旧式婚姻更加痛苦"③。新观念在给青年们带来希望的同时，也让其愈发感受到旧婚制的痛苦。接受了新理念的青年为了摆脱旧婚姻的枷锁想尽了种种办法，有逃婚的、有重婚的、有离婚的，更有甚者还有杀妻的过激行为。④ 杀人为法律所禁止，并不是解决婚姻的良策；离婚与中国旧有的观念不符，"琴瑟不谐不要紧，而改弦更张则千万不可"，离婚者要承受诸多的压力，不能轻易办到。

---

① 关桐华：《爱之纯化》，《妇女杂志》第 9 卷第 8 号，1923 年 8 月。
② 刘仪宾：《婚姻的过去与将来》，《妇女杂志》第 14 卷第 7 号，1928 年 7 月。
③ 刘仪宾：《婚姻的过去与将来》，《妇女杂志》第 14 卷第 7 号，1928 年 7 月。
④ 卓吾：《我对于婚制下弃妻者的意见和救助被弃妻的方法》，《女星》1923 年第 11 期；《这一月的统计》，《妇女日报》1924 年 2 月 29 日。

那么，这种新旧结合的婚姻所产生的苦痛应该如何解决呢？从实践上看，青年们多采用逃婚和重婚方式来摆脱旧婚制的束缚。那么，这些方式是否可取、是否符合道德呢？知识界对此展开了热烈讨论。

（一）逃婚问题的辩论

在传统社会，逃婚现象并不鲜见。五四时期，逃婚大量涌现，并成为青年争取婚姻自主权的普遍策略，带有鲜明的时代色彩。研究表明，家庭与社会对于逃婚行为很难谅解，法律层面也缺乏支持。[1] 那么，知识界对此又持何种态度呢？如果是女性逃婚，基于对女性弱势地位的考量，知识界普遍认为这无可厚非，"一无所指摘"[2]，但对于男子逃婚其态度则复杂得多。

1923 年，东南大学教授郑振壎在《妇女杂志》第 9 卷第 2 期发表了《我自己的婚姻史》一文，以数万字的篇幅较为详细地叙述了自己的婚姻经历，表达了对当下婚姻的苦闷情绪，并提出了"逃婚"的主张，以供知识界讨论。

他认为，面包问题同婚姻问题一样重要。社会经济制度的不良会逼人去做娼妓、乞丐、盗贼，婚姻制度的不良则会逼出通奸、纳妾、谋杀等事来，而这些手段在他看来都是下等手段。他认为，反抗包办婚姻的上等良策就是逃婚。其方法多种多样，有未婚而逃者、有已婚而遁入空门者、有出逃与家庭断绝关系另娶者。方式虽有不同，但同属于逃婚行为。在他看来，逃婚之举益处多多。

首先，逃婚无损于人。逃掉一个人跟死掉一个人差不多，其危害至多不过少一个生产者。但对于婚姻而言，其逃掉对妻子造成的痛苦与她做活寡妇的痛苦差不多，而且因家长的包办其父母也要承担部分责任。

其次，逃婚是最公允的。个人既然不愿意承受父母的包办婚姻，自己就应该放弃对家产的继承。传统女性没有能力干涉丈夫的婚姻自由，生存能力也较弱。因此，应当将财产留给妻子。

再次，逃婚最容易、有效。逃婚是脱离父母掌控最好的方式，它不必经过法庭的允许、家属的许可，打起行囊就能实行，自然也就成为反抗包办婚姻最为有效的方式。

---

[1] 雷家琼：《论五四后十年间逃婚女性的生存环境》，《首届中国近现代社会文化史国际学术研讨会论文集》，社科文献出版社，2012，第 151～168 页。

[2] 德征：《自由离婚和逃婚》，《现代妇女》第 18 期，1923 年 3 月 6 日。

最后，逃婚最和平。中国人比较顾及脸面，逃婚相比较于离婚更能照顾家族的颜面。家中只要有男子几人、媳妇几房就算保持了家庭的完整，儿子逃婚在外即相当于传统社会在外做官。①

一石激起千层浪，郑振埙的婚姻经历被知识界认为是"研究现代的婚姻问题极有价值的参考资料。……这不只是一人的写照，实在可以代表现代许多不美满的婚姻的经过，与最后决定的情况。"② 正因为如此，此文在知识界产生了共鸣，知识界以郑振埙的婚姻为议题展开了热烈讨论，有的对其改造旧式妻子的尝试大加赞赏，③ 有的对其以男子标准改造女子的行为提出质疑，④ 但对其"逃婚"主张评议的并不多，这对郑振埙来说有些遗憾。

在这不多的评论中，对其"逃婚"主张几乎很少有人毫无保留地支持他，但大都持同情态度。具体来说，参与讨论者大致分为两派，即反对派和支持派。

反对派的代表人物是陈德征和周作人。陈德征较早地在《现代妇女》发文对此进行回应，他说："逃婚，是一种变态的单面的自由离婚。要是有自由离婚这条路，没有窒碍，逃婚的现象，是可免除的。"⑤ 这与郑振埙及众多杀妻、逃婚的情况是相符的，郑本人就多次强调，逃婚是青年们不能离婚情况下的无奈抉择。⑥ 从境遇上看，作者是同情郑振埙的，但他又果断否认了其逃婚主张的合理性，即"发生于女性方面的自由离婚或逃婚，一无所指摘，如发生于男性方面的自由离婚，须先顾到女性生理的或心理的生活之安全；而发生于男性方面的逃婚，全然不能行"。从其主张看，陈氏是赞成男性提出离婚的，但前提是"须先顾到女性生理的或心理的生活之安全"。作者认为，逃婚是变相的离婚，既然赞成有条件的离婚，为什么却断然否认了逃婚的合理性呢？因为在作者看来，离婚已是处理婚姻关系的万般无奈之举，带有自由离婚称谓的逃婚更是可耻。男子逃婚说明他是生活的强者，逃婚更证明了他是觉悟者。在这过渡时代，觉悟的男子"应稍稍牺牲强者的势

---

① 郑岳平：《对于逃婚的意见》，北京《晨报》1923 年 3 月 18 日。
② 克士：《爱情的表现与结婚生活》，《妇女杂志》第 9 卷第 4 号，1923 年 4 月。
③ 曾广勋：《读前号》，《妇女杂志》第 9 卷第 4 号，1923 年 4 月；郑瑞彭：《读前号》，《妇女杂志》第 9 卷第 4 号，1923 年 4 月。
④ 徐呵梅：《偏见的男性之偏见——责旷夫先生》，《妇女杂志》第 9 卷第 4 号，1923 年 4 月。
⑤ 德征：《自由离婚和逃婚》，《现代妇女》第 18 期，1923 年 3 月 6 日。
⑥ 旷夫：《我自己的婚姻史》，《妇女杂志》第 9 卷第 2 号，1923 年 2 月。

力，或者竟把自己自由的幸福牺牲了，替弱者加添一些威权和胆力。"陈德征的主张得到了周作人的认同："世间万事都不得不迁就一点；如其不愿迁就，那只好预备牺牲，不过所牺牲者要是自己而不是别人：这是预先应该有的决心。倘或对于妻儿不肯迁就，牺牲了别人，对于社会却大迁就而特迁就，那又不免是笑话了。"①

此后，陈德征在《妇女杂志》上撰文再次强调了他的立场。他认为，"真正懂得恋爱的人第一步，自然是尊崇一般女性，提携一般被压迫的女性。果然，使那无知的女性羞愧而死，或无形中使他饱受了人间的指摘，抑郁而死，都不是恋爱认识者所当做的了"②。如果单从恋爱的角度审视婚姻，无论离婚还是逃婚都具有合理性。但鉴于传统女性还不能自立或者还不明白什么是自立，或还没有了解离婚的意义而不敢离婚的时候，有觉悟的男子无论受着多少委屈与苦痛均不能在得不到妻子同意的情况下离婚或逃婚。与陈氏有所不同的是，同期发文的女性作者不仅表达了要扶助弱势女性的愿望，同时还以觉悟女性特有的自尊对郑振壎以男性意愿改造女性的霸道行为进行了痛斥。③

支持者的主要代表是沈雁冰和"元启"。作者"元启"是郑振壎唯一的彻底支持者，他认为：郑振壎与其夫人在婚姻中的表现各有缺点，但二人对此均不用负什么责任。同时，他还表达了对郑氏改造旧式夫人的敬佩之情。更重要的是，他对"逃婚"表示出由衷的赞赏："我更表同情于'逃婚'。我以为这是最简单，最爽快，最合理，最幸福，并且也是鼓励真正做'人'的路。……逃婚！逃婚！逃婚就是图'生存'！求'幸福'，保'真'，存'爱'，鼓舞'独立'。总而言之，逃婚就是做'真'的'人'"。④ 在他的认识当中，逃婚似乎是追求真爱和获得人生幸福的必由之路。

沈雁冰面对"逃婚"讨论冷场的状况，也发表了自己的见解。但令人惊讶的是，作为女权主义者的沈雁冰对"逃婚"主张投了赞成票，因为他难以找到反对郑振壎"逃婚"的理由。⑤ 沈雁冰详细分析了郑振壎主张逃婚的依

① 作人：《离婚与结婚》，《晨报副镌》1923 年 4 月 25 日。
② 陈德征：《女性观和恋爱观》，《妇女杂志》第 9 卷第 4 号，1923 年 4 月。
③ 徐呵梅：《偏见的男性之偏见——责旷夫先生》，《妇女杂志》第 9 卷第 4 号，1923 年 4 月；莲史：《妇女的非人时代——促普天下男性反省》，《妇女杂志》第 9 卷第 4 号，1923 年 4 月。
④ 元启：《对于"逃婚"的同情》，《妇女杂志》第 9 卷第 4 号，1923 年 4 月。
⑤ 沈雁冰：《评郑振壎君所主张的"逃婚"》，《妇女评论》第 91 期，1923 年 5 月 8 日。

据，除去难以离婚外还有三点：首先，他的感情因对其夫人屡次失望而冷却，断难发生爱情；其次，因爱情失落他感受到极大的痛苦，几乎要丧失生活的信心和勇气；再次，夫妻二人的爱情观不同，二者难以契合。通过分析，沈雁冰认为他几乎难以找到解决上述问题的办法。因此，他只能同意郑振壎的主张："郑君处在现在的地位，逃婚是正当而且很妥的办法。希望伹们复合，是为抵触'夫妇关系应筑基在双方自觉的恋爱上'这一个大原则。希望郑君用人道主义来积极的去爱他夫人，是为教郑君自欺，是为侮辱郑夫人独立的人格，不把伊当作一个和男子平等的人，却把伊当作名花珍禽，有爱抚而无尊敬。"从这里来看，沈雁冰的观点明显站到了陈德征的反面。他之所以有如此结论，是因为"唯有男女两性都自觉他们的各自独立的地位，都能以平等观点眼光相对，于是两性的关系方达到了最正当的一步。"既然他们的夫妇关系是如此"不正当"，故沈氏是支持"逃婚"的。但在立论上，沈雁冰有一个臆造的前提，那就是"郑夫人独立的人格"问题。作为旧式女子本无独立人格，其人格依附于男子，故以此为起点分析问题不免有些牵强。

综合上述两派观点，不难发现一个有趣的现象，那就是陈德征和沈雁冰思考问题的依据其实并不矛盾。二人之所以得出了大相径庭的结论，是因为他们对人性关照的思考基点不同。陈德征虽然赞同自由离婚，但他反对逃婚，他考虑更多的是弱势女性的实际生活状态，其分析合情合理；沈雁冰的分析无懈可击，其更多着眼于以郑振壎为代表的觉悟青年的苦痛。正如 Y. D. 所说，"现代的妇女经济还没有独立，性的新道德还没有确立，由男性主动，难免'玩弄女性''压迫弱者'的讥评，但是身受的痛苦，只有自己才能明白，只有加到自己身上，才肯谅解他人。"① 出于人道主义，缺乏生存能力的女性的生存状况不能不考虑，而作为觉悟青年的郑振壎的痛苦也绝不是无病呻吟，觉醒的知识界似乎陷入了一个尴尬境地。针对这一棘手问题，社会学者孙本文提出要加强女子教育、提升女性素质的主张，同时两性要多些舍己为人、扶助弱者的同情之心。② 从观点上看，他似乎加入了陈德征的阵营，然而等待知识界的似乎仍是个棘手的怪圈。

（二）重婚问题的热议

关于旧式婚姻救济的策略，除逃婚外还有人想到了"重婚"。1920 年 11

---

① Y. D. ：《我的离婚的前后》，《妇女杂志》第 9 卷第 4 期，1923 年 4 月。

② 孙本文：《我对于郑振壎一类婚姻问题的意见》，《现代妇女》1923 年第 27 期。

月 18 日，南京高等师范学校的怪君、雪存、缉明、遁刚等四人联名给《觉悟》杂志主编邵力子写信，讨论如何救济旧式婚制问题，从而率先谈起了"重婚"问题，并引起了知识界的热议。先后参与论战的除邵力子外，还有陈望道、更生、舜霸、朱珍、倪茜芸等人，其中尤以邵力子与怪君等人的交锋最为激烈。

怪君等人认为，在现行的社会环境下，由于习惯势力的影响离婚极不容易做到，而觉悟的青年如果确实无法改造自己的旧式妻子，也难以产生爱情，则不妨采取"重婚"方式来救济旧婚制所带来的痛苦。他们主张重婚的依据在于，爱情是有所寄托的东西。如果与自己的妻子不能发生爱情又无法离婚，爱情势必被关在牢笼中，如此这般可能会发生"吊膀子""嫖婊子"的不道德行为，故重婚的目的是避免违背人类的天性以及不道德行为的发生，同时对于旧式妻子的生活还能提供必要的保障。① 最后，他们再次强调，他们并不主张一夫多妻制，只不过在这过渡时代为尊重神圣的恋爱和人类的本性而实行的不得已之办法。

邵力子对四人所主张的重婚观点极不赞成，他主要从法律和现实两方面予以驳斥。

从法律方面看，《民国民律草案》第 1102 条规定："有配偶者，不得重婚。"② 故重婚为法律所不允许，如果打算抛弃法律，那就做一个彻底的决裂者，不要作茧自缚而投入到"婚姻的网罗"里面去。维持婚制的是法律，既言"婚"，绝不能"重"。

从现实来看，现在社会上不讲"恋爱神圣"而"重婚"的人已经为数不少，现在公然主张重婚，结果只怕是"教猱升木"，为放纵肉欲、喜新厌旧者增添护符罢了。在这过渡时代要使受苦的人都各得圆满的结果，是无法办到的。在婚姻问题上，凡已铸成大错的，正当的方法只有离婚。离婚如若无法办到，只有委曲求全、忍受痛苦；不能勉强相爱的，那只能将感情转移到两性之外的学问或事业上。假使真的在婚姻之外发生恋爱，那应当学习罗素和布拉克女士无夫妇之名而不避男女关系的先例。③

针对邵力子的驳斥，怪君等人对其观点进行了解释和正名。

首先，法律是维护人类幸福的福星，不是束缚人类幸福的恶魔。重婚的

---

① 《"救济旧式婚制"底一个商榷》，《觉悟》1920 年 11 月 18 日。
② 杨立新点校《大清民律草案·民国民律草案》，吉林人民出版社，2002，第 350 页。
③ 傅学文编《邵力子文集》（上），中华书局，1985，第 442 ~ 443 页。

主张不过是维护一部分人的幸福起见，在理想上与法律的精神并没有冲突。现实的法律如此死板，不管人类环境怎样，仅起到了束缚人类本性的作用，这样的法律必须打破。退一步来讲，既然法律不许重婚，何以社会上"三妻四妾"如此之多而法律并未干涉呢？因此，实际的法律只是徒具形式，在实践上并不发生作用。

其次，他们再次重申，之所以主张重婚乃是现行婚制无法打破而采取的无奈之举，并不是主张"一夫多妻"，更不是为放纵肉欲张目。他们观念中的重婚是恋爱的重婚，神圣的重婚，凡是与恋爱无关的重婚都是他们极力反对的。在现行条件下，完全打破婚姻制度纯粹是乌托邦般的幻想，难以在社会中实现。

第三，邵力子解决现行婚姻问题的主张虽然动听，但在现实上行不通。离婚在现实中多数人无法做到，如若做不到怎么办呢？那只有忍受自己的苦难，如若这痛苦也忍受不了呢？不能离婚，不能忍受痛苦，那现实的出路只有一条，那就是自杀了。

第四，用转移注意力的方法来解决情感问题根本行不通，因为感情问题是无法用其他事物来代替的，而罗素的事例绝大多数青年也做不到，因为毕竟不是每个人都能成为"哲学家""救世主"的。①

不管怪君等人如何解释，邵力子仍如前法进行反驳，但对两方之间存在的分歧阐述得更为详细。

首先，他从法律角度详细解释了什么是重婚罪。所谓重婚罪是指原有婚姻的效力并未消灭或撤销，而忽重为婚姻的，叫做重婚。《民国民律草案》刑律第 291 条规定"有配偶而重为婚姻者，处四等以下有期徒刑及拘役；其知为有配偶之人而与为婚姻者矣同"。从法律的相关规定看，重婚是一种犯罪行为，固不足取。

其次，他认为怪君等人混淆了重婚与再婚的概念，如若婚姻效力消灭或撤销，自然有重婚的权利；倘若已经结婚这就是法律行为，不管其结合是否自由都应当受到法律的约束。只要未经离婚手续，在法律上即是有配偶的人，不许"重为婚姻"。

再次，他力图澄清怪君等人的误解。彻底打破婚姻制度的主张只是其坚决不同意"重婚"的形象说法而已，并不是引导青年去打破婚姻制度。对于

---

① 《关于"重婚"的辩论》，《觉悟》1920 年 11 月 24 日。

怪君等人的良苦用心并非不晓得，只是"重婚"在形式上实在无法与社会上一般"重婚"者相区别。[①]

笔者认为，结合民国的现实以及从文字上的辩驳，邵力子的上述观点完全站得住脚，但对于怪君等人让青年忍受痛苦有可能致其自杀的质疑则反击无力，只是强调"流毒如何，当非主张提倡者所料及"。假使如此，那么怪君等人"重婚"主张的消极后果岂不也是他们所始料不及的吗？

正当邵力子与怪君等人缠斗的难分难解之时，陈望道加入了战端对邵力子进行声援，其观点主要有三点。

首先，为正本清源，应该先搞清怎样才算是"婚"或"婚姻"，如何不是"婚"或"婚姻"，只有如此才能辨清"妻"与"妾"和"伴侣"的区别。《民国民律草案》第1107条规定："婚姻经呈报于户籍吏登记后，发生效力。"[②] 从法律上讲，不呈报户籍吏的不具备婚姻效力，故只要不呈报就不算重婚。妻和妾的区别就在于是否呈报这一点，妾和伴侣（自由恋爱的对象）在不呈报这一点上是相同的，都是"法外"的"男女结合"。所不同的是，妾的对象是公有的，而"伴侣"则是专有，这点搞不清极易同"吊膀子"混淆。

其次，怪君等人认为"重婚"在理想和法律上没有冲突是错误的。"重婚"在法律上是被禁止的，同时法律基于强权思维并不理会理想怎么样，法律只管呈报形式，并不管实际情形如何。因此，"重婚"必然要呈报，这无异于引导青年犯罪。

再次，"重婚"是主张男子的片面利益，这无疑是荒谬的。因此，陈望道质问怪君等人，难道你们同时也主张女子重婚吗？同时，他借用朱珍女士的话进一步质疑"重婚"的合理性："主张重婚，就算不反背人类本性，难道男子便可代表人类吗？女子有了生活，便可违背本性的吗？"[③]

陈望道的声援并没有泯灭邵力子论战的欲望，他承接陈的思路继续阐发对于"重婚"的观点。

首先，他对陈望道婚姻呈报的解释进行了补充。法律规定婚姻呈报户籍吏方发生效力，但国家实际尚未设置户籍吏。法律条例的解释例中还有这样

---

① 傅学文编《邵力子文集》（上），中华书局，1985，第447～448页。

② 杨立新点校《大清民律草案民国民律草案》，吉林人民出版社，2002，第351页。

③ 望道：《救济旧式婚姻问题》，《觉悟》1920年11月25日。

的规定："无婚书或财礼即无婚姻效力，不成立重婚罪。"① 从上述解释看，户籍吏虽不存在，但民间固存的婚礼程序与呈报发生同样的效力。因此，不要以为婚姻没有呈报就不会受到法律的干涉。

其次，必须明确夫妇之间互有权利与义务，这在法律中有明文规定；如双方只能算作"伴侣"，则法律层面不涉及这些权利与义务。另外，无效婚姻所生儿女为私生子，其在社会之地位不容乐观，故重婚要慎重。

最后，邵力子从尊重妇女人格、体谅妇女疾苦的立场出发，再次阐释了他的观点：自由恋爱的完全践行必须在社会问题总解决以后才能实现，在这之前婚姻问题的解决总以"离婚""忍痛"两法最为妥善。②

对于邵力子、陈望道的法律解释说，怪君等人显然不能认同。他们依然沿袭了以前的论调，即重婚乃基于爱情的结合，是离婚不得、废婚不能的无奈之举。男女"伴侣"这种精神的结合，几乎没有多少人能做到，而"重婚"仅可用极简单的礼节和仪式就能达到，根本不需要呈报。至于夫妇间的待遇根本不必顾虑，因为两者是爱情的结合。私生子更不成问题，大户人家的私生子的利益并没有发生什么损害。总而言之，重婚是为救济旧婚制的苦痛或解决恋爱者的苦难而设想，无论对男女双方还是旧式妻子都有益处，并不是主张男子的片面利益。③ 而邵力子则坚持认为，男女间只要有礼仪就发生婚姻效力，就可以加以重婚的罪名，简单与复杂是没有区别的。另外，在夫妇关系上，两者不可能实现真正的平等，如果两性真能完全平等又何必在乎夫妇之名呢？同样是恋爱自由，男子在恋爱之外为什么还要加上礼仪的保障呢？因此，他认为"重婚"是绝对不妥当的。④

正在邵力子、陈望道与怪君等人激辩正酣之时，又有人加入了论战的阵营。署名"更生"的作者说，"木已成舟"的旧式婚姻他向来以为无可救药，"重婚"固为法律所不许，离婚又非人情所愿，在旧式妻子缺乏自立能力的情况下，一意孤行的离婚是"只知有己不知有人"的残酷之举。而且，"更生"也质疑了朱珍女士的观点，即男子既然不能代表全人类，那么女性就能代表全人类了吗？由此表达了自己反对"重婚"，又对怪君等人报以同情的折中观点。他认为，眼下很难有两全其美的妙招，唯有抱点委屈，献身

---

① 吴建盦编《大理院解释例汇编》（1），上海易堂书局，1924，第 56 页。
② 《"救济旧式婚制"底讨论》，《觉悟》1920 年 11 月 25 日。
③ 《"救济旧式婚制"的第三次讨论》，《觉悟》1920 年 12 月 1 日。
④ 傅学文编《邵力子文集》（上），中华书局，1985，第 453～454 页。

女子解放事业，等待女子解放了自然会同意离婚，"重婚"的问题自然也就不存在了。邵力子的解决之道还有"离婚"与"忍痛"两法，"更生"则批判了离婚将希望放到了"忍痛"上。①

"更生"的解决之道引起了作者"舜霸"的强力反弹。"舜霸"从"是否离婚"和"人类本性"两方面进行了驳斥。

首先，他为离婚进行了辩解。在婚姻问题上，人们固然应该有点牺牲精神，但这总是令双方吃苦的不得已之法。倘若用充足的理由和动听的言语说动双方及亲属，虽不能保证女子不吃亏，但总比"夫妻其名，仇敌其实"的活受罪要强。让男子抱着委屈，实在是男子的不幸。

其次，他对陈望道、邵力子的观点也有所怀疑。他认为，主张重婚与违不违反人类本性是两回事。主张重婚固是违反人类本性，但不重婚未必不是违反本性。因此，反对重婚尽可说反对重婚，不要说违反人类本性之事。邵力子、陈望道的方法本是解决人类本性之道，但不重婚却是以女子代表人类和仅让男子违背本性，这从道理上根本讲不通。

"更生"面对"舜霸"的质疑也不甘示弱。他再次表明了自己反对自由离婚的主张。之所以反对离婚，是鉴于妇女的生存状况而做的决定，并非故意让男子受委屈。在反对"重婚"问题上，只是担心违背了妇女的意愿。在她们没有自愿离婚的觉悟之前，难以找到解决问题的两全之道。因此，他认为旧式婚姻从根本上是不可救药的。②

关于"重婚"的辩论，知识界进行了反复拉锯，终于在 1920 年底偃旗息鼓了。辩论的焦点其实有两个，即重婚的界定和后果。对于前者，怪君等人从现实出发，认为"重婚"是两性以爱情为基础的自由结合；邵力子和陈望道等人则从法律上解释"重婚"，认定这是一种犯罪行为。对于后者，怪君认为"重婚"能解决青年被旧式婚姻所折磨而产生的苦痛，这不仅使两性实现了爱情基础上的自由结合，同时对旧式妻子依然提供生活的保障；邵力子、陈望道等人则坚持认为这是违法行为，容易造成放纵肉欲的不良影响，同时这也对旧式妻子的人格造成损害。

双方各持己见、据理力争，僵持不下。之所以形成这种状况，是因为双方都基于社会的部分事实作为其立论之基。怪君等人的"重婚"主张，固然

---

① 《无可救济的旧式婚姻》，《觉悟》1920 年 11 月 26 日。

② 《"主张离婚"者的辩论》，《觉悟》1920 年 12 月 6 日。

可能于法不容，但事实上确实是部分青年解决情感问题的良策。新文化运动斗士吴虞之女辟疆与潘力山自由恋爱结婚，潘在家中本有妻子。① 鲁迅作为五四新文化运动的旗手，其婚姻的解决可能更典型。他与许广平的同居②是情感的结合，朱安作为其结发妻子仍受到鲁迅的供养。对于鲁迅的选择，朱安作为一个女人未尝不感到痛苦。但对于一个旧式女子而言，自身的生存比情感的安慰更重要，鲁迅对其生活的保障显得那么有人情味，以至于朱安在鲁迅死后仍是感恩戴德。③ 在恋爱神圣者看来，以爱情中心的两性关系才是道德的，但在一般人眼中，其类似于妾的存在方式仍受到时人的讥讽："解放女子的，重在教育的解放，以初级高级女师的程度，结果不过是自由做妾，这就是解放吗？"④ 在这新旧过渡时期，实在是一个无解的命题。

邵力子、陈望道等对"重婚"的消极后果的担忧也不无道理，"重婚是暂时补救的力法，但习惯自然，一倡百从，狂浮的少年，必定把彼做了幌子，恣意妄为，这是很可怕的。总之社会上的人，大半学善难，学恶易。好好的新思潮且能戴了出来作恶，何况有了重婚这名词，自然更合他们的意了。"⑤ 但所谓的"忍痛"之法在实践上却面临着现实的困境，胡适与江冬秀的婚姻之所以被传为佳话，就在于此类婚姻维持的艰巨性。

总之，辩论双方的主张都存在其现实的合理性和消极后果，新旧价值体系矛盾的不可调和让时人很难想出两全其美之策，故"更生"所谓旧式婚姻的不可救药并不是虚妄之言。

第五节　未来婚姻的蠡测

在知识界大张旗鼓地批判、救济旧婚制，倡导婚姻自由理念的同时，有些知识分子却以超前的意识倡导更随性和个性化的两性生活。在他们的意识

---

① 《胡适日记》，中华书局，1985，第43页。
② 从爱情的角度看，许广平应是鲁迅的妻子，但基于朱安存在的事实，许广平还是以"同居"来界定他和鲁迅的关系，具体参见段国超《鲁迅家室》，教育科学出版社，1998，第202页。
③ 段国超：《鲁迅家室》，教育科学出版社，1998，第179~206页。
④ 周毅：《女子觉悟的要件》，《妇女日报》1924年3月9日。
⑤ 倪茜芸：《竟要提倡重婚吗？》，《新妇女》第4卷第5期。

中，只要婚姻制度存在就会对人性造成束缚，不利于人的个性展现和人生幸福的实现。为此，他们积极阐发新理论，宣传自己的新观点，"废婚主义"和"情人制"就是其中的代表。

一 无政府主义者的废婚主张

在知识界某些人看来，旧婚制的弊害自不待言，就是当下的自由婚也非尽善尽美。社会的进化、发展必然会改变现存婚姻的状态，刘仪宾认为："将来的婚姻，是以恋爱为基础的，不受任何势力的限制。男女的婚姻完全是根据于爱情的结合。父母对于儿女，只负养育和指导的责任，其于儿女的婚姻，绝不能强制或阻碍。只有爱情高于一切，唯有爱情是神圣的。"[1] 陆秋心的设想则更具体些，他认为将来的婚姻是完全自由的、恋爱的，绝对不允许第三者的参与，也绝不受金钱、门第的影响。具体来说，男女各自经济独立，共同负担家用，聘金、妆奁等一概取消。证婚人、介绍人、结婚证书、婚礼等统统用不着，只需在报纸上登一则结婚启事，请亲朋好友聚餐即可。婚后既不住婆家也不住娘家，而是居住在自己的小家庭之中。[2] 刘、陆二人的设想是婚姻自由观的彻底践行，其目的无非是要兴利除害，以谋个人的幸福与婚姻的长久。同样是为了达到这个目的，特别是对个人幸福的关注，另外一些知识分子的思想则走得更远，他们以无政府主义为思想基础，大力鼓吹"废婚主义"。

"废婚"的提议在清末早已有之，如康有为，无政府主义者鞠普、师复等人都提出过这种主张。康有为虽未直接呼吁废婚，但其主张与"废婚"无异，其思想实质已经步入了"废婚"的行列。康有为认为，男女两人"情志相合，乃立和约，名曰交好之约，不得有夫妇旧名"；"男女合约，当有期限，不得为终身之约"；"婚姻期限，久者不许过一年，短者必满一月，欢好者许其续约。"[3] 在康氏的理念中，婚制和夫妇名目没有存在的必要，他只承认短则一月，长则一年的情志相合的两性关系。如果相处融洽，可以通过续约的方式延续这种关系。但他特别强调，在一般情况下"不得为终身之约"。之所以有此观点，是因为："盖凡名曰人，性必不同，金刚水柔，阴阳异毗，

---

① 刘仪宾：《婚姻的过去与将来》，《妇女杂志》第 14 卷第 7 号，1928 年 7 月。
② 陆秋心：《婚姻问题的三个时期》，《新妇女》1920 年第 2 卷第 2 期。
③ 康有为：《大同书》，《康有为全集》（第 7 集），中国人民大学出版社，2007，第 76、77 页。

仁贪各具，甘辛殊好，智愚殊等，进退异科，极欢好者断无有全同之理。一有不合，便生乖暌。故无论何人，但可暂合，断难久持；若必强之，势必反目。""凡人之性，见异思迁，历久生厌，惟新是图，惟美是好。如昔时合约，已得佳人，既而见有才学尤高、色相尤美、性情尤和、资业尤富者，则必生爱慕，必思改交。已而又有所见，岁月不同，所好之人更为殊尤，则必殉其情志，舍旧谋新。"① 康有为从"性格相异"和"情欲好移"的认识出发，得出了自己的判断："凡魂之与魂最难久合，相处既久，则相爱之性多变"②，"虽禀资贤圣，断无久处能相合相乐之理者也"③。

　　无政府主义自清末传入中国后，鞠普、师复以此为依据开始明确宣传毁家、废婚的主张。师复认为，"婚姻制度无非强者欺压弱者之具而已。女子以生育之痛苦，影响及于生理，且累及于经济，此为女子被欺之原因。男子乃乘其弱而凌之，制为婚姻制度，设种种恶礼法以再束之，种种伪道德以迷惑之，视女子为一己之玩物。男子别有所爱，可以娶妾宿娼，女子则不能。男子妻死再娶为合礼，女子大死再嫁即为社会所不齿。背情逆理，无复人道，莫有甚于此者矣！"④ 即使一夫一妻制表面上胜于多妻制，而女子不平等之地位依然如故。以欧美国家女子为例，法律、婚仪实则仍将女子置于男子附属之地位。既然婚制的弊病是如此之多，废婚自然理所当然，"欲社会之美善，必自废绝婚姻制度实行自由恋爱始"⑤。最后，男女情欲出于自然，理当自由："二人相配之事，纯为二人之自由。苟其两个相爱，体力年岁相适，因而相与配合，此实中于公道，必不容第三干涉，亦无事设为程式。此自由恋爱之真理也。"⑥ 人情有变，爱恋有移，皆为正当，"男女二人之配合，必体力年龄性智识等等，两两相适然后可。而人之体力智识无永久不变之理（即或有之，亦极鲜亦）。及其既变之后两人之情意，必有不适，自当随时离异。……若此既离之后，或别与情意相适者合，此亦合理之自由"⑦。师复从婚制存在的弊害及人的本性出发，提出了"废婚"的主张，其论证所持的依

---

① 康有为：《大同书》，《康有为全集》（第7集），中国人民大学出版社，2007，第76页。
② 康有为：《实理公法全书》，《康有为全集》（第1集），中国人民大学出版社，2007，第149页。
③ 康有为：《大同书》，《康有为全集》（第7集），中国人民大学出版社，2007，第76页。
④ 师复：《师复文存》，革新书局，1928，第107页。
⑤ 同上书，第108～109页。
⑥ 同上书，第110～111页。
⑦ 同上书，第111～112页。

据同康有为的观点类似。

　　废婚之后，要维系社会的正常运转，必须有相关的制度来配套。从生理角度看，必须多设男女相会场所，以满足情感与性的需要；从经济角度看，要大力发展实业，以实现男女同等就业；从社会发展角度看，应多举办慈善公共实业，以保障社会发展。①

　　民国伊始，万象更新，但"废婚主义"观念依然存在。何海鸣就认为："夫妇制度诚属不良，在中国不自由之结婚其结果也，非男子压制女子，则女子压制男子，凭其智力互为主奴，鱼水和谐殆同虚语。其在西国，虽美其名曰自由结婚，然其结合也多事欺诈，惟重财色，心志龌龊已不堪问，结局悲惨尤不忍言。嗟乎！世间上最苦恼事、最无趣味事莫甚于夫妇之制也。"②五四时期，受新文化运动的影响，各种思潮在中国大地激荡碰撞，无政府主义形成了一股前所未有的热流，并有一枝独秀的趋势。当时宣传无政府主义的团体有90多个，刊物多达70余种，无政府主义思潮在社会主义的宣传中占有明显的优势。③因此，北大学生中信仰无政府主义的青年比信仰马克思主义的还要多。④无政府主义思潮为"废婚主义"提供了重要的理论来源，推动了"废婚"思潮的出现。

　　五四时期，施存统、哲民、李绰、翠英等人承接了师复的主张，继续鼓吹"废婚主义"。他们对专制婚姻和自由婚姻均表示厌恶，力主"废婚"。他们的依据在自己的逻辑体系内似乎无懈可击，其理由有六点。

　　第一，婚姻制度与娼妓制度并无二致。在他们看来，"婚姻制度，是个娼妓制度的变相罢了……婚姻制度，无论是文明结婚，自由结婚，新式结婚，或旧式结婚等，在理论好像是天经地义的，其实都是做买卖的变相。又如嫖客把钱送给妓女，妓女把身体卖给嫖客。……婚姻制度是短期的买卖，都是买卖为基础的。"⑤婚姻既然是买卖的变相，在其理论体系中已然丧失了存立的合理性。

　　第二，废婚是自然进化的必然结果。以进化论分析，"那婚姻制度，也是由杂混主义，进而为夫妻主义，再进而为自由恋爱主义。这样的推敲，也

① 鞠普：《毁家谭》，《新世纪》第49期，1908年5月。
② 车吉心、王育济主编《中华野史》（民国卷），泰山出版社，2000，第648页。
③ 王桧林主编《中国现代史参考资料》，高等教育出版社，1988，第357页。
④ 张国焘著《我的回忆》（1），东方出版社，1980，第40~41页。
⑤ 哲民：《废除婚姻问题底讨论（二）》，《觉悟》1920年5月20日。

就是科学自然进化的结果。"① 因此，"废婚"是婚姻进化的必然产物。

第三，依据情感变迁理论，婚姻难以持久。"恋爱是复杂的感情，随时随地可以变的"②，或者说："爱情原与天气是差不多一样的自然现象，天气不能天天一样，爱情自然也难免有时要有转变。"③ "一个人的恋爱，倘若一经转移到第三者"，就不太可能"强逼他回转来的"④。情感的变迁使婚姻名存实亡，不如废除更直截了当。

第四，性欲的满足，无碍于社会道德。"有了婚姻制度，性欲就不能满足了！因为真正的结婚（假定是一夫一妻主义），男女的性欲，是不能和第三者发生的。一和第三者发生，人家就说不道德。"⑤ 而实际上"性欲和食欲一样，是动物的一种自然的欲望，就是所谓兽欲。我们要想得着幸福，总要满足这两种欲望。如果因为性欲是一种兽欲，是卑鄙的，是龌龊的，便去抱独身主义，那便叫忘本。要晓得人是动物进化来的，我们自己就是性欲满足的结果，是神圣不到那里去的。如果有人说，满足性欲，是和道德有妨碍的，那么满足食欲，为什么就和道德没有妨碍呢？"⑥ 性欲与食欲的类比，使其脱离了道德的束缚。至此，性欲的满足已和饮食一般自然，无道德属性也就不会产生妨碍社会道德的弊害。

第五，人的性欲无爱情和情理可言，容许其冲动和放纵。他们认为，"人类是没有理性，只有冲动，感情上的冲动，尤其剧烈"⑦，"我对于男女关系的意见，只承认满足性欲这一条，什么精神的结合，我都反对，所以我想叫做自由交媾……我以为精神的结合，不止是男女间的事体，男女和男子，女子和女子，何尝没有精神的结合？所以我们只能够说，精神的结合，是人和人之间的一般关系，不是男女两性间的特殊关系。男女两性间的特殊关系，除了交媾外，一概不应当有，交媾是一种无意识的冲动，不必定要讲什么爱情不爱情。"⑧ 对于精神结合的宽泛理解，使他们排除了它在恋爱中的独特性，由此为自由性交奠定了理论基础。

---

① 哲民：《废除婚姻问题底讨论（二）》，《觉悟》1920 年 5 月 20 日。
② 翠英：《结婚到底是什么》，《觉悟》1920 年 5 月 16 日。
③ 张松年：《男女问题》，《新青年》1919 年第 6 卷第 3 号。
④ 翠英：《结婚到底是什么》，《觉悟》1920 年 5 月 16 日。
⑤ 存统：《废除婚姻问题》，《觉悟》1920 年 5 月 25 日。
⑥ 存统：《废除婚姻问题的辩论（五）》，《觉悟》1920 年 5 月 23 日。
⑦ 可九：《废除婚姻问题的辩论（二）》，《觉悟》1920 年 5 月 22 日。
⑧ 存统：《辩论的态度和废除婚制》，《觉悟》1920 年 5 月 21 日。

第六，主张自由的"人格"，打破性的专利。在他们看来，真正的自由恋爱，"只有打破男女生殖器的专利主义，满足个性的性欲目的"①。"自由恋爱的根本原理，是在去束缚而取自由。男女的性欲，由于生理作用不得不然，自然应当纯正自由，不该有什么限制和管理。"②"'自由的人格'底意义，就是主张个人绝对自由，不受一切政治、威权、宗教形式……的束缚；除出自然律以外，不受一点限制。我们理想的社会就是使社会各组成员，都适合于'自由的人格'底社会。婚姻制度，是不适合于'自由的人格'的，所以我要反对他。"③ 主张自由的"人格"，实际上是宣扬个人的绝对自由，也只有如此才能创造自由性交的有利条件。

综合上述观点，废婚者之所以主张废婚，是从人性的需要、婚姻制度的罪恶及自身发展的内在逻辑三方面入手得出的结论，其中尤以"人性的需要"为重点，认为"情移""性欲"是人的本能表现。

"情移"就是康有为所分析的"凡人之性，见异思迁，历久生厌，惟新是图，惟美是好"④ 和施存统所谓"爱情随时变动"⑤。废婚派分析逻辑的褊狭之处在于，他们将人的自然属性看得过重而将社会属性忽略了，如若将两性关系仅仅理解为"禽兽"的冲动显然不合理。英国科学家蔼理士通过研究发现："充分发展的恋爱当然不止是单纯的性交行为而已，而是扩充得很广与变化得很复杂的一种情绪，而性欲不过和许多别的成分协调起来的一个成分罢了。"⑥ 蔼理士从自然属性和社会属性两个角度阐述了性交与恋爱的关系，认为恋爱是自然属性与社会属性的集合体，性交只是恋爱中的一部分，将恋爱等同于性交自然难以成立。蔼理士进一步指出，性爱只是婚姻成立的基础，但并不是唯一要素：

> 婚姻不止是一个性爱的结合。……在一个真正"理想的"婚姻里，我们所能发见的，不止是一个性爱的和谐，而是一个多方面的而且与年俱进的感情调协，一个趣味与兴会的结合，一个共同生活的协力发展，一个生育子女的可能的合作场所，并且往往也是一个经济生活的单位集

---

① 哲民：《废除婚姻问题底讨论（二）》，《觉悟》1920 年 5 月 20 日。
② 孙祖基：《自由恋爱是什么?》，《觉悟》1920 年 5 月 26 日。
③ 存统：《废除婚姻问题》，《觉悟》1920 年 5 月 25 日。
④ 康有为：《大同书》，《康有为全集》（第 7 集），中国人民大学出版社，2007，第 76 页。
⑤ 存统：《废除婚姻问题》，《觉悟》1920 年 5 月 25 日。
⑥ 〔英〕蔼理士著《性心理学》，潘光旦译注，三联书店，1987，第 434 页。

困。婚姻生活在其他方面越来越见融洽之后，性爱的成分反而见得越来越不显著。性爱的成分甚至于会退居背景以至于完全消散，而建筑在相互信赖与相互效忠的基础之上的婚姻还是一样的坚定而震撼不得。①

如以蔼理士的认识为出发点，我们就会发现婚姻生活中包含着丰富的内容，有性、情、兴趣、经济等众多要素，仅用性爱难以囊括婚姻的实际内容，而且在较为理想或成功的婚姻生活中，性爱的力量在维系夫妻关系中往往不见得起主要作用。因此，用性欲的满足做废婚的理由并不见得那么充分。

二　张竞生的"情人制"设想

与"废婚主义"如出一辙，但更富有浪漫情调的是"情人制"的提出。张竞生与"废婚主义"者立论的基点保持了一致，即婚制是夫妇痛苦的根源。无论是多夫多妻制、一夫多妻制、一妻多夫制还是一夫一妻制，都体现了男子自私的欲望，成为压抑女子与背逆人性的工具。男女的交合本为乐趣，而爱情的范围不只限于家庭之内，故就时势的推移与人性的要求，一切婚姻制度必定逐渐消灭而代为"情人制"。

所谓"情人制"，就是以情爱为根本条件的男女结合。在"情人制"下，两性可能天天有伴侣而终身却得不到一个固定的爱人，又或许终身得不到伴侣却能时时领略真正的情爱。但在"情人制"下真正值得赞美的，是如毕达哥拉斯所说的哲人一般，即不为名也不图利，只为欣赏；也可能如袁枚所说的园丁，日日与花为伴反与花两相忘，这是张竞生对于"情人制"中两性关系的理想描绘。女子自待如花，自我珍重；男子待女子如园丁呵护、欣赏花卉一般，以此比喻表达了"情人制"下爱的真义，即"爱的真义不是占有，也不是给与，乃是欣赏的"②。只有"情人制"中的男女才能彼此互相欣赏，杜绝占有之心。情人制虽有弊端，但与婚制相比其弊少利多，故张竞生认为"情人制是男女结合最好的方法"。

那么，"情人制"与现行婚制相比其优越性体现在哪里呢？根据张竞生的解释，其优势主要体现在三方面。

---

① 〔英〕蔼理士著《性心理学》，潘光旦译注，三联书店，1987，第 361 页。
② 张竞生：《情人制》，《张竞生文集》（上），广州出版社，1998，第 151 页。

第一，男女在未定情之前，必定会彼此努力以讨对方的欢心。在这样的社会中，两性必然注意装饰和修养的提升，性格与才能也必然日趋上进。于是在外貌、内心两方面产生种种吸引异性之法，同时两性又生出种种竞争。吸引和竞争相互冲击、调和，从而创造出"爱的创造"与"美的进化"来。

"爱的创造"有广义、狭义之分。从广义上看，社会之人相互对待有如亲戚一般，笑脸相迎，娇眼互照，无处不可创造情爱，无人不可以成为朋友。门户之见既除，羞怯之念已灭，男女结合，不用"父母之命，媒妁之言"，全恃他创造情爱的才能，创造力大的则为情之王与情之后，创造力小的则为情的走卒和情的小鬼。从狭义上说，"爱的创造"乃是对于钟情的对方时时想出新花样、新行为、新表情使他快乐，使他的爱情日增，以免被别人夺去。

"美的进化"问题，则须依靠同性之间的竞争和催促。从横向说，男子要取得女子的欢心，女子要赢得男子的青睐，不得不讲求仪容，揣摩心情；从纵向说，男对男与女对女的竞争更烈。男子或女子认为其竞争对手的容貌和才能胜于我，一切情场优势必为其把持，于是不免要发奋整饰容貌，努力提升才能与性情。爱与美乃属情人制下的双生儿，其本同根相生：要爱不能不美，由美自能得到爱。一个社会如果能实行情人制，自然能得到爱与美的创造和进化。

第二，在情人制下的男女生活比固定的夫妻生活更丰富。情人制中的男女生活仍然是活动的，变动不拘的，他们的固定是相对的、暂时的。他们如要保持这个暂时固定的状态，必须时时从外、内两方面进行努力。对外则当使二人之外的情人风潮不会打搅他们的生活，只要心中有主见就不会逐波随流；对内两性须要时时把美感与情感保存与增进。两人若想继续从前情人的生活，必须相互尊重彼此的嗜好、习惯，并从事自己喜好的职业。总之，男女两性应当保持彼此独占的戒心，知道情爱与嗜好一样可以变迁，故要彼此努力保存旧的与创造新的情爱。二人的结合虽失于情爱的褊狭，但却得到专一的爱情享受。只有如此，男女两性才能在夫妻式的生活中得到情人式的快乐。

第三，由情爱结合的男女如若失去了爱情可以实现轻松的离合。爱的破坏在昔叫作离婚，破坏或离婚即是救苦救难的观世音，破坏就是解脱，破坏乃创造新生命不可缺失的历程。男女既不能彼此欣赏于情爱之已经罪大恶极了，男子或女子还要借什么名义来霸占对方，这就更无情理了。两性爱到极致，本无所谓合，更无所谓离。但既有所合，便有所离，离合本是小事，情爱的有无才是两性结合的要事。

张竞生认为，通过上述优势可以达到四个目的："第一，使男女了解情爱的意义。第二，他们知两性的结合全在情爱。第三，使人知情爱可以变迁与进化，岌岌努力于创造新情爱者才能保全。第四，使人知爱有差等，即在一时可以专爱一人而又能泛爱他人。"① 实际上，这个目的能否达到，在很大程度上依赖于女子社会地位的提高。

情人制的实践还需要许多制度性的保障，"外婚制"就是其中之一。张竞生认为："爱是广大的，不是局部的，外婚制乃是一地方的男女与别地方相结婚之谓，它是最能推广情爱的范围，故有提倡去组织的必要。"② 由此来看，张竞生的"外婚制"设想是专为推广"情人制"而来。

"外婚制"设想由人类学家考察澳洲土人婚姻状况衍生而来。张竞生对人类学家关于"外婚制"的解释进行了扩展，认为人类之所以实行"外婚制"，乃是因为"人性对于情爱有扩张到极大范围的倾向"。另外，人类对于"性交一事带有'放肆'及害羞的性质，男女太亲近之人对于性交总不免害羞，不敢尽情放肆，遂使彼此不能得到性交的乐趣，所以人类喜欢与外族疏远之人结婚。""外婚制"的实施不但能使情人制更加发展，同时它又是达到种族互相了解及世界大同的最好方法。战争、经济侵略容易招致人类的仇恨，文化的侵略也难以使各民族融洽。人类的根本了解，只在于情感，而情感的沟通，莫如从广义的婚媾入手。汉代的"和亲""五胡乱华"辽、金、元及清的南下都为张氏的"外婚制"提供了强有力的佐证。因此，为了世界大同和世界各民族相互了解以及人类情感的互相沟通，应当大力推行"外婚制"。

实行"外婚制"，使汉族与世界各民族婚媾对我们有什么帮助，对世界有什么影响呢？张竞生认为，如与俄国人通婚，那么俄国人刚强的性质足以弥补汉民族文弱的缺陷，吸收他们冒险、神秘与宏大的性格；同时我们会给他们温柔优容的心情。如与欧美人通婚娶得外国妻，她们管理家庭、保育婴儿的经验及积极向上的精神会对我们发生重大影响，对于家庭的改革与社会的改造会起到积极作用。总之，在情爱的名义下，我们可以与日本、印度、非洲各族以及澳洲群岛的妇女通婚，最低限度也应该在国内实现各民族的互

① 张竞生：《情人制》，《张竞生文集》（上），广州出版社，1998，第152～155页。
② 张竞生：《外婚制》，《张竞生文集》（上），广州出版社，1998，第155页。

婚、南北方的互婚。只有这样，我们才能把精血灌输到世界各民族之中，通过这个过程吸收先进民族的优秀文化，改造落后、衰弱、野蛮的民族，使世界各民族携手踏入光明之路。这是博爱的宏愿，有助于世界大同的实现。

张竞生博爱的宏愿以及世界大同的畅想与康有为《大同书》中提出的"杂婚之法"① 如出一辙，但又更为精进。康有为思想的焦点在男女权利的平等，张竞生的关注点则聚集于个体精神的满足与个性的实现。创造一个美的社会，这样的社会"必以情爱、美趣及牺牲的精神为主"②。因男子天然禀赋的限制，这样的社会在男权世界中难以实现，故必须发挥女子的优势，使其成为社会的中心。

在 1920 年代的中国，即使倡导一夫一妻制的爱情婚姻观尚且只能在知识群体的部分人中践行，此种破坏婚制的奇谈怪论更难以在社会立足。维护传统礼教者自不必说，即使爱情婚姻观的赞成者对此也嗤之以鼻。1926 年10 月 20 日，鲁迅在致许广平的信中说："至于张先生的伟论，我也很佩服，我若作文，也许这样说的。但事实怕很难，我若有公之于众的东西，都是自己所不要的，否则不愿意。以己之心，度人之心，知道私有之念之消除，大约当在 25 世纪。"③ 鲁迅之意是说，张竞生的设想太过于理想化，严重脱离现实，它也只能停留在理论层面。爱情属于个人的内在情感，它具有明显的排他性，因而恋爱双方一般都不愿意自己的恋人像赏花般欣赏异性或被异性欣赏。以当时人的文明程度也很难保证鉴赏者都不含有私心杂念。故鲁迅认为，情人制的实现"大约当在 25 世纪"。

综上所述，无论是"废婚主义"还是"情人制"，知识界的思考逻辑都立足于现实，着眼于未来。④ 他们有感于现实婚姻包括自由婚姻在内的弊害及所造成的痛苦，故特别关注未来两性关系的发展趋向与改造。康有为所阐发的大同世界的婚姻实践于太平世；刘师复的废婚主张与"从国家主义进入到无政府主义"的理论相对应，"由部落主义，进而为国家主义，再进而为无政府主义，那婚姻制度，也是由杂婚主义相对应，进而为夫妻主义，再进而为自由恋爱主义"⑤。在刘师复的认识中，国家政治形态与婚姻形态紧密相

① 康有为：《大同书》，《康有为全集》（第 7 集），中国人民大学出版社，2007，第 45~48 页。
② 张竞生：《新女性中心论》，《张竞生文集》，（上），广州出版社，1998，第 161 页。
③ 鲁迅：《鲁迅全集》（11），人民文学出版社，2005，第 166~167 页。
④ 《废除婚制讨论中的感想》，《邵力子文集》，中华书局，1985，第 295 页。
⑤ 哲民：《废除婚姻问题底讨论（二）》，《觉悟》1920 年 5 月 20 日。

连，废婚主义必须在无政府主义时期实行，而不是在别的阶段。五四时期的废婚者更是屡次提到婚姻制度"不是现在一时所能废除的"①，而是社会得到根本改造之后的事："我以为社会底经济组织，没有根本改变以前，什么婚姻问题、家庭问题、男女平等问题、教育普及问题……统统都不能解决的。我们要解决这些问题，还须从事根本改造去！"② 张竞生也说，"情人制"是在"一切婚姻制度必定逐渐消灭"③ 而发生的。由此可见，他们虽主张彻底解决两性关系的内在矛盾，但将希望寄托在了未来。提出"废婚"主张的人并不是心血来潮的文字游戏，而是以严肃认真的态度进行的理性思考，也以超凡的勇气等待知识界的批评，如施存统曾说："我们和人家辩论，原不是一定要得著胜利，失败了，也算不得甚么一回事。我相信，我们失败了，真理是不会失败的。我们要是被真理征服了，我们便当投降于真理旗帜之下，做他一个效劳小卒，再去征服别人。"④

未来两性的发展应该如何尽可做学理上的探究，从这个意义上讲，任何基于现实的推理都有"讨论上的价值"⑤，具有合理性。在当时看来无论是多么荒谬的主张，实际都有其合理依据。因此，将其主张斥之为"偏激""异想天开""痴人说梦"⑥ 的论点过于武断。欧洲空想社会主义者的理论也不成熟，实践也不成功，但它们仍成为经典马克思主义的重要理论来源。从这个意义上讲，任何人都难以全盘否定"废婚主义""情人制"的理论合理性。虽然他们的主张在当时甚至今天仍难以践行，但其对于个体精神的满足与个性展现的设想具有重要的理论价值。

小　结

"人"的意识的觉醒为重新审视婚姻构建了价值新体系。知识界承接了

---

① 存统：《废除婚制问题底讨论（一）》，《觉悟》1920 年 5 月 20 日。
② 同上。
③ 张竞生：《张竞生文集》（上），广州出版社，1998，第 151 页。
④ 存统：《辩论的态度和废除婚制》，《觉悟》1920 年 5 月 21 日。
⑤ 《废除婚制讨论中的感想》，《邵力子文集》，中华书局，1985，第 296 页。
⑥ 刘长林等：《自由的限度与解放的底线——民国初期关于"妇女解放"的社会舆论》，上海大学出版社，2014，第 156 页；梁景和：《五四时期社会文化嬗变研究》，人民出版社，2010，第 41 页。

清末对传统婚姻的批判锋芒并将其深化，认为传统婚姻最大的弊病在于扼杀人性和泯灭个性。以此为基础，知识界重新阐释了婚姻的意义：从广义上看，婚姻的目的在于社会文化的延续；从狭义上看，婚姻的目的是要以平等的合作实现两性的互助，以更好地实现个体的人生价值，进而获得精神的满足和人生幸福的实现。

从历史发展的脉络看，婚姻新理念从"自主"转向"自由"，其内涵日益丰富并逐步深化，影响力也渐趋扩大，引导着部分青年去尝试全新的婚姻生活。但在新旧过渡的时代，新青年多诞生于旧家庭，新旧矛盾冲突激烈，自由婚姻的实现困难重重。在此背景下，新青年如何摆脱旧家庭的束缚以获得婚姻自由，就成为知识界讨论的热点问题。在讨论中，男性怎样获得婚姻自由，弱势女性的权益如何保障成为知识者们关注的核心问题。与此同时，知识者们也献言献策，明确指出了自由结婚必须具备的要件，并反思总结了当下自由婚中存在的问题，力图使青年们在自由结婚中获得切实的幸福。

为了更好的展现个性自由和实现人类情感的满足，有些学者甚至提出了"废婚"和"情人制"等奇思妙想。从当时的现实条件看，这些设想并不具备践行的基础。但它们的提出，是知识者个性自由的充分展现，尤其是对于未来两性关系的思索，更体现了知识者对于人生幸福的终极追问。

其实，知识界对于婚姻的全方位思考都集中在一点，即如何充分体现对人性的关照。人性的回归是近代思想发展史的重要价值体现，无论是对于旧式婚姻的救济，还是对于新式婚姻的拓展，抑或是对于未来婚姻的猜想，都是知识分子在现实的境遇下努力开拓自由空间，实现个体价值，获取人生幸福的重要表征。

第七章　自由离婚的多维解读

在婚姻自由的解释维度中，它内在地包含着离婚自由。既然订婚自由，离婚就应自由。[①] 以此来解释，离婚取得了与自由结婚相同的内在规定性："在现社会内，自由结婚与自由离婚一样的重要。"[②] "什么时候取消结婚，与什么时候结婚，一样的是个问题。"[③] 从理论上讲，自由离婚是打破婚姻桎梏，实现两性精神解放的必要手段。但婚姻是人类社会化的产物之一，结婚是社会关系的优化组合，离婚则是社会关系的再调整。因此，社会化的差异会直接影响到人们对离婚的观感。不同性别、同一性别中不同阶层的人们对于自由离婚的体悟以及由此带来的影响都有所不同。特别是在民国这个新旧交替的时代，离婚并不总是意味着精神的解放，个中滋味可谓五味俱全，由此构成了自由离婚的复杂图景。

第一节　知识界对离婚的关注

五四时期，自由恋爱之风吹拂了知识青年的心田，使其明了婚姻的意义和人生兴味。为了人生的幸福和个性的展现，青年们欲摆脱包办婚姻的羁绊，但"过度时代的父母往往因礼教家风的关系，不肯听他们正当的离婚。所以这般活泼有为的青年们，脱离家庭关系的有之；欺骗恋人的有之；杀妻的有之"[④]，这一切"成为老年思想与青年思想冲突的焦点"[⑤]，从而使离婚

---

① 炳文：《婚姻自由》，《新妇女》1920 年第 6 卷第 2 号；高思廷：《理想之家庭》，《妇女杂志》第 9 卷第 8 号，1923 年 8 月；陈望道：《我想》，《新妇女》第 4 卷第 3 期，1920 年 11 月。
② 《〈妇女评论〉创刊宣言》，《妇女评论》第 1 期，1921 年 8 月。
③ 周作人译《现代戏剧上的离婚问题》，《妇女杂志》第 8 卷第 4 号，1922 年 4 月。
④ 卓吾：《我对于婚制下弃妻者的意见和救助被弃妻的方法》，《女星》第 11 期，1923 年 8 月。
⑤ 沈雁冰：《离婚与道德问题》，《妇女杂志》第 8 卷第 4 号，1922 年 4 月。

问题显得尤为重要，进而引发了知识界的广泛关注。

一　离婚正当性的论证

自婚姻制度确立以来，离婚与结婚即相伴而生。离婚古称"仳离"，谓夫妇因离婚而分别。晋代始有"离婚"之语，从此以后逐渐成为解除婚姻关系的统称，但因传统社会离婚权主要掌握在夫（家），故明清已降"休妻"成为民间离婚的通俗用语。宋代以前的中国社会，离婚、改嫁之事因法律、道德的宽松而具有一定的普遍性，故其事例不胜枚举。自宋始乃以离婚为丑事，士大夫不敢轻言休妻之事，司马光、程颢等认为出妻是不贤之举。迨至明清，此观念变本加厉，被视为大恶，士大夫即使娶悍妻也不敢轻言离异，女子嫁与恶夫更是如此。更有甚者，士大夫还以助人离婚有损阴鸳的迷信来进行恐吓，[①] 遂在社会中造成了畏惧离婚的心理。以此为基础，离婚无论对男方还是女方都被视为不正当、不名誉之事。故自清末以来，鼓吹离婚，乃至离婚行为都受到传统势力的非议，"自西学东渐，口讲文明者盛唱自由结婚之制，于是男子之权利益肆，停妻再娶之事竟视为当然，其甚者且休弃结发，别妇新缘，在一般知识幼稚之女子以为脱去二千年来之旧习必可以得自由之乐，往往坠入其彀中而不知悲怨之惨剧，娟媚此穿盖已扮演登场矣。"[②] 此观点认为，离婚是西方的舶来品，虽以极动听的名目蛊惑人心，但早已种下悲惨的种子。即使五四前后，反对离婚者也大有人在。除上述缘由外，他们还以人性本恶为出发点，认为"如果婚姻说是可以自由解散，则道德必定要堕落，风化必定要败坏，男女必定要梦乱；要是夫妇有呕气，争斗，背弃，私通，以及谋害的事，这也是没法；男子宿娼，纳妾，则更不是什么重要，只是夫妻说可以自由离婚异，总觉得有些不可"[③]。反对离婚的不仅有传统礼教的维护者，即使赞成自由结婚者排斥自由离婚的为数也不少。作者"胡耘圃"认为，"自由结婚，复多自由离婚之事发生何哉？青年男女，意志不坚，偶然反目，辄行离异，以一时之气忿，断结发之深情，其不可离也

---

① 《拍案惊奇》第20卷中记载，一位萧姓秀才，命中注定可考中状元，以至阴间的灵官小鬼都因畏惧而避让。但一次偶然的机会，他被人拉去代写了一份休书，结果受到天谴，被减去了爵禄。

② 清谈：《自由结婚》，《申报》1910年5月13日。

③ 周建人：《离婚问题释疑》，《妇女杂志》第8卷第4号，1922年4月。

一。人生数十年，好似一场幻梦，几次离异，瞬届桑榆，一生事业，从此已矣，其不可离也二。既谨慎选择于前，恋爱于前，胡为竟弃绝于后，视婚姻为儿戏，舍前程其弗思，其不可离也三。"① 如果说胡氏否认离婚是为维护婚姻的严肃性，还有人为维护婚姻的神圣而断然否认离婚："未结婚之前，当然可以自由的；已结婚之后，是不能自由的，铁案铸定，确不能解除，最不得已时，只能分居，也不能脱离夫妇名义的关系，也不能再为嫁和娶。……结婚神圣，的确不可随便将就轻举妄动的。慎之于始，万不可悔之于后。"②

对于新旧两派否认离婚的主张，婚姻自由论者据理力争，他们从两方面阐述了离婚的正当性：一看其是否具有历史根基，即它是不是新问题；二看其存在是否符合道德，并能推进婚姻的进化。

追根溯源符合国人内心的"崇古"情节，便于他们从情感上接受离婚观念。知识者以历史为依据分析认为，"离婚这事是自古常有的"③，古代先贤"像孔子的'三出其妻'，曾子的'蒸梨出妻'，匡章的'出妻屏子'，都不以为不道德"④，因此"离婚问题决不是新问题"⑤，也并不是醉心欧化的少年从西方引进的舶来品。另有礼教先生认为，"离婚问题只是现在一般读过洋书的青年男女身上的问题，目不识 ABC 的人们和离婚两个字素不相干；这在意义上，老先生们以为离婚问题是维新人物所有的问题了。其实家人间'勃谿''脱辐'而至于上公堂'断离'的，是旧社会中目不识 ABC 的人们常玩的把戏，既已有这些事实，便有离婚，断乎不能单让维新人物占美"⑥。对于历史的追溯，起到了正本清源之功效。既然从古至今，上至先贤、下至布衣皆曾发生过离婚。那么，离婚在中国并不是新现象，无论从哪个角度反对离婚都站不住脚。

离婚既然在中国早已有之，那么什么样的离婚才符合道德呢？按照唯物论观点，道德观念作为上层建筑要随物质基础的变化、时代的更替而有所调整，"道德者利便于一社会生存之习惯风俗也。古今之社会不同，古今之道德自异。"⑦ 道德风俗必须有利于社会的存在与发展，社会不同，道德、风俗

---

① 胡耘圃：《艺菊轩随笔》，《学生文艺丛刊》第 5 卷第 10 期，1929。
② 非非：《结婚！离婚！》，《公教周刊》1929 年第 4 期。
③ 周建人：《离婚问题释疑》，《妇女杂志》第 8 卷第 4 号，1922 年 4 月。
④ 夏梅：《自由离婚论》，《妇女杂志》第 8 卷第 4 号，1922 年 4 月。
⑤ 沈雁冰：《离婚与道德问题》，《妇女杂志》第 8 卷第 4 号，1922 年 4 月。
⑥ 同上。
⑦ 守常：《自然的伦理观与孔子》，《甲寅》日刊，1917 年 2 月 4 日。

必异，其中体现了自然进化之理："道德既是社会的本能，那就适应生活的变动，随着社会的需要，因时因地而有变动，一代圣贤的经训格言，断断不是万世不变的法则。"[1] 传统社会以农业为基础，男子经济上的优势造就了"男尊女卑"的两性模式，形成了"七出"的离婚法则，体现女性权利的"三不去"根本不足以动摇离婚法则的男权特质。

自清末以来，来自西方工业社会的自由、平等理念传入中国，并经知识界的反复宣传、灌输逐步在新青年中扎下了根。在两性平等基础上产生的婚姻自由观，其理念彻底颠覆了传统离婚观。周建人对此解释说："现在的离婚观念是说不但男子可以提出离婚，女子也一样可以提出离婚；男子离婚之后可以再娶，女子离婚之后也一样可以再嫁；只要两造没有恋爱，或恋爱失亡，也可离婚，更何必待谋害，通奸等事实现之后，始成为离婚的理由呢？这就是古今离婚观不同的地方，然这一个不同点却非同小可；这实是由家族主义转为个人主义的一个大运动。"[2] 个人主义的兴起使离婚成为可能，特别是女性取得了与男子同样的离婚权，这不能不说是女性解放历程中的大事。

婚姻观从"义务型"向"权利型"的转变是离婚观念更替的基础。"权利型"婚姻抛弃了宗族义务而转向当事者的权益，强调"婚姻该以恋爱为基础，而且该以恋爱为限界。"[3] 恋爱的有无成为婚姻存废的根本依据。陈望道曾分析说，"我们不能承认单是肉欲的或止是物质的关系所成的婚姻为幸福的婚姻；我们承认婚姻是两性最密切的共同生活，在这共同生活之间始终应有称为恋爱的一个精神的要素。换一句话说，恋爱和共同生活底关系，应该是事实和征候底关系，不该是原因和结果底关系。如认是原因和结果底关系，必至妄想以共同生活为原因而生恋爱，或以恋爱为原因而营共同生活：结果，前者形成了旧式的惨状，后者形成了新式的苦景，为避免这新旧两种惨苦起见，我们必须得承认恋爱和共同生活应该是事实和征候底关系，即恋爱应如光色之绘画，节奏之与音乐，与共同生活同在；又如寒暑表之与气候，应以共同生活为恋爱底征候。如其这样，则爱亡当然离婚，即顽强的法律也不宜妄加反对。"[4] 陈望道在这里不仅强调了恋爱在婚姻中的核心地

① 李大钊：《物质变动与道德变动》，《新潮》第 2 卷第 2 号，1919 年 12 月 1 日。
② 周建人：《离婚问题释疑》，《妇女杂志》第 8 卷第 4 号，1922 年 4 月。
③ 陈望道：《我的婚姻问题观》，《东方杂志》第 21 卷纪念号，1924 年 1 月 10 日。
④ 《自由离婚底考察》，《妇女评论》第 57 期，1922 年 9 月 6 日。

位，还用了许多生动的比喻，如"光色之绘画""节奏之与音乐""寒暑表之与气候"等语句形象地阐述了恋爱与婚姻相互依存的关系，从而顺理成章地推导出爱情破裂应当离婚的观点，以此表明了自己拥护离婚的立场。

"敬衰爱亡"① 的自由婚姻必然要用离婚来收拾残局，这是陈望道的分析逻辑。同样以恋爱为分析起点，吴觉农则用了另一种思路。他认为，恋爱婚姻是两性独立人格的结合，人们"如果对于恋爱观念和结婚观念都能有一种革新的智识，定能把向来'服从的恋爱'或服从的结婚的意义，完全改变。知道人格与人格相互的结合，对于离婚的自由，自然也认为当然的事情了"②。具有独立人格的两性结合，各自都有权利决定婚姻的存废，离婚自由也理所当然。

正如某些当事人所说，包办婚姻未必都是不幸的，但其所造成的婚姻苦难却比比皆是，《曙光》杂志的创办者之一王晴霓为此总结说："将自然理性的结合，变成强制的桎梏；将美满愉快的家庭，变成囚人的监狱，……在外一看，恰似一个人家，内面却是含冤饮恨！"③ 为了批判传统婚姻的不可离异，有人援引西方女权主义者的观点加以论证。如爱伦凯女士说："自由离婚无论含有怎样的弊病，总比含有野蛮性的习惯，最可耻的性的买卖，最可痛心的心灵虐杀，及最无人道的残忍行为，以及在现代生活各方面所表现的，对于自由的野蛮的侵害等等婚姻所酿成的或酝酿中的弊病轻得多了。"萧伯纳认为："结婚的夫妇，决没有愿分离的；但是他们愿分离，而不使他们分离，就是奴隶制度。""不要以为通奸是离婚的最初理由，恐怕他还是最后的理由；或者把他全然废了，更为合理，也未可知。"没有恋爱的婚姻，不仅是不自然的、不合理的非人生活，更是一种罪恶。为铲除这种罪恶，倍倍儿建议说："与别的感情和食欲一样；倘若男女间不欲继续结婚生活，社会主义的道德，就要求他们分离，因为在这样状态下面，还继续结婚生活，是不自然的，同时也是不道德的。"通过上述论者的阐述，加强了新知识界铲除传统婚姻陋俗的决心。

传统礼教维护者认为，离婚是不贞之表现，为多夫多妇大开了方便之门。作者"李季诚"对此反驳说，不离婚是否就能保持贞节呢？这个问题恐

① 《〈自由离婚号〉引言》，《妇女评论》第 57 期，1922 年 9 月 6 日。
② 吴觉农：《爱伦凯的自由离婚论》，《妇女杂志》第 8 卷第 4 号，1922 年 4 月。
③ 黄石：《家庭组合论》，《妇女杂志》第 9 卷第 12 号，1923 年 12 月。

怕不是礼教先生们所能回答的。一般人所谓的贞节，不外乎"烈女不事二夫"一语，完全是针对女子而言，并不约束男子。更有甚者，基于"从一而终"理念他们又把离婚和贞节两事混为一谈，不知离婚自离婚，贞节自贞节；贞节能否保持，并不在乎离婚不离婚。否则，何以不离婚而通奸犯科者大有人在呢？为此，他阐发了自己关于离婚问题的贞节阐释："因真正的自由恋爱而结合成为夫妇的男女，在恋爱的心理未断或已断而未将婚姻正式解除之时，不再与第三的男女因恋爱而发生性的行为。"① 以恋爱为审视婚姻的出发点，包办婚姻如不能产生恋爱本身就已与贞节相违背，如若因此发生通奸、谋杀等行为更属罪恶。由此李季诚较为彻底地批判了"从一而终"的传统贞节论，为离婚的道德性奠定了基础。

通过知识界的大力宣传，新知识分子对离婚问题基本达成了共识："离婚这件事，决不是不道德的，只有一对毫无爱情的夫妻，社会上用了旧礼教来压迫，束缚，不准他俩离婚，这才是不道德的。"② 在他们看来，强迫无爱的两性维持夫妇关系才是不道德的，此举与沙滩造房无异，难以保证婚姻的牢固、长久。因此，离婚并不损害个人道德，"在男子方面不为不德，在女子方面不为不贞"③。与此相反，"现今一般青年，想藉离婚去防止私通等的不道德，免除室家不睦的痛苦，实在是性的道德向上发达的一种证据"④。离婚既然被视为两性道德发达、进化的标志，其道德性不言而喻已取得新知识界的基本认同。

在新知识分子看来，离婚对于婚姻、家庭的意义非凡："我们结婚的最重要的目的，就是要取得精神上的'优美的愉快'。"⑤ 为达到这个目的，除了提倡恋爱结婚之外，还需要有离婚的自由，离婚是防止两性错误结合的良策。"给与人们以离婚的自由，并非奖励现在具有能力的结婚者随便分离。……是为一种极困苦的人们，导向幸福的世界之路。"⑥ 另外，离婚在很大程度上能加深当事人对于婚姻意义的理解。由离婚而带动婚姻改良，对于家庭的安宁、人种优化、子女的养育也能产生积极意义。⑦

---

① 李季诚：《离婚与贞节及子女》，《妇女杂志》第 8 卷第 4 号，1922 年 4 月。

② 夏梅：《自由离婚论》，《妇女杂志》第 8 卷第 4 号，1922 年 4 月。

③ 沈雁冰：《离婚与道德问题》，《妇女杂志》第 8 卷第 4 号，1922 年 4 月。

④ 李季诚：《离婚与贞节及子女》，《妇女杂志》第 8 卷第 4 号，1922 年 4 月。

⑤ 夏梅：《自由离婚论》，《妇女杂志》第 8 卷第 4 号，1922 年 4 月。

⑥ 吴觉农：《爱伦凯的自由离婚论》，《妇女杂志》第 8 卷第 4 号，1922 年 4 月。

⑦ C. N. ：《离婚的意义与价值》，《妇女杂志》第 8 卷第 4 号，1922 年 4 月。

通过知识界的宣传和论辩，离婚自由理念在青年学生中的影响逐渐加深。1921年，陈鹤琴在调查中发现，青年们并未将离婚或退婚作为改良婚姻的主要手段，婚姻改良的焦点还主要集中在结婚问题上，这点无论在已订婚或未定婚者当中基本相同。[①] 到1928年的时候，这种情况已大为改观。葛家栋的调查数据显示，在其调查的燕京大学男生中已有50.75%的人赞同离婚。其中，已婚者的比例是35.89%，已订婚者是50.00%，未订婚者为55.3%。[②] 从数据看，从未订婚者到已婚者其比例逐渐降低，可能生活的磨炼让青年人更加理智了。在潘光旦的调查中，青年人对于离婚的认同度更高，其中赞成单方不愿同居即可离婚的占42.1%，赞成只有双方同意才能离婚的占94%。[③] 1930年，梁议生对燕京大学60名未婚女性进行了调查，其中只有2名女生认为应当做出自我牺牲而不离婚，其他人皆赞成离婚。在主张离婚者当中，又以赞成只有双方同意才能离婚的人数最多。[④] 上述数据表明，在知识界的大力宣传下，离婚已和结婚一样被认同，并成为青年一代改良婚姻的重要选择。

二 离婚当以何为标准？——关于离婚问题的论战

在理论上，自由离婚是破坏不良婚姻，争取人生幸福的必由之路。[⑤] 因此，离婚自由观的确立，为青年男女摆脱婚姻桎梏，探求人生真义提供了可能。但从实际情况看，自由离婚面临着不少瓶颈。在新旧交替的历史时期，制约离婚的因素多种多样，有当事人的"恋爱思想问题""经济生活问题""社交生活问题""两性生活问题""儿童问题"[⑥] 等都影响着离婚能否顺利。在上述要素中，又以旧式妇女特别引起知识界的关注。旧式妇女多是小脚，文化水平极低或是文盲，缺乏足够的自立能力。那么，在离婚中应该如何对

---

① 陈鹤琴：《学生婚姻问题之研究》，《东方杂志》1921年第18卷第5、6号。
② 葛家栋：《燕大男生对于婚姻态度之调查》，李文海主编《民国时期社会调查丛编》（婚姻家庭卷），福建教育出版社，2005，第38页。
③ 潘光旦：《中国之家庭问题》，李文海主编《民国时期社会调查丛编》（婚姻家庭卷），福建教育出版社，2005，第288～289页。
④ 梁议生：《燕京大学60女生之婚姻调查》，李文海主编《民国时期社会调查丛编》（婚姻家庭卷），福建教育出版社，2005，第67页。
⑤ 朱舜身：《合理的自由离婚和任意的自由离婚》，《妇女评论》第57期，1922年9月6日。
⑥ 陈望道：《自由离婚底考察》，《妇女评论》第57期，1922年9月6日。

待她们呢？当时的知识分子由于人生阅历和学识背景各有不同，对于婚姻自由理念的理解也各有侧重。为此，他们分化成两大阵营，从而引发了知识界关于离婚问题的新一轮对话。

一些知识分子从男女平等理念出发，以恋爱为判断依据，认为离婚中不必考虑女性或以牺牲女性为代价促进婚姻改良，笔者将这部分人称之为"主观离婚派"。他们当中有人说："惟一的救济方法，只有自由离婚，废除不人道的娼妓，打破不平等的纳妾，在完全的自由恋爱中现出一对一对真心的伴侣，这是根本救济法。在失恋时期中，谁也管不得谁的自由，离婚只要一方提出便可成立，这便是治标法的人道自由离婚。"① 《妇女杂志》曾以"尊重女性的男子可否与自己不满意的旧式妻子离婚？"为题进行征文，作者"陶俨和"撰文分析说，如果承认夫妇间的结合以恋爱为核心要素，那么有学问的男子与目不识丁的旧女子结婚因缺乏精神的交流，生活必定十分痛苦。如若不然，他定是蔑视女性并把其当作奴隶、玩具、生育机器看待，以玩弄女性来弥补精神的不足，这对女性是最大的不敬。为此，尊重女性的男子可以直截了当的与旧式妻子离婚。之所以如此决绝，其主要原因是要刺激女性读书，女方家庭为了女儿的终身幸福必定要迎合男性的需求以送女儿求学，其求学主旨虽不当，但女子却能得到实惠。② 除却上述两种理由外，男子要驱逐旧妻，牺牲女子的理由还有不少。有人对此进行了总结。

第一，从婚姻新伦理看，没有恋爱的婚姻完全是不道德的，所以因无恋爱而离婚是性道德应当承认的最正当的办法。如果有丝毫的顾虑，不但自己不道德，还置旧式妻子于不道德之境地。至于妻子感受到痛苦甚至自杀，这完全是对方缺乏智识的缘故，与因恋爱失败而发狂或自杀是相同的，绝不能算不道德。

第二，所谓痛苦的大小，是相比较而言的，并不是绝对的。无爱情而同居时所感受的痛苦与离婚所受的痛苦，两相比较难以判断大小和深浅。但离婚后感到痛苦的只有女子一方，而不离婚的痛苦却是双方共同感受的，甚至还会祸及儿女。两害相权取其轻，长痛不如决绝的离婚更好。

第三，社会上的盲婚都由包办婚姻所造成，而守旧派依然希望这种制度

---

① 《自由离婚泛说》，《妇女旬刊汇编》1925 年第 1 集。

② 陶俨和：《尊重女性的男子可否与自己不满意的旧式妻子离婚？》，《妇女杂志》第 10 卷第 10 号，1924 年 10 月。

永存。如果能使他们经常见到离婚的悲剧，一定可以促使他们对婚姻制度进行反思。离婚的悲剧越多，悲惨越大，旧婚制被摧毁的速度也就越快。目前虽然牺牲了几个女子，却使未来多数女子得到了救助，获得了幸福。①

这些言论貌似有理，实际上是把女子从一个困境推到了另一个困境。他们离婚的理由看似冠冕堂皇，却将女子无情的抛弃，使其名誉受到损害，生存受到威胁。②旧式女子所面临的婚姻困境本由男性造成，但破解这个难局又让女性做出牺牲，依然是解放语境中的霸权行为，本质上与传统礼教维护者并无二致。为此，上文作者在总结了上述三点理由后，痛批这种不为弱势女性考虑的离婚是利己主义的表现。③

考虑到旧式女性的实际困境，另一些知识分子主张离婚要"爱情"和"人道"并重，④邵力子将其概括为"情理兼备"⑤。"理"是指婚姻成立的基本原则，新旧结合的婚姻如确实不能产生恋爱就可离婚；"情"是指人道主义，要尽量援助已经离婚的前妻，使自己良心得到安宁。⑥笔者将这些论者称为"客观离婚派"。

"客观离婚派"为什么要以"爱情"和"人道"为离婚标准呢？他们认为，在理论上，离婚包括法律和爱情两方面，但"我国法律限制还不完全"⑦，"法律的禁止是呆板的，不能普遍的"⑧，为此离婚就不能仅顾爱情而不考虑人道问题。另外，更多人认为，"主观离婚派"牺牲女性的做法根本站不住脚，其理由有三。

第一，旧式女子做新道德的牺牲品有失公允。旧式女性因受旧道德的束缚变得无知无识，这完全是旧道德的罪，不是自己造成的；而旧道德恰是以男子为本位的，并不体现女性的利益。因此，让女子做旧道德的牺牲品非常

---

① 紫珊：《中国目前之离婚难及其救济策》，《妇女杂志》第 8 卷第 4 号，1922 年 4 月；夏丏尊：《男子对于女子的理由离婚》，《妇女评论》第 57 期，1922 年 9 月 6 日。
② 《〈自由离婚号〉引言》，《妇女评论》第 57 期，1922 年 9 月 6 日。
③ 紫珊：《中国目前之离婚难及其救济策》，《妇女杂志》第 8 卷第 4 号，1922 年 4 月。
④ 李相杰：《离婚之标准——爱情和人道》，《妇女杂志》第 8 卷第 4 号，1922 年 4 月。另，在1927 年第 4 卷第 1 期的《学生文艺丛刊》上有署名"金琪"的作者发表了标题和内容完全相同的文章，二人关系如何不可考。
⑤ 《要求离婚者的觉悟》，《觉悟》1922 年 10 月 8 日。
⑥ 《离婚的顾虑》，《觉悟》1922 年 10 月 2 日。
⑦ 李相杰：《离婚之标准——爱情和人道》，《妇女杂志》第 8 卷第 4 号，1922 年 4 月。
⑧ 钱如南：《离婚与弃妻》，《妇女杂志》第 8 卷第 4 号，1922 年 4 月。

不合理。①

第二，旧式女子对于离婚痛苦的感受比结婚大。结婚和离婚的痛苦本身并无定数，但对旧式女子来说，离婚一定比身在婚姻中要痛苦。② 离婚的女性母家多不收留，自己又无自立能力，要承受经济生活的危险；因社会歧视离异的女子，有社会生活的危险；因社会鄙视女子的再嫁，又有两性生活的危险。③ "现今一般的婚姻生活中经济关系大抵比精神关系或感觉关系更深"④，旧式妇女因遭夫家遗弃而流浪街头的新闻时常见诸报端。由此可见，旧式妇女的经济依赖程度极高。两相比较，生存的威胁远比婚姻的痛苦要大得多。

第三，牺牲现在的女子以援助将来的女子道理上不通。杀身成仁出于个人自愿，这算得上勇烈可嘉。如果要以杀人达到救人之目的未免不合理，况且将来的人是否因现在被杀的人而得救还未可知，而现在的人却由我而死，这太过残忍。⑤

既然"主观离婚派"的理由站不住脚，他们相应的也深化了自己的认识：离婚是道德的，倘若因离婚使女子发生不幸便是不道德。⑥ 那么，实施人道的离婚到底应该怎么做呢？所谓人道的准则，就是看待我们的妻子或丈夫要用看待"人"的心。换句话说，离婚要本着双方自愿的原则，不能强迫对方离婚。同时，离婚中的优势方要照顾弱势方，要本着开发人的本能、造就向上的精神为原则，使双方都能在离婚中获益。⑦ 对此，陈德征强调说："真正懂得恋爱的人第一步，自然是尊崇一般女性，提携一般被压迫的女性。果然，使那无知的女性羞愧而死，或无形中使她饱受了人间的指摘，抑郁而死，都不是恋爱认识者所当做的了。"⑧ 即使恋爱婚也不能无原则的离婚，邵力子以透彻明了的语言概括说："凡由恋爱而成的婚姻，是为有责任的婚姻，离婚当然要为负责任的离婚。爱情何由而来，而结为婚姻；爱情复何由而去，而致离婚。在结婚时可以不问，而于离婚时候则必须有正当之理由。"

---

① 紫珊：《中国目前之离婚难及其救济策》，《妇女杂志》第 8 卷第 4 号，1922 年 4 月。
② 同上；饶上达：《离婚问题的究竟观》，《妇女杂志》第 8 卷第 4 号，1922 年 4 月。
③ 《〈自由离婚号〉引言》，《妇女评论》第 57 期，1922 年 9 月 6 日。
④ 陈望道：《自由离婚底考察》，《妇女评论》第 57 期，1922 年 9 月 6 日。
⑤ 紫珊：《中国目前之离婚难及其救济策》，《妇女杂志》第 8 卷第 4 号，1922 年 4 月。
⑥ 梦苇：《离婚问题》，《妇女杂志》第 8 卷第 4 号，1922 年 4 月。
⑦ 戴秉衡：《离婚之标准》，《妇女杂志》第 8 卷第 4 号，1922 年 4 月。
⑧ 陈德征：《女性观和恋爱观》，《妇女杂志》第 9 卷第 4 期，1923 年 4 月。

为此他进一步说，"在现时我国社会里，凡离婚由女子方面而提出的，应绝对尊重其理由，无条件的承认伊；若由男子方面提出，那便必须严重地课他的责任，非为伊妥筹善后的方策不可"①。

从这个原则出发，其他知识分子也纷纷阐发自己的见解。有人说，正因为社会制度和习惯的不良所以才要离婚，"不过在这个转风移俗的当儿，我们对于离婚的条件上，加倍的注重她们离婚以后的幸福，也就够了。不然，因噎废食，去坑杀全部分受婚姻痛苦的男青年，——同时也就坑杀了全部分受婚姻痛苦的女青年，——那是多么万恶的一个事哟！"② 署名"秋芳"的女士，从女性的立场出发也赞成离婚，但"尊重女性的男子，对于他所不满意而离婚的女子，在友谊上道德上，应该予以相当的救济，如维持她的生活和提高她的知识"③，即离婚要"顾全人道主义"④。杭州一师一位叫"静心"的学生给陈望道写信说："我们的人类所做的事情，总要近点人情的，非像猪狗牛羊的可以无理性的。"⑤ 既然女子的弱势是旧社会的罪恶，并不是其自身所造成。因此，离婚"必须使她以后的境遇得相当的安全"⑥。假如"自由离婚论者，只知倡导，不知监督；只知促离，而不顾及离妇的将来；这样的人，我认为是自私的男性辩护者，女子的仇敌，社会的蟊贼！"⑦

还有人认为，假如"爱情"和"人道"不能并存，他"宁可牺牲爱情，不可牺牲人道"⑧。作者并不是反对离婚，只是为了顾全弱势女性而忍痛做出的牺牲。男子为什么要做出牺牲幸福以周济自己的旧式妻子呢？他分析说，作为受过教育的青年男子，我们必须设身处地的替自己的父母和妻子考虑，对其是非多加包涵。同时，为了将来的青年着想，应该舍弃自己的幸福集中精力去极力改良社会，去为他人谋幸福，这是知识青年的责任，根本没有必要陷旧式女性于悲惨之境地。与此同时，作者还批判当下的青年将爱情看得

---

① 《共进社社友武止戈的离婚案》，《觉悟》1924 年 3 月 14 日。

② 阎平阶：《尊重女性的男子可否与自己不满意的旧式妻子离婚?》，《妇女杂志》第 10 卷第 10 号，1924 年 10 月。

③ 秋芳：《尊重女性的男子可否与自己不满意的旧式妻子离婚?》，《妇女杂志》第 10 卷第 10 号，1924 年 10 月。

④ 陆秋心：《婚姻问题的三个时期》，《新妇女》1920 年第 2 卷第 2 期。

⑤ 《这样可以离婚么》，《妇女评论》1922 年 3 月 22 日。

⑥ 《离婚有两全的法子吗》，《觉悟》1922 年 10 月 5 日。

⑦ 蒋慕林：《男性的离婚》，《妇女杂志》第 9 卷第 8 号，1923 年 8 月。

⑧ 李相杰：《离婚之标准——爱情和人道》，《妇女杂志》第 8 卷第 4 号，1922 年 4 月。

过重，把爱情等同于人生，而实际上爱情不能包括人生，而人道却是整个人生。当时持有类似观点的知识青年大有人在，[1] 他们并不是反对离婚，而只是不忍置旧式女性于艰难境地。因此，他们考虑问题的初衷与"客观离婚派"有相当的一致性。

周作人先生在总结中国的离婚问题时曾说："今日的离婚问题；也可以说不是婚姻可不可离的问题，是应不应该平等而且自由的问题；在今日的中国尤其是要怎样离婚才能使两造，如有小孩则兼小孩，都不陷入困苦的问题。……我们此刻已不是讨论应该不应该自由平等的时代，我们现在是应该怎样享用这自由，我们如何可以得到平等的问题。如果这种思想是有理的，那么，应该不应该离婚，离婚应该不应该自由平等，都可以不必讨论，所要讨论的只是要怎样离婚才能顾全双方或并小孩的幸福，不背于新的道德。"[2] 婚姻既然以两性的自由、平等为基础，显然不能只关注于结婚而忘却了离婚，"主观离婚派"考虑问题的褊狭即在于此。以平等理念为出发点来考虑离婚，它显然是带有深切人文关怀的话题。它不应当是男权主义的再次宣泄，也不是极端女权主义的表达，而应该综合考虑两性利益，实现两性协作，以创造美育生活的新开端。

第二节　五四之后的离婚风潮

在婚姻自由理念中，离婚自由是其题中应有之义。接受了婚姻自由理念的青年，在新性道德观的指引下懂得了可以重新选择自己的婚姻生活，离婚或解约就成为必然，从而掀起了近代中国的第一次离婚高潮。在新旧交替的时代，包办婚和自由婚并存，缔结方式的差异决定了其中存在的问题迥异，身处"围城"中的人们各有其酸楚。为此，离婚主体的诉求也多有不同。但归结到一点，其目的都是为了转换婚姻生活方式，寻求做人的尊严。

---

[1] 在《妇女杂志》第 10 卷第 10 期的征文"尊重女性的男子可否与自己不满意的旧式妻子离婚？"中除了作者李相杰持有此类观点外，署名"菊华""八星""吴祖光"的作者都持有类似的观点。在《妇女杂志》第 8 卷第 4 期中，夏梅女士还专门对此观点做过批评，由此可见此类观点在知识青年中有一定的普遍性。

[2] 周建人：《离婚问题释疑》，《妇女杂志》第 8 卷第 4 号，1922 年 4 月。

一　离婚风潮的兴起

自宋代以降，离婚问题在道德领域逐步由宽松走向紧缩。在程朱理学的指导下，它与两性名节紧密相连，使其成为名誉之人不能擅闯的禁区，"近世士大夫百行不作，而独以出妻为丑，间阎化之。"① 同时，法律对于"七出"的诸多限制，也使男子对于妇女的离弃不能随心所欲。② 既然男子提出离婚都很困难，妇女主动离婚更非易事。在绝大多数情况下，她们宁可在悲惨的境遇中牺牲掉也不愿被人视为大逆不道。③ 生活毕竟是复杂多变的，即使是在最传统、最保守的社会也会出现家庭破裂和夫妻的离异，但在道德与法律的双重束缚下，明清社会的离婚率极低则是不容置疑的事实。④

自由、平等理念传入中国后，这种状况在悄然发生变化，尤其是女子不仅开始争取到自主结婚的权利，自主离婚的事例也时有耳闻。

中国第一位大学女校长杨荫榆女士⑤的离婚可谓开清末风气之先。1901年，17 岁的杨荫榆遵父母之命嫁入了寓居在无锡的常州籍蒋家，新婚之夜她发现蒋家少爷不仅面貌丑陋而且智商低下，与自己并无半点共同语言。为此，她以罕见的勇气进行抗争，第二天就跑回了娘家，并坚决与夫家断绝了关系，从此一生没有再婚。⑥ 上海的《女子世界》对此曾以"离婚创举"为题进行报道：

> 无锡杨女士荫榆，曾在上海务本女学即苏州景海女熟肄业，自嫁于蒋某后，即不得自由入校，女士深啯翁姑及其夫之专制，即行离婚，复入务本肄业云。⑦

---

① （清）方苞：《方苞集》，上海古籍出版社，1983，第 128 页。
② 瞿同祖：《中国法律与中国社会》，中华书局，1981，第 124~128 页。
③ 魂影：《江北妇女概况》，《女子月刊》第 2 卷第 3 期，1934 年 3 月。
④ 郭松义：《中国妇女通史》（清代卷），杭州出版社，2010，第 270 页。
⑤ 杨荫榆，女，1884 年出生于江苏无锡一个书香门第。她一生坎坷，早年不幸的婚姻使得她终生不再嫁，致力于学术。她曾留学日、美，颇受现代知识的熏陶，学成归国后成为中国近代史上第一位女大学校长。但在治校过程中，因教育理念不同，并屡显独裁之风，最终遭免职。在抗日战争中，她不畏艰险，多次挺身而出保护自己的同胞，1938 年惨遭日寇杀害。
⑥ 《回忆我的姑母》，《杨绛文集》（散文卷·上），人民文学出版社，2004，第 116~133 页。
⑦ 《离婚创举》，《女子世界》（第 4 册）1905 年第 3 期。

　　《女子世界》的记者志群对此事点评说："此女子不依赖男子而能自立之先声也。此等事能多见，则婚姻自然改良，而男子自大之气、翁姑专制之风或将从此而稍杀，女士其好为其离者欤。"由记者的评论可见新知识界对其离婚抗争的赞许之情。

　　1903 年，《大公报》记载了无锡另一位女子自主离婚的案例。无锡的裴孝廉已聘娶同城宣姓女子为继室，并选取吉日将于七月间迎娶。宣氏女子是上海某学堂教习，为反抗包办婚姻她亲自修书裴孝廉要求退婚：

　　　　"婚配之事，我国旧例必有父母之命，欧律则听本人之意见。前者行聘之事，乃家兄一人之意，某至今方始知，万难为凭。若必欲践约，某当死入裴氏之墓，不能生进裴氏之门"云云。闻孝廉已有复书，允作罢论，退还庚帖。闻者壮之，为此乃女权发达之嚆矢，婚嫁文明之滥觞。且即此一端，足验该县进化之程度。①

　　从宣氏女子的书信来看，其慷慨陈词可谓有礼有节。无论按旧例还是欧律其婚姻都不符合程序，故它的无效性已先天注定，再加之裴孝廉通情达理，解约之事遂顺利解决。由此可见，清末女子教育确实提升了女性的文化素养，从而使其有能力争取到离婚自由，这在近代女性发展史上确实值得用浓墨重彩来抒写。

　　近代传奇女性郑毓秀女士②解除婚约的举动在清末也至为轰动。1904年，13 岁的郑毓秀得知自己即将嫁入两广总督家，而未婚夫竟是个浪荡子，遂心生不满。为了解除婚约，她绞尽脑汁设计了三个步骤：先是向父母央求解约未果；其后让哥哥写信要求对方到欧洲或美国留学，至少也要到北京读大学，此举也遭到对方的拒绝。紧接着，郑毓秀以此为借口说明二人志不同、道不合要求解约，引起对方家庭的极大不满。郑毓秀与两广总督之子解除婚约，其影响可想而知。迫于压力，她只得在哥哥的帮助下外出求学，最

---

　　①　《婚嫁自由》，《大公报》1903 年 9 月 26 日。
　　②　郑毓秀，清光绪十七年（1891）出生在广东广州府新安县西乡乡屋下村（今广东省深圳市宝安区西乡镇乐群村）一个封建官吏家庭。祖父郑姚，穷苦出身，后在香港发迹，成为大商人，曾赈济黄河水灾，受到慈禧太后的封赐。其后，她加入孙中山领导的同盟会。她是中国历史上第一位女博士、第一位女律师、第一位省级女政务官、第一位地方法院女院长与审检两厅厅长，推动了中国的法制建设和女权运动。1959 年 12 月 16 日病逝于美国洛杉矶。

后走上了留学之路。[①]

如果说解约是女性婚姻文明意识的重要开端，那么陈樾芝在离婚中的权利意识则更进一步。1906年，扬州府女子陈樾芝与其夫潘步曾离异，后进入学堂学习三载，并出任京口女学堂教习。1909年，她了解到西方妇女离婚的种种权利后，遂向县、府直至江宁藩司提出诉讼，要求夺回子女的抚养权并取得赡养费。官方准其离婚，但清代法律并无女方抚养子女和领取赡养费的明文规定，故其要求被驳回。但从整个案件来看，地方官对于妇女的离婚权已有默认之态势。

清末女性解约事件虽属个案，但这星星之火也足以说明女性个人意识的兴起。她们解约的成功固然与其学识水平、果敢的性格有关，同时也与家庭的支持密不可分。郑毓秀解约的成功以及后续的成长与其兄长的帮助紧密相连；赵元任的妻子杨步伟女士的解约更是如此，如没有祖父和父亲的默许、支持，纵然个人再干练恐怕也难以成功。[②]

民国肇造，万象更新，特别是经过五四新文化运动的洗礼，知识青年婚姻自主的意识增强，离婚被纳入了新性道德的框架而被广泛认可，由此掀起了近代中国历史上的第一次离婚风潮。

社交公开和恋爱自由理念的兴起使青年们有了恋爱的机会，也逐渐明白了两性结合的意义，但传统的早婚习俗却成为恋爱道路上的障碍。青年们为达到恋爱的目的，掀起了和旧式妻子离婚的风潮。曾有人对我国的离婚趋势做过预测："第一，繁盛之都市渐增，离婚之事实亦必随之而增。第二，我国无根本信仰的宗教，祖先观念又渐不可维系人心，将来影响于离婚，亦必甚大。资产阶级的人，易流于逸乐奢淫。性欲冲动强，不易满足。劳动阶级之人，又多为人所鄙弃。其流毒必先及于上流社会，及青年学生，与劳动阶级的人。此事虽无确实之根据可征，但据平日耳目经验，确是如此，社会前途可怕之险象不独是美国的，是世界的，也是我国将来的。"[③] 纵观近代中国离婚的发展概况，其事实大致如此。都市经济的变迁带来了社会生活的变动，传统婚姻观念动摇，离婚渐成扩展趋势。在婚姻观念的变革中，首得风气之先的无疑是上层社会的子弟，其中包括对外界变化较为敏感的学生群体。

---

① 彭望芬：《郑毓秀女士自述（节选）》，《生活》1927年第3卷第2、8期。
② 杨步伟：《一个女人的自传》，岳麓书社，1987，第75~78页。
③ 饶上达：《离婚问题的究竟观》，《妇女杂志》第8卷第4号，1922年4月。

对于上流社会的状况，胡适曾揭露说："中国近年的新进官僚，休了无过犯的妻子，好娶国务总理的女儿：这种离婚，是该骂的。"[①] 从现有史料看，纳妾在北洋政府各级官员中较为普遍，[②] 但从胡适的披露也能对上层社会的离婚状况窥探一二。

对于学生而言，离婚风潮应肇始于留学生。清末民初的留学风潮，给了中国学生脱胎换骨的机会。他们"入了新的环境，获得一种新的觉悟，才知道人生的婚姻问题与家庭问题，如不及早解决，势必堕落自己的人格，隳灭自己的志气。"[③] 为此，他们在国内外举办刊物，宣传自由、平等新思想以启迪国人，甚至率先垂范摆脱包办婚姻。吴宓在批判美国社会习俗时顺带提及了中国留学生离婚的事实，他说："近乃知西人之荡佚，至于此极。宜乎吾国留美学生，上者如顾□□、魏□□，中者如庄□，下者如周金台，女子如朱胡□□之流，弃约背盟，置人于死地，比李十郎尤为负心。……其心以为，彼中国之女，为我而病而死、而投河、而出家，乃由其不知外国世情，自愚自苦，我焉能负此咎哉？"[④] 胡适在揭露北洋官员离婚的同时，也对留学生的离婚进行了批评。他说："近来的留学生，吸了一点文明空气，回国后第一件事便是离婚，却不想想自己的文明空气是机会送来的，是多少金钱买来的；他的妻子要是有了这种好机会，也会吸点文明空气，不致于受他的奚落了！这种不近人情的离婚，也是该骂的。"[⑤] 有的干脆娶个外国太太，"到中国后，或与结发妻离婚而给她精神上与物质上的帮助就好了。或则不经过这样的手续，而与西妇远远地同居，也是可以混过一生的'准婚制'的美甜生活。"[⑥] 杨步伟女士在其回忆录中也验证了这个事实，"那时还有一个风行的事，就是大家鼓励离婚，几个人无事干帮这个离婚，帮那个离婚，首当其冲的是陈翰笙和他太太顾淑型及徐志摩和他太太张幼仪，张其时还正有孕呢。"[⑦] 对此，蔡元培曾感慨地说："男子游学外国，以得偶于彼国略受中等

---

① 胡适：《美国的妇人》，《胡适文存》（1），黄山书社，1996，第476页。
② 《教务长勾引日妇》，《中华新报》1917年3月31日；《张大帅买妾》，《中华新报》1917年5月12日；车吉心、王育济主编《中华野史》（民国卷），泰山出版社，2000，第354、436页。
③ Y. D.：《我的离婚的前后——兼质郑振壎先生》，《妇女杂志》第9卷第4期，1923年4月。
④ 吴宓：《吴宓日记》（2），三联书店，1998，第26页。
⑤ 胡适：《美国的妇人》，《胡适文存》（1），黄山书社，1996，第476页。
⑥ 张竞生：《张竞生文集》（下），广州出版社，1998，第31页。
⑦ 杨步伟：《杂忆赵家》，《一个女人的自传》，岳麓书社，1987，第251页。

以下教育之女子为荣，而耻其故妇之未入学校，则弃之。呜呼！此诚过渡时代之怪状也。"①

庐隐曾借第三方之口道出了留学生离婚的心态，"吾辈留学生，原应有一漂亮善于交际之内助，始可实现理想之新家庭，方称得起新人物。若弟昔日之黄脸婆，则偶实不类，弟一归国即与离异"②。上述材料清晰地表明，对新女性的渴求是促使留学生离婚的主要因素。留学之前的包办婚姻波澜不惊地给他们送来了一位目不识丁的小脚太太，留学之后因视野的开阔，其价值观念和择偶标准均发生变化，他们更愿意寻找知识、性情匹配的女性携手共度美好人生，因而厌倦了早已匹配的结发妻子。留学生们的离婚行为，其是非曲直我们作为局外人和后来人很难做出判断，但这种风气不能不影响到国内的学生。

留学生的离婚风潮确实影响到了国内的普通知识青年。1920年后，男女社交的环境逐渐宽松，这为两性恋爱提供了契机，也为后续的离婚埋下了伏笔："已经承受了包办的婚姻，而又得着新恋爱者的，或已明了非恋爱的结合，不能有幸福的男青年们，欲达到他们恋爱的目的，非和父母包办的妻离婚不可。"③ 再者，"一个受过新教育的男子，大都以为和一个旧式女子结婚是可耻的，所以必定要和新女子结婚"④。在此等心理的引导下，国内一般的知识青年因恋爱而离婚者比比皆是。

有的青年基于对于恋爱婚姻的迷信，认为包办婚姻不可能产生爱情，故对包办对象采取盲目排斥的态度。例如，在《妇女杂志》的一次征文中，有作者在提及自己的包办对象时说："那位姑娘没有什么好与不好，不过我始终抱反对态度，不愿与一个毫不相识，不曾被我爱过，没受我爱的可能性的姑娘做终身伴侣。"⑤ 另一位青年也声称，自己在奉父母之命与一女子结婚后，对妻子一无好感，"我不愿意考察伊底用意，也不愿意知道伊底为人，更不愿意留神伊侍奉姑翁不？爱我不？我总之不承认那种机械式的婚姻制来支配我毕生的幸福，把那种来历不明白的人，来强夺我神圣的爱情"⑥。这类

---

① 蔡元培：《读寿夫人事略有感》，《蔡元培全集》（3），中华书局，1984，第68页。
② 庐隐：《时代的牺牲者》，钱虹编《庐隐选集》（上），福建人民出版社，1985，第321页。
③ 卓吾：《我对于婚制下弃妻者的意见和救助被弃妻的方法》，《女星》第11期，1923年8月5日。
④ 兰萌：《女子在婚姻上的苦痛与危险》，《现代妇女》第26期，1923年5月26日。
⑤ 曹允栋：《我之理想的配偶》，《妇女杂志》第9卷第11号，1923年11月。
⑥ 左天锡：《我底离婚底经过》，《妇女评论》第70期，1922年12月6日。

青年强烈憎恶包办婚姻，完全放弃了与旧式妻子培养感情的机会。正所谓"城门失火，殃及池鱼"，这些旧女性不可避免地成为婚姻新观念的受害者。

绝大多数知识青年离婚的原因是由于两者知识水平、价值观念相差甚远，乃至无法正常沟通，难以产生精神的共鸣而离婚。陈望道先生在提及自己的第一次婚姻时曾说："我是一个曾经过旧式婚姻痛苦的人，当十五六岁时便被强迫结婚……但是我和伊并不是不好，从姊弟的情感上讲，实在是很好的，在我们乡间，谁也说我俩是很好的一对！可是不知怎的，心里总觉彼此不安。"① 从陈氏与其前妻相处的情况看，如果仅着眼于结伴生活彼此之间相处还是非常融洽的，但他们精神上沟通的障碍成为无法逾越的鸿沟，这种"不安"就成为离婚的祸根。

前已述及的东南大学教授郑振埙的离婚可谓典型案例。郑氏本人作为东南大学教授属于高等知识者，其妻"启如"则是典型的旧式女子，性情温顺，但目不识丁。起初，仅从二人的性情、性格看彼此还能相处融洽，但随时间的推移两人学识乃至观念的差距使两人的精神距离越来越远。在交流上，"她同我谈的，是由女仆们传来邻舍新闻，我同她谈的，是普通常识。她同我谈的时候，我由喉咙里发一最简单的声音回答她；我同她谈的时候，她亦如此回答我。我们两人的知识虽相差甚远"。知识上的差距，造成了沟通上的巨大障碍，更不用谈精神上的交流。在价值观念上，"启如"遵循着传统观念，即使有心按照丈夫的要求转变，但在诸多因素的束缚下并没有完全转变成新式女子，这引发了郑氏逃婚甚至离婚的想法。

郑氏的这一经历在知识界中引起了普遍的共鸣，有许多人认为，"这不只是一人的写照，实在可以代表现代许多不美满的婚姻的经过，与最后决定的情况"②。有女性读者也感同身受地说，在其"相识、不相识的姊妹中，如郑振埙夫人的遭遇，已不知有多少了！"③

此类离婚现象发生的根源，与包办婚姻和早婚有关。男子结婚后继续求学，而旧式妻子多半没有文化，两性之间的文化水平、思想意志相差太

---

① 陈望道：《妇女问题》（续），《妇女周报》第48期，1924年7月30日。

② 克士：《爱情的表现与结婚的生活》，《妇女杂志》第9卷第4号，1923年4月；许元启：《读前号》，《妇女杂志》第9卷第4号，1923年4月；Y. D.：《我的离婚的前后——兼质郑振埙先生》，《妇女杂志》第9卷第4期，1923年4月。

③ 莲史：《妇女的非人时代——促普天下男性反省》，《妇女杂志》第9卷第4期，1923年4月。

远，再加之求学过程中发生恋爱，旧式婚姻自然难以为继。"这种现象，尤以曾受教育男子较多，在此过渡时代，实为严重社会问题。"[①] 因此，有人分析，"男子之所以不满意他旧式妻子，无非因为她没有受过教育"[②]，或者"嫌女子无学问的占多数"[③]。这些认识与陈鹤琴以及其他人的调查结论基本相吻合。在陈鹤琴的调查中，青年学生"最不满意自己妻子的地方是缺乏知识"[④]，在孙本文评阅的一份调查报告中同样验证了青年们的心态："大部分人的不满意，在妻子的'缺乏学问及才能'。"[⑤] 有人曾以当事人的口吻揭示了这种情况："我对于我的婚事很满意的，因为我生存在旧社会里边，都是一种旧思想。我妻的品貌和妆奁，刚刚适宜于旧社会。到了现在的时候起了反动，看见她仿佛是冤家了。为什么呢？因为我受了文化运动的潮流，晓得女子与男子是一律的，无论文学上交际上都要平等的。哪晓得我之妻子适得其反，字也不认识的，裹足的，面上涂脂粉的，一点没有 20 世纪里边光明的现象，所以我现在非常不满意。"[⑥] 根据知识青年的普遍心态，有人据此认为郑振埙等人婚姻破裂的根本原因，就在于"他们俩的知识程度，相差得太远"[⑦]。

　　时人的上述推理和分析不能说不对，但还不够准确。对新旧结合的夫妇而言，夫妻间的差距不仅仅是知识的差距，更重要的是价值观念的差异以及由此带来的冲突。有人对此概括说："在中国现在的过渡时期，旧式妇女处的是纲常名教社会，洋式青年处的是恋爱自由社会。"[⑧] 如果这个分析准确的话，那么新青年和旧式妻子之间的矛盾就不是知识的差距可以囊括了，更准确的说应该是新思想和旧习惯、旧意识之间的矛盾。因此，同样是对郑振埙夫妇婚姻危机的分析，有人曾说他俩感情破裂的原因在于"新旧不调和"[⑨]，

① 雷洁琼：《中国家庭问题研究讨论》，《社会学界》第 9 卷，1936 年 6 月。
② 菊华：《尊重女性的男子可否与自己不满意的旧式妻子离婚？》《妇女杂志》第 10 卷第 10 期，1924 年 10 月。
③ T. W. D.：《我之理想的配偶》，《妇女杂志》第 9 卷第 11 期，1923 年 11 月。
④ 陈鹤琴：《学生婚姻问题之研究》，《东方杂志》第 18 卷第 6 期，1921 年 3 月。
⑤ 社会科学会社会研究组：《大学生婚姻调查报告》，《复旦月刊》1928 年第 2 卷第 3 期。
⑥ 陈鹤琴：《学生婚姻问题之研究》，《东方杂志》第 18 卷第 4 期，1921 年 2 月。
⑦ 阳少努：《重圆的希望——改良环境和增进学识》，《妇女杂志》第 9 卷第 4 期，1923 年 4 月。
⑧ 王鉴：《尊重女性的男子可否与自己不满意的旧式妻子离婚？》，《妇女杂志》第 10 卷第 10 期，1924 年 10 月。
⑨ 高歌：《没有重圆的可能》，《妇女杂志》第 9 卷第 4 期，1923 年 4 月；署名"陈待凯"的作者在《妇女杂志》同卷同期上发表《新旧的冲突》一文，也表达了相同的看法。

即郑氏对其夫人根本的不满在于她不是一个"新妇人","她即使脚也放大了,粉也不敷了,振壤先生的心理,也未必能充分爱她罢?"[1] 这种分析可从郑振壤的原文中得到充分的印证:"这几点钟功夫,心里虽挂念小儿,都觉得她走路、做事、说话,都有精神,不像一位太太,像一位新式女子。我很爱她,真心的爱她。我同她复合后,就是这几点钟真心的爱她。"正是因为"启如"新式女子的做派才赢得了丈夫片刻的欢心,上述作者对郑氏的刻画可谓入木三分、一语中的。

这种新旧冲突在其他案例中同样可以得到印证。1927 年的《法律评论》登载了这样一个案例,因丈夫要与其离婚另娶新人,马王氏为挽回自己的婚姻而上诉于法院:"氏以读书明理,颇晓出嫁从夫及一女不嫁二夫之义,……氏本一懦弱女子,既已出嫁,岂肯再醮,因随夫归家安度之心切,敢在上诉于钧院,依法解决以免弱女沦落无所依归。"[2] 在这则案例中,马王氏并非目不识丁,但从其言论看又是不折不扣的旧式女子。观念的新旧与文化的高低并没有必然联系,很多新旧结合的夫妻之所以离婚,固然有知识落差所导致的沟通困难,更主要的是新旧观念的冲突。

由于近代中国女子教育起步较晚,加之传统观念根深蒂固的歧视,女子教育极不发达,"女子之得入学校者尚寡"[3],以至"已读书的女子与未读书的女子,新式女子与旧式女子之比,和已读书的男子与未读书的男子,新式男子与旧式男子之比差得太远。因此被男子不满意的离婚的旧式妻子,也就比被女子不满意的离婚的旧夫多百倍"[4]。它一方面肯定了新青年离异旧式妻子在离婚中占主体的事实,同时也提及了少数新女性离异旧式丈夫的行为。

在五四新文化运动的洗礼下,少数女性接受了新教育,思想逐渐发生了改变,她们像男子一样勇于向包办婚姻说"不",从而掀起了妻子离异丈夫的惊世骇俗之举。例如,何道韫本是一个乡间女子,同绝大多数传统少女的命运一样,在她十三四岁时父母已经为其代订了婚姻,找好了归宿。当时,她年纪尚轻,知识未开化,懵懵懂懂的并不知道婚姻是怎么回事,只能任凭

---

[1]　莲史:《妇女的非人时代——促普天下男性反省》,《妇女杂志》第 9 卷第 4 期,1923 年 4 月。

[2]　大理院民事判决上字第 1314 号,1926 年 6 月 30 日。参见《法律评论》总第 204 期,1927 年 5 月 29 日。

[3]　蔡元培:《读寿夫人事略有感》,《蔡元培全集》(3),中华书局,1984,第 67 页。

[4]　菊华:《尊重女性的男子可否与自己不满意的旧式妻子离婚?》《妇女杂志》第 10 卷第 10 期,1924 年 10 月。

父母做主，毫不过问。到了十七八岁的时候，由于知识的增长，她逐渐懂得婚姻的意义，并发现对方并不是自己心仪的配偶，于是跟自己的父母协商要解除婚约。在父母的支持下，何道韫走向了解约之路，虽然对方家庭过于刁顽，但并没有阻遏她解约的决心。[1]

何道韫的行为得到了社会人士的支持，他们鼓励妇女要勇敢解除自己不满意的婚姻，无论它是代订的还是自择的，不能因为害怕父母伤心、难堪和社会的指摘而去迁就，因为"迁就的婚姻虽至白头偕老，都是虚伪和丑恶的"[2]。在这样的氛围中，不少女性开始宣判不幸婚姻的死刑，广东潮安的陈良璧离婚事件就是其中一例。1918年3月19日，陈良璧女士嫁给杨振锋为妻，其后备受婆婆和丈夫的虐待，1920年1月4日悬梁自尽未果。1921年，杨振锋拟往浙江体操学校求学，陈氏遂将首饰典当，助夫求学。谁曾想到，杨氏竟用在体操学校学到的拳术助母殴妻，陈女士遂对其婚姻产生绝望，并提出了离婚。潮汕当地的各大报纸都刊登了陈良璧的离婚书，历数了其夫的八大罪状，坚决宣告两人婚姻的破产。[3]

民国传奇女性褚松雪[4]一生中两次向不幸的婚姻说"不"。她出身于浙江嘉兴官宦之家，早年受革命潮流的影响立志要从事社会改革事业以尽国民之责任，在婚姻问题上有"不遇同志终身不字"的观念。其父母亡故后，在哥嫂的压迫下嫁给了张传经（字伯纶）。张氏出身官僚家庭，毕业于教会创办的南京金陵大学，但在其父的影响下注意力转向了仕途和享乐，这与褚的意愿背道而驰，为此二人时常发生抵牾。1921年秋，经褚提议二人离婚。[5]

更有上海吴女士因丈夫不卫生等细故而提出离婚。吴女士是某女校高才生，1919年嫁给乔家浜陈姓为妻。陈是市立高等小学校长，结婚后，时有勃

---

① 何道韫：《解除婚约的宣言》，《妇女周报》第32号，1924年4月2日。
② 原侠绮：《告要逃免和解除婚约的姊妹》，《青光》1923年5月24日。
③ 《陈良璧离婚的情形》，《妇女杂志》第9卷第8号，1924年8月。
④ 褚松雪，1907年生（一说是1895年），出身于嘉兴官宦之家，祖父曾任道台，父亲褚成钰官授直隶州同知，工于诗词曲赋，又颇有政治抱负。她幼承家训，又读过师范，立志高远决心为社会服务尽国民之责。1918年夏，在哥嫂的包办下嫁于官宦之子张传经，因二人志向不同遂于1921年在北京离婚。1924年，褚与北大教授张竞生结婚，并育有一子，二人因政见不合于1927年离婚。褚热心于社会活动，积极参加政治事务，在第一次国共合作时期曾任北平执行部妇女部长。抗战时期应陈诚之邀，编撰军队刊物《偕行》并任社长；后任罗卓英的秘书，并在广东省政府供职。新中国成立后，褚赴台与爱子团聚，1993年逝世。
⑤ 褚松雪：《我的离婚略史》，《妇女评论》第100期，1923年7月18日。

谿。结婚未及一年，女方提出离婚，理由是陈姓满身污垢同宿有碍卫生；每晨必使婢女清洗便壶有虐待奴仆之嫌。法院以其理由不充分驳回上诉，但吴女士已回娘家，誓不再返。[①]

在传统观念中，国人历来重视结婚而不愿提及、参与不名誉的离婚，故有"宁拆十座庙，不拆一桩婚"的说法。清末民初以来，离婚不断涌现，这极大刺激了国人的神经，故有人说："近来法庭诉讼，男女之请求离婚者，实繁有徒。此皆前所未有，而亦为社会所不乐为者也。"[②] 在离婚问题上虽以男权为主导，但男子"无过错"出妻也会受到社会舆论的谴责。因此，胡适、吴宓等人对这些留学生的行为深恶痛绝。

面对汹涌而来的离婚风潮，政府部门出于多方考虑也试图加以限制，"自来每一高等审判厅长上任，他的例行公事中，必有一件事饬令所属司法机关严限离婚"[③]。1922 年，鉴于离婚案件的增多，北洋政府司法部直接通令各省法院限制离婚：

> 离婚一事，苟有具备一定之条件者，固为法律所不禁。惟者若不稍寓限制，则与风俗前途，大有影响。此后各法院对于受理请求离婚之条件，务须严加取缔；而对于双方手续非十分完备者，尤不宜照准离异。[④]

1924 年，司法部针对女学生临嫁潜逃增多的现象，训令各地要予以严惩。在训令中特别强调，要"取缔离婚，迭经通令在案"[⑤]。各省多也按照司法部的精神进行贯彻，浙江高等审判厅通令下级审判厅说："案查各地近来离婚之案，层见迭出，若不设法消弭，殊为世道人心之害。嗣后各级审判厅，受理离婚案，应该格外慎重，非备具民律草案第一千一百六十二条所列各款之一，并有确实证据者，不得判准离异，以示限制而挽颓风。"[⑥] 奉天省长王永江也"以离婚案日多，令高审厅转饬各司法机关，照新订离婚章程严行禁止，以维风化。"[⑦]

---

① 《为不卫生提出离婚书》，《申报》1920 年 5 月 4 日。
② 《无妄·闲评二》，《大公报》1913 年 9 月 15 日。
③ 《司法部限制离婚》，《妇女杂志》第 10 卷第 2 期，1924 年 2 月。
④ 瑟：《司法部限制离婚》，《妇女杂志》第 8 卷第 4 期，1923 年 4 月。
⑤ 楚女：《取缔女学生离婚问题》，《觉悟》1924 年 10 月 18 日。
⑥ 晓：《"限制离婚"底昏迷》，《妇女评论》第 29 期，1922 年 2 月 22 日。
⑦ 《吉王永江令各司法机关照新章严禁离婚，以维风化》，《申报》1924 年 3 月 17 日。

司法部的饬令遭到一些人士的质疑。肖楚女说："北京司法部都不乏明哲博通之士，试问：欲以法律规范风化者，果应这样去做么？风化不好的原因——女学生'临嫁潜逃'的原因，果真只是受了'不正当学说之煽惑'么？一个能够到了'临嫁'之时，下决心，不顾伊底名誉，羞耻，以及一切而竟至'潜逃'的女学生，果就能以此等强迫的法律，使之为精神上之原状回复，而甘心于其本来不愿之婚姻，仍然如没有那种潜逃或要想潜逃之时的心身状态一样么？"① 陈望道在批驳浙江高等审判厅通令的时候说，这事共有三层"可怪"：

> 一、他们不曾搜求"离婚之案，层见迭出"的缘由，并且不曾统计离婚案底数目，作为研究的对象，仔细地研究，却笼统地指为"世道人心之害"，指为"颓风"，可怪一。
>
> 二、他们不曾知道"世道人心之害"不是法律所能"消弭"，"颓风"不是法律所能"挽"，可怪二。
>
> 三、他们不曾知道倘若限制离婚，使不相安的夫妇，不得遂伲们另娶、改嫁之愿，以致造成蓄妾，宿娼，重婚，奸非……等种种罪恶，反足以为"世道人心之害"，反足以增长"颓风"，可怪三。②

由于司法部饬令不谙世风，故受到不少知识者的鄙视，其权威性大打折扣。因此，它即使再三申饬也不可能抑制已然激荡的新思想。特别是对自由结婚的夫妇而言，他们更注重精神的聚合，对于这种固守"过错离婚"的陈腐律条多不屑一顾，使其成为一纸空文。

传统礼教及司法部的饬令对一般人是有影响的，他们"一谈起自由离婚，没有一人不是咬咬恶骂，极端表示他们反对的热忱的！就是嘴里天天说新思潮的朋友们，也都是未敢表示同意似的，可以知道国人思想的一斑了！"即使面临强大的社会压力，新知识界仍坚持认为，不仅无法维持的包办婚姻要离婚，就是"由恋爱而结婚的，到了恋爱破裂的时候，也应该离异"③。因为"凡是新的结婚，也是不能容忍任何的痛苦，而所谓'嵌入于两人的第三者'，这是不能忘却的一件事"④。

---

① 楚女：《取缔女学生离婚问题》，《觉悟》1924 年 10 月 18 日。
② 晓：《"限制离婚"底昏迷》，《妇女评论》第 29 期，1922 年 2 月 22 日。
③ 周建人：《离婚问题释疑》，《妇女杂志》第 8 卷第 4 号，1923 年 4 月。
④ 吴觉农：《爱伦凯的自由离婚论》，《妇女杂志》第 8 卷第 4 号，

在此思想的引导下，自由婚中的离婚现象也时有发生，作者"臻悟"的假期社会调查颇能说明问题。在作者调查的 54 对夫妇中，10 对是自主婚，44 对是包办婚。在自主婚中，离婚率是 30%，幸福率是 70%；包办婚的离婚率是 14%，幸福率是 7%，有问题的家庭几率达 79%。① 从以上数据可以看出，自主婚的离婚率远远高于包办婚，大致是包办婚的两倍多。

包办婚姻的离婚艰难、曲折，与之形成鲜明对比的是，自由离婚的方式往往简约、奇特。鉴于法律离婚的阻碍，他们往往越过法律程序而用报纸声明的方式来表明二人之间爱情的终结。暨南大学校长赵正平②与其夫人周文洁两人的离婚即是如此。他们在离婚声明中说：

> 予等结婚十余年，家庭间素甚和睦，惟近年来因人生观之不同，并感社会服务之异趋［趣］，以及洁委身基督教之志愿，觉有各辟新生活之必要；因各诚意协商，自夏历甲子年起，断然解除夫妇契约，改以兄妹相待。此后对于原有子女，仍尽共同教养之义务，经济责任，由父方负担。其他一切行动，均由个人自主。远近亲友，未能一一告奉，特此声明。③

赵、周二人离婚的缘由并非性情不合，而主要是人生观的差异，故二人能和平协商离婚。这则离婚声明引起了《觉悟》主编邵力子的注意，他对此大力赞扬："寻常离婚的人，总由于双方情感不洽，甚至于变成仇雠，有的竟在离婚声明中还忍不住要把对手方面辱骂几句，似乎不足以泄愤；赵周两先生则自白为家庭间素甚和睦，而离婚的主因，乃在乎人生观的不同和对于社会服务的异趣，这真是为拥护灵魂的自由而离婚的了！"而且"'声明'的性质，仅为奉告远近亲友；不邀律师订明，不经法律手续，亦甚可取。"④

有人还记录了地方青年人"文明离婚"的范例。臧仲举先生在本地被视为青年才俊，且有美男子之称，故择偶条件甚为苛刻；苗萃英女士丰润轻盈，有醉杨妃之誉。两人由同学发展为密友，最后结为夫妇。但二人蜜月未

---

① 臻悟：《关于离婚的小调查》，《妇女杂志》第 8 卷第 4 号，1922 年 4 月。
② 赵正平（1878—1945），江苏宝山（今属上海市）人，早年留学日本，加入同盟会，为南社最初十七人之一。曾任暨南大学校长、北平社会局局长、青岛市教育局局长，后任汪伪教育部部长、上海大学校长等职。汪伪覆灭，逃亡镇海，畏罪自杀（一说死于心脏病）。（参见周家珍编《20 世纪中华人物名字号辞典》，法律出版社，2000，第 1170 页；周川：《中国近现代高等教育人物辞典》，福建教育出版社，2012，第 455 页）。
③ 《赵正平、周文洁两君的离婚》，傅学文：《邵力子文集》（下）中华书局，1985，第 902 页。
④ 《赵正平、周文洁两君的离婚》，《觉悟》1924 年 2 月 21 日。

满，即有离婚之提议，新婚四十天后二人终于离婚。其离婚不投诉于法官，不取证于亲族，只由双方议定，各告亲族。问其缘由，则曰性情不合。离婚后二人依旧来往不绝，形影不离，形同密友。他们二人的奇特离婚被乡人称之为文明离婚。①

从上述两个离婚案例看，无论结婚还是离婚都可视为"文明婚姻"的典范，其聚合与否完全取决与恋爱精神的存废。但并不是所有的国人在结婚问题上都如此独立，离婚手续上如此简约。觉悟的夫妻离婚协议中对于双方义务的规定多以口头形式进行，如赵文正对于子女抚养义务的规定等。有的夫妇结婚虽是包办，一旦觉悟后也多以口头形式规定彼此的权利与义务。如在傅冠雄和谭永益夫妇的离婚宣言中，作为丈夫的傅冠雄要承担妻子的学费。②历经波折而离婚的夫妇多数彼此间已失去了信任，故多以书面形式的"离婚协议书"来规定离婚后各自承担的义务：

> 吾俩自民国六年二月间结婚以来，意见参差，时有龃龉，长此以往，决难希圆满之两性生活，共一生之休戚关系，夫妇结合之根本原则，早已不能存在。吾俩今既各自觉悟，自应即日解除婚约，为此共订下列之条文，双方须严行遵守，各执一纸以为凭证。
>
> 一，此约由双方自愿戒除婚约。
>
> 一，双方解除后，一切行动，不受任何人之支配。
>
> 一，自解除婚约之日起，三四年内，由□□□君供给□□□君求学费□□元。
>
> 一，□□君所入之学校，□君当负选择之责。
>
> 一，女儿□□，当由双方负平等之护养之责任。
>
> 一，为女儿之护养起见，双方当负相互监督及相互商酌之责。
>
> 一，亲戚故旧，仍得照旧来往，惟经济上及名誉上之行为，非经济对手方之许可，不发生效力。
>
> 　　　　　　　　　中华民国十一年一月五日　立
> 　　　　　　　　　立约者　　□□□押
> 　　　　　　　　　　　　　　□□□押③

---

① 王梅癯：《文明离婚之隽语》，《申报》1927 年 10 月 22 日
② 傅冠雄：《我和谭永益君的离婚宣言》，《觉悟》1924 年 2 月 10 日。
③ Y. D.：《一件妥协的离婚》，《妇女杂志》第 8 卷第 4 号，1922 年 4 月。

上述条款详细规定了夫妻双方的权利与义务，一方面保障了作为弱势方的权利，另一方也有利于离婚的顺利进行。从该则离婚案例看，男方能本着人道主义原则给予女方帮助，使其早日独立，这是知识界所倡导的"情理结合"的离婚法。

在婚姻自由理念的推动下，民初社会的离婚状况与传统社会已大不相同，"吾国法院，审理离婚案件，日有数起。虽经法官循循善导，无如若辈意志坚决，难以排解。……际今世界维新，盛创自由，男女婚姻，亦崇尚自由择配，志同道合，增进夫妇幸福，法良事美。间有不明自由之真谛，结缡未久，忽告离婚者，比比皆是。"① 冰心在感叹世间离婚的千奇百怪时曾说："离婚、离婚，已渐成今日社会上之惯例。"② 从离婚案件的增多之势，可见离婚观念在不少人的心目当中已经成为夫妇改良婚姻的必要手段之一。

1920 年代中后期，离婚率的升高还与国内不断高涨的革命形势密切相连，但这一时期离婚风潮中的主角不仅仅只局限在知识界，下层社会民众的离婚率也逐渐升高。以国共合作为基础的国民革命，积极倡导妇女运动，"痛数旧礼教及封建思想习惯之罪恶，与妇女应行解放及参加革命之必要"③，启发了妇女反抗旧家庭的觉悟。据报载，"国民革命军于本年三月克复江苏，而上海妇女界久处于家庭压迫者，均纷起反抗，运动平权，因而离异案件曾见迭出。兹积得上海地审厅自四月四日起，迄至八月三十一日止，共一百四十九天，离婚案件竟有五十八件之多。"④

国共分裂并没有阻遏住这种势头。有资料说，"近来我国国民革命已有长足进步，种种束缚渐次解放，在旧社会的制度开始崩溃，新社会的构造陆续完成的时期，婚姻观念的改变，随着思想的潮流而来。所以离婚事件的发生，是势必所致。"⑤ 在浙江，"甬地迩来离婚之风亦盛，离婚出自男子者，须予妇以赡养费；出自女子者，女家须偿还聘金，女子则由父兄收领云。"⑥ 在广州，1928 年经广州经法院审理的离婚案件达 47 宗；1929 年 8 月至 1930

---

① 忠：《男女离婚最后之忠告》，《联益之友》1928 年第 89 期。

② 冰心：《如此离婚》，《申报》1929 年 3 月 31 日。

③ 《武昌热烈纪念三八节》，汉口《民国日报》1927 年 3 月 10 日。

④ 《一百四十九天内离婚案五十八件》，《申报》1927 年 9 月 1 日。

⑤ 《十八年广州离婚案》，《统计汇刊》1930 年第 1 卷第 3 期。

⑥ 因心：《宁波的婚嫁情形》，《妇女杂志》第 14 卷第 7 号，1928 年 7 月。

年 6 月，法律判决离婚案件 147 起。① 在广西，1927 年法院审理的案件有 69 件。② 中国的离婚因有协议离婚这一途径，在此时期未经法院审理而自行离婚的也不在少数，而此类案件官方却无法统计。故参合此类案件和官方的统计数字，在国民革命运动影响下发生的离婚案件绝不在少数。

综上所述，在社会运动的推动下，国人的离婚观念已然发生变化，并直接推动了近代第一次离婚风潮的兴起。离婚肇始于知识群体，后逐渐波及普通群众，范围逐步扩展。离婚案件的层见叠出，是思想觉悟的中国人个性主义的呈现，对于知识界而言尤其如此。

二　离婚中的诉求

所谓诉求，就是"诉说理由并提出请求"③，而离婚诉求实际上涉及由谁提出离婚以及离婚的理由等问题。

传统社会的离婚有"七出""义绝""协离"等三种形式，故在离婚问题上男性或男性家族虽占有绝对主导地位，但女性仍能在某些情况下提出离婚或与夫协议离婚，这都在法律允许范围之内，④ 这一观点在郭松义先生的研究中得到了印证。他根据清代档案"刑科题本"梳理了 144 宗离婚案，其中丈夫出妻的占了离婚总数的 54.16%，妻子要求离异的占 12.50%，夫妻协议离婚的占 7.64%。在协议离婚中仍能较多的体现丈夫的意愿，只不过在离异方式上比较平和。因此，郭松义认为，在清代的社会和家庭中，男子和丈夫较之妇女和妻子，仍是绝对的主导者，主要还是由他们说了算。⑤ 王跃生的研究成果则进一步充实了上述结论。他在透视、分析清代中期的婚姻冲突后认为，法律虽然赋予了已婚妇女的离婚权，但在实际上仍然很少有妇女用其来保护自己的权益。即使自己的利益受到侵害，妻子对于丈夫的安排多表示屈从，即使偶有不满也多借助于民间方式来解决。⑥ 至于离婚的理由则多种多样，从郭松义先生所涉猎的刑事档案看以女子通奸、夫妻不睦、经济

---

① 《十八年广州离婚案》，《统计汇刊》1930 年第 1 卷第 3 期；《广州市离婚统计》，《统计周刊》1930 年第 1 卷第 29 期。
② 谢康：《一年来广西之离婚案》，《新广西旬报》1928 年第 11 期。
③ 《现代汉语词典》（第 5 版），商务印书馆，2005，第 1301 页。
④ 瞿同祖：《中国法律与中国社会》，中华书局，1981，第 124～130 页。
⑤ 郭松义：《中国妇女通史》（清代卷），杭州出版社，2010，第 286～287 页。
⑥ 王跃生：《清代中期婚姻冲突透析》，社会科学文献出版社，2003，第 27 页。

贫困三项为离婚的主要根由，① 这是清代离婚诉求的基本状况。

五四运动后，由于思想启蒙的促进和国民革命运动的开展，使得这一状况有所变化。传统社会的法律虽允许离婚，但社会舆论却对离婚多有限制，"休妻一片土，三年不生草""住茅屋，讨生妻，愁苦一世"② 等观念颇为流行。这既表明了民间社会对男子随意休妻及再娶行为的鄙视，又暗含了对女性弱势地位的同情。即使官方也多奉行这个原则，"把夫妇止有断合，没有断离的"③，这既是社会道德，也是为官之道。在知识界的大力宣传下，传统的离婚观念所有矫正，离婚被视为妇女解放的手段，力图将其从不幸婚姻中拯救出来。

传统婚姻生活中的女性未必都是不幸的，但女性受到压抑也是普遍的事实，在民国报刊中不少女性作为妻子或媳妇被虐待的报道不绝于耳。④ 从第三方的立场看，这些悲苦的女性确实需要从其不幸的婚姻中解救出来。⑤ 1923 年，苏州张陈氏以丈夫张金生 "生性横暴且好饮酒，每醉即寻人殴打" 为由提出离婚诉讼，被判离婚。张金生不服上诉于大理院，但因其虐待情事证据确凿而被驳回。⑥ 1926 年，奉天临江县生李氏以丈夫生贤华虐待、通奸等罪名提起离婚诉讼，遭到奉天高等审判厅的驳斥。生李氏不服，最后上诉到大理院，法官依据其夫曾犯奸受刑的前科判决离婚。⑦ 安徽怀宁女子吴雪银自幼为谢刘旺家童养媳，二人自 1927 年正式结婚后吴氏经常受到丈夫的殴打。1930 年 5 月，吴氏要求丈夫为其女儿添置夏天衣物，其夫因此事伙同嫂嫂谢裴氏再次殴打吴雪银。吴氏因不堪虐待而投诉于怀宁高等法院，法官判其离婚。谢刘旺不服地方法院的一审判决，上诉于安徽高等法院，案件因

---

① 郭松义：《中国妇女通史》（清代卷），杭州出版社，2010，第 271 页。
② 同治《广信府志》卷一之二。转引自来源郭松义：《中国妇女通史》（清代卷），第 269 页。
③ 西湖鱼隐主人：《贪欢报》，人民中国出版社，1993，第 220 页。
④ 如北京《晨报》中《恶姑虐待儿媳之惨闻》（1921、11、27），《一个受虐被休少妇自述》（1922、5、3），《嫌妻笨而狂嫖岂是办法》（1922、7、19），《被夫打负气服毒》（1927、6、9），《少妇自戕》（1927、12、21）；《申报》中《恶姑虐媳之惨剧》（1920、1、17）《炮烙毙媳之惨闻》（1920、1、22），《役媳惨》（1922、3、26）等报道大量存在，由此可见传统婚姻生活中女性之悲惨确实存在。
⑤ 所谓第三方是作为旁观者而言的，不少女性在旧家庭中所受的苦难确实骇人听闻，以后见之明判断确应该离婚以求远离苦难。但对于一般旧式妇女而言，相对于虐待的悲苦，其面临最大的挑战是生存，对于一无所长的她们而言，离婚可能并不是其生存的最佳之选。
⑥ 《张金生与张陈氏因离婚涉讼上诉案》，《大理院公报》1926 年第 1 期。
⑦ 《生李氏与生贤华因请求离婚涉讼上诉案》，《大理院公报》1926 年第 3 期。

事实清晰而维持原判。①

如果说上述案件还属传统妇女反抗不良婚姻之个案，那么在国民革命运动的推动下部分传统女性则迎来了解放的春天。上文已经提及，1927年3月北伐军攻克上海，久受家庭压迫的妇女在平等理念的引导下纷纷提出离婚，以维护女性权益。在1929年8月至1930年6月间，广州市共有离婚诉讼147件。从主动方面比较，"属于男方提出者22起，女方提出者108起，双方赞同者10起。女子从前处旧礼教之下，家庭地位甚低，怨尤尤多；仅为新思潮之波澜所推动，虽一发而不可收拾，故女方主动较男方为多；而女子提出离婚之理由，大抵多以被虐待，遗弃，或对方堕落为词"②。这一情况与广西妇女离婚的状况也基本吻合。1927年下半年，广西呈诉离婚案件达51起，其中女方提出者为50起，男性提出者为1起。为此，作者感叹道："一纸宣言，公然下堂，仍为妇女界自求解放之武器。"这些离婚者悉为盲婚受害，其离婚理由除无情感受虐待外，多半因其夫不务正业，生活困苦而提出。③ 在上海，1930年1月至7月间，男性提出离婚诉讼案件达424起；女性提出者为414起，大致与男性持平。④ 这些女性的离婚请求多因家暴或丈夫不能供养等理由而离婚，从其心理而言仍脱不掉传统女性的特色。但与以前的女性相比，她们所处的离婚环境因社会的变动而显得略微宽松，故能在更大程度上摆脱婚姻的困境。

相对于传统女性的离婚，知识界在1920年代的离婚诉求更能体现时代的特色。其状况大致分为两种：其一是包办婚姻中新旧结合的夫妇的离婚，其二是纯粹自由恋爱的离婚。

对于新旧结合的夫妇而言，又表现为两种情况：前一种是有知识者与无知识者的结合，后一种是都有知识而思想有新旧之分，两者之中又以前一种居多。在前者当中，两性教育的差距较大，又以女子无智识者居多，因此其离婚或解约多因"男子是就学的而女子是不就学的"⑤。落到实际，由此衍生出许多让男子感到担忧的问题：因不知道女方是什么样的人，担心婚姻不能情投意合；或者认为女方没有受过教育，不能自谋生

---

① 《安徽高等法院民事判决·十九年二字第五九号》，《安徽高等法院公报》1930年8～10期。
② 《广州市离婚统计》，《统计周刊》第1卷第29期，1930年10月4日。
③ 谢康：《一年来广西之离婚案》（续），《新广西旬报》第17期，1928。
④ 《上海市十九年一月至七月之离婚统计》，《统计月报》1930年第2卷第9期。
⑤ 高山：《婚姻问题的解决难》，《妇女杂志》第9卷第8号，1923年8月。

活，而自己却负担不了女子的生活费用；又或者因女子没有受过教育，与其结婚肯定不能幸福。还有一种男子，对于自己的包办妻子本没有什么感情，一旦有机会恋爱，自然要求解约了。包办婚姻中的两性多素昧平生，知识上再有差距，一方对未来婚姻有所担心也在情理当中。T.C.T. 女士在受了五四思想的激荡后，开始独立思考自己的婚事，担心包办婚姻能否幸福：

> 我和他没有恋爱，怎样可以结合呢？况且因为学识的不同，志愿的不同，境遇的不同，所以意志性情也决不能适合，将来怎样可以过共同生活呢？……
>
> 到后来，我不住的自己疑问："你还是愿意做因袭式的屈服者呢？还是要做个觉悟的女界先导呢？你还是甘心做俎上的肉被人宰割呢？还是愿意像自由的鸟儿翱翔于太空呢？"①

实际上，T.C.T. 女士的这种担心并不是杞人忧天，性情、旨趣的差异确实成为不少青年夫妇无法逾越的障碍。商伯益和黄素玉在离婚启事中说："因为盲从父母的命令，误听媒妁的言语，……使我们现在的生活，非常的困苦；况且双方的意志性情，全都不合，倘然常此下去，我们以后总要在苦海里讨生活了。"② 前文提及的褚松雪与第一任丈夫张传经即是此例。据褚松雪自述，她毕业于苏州女子师范学校，其夫张传经毕业于南京金陵大学，从学识上看二人可谓旗鼓相当。但两人的思想与旨趣却相差甚远，褚氏深受革命潮流的影响，立志于社会改革事业，以尽国民之责任，这从其在阳高办教育、担任国民党北京执行部妇女部长等活动来看其言不虚；张传经接受的是美式教会教育，加之又出身于传统保守的旧家庭，其知识水平虽高，但保守的思想一如传统知识者，注重个人的功名利禄和奢华生活的追求，厌恶妇女的社会活动，二人时发抵牾，最终被迫离婚。③

---

① T.C.T.：《离婚者的悲哀》，《妇女杂志》第 10 卷第 2 号，1924 年 2 月。

② 《一封宣布离婚的信》，《觉悟》1922 年 10 月 9 日。

③ 褚松雪：《我的离婚略史》，《妇女评论》1923 年第 100 期；张培忠：《文妖与先知：张竞生传》，三联书店，2008，第 283 页；谭伯鲁、谭幼竑：《辛亥战士学坛先驱——回忆父亲谭熙鸿》，徐州市政协文史委员会《徐州文史资料》（第 20 辑），徐州地图印刷厂，2000，第 329 页。

　　署名"下天"的作者披露了一位知识青年和其童养媳的相处状况："一对小朋友，一天一天的疏远起来，其主要原因：是性情不合，意志不投。无论需要怎么紧要的帮助，都不肯互相求助，而愿事败身伤。偏是他们里人又少——只有他一个祖母，一个姊姊。——往往家里有断人的时候；有时有什么要询问，而除她外又无别人的时候，却宁愿跑到邻舍去打听，而不肯互相问答的。"① 由其相互厌恶的程度看，二人的婚姻已无法为继。在 Y. D. 先生记录的离婚案例中，一对包办夫妇结婚四年多，在外人眼中是幸福的夫妻，但二人"性格上，智识上果然是格格不相入"②，很难融洽相处。

　　破除了"女性无才便是德"的观念后，知识女性逐渐成为男性青年追逐的嘉偶，"一个受过新教育的男子，大都以为和一个旧式女子结婚是可耻的，所以必定要和新女子结婚"③。由此造成的消极后果是，两性知识水平的差距遂成为横亘在男女之间的巨大阻隔。青年学生叶时修在 15 岁时由该县唐县长做媒，聘了郝姓女子为妻。该女子无父母兄弟，但因继承了家庭遗产之故被唐县长送到县立女子小学读书。叶时修通过测试发现，她的读书天分太差，虽有几年的学习经历但知识并没有什么进步。故叶氏在怜悯她的同时，也愈发感觉二人并不合适。经过深思熟虑后，叶氏提出了保证郝姓女子名誉和前途等几项离婚条件，从而获得了父母的允准。④ 作者"钱如南"撰文说，一胡姓青年遵父母之命娶了幼时择定的乡下妻子，但"因为女子没有学问，心里总觉得不能满意"，故在外求学期间另觅嘉偶，进而提出了离婚。⑤

　　前文提及的郑振埙与妻子"启如"的交流也是其中一例：郑氏作为东南大学的教授，其兴趣点在于科普知识，对于家长里短的琐事甚为厌恶；启如作为旧式妇女，由知识的局限和活动空间的束缚其视野始终不能脱离左邻右舍的生活趣闻和轶事。二人的交流很难有契合点，精神的恋爱自然不可能产生，这对注重精神契合的知识者而言备感苦痛，其他知识青年对此也有同感。另外，阻碍他们恋爱的还有情感表达方式的差异。郑振埙作为接受了新

---

①　下天：《一件离婚的报告》，《妇女杂志》第 8 卷第 4 号，1922 年 4 月。

②　Y. D.：《一件妥协的离婚》，《妇女杂志》第 8 卷第 4 号，1922 年 4 月。

③　兰萌：《女子在婚姻上的苦痛与危险》，《现代妇女》第 26 期，1923 年 5 月 26 日。

④　叶时修：《我底婚姻问题底过去与将来》，《觉悟》1924 年 7 月 13 日。

⑤　钱如南：《离婚与弃妻》，《妇女杂志》第 8 卷第 4 号，1922 年 4 月。

思想的知识者，希望能与自己的妻子展开直接的情感交流，彼此畅快的表达爱意。但不幸的是，以"启如"为代表的旧式女子"往往守定'上床夫妻，落床君子'的严训，以为对丈夫表示爱情，是有点轻贱相，所以他们终于不能做出那种表示爱情的方式"①。实际上，这些旧式女子虽不能做出那种表示爱情的方式，而她们心中未尝没有一个最亲最爱的丈夫。

事实确如，一些在中国的传教士经过长期观察发现，中国夫妇的情感是不轻易外露的，旁观者所"看到的只是夫妻俩似乎都冷眼相对，而且俩人之间没有一句表示亲昵的话语。"拨开表象，展露夫妻生活实质的是"在中国绝大多数的家庭里，夫妻之间都存在着一种不容置疑的真实感情，……导致他们产生感情的因素并不是娇好的容貌。随着时光的流逝，其他因素开始起着越来越重要的作用，从而使他们那朴素的脸上焕发出特有的光彩。两颗心很快就交织在一起，就好像是丘比特用金链将他们紧紧地拴在了一起"②。传统夫妇这种深藏内心不轻易表达的挚爱，显然为郑振埙式青年所不能接受，启如等旧女性在情感表达上的保守状态自然为其所不喜，夫妇的隔阂也就在所难免。郑振埙式青年的这种心理虽被不少人抨击为"男性中心"，不能从女性的角度设身处地的为她们考虑，但在新旧结合的夫妇中依然具有一定的普遍性。

何道韫女士发现，包办的未婚夫在自己的驱使下仍不求知识的上进，他与自己并不是志同道合之人，因而对包办婚的合理性产生了怀疑，进而开始思索婚姻的意义：

> 婚姻是我一生幸福的关键，何等重大，何等神圣。我父母为什么这怎冒昧，将我很草率的许了人？我想这样结成的婚姻，即使能情投意合，双方美满，也不过和打彩票一样，偶然碰着，有什么价值可说呢？……我现在已经觉悟了，婚姻是靠爱情结合的。牵强的结合，其结果仍是同床异梦，有什么意义？有什么幸福？现在我与他，无异冰之与炭，已失却燃烧的机能了。对于这样毫无爱情可言的婚姻，还要勉强维持做什么？竟可一刀斩断了，何必受着旧道德束缚呢？③

---

① 陈待秋：《新旧的冲突》，《妇女杂志》第 9 卷第 4 号，1923 年 4 月。
② 〔英〕麦高温：《中国人生活的明与暗》，中华书局，2006，第 236～238 页。
③ 何道韫：《解除婚约的宣言》，《妇女周报》第 32 号，1923 年 4 月 2 日。

在当时的青年看来，知识的对等不仅是两性是否匹配的重要标准、爱情能否产生的基础，同时从中也可以判断对方是不是志同道合之人。觉悟的青年一旦要追寻爱情，包办婚姻的基础就要动摇了。因此，挣脱包办婚姻，寻求志同道合、性情相投的伴侣就成为订婚青年的当务之急。

傅冠雄在其离婚宣言中说："我和谭永益君的结合，完全是由'父母之命，媒妁之言'，当然说不到恋爱两字上去。从民国五年秋季成婚以来，彼此性情不同，意见各异；不独夫妻恩爱之情全部发生，而且同床异梦，日增郁积，'怨耦曰仇'，恰是咱俩的写照！六七年来，男的如断梗飘萍，舍家不顾；女的如孤鸾寡鹄，吊影独悲；到底是我害了伊，还是伊害了我呢？退本穷源，不过同是受了盲婚的痛苦罢了！"[①] 盲婚因不能产生爱情，故青年男女在"围城"中备受煎熬，解放的唯一途径就是离婚。王宣与刘娥英在离婚字据中对此大声疾呼："无爱、不自由的婚姻，两方苦痛已久。如今表现革命精神，应该快快解放！只因无爱、不自由而离婚，绝不是因为有别的情节，故离婚并不是可耻的事情！决无仇怨的离婚，缓急扶持，仍有责任！但自离婚后，两方婚嫁，各不相干！"[②] 爱情的缺位，成为新旧结合的夫妇离婚的重要根由。

在离婚而不得的情况下，有的青年宁愿自杀也不愿生活在无爱的桎梏中。一位叫"慧明"的女子在给朋友的绝命书中说：

> 蕙德，你是知道的啊，我情感向来浓厚，自问将来专注在一人身上，快乐有幸福的家庭意中，专可以组织一个。谁料到呢，别说幸福快乐罢。唉！钰泉……他简直是一头猪。他识得恋爱是什么？新婚第一夕，他便夸张他家如何富有，说我做少奶奶是幸福的。"我难道是卖给你家的"，我想说却始终没说出这句话。唉！现在想说已经不能够的了，因为我变成他的买品已经一年多了。……同一个不相识、无情爱的野人，共伏在"夫妻"名义下，直超过一年的时间，他也应该佩服我有耐性呢。我的耐性现在忍不下去了，不自杀也将被他人杀的，那有自杀好。[③]

---

① 傅冠雄：《我和谭永益君离婚的宣言》，《觉悟》1924 年 2 月 10 日。
② 徐思达：《离婚法论》，天津益世报馆，1932，第 239～240 页。
③ 《自由离婚泛说》，《妇女旬刊汇编》1925 年第 1 集。

　　上述离婚的主体，无论是典型的旧式夫妇还是新旧结合的怨耦都由包办而成，这种盲婚因双方的性情、品性、学识等条件相差过大而产生种种障碍，致使婚姻无法延续。上文的"慧明"女士宁愿自杀，也不愿苟活于无爱的婚姻当中，这是此类婚姻的典型写照。

　　那么，自主结婚的夫妇多数又因何而离婚呢？据曾为北洋政府交通总长的曹汝霖回忆，"近来新式婚姻，在交友时，彼此不免有掩饰之处，等结婚后，始真相全露，故亦有离婚之事"①。从这个论断可以认定，新式婚姻的离婚实际上来源于结婚。从根源上讲，这点与包办婚姻的离婚根由并无二致。作为时代的见证者，他的回忆无疑是准确的，当时不少知识者都认为，离婚"最重要处，却不是离婚问题，实在是结婚问题"②。为解救时弊，时人进行了多方探讨。有人认为，自主婚姻之所以发生破裂，"大部分还是因旧制度的遗毒从中作祟的缘故，因为旧婚姻制常给青年一种极深的印象，即暗示他们说，你可以随便娶一个漠不相识的女子，你也可以嫁一个漠不相识的男人，强迫他们由毫不相识突进而成最密切的夫妇关系。可怜结婚的青年，自己都摸不着头脑，他们能够结婚的标准和根据在那里？两方所能知道的只是对方是一个异性，异性是'可以做夫妇的'。"③ 这种习惯和观念通行了几千年，时至今日择偶的方法虽然有所改变，但观念却一如从前，婚姻很难得以善终。

　　自主结婚的要点在于审查双方的性情是否相投，能否做将来永久的伴侣和建设幸福的家庭，如果将此要点放弃，以为差不多就可以结为夫妻，必然要发生难以预料之事。因为"结婚的爱，是一件渐进的工作，要两方面有沈毅的决心，肯慢慢细察的进行；愿牺牲一切，为的是要达到最后——也是二人所同好的目标。真正的结婚，决不单是情感的联系、天性的吸引所能够造成的；必须能将两个人格合而为一，如耶教圣经中所谓'二人成为一体'。而且在真正的结婚中，二人的目标、宗旨，总是相符合的"④。婚姻中的爱情既是两性独立人格的结合，又是两性精神的融合。因此，爱情是两性情感逐次深化的产物。而"近代发生龃龉的婚姻，其原因早伏在选择范围过小，一见之下，三言两语便说得入港，和随地存心在选择配偶，彼此意见即装腔作

① 曹汝霖：《一生之回忆》，春秋杂志社，1966，第 263 页。
② 饶上达：《离婚问题的究竟观》，《妇女杂志》第 8 卷第 4 号，1922 年 4 月。
③ 《自主婚破裂的原因》，《妇女杂志》第 10 卷第 7 号，1924 年 7 月。
④ 陈罕敏：《离婚与家庭及道德问题》，《妇女杂志》第 14 卷第 8 号，1928 年 8 月。

势以掩蔽自己的真相，希望婚姻的成功。"① 还有论者结合美、苏等国的离婚事实，来论证自由婚姻离婚率高的种种缘由。他从三方面进行了分析：

> （1）由于两性间的爱慕，多注意在外表的美观方面，而不去研究实质的心性，所以现在一般求恋的青年男女，专从服饰上加油，也是为此。结果呢，竟有一见倾心而结合，不到多久，便又因心性上发生冲动而演成离婚的惨剧。听说苏联的美女，往往有四季而易其丈夫的。

> （2）由于两方的知识不够，不能澈底观察到对方的心性，故结婚之后，容易冲动而发生离异。

> （3）凡是求爱的男女，对于他所心爱的人，往往能够徇情迁就，善意献媚，使对方的观察受其蒙蔽。一到结婚之后，则假面具揭去，显出"庐山真面目"来，方知彼此间的扞格重重，因之不得不演离婚的一幕。此外又有因一时虚荣的迷恋；或性欲的冲动而结合的，亦都难以持久。②

时人对自主婚离婚的分析各有侧重，但其主因在于两性社交目的的不正当和轻易产生的恋爱。有人对此总结说，"现在一般青年大都是孟浪式的结婚，不顾前，不虑后，单从盲目不慎审的恋爱而成立，专凭一时冲动而结合，因此结婚快而离婚更快"③。这种孟浪式自由结婚有人将其称之为"盲婚"："夫自由缔婚，亦易犯一盲字之病。……惟以语言颜色之间定其去取，一经投契，轻易便缔因缘。试看将来，必无美果，于是不免行使其自由之手续之第二步而宣告离婚矣。如是者，直可谓之新式的盲婚耳"④。对于这种新式盲婚，有人以"结婚与离婚"为题，通过漫画这种直观的形式进行了尖锐讽刺（见图7-1）。

自由结婚的夫妇由于婚前考察不够详慎，双方对于彼此的性情、人生观等缺乏足够的了解，从而种下了离婚的根苗。当然，即使在婚前有充分恋爱或曾经十分和睦的夫妇也避免不了离婚，这与爱情的变迁有关联。因为爱情是男女生理性和社会性相结合的产物，它"是融合了各种成分的一个体系，是男女之间社会交往的一种形式，是完整的生物，心理、美感和道德体验。……

---

① 《自主婚破裂的原因》，《妇女杂志》第 10 卷第 7 号，1924 年 7 月。
② 戚维翰：《婚姻问题的我见》，《妇女杂志》第 14 卷第 7 号，1928 年 7 月。
③ CY.：《婚姻问题概论》，《妇女杂志》第 14 卷第 7 号，1928 年 7 月。
④ 风凉：《盲婚》，《饭后钟》1921 年第 12 期。

图 7 – 1　新式盲婚讽刺漫画
图片来源:《滑稽杂志》1923 年第 2 期。

人的爱情不可能不反映人的本质的深度，不可能无视社会关系"①。爱情作为一个复杂的体系，其产生和延续要受到诸多因素的制约，其中任何要素的变迁都有可能影响到爱情的延续，这与 1923 年北大哲学系教授张竞生提出的"爱情定则"具有某种一致性。他认为，爱情的产生是有条件的，如感情、人格、状貌、才能、名誉、财产等都构成爱情产生的要件，要件越充分，爱情愈浓厚。同时，爱情又是可变迁的，因为个人具备的条件可以相互比较，比较必然产生差异，差异可能导致爱情的转移。② 爱情的转移、变迁，对于持以爱情为婚姻核心要素的夫妇来说，必然意味着婚姻的解体。

张竞生因发起了"爱情定则"的大讨论而名噪一时，但他的婚姻同样遭遇了爱情变迁。前已述及，褚松雪女士有一次离婚的经历，之后在山西大同、阳高任教的经历也颇多波折。她坎坷的命运经报端公开后引起了张竞生的深切同情，其献身社会的豪情也让他赞赏不已。因此，张竞生立刻给褚松雪写了封短信进行安慰。自此两人鱼雁传书不绝，并在人生、学问、爱情、

---

① 〔保〕瓦西列夫著《情爱论》，赵永穆等译，三联书店，1984，第 29 页。
② 张竞生：《爱情的定则与陈淑君女士事的研究》，《晨报副刊》1923 年 4 月 29 日；《张竞生文集》（上），广州出版社，1998，第 277～278 页。

家庭、婚姻等方面进行了多次交流，二人发现彼此的价值观念非常接近。他们互相敬慕、钦佩，遂坠入了爱河，并于1924年结婚。褚松雪来到北京后，在张竞生的培养、帮助下文化水平进步很快。他希望褚氏能跟自己过着书斋式生活，并成为自己事业上的得力助手，但褚松雪显然志不在此。在北京革命形势的推动下，褚氏献身社会的豪情再次激发。第一次国共合作后，她担任了北京执行部的妇女部长，这些都引起了张竞生的不满。1926年二人迁居上海后，褚松雪因参与中共的革命活动而无力照顾家庭，从而引发了二人的激烈冲突，最终导致二人的决裂，一个自由组合的新家庭在时代的大潮中分崩离析。① 毫无疑问，张、褚二人的结合是基于爱情基础之上的人格结合，而且都有服务社会的奉献精神。但二者的差异在于，张竞生主张以夫唱妇随的方式共同进退，而褚松雪却更愿意以独立的姿态展示自己，在这一点上二人执拗的性格显然无法调和。

颇具讽刺意味的是，张竞生当初最欣赏褚松雪的地方，最后却成为婚姻破裂的引线，这在当时也是不少男性女权主义者无法逾越的心理障碍。正如程郁所指出的那样："近代知识分子所谓女权思想主要还是围绕救国保种的目的，当某些主张触及男权私利时，便不得不显出两性的差异，其主张与实践就不得不自相矛盾。"② 西蒙娜·德·波伏娃曾经说过："真正的爱情应当建立在两个自由人相互承认的基础上；这样情人们才能够感受到自己既是自我又是他者：既不会放弃超越，也不会被弄的不健全；他们将在世界上共同证明价值与目标。对于这一方和那一方，爱情都会由于赠送自我而揭示自我，都会丰富这个世界。"③ 张竞生即使作为民国知名的恋爱理论家，在生活中对于爱情的践行显然难以达到这个高度，这对于一个真正的女权主义者来说必然意味着人格的损害。因此，张、褚二人的婚姻破裂在所难免。

上文曾提及暨南大学校长赵正平与其夫人周文洁的离婚。赵正平早年参

---

① 参见张竞生著《浮生漫谈》，《张竞生文集》（下），广州出版社，1998，第9~11页；陈漱瑜：《"性博士"传奇——平心论张竞生》，《五四文坛鳞爪》，中国文史出版社，1998，第269~270页；张培忠：《文妖与先知》，三联书店，2008，第五章之"论辩姻缘"和七章之"沪上恩怨"。

② 程郁：《近代男性知识分子女权思想的产生及其矛盾——以梁启超为典型案例》，《中华女子学院学报》2004年第2期。

③ 〔法〕西蒙娜·德·波伏娃著《第二性》（Ⅱ），陶铁柱译，中国书籍出版社，1998，第754页。

加同盟会有革命经历，周文洁在民初也曾作为女子参政会的代表上书孙中山。^① 从这点来看，他们当初的结合也算是志同道合的革命夫妻。所以，他们声称结婚十几年来感情向来和睦，此言应该不虚。另据《黄炎培日记》来看，周文洁在 1920 年代与黄炎培等往来密切，她也应该热衷于女子平民教育。^② 由此可见，他们在职业理想上并无冲突。从现有史料看，赵、周二人的离婚确如他们宣称的那样，是因为周文洁决心献身于基督教事业，使二人的思想信仰产生了分歧，从而损害了夫妻情感。为尊重彼此的独立人格起见，他们选择了和平分手。在当时，这样的事例并不多见，由此获得了邵力子的高度赞誉。

其实，真正由精神结合的夫妇在爱情破裂时应当和平分手。王赓和陆小曼结婚时，徐志摩是男傧相之一；后来陆小曼改嫁徐志摩，两人结婚时，王赓又成了男傧相。^③ 显然，陆、王二人的离婚并未使二人交恶。

在众多的离婚案例中，有一个大致通行的理由就是"性情不合"，除了虐待、贫苦无法生活、道德堕落等缘由外，其他的一切理由似乎都可以用其囊括，有时候它是夫妇真正的离婚缘由，^④ 有时又是遮盖两性实际关系的遮羞布。上文曾提及安徽建平人臧仲举与苗萃英的婚姻，他俩在结婚 40 天后以性情不合为由离婚，而离婚后依旧往来不绝，形影不离，形同密友，这种情形为众人所不解。"萃英有嫂曰慧娘，秘询其故且曰：'婚必离而形迹不必离，亦有说否？'曰：'有之，是不可以告大人，固无妨于告嫂，然亦难言之矣。'……'我两人之不合，非性情不合，乃性之情不合耳，岂容两误。'……噫！性情不合一普通语耳，性之下，情之上，衬一之字，而古今史传稗官所不能传之闺房猥屑事，以一字赅之，语亦隽哉！"^⑤ 从这个实例看，二人离婚的真正原因并不是老生常谈的性情不合，而是性生活不和谐之故。鉴于中国社会羞于言性的传统，二人只能以此作挡箭牌。

① 周川：《中国近现代高等教育人物辞典》，福建教育出版社，2012，第 455 页；《女子参政会上孙中山书》，《时报》1912 年 3 月 23 日（上海社科院历史研究所编《辛亥革命在上海史料选辑》，内部发行册，1966，第 911 页）；王家俭：《民初的女子参政运动》，《中国妇女史论文集》（2），李又宁、张玉法编，台湾商务印书馆，1988。
② 黄炎培：《黄炎培日记》（第 2 卷），华侨出版社，2008，第 270 页。
③ 刘仰东编《去趟民国：1912～1949 年间的私人生活》，三联书店，2012，第 1 页。
④ 《十八年广州离婚案》，《统计汇刊》1930 年第 1 卷第 3 期；谢康：《一年来广西之离婚案》，《新广西旬报》1928 年第 11 期。
⑤ 王梅癯：《文明离婚之隽语》，《申报》1927 年 10 月 22 日

在纷繁芜杂的民初社会，夫妇离婚的诉求可谓花样繁多。传统婚姻质量低下，妇女基于生存状况的持续恶化而勇敢地提出离婚；新旧结合的夫妇性情难以契合，其中的新人物多为追求精神的恋爱而离婚；自由结合的夫妇则因择偶失当或是有了价值新追求而离婚。处于不同生活状态的人群，运用相同的方式来重新选择自己的新生活，这或许是民初社会的一大新景观。

第三节　青年离婚困境的透视

自宋以降，中国传统社会在以理学为内在支撑的礼教思维的影响下，离婚被视为极不名誉的丑事，几个世纪的思想积淀使社会上逐渐形成了畏惧离婚的氛围。五四新文化运动以来，在知识界的苦心宣传下，青年们"对于一切陈调故义，都起了怀疑"[①]，离婚自由的理念逐渐在觉悟青年中扎下了根。这些青年以新思想为武器，勇敢地向包办婚姻宣战，掀起了离婚的浪潮。但吊诡的是，这些新青年多出自于"又顽固又专制的家庭。虽然世界的新潮流洋溢乎中国，狠狠的把许多旧式的翁媪卷入了旋涡"[②]，但社会上大部分的父母仍沿袭旧理念和传统风俗。因此，围绕着离婚问题，新旧理念在家庭乃至家族中冲突不已。再加之民初法律关于离婚的诸多限定以及两性独立能力的差异，这一系列要素决定了青年们的离婚或解约之途必定不是一帆风顺的。

一　离婚困境面面观

青年们离婚的主要障碍之一，便是"亲权的专制，儿子要解散已成的婚约，大概为父母所不愿"[③]。因此，他们会运用自己作为长辈的权威或父子（女）的伦理之情发动攻势，特别是在伦理情网的笼罩下多数青年都很难招架，这是青年们面对的同一难题。

左天锡，湖南浏阳的青年学生，为挣脱包办婚姻而与父母、亲族等势力争斗了达七年之久，最后终于离婚。他的离婚之路可以说是当时众多青年离婚历程的典型写照，为此笔者不吝笔墨以呈现其历程，借以剖析众多青年面

---

① 吴俊升：《我之自白》，《青光》1923 年 6 月 2 日。
② 吴双热：《婚误》，《礼拜六》1921 年第 112 期。
③ 高山：《婚姻问题的解决难》，《妇女杂志》第 9 卷第 8 号，1923 年 8 月。

临的集体困境。

据左天锡称，他的离婚历程基本分为三个时期，现在依据其过程分别叙述：

1. 萌芽时期（1914～1919）

1914年，左天锡和众多青年一样，在父母的包办之下与素未谋面的旧女性结婚了。当时他年纪尚轻，虽初具反抗意识但尚无反抗的勇气，他的父母软硬兼施，双管齐下：前者以"孝父母""和夫妇""不孝有三，无后为大"来感化，后者以"礼教""王法""父母之命"来威吓。在双重夹击下，左天锡陷入了四面楚歌的困境而无计可施。

虽然如此，但这些困难并没有磨灭左天锡的斗志。因此，他就以拒绝与妻子同居作为无声的反抗。好在他当时尚在求学期间，像不少学生做的那样以求学作为冠冕堂皇的理由来逃避不幸的婚姻，[①] 即使假期回家也不愿意见其妻，更不愿意与她做什么交流。这种状况引起其父的不满，他开始请人劝说。第一位粉墨登场的说客是他的媒人，同时也是他的亲戚。他非常严厉地对左天锡说："你是读书明理的人，夫妇底大义，你都不知道吗？你休要胡思乱想，弃妻是绝对不可的咧！"左天锡本想同他理论，但觉得此举有对牛弹琴之嫌只得作罢。通过几次争斗，离婚风波搞的众人皆知，乡邻也开始指责他，但这不仅于事无补，反而恶化了他们夫妇的关系。

2. 破裂时期（1919～1920）

五四运动之后，左天锡受了婚姻自由思想的鼓动，懂得了离婚是解决不幸婚姻的良药。赵五贞、袁舜英等女性的自杀给左天锡彻底敲响了警钟，更坚定了他离婚的决心。这种情况引起了家人的强烈不满，开始用"不孝""无礼""有伤风化"等礼教大棒打压他，甚至逼迫他与妻子同房。家庭的强烈指责引起了左天锡的极度愤懑，甚至一度产生了杀妻并与之同归于尽的极端想法。他的父母也经常进行逼迫，甚至以死相要挟："你是这样，将来我靠那个养老，送终，不如就死了罢！只要□分崩离拆的坏现象，莫到我们眼眶子里来，就心里好过些"，这些话语给了左天锡很大的压力。湖南驱张运动后，左天锡又要外出求学，其妻甚为不舍并力图阻止其求学，这更增加

---

① 陈望道就曾坦率地承认自己有过这样的想法（参见陈望道著《妇女问题》，《恋爱 婚姻 女权：陈望道妇女问题论集》，复旦大学出版社，2010，第171页）。另有，不少学生以出国留学为逃避婚姻的手段（李邦：《关于离婚的两件事实》，《妇女杂志》第8卷第4号，1922年4月）。

了他对婚姻的憎恶。

3. 结束期（1920～1921）

1920 年，左天锡进入省立第二师范学习，并阅读了大量关于家庭改良的书籍，对于婚姻有了更加深刻的认识。他认识到，在婚姻问题上女性自身并没有错，都是旧的家庭制度造的孽。当他把这些想法跟父母沟通时反而遭到了他们的诘责："那么，你又为什么不和伊会话；共同生活呢？"当他告诉双亲自己并不是憎恶她，而只是厌恶包办婚姻制度时，他的父母因不能理解其意而并不以为然。

由于左天锡觉悟的提高，他认识到以其妻为代表旧女性自身甚为可怜，自己不能为了追求幸福而牺牲了女子。因此，他设法让自己的妻子读书。但当假期回家时，他发现自己的妻子并不愿意读书，夫妻俩因此事发生激烈冲突。左天锡的所作所为遭到了岳父母、伯父及邻居的严厉斥责。但由于夫妻双方长期的分居及情感的冷漠，经过协商其妻最终同意了离婚。这一逆天之举遭到双方家族的一致反对，尤其对女性也同意离婚的举动进行了特别批判。其妻的伯父愤恨地说："离婚吗？离婚吗？岂有此理！……那还了得！……哼！女儿家都说要离婚吗？……好……大胆！"

由于他俩的情感基本处于冰点，故双方离婚之心甚为决绝，经过双方家族三次"联席会议"的反复讨论，最终同意了他俩的离婚。经过长达七年的奋斗，左天锡终于达到了离婚的目的。[①]

从上文的叙述我们可以看到，左天锡在离婚中遭到了父母戚族的强烈批判和社会舆论的指责，他的"不孝""有伤风化"之举使他在家乡处于罪无可逭的境地，这种状况几乎是每个坚持离婚的青年要面对的困境。在另一则离婚事件中，当这对夫妇将协议离婚的事情通告双方父母后，同样引来了轩然大波：

> 自从她到家里以后，她的父亲也赶到了。听到了这一件飞天大祸，就连夜派人到四处赶齐了各房的家长，在第二天晚上，好像开了一个家族会议。她的父亲，大发什么"夫为妇天"，"三从四德"的旧论；而且责问犯"七出"的那一条？他的男人，这时虽有百口，也无从分辨了！而且做家长叔伯辈的，也没一个不当他做痌子看待！……当时的女

---

① 左天锡：《我底离婚底经过》（未完），《妇女评论》第 70 期，1922 年 12 月 6 日；左天锡：《我底离婚底经过》（续），《妇女评论》第 71 期，1922 年 12 月 13 日。

的呢，一方面被父兄及校长教员的警告，心里虽然知恢复名义，无补实际；但是当众也不敢发自愿的主张了！①

在父母戚族的压力和社会的警告下，不少青年对离婚噤若寒蝉。在作者"下天"记录的案例中，一位知识青年在与其童养媳离婚时遭遇了相似的境遇。压力首先来自他就读的学校："最可恶的规劝者，是他读书的一所高等小学里的校长和教员。他们甚至于以开除和不给他毕业证书恫吓他，定要他去做那不道德的强奸的事情，过那地狱的生活。以一个负教育责任的人，做出这种荒谬的事情，真可一叹！以一个不上二十岁的人，处在这群魔之国里，那里还有他的意志。"离婚之事在其戚族中也捅了马蜂窝，亲戚族人对他无不进行痛骂。当他先去请示舅舅时，没想得到这样的答复："这种辱及祖宗，贻笑大方的事情，不但我未见未闻，就是遍集今古的正当书籍，也找不出这么一回事来。你要是我的外甥，便休提这种违背圣人之道，小人所不屑的事情。否则，你不必认我为母舅，我也不认你为外甥。"他再去请示其从叔，他叔说："我们的祖宗几代的光荣，便在你这一轻举妄动。你若执意要做这种无耻的事情，便不许再姓立里童。"最后他去征求当地士绅的意见，其一本正经地说："我们这里，都是循规蹈矩，爱守古风的好百姓；你是个明理的人，万不可有这丧风败俗的行为，以开罪端。"②

通过上述案例我们发现，出身于旧家庭的知识青年要离婚是何等的不易。要推翻父母所代订的婚约，这是对于父母主婚权的蔑视。从传统观念看，这明显是对父母的不孝，故左天锡就被父母冠此罪名。孝顺父母是传统国人的立身之本，"夫孝，始于事亲，中于事君，终于立身"③，不孝的罪名足以让每个男人心惊胆战，④ 这是离婚解约的内部压力。来自外部的压力就是社会舆论的指摘。在"下天"陈述的案例中，离婚青年受到学校、老师的恫吓，地方士绅的指责，邻居的非议，这些都让其处于舆论的旋涡之中。这些要离婚或解约的青年受到了内外夹击，处于内外交困的尴尬境地。

父母反对子女离婚或解约的主要理由是，此举会对双方家庭的名誉造成

---

① Y. D.：《一件妥协的离婚》，《妇女杂志》第 8 卷第 4 号，1922 年 4 月。
② 本段注释皆来自下天《一件离婚的报告》，《妇女杂志》第 8 卷第 4 号，1922 年 4 月。
③ 《孝经注疏》，上海古籍出版社，2009，第 5 页。
④ 〔英〕麦高温：《中国人生活的明与暗》，中华书局，2006，第 231 页。

损害。传统婚姻的意义之一是"合二姓之好"，这意味着家族之间的联合。从一般意义上讲，在婚姻生活中如无"七出""义绝"等过错，双方不能随意提出离婚。自宋已降，"士大夫偶有非理出妻者，将不齿于士类"①，这种风习在诗书之家恪守较严格，并影响着社会普通家庭。因此，离婚或解约对个人及家族的名誉都是极大的损害，为了维护家族名誉，制止离婚势在必行。

汪姓女子嫁给了黄某，却惨遭丈夫虐待，她回家向父亲哭诉要求离婚，谁知满脑袋礼教思想的父亲不仅不支持，反而要求她恪守妇道以赢得丈夫的欢心。但事与愿违，汪女士遭到了更严重的虐待，双方闹的不可开交。但双方为了顾全面子，在调停人的说和下将此事调和，硬把一对仇家拘在一起。② 我国著名农史学家叶笃庄在退婚时，家人也曾因担心败坏家庭名誉而予以拒绝。③ 民国传奇女性毛彦文对于自己的包办婚姻一度曾想解约，但此时她未来的公公刚刚去世。因此，她爸爸说："方耀堂刚去世，我们便要赖婚，这在道义上说不过去的，我会被人责骂，你非嫁过去不可。"④ 在上文提供的案例中，离婚青年几乎都受到辱没祖宗、败坏家风的指责，家长为维护个人及家族的所谓信誉，往往会牺牲、违背子女的意愿而恪守婚约。

对于离婚中的女方而言，无论是被动还是主动，名誉的损失总是在所难免。从被动角度看，"在中国的社会，向来以女子的有无过失，作为能否离婚的标准，七出的法律，现在虽然不甚通行，但其势力还隐然存在。所以凡是离婚的女子，总被认为有过失的人。女子被当作货物看待，以为没有瑕疵的货物，决不会被遗弃的。"⑤ 这种观点在民初社会还非常有影响力，有人进一步解释说："因袭的观念，却认离婚是一种惩罚，尤其是对于女子的一种惩罚。婚姻生活可以因爱情做离合，其中无论那一造都没有过失的意思的离婚观，社会上多数人还不会认识，因此离婚的在女子，变为一种损失名誉的事情。一方面在习惯上又当女子是一种货物，俗语说'一家女子百家求'，是表明处女的价值和荣誉的，现在如果娶了过去，又被退回，商家的货品可

---

① 转引自陈鹏著《中国婚姻史稿》中华书局，2005，第597页。
② 不平：《旧式婚制下面的惨事》，《觉悟》1921年1月13日；希平：《离婚并不丢"面子"》，《觉悟》1921年1月19日。
③ 叶笃庄：《叶笃庄回忆录》，陕西人民出版社，2014，第139页。
④ 毛彦文：《往事》，商务印书馆，2012，第38页。
⑤ 克士：《爱情的表现与结婚生活》，《妇女杂志》第9卷第4号，1923年4月。

以包退回换虽足以表明其信用，但在被退回的一件物货自身，毕竟是因不合买主的欢心，不能说是荣誉。因此，女子被丈夫离异，她总觉得是耻辱，要招社会上的不名誉的讥刺的。"① 以鲁迅为例，他和朱安的婚姻因没有爱情而极度痛苦，为此孙伏园等人建议二人离婚，由鲁迅负担朱安的生活费。当他把这个想法告诉朱安的时候，她并不同意，因为按照绍兴的习俗，一个嫁出去的女人，如果退回娘家，人们就认为这是被夫家休回家的，那样会遭到家人的歧视，舆论的谴责。鲁迅也设身处地为朱安着想，并没有强行和朱安离婚。② 陈西滢的妻子凌淑华曾一度和英国教师朱理安·贝尔有过婚外情。时隔多年，当他的女儿陈小滢问父亲为什么不和母亲离婚时，陈答道："当时女性离婚是不光彩的。"③ 出于对自身名誉的顾忌，旧式妻子非出于万般无奈不敢轻言离婚。

即使勇于表达离婚意愿或主动提出离婚的女子也摆脱不了社会的非议，"如果有女子对自己婚姻不满，想提出解除婚约或离婚的时候，那是要被社会上千人唾万人骂的"④。左天锡的旧式妻子仅仅是迫于无奈而同意协议离婚，就已经引起了其本家叔叔的强烈愤慨："女儿家都说要离婚吗？……好……大胆！"褚松雪离婚后也因"不容见容于母家、夫家和世人"⑤ 而远走山西。毛彦文回忆说，她离婚后"全县城谣言蜂起，说是毛家女儿与表兄如何如何，家教不严，洋学堂害人等等，我一出去背后就有人指指点点，窃窃私语，极尽诽谤的能事，使我几乎不敢出家门，我变成名教罪人，万分难堪"⑥，被迫外出求学。陈良璧女士因丈夫虐待而以登报的方式将其夫的恶行公之于众，并进而提出离婚，此举遭到了地方报纸和部分记者的围攻。⑦ 对于持有传统思想的人看来，这些女子无疑都违背了"一与之齐，终身不改"⑧ 的理念，这是不守妇道、有伤风化之举，必须要对其大加挞伐。舆论的攻击以及不名誉的社会身份，让许多有离婚念头的女性不敢再越雷池一步。

---

① 高山：《离婚自由与中国女子》，《妇女杂志》第 10 卷第 9 号，1924 年 9 月。
② 段国超：《鲁迅家世》，教育科学出版社，1998，第 199 页。
③ 陈西滢：《西滢闲话》，江苏文艺出版社，2010，第 344 页。
④ 袁尘影：《绥远妇女的生活》，《申报月刊》第 4 卷第 7 号，1935 年 7 月。
⑤ 张培忠：《文妖与先知》，三联书店，2008，第 284 页。
⑥ 毛彦文：《往事》，商务印书馆，2012，第 48 页。
⑦ 《陈良璧离婚的情形》，《妇女杂志》第 9 卷第 8 号，1923 年 8 月。
⑧ 《礼记集解》，中华书局，1989，第 707 页。

对于绝大多数女性而言，阻碍其离婚的一个重要因素就是经济不能自立，生存的压力迫使相当多的女性只能安于现状、忍气吞声。

"离婚自由"是妇女主义者的一致要求，本为解救婚姻困境中的女性而提出。从这个角度分析，提出离婚要求的女性应该比男性多才对。但事实恰恰相反，根据时人的观察，离婚却"一变而为男子方面的要求；在女子方面则反看做要不得的事情。我们目击社会上的离婚事件，由女子方面提出的非常之少，由男子方面提出而女子方面争执着不肯允诺的却非常之多"①。理想与现实为什么会有如此大的反差呢？女性之所以不肯轻易离婚，是因为受到了礼教束缚和经济不能自立两种因素的困扰。礼教束缚主要涉及女性自身乃至家族名誉，除却这个要素外，缺乏经济自立是众多女性不敢离婚的重要缘由。

在传统社会，女性最大的价值在于为夫家传宗接代，如不能完成这一神圣使命，则会失去存在的意义。为保证父系血统的纯正，男性将女性的活动范围基本限定在家庭以内，也使其失去了参与社会劳动的机会，贵族或富裕家庭中的妇女尤其如此。这就使得传统社会的很多妇女在脱离了夫家或娘家的供养后，很难独立生存于世。②《妇女日报》曾刊登了这样一条消息：

> 呈为再醮他人，无亲出笔，肯与作主备案事。窃少妇杨氏自幼于归周桂生为室，现居落心田，寄食陈宅第二十七号门牌。情因丈夫早亡，从子未有，衣食不能依赖，万不能不再嫁他人，以为后来终身之靠。现在佣工度日，不能敷衍生活。因思改嫁，娘婆两家人均未有亲人出笔，受主多不放心，恐后来发生纠葛。为此泣肯县长台前准予备案，以全配偶而救性命……。

一位湖南湘潭的杨氏妇人因不能独立生存而想再婚，但因无主婚人被迫呈诉县长。这位杨姓女子的状况是中国大多数妇女的写照，即以结婚为职业来换取男子的衣食供养。传统女性这一状况，已基本使其失去了离婚的底气。

妇女的这一困境，已被时人敏锐地观察到。作者"陈友琴"分析说：

---

① 高山：《离婚自由与中国女子》，《妇女杂志》第 10 卷第 9 号，1924 年 9 月。
② 民初因离婚而自杀的女性中很多属于这种情况，即被丈夫遗弃而娘家又无力供养。参见《离婚与弃妻》，《妇女杂志》第 8 卷第 4 号，1922 年 4 月。

"离婚的现象，依经济制度的变动而变动，依经济组织的不同而异。在共产社会的经济制度，及自由竞争的经济组织底下，则离婚自由。在私有财产社会的经济制度，某种情形底下，如父系家庭制度及中世纪封建时代奴隶制度盛行，则女子无离婚之权。在工业发达的国家，则女子经济独立，女子有自由离婚之权。而且因生活程度，家庭不能维持，故离婚率高；反之，在工业不发达之国家，女子无职业地位，无独立生活能力，则女子无离婚自由权；而且因生活程度低，故离婚率少。"① 以此论来对照中国社会，不难明白女性为何不能打破礼教的束缚去争取婚姻自由，根本原因就在于"中国的工业尚未发达，女子在社会上未取有职业的地位，经济及生活不能独立，所以不能打破此礼教及风俗，而受制于男子，甘处于不自然及困苦的家庭下而不能提出离婚的表示。"②

女性的这一状况，使部分女性宁愿屈尊以"妾"或"婢"的身份去服侍自己的丈夫也不愿意离婚。作者"紫珊"以亲历者的身份讲了这样一件事：一位男子因与自己的包办妻子没有爱情，屡次提议离婚。他的妻子却说，你尽管去和有爱情的女子结婚，无论娶几个我都不干涉。你也可以不把我当妻子看待，只要你允许我待在家里，即使为婢也心甘情愿，否则只有削发为尼。③ 这种状况在民国具有一定的普遍性。如上文提及的朱安，如无鲁迅经济上的供养必定也难以自活。郁达夫结识王映霞后本想和孙荃离婚，但在其母的干预下造成了两人分居不离婚的事实。孙荃继承了郁达夫的祖产，并且按照二人的君子协定，郁达夫每月给孙荃母子五十元大洋。饱读诗书但又不能自立的孙荃在礼教、经济等诸多因素的影响下只能接受弃妇的命运。除了教养子女外，只得以吃斋念佛了度余生。④

女性生存能力的薄弱，不仅让其自身丧失了离婚的勇气，连男子深受其害："现在社会上的女子，在自己固然不敢对于不满意的婚姻主张离婚，即男子想主动离婚，也愈困难。"⑤ 男子若要与无爱情的妻子离婚，因其不能自立容易发生极端事件而招致骂名；如果不离婚，其中的痛苦又难以长期忍受；如若在外与志同道合的女子结合又要背负重婚的罪名。因此，在离婚问

---

① 陈友琴：《经济上的离婚观》，《妇女杂志》第 8 卷第 4 号，1922 年 4 月。

② 同上。

③ 紫珊：《中国目前之离婚难及其救济策》，《妇女杂志》第 8 卷第 4 号，1922 年 4 月。

④ 文楚：《郁达夫与结发夫人孙荃》，《名流沧桑》，河南文艺出版社，2009，第 261～268 页。

⑤ 克士：《爱情的表现与结婚生活》，《妇女杂志》第 9 卷第 2 号，1923 年 2 月。

题上两性都承受着苦楚。不过从普遍情况看，男子所感受的是离婚难的痛苦，女子所感受的是要离婚的痛苦。①

　　另一个阻碍离婚并受时人抨击的对象就是关于离婚律的诸多规定了。在《民国民律草案》中虽然规定了男女双方都有自由离婚的权利，但权利的实施有诸多的限定，这些限制被知识界视为男女不平等及阻碍女性离婚的重要证据。如民律第一千一百五十一条规定，夫妻只有在下列情况下才可以起诉离婚：

　　　　一、重婚者；

　　　　二、妻与人通奸者；

　　　　三、夫因奸非罪被处刑者；

　　　　四、彼方谋杀害自己者；

　　　　五、夫妇之一方受彼方不堪同居之虐待或重大之侮辱者；

　　　　六、妻虐待夫之直系亲属或重大侮辱者；

　　　　七、受夫直系亲属之虐待或重大侮辱者；

　　　　八、夫妇之一方以恶意遗弃彼方者；

　　　　九、夫妇之一方逾三年以上生死不明者。②

　　从上述条款看，离婚问题不但不自由，而且不平等。以第二项和第三项比较看，妻子与人通奸，丈夫就可以呈诉离婚；丈夫非要因奸非罪被处刑，妻子才可以起诉离婚。言外之意就是，丈夫与处女或寡妇私通，甚至嫖娼、纳妾妻子都不得呈诉离婚。陈望道将其概括为"女是实质上不能重婚，男是形式上不能重婚"③。这是男女不平等的表现之一。另外在《刑律草案》里也有相似的规定，这为男子嫖娼、讨小老婆等大开方便之门，所谓"重婚罪"实际上只是对于女性的限制罢了。④

　　这种看法引起了知识界的共鸣。如有人就认为，这些"可恶的法律，对于我们女子的离婚案，总是刁难"⑤。因此，有人从根本上否定了相关法律存在的合理性："人类一向就不曾秉着至公之心去定什么法律，所以现今的离

---

① 紫珊：《中国目前之离婚难及其救济策》，《妇女杂志》第 8 卷第 4 号，1922 年 4 月。
② 杨立新点校《大清民律草案·民国民律草案》，吉林人民出版社，2002，第 357 页。
③ 陈望道：《中国民律草案与俄国婚姻律底比较》，《妇女评论》1922 年 1 月 1 日新年增刊。
④ 夏梅：《自由离婚论》，《妇女杂志》第 8 卷第 4 号，1922 年 4 月。
⑤ BL 女士：《离婚问题的实际和理论》，《妇女杂志》第 8 卷第 4 号，1922 年 4 月。

婚法都是偏在'不许'一边的。照现今所有的离婚法——中国的最不合理，当然除外——看来，既是阻碍个人的幸福，并且还替社会上制造出许多罪恶和悲痛"①。

　　相比较这些偏激的言论，有些论者的观点就显得客观些。如有人说："《现行民律草案》上的离婚法，男女地位纵使不平等，但已由'七妻'而变为妇人也有向夫提出离异的权利了，不能不说是一个很大的进步。"②还有人认为，虽然离婚法需要改良，但其本身也有尊重婚姻，防止因细故离婚之弊。③ 的确，《民国民律草案》借鉴了英美大陆民法的观念，采用了公平、正义的先进理念，闪烁着近代民法思想的光辉，其进步意义是不能抹杀的。④

　　但囿于时代的局限，妇女并没有取得完全的离婚权也是实情，⑤ 这给妇女的诉讼离婚增添了许多波折。在泗水，"自新制颁行以来，关于离异一层，制限极严。一方虽具充分理由，他方若不赞成，终身守候，亦不能批准，然亦有可以批准之案。惟经过手续之繁难，须至数年之久，始获解决焉"⑥。浙江仙居县的凤子女士现身说法，用自己的亲身经历表明了妇女离婚的艰难。凤子女士曾因婚姻生活痛苦不堪而自杀，获救后皈依基督教。为了争取个人自由，她在朋友的帮助下于1918年在其县属提起离婚诉讼。次年10月，县令以不合离婚要求判令完具，不准离婚。凤子女士被迫抗诉，案子转到浙江高审厅，转送期间，仙居县强令执行原判。1920年，在台属女师校长汪本君等诸多人士的帮助、斡旋之下，终于判令离婚，脱离苦海。凤子女士以自己的离婚事实说明，在民初的司法环境中婚姻无过失是很难离婚的。⑦

　　《礼拜六》是鸳鸯蝴蝶派的重要刊物，它刊登的小说和杂文大多以揭露社会黑暗、军阀横暴和婚姻不自由等内容为主。⑧ 在《离婚案的判决》中，一对老夫少妻要因二人无爱情而打起了离婚官司。当法官了解到夫妻相处平

① 沈雁冰：《离婚与道德问题》，《妇女杂志》第8卷第4号，1922年4月。
② 乔峰：《中国的离婚法》，《妇女杂志》第8卷第4号，1922年4月。
③ 沈静虚：《法律上的离婚问题》，《新妇女》1920年第2卷第6期。
④ 《中国两次民律草案的编修及其历史意义》，杨立新点校《大清民律草案·民国民律草案》，吉林人民出版社，2002。
⑤ 《发刊旨趣》，《妇女杂志》第8卷第4号，1922年4月。
⑥ 《泗水侨民之婚律》，《国闻周报》1927年第4卷第39期。
⑦ 凤子：《我的离婚》，《妇女杂志》第8卷第4号，1922年4月。
⑧ 周瘦鹃：《闲话〈礼拜六〉》，魏绍昌编《鸳鸯蝴蝶派研究资料》，上海文艺出版社，1980，第130页。

和只是难以产生爱情时，断然拒绝了女方的离婚请求。法官说，既然你的丈夫对你不错就应该白头偕老，并且你的离婚理由并不正大，没有丈夫的同意在法律上不能离婚。① 郑士英与他的夫人朱太太一起生活了60年，朱太太本想给丈夫做八十大寿，但在算命先生那里意外得知自己会克丈夫的运气。为了保护丈夫，朱太太竟然学时髦打起了离婚，但不幸的是离婚诉讼被法官驳回，其理由如下：

> 查婚姻原以义合，终身未可轻离。现行有效之前清现行刑律民事部分，仅列七出之条，而妻之请求离婚，更限于足以害及生命、名誉等特别情形。大理院此项判例，所定范围，亦从严格。本案两造间以数十年之伉俪，儿孙满堂，辄以瞽者一言，以爱为仇，忍请分离，既背乎我国礼教相沿之观念，更反乎家庭和平之精神。迷信害人，一至于此，殊堪浩叹。原告请求殊无理由，应予驳回。②

正如法官所言，朱太太的离婚动机固然愚不可及，但从法官驳回离婚请求的理由看，其动机依然是要以传统礼教维护家庭和平，丝毫不顾及女性个人的感受，这是民初女性诉讼离婚艰难的关键所在。

结合民初社会的环境看，青年离婚多会受到家庭或家族的阻碍、社会舆论的谴责，使他们承受巨大的压力。并且，由于传统女性观的因袭，女性提出离婚尤为社会所不齿，即使法律对女性离婚的支持力度也非常有限。尤其关键的是，女性独立能力的缺失，使多数女性丧失了离婚的勇气，同时对男子主动提出离婚也造成了巨大压力。因此，在婚姻自由理念的鼓动和国民革命运动的推动下离婚率虽有所上升，但上述因素的限制决定了离婚在整个社会中还是非常有限的。

二 离婚与离异女性的救济

离婚虽在新性道德框架下确立了其存在的合理性，但鼓吹离婚的知识者与礼教守旧者其实都不愿看到离婚现象的发生，因为二者的认识都建立在家庭为社会之基的理论上。不同的是，前者以疏导之法解决婚姻问题，后者以

---

① 怡盦：《离婚的判决》，《礼拜六》1922年第168期。
② 天愤：《朱太太离婚》，《礼拜六》1921年第134期。

消极的围堵之法对待婚姻。

有人曾说："现在离婚这两个字，闹得是人人知道了。然而为什么要离婚？什么叫离婚？离婚的真义怎样？倘使照此下去，岂不要弄成一个夫不夫，妇不妇的糊涂时代？"[①] 其言外之意是离婚搅乱了夫妇的名分和家庭的正常秩序，他们不愿见到离婚现象。连女权主义者陈望道都说："离婚不过是收拾敬衰爱亡的残局的一种不得已的方法。"[②] 因为他们认为，离婚"背逆人生情志"[③]，也就违背了人的发展规律。因此，新性道德的支持者虽然相信离婚是买卖婚姻、无爱婚姻崩溃的根本表征，是旧婚制破产时无法避免的现象，但在他们心中离婚仍是一种病态现象，而不是治病的良药。[④] 他们同礼教守旧者一样害怕离婚会形成社会风潮，从而给社会造成忧患，如破坏家庭基础；造成家庭纠纷，使事业受到影响；造成心理堕落，减少人们对于新式婚姻的信心；造成两性体格的退化，甚至影响女性的生育力等。[⑤] 面对纷至沓来的离婚事件，有人对此提出疑问："这究竟是社会比较康健的象征呢？还是社会日就堕落的象征呢？"[⑥]

在知识界看来，离婚无论对于当事人还是社会都难以产生积极影响。因此，知识界"并没有明白的鼓吹离婚"[⑦]，其调门明显比鼓吹恋爱低了很多。既然离婚的社会价值如此，那么应该如何拯救这种病态现象呢？为解决这个问题，知识界群策群力、献言献策，以达到杜绝甚至限制离婚的目的。

离婚既然是买卖婚姻崩溃的象征，那么要避免离婚就要反抗包办婚姻。作者"紫珊"从两性角度分别陈述了这个问题。从男子角度看，未结婚之前应竭力反对父母的包办婚姻，以免将来发生离婚难的苦痛；若已经结婚，如妻子的性情、意见、知识等与己尚不至十分冲突，则应努力培养感情、创造恋爱，使其成为自己的伴侣，不应该吹毛求疵。只要尽心去做，未必没有成功的可能。与对男性的要求相反，鉴于女性在旧式婚姻中所承受的苦难，作

---

① 吴末狂：《一段离婚的事实》，《妇女杂志》第 8 卷第 4 号，1922 年 4 月。

② 陈望道：《〈自由离婚号〉引言》，《妇女评论》第 57 期，1922 年 9 月 6 日。

③ 知白：《离婚问题与将来的人生》，《妇女杂志》第 8 卷第 4 号，1922 年 4 月。

④ 瑟：《司法部限制离婚》，《妇女杂志》第 8 卷第 4 号，1922 年 4 月。

⑤ 徐亚生：《离婚略论》，《妇女杂志》第 16 卷第 3 号，1930 年 3 月。较为细致分析离婚危害的文章还有顾守恩《离婚问题的解决法》，《复旦大学文学院法政杂志》1924 年第 8 期。作者认为，离婚造成当事人情感的孤独、生活的凄凉，人格的损害以及子女教养的困难等。

⑥ 王世杰：《离婚问题》，《法律评论》总第 190 期，1927 年 2 月 20 日。

⑦ B. L. 女士：《离婚问题的实质和理论》，《妇女杂志》第 8 卷第 4 期，1922 年 4 月。

者以"不自由，毋宁死"的精神鼓励女性摆脱封建家庭的压迫和束缚。她认为，女性如若遇到无爱的婚姻，遭受了残酷的非人待遇，应当勇往直前和旧习惯、旧势力做斗争，决绝的提出离婚，不可委曲求全。女子为独立自由而死、为人格殉道而死、为警醒沉沦中的姐妹而死，比苟且偷安、受尽折磨、凌辱而死要光荣的多。同样是死，为什么不舍彼就此呢？① 紫珊的建议建立在"男强女弱"的理论预设基础上，男子作为强势一方，尽量避免无爱的包办婚姻，如若无法避免则要尽量迁就以免造成离婚的事实；女子作为弱势一方，要懂得为爱奋斗、为自由抗争，即使付出生命的代价也在所不惜。她的建议从理论分析上自然不错，而且社会上已有部分男子本着人道主义精神，去体恤女性的困难和疾苦而决心改造她，但最大的问题在于旧式女子"不自由，毋宁死"觉悟由何而来呢？

在救济离婚问题上，还有人认为应从法律层面入手，要杜绝离婚，从法律上就必须禁止离婚；只要法律上有离婚的条款，这种危险就无法避免。作者为什么主张禁止离婚呢？他通过考察发现，许多离婚皆因极细小原因引发。夫妇既然终日在一起，接触的机会自然增多，发生冲突的几率也增大，要想离婚不怕没有借口。在作者看来，赞成离婚者将婚姻看作契约的观点非常值得怀疑，婚姻能否作为普通契约还需要讨论。为此，作者主张，婚姻是社会上的一种特制，个人有接受或不接受的自由，但一旦决定接受婚姻就要永远维持这种生活，无论男女发生何等重大问题，婚姻绝不能拆散。因为婚姻是社会构建的基础，事关全局，不能为了两人或一人的方便去破坏这神圣的关系。个人自由权的实施不能违背公益，不能不受约束，当社会与个人发生冲突时，唯有牺牲个人。因此，国法与社会舆论应当对毁弃婚约的夫妇加以讨伐。夫妻双方都被禁止离婚，是两性绝对平等的一种体现。②

作者虽然主张禁止离婚，但同时也承认共同生活的夫妻不可能不发生矛盾，如若夫妻双方的矛盾到了无法调和的程度应当怎么办呢？针对这种情况，有些人提出了"别居"一法。如上文的作者就提出，"到了万不得已的时候，无论男女方面，均可呈诉官厅请求别居。对于产业定一个妥当的办法。有过失的男女，判以相当的罪分，以昭公道。像这样办法，可以维持婚

---

① 紫珊：《中国目前之离婚难及其救济策》，《妇女杂志》第 8 卷第 4 号，1922 年 4 月。
② 顾守恩：《离婚问题的解决法》（续），《复旦大学文学院法政杂志》1925 年第 9 期。

姻的神圣，免掉一切离婚的弊端，还可以救了我们文明的人格。"① 从上述举措看，析产别居已跟离婚并无二致，但仍要维持虚假的夫妻名分，依笔者看来此举有掩耳盗铃之嫌。这种虚假的名分是否能维持婚姻的神圣，挽救文明的人格呢？这非常值得怀疑。但这种观点在社会上仍有一定的影响。在 1929 年还有人坚持这种观点，如署名"非非"的作者就认为，"最不得已时，只能分居，也不能脱离夫妇名义的关系，也不能再为嫁和娶，除非一方死了。"②

同样是从法律入手，其他论者并没有如此决绝的禁止离婚，而是以法律为依托提出了一些具体办法。有人认为，应该加强法制建设，使所有的离婚都不超脱法律控制的范围；加强法治意识，让人人都在法律的规范下离婚，这样离婚不仅可以减少，还让离婚行为都合乎法律规范；废除协议离婚，所有的离婚必须经过法庭审判。③ 在这个基础上，有人提议设立专门的"家事法庭"，"因为有许多离婚的理由，都是假的。又因为普通法庭常因事繁案多，不能详细调查离婚的原由之确切与否。所以有另外创设家事法庭之必要，这或可减少离婚案件的"。在此基础上，再用法律手段限制再婚，这样对于解决离婚问题大有裨益。④ 有论者进一步完善了上述提议，建议设置专门的离婚检察官，调查请求离婚者所持的理由是否真实，有没有共同作弊或欺骗的事情；特设家事法庭，去审判离婚案件。法庭对于此类案件，首先要考察它是否贻害社会，进而限制离婚理由，以减少无意识的请求。再婚也要进行适当限制，必须超过一定期限方能批准再婚。⑤ 还有论者提出，在离婚的程序上应加以限制。他认为，离婚现象的发生，真正因意见不合而非离婚不可的并不多，因各种误会而一时激愤离婚的倒不少。如此离婚的夫妇，在怒气消平之后往往会有悔意。有鉴于此，作者建议，在双方解除婚约后，必须经过一定的法定期限，婚姻关系才能彻底消除。在此期间，双方实行分居，婚姻关系依然存在，如果双方因觉悟而不愿离婚，那么可将离婚契约取消；反之，婚姻契约将被彻底取消。⑥

① 顾守恩：《离婚问题的解决法》（续），《复旦大学文学院法政杂志》1925 年第 9 期。
② 非非：《结婚！离婚！》，《公教周刊》1929 年第 4 期。
③ 樵叟：《离婚增多的救济》，《妇女共鸣》1929 年第 12 期。
④ 明养：《离婚问题之社会学的研究》，《妇女杂志》第 13 卷第 7 号，1927 年 7 月。张闻天在《离婚问题》（《少年世界》第 1 卷第 8 期，1920 年 1 月）中也提出了类似的意见。
⑤ 王容川：《中国家庭问题的商榷》，《社会月刊》第 2 卷第 5 号，1930 年 11 月。
⑥ 兴邦：《结婚离婚在程序上应加以限制的理由和办法》，《新声月刊》1930 年第 2 卷第 6 期。

从司法审判的角度看，案件审理本有民事和刑事之分，离婚诉讼一般属于民事审判之列，在民事审判内要求再特设"家事审判"，足见时人控制离婚率的良苦用心。另外，加强法制建设，提高民众法治意识的建议无论在当时是否具有可行性，但它符合民主国家发展的趋向，具有非凡的战略眼光。当然，对于上述法律举措也有人提出疑义，认为上述办法并不能真正减少离婚，它只是阻止了人们的自由，① 故法律之外的措施显得更有意义。

更有论者主张从教育入手，以解决夫妻之间的诸多问题，从而减少离婚。例如，有人主张普及教育，使男女有相当的能力，经济上彼此独立不相互依赖，这样夫妻情感易于融洽，即使婚姻破裂女性也不至于在经济上陷于困境。② 还有人主张通过教育手段来消弭夫妻间的差距，以培养共同的生活理想、情趣和习惯等。因为一个受过高等教育的男子或女子与一个未受教育的女子或男子结婚，性情难以相投，生活难以协调。因此，他认为教育是解决离婚问题的好方法，知识水平提升后，两性不仅懂得如何选择称心如意的配偶，而且婚后还会注意共同生活理想、情趣以及生活习惯的培养。③ 这种主张得到了知识界不少人的认同，建议用"闺阁的平民教育"④ 来代替离婚。对此有人说："尊重女性的男子，哪个不想改善他的旧式的妻子的，以为既可以省了一番离婚的手续，又可以免却旧社会的指责。"⑤ 他们相信教育是万能的，"只要她的丈夫，能够循循善诱，替她找一个求学和补习的机会，她一定可以得到相当的知识和成绩"⑥。为此，他们呼吁，尊重女性的男子不要空唱高调，如果真要普及平民教育，实现妇女解放，请首先从你朝夕相处的旧式妻子做起，不要与之离婚。他们希冀以此种方式创造恋爱，挽救痛苦的婚姻生活。

不少知识者不仅从理论上建言，还从实践上积极改造自己的妻子。如杨天真先生的妻子就是毫无知识的旧女性，起先并不是他的理想配偶。但是，他并不打算离婚，因为他觉得妻子也是旧制度的牺牲品，属于被压迫者。因

---

① 梅生：《离婚问题》，《中国妇女问题讨论集》（5），上海书店，1989，第37～38页。
② 樵叟：《离婚增多的救济》，《妇女共鸣》1929年第12期。
③ 蔡智傅：《救济离婚之方案》，《妇女共鸣》1930年第38期。
④ 谬金源：《闺阁的平民教育与离婚》，《妇女杂志》第8卷第4期，1922年4月。
⑤ 陈淑渊：《尊重女性的男子可否与自己不满意的旧式妻子离婚?》，《妇女杂志》第10卷第10号，1924年10月。
⑥ 朱英：《尊重女性的男子可否与自己不满意的旧式妻子离婚?》《妇女杂志》第10卷第10号，1924年10月。

此，他有义务引导她走向光明。于是，他将妻子送到女校特别班读书，其目的是希望"伊看得懂极浅近的文字就好了"①。当时有如此觉悟并付诸实施的男子还有很多，如安徽怀远冯姓男子、方卓然、我觉、吴俊升等人都力图对自己的旧式妻子进行改造。② 从当时的实际看，对妻子进行教育，有利于缩小夫妻间的差距，培养夫妻情感，未尝不是过渡时代维护家庭稳定，避免妇女因离婚而遭受灭顶之灾的良策。此举虽暂时限制了丈夫追求幸福生活的权利，但从长远看，有利于妇女整体素质和婚姻生活质量的提升。

教育改造对于家庭生活的改善确实明显。一位叫何章钦的男子说，他对妻子进行教育后，"论到彼此的爱情，虽比不上那文明式的先天的，但较诸旧式的后天的，倒要浓厚几倍。家庭中亦有唱随的气象"③。另外，还有一些被丈夫改造后的妇女满怀感激之情，撰文记述自己被改造和两性情感逐渐浓厚的过程，④ 这些成功的案例，大大增加了"闺阁的平民教育"的可行性，为避免离婚开辟了新思路。教育虽有如此功效，但它却引起了一些人的质疑，认为这种方式是以"威权戕害新时代恋爱结婚的理想"⑤，仍旧体现的是男子对于女子的支配。⑥ 此论或许不错，但对于新旧结合的夫妻而言，还有比这更好的解决之道吗？

上述建议不可谓不全面，但在有些人看来这还不是根本解决之道。⑦ 他们认为，"最重要处，却不是离婚问题，实在是结婚问题；要离婚不容易，就要结婚不容易。换一句话说，就是要结婚慎重，莫轻易从事。"⑧ 那么，如何结婚才算慎重呢？慎重之举莫过于"提倡以恋爱为中心的结合——实行恋

---

① 力子：《杨天真先生底婚姻主张》，《觉悟》1924 年 4 月 23 日。
② 杨节青：《得罪旧婚制的我》，《觉悟》1924 年女 7 月 7 日；方卓然、章锡琛：《机械婚下的呼吁者》，《妇女杂志》第 9 卷第 9 号，1923 年 9 月；我觉：《要求未婚妻入学或废约》，《觉悟》1922 年 12 月 24 日；吴俊升：《我之自白》，《青光》1923 年 6 月 2 日；冷泪：《不轻易离婚的青年》，《申报》1923 年 4 月 27 日；碧影：《救济旧婚姻制度之一法》，《申报》1923 年 7 月 7 日。
③ 何章钦：《请看我的对她》，《妇女杂志》第 9 卷第 4 号，1923 年 4 月。
④ 侠依：《从旧婚姻发生的新爱情》，《妇女杂志》第 10 卷第 2 号，1924 年 2 月；陈濂观：《我和他》，《妇女杂志》第 12 卷第 7 号，1926 年 7 月。
⑤ 周叙琪：《民国初年新旧冲突下的婚姻难题——以东南大学郑振勋教授的离婚事件为分析实例》，王政、陈雁主编《百年中国女权思潮研究》，复旦大学出版社，2005，第 106 页。
⑥ 陈望道：《妻的教育》，《觉悟》1920 年 7 月 29 日。
⑦ 柳宗奎：《离婚的根本救济》，《学生文艺丛刊汇编》1924 年第 1 卷第 2 期。
⑧ 饶上达：《离婚问题的究竟观》，《妇女杂志》第 8 卷第 4 号，1922 年 4 月。

爱结婚。"① 因为"所谓离婚者，大多数并不是由于结婚后没有恋爱，乃是由于结婚前没有审择。换言之，无恋爱的结婚，十有九是早播下了后来离婚的样子；到离婚时，不过是由那粒种子发芽、开花而结果罢了。……我们要谋国家的巩固与安宁，不能不把离婚数量减少，而欲使离婚数量减少，非从自由结婚方面去着手不可。"② 即使明确了以爱情为基础，但要注意的问题仍很多，如要仔细观察对方的一切、他或她的朋友是否良善、知识技能是否相当、体格是否健康等等。③

更有甚者，有论者基于对两性恋爱中"灵"的关注，提出了情人制理论以减少离婚。如夏梅女士热情地鼓吹爱伦凯的恋爱论："完全的恋爱，当着男女相互为一的时候，可使发生一种强烈的渴望。这个恋爱，能使男女二人相互独立，并向着二者一体的完全方面发展；所以恋爱若为双方生命所完了的结合，那么这样的恋爱，男女相互，终身惟有一人，也只能给与一次。"这种终身只有一次的轰轰烈烈的恋爱对充满幻想和激情的青年人必然产生极强的吸引力，并引发无限的向往。在此基础上，夏梅进而认为："这种自然的两个爱人的结合，不更比那规定的'一夫一妻制'的好得多吗？何必定要规定这种制度呢？"④ 以夏梅女士为代表的年轻人推崇恋爱神圣观，认为两性恋爱的实质超越一切，包括婚制在内。因此，在他们眼中，若以神圣的恋爱为两性结合的基础，婚制自然就可以废除，如无婚姻的存在也就谈不上离婚了。废除婚制实行男女恋爱的结合，与张竞生的情人制颇为相似，听起来虽好，却未必行得通。

还有人提出了"设置试办性的家庭"⑤ 的主张，其方法是：男女之间有了真挚的恋爱后，婚前应该有一个试办家庭的阶段，让男女双方按家庭的组织法同居一段时间，使彼此间更加熟悉。如果双方均表示满意，可以正式组建家庭；如若双方都不满意、不愿结婚则各寻出路，免得婚后出现麻烦。这种试婚行为听起来可行性很高，但它的践行必须建立在男女平等贞操观的基

① 夏梅：《自由离婚论》，《妇女杂志》第 8 卷第 4 号，1922 年 4 月。
② 丘式儒：《我的自由结婚观》，《妇女杂志》第 14 卷第 7 号，1928 年 7 月。
③ 张友鹤：《离婚问题之我观》，《妇女杂志》第 8 卷第 4 号，1922 年 4 月；赵济东：《离婚问题的研究》，《妇女杂志》第 8 卷第 4 号，1922 年 4 月；明养：《离婚问题之社会学的研究》，《妇女杂志》第 13 卷第 7 号，1927 年 7 月；徐亚生：《离婚略论》，《妇女杂志》第 16 卷第 3 号，1930 年 3 月。
④ 夏梅：《自由离婚论》，《妇女杂志》第 8 卷第 4 号，1922 年 4 月。
⑤ 赵济东：《离婚问题的研究》，《妇女杂志》第 8 卷第 4 号，1922 年 4 月。

础上，在当时片面贞操观尚未完全打破的情况下其可行性还极其有限，这种方法的真正流行开始于 20 世纪 90 年代中后期。

要避免离婚，只注意婚前是远远不够的，婚后还要注意一些问题。传统理念历来讲究以"和"为贵，对于家庭也是如此。因此，在不少家箴中特别强调夫妇的和谐相处。[①] 缪程淑仪女士认为，婚后夫妇要有"互助""相谅"的精神。[②] 吴宓在与陈寅恪先生讨论婚姻之道时也曾指出，"婚姻之要，不尽在选择，而在夫妇能互相迁就调和"[③]。一般而言，男女结合是抱着同一信念组建家庭的，夫妻双方人格独立，相互平等。在组建、经营家庭的过程中，只要夫妻互助、互谅，他们的爱情自然也就浓厚了。另外，两性相处不可能事事都能完全相合，生活中也必偶有失误之处。只要不违大德，一些细小的过失不要深究。只有如此才能消弭暴戾之气，保持两性的和谐，这样离婚的风险无形之中也就消解了。

离婚的风险无论降到哪个节点，只要婚姻存在，离婚现象就无法避免。夫妻一旦离婚，随之会引发一系列的连锁反应，其中时人最关注的莫过于旧式妇女的安置问题。从普遍情况看，男性和女性相比，其社会资源更充分，也更容易生活；新女性和旧女性相比，前者因具备一定的科学文化知识和较为开放的思想、宽阔的视野，其生存能力要比后者强。因此，离婚中的女性特别是旧女性引起了知识界的特别关注。

围绕着如何救助离婚中的旧女性，知识界纷纷献言献策。对于旧女性而言，其面临最大的困境是自身生存能力的不足。因此，保障她离婚后的生活是知识界关注的要点。作者"孟苇"提议，"男子提议离婚，必须供给女子——指生活的确不能独立的女子——生活费"[④]，这种观点在知识界得到普遍认可。作者"卓吾"也认为，必须"强迫伊丈夫负担伊的生活和教育费，到伊尽自谋生活，或结婚时为止"；"强迫伊丈夫将他赢得的遗产分给伊一半，或几分之几，使伊自理生活"[⑤]。凡是对旧女性报以同情心的男子，对自己的前妻都会给予经济上的支援。如上文提到"紫珊"的朋友某君，在与其

---

① 抱一：《家箴》，《生活》1926 年第 2 卷第 8 期。
② 缪程淑仪：《离婚的预防》，《妇女杂志》第 7 卷第 4 号，1921 年 4 月；徐亚生：《离婚略论》，《妇女杂志》第 16 卷第 3 号，1930 年 3 月。
③ 吴学昭：《吴宓与陈寅恪》，清华大学出版社，1992，第 14 页。
④ 梦苇：《离婚问题》，《妇女杂志》第 8 卷第 4 号，1922 年 4 月。
⑤ 卓吾：《我对于婚制下弃妻者的意见和救助被弃妻的方法》，《女星》第 11 期，1923 年 8 月 5 日。

妻离婚时将自己的家产分割给她，妻子对他的仁义非常感动，宁愿独身苦守也不愿再嫁。鲁迅在为自己与朱安的婚姻感到异常痛苦时，他的朋友孙伏园、章川岛、常维钧等人曾提议说："既然没有感情，就送他回娘家，负担他的生活费，这是很客气也很合理的办法，何必困恼着自己，和她一起做封建婚姻的牺牲品呢？"[1] 由众人"很客气也很合理"的表达来看，这种离婚后救助前妻的做法在新知识界已被广泛认可。当然，知识者也未必尽是有同情心者。北京的李邦典有个同乡去美国留学六年，妻子一直寄居在朋友家中。学成归国后，他却与发妻离婚而另娶妻室。前妻是旧式女子无法独立谋生，只得依赖前夫。前夫起先还给几个钱，后来就不再供给了，并振振有词地说："我的钱还不够花，那能再供给旁人呢，叫她先候一候吧。"[2] 如果旧式女子碰到这样的前夫，其生活之艰难可想而知。

古语说，授人以鱼不如授人以渔。与其接受男子的馈赠，女性不如自己取得经济独立更稳妥。鉴于旧式女子在经济上处于弱势的现状，不少人提议女性应该保持经济独立，只有如此才能杜绝或减少离婚，赢得人生幸福。"女子得了职业，然后经济方能独立，经济独立以后，自然可以增高妇女解放的势力。"[3] 作者"王思玷"利用身边两个鲜活的实例，阐明了经济独立对女性婚姻乃至人生的重大影响。作者的邻村有一姓鲍的小康之家，娶妻周氏，日子过得颇为滋润。不幸的是，几年后二人因迫不得已的原因而离婚。离婚后的鲍姓男子很快再娶；周氏离婚后搬回娘家居住，其父母面对离异的女儿整天唉声叹气，亲戚们对她也投来异样的眼神。周氏被迫外出佣工，却受不了那份清苦。最后，她嫁给了一位无产工人，生活异常艰难，吃喝都难以为继。贫贱夫妻百事哀，其再婚生活的幸福度自然可想而知。与周氏的窘境形成鲜明对比的是作者的邻居跛四姑娘，此女因腿有残疾难以嫁人，父母为其终身幸福计特意给她留了一份非常可观的田产，让其有足够的资财维持生活。跛四姑娘因经济独立，婚姻实现了自主。她自己挑选丈夫，最后招得如意郎君入赘，生活美满，婚姻幸福。通过这两个实例的对比，作者感触颇深。他认为，经济的独立是妇女权益的根本保障，若无此基础，离婚必然导致悲惨的结局。[4]

① 转引自段国超著《鲁迅家世》，教育科学出版社，1998，第199页。
② 李邦典：《关于离婚的两件事实》，《妇女杂志》第8卷第4号，1922年4月。
③ 汤鹤逸：《妇人问题》，《晨报》1926年3月30日
④ 王思玷：《离婚与男女的经济平等》，《妇女杂志》第8卷第4号，1922年4月。

　　王思玷的认识对于新妇女同样适应，自由恋爱的婚姻若无经济作保障也难以持久，作者"明星"以见证人的身份再次揭示了这个道理。作者的同乡范成金女士富有新思想，在求学期间就勇于反抗包办婚姻，坚持自由恋爱，为此她承受着来自家庭和学校的双重压力。无奈之下，范女士与男友双双逃到上海，并自主结婚。由于他俩正值求学阶段，经济上都不能独立，只得坐吃山空。短短几个月，他俩的经济就破产了，最后被迫离婚。[①] 为此，时人告诫青年学生，经济不独立不能结婚，恋爱虽是婚姻成立的根本要素，但经济却是维持婚姻的根本保障。[②]

　　那么，女性如何才能实现经济独立呢？对于这个问题，张竞生有自己的奇思妙想。他认为，在现时情况下彻底铲除包办婚姻是不可能的，唯一能做的就是技术层面的补救。在他看来，救济的良善之策莫如"使妇人去读书兼习实业。在此学习期内，为夫的应当完全负一切的供给及指导的义务"[③]。有人规划的更具体，他认为应从三个方面着手。

　　首先，女子要具备高等的知识。传统社会的女性多无求学机会，偶有接受"闺阁教育"者就颇为自得。民国时期，女子教育发展滞后，女性受教育者人数较少，愈发催生了其自满的情绪。在此情况下，女性在教育上难以和男子并驾齐驱，在经济上自然难以和男子匹敌，必然会被男子压制。因此，女子要戒骄戒躁，争取和男子同等的教育水平。

　　其次，女子要争取与男子平等的社交权。传统社会的男子为了压制女子，将其束缚在家庭中，让她们难以接触社会，以至才能日益萎缩，经济上失去独立地位。女子只能依附于男子，并受他们摆布。为此，女子必须走向社会，在经济领域与男子平分秋色。只有经济独立了，女子才能摆脱做玩偶的地位，赢得自己的人格与尊严。

　　最后，女子须有吃苦耐劳的精神。在中国，中产阶级以下的女子因经济贫困的缘故多参与劳动，故有吃苦耐劳的精神，在家庭中的地位相对高些；中产以上的女子因经济的优越不需要直接参加生产劳动，许多事都由奴仆代劳，故养成了懒惰、奢侈的习惯。她们习惯于享受丈夫提供的锦衣玉食，乐

---

①　明星：《评一个离婚者》，《妇女杂志》第 8 卷第 4 号，1922 年 4 月。

②　恽代英：《青年学生的恋爱问题》，《学生杂志》第 11 卷第 1 号，1924 年；Y. D. 、TL 合译《恋爱结婚与经济的关系》，《学生杂志》第 11 卷第 11 号，1924；1930。自谋：《青年与结婚》，《学生杂志》第 17 卷第 11 号，1930。

③　张竞生：《张竞生文集》（上），广州出版社，1998，第 272 页。

于做男子的玩具了。因此，两个阶级的女性相对比，女子要经济独立必须具备吃苦耐劳的精神。①

以上三点确实是女子经济独立必须具备的条件，各个阶层的妇女如能根据自身所处的条件去积极开拓，未必没有独立的机会。不过，需要为富裕家庭的妇女正名的是，她们并非完全不劳动，她们的劳动可能更集中体现在脑力层面，② 但这种劳动依然以男性家族的依附为基础，离知识界所倡导的经济、人格的真正独立尚有一定距离。

综上所述，知识界的上述举措一方面为限制、减少离婚；另一方面又本着人道主义精神扶助处于相对弱势的女性。从其限制、减少的离婚的动机来看，知识界从传统的家－国－天下的分析逻辑出发，以维护社会良好风气，保证社会健康、长久发展为目的来力图保持婚姻的稳定，这体现了民国知识界保持了以天下为己任的胸怀。对于旧女性的救助举措，能在一定程度上减少她们的苦难。更重要的是，知识界对于妇女的救助，体现出女性"人"的地位在男子心目中有所提升。

小　结

五四前后的中国社会变动剧烈。在经济上，民族经济的发展为女性谋求一定程度的经济自立提供了可能，这为职业女性的离婚打下了经济基础；在政治上，国民革命运动的发展加速了妇女解放，给予受压迫妇女伸张权利的机会；在思想上，婚姻自由理念的确立为离婚自由奠定了思想基础；在教育上，教育的发展为青年思想的转变和女子经济的独立提供了可能；在法律上，《民国民律草案》中离婚律的相关条款为离婚确立了法律依据。诸多社会条件的出现，共同推动了 1920 年代离婚高潮的到来。

在知识界的构想中，离婚是破除包办婚姻，特别是拯救承受婚姻苦难的女性的必要手段。但吊诡的是，多数女性并不愿意离婚，离婚理念反而被男子充分利用，将其当作追求幸福的工具。旧女性之所以不愿离婚，是因为她们仍受礼教思想的束缚和社会舆论的压迫，更为主要的是她们难以独立谋

① 《自由离婚泛说》，《妇女旬刊汇编》1925 年第 1 集。
② 王燕：《忙碌的妇女：晚清城市富裕阶层妇女的劳动》，梁景和主编《第二届中国近现代社会文化史国际学术研讨会论文集》，社会科学文献出版社，2013，第 87～103 页。

生。一旦离婚，脱离了男性的供养，她们必然会遭受灭顶之灾。如不是陷于绝境，她们不敢轻易离婚，只有能独立谋生的少数职业女性具备提出离婚的底气。当然，在礼教的影响下，男子提出离婚也并非易事，也要大费周折。因此，男子感受到的是不能离婚的痛苦，而女子感受到的却是要离婚的痛苦。

对于女子而言，旧女性并不理解现代离婚的意义，在男子的坚持下"最后只迫不得已的带着两泓清泪俯首应允了"[①]。部分新女性即使具备独立谋生能力，能主动提出离婚，等待她的也多是身败名裂的下场。更为重要的是，离婚后的女性包括知识女性在内，因社会舆论的压迫再嫁也有诸多阻碍，并不容易获取幸福的婚姻生活。[②] 因此，离婚自由的实践受到诸多社会因素的制约，其践行更多地停留在理念层面。

正是基于离婚的诸多困难及社会后果的考量，知识界也在思考如何避免离婚以及如何救助弱势女性。对于婚姻的救济，不论其建议可行性有多大，从中所体现的救世的情怀仍值得称赞。尤其值得一提的是，对于旧式女子的关注与救助，充分体现了女性作为"人"的价值的提升。

---

① 蒋慕林：《男性的离婚》，《妇女杂志》第 9 卷第 8 号，1923 年 8 月。
② 王思玷：《离婚与男女的经济平等》，《妇女杂志》第 8 卷第 4 号，1922 年 4 月；逸民：《男子婚娶禁条》，《申报》1925 年 12 月 10 日；清晖：《不愿离婚预备离婚》，天津《大公报》1931 年 3 月 8 日。

余　论

　　婚姻文化与一个国家或民族的经济、文化、生产和生活方式等要素密切相关，而这些要素正是婚姻文化产生乃至推动其演变的强大动力。在近代西方文明的示范和引领下，中国的经济、文化、生产和生活方式发生了缓慢的变化，由此推动着传统婚姻文化逐步突破既有体制的束缚，开始了从传统向近代的演变。婚姻文化是人的文化，通过婚姻文化的演变轨迹可以透视人的思想变化与精神追求，以此为基础还可以科学推测未来婚姻发展的趋向，以供后人更好地把握未来的美好生活。

一　近代婚姻文化嬗变的意义

　　婚姻文化是观念和行为的有机集合体，它的嬗变是生产、生活方式变迁和文化更替共同催化的结果。从这个意义上说，婚姻文化的嬗变既反映物质生活的变迁，又可以剖析人的价值观念的变化。在知识界的大力推动下，中国近代婚姻文化至少在思想文化领域已经完成了从传统向近代的转变，并有少部分人勇于挑战世俗观念，践行婚姻新理念。从婚姻文化的嬗变过程看，至少有三方面值得称道。

　　第一，在个性主义的引领下，婚姻实现了从"义务"向"权利"的转型，利于独立人格的塑造。

　　从语源上分析，传统婚姻有四种解释：一指结婚的男女而言，二指嫁娶之礼，三指当事男女之父母，四指当事男女两家及戚族。[①] 从婚姻的解释看，至少有两种观点与婚姻当事人无直接关系，由此我们不难想象当事人在婚姻行为中的被动状态。俗话说，"男大当婚，女大当嫁"，它强调的就是两性结婚的义务。对于男子而言，他要娶妻生子为家族延续香火；对于女子而言，

---

　　① 　陈鹏著《中国婚姻史稿》，中华书局，2005，第1~4页。

她要帮助某个门当户对的男性宗族完成生育的任务，并以此作为在夫家立足的资本。恩格斯对传统婚姻总结说："一夫一妻制是……丈夫在家庭中居于统治地位，以及生育只是他自己的并且应继承他的财产的子女，……是一种必须履行的对神、对国家和对自己祖先的义务。"① 由此可见，生育与祭祀是传统婚姻的主要目的，由此也决定了传统婚姻必然是宗族的结合，而不是男女两性的匹配。② 传统婚姻观念孕育了独特的生育文化，"不孝有三，无后为大"成为传统中国人的人生信条。以此目的来审视婚姻，它就成为男女两性人生道路的必然之选，否则就是不敬祖宗、不孝父母的逆天之举，要遭到宗族和社会舆论的指责与批判。

传统社会的男女两性都生活、服务于宗族体系中，并须恪守礼法秩序。因此，他们的婚姻要奉行"父母之命，媒妁之言"的准则，个人对于自己的婚事很少有置喙的余地。"父母既有独断子女婚姻的权力，那么在行使权力的时候，又用那阶级的眼光，就是贵的不屑和贱的结婚，富的不愿和贫的缔姻；因此门阀，财产，为他替儿女婚配的唯一标准，至于儿女的自由权、爱情性，都被他们完全汩没！"③ 对于每个中国人而言，自己的婚姻既操纵于父母，同时又操纵子女的婚姻。在婚姻决策上，每个人即是主人又是奴隶，从而塑造了中国人"主奴根性"④ 的双重人格。宗法社会造成了普遍的奴隶制，由主子与奴隶组成的世界里，不允许真正的"人"存在；在弥漫着主奴根性的文化氛围里，不允许个性精神存在，几乎没有任何个体具有独立人格意识，当然也不是权利的主体。

中国近代社会在西力冲击下动荡不安，国家和民族蒙受了前所未有的羞辱。惨痛的教训促使觉悟的中国人开始寻找出路，在此背景下婚姻被赋予了"强国保种"的神圣使命。结婚、性交、生育都被纳入国家的视野，使其与种族强化和国家振兴紧密联系在一起。结婚承嗣的义务在民族危亡的背景下由家族转移到国家语境中，这种状况一直持续到民国肇建时期。

---

① 恩格斯：《家庭、私有制和国家的起源》，《马克思恩格斯选集》第 4 卷，人民出版社，1972，第 60 ~ 61 页。

② 陈鹏：《中国婚姻史稿》，中华书局，2005，第 4 ~ 13 页。

③ 妙然：《婚制改良的研究》（下），《新妇女》1920 年第 2 卷第 2 期。

④ 主奴根性是主性和奴性的合称。所谓主性，是指那些无视基本人权，横行无忌，虐杀无辜的劣根性；所谓奴性，是指那些自甘为奴隶，泯灭自我和良知，甘心情愿处于非人的地位或处境的劣根性。无论为主或为奴，它们都典型地体现了对"人"的扑杀、压缩、压制。参见林再复著《传统与中国人》，三联书店，1988，第 108 ~ 109 页。

五四新文化运动以民主与科学相号召，促使传统思想界奔向新生的道路，从而实现了人的觉醒。所谓觉醒就是人的自我意识的猛烈骚动和确立，并自觉地推动人的解放。人的解放和自我意识的确立将个体从宗族体系中解放出来，摆脱了传统礼俗对人的精神的束缚，从而实现了个性解放。个性主义的张扬就成为五四时期的重要特征。

五四时人曾说："现代思潮，正倾向于两个相反的方向，一方面把人类社会生活展拓到全世界，他方面又把社会生活收缩成个人生活。前者是'世界主义'，后者叫做'个人主义'。两个潮流，互相摩荡，互相融会，互相感应，便孕育成将来社会的新生活。"[①] 在此背景下，个人生活不再封闭于独立的体系中，它已与当下的社会和世界日益紧密地联系在一起。进一步说，个人主义的生活是当下时代的潮流，是社会发展的必然趋势。在此语境中，"个人主义"与"个性主义"同义。胡适认为："发展个人的个性须有两个条件。第一，须使个人有自由意志。第二，须使个人担干系，负责任。"[②] 在这里，胡适明确指出，个性主义最基本的要件是个人须有自由意志。另外，胡适的新贡献还在于提出了个人必须对自己的思想、言行担干系、负责任的主张。个性主义的个人是独立的、自主的，他不依赖于任何人，由此便把"新青年"与传统的个体做了明确区分。个性主义通俗易懂的解说，对个性主义的提倡和争取广泛的理解、支持具有积极意义。[③]

个性主义既然要求个体的独立自主和勇担责任，那么个性主义指导下的婚姻必然是自由的、体现个人意志的。因此，个性主义推动下的婚姻逐步实现了从"义务型"向"权利型"转变。"权利型"婚姻抛弃了宗族义务而转向当事者的权益，强调婚姻成立的核心要素是两性恋爱，"婚姻该以恋爱为基础，而且该以恋爱为限界。"[④] 在恋爱婚姻观的指引下，不少新青年挣脱了宗法家庭的束缚，勇于追求自由恋爱，组建了夫妇互助、体现各自人生价值的新家庭。

个性主义与新婚姻、新家庭互为因果。个性主义促使青年们追求婚姻自由，由此造就的新家庭又成为个性主义培养的摇篮："我们今后务要树立起

---

① 黄石：《家庭组合论》，《妇女杂志》第 9 卷第 12 号，1923 年 12 月。
② 胡适：《易卜生主义》，《新青年》1918 年第 4 卷 6 号。
③ 耿云志：《世界化与个性主义》，《近代思想文化论集》，中国社会科学出版社，2013，第 269 页。
④ 陈望道：《我的婚姻问题观》，《东方杂志》第 21 卷第 1 号，1924 年 1 月 10 日。

个人造家国，非家国造个人，家国为个人而有，非个人为家国而有的观念，如果家国对于各个人只有损害而无利益，便该用了全力来把他打破，然后才有真正的革新可说。'不全有，宁全无'，这是一切革新的根本精神，我们应该先从家庭做起。"① 新婚姻、新家庭将一切妨害个体独立和自由意志伸展的要素剔除，以达到培育人的自由意志和个性独立的目的，这一切都是现代民主国家建立的基础。

第二，自由、平等的两性伦理是社会文明进步的新趋向，奠定了幸福婚姻生活的基础。

恩格斯曾说，一夫一妻制是"以私有制对原始的自然长成的公有制的胜利为基础的第一个家庭形式。丈夫在家庭中居于统治地位"②。从人类社会发展的历程看，"男尊女卑"两性格局的形成是经济制度演变的产物。在父系制度下，男性在经济生活中占据支配地位，女性则由公共劳动退缩到家务劳动中，并以生儿育女为自己的专职，经济上处于被供养的境地。这也正如格里康夫人在其名著《关于妇女的真理》中所说："在父系制度下，男子对女子的呼声只在她的性，而她的工作价值，他们是不记及的。然而这样错误观念的罚已降到男子身上了。女子还转来的要求，遂专在要求男子能供养他们的能力，而男子的性的价值，正如女子的工作价值一样不重要了。"③ 因此，传统社会的婚姻从本质上看是经济与性的结合，而占据经济地位的男性占据明显的主动和优势，从而掌握了更多性的选择权。"拿妇女当作共同淫乐和婢女来对待，这表现了人在对待自身方面的无限的退化，因为这种关系的秘密在男人对妇女的关系上"④。由此产生的礼法纲常，不可避免的体现了对女性的压抑，从而形成了"男尊女卑"的两性格局。

爱情婚姻观是对传统婚姻观的反动。爱情取代了门第、财富，成为婚姻成立的根本要素。爱情在本质上是人的自然属性和社会属性的结合。从自然属性看，性爱是人的本性的自然流露，本无高低贵贱之分；从社会属性看，爱情是"某个社会集团的思想、感情和愿望"⑤，两性社会地位越接近越容

---

① 瑟庐：《家庭革命新论》，《妇女杂志》第 9 卷第 9 号，1923 年 9 月。

② 恩格斯：《家庭、私有制和国家的起源》，《马克思恩格斯选集》第 4 卷，人民出版社，1972，第 60～61 页。

③ 转引自《两性结合的基础》，《妇女杂志》第 10 卷第 11 号，1924 年 11 月。

④ 马克思：《1844 年经济学哲学手稿》，《马克思恩格斯全集》第 42 卷，人民出版社，1956，第 119 页。

⑤ 〔保〕瓦西列夫著《情爱论》，赵永穆等译，三联书店，1984，第 34 页。

易产生爱情，这在很大程度上决定了两性情感结合的平等性。婚姻既然被看作爱情升华的结果，那么爱情的本质必然决定了婚姻的状态，它在本质上是平等的人格的结合。黑格尔认为，"婚姻本质上是一夫一妻制，因为置身在这个关系中并委身于这个关系的，乃是人格，是直接的排他的单一性"①。从婚姻生活的角度看，幸福婚姻的实现必须满足几个条件，"那就是，双方必须有绝对平等的感觉；对于相互间的自由不能有任何干涉；身体和肉体必须亲密无间；对于各种价值标准必须有某种相似之处"②。自由、平等是幸福婚姻生活实现的基础。

新知识界热情颂扬爱情婚姻观，并积极倡导两性的平等结合。胡适等人认为，"夫妇的平等关系，是人格的平等，待遇的平等"③。所谓人格的爱，就是"是真一的异性恋爱加上一种自觉心"④。五四之后，体现两性平等的爱情婚姻观被更多人所接受。他们认为，健康的婚姻必须具备独立的人格。婚姻虽以恋爱为基础，但在恋爱之前必须有"先决主义"才能实现恋爱的真价值，这个"先决的主义，就是关于男女自身的人格。"⑤人格的确立必须要明确人是归属于家庭还是社会。如果归属于家庭，女子必然为男子所私有，子女都受制于父母，自然也就无所谓人格了。人格不独立，难以组织精神健全的家庭和实现改良社会的愿望。

恩格斯认为，"妇女解放的第一个先决条件就是一切女性重新回到公共的劳动中去"⑥。为此，两性特别是女子必须从家庭的附属中摆脱出来回归社会，以经济的独立确立自己的人格，从而获取独立女性应有的权利。新女性不能再以"三从四德"作为人妻的标准，而应做"以人为基点而观察的'妻'"⑦。这样的"妻"不再是家庭的私属，而是从属于社会和人类，这样社会上就会增加许多人格健全者，以促进社会肌体的康复。

空想社会主义思想家傅立叶认为，"在任何社会中，妇女解放的程度是

---

① 萧瀚编《大家西学：婚姻二十讲》，天津人民出版社，2008，第131页。

② 〔英〕罗素著《婚姻革命》，靳建国译，东方出版社，1988，第96页。

③ 胡适：《论贞操问题——答蓝志先》，《胡适文存》（1），黄山书社，1996，第492页。

④ 同上书，第489页。

⑤ 不平人：《婚姻是人生和社会的问题应有先决的主义》，《妇女杂志》第14卷第7号，1928年7月。

⑥ 恩格斯：《家庭、私有制和国家的起源》，《马克思恩格斯选集》第4卷，人民出版社，1972，第70页。

⑦ 宋孝瑶：《妻的责任》，《妇女杂志》第15卷第10号，1929年10月。

衡量普遍解放的天然尺度"①。这一点被马克思所接受并强调指出,"男女之间的关系是人和人之间最自然的关系。因此这种关系表明人的自然行为在何种程度上成了人的行为,或者人的本质在何种程度上对人说来成了自然的本质,他的人的本性在何种程度上对他说来成了自然界"②。瓦西列夫进一步说:"人所摆脱的并不是自然的本能,而是这些本能的直接作用,他能够调节自己'动物的需要',而且使它'具有人性'。人类的两性关系的发展客观地反映了文明史的一个方面。"③既然男女间自然、平等的关系是衡量社会文明修养水平的标尺,那么从"男尊女卑"到两性平等的趋势标志着两性关系的进化,这是近代中国社会文明进步的新趋向。

第三,婚姻文化的嬗变是近代国人提升生活质量,追求人生幸福的重要表征。

"所谓生活质量是指人们客观生活的实际状况以及对生活的满意程度和幸福感受程度。这里既包含客观生活质量,即社会生活条件的实际状况,也包含主观生活质量,即生活满意度和主观幸福感。"④从概念的界定看,生活质量既反映客观的生活条件,又反映人们的主观幸福感,是主客观的统一体。幸福感是人类生活永恒美好的追求,正如休谟所说:"一切人类努力的伟大目标在于获得幸福。"⑤从这个意义上说,幸福是一种具有普世主义的价值理想,但幸福感却同时具有时代性、阶层性。不同时代、不同阶层的人对于同一事物的体验往往大相径庭,在婚姻文化的认识上就明显存在这个问题。

传统婚姻的功能在于满足性生活、经济合作、抚育子女。以此为认识基础,那么传统婚姻就是极其合理的。⑥如果夫妻性生活协调,家境富裕,儿

---

① 恩格斯:《反杜林论》,《马克思恩格斯选集》第3卷,人民出版社,1972,第411~412页。
② 马克思:《1844年经济学哲学手稿》,《马克思恩格斯全集》第42卷,人民出版社,1956,第119页。
③ 〔保〕瓦西列夫著《情爱论》,赵永穆等译,三联书店,1984,第31页。
④ 梁景和:《生活质量:社会文化史研究的新维度》,《近代史研究》2014年第4期。关于"生活质量",欧美社会自20世纪50年代末就开始将其作为多学科的研究领域与研究视角,我国自20世纪80年代以后也在社会学、心理学、经济学、医学等学科领域展开研究,但在历史学领域却鲜有研究。梁景和教授从史学研究的范畴对"生活质量"做了更符合史学研究的规范的界定,故笔者在此引用。
⑤ 姚鹏主编《人性的高贵与卑劣——休谟散文集》,杨适等译,上海三联书店,1988,第81页。
⑥ 吴景超:《婚姻向何处去?》,《新路周刊》1948年第1卷第1期。

女健全、健康，那么夫妻双方应该会有较强的幸福感。特别是家庭中的妻子，其传宗接代的功能已充分展现，并由此巩固了她在夫家地位。夫妻一体、夫贵妻荣的观念使她获得了相应的社会地位和心理满足，这样的婚姻家庭在传统社会足以成为社会的楷模。但如果将情感的满足、人格的平等展现等要素作为衡量婚姻的新标准，那么传统婚姻生活就会遭受非议。因此，爱情观自清末进入知识界的视野后，传统婚姻生活就饱受非议，并被视为造就人间罪恶的渊薮。例如，丁初我在批判传统婚姻时说："欧美自由之空气，直弥漫于夫妇之生涯，而胡以视吾中国，颜拘挛而足趑趄也。吾中国民权不复久矣，而独至闺房之内，俨然具有第二君主之威权，杀人无死刑，役人如犬马。对称贱曰妾，自号尊为天。呜呼！男子何修，女子何罪！"① 无独有偶，金天翮也持此论调："天晴日暖，鸟语花香，呇牢颂平等之词，琴瑟享自由之乐，人天幸福，无以加此，其进化哉！虽然，此欧洲之进化，而非吾中国之进化也。吾中国今日婚姻之时代何时代？曰媒妁时代，曰卜筮时代，曰金权时代。"② 在丁、金二人的视野中，西方的婚姻生活是幸福的天堂，而中国的婚姻生活则是苦难的摇篮。实际上，欧美的婚姻未必就是那么幸福，而中国人的婚姻也未必尽是苦难，这从五四时期知识界对于中外婚姻的研究可以得到佐证。他们对中西方婚姻的解读带有明显的文学夸张，但正是因为夸张才强烈表达了他们对于爱情婚姻的向往和高质量婚姻生活的渴望。清末知识界对于爱情婚姻的向往、追求奠定了民国时期婚姻变革的基调。五四时期，知识界大力宣扬婚姻自由观，它以两性人格的独立和平等为基础，以爱情为结合的核心要素，推动了近代婚姻变革高潮的到来。

婚姻文化的嬗变实际上是一个提升婚姻生活质量的过程。研究表明，"生活质量的问题也是一个社会正义的问题，一个如何使得任何一个国民的生活享有尊严的问题。"③ 在五四时期，特别是对于知识青年而言，他们尊严的实现主要体现在婚配权的自主化、择偶标准的多元化以及婚姻生活的爱情化，这是近代婚姻文化嬗变的主体内容。

从婚配权上看，青年们开始掌握自己的婚姻命运，可以按照自己的意志来选择配偶，这个过程完全是个人意愿的体现，没有丝毫的勉强，并在一定程度上减少了梁山伯和祝英台般的爱情悲剧。从择偶标准看，青年们放弃了

---

① 初我：《女子家庭革命说》，《女子世界》1904 年第 4 期。
② 金天翮著，陈雁编校《女界钟》，上海古籍出版社，2003，第 74～75 页。
③ 邢雁欣：《生活质量：一个值得引起重视的问题》，《道德与文明》2009 年第 6 期。

单调的"门当户对"和"郎才女貌"模式，其选择更加多元化，尤其是健康、知识、性情等要素备受知识青年的重视，这是两性情感产生的必要基础和幸福婚姻生活的重要保障。从两性生活看，爱情成为维系男女关系的关键。由爱情起始的婚姻未必都能善始善终，但它确是幸福生活获取的不二之法。在恋爱时期，"一个多情的人，当其恋爱某个男人或女子时，他要有多少甜蜜的幻想，有多少内心的安慰呢！……恋爱的力量真大！恋爱的乐趣真多！"① 在婚后，"家庭中最大的幸福，在夫妇间有真挚的恋爱。夫妇间所守的道德，也只有恋爱。必定先有恋爱，方可结为夫妇，必定彼此永久恋爱，方可为永久的夫妇。……而且彼此恋爱，个人相互间的幸福愈益增进，可构成社会的真价值。"② 例如，觉悟社成员李毅韬和谌小岑结婚一年后总结自己的生活说："实行共同生活后，在这一年中间，果然步步实现我的理想。我不但未入家庭，就是稍固定性质的我们两人的小家庭也未曾组织，火车上，轮船上，以及广州、香港、天津、上海等地，便是我们这一年的生活场。我们个人的行动，完全随着社会事业定行止。……精神却丝毫没有变动。"③ 从其婚姻生活的描述看，作为新青年的李毅韬并未像传统妇女那样在家庭的琐碎中消耗自己的青春，而是在服务社会的工作中展现了自己的人生价值，这与五四时人倡导婚姻变革的目的极为相符。李毅韬的婚姻生活经历并不是个案，前已述及的不少案例都足以说明恋爱婚姻对生活质量提升的重要性。个体自由意志的伸展，自我价值的实现，两性精神的满足，再加之因经济独立带来的较为充裕的物质生活，这些要素综合在一起无疑将使婚姻生活质量有质的提升。

从奴隶式的家族生活到个性化的自由生活，无论是从个体的客观地位还是主观感受都是质的飞跃。爱情化的生活是人性化的生活，它是人性自由表露的形式，也是人类生活中美好与高尚、理性与善的观念的重要体现。这是五四时期"人"的价值被发现之后的重要成果，也是青年们婚姻生活幸福感的源泉。

二 未来婚姻的发展走向

"自由"是标志人的活动状态的概念。恩格斯对此解释说："自由不在

---

① 志坚：《失恋自杀之预防》，《妇女杂志》第 14 卷第 8 号，1928 年 8 月。
② 李达：《女子解放论》，《解放与改造》1919 年第 1 卷第 3 号。
③ 李毅韬：《我的婚姻观念的变迁》，《星火》1923 年 3 月 21 日。

于幻想中摆脱自然规律而独立，而在于认识这些规律，从而能够有计划地使自然规律为一定的目的服务。这无论对外部自然的规律，或对支配人本身的肉体存在和精神存在的规律来说，都是一样的。"① 毛泽东进一步指出："人类的历史，就是一个不断地从必然王国向自由王国发展的历史。这个历史永远不会完结。"② 所谓必然王国指人们掌握客观规律前盲目地受规律支配的境界；自由王国指人们认识客观规律后，自觉地运用规律来改造客观世界的境界。上述关于自由的阐释说明，人类对于自然规律和社会规律的掌握是自身不断获得自由的阶梯。那么，婚姻作为人类社会生活的重要内容，对于其发展规律认识的深化有助于推动人类自由的不断获取。

当我们把目光从传统转到近代，再从近代转向现代乃至当代就会发现，婚姻文化的变迁不仅只出现在历史的镜像中。在人类婚姻发展史上，随着社会生产的发展和文明程度的提高，婚姻文化处于不断地新陈代谢中。过去、现在、未来是婚姻文化永恒的变迁路线。预测学家约翰·麦克黑尔说："过去的未来在未来，现在的未来在过去，未来的未来在现在。"③ 他把过去、现在、未来作为一个连续的过程来考察，这是我们研究婚姻文化变迁可以借鉴的思考轨迹和方法。

在传统社会，婚姻以礼教纲常为根本指针，以服务家族为根本目的。社会学者吴景超将传统婚姻的社会功能概括为三点，即"性的满足""经济的互助""子女的共同抚育"④。传统社会生产力低下，男女在经济上是一种相互协作、休戚与共的关系，单独脱离家庭生存就会受到威胁，对于女性尤其如此。同时，性本能的满足和子女的生育、抚育又紧密联系在一起。这种特别的社会保障模式对于儿童的抚育和父母的赡养较为有利，从而加固了这种婚姻模式的稳定性，使其不会轻易地解体。

传统社会内部虽也孕育了婚姻变革的因子，但缺乏突破既有体制的动力。因此，从根本上看，婚姻文化变革的强劲动力来自西方文明的推动。近代工业革命以来，生产力迅猛发展，男女家庭生产协作的模式逐渐被社会协作所代替，男女两性先后脱离了家庭走向社会，他们在经济上的依赖程度降低而逐步走上了独立。同时，子女抚育社会化程度的提高，也使两

---

① 恩格斯：《反杜林论》，《马克思恩格斯选集》（3），人民出版社，1972，第153～154页。
② 《毛泽东著作选读》（下），人民出版社，1986，第845页。
③ 转引自赖金男著《未来学导论》，淡江学院出版部，1978，第101页。
④ 吴景超：《婚姻向何处去》，《新路周刊》1948年第1卷第1期。

性结合的程度不再那么紧密。男女之间仅靠性的关系很难维持，因为"两性关系并不以婚姻始也并不限于夫妇之间"①。生产力的飞跃推动了两性经济的独立和女子地位的上升，"男尊女卑"的两性格局被打破而逐步趋向于平等。在18世纪中期前后的欧洲，"更多的人开始把婚姻视为一种'心灵结合'"②。于是乎，新的要素"恋爱"逐渐被纳入到婚姻中，并希望成为婚姻的核心要素。这种渗透着新理念的婚姻观自清末被引入中国，并在五四时期形成了以"婚姻自由"为基本原则，以恋爱自由、结婚自由、离婚自由、再嫁自由为实质内容的婚姻模式。它的出现确立了中国近代婚姻文化的新框架，并在其后的进程中逐步普及，成为当代中国人所尊奉的基本婚姻范式。

从清末传统婚姻文化的转型算起，其新陈代谢的历程已走过了一百多年。之所以是"新陈代谢"，是因为婚姻新理念并不是对传统的彻底扬弃，而是继承和发展。五四时期确立的婚姻自由观，改变了国人将婚姻作为个人命运必然归宿的观念，给予了人们更多选择的自由。基于传统观念的延续和人的自然属性、社会关系的制约，婚姻依然是大多数人的选择。但与包办婚姻相比，它更注重个体情感的结合和满足，彼此经济的独立不仅确立了独立人格的基础，还为婚姻生活奠定了良好的物质基础。物质的充裕和精神的满足，无疑为婚姻质量增色不少。但问题在于，爱情婚姻观是不是两性结合的终极模式呢？这个问题值得深思。

实际上，自从婚姻进入研究视野以来，学者们就一直试图对未来婚姻进行学理的预测和构建，如五四时期有人宣扬的"废婚主义"和张竞生构想的"情人制"就是其中的范例。构建的目的不是要创造关于未来的种种神话，而是要帮助人们去选择一个更好的未来，并懂得为塑造这个未来尽可能地去做什么。

一百多年前，美国人类学家摩尔根在研究原始社会时，曾对一夫一妻制在未来的发展做过自己的判断。他说：

> 当我们承认家族已经渡过了四个顺序相承的形态，而现在正处于其第五种形态这样一个事实时，就立即出现了这样一个问题：现在这种形态在将来是否能永远存在下去？能够对此作出的唯一回答是：它必须随

① 费孝通：《生育制度》，《乡土中国》，上海人民出版社，2007，第445页。
② 〔奥〕米罗特尔等：《欧洲家庭史》，华龄出版社，1991，第116页。

着社会的前进而前进，随着社会的改变而改变，一如它以前的经历一样。家族是社会制度的产物，自然要反映其文明。由于专偶制家族自文明社会开始以来已经取得了巨大进步，而且其进步在近代尤为显著，因此，我们至少可以推测它可以得到进一步的改善，直至两性达到完全的平等为止。假定文明社会继续进步，而专偶制家族在遥远的将来不能满足社会的要求，那么，我们是无法预言其后继者的性质的。①

从上述分析看，摩尔根并没有预测一夫一妻制的灭亡，也没有对其形态做出具体的描绘，但他从唯物史观出发预见了其不断发展的可能。婚制是社会制度的产物，反映了社会的发展状态，它必然要随着社会的不断进化而有所变化、调整，并不会拘泥于一种模式。至于它能发展到什么程度，会以什么形态呈现于世并不易于具体描绘，但它的首要特征肯定是逐渐趋向于两性的平等，这是摩尔根的主要观点。

之后的恩格斯充分吸收了摩尔根的思想，并从唯物论的角度论证了人类家庭的起源、变革和发展趋向。他认为，一夫一妻制家庭的进一步发展将是两性平等的完全实现，资本主义生产灭亡后的两性关系是一种完全建立在当事人的相互爱慕之上的自由结合："结婚的充分自由，只有在消灭了资本主义生产和它所造成的财产关系，从而把今日对选择配偶还有巨大影响的一切派生的经济考虑消除以后，才能普遍实现。到那时候，除了相互的爱慕以外，就再也不会有别的动机了。"② 在此基础上，他进一步解释说："这一代男子一生中将永远不会用金钱或其他社会权力手段去买得妇女的献身；而妇女除了真正的爱情以外，也永远不会再出于其他某种考虑而委身于男子，或者由于担心经济后果而拒绝委身于她所爱的男子。"③ 在这里，恩格斯阐释的焦点在于经济的平等对于两性平等乃至于爱情婚姻实现的重大影响。

英国科学家蔼理士对于婚姻的发展前景表现的依旧非常乐观，但他的分析角度与恩格斯不同。他从性心理角度分析说："婚姻制度，就其纲目的大

① 〔美〕摩尔根著《古代社会》，商务印书馆，2012，第565～566页。此段注释另可参见恩格斯《家庭、私有制和国家的起源》，《马克思恩格斯选集》第4卷，人民出版社，1972，第79～80页。目前一般文章中出现该段文字多转引于此。
② 恩格斯：《家庭、私有制和国家的起源》，《马克思恩格斯选集》第4卷，人民出版社，1972，第78页。
③ 同上书，第79页。

处说，是始终存在的，今日存在，千万年之后，怕还一样的存在，并且还是千万年前之旧。不过如果我们能在这制度上加一些弹性，对于这制度的原委多几分精密的了解，对这制度的因时因地而不同的需要多表示几分同情，结果一定是，不但摧毁不了它，并且可以教它在人类的历史里，更取得一个巩固的地位。"① 从蔼氏的认识看，婚姻制度产生后不可能消亡，因为它是人类需求的产物。并且，人类会根据不同的需求适时加以调整，使其在人类的发展史中占据重要地位。

从摩尔根到蔼理士，三位学者从各自的研究领域阐述了人类婚姻制度的发展趋向，肯定了它在未来社会存在的可能性。在肯定婚姻制度在未来社会存在的同时，又产生了另一个问题，即在工业化的推动下，不同国家、不同地域的婚姻的演化是否会遵循同一模式呢？对于这个问题美国著名社会学家 W·古德表明了自己的态度。他认为："在世界各地，所有的社会制度都或快或慢地走向某种形式的夫妇式家庭制度和工业化，这在人类历史上还是破天荒第一次。""由于工业化的缘故，传统的家庭制度——通常指扩大家庭或联合家庭，无论有无世系或部落——正在瓦解。另一方面，由于每种制度都有不同的基点，任何家庭模式的发展方向也就不同。"② W·古德在研究二次世界大战后工业化与家庭演变关系时发现，婚姻家庭在不同制度下都以不可逆转的态势发生着演变，但制度、文化的差异使它们并不会向同一模式发展。也就是说，W·古德在承认婚姻家庭演变的客观性的同时，也指出了不同国家、民族、地域、文化所造成的差异性。

在承认婚姻演变多向性的同时，还有学者预见了未来婚姻的多变性。英国社会评论家乔纳森·哈迪认为："在今后的 30～40 年终将会发生三件大事：私通与契约婚姻会变得更为普遍，大约占婚姻总数的 10%～15%，然而一夫一妻制婚姻形式还将继续以压倒多数的中心制度而存在；离婚率将会继续增长，估计全部婚姻中大约有 50% 将会以离婚收场；鉴于上述发展趋势，第二次婚姻将会作为更稳定的婚姻形式而存在。"③ 乔氏在预见婚姻存续的同时，还指出了婚姻的多变性。美国社会学家托夫勒以新技术革命为背景分析了其对人类的爱情、婚姻可能产生的影响。他认为，在未来的婚姻中，爱情的内容会更加丰富。人们在选择配偶时，会秉承"丰富爱情新内容"的原

---

① 〔英〕蔼理士著《性心理学》，潘光旦译注，三联书店，1987，第 361 页。
② 〔美〕W·古德：《家庭》，社会科学文献出版社，1986，第 245 页。
③ 〔英〕乔纳森·哈迪：《情爱·结婚·离婚》，河北人民出版社，1988，第 335 页。

则。具体来说，就是彼此之间除了"性的要求与心理的满足以外，还加上大脑的思维能力，就像他们的祖先喜欢膂力一样。爱情要加上思维能力，责任心，自制力，还有其他在工作上必须具备的品德。"① 在托夫勒的分析中，爱情、婚姻与社会变迁紧密联系在一起，并因技术革命而赋予了新内容。婚姻不再仅仅是一个狭窄的专门社会单位，还是"可以完成多种任务的单位"②。

与上述认识有所不同，有些学者对于未来婚姻家庭的存在表示了疑义。苏联社会伦理学者伏尔佛逊认为，在社会主义条件下，家庭的生产、抚育、消费等功能逐渐丧失，其婚姻生活的表现之一就是"结了婚的两个人分别居住，和夫妇居住在一块同样的将要成为普通的现象。在这里面要选择那一种形态，这将依各种场合的具体条件和夫妇各自的嗜好而定"③。在伏尔佛逊的预见中，两性同居的婚姻形式可能会逐渐弱化，取而代之的将是个人的独居等形式。之后的美国未来学家约翰·奈斯比特也持类似的观点。他认为，将来"社会的基本单位由家庭变成个人"④，家庭的功能会逐渐弱化。但依上述分析并不能表达婚姻消亡的趋向，它只是强调不同时代婚姻的表现形式会做出相应的调整，以适应人类多样化的需求。

对于未来的关注是中外学者对于现实关怀的共同表征。在国外学者对未来婚姻各抒己见之时，中国学者对此也提出了自己的独特见解。20世纪40年代，社会学家吴景超读了费孝通先生的《生育制度》后颇有感触，并对中国社会的婚姻走向发表了自己的见解。他认为，家庭是婚姻的基础，"家庭在变，婚姻也在变，将来会变成什么样子，谁都不能预言。但作为一种制度看，他正如私有财产制度一样，好些人以为他是永存的，那知在转眼之间，他已变了花样了"⑤。吴氏认为，婚姻是社会制度的产物，其变迁具有不可逆转性，但婚姻在未来会变成什么样子则是未知数。改革开放之后，学者们继续保持了对未来婚姻探讨的热情。鲍宗豪认为，爱情与婚姻的发展趋势是特定社会制度、特定地域历史文化因素的合力。未来的恋爱与婚姻表现为多样

① 〔美〕托夫勒：《第三次浪潮》，新华出版社，1995，第241页。
② 同上书，第242页。
③ 〔苏〕伏尔佛逊：《唯物恋爱观》，上海生活书店，1938，第203页。
④ 〔美〕约翰·奈斯比特：《大趋势——改变我们生活的十个新趋向》，新华出版社，1984，第312页。
⑤ 吴景超：《婚姻向何处去》，《新路周刊》1948年第1卷第1期。

化与个性化。人越走向生活的深度，越能显示个性的差异，就越突出爱情的价值。正是因为婚姻以爱情为基础，使婚姻的离异成为自然之事，表现了其松散的特点。① 刘发岑在对未来婚姻的估量时提出了"智力等级"的概念，在此基础上产生的婚姻具备这样的特性："婚姻既不受财产支配，有无子女问题上的牵连与顾虑，它将发展成：以爱情为基础、受智力支配、为事业服务、适应于工作需要这样一种模式。"② 陈一筠女士认为，"男主外，女主内"是人类社会的初级平衡系统，但这种平衡已经被女权主义者所打破。在未来发展中，"两性合作代替两性的权力竞争应是建立新时代两性秩序的取向"③。只有如此才能把婚姻创造、建设成两性和谐相处、平等分享的温馨港湾。历史学者梁景和教授则以质变与量变理论为分析工具，认为在婚姻制度灭亡之前存在一个过渡形态，即"一夫一妻多情制"④。之所以如此，是因为真正以性爱为基础建立起来并得以永恒的一夫一妻制是人类的理想，在实践中并不多见。在实际的婚姻生活中，因夫妻生活的不完全适应、不满足和不幸福，可能会导致对于外在情感的追求。但这种"情感伙伴"的出现并非夫妻感情破裂造成，而是夫妻感情降温而达不到"情感满足"所至，是"情感调适"理论的现实折射。

中外学者的上述种种预测，并不是毫无根据的突发奇想，而是在各自的研究领域进行学理性探究的结果，其中不乏合理因素。如恩格斯关于经济变迁对于婚姻变革的支配作用、W·古德关于未来婚姻的多种发展方向、托夫勒关于未来爱情的丰富内容、陈一筠的两性合作趋向和梁景和教授的"一夫一妻多情制"设想等观点，对于后续的婚姻研究无不具有启迪之功。

综合上述观点我们发现，多数学者对于婚姻的存在保持了较为乐观的态度。他们认为婚姻不会消亡，只会随社会的变迁而进行有弹性的调整，并将伴随人类社会始终。关于婚姻的存续，笔者赞同大多数学者的意见：婚姻并不会消亡，它是人类社会男女两性结合的重要制度。之所以如此判断，乃基于以下两点理由。

第一，这是两性生理特性决定的。男女之间性的吸引是构成婚姻的生理

① 鲍宗豪：《婚俗文化：中国婚俗的轨迹》上海人民出版社，1990，第227～229页。
② 刘发岑：《婚姻通史》，辽宁人民出版社，1990，第450页。
③ 陈一筠主编《情感与婚姻》，中国协和医科大学出版社，2003，第406页。
④ 梁景和：《论近代的"废婚主义"——兼论废婚过渡期的婚姻补充形态》，1995年武汉"社会转型与文化变迁"国际学术研讨会论文。

基础，关于这点古代先贤理解的非常清晰："人道所以有嫁娶何？以为情性之大，莫若男女。男女之交，人伦之始，莫若夫妇。"① 从传统观念看，婚姻被视为人间伦理的起源，而这套伦理观念正是建立在男女性情之上。因此，男女之间的性的延伸构成了婚姻和一切社会关系的基础。

古代中国人虽无明确的性科学意识，但其认识颇符合科学原理，它与英国性科学研究者蔼理士的观点不谋而合："从社会的立场说，也多少从生物学的立场说，婚姻是性的关系的一种，凡加入这种关系的人总立意要教它可以维持永久，初不论在加入的时候有无法律或宗教的裁可。"② 男女性关系的持久延续构成了婚姻。从生理角度看，男女之间性的吸引是本能使然，这种本能必然会使人类婚姻得以延续。至于婚姻形式如何则视社会的发展状况与人类的需要而定，它并不会保持僵化、单一的状态。

第二，生育和抚育健康、健全后嗣的需要。

婚姻的社会功能之一是生育、抚育后代，这点在传统婚姻观念中被反复强调。《礼记·昏义》中说："昏礼者，将合二姓之好，上以事宗庙，而下以继后世也。"③《白虎通·嫁娶》中明确提出，婚姻的目的在于"重人伦，广继嗣也"。④ 传统社会的宗法特性决定了婚姻的主要功能就是生育、抚育后嗣，由此形成了中国独特的生育文化，这点在近代社会学者的研究中已被证实。⑤ 在西方，婚姻对于生育的重要性也是不言而喻的，"婚姻所以重要全在于孩子"⑥。但这并不是说生育是婚姻的唯一功能，它只是强调了婚姻家庭环境对于后嗣抚育的重要性。

自近代爱情婚姻观兴起以来，爱伦凯的自由离婚论传到中国并引起了国内知识界的认同。他们在承认离婚合理性的同时，更加强调离婚对于儿童抚育的积极影响，而且随着儿童公育的普及离婚会更加的自由。⑦ 实际上，爱伦凯在主张离婚的同时，并不是没有看到离婚所带来的消极影响，她只是为

① 《白虎通疏证》，中华书局，1994，第451页。
② 〔英〕蔼理士著《性心理学》，潘光旦译注，北京三联书店，1987，第330页。
③ 《礼记集解》，中华书局，1989，第1416页。
④ 《白虎通疏证》，中华书局，1994，第451页。
⑤ 参见潘光旦著《生育制度》，《乡土中国》，上海人民出版社，2007；吴景超：《婚姻向何处去》，《新路周刊》1948年第1卷第1期。
⑥ 〔英〕罗素：《婚姻革命》，靳建国译，东方出版社，1988，第54页。
⑦ 李季诚：《离婚与贞节及子女》，《妇女杂志》第8卷第4号，1922年4月；吴觉农：《爱伦凯的自由离婚论》，《妇女杂志》第8卷第4号，1922年4月；《自由离婚汎说》，《妇女旬刊汇编》1925年第1集。

了解构传统婚姻的不可离异性而强调离婚的自由而已。① 五四时期，国内不少鼓吹离婚的知识分子将儿童公育作为离婚自由的重要条件，但儿童公育机关更多的是履行智力教育的职能，它显然无法替代父母与儿童间的人伦之乐和由此而来的情商培育。② 研究表明，单亲家庭的孩子在社会交往、情绪和心理方面的问题会比双亲家庭的孩子高出一倍以上，故英美两国都非常重视婚姻在构建和谐社会方面的重大作用，特别是对孩子提供良好生活机遇所起的作用。③ 儿童的生育和抚育是人类社会延续的基础，以此为分析前提就不难明白婚姻、家庭对于儿童的重要性。既然婚姻与人类社会延续的关系是如此密切，那么婚姻的长期存在也就理所当然了。

既然婚姻将伴随人类社会长期存在，那么未来婚姻的发展趋向会呈现那些特点呢？笔者认为，其特征可以从以下三方面分析。

第一，婚姻的形式与内涵会随时代的发展而不断地调整和丰富。

在传统社会，婚姻择配基本遵循门第或论财的原则，当事人个性化的择偶欲求多被忽视或抹杀，开明的家长稍稍顾及男女自身条件的匹配，也多以"郎才女貌"为理想标准。这一标准虽在一定程度满足了当事人的愿望，但如以现代学者的眼光看却存在着女性以色示人的倾向。④ 自清末以来，自由平等观逐渐传入中国，一些知识青年开始突破传统择偶观念，以"同学知己结婚姻"为理想匹配原则。"发展水平相同，受到同样教育的人们互相产生吸引力。"⑤ 如此结合的男女因知识的对等、性情的相投易于滋生爱情。

在五四新文化运动中，知识界树立了"人"的价值观念，淡化了婚姻的"工具化"色彩，极力强调婚姻对于丰富人生、陶冶性情和实现人生价值的积极意义。在爱情婚姻观中，爱情替代了门第成为婚姻成立的圭臬，其择偶自主、标准倾向于多元化，婚礼也随个人意愿进行调整。总而言之，爱情婚姻观越来越多的体现了婚姻当事人的意志，人的自由度逐步提高，个性主义日益彰显。在本质上，爱情是"在传宗接代的本能基础上产生于男女之间、使人能获得特别强烈的肉体和精神享受的这种综合的（既是生物的，又是社

---

① 爱伦凯著《爱伦开的离婚论》，云让译，上海北新书局发行，1929，第 54~69 页。
② 杨效春：《非儿童公育》，《学灯》1920 年 3 月 2 日。
③ 陈一筠：《社会性别、女权主义与家庭》，《南方论丛》2011 年第 3 期。
④ 谭学纯：《从俗语"郎才女貌"看男性文化的实质》，《北京社会科学》1994 年第 3 期。
⑤ 〔保〕瓦西列夫著《情爱论》，赵永穆等译，三联书店，1984，第 301 页。

会的）互相倾慕和交往之情。"① 从其概念看，爱情以男女之间性的欲望为基础，它是冲动和意识的仙境，是性欲和精神渴求的神奇融合，其存在就是要满足人类肉体与精神的享受。爱情同时又是社会关系的反映，因为人的本质是"一切社会关系的总和"，故"人的爱情不可能不反映人的本质的深度，不可能无视社会关系"②。因此，人类的爱情必然要与其相应的社会形态发生千丝万缕的联系，并发生与时俱进的变化。以此为基础，婚姻及其形式必然要随之不断调整。

从传统到近代的历程看，婚姻无论从形式到内容都发生了巨大变化。随着生产的发展和社会的进步，社会分工愈加精细，由此产生的诸多社会制度的变革不可能不影响到婚姻，无论其形式还是内容必定会愈加丰富多彩。至于婚姻与形式将如何演化，依赖于人的个性化程度的满足状况。

第二，嫖娼、婚外性或"一夫一妻多情"现象将伴随现行婚制长期存在。

"感情是文明社会和高度修养的产物。"③ 换句话说，社会文明程度的提高和个人修养的日益完善能够推动包括爱情在内的人类情感的日益纯化，使其变得更圣洁和崇高。从爱的基本原理来分析，"爱的对象越是能够适应爱情主体产生的要求，情绪也就越是强烈、越是富有生命力，越是持久不懈、越是包容一切。反之，如果客体不能适应主体的性要求，那么每个不适应的组成部分都会减弱这种穿透一切的'磁力'。"④ 个体修养的自我完善会逐渐提高对配偶的要求，爱情生活的质量也会相应提高，两性生活必然更加和谐。与此同时，爱情愈浓烈，生活愈和谐，就会使爱情的"排它"性表现得愈充分。爱情的纯化使其在婚姻生活中愈加重要，成为两性生活情趣的重要源泉，也是家庭稳定的根本保障。因此，爱情对一夫一妻制的巩固起到强烈的催化作用。

从本质上看，恋爱是性欲精神化的产物。换言之，性欲到恋爱的转换需要有一个升华的过程，但这个过程往往不是非常成功。根据性心理学的研究，"即使升华成为事实，而当其进行之际，总有一部分的性冲动为升华所不及，而留剩下来，此种剩余的欲力或从比较健全而原始的途径消散出去，

---

① 〔保〕瓦西列夫著《情爱论》，赵永穆等译，三联书店，1984，第5～6页。
② 同上，第29页。
③ 〔美〕摩尔根著《古代社会》，商务印书馆，2012，第551页。
④ 〔保〕瓦西列夫著《情爱论》，赵永穆等译，三联书店，1984，第158页。

或别寻不正常的出路，而形成各式的神经变态"①。如果这个研究可信，它给我们提供的信息就是那部分不能升华的性欲会通过第三方或其他渠道发泄出去，这意味着嫖娼、通奸或婚外性将长期伴随婚姻存在。之所以是长期伴随，是因为从性欲到恋爱升华条件的完全实现必然是一个长期的过程。笔者认为，升华的完全实现必须以客体完全适应主体的需要为前提，而这又必须以文明的发展和个体修养的不断自我完善为条件，而这个过程必然是漫长的。

在这个升华过程中还会产生"一夫一妻多情"现象。在实现人的全面而自由发展之前，人们在职场中会面临诸多的竞争和压力，使其心理压力和负荷加重，人与人之间的关系会变得紧张、疏远和淡漠。在此背景下，青年男女必然期待从婚姻生活中获得心理支持和抚慰，于是婚姻生活对于双方情感满足的需求就变得非常强烈。但由于受到主客观条件的限制，多数人的夫妻关系在实际生活中只能处于适合又不适合，满足又不满足，幸福又不幸福的状态。在婚姻生活的实践上，"不是每个人都能从周围选定最好的情侣，人们心灵上的特征不会完全同理性上的特征相协调"②，于是这种不适合、不满足、不幸福的症状就会加强，这就与人的"情感满足"需求相悖。"情感满足"具有作为人的需求的重要价值，如果得不到满足必然会感到婚姻生活枯燥、乏味。男性或女性为了平衡自己的心理，可能会在配偶之外寻求情感的慰藉和满足，这时就出现了"情移"现象。其表现就是部分人除了自己的夫或妻之外，还多了一个或几个情感伙伴，用以满足个人的情感需要。它的出现有可能是夫妻感情恶化造成的，又或是夫妻生活过于平淡所致。这种现象无论被公众道德接受与否，但作为人性需求满足的欲望是抹杀不了的，它的存在是"情感调适"理论的现实折射。③ 这种"多情"现象的存续与否与婚姻生活质量的高低密切相关。婚姻生活质量的提高有赖于社会文明的发展和两性修养的不断完善，由此可能会逐渐消除此类现象。

另外，社会在逐步趋向文明和个人修养不断提高的过程中，独身现象将会增加。之所以如此，是因为个人修养的提升会逐渐丰富人的思想，而这将直接影响到人的择偶。"思想的丰富不会使情趣失去个性而趋于划一，而是使人更加挑剔。……细腻的情趣促进爱情和友谊，并将我们的友谊限制在少

---

① 〔英〕蔼理士著《性心理学》，潘光旦译注，三联书店，1987，第489页。
② 罗国杰：《伦理学》，人民出版社，1989，第292页。
③ "一夫一妻多情"现象由梁景和教授提出，笔者在此所阐述的内容由其观点概括而来。

数人之中。因此，更高的文化水平通常会使选择对象更为困难。"① 这些困难毫无疑问会使独身现象增加。自民初以来，独身现象特别是知识女性的独身在中国社会逐渐引起关注。知识女性独身的原因有多种，但择偶的困难无疑是主因，而择偶困境的出现与女性文化修养的提高密切相关。这些修养会使人的情感愈来愈细腻，对配偶的个人要求也在提高。在两性关系的互动中产生的这种进步倾向，是推动现代文明发展的重要因素。

第三，爱情作为婚姻成立的核心要素地位日益显现。

在婚姻演进的进程中，经济形态的更替起了支配性作用。对此，恩格斯曾说："一夫一妻制是不以自然条件为基础，而以经济条件为基础，即以私有制对原始的自然长成的公有制的胜利为基础的第一个家庭形式。"② 其意是说，私有制经济形态是"古典一夫一妻制"确立的根本基础，它的建立是"大量财富集中于一人之手，并且是男子之手，而且这种财富必须传给这一男子的子女，而不是传给其他任何人的子女。为此，就需要妻子方面的一夫一妻制，而不是丈夫方面的一夫一妻制，所以这种妻子方面的一夫一妻制根本没有妨碍丈夫的公开的或秘密的多偶制"③。这种婚姻形式之所以建立，"其明显的目的就是生育确凿无疑的出自一定父亲的子女；而确定出生自一定的父亲之所以必要，是因为子女将来要以亲生的继承人的资格继承他们父亲的财产"④。由此可见，财产私有制和继承制的出现直接推动了一夫一妻制的确立，它成立的核心要素就是门第和财产。

父权主导下的婚姻多数情况下都不是当事者的决定，而是受当事者之外力量的支配，其运作方式"都是由父母包办，当事人则安心顺从"⑤。因此，传统包办婚姻很少以爱情作为婚姻的基础："古代所仅有的那一点夫妇之爱，并不是主观的爱好，而是客观的义务；不是婚姻的基础，而是婚姻的附加物。"⑥

世界进入资本主义时代后，新经济制度的确立使个体的经济独立性日益增强，在婚姻关系中性爱的要素得到了一定程度的发展。婚姻当事人要

---

① 〔保〕瓦西列夫著《情爱论》，赵永穆等译，三联书店，1984，第 299 页。
② 恩格斯：《家庭、私有制和国家的起源》，《马克思恩格斯选集》第 4 卷，人民出版社，1972，第 60 页。
③ 同上书，第 71 页。
④ 同上书，第 57 页。
⑤ 同上书，第 72 页。
⑥ 同上书，第 72～73 页。

求有自由处理自己婚姻的权力，并使这种权力高于父母、亲属以及其他传统的中介之上。这样，婚姻当事人获得了自由，取得了抗拒父母包办的胜利。爱情排除了有形的干预，逐渐成为婚姻的核心要素。在自由、平等条件下，婚姻当事人自愿缔结婚姻，处理彼此的关系，"这种契约那时在形式上却是自愿缔结的；没有当事人双方同意就不能解决问题。不过人人都非常明白，这一同意是如何取得的，实际上是谁在订立婚约"①。只要稍稍用心进行追索，人们不难发现这种自主、自愿实际仍受着"众所周知的经济影响所支配"②，这是对婚姻无形的、隐蔽的干预。受此影响缔结的婚姻，虽体现了自由、平等原则，但受经济的影响多限于阶层内通婚。

经济制度的变迁影响着婚姻制度的走向。恩格斯认为，私有制是"古典一夫一妻制"产生的经济基础，私有制的消灭将会推动以男女平等为基础的一夫一妻制的实现。他在阐述经济制度与婚制变迁时说："可以不无理由地回答：它不仅不会消失，而且相反地，只有那时它才能十足地实现。因为随着生产资料转归社会所有，雇佣劳动、无产阶级、从而一定数量的——用统计方法可以计算出来的——妇女为金钱而献身的必要性，也要消失了。卖淫将要消失，而一夫一妻制不仅不会终止其存在，而且最后对于男子也将成为现实。"③ 私有制的消灭并不会带动一夫一妻制的消亡，反之，它会极大推进平等意义上的一夫一妻制的实现。恩格斯的观点与马克思对于这一问题的认识完全相同。马克思说："关于现代的一夫一妻制家庭：它必然随着社会的发展而发展，随着社会的变化而变化，就象它过去那样。它是社会制度的产物……我们可以推想：它还能更加改善，直达到两性间的平等为止。"④ 通过马克思、恩格斯对一夫一妻制发展趋向的描绘我们知道，两性经济地位的逐渐平等会带动其社会地位、家庭地位平等的实现。"只要那种迫使妇女容忍男子的这些通常的不忠行为的经济考虑——例如对自己的生活，特别是对自己子女的未来的担心——一旦消失，那末由此而达到的妇女的平等地位，根

① 恩格斯：《家庭、私有制和国家的起源》，《马克思恩格斯选集》第4卷，人民出版社，1972，第76页。
② 同上书，第78页。
③ 同上书，第72页。
④ 马克思著，中国科学院历史研究所翻译组译《摩尔根〈古代社会〉一书摘要》，人民出版社，1965，第45~46页。

据以往的全部经验来判断，与其说会促进妇女的多夫制，倒不如说会在无比大的程度上促进男子的真正的一夫一妻制。"① 在平等基础上缔结的婚姻摆脱了外在的、露骨的或隐蔽的干预，爱情成为婚姻的真正核心要素。两性的平等会推动婚姻、家庭形式的进一步变革，"平等、开放、灵活多样"② 是未来婚姻发展的趋向。

那么，性爱在什么条件下才能成为婚姻的基础呢？恩格斯对此曾说，只有把影响配偶选择的一切因素包括经济动因完全消灭后，结婚的充分自由才能完全实现。到那时候，除了相互的爱慕以外，就再也不会有别的动机了。从其分析看，性爱在婚姻中展现的是否充分，要看人们摆脱财产关系的程度。随着社会经济水平的提高和男女经济地位的逐渐平等，财产关系对于人的束缚必然会逐步减弱，社会阶层的界限会逐渐模糊，性爱在婚姻中的分量会逐步加重并最终成为婚姻缔结的唯一要素。

性爱成为婚姻成立的唯一要素是否会给喜新厌旧、朝秦暮楚乃至玩弄异性的不道德行为以借口，从而造成婚姻关系的随意性呢？恩格斯认为，现代性爱的作用不是刺激男女双方离异，而是促成男女双方的结合，这是由现代性爱本身的特性决定的。其特性表现在三个方面：第一，它以所爱者的互爱为前提，男女双方处于完全对等的地位；第二，它常常达到强烈和持久的程度，以双方的结合为幸福，而以不能结合或彼此分离为最大的不幸；第三，它使异性关系有了一种新的道德标准，即有爱情的性关系是道德的，反之则是不道德的。③ 现代性爱深刻和持久的特点，要求婚姻关系忠实、牢固。以现代性爱为基础的婚姻是真正美满的婚姻，因而也是最能持久的婚姻。喜新厌旧、朝秦暮楚是婚姻中的轻浮和不忠行为，这是对性爱的亵渎，而不是性爱之错。现代性爱作为性关系的新道德标准，要求性关系的严肃性，剔除玩弄异性的放荡行为。恩格斯认为，"性爱按其本性来说是排他的"，"以性爱为基础的婚姻，按其本性来说是个体婚姻。"④ 只有以现代性爱为基础，才能实行真正的一夫一妻制。所谓"真正"之意，是指一夫一妻制不仅对女子适

---

① 恩格斯：《家庭、私有制和国家的起源》，《马克思恩格斯选集》第 4 卷，人民出版社，1972，第 78 页。
② 陈一筠：《美国的"反主流"文化与婚姻家庭发展趋势》，《社会学研究》1990 年第 3 期。
③ 恩格斯：《家庭、私有制和国家的起源》，《马克思恩格斯选集》第 4 卷，人民出版社，1972，第 73 页。
④ 恩格斯：《家庭、私有制和国家的起源》，《马克思恩格斯选集》第 4 卷，人民出版社，1972，第 78 页。

用，而且对男子也同样如此。

以现代性爱为基础的婚姻，要求男女双方不仅享有结婚的自由，也享有离婚的自由。有离婚的自由，不是要任意离婚，"只有在万不得已时，只有在考虑成熟以后，只有在完全弄清楚必须这么做以后，才有权利决定采取这一极端的步骤，而且只能用最委婉的方式"①。现代性爱将有助于维护婚姻关系的牢固，减少离婚现象。无论结婚还是离婚，都是一种社会行为，双方都承担了相应的社会责任，受着法律规定的权利和义务的约束。摆脱这种约束的倾向，会受到舆论谴责，严重的还会受到法律制裁。然而，若确定没有爱情或爱情破裂不能修复，男女双方要自愿离婚将准予离异。这并不是随意的离婚，而是和乎情理的表达，这对于双方和社会都会是幸事。

总之，婚姻自产生以来，无论其内涵还是形式都在不断发生变化，它的变迁与一个国家或民族的经济、文化、法律等制度的发展状况密切相关。从婚姻演变的历程看，它是人类社会变迁过程中从"必然"走向"自由"的产物。

无论从哲学意义还是从法律意义来解读，"自由"的实现从来都不是无限度的。"必然"和"自由"是一组相对的概念，随着社会发展水平和文明素养的提升，人们对婚姻的功能不断提出新要求，从而不断推动着"必然"和"自由"之间的相互转化。在这个过程中，婚姻的内涵日益丰富，形式也日趋多样化。婚姻自由的实现度与当事者所处的社会发展状况息息相关。传统农业社会产生了父权主导下的"古典一夫一妻制"，这种婚姻模式可从两方面进行解读：从父与子（女）的角度看，自由权掌控在父母手中；从夫与妻的角度看，自由权更多的掌控在丈夫手中。在传统农业社会，它的存在显得那么天经地义，特别是儒家伦理对于人生的解读"使人民以获得人类生存的真意义而感到满足。这个解答是确定而清楚的，而且条理分明。故人民不需再推究未来的人生"②。因此，它的存在无可置疑。当自由、平等观引入中国的思想体系时，这一切发生了根本性转变。以平等理念为基点审视传统伦理就会发现：父权对子权的压制造成了人格的不平等，男权对女权的压制造成了性别的不平等。因此，近代中国婚姻文化的变革不仅在于追求女性的解

① 恩格斯：《致卡尔·考茨基》，《马克思恩格斯全集》第 37 卷，人民出版社，1971，第 108 页。
② 林语堂：《吾国与吾民》，群言出版社，2010，第 55 页。

放，还在于实现男性与女性的共同解放，这已是不刊之论。①

自由、平等观引入中国的伦理体系推动了婚姻自由观的产生，那么自由的限度在哪里呢？这个限度就是恋爱，恋爱的有无决定婚姻的存废。当然，这里的恋爱并不是两性间纯粹的肉欲的宣泄，而是指男女之间的人格之爱，是性欲精神化的产物。它是"人性的自由表露的形式，是生活隐秘领域中美好和高尚、理性和善的观念的实际体现。"② 爱情是人的精神自由振奋的产物，也是主体自我实现的重要形式。婚姻从"包办"走向"自由"，个体无论是人格、精神，还是人生价值的实现都有了质的变化。

婚姻自由是近代中国社会的觉悟者为追求个性的展现和人生幸福而发出的呐喊，然而处于剧烈变动中的社会新旧杂陈的特点极为明显，在婚姻上尤其如此，如包办婚姻如何打破，自由婚姻怎样才能稳固，这些都是知识界极为关注的问题。摆在时人面前一个棘手的问题是新旧结合的夫妇如何实现各自的人生幸福，毕竟这是做"人"的权利。"在这个时代中，任何进步同时也是相对的退步，一些人的幸福和发展是通过另一些人的痛苦和受压抑而实现的。"③ 但当时的知识界群策群力，试图在"新"与"旧"之间找到平衡点，既让新青年获得新观念、新模式带来的幸福感，又尽可能保障弱势女性的权益，其中体现了知识界浓厚的人性关怀。

中国近代婚姻文化经历了从包办到自主，从自主到自由的变迁历程，这充分表明从"必然"向"自由"的转化是观念日益深化的结果。在观念深化的过程中，"人"的形象最终树立起来。为此，知识界所倡导的自由集中指向人性的关照这一命题。为解决这个问题，知识界努力营造平等、自由的社会环境，试图让觉悟者能尽情发挥个体的自由意志，彰显其个性主义；让社会的弱势群体，能受到基本的尊重，维护其做人的尊严。自由的践行存在群体性差异，目的在于最大限度地创造适合个体发展的良机，从而实现"人"的独特的社会价值，这是知识界倡导自由理念的终极关怀。

---

① 梁景和、廖熹晨：《女性与男性的双重解放——论清末民初婚姻文化的变革》，《史学月刊》2012 年第 4 期。

② 〔保〕瓦西列夫著《情爱论》，赵永穆等译，三联书店，1984，第 168 页。

③ 恩格斯：《家庭、私有制和国家的起源》，《马克思恩格斯选集》第 4 卷，人民出版社，1972，第 61 页。

参考文献

一　经典理论与专业理论

1.《马克思恩格斯全集》，人民出版社，1974。

2.《马克思恩格斯选集》，人民出版社，1995。

3.〔法〕卢梭：《论人类不平等的根源》，商务印书馆，1962。

4.〔荷〕斯宾诺莎著，贺麟译《伦理学》，上海商务印书馆，1983。

5.〔美〕W·古德著，魏章铃译《家庭》，社会科学文献出版社，1986。

6.〔英〕霭理士著，潘光旦译注《性心理学》，北京三联书店，1987。

7.〔英〕马林诺夫斯基：《文化论》，中国民间文艺出版社，1987。

8.〔英〕罗素著，靳建国译《婚姻革命》，东方出版社，1988。

9.〔美〕加里·斯坦利·贝克尔：《家庭论》，商务印书馆，1998。

10.〔法〕西蒙娜·德·波伏娃著，陶铁柱译《第二性》，中国书籍出版社，1998。

11.〔美〕卡恩伯·梅·恩伯：《文化的变异——现代文化人类学通论》，辽宁人民出版社，1988。

12.〔美〕乔治·桑塔耶那著，缪灵珠译《美感》，中国社会科学出版社，1982。

13.〔奥〕弗洛伊德：《弗洛伊德心理哲学》，九州出版社，2003。

14.〔保〕瓦西列夫：《情爱论》，当代世界出版社，2003。

15.〔日〕滋贺秀三：《中国家族法原理》，法律出版社，2003。

16.〔美〕孙隆基：《中国文化的深层结构》，广西师范大学出版社，2004。

17.〔法〕古斯塔夫·勒庞：《乌合之众》，中央编译出版社，2005。

18.〔英〕罗素：《性爱与婚姻》，中央编译出版社，2005。

19.〔美〕斯沃茨：《文化与权力：布尔迪厄的社会学》，上海译文出版社，2006。

20. 〔奥〕奥托·魏宁格：《性与性格》，中国社会科学出版社，2006。

21. 〔英〕亚当·斯密：《道德情操论》，中央编译出版社，2008。

22. 〔奥〕弗洛伊德：《精神分析引论》，商务印书馆，2013。

23. 刘达临：《性社会学》，山东人民出版，1986。

24. 复旦大学历史系：《对中国传统文化的再估计》，上海人民出版社，1986。

25. 奕烽：《妇女伦理学》，辽宁大学出版社，1987。

26. 庄锡昌：《文化人类学的理论构架》，浙江人民出版社，1988。

27. 周星、王铭铭：《社会文化人类学讲演集》，天津人民出版社，1996。

28. 陈其泰：《二十世纪中国礼学研究论集》，学苑出版社，1998。

29. 邓伟志、徐榕：《家庭社会学》，中国社会科学出版社，2001。

30. 费成康：《中国的家法族规》，上海社会科学院出版社，2002。

31. 贺麟：《文化与人生》，商务印书馆，2002。

32. 蔡俊生：《文化论》，人民出版社，2003。

33. 杨振宁、饶宗颐：《中国文化与科学》，江苏教育出版社，2003。

34. 邓伟志、徐新：《家庭社会学导论》，上海大学出版社，2006。

35. 杨善华：《家庭社会学》，高等教育出版社，2006。

36. 萧瀚：《大家西学：婚姻二十讲》，天津人民出版社，2008。

37. 罗荣渠：《现代化新论》，商务印书馆，2009。

38. 段少军：《性道德概论》，华龄出版社，2009。

39. 梁景和：《中国社会文化史的理论与实践》，社会科学文献出版社，2010。

二 报刊

（一）报纸

1.《申报》

2.《时报》

3.《妇女月报》

4.《北京晨报》

5.《天义报》

6.《民国日报》及副刊《觉悟》

7. 《万国公报》

8. 《妇女周报》

9. 《中华新报》

10.《大公报》

11.《解放画报》

12. 上海《时事新报》及副刊《学灯》

13.《清议报全编》

14.《妇女日报》

15.《妇女时报》

16.《竞业旬报》

17.《民立报》

18.《民生日报》

19.《安徽俗话报》

20.《民国新闻》

21.《政府公报》

22.《警钟日报》

23.《顺天时报》

24.《醒俗画报》

25.《东方时报》

26.《京报》

（二）杂志

1.《现代评论》

2.《社会学界》

3.《大中》

4.《东方杂志》

5.《女学报》

6.《解放与改造》

7.《妇女杂志》

8.《小说月报》

9.《直说》杂志

10.《星期评论》

11. 《上海女子世界》

12. 《留日女学会杂志》

13. 《中国新女界杂志》

14. 《星期评论》

15. 《女子世界》

16. 《新妇女》

17. 《中华妇女界》

18. 《家庭》

19. 《大众生活》

20. 《女子月刊》

21. 《家庭杂志》

22. 《妇女共鸣》

23. 《华年周刊》

24. 《新女性》

25. 《女青年》

26. 《社会问题》

27. 《觉民》

28. 《妇女评论》

29. 《觉悟》

30. 《共进》

31. 《现代妇女》

32. 《中国新女界》

33. 《平民教育》

34. 《民风》

35. 《新世纪》

36. 《新潮》

37. 《东方杂志》

38. 《少年中国》

39. 《妇女之声》

40. 《新青年》

41. 《每周评论》

42. 《中西闻见录》

43. 《妇女杂志》

44. 《妇女时报》

三 传统典籍

1. （清）王聘珍：《大戴礼记解诂》，中华书局，1983。

2. （清）陈立：《白虎通疏证》，中华书局，1985。

3. （清）孙诒让：《周礼正义》，中华书局，1987。

4. （清）孙希旦：《礼记集解》，中华书局，1987。

5. （清）李道平：《周易集解纂疏》，中华书局，1994。

6. （唐）李隆基注，（宋）邢昺疏《孝经注疏》，上海古籍出版社，2009。

7. （清）唐甄：《潜书校释》，岳麓书社，2011。

8. （清）蓝鼎元撰《鹿洲全集》，厦门大学出版社，1995。

四 文集、日记、方志、资料集

1. 大理院编辑处编《大理院判例要旨汇览》，出版社不详，1917。

2. 《中国教育概况》，中华教育改进社，1924。

3. 师复：《师复文集》，革新书局，1927。

4. 王清彬等：《第一次中国劳动鉴》，北平社会调查部，1928。

5. 许仕廉：《中国人口问题》，商务印书馆，1930 影印。

6. 《中国人口问题》，世界书局，1932。

7. 吴毓顾：《邹平试验县户口调查报告》，中华书局，1937。

8. 金陵女子文理学院社会学系：《社会调查集刊》，金陵女子文理学院社会学系，1939。

9. 孙本文：《现代中国社会问题》，上海商务印书馆，1947。

10. 国民政府教育鉴编纂委员会：《第二次中国教育鉴》，南京正中书局，1947。

11. 王韬：《园文录外编》，中华书局，1959。

12. 舒新城：《中国近代教育史料》，人民出版社，1961。

13. 张枬、王忍之：《辛亥革命前十年间时论选集》，三联书店，1963。

14. 李又宁、张玉法：《近代中国女权运动史料（1842～1911）》，龙文出版社股份有限公司，1975。

15. 中共中央马恩列斯著作编译局研究室：《五四时期期刊介绍》，三联书店，1979。

16. 秋瑾：《秋瑾集》，上海古籍出版社，1979。

17. 陈望道：《陈望道文集》（1），上海人民出版社，1979。

18. 中国社会科学院近代史研究所编《五四运动文选》，三联书店，1979。

19. 中国革命博物馆、湖南省博物馆：《新民学会资料》，人民出版社，1980。

20. 李达：《李达文集》（1），人民出版社，1980。

21. 陈望道：《五四时期妇女问题文选》，中国妇女出版社，1981。

22. 鲁迅：《鲁迅全集》，人民文学出版社，1981。

23. 蔡尚思、方行编《谭嗣同全集》，中华书局，1981。

24. 宋教仁：《宋教仁集》，中华书局，1981。

25. 李景汉：《北京郊区乡村家庭生活调查札记》，三联书店，1981。

26. 夏东元编《郑观应集》，上海人民出版社，1982。

27. 徐铸成：《旧闻杂忆续篇》，四川人民出版社，1982。

28. 孙宝瑄：《望山庐日记》，上海古籍出版社，1982。

29. 丁守和：《辛亥革命时期期刊介绍》，人民出版社，1982。

30. 徐铸成：《旧闻杂忆续编》，四川人民出版社，1982。

31. 〔法〕史式微：《江南传教史》（1），上海译文出版社，1983。

32. 丁守和：《辛亥革命时期期刊介绍》（3），人民出版社，1983。

33. 陈独秀：《陈独秀文章选编》，三联书店，1984。

34. 蔡元培：《蔡元培全集》，中华书局，1984。

35. 李大钊：《李大钊文集》，人民出版社，1984。

36. 徐珂：《清稗类钞》（5），中华书局，1984。

37. 葛懋春等编《无政府主义思想资料选》（上），北京大学出版社，1984。

38. 中共天津市委党史资料征集委员会、天津市妇女联合会编《天津女星社》，中共党史资料出版社，1985。

39. 曾广灿、吴怀斌：《老舍研究资料》，北京十月文艺出版社，1985。

40. 吴虞：《吴虞集》，四川人民出版社，1985。

41. 中华妇女运动联合会妇女运动历史研究室编《中国妇女运动历史资料》，人民出版社，1986。

42. 胡朴安：《中华全国风俗志》，河北人民出版社，1986。

43. 严复：《严复集》，中华书局，1986。

44. 李景汉：《定县社会概况调查》，中国人民大学出版社，1986。

45. 中国妇女管理干部学院：《中国妇女运动文献汇编》，中国妇女出版社，1987。

46. 左宗棠：《左宗棠全集》，岳麓书社，1987。

47. 陈独秀：《独秀文存》，安徽人民出版社，1987。

48. 沈雁冰：《茅盾全集》，人民文学出版社，1987。

49. 康有为：《康有为全集》（1），上海古籍出版社，1987。

50. 方行、汤志钧：《王韬日记》，中华书局，1987。

51. 周建人：《周建人文选》，中国文史出版社，1988。

52. 叶至善等编《叶圣陶集》，江苏教育出版社，1988。

53. 瞿兑之：《人物风俗制度丛谈》，上海书店，1988

54. 梅生：《中国妇女问题讨论集》，上海书店，1989。

55. 梁启超：《饮冰室合集》，中华书局，1989。

56. 葛元煦：《沪游杂记》，上海古籍出版社，1989。

57. 丁世良、赵放主编《中国地方志民俗资料汇编》，书目文献出版社，1989。

58. 任白涛译《近代恋爱名论》，上海文艺出版社，1989年影印版。

59. 刘大鹏：《退想斋日记》，山西人民出版社，1990。

60. 北京市妇女联合会：《北京妇女报刊考（1905～1949）》，光明日报出版社，1990。

61. 中华全国妇女联合会妇女运动历史研究室：《五四时期妇女问题文选》，中国妇女出版社发行，1990。

62. 中华全国妇女联合会妇女运动历史研究室编《中国近代妇女运动历史资料》，中国妇女出版社，1991。

63. 陈虬：《陈虬集》，浙江人民出版社，1992。

64. 《中国地方志集成》，江苏古籍出版社，1992。

65. 胡珠生：《宋恕集》，中华书局，1993。

66. 耿云志主编《胡适遗稿及秘藏书信》，黄山书社，1994。

67. 周作人：《周作人文选》，上海远东出版社，1994。

68. 周天度：《沈钧儒文集》，人民出版社，1994。

69. 邓菊英、李诚：《北京近代小学教育史料》，北京教育出版社，1995。

70. 周作人：《周作人集》，海南国际新闻出版中心，1995。

71. 姜泣群：《民国野史》，江苏广陵古籍刻印社，1995。

72. 汪丹编《女性潮汐》，天津人民出版社，1995。

73. 胡适：《胡适文存》，黄山书社，1996。

74. 中共中央文献研究室：《毛泽东早期文稿》，湖南出版社，1997。

75. 张竞生：《张竞生文集》，广州出版，社1998。

76. 张闻天：《张闻天早期文集》，中共党史出版社，1999。

77. 田涛、郑秦点校《大清律例》，法律出版社，1999。

78. 周质平编译《不思量自难忘——胡适给韦莲司的信》，安徽教育出版社，2001。

79. 吴振清等编《黄遵宪集》，天津人民出版社，2003。

80. 季羡林编《胡适全集》，安徽教育出版社，2003。

81. 张智主编《中国风土志丛刊》，广陵书社（影印本）2003。

82. 〔美〕E·A·罗斯，晓凯译《E·A·罗斯眼中的中国》，重庆出版社，2004。

83. 李文海主编《民国时期社会调查论丛》（婚姻），福建教育出版社，2005。

84. 陈独秀：《陈独秀著作选编》，上海人民出版社，2009。

85. 林语堂：《林语堂文集》，群言出版社，2010。

86. 殷梦霞、邓咏秋选编《民国司法史料汇编》，国家图书馆出版社，2011。

五　传记、年谱、回忆录、小说

1. 张伯桢：《南海康先生传》，北京沧海丛书社，1932。

2. 文史资料研究委员会：《辛亥革命回忆录》（2），文史资料出版社，1961。

3. 中国社会科学院近代史研究所：《五四运动回忆录》，中国社会科学出版社，1979。

4. 张羽等：《悻代英来鸿去燕录》，北京出版社，1981。

5. 〔美〕司徒雷登：《在华五十》，北京出版社，1982。

6. 冯沅君：《卷葹》人民文学出版社，1983。

7. 唐振常：《蔡元培传》，上海人民出版社，1985。

8. 凌淑华：《花之寺》，花城出版社，1986。

9. 钟叔河：《走向世界丛书》，岳麓书社，1986。

10. 杨步伟：《一个女人的回忆》，岳麓书社，1987。

11. 唐德刚：《胡适杂忆》，华文出版社，1990。

12. 苏学林：《浮生九四》，台北三民书局，1991。

13. 白吉庵：《胡适传》，人民出版社，1993。

14. 老舍著，舒济、舒乙编《老舍小说全集》，长江文艺出版社，1993。

15. 肖凤：《庐隐 李唯建》，中国青出版社，1995。

16. 苏学林：《苏学林自传》，江苏文艺出版社，1996。

17. 〔美〕明恩溥：《中国乡村生活》，时事出版社，1998。

18. 林伟民选编《海滨故人庐隐》，人民文学出版社，2001。

19. 李汝珍：《镜花缘》，岳麓书社，2005。

20. 卫建民编《魂归陶然亭》，北京文学出版社，2002

21. 杨绛：《我们仨》，三联书店，2003。

22. 杨绛：《我们的钱媛》，三联书店，2005。

23. 聂华苓：《三生影像》，三联书店，2008.

24. 董竹君：《我的一个世纪》，三联书店，2008。

25. 曾朴：《孽海花》，大众文艺出版社，2010.

26. 范炎陪：《周有光谱》，群言出版社，2012。

27. 民盟中央委员会：《君子至爱——沈钧儒家书》，群言出版社，2012。

28. 黄慕兰：《黄慕兰自传》，中国大百科全书出版社，2012。

29. 聂茂、孙少华：《女权先驱：董竹君》，民主与建设出版社，2012。

30. 盛成：《盛成回忆录》，山西人民出版社，2012。

六　民国时人著作

1. 金天翮：《女界钟》，大同书局，1903。

2. 何大缪：《女界泪》，京都书局，1908

3. 卢寿钱：《婚姻训》，中华书局，1917。

4. 东方杂志社：《家庭与婚姻》，商务印书馆，1923。

5. 《家庭与婚姻》，商务印书馆，1925。

6. 《专制婚姻史》，中外书局，1926。

7. 德利于斯：《婚姻的创化》，开明书店，1927。

8. 黄新民：《结婚制度》，光华书局，1927。

9. 卡彭特：《恋爱论》，开明书店，1927。

10. 顾颉刚：《苏粤的婚丧》，国立中山大学语言学研究所，1928。

11. 沈炳文译《女子恋爱心理之研究》，唯爱丛书社，1928。

12. S. S. 译《恋爱与痛苦》，唯爱丛书社，1928。

13. 杨虎啸、金钟华译《蔼理斯婚姻论》，上海美的书店，1928。

14. 潘光旦：《中国之家庭问题》，上海新月书店，1928。

15. 郭真：《结婚论 ABC》，世界书局，1929。

16. 罗敦伟：《中国之婚姻问题》，大东书局，1931。

17. 陶希盛：《婚姻与家族》，商务印书馆，1931。

18. 谭缃就：《中国离婚的研究》，中华基督教女青会全国协会，1932。

19. 陈顾远：《中国古代婚姻史》，商务印书馆，1933。

20. 刘王立明：《中国妇女运动》，上海商务印书馆，1934。

21. 麦惠庭：《中国家庭改造问题》，北京商务印书馆，1935。

22. 吕诚之：《中国婚姻制度史》，龙虎书店，1935。

23. 缪勒利尔：《婚姻进化史》，商务印书馆，1935。

24. 徐志欣：《婚姻法浅论》，中华书局，1935。

25. 辛克莱著，雯若译《婚姻与社会》，上海天马书店，1935。

26. 朱采真：《废妾号》，北平进步研究社，1935。

27. 李家瑞：《北平风俗类征》，商务印书馆，1937。

28. 陈顾远：《中国婚姻史》，商务印书馆，1937。

29、陈东元：《中国妇女生活史》，商务印书馆，1937。

30. 李宜琛：《婚姻法与婚姻问题》，正中数据，1946。

31. 沙千里：《婚姻·子女·继承》，生活书店，1947。

32. 徐咏平：《婚姻问题通讯集》，文信书局，1948。

33. 瞿同祖：《中国法律与中国社会》，商务印书馆，1981。

七　当代研究著作

1.〔日〕实藤惠秀：《中国人留学日本史》，三联书店，1983。

2. 石原皋：《闲话胡适》，安徽人民出版社，1985。

3. 史凤仪：《中国古代婚姻与家庭》，湖北人民出版社，1987。

4.〔日〕山丽川：《中国女性史（1851～1958）》，四川大学出版社，1987。

5. 鲍宗豪：《婚俗文化：中国婚俗的轨迹》，上海人民出版社，1990。

6. 陈鹏：《中国婚姻史稿》，中华书局，1990。

7. 唐达、严建平、赵人俊：《文化传统与婚姻演变——对中国婚姻文化轨迹的探寻》，文汇出版社，1991。

8. 戴伟：《中国婚姻性爱史稿》，东方出版社，1991。

9. 葛承雍：《中国古代等级社会》，陕西人民出版社，1992。

10. 戴伟：《中国婚姻性爱史稿》，东方出版社，1992。

11. 严昌洪：《中国近代社会风俗史》，浙江人民出版社，1992。

12. 陆震：《中国传统社会心态》，浙江人民出版社，1992。

13. 陶春芳、蒋永萍：《中国妇女社会地位概观》，中国妇女出版社，1993。

14. 李少兵：《民国时期的西式风俗文化》，北京师范大学出版社，1994。

15. 夏晓虹：《晚清文人与妇女观》，作家出版社，1995。

16. 李银河：《中国婚姻家庭变迁》，黑龙江人民出版社，1995。

17. 邢莉主编《中国女性民俗文化》，中国档案出版社，1995。

18. 罗苏文：《女性与中国社会》，上海人民出版社，1996。

19. 张怀承：《天人之变——中国传统伦理道德的近代转型》，湖南教育出版社，1998。

20. 陈漱渝：《五四文坛鳞爪》，中国文史出版社，1998。

21. 李长莉、闵杰、罗检秋：《近代中国社会变迁录》，浙江人民出版社，1998。

22. 姜涛：《人口与历史——中国传统人口结构研究》，人民出版社，1998。

23. 祝瑞开：《中国婚姻家庭史》，学林出版社，1999。

24. 〔美〕凯特·米利特著，钟良明译《性的政治》，社会科学文献出版社，1999。

25. 麻国庆：《家与中国社会结构》，文物出版社，1999。

26. 章义合、陈春雷：《贞节史》，上海文艺出版社，1999。

27. 张廓：《多妻制度——中国古代社会和家庭结构》，天津古籍出版社，1999。

28. 定宜庄：《满族的妇女生活与婚姻制度研究》，北京大学出版社，1999。

29. 刘达临：《性与中国文化》，人民出版社，1999。

30. 郭松义：《伦理与生活——清代的婚姻关系》，商务印书馆，2000。

31. 王跃生：《十八世纪婚姻家庭研究——建立在1781～1791个案基础上的分析》，法律出版社，2000。

32. 姜义华：《图说中国百年社会生活变迁：1840—1949》（礼仪·乡情·宗

教），学林出版社，2001。

33. 陈高华、徐吉军主编《中国风俗通史》，上海文艺出版社，2001。

34. 汪汾玲：《中国婚姻史》，上海人民出版社，2001。

35. 罗梅君：《北京的生育、婚姻和丧葬：十九世纪至当代的民间文化与上层文化》，中华书局，2001。

36. 夏晓虹：《晚清社会与文化》，湖北教育出版社，2001。

37. 陈高华：《中国风俗通史·清代卷》，上海文艺出版社，2001。

38. 李长莉：《晚清上海社会的变迁——生活与伦理的近代化》，天津人民出版社，2002。

39. 孙燕京：《晚清社会风尚研究》，中国人民大学出版社，2002。

40. 刘新平：《百时尚（1900～2000）：婚姻中国》，中国工人出版社，2002。

41. 李泽厚：《中国现代思想史》，天津社会科学院出版社，2003。

42. 王跃生：《清代中期婚姻冲突透析》，社会科学文献出版社，2003。

43. 徐杰舜：《汉族风俗史》，学林出版社，2004。

44. 潘晓梅、严育新：《婚俗简史》，中国社会科学出版社，2004。

45. 叶灵凤：《世界性俗丛谈》，广西师范大学出版社，2004。

46. 杜菁琴、王政：《中国历史中的妇女与性别》，天津人民出版社，2004。

47. 夏晓虹：《晚清女性与近代中国》，北京大学出版社，2004。

48. 唐绍洪：《婚姻家庭的理性与非理性》，四川人民出版社，2004。

49. 陈华文：《婚姻习俗与文化》，黑龙江人民出版社，2004。

50. 肖爱树：《20世纪中国婚姻制度研究》，中国知识产权出版社，2005。

51. 郭松义：《清代民间婚书研究》，人民出版社，2005。

52. 葛红兵、宋耕：《身体政治》，三联书店，2005。

53. 齐涛主编，吴存浩著《中国民俗通志·婚嫁志》，山东教育出版社，2005。

54. 刘慧英：《遭遇解放——1890～1930年代的中国女性》，中央编译出版社，2005。

55. 〔美〕曼素恩、定宜庄：《缀珍录——十八世纪及其前后的妇女》，江苏人民出版社，2005。

56. 李贞德、梁其姿：《妇女与社会》，中国大百科全书出版社，2005。

57. 王晓君：《中国传统婚姻文化》，三秦出版社，2005。

58. 程郁：《清至民国蓄妾习俗之变迁》，上海古籍出版社，2006。

59. 严昌洪：《20世纪中国社会生活变迁史》，人民出版社，2007。

60. 毛立平：《清代嫁妆研究》，中国人民大学出版社，2007。

61. 邓伟志、胡申生：《上海婚俗》，文汇出版社，2007。

62. 金安平：《合肥四姐妹》，三联书店，2007。

63. 何玲华：《新教育·新女性：北京女高师研究》，社会科学出版社，2007。

64. 费孝通：《乡土中国》，上海世界出版集团，2007。

65. 耿光连：《社会习俗变迁与近代中国》，济南出版社，2009。

66. 梁景和：《近代中国陋俗文化嬗变研究》，首都师范大学出版社，2009。

67. 余华林：《女性的"重塑"：民国城市妇女婚姻问题研究》，商务印书馆，2009。

68. 姚霏：《空间、角色与权力：女性与上海城市空间研究》，上海人民出版社，2010。

69. 孙孟英：《老上海的婚礼》，上海辞书出版社，2010。

70. 范勇：《中国人的文化性格》，中央编译出版社，2010。

71. 梁景和：《五四时期社会文化嬗变研究》，人民出版社，2010。

72. 郭松义：《中国妇女通史》（清代卷），九州出版社，2010。

73. 郑永福、吕美颐：《中国妇女通史》（民国卷），九州出版社，2010。

74. 王威：《性的历程：从两宋到明清》，湖北人民出版社，2011。

75. 仲富兰：《国家：风俗与信仰》，复旦大学出版社，2012。

76. 颜浩：《民国元年：历史与文学中的日常生活》，陕西人民出版社，2012。

77. 〔美〕芦苇菁：《矢志不渝：明清时期的贞女现象》：江苏人民出版社，2012。

78. 刘长林等：《自由的限度与解放的底线——民国初期关于"妇女解放"的社会舆论》，上海大学出版社，2014。

八　论文

（一）期刊论文

1. 王贤森、吴福文：《带有特殊性的旧上海婚俗》，《社会科学》1984年第2期。

2. 胡绳武、程为坤：《民初社会风尚的演变》，《近代史研究》1986年第4期。

3. 徐永志：《清末政治社会变革对婚姻观变迁的推动》，《河北学刊》1987年第1期。

4. 吕美颐：《二十世纪初中国资产阶级的婚姻家庭观》，《史学月刊》1987年第6期。

5. 徐永志：《清末民初婚姻变化初探》，《中州学刊》1988年第2期。

6. 沈卫威：《鲁迅与胡适：婚恋心态与情结——五四一代知识分子的婚姻不幸》，《湖州师专学报》1989年第2期。

7. 徐建生：《戊戌女子解放新探》，《史学月刊》1989年第5期。

8. 郑永福、吕美颐：《中国近代婚姻观念的变迁》，《中国妇女管理干部学院学报》1991年第1期。

9. 沈卫威：《胡适婚姻略论》，《民国档案》1991年第1期。

10. 徐建生：《近代中国婚姻家庭变革思潮论述》，《近代史研究》1991年第3期。

11. 行龙：《清末民初婚姻生活中的新潮》，《近代史研究》1991年第3期。

12. 梁景和：《论五四时期的家庭改制观》，《辽宁师范大学学报》1991年第4期。

13. 王奇生：《民国时期离婚问题初探》，赵清主编《社会问题的历史考察》，成都出版社，1992。

14. 徐光寿：《评陈独秀的婚姻家庭观》，《安徽史学》1993年第1期。

15. 谭学纯：《从俗语"郎才女貌"看男性文化的实质》，《北京社会科学》1994年3期。

16. 赵毅、赵秩峰：《悍妻与十七世纪前后的中国社会》，《明史研究》1994年第4期。

17. 方道文：《〈围城〉四女性》，《河北学刊》1994年第4期。

18. 梁景和：《论中国传统婚姻陋俗的特征》，《辽宁师范大学学报》1994年第5期。

19. 乐铄：《易识的叛逆与解放话语——现代妇女文学中的独身题材》，《郑州大学学报》1994年第6期。

20. 乔志强、徐永志：《辛亥革命前后的家庭变动》，载《辛亥革命与近代中国——纪念辛亥革命80周年国际学术讨论会文集》，中华书局，1994。

21. 张利：《论谭嗣同对封建家庭伦常的批判》，《北京联合大学学报》1995年第2期。

22. 丁帆、陈霖：《重塑"娜拉"：男性作家的期盼情怀、拯救姿态和文化困惑》，《南京大学学报》1995 年第 2 期。

23. 乔以钢：《醒世骇俗的性爱篇章——略论冯沅君的小说创作》，《南开学报》1995 年第 2 期。

24. 滕新才：《明朝中后期男女平等观念的萌动》，《妇女研究论丛》1995 年第 3 期。

25. 吕美颐：《评中国近代关于贤妻良母主义的论争》，《天津社会科学》1995 年第 5 期。

26. 吕美颐：《20 世纪二、三十年代中国农村妇女状况的历史考察》，《妇女研究论丛》1996 年第 1 期。

27. 阿克塞尔：《许广平，一个伟大的"第三者"》，《现代妇女》1996 年第 1 期。

28. 罗检秋：《民国初年的婚俗变革》，《妇女研究论丛》1996 年第 1 期。

29. 杨世宏、孔凡青：《妇女解放的价值标准和出路》，《妇女学苑》1996 年第 1 期。

30. 孙兰英：《论中国近代妇女运动的"男性特色"》，《史学月刊》1996 年第 3 期。

31. 胡夏、吴效马：《"人的发现"与"女性的发现"——论五四时期妇女解放思潮的内在理路》，《武陵学刊》1996 年第 4 期。

32. 郭松义：《清代的纳妾制度》，台湾《近代中国妇女史研究》1996 第 4 期。

33. 徐永志、吕炳丽：《近代华北民间婚姻论述》，《河北师院学报》1997 年第 1 期。

34. 梁景时：《近代中国维新派婚姻观透视》，《东方论坛》1997 年第 1 期。

35. 陈蕴茜：《论民国时期城市家庭制度的变迁》，《近代史研究》1997 年第 2 期。

36. 尹美英：《"五四"时期妇女争取婚姻自由的运动》，《淄博师专学报》1997 年第 2 期。

37. 陈振江：《清末民初婚姻家庭变革运动的趋向》，《南开学报》1997 年第 4 期。

38. 钟年：《寡妇问题——社会立场的检诘》，《湖北大学学报》1998 年第 2 期。

39. 余齐昭：《孙中山的婚姻——记五位夫人的生平事略》，《广东史志》

1998 年第 4 期。

40. 蒋美华：《中国近代妇女就业初探》，《江苏社会科学》1998 年第 4 期。

41. 陈蕴茜、叶青：《论民国时期城市婚姻的变迁》，《近代史研究》1998 年第 6 期。

42. 梁景和：《戊戌维新派的婚姻文化观》，《江海学刊》1998 年第 6 期。

43. 定宜庄：《清代满族的妾与妾制探析》，台湾《近代中国妇女史研究》1998 第 6 期。

44. 梁景时：《清末民初婚俗的演变论述》，《山西师范大学学报》1999 年第 1 期。

45. 徐永志：《晚清婚姻与家庭观念的演变》，《河北师范大学学报》1999 年第 2 期。

46. 高石钢：《民国时期农场婚姻中的门当户对规则初探》，《固原师专学报》1999 年第 2 期。

47. 严昌洪：《五四运动与社会风俗变迁》，《华中师范大学学报》1999 年第 3 期。

48. 梁景时：《清末民初婚俗变迁唯物史观探幽》，《通化师院学报》1999 年第 4 期。

49. 高石钢：《民国时期农村婚姻论财规则初探》，《社会科学阵线》1999 年第 5 期。

50. 罗志田：《新旧之间：近代中国的多个世界及"失语"群体》，《四川大学学报》1999 年第 6 期。

51. 林贤治：《娜拉：出走或归来》，《鲁迅研究月刊》2000 年第 1 期。

52. 陈一筠：《婚姻家庭向何处去》，《新华文摘》2000 年第 3 期。

53. 秦永洲：《古代婚姻风俗的特点与中国人的婚姻观念》，《山东师范大学学报》2000 年第 4 期。

54. 金德均：《儒家的人权思想——以唐甄的男女平等论为中心》，《东岳论丛》2000 年第 6 期。

55. 张伟、牛晓萍：《简析近代不同城市的离婚原因》，《西南民族学院学报》2000 年第 6 期。

56. 李长莉：《从"杨月楼"案看晚清社会伦理的变动》，《近代史研究》2001 年第 1 期。

57. 朱梅：《20 世纪初中国的性教育》，《南京大学学报》2001 年第 1 期．

58. 刘正刚、乔素玲:《近代中国女性的独身现象》,《史学月刊》2001 年第 3 期。

59. 吴成国:《清末民初的婚姻新气象及其评价》,《民国档案》2001 年第 4 期。

60. 王锋:《传统贞节观的经济分析》,《中州学刊》2001 年第 5 期。

61. 游鉴明:《千山我独行? 廿世纪前半期中国有关女性独身的言论》,台湾《近代中国妇女史研究》2001 年第 9 期。

62. 万建中:《民国风俗演进的时代特征》,《史学集刊》2001 年第 11 期。

63. 左玉河:《由"文明结婚"到"集团婚礼"——从婚姻仪式看民国婚俗的变化》,《近代中国社会变迁与观念变迁》,中国社会科学出版社,2001。

64. 毛立平:《百年来清代婚姻家庭史研究述评》,《安徽师范大学学报》2002 年第 1 期。

65. 程郁:《民国时期妾的法律地位及其变迁》,《史林》2002 年第 2 期。

66. 梁景和:《民国初期"家庭改制"的理论形态》,《江海学刊》2002 年第 2 期。

67. 安秀玲:《二十世纪初中国婚姻变动初探》,《河南师范大学学报》2002 年第 4 期。

68. 安秀玲:《清末民初婚姻家庭观念的变迁》,《历史教学问题》2002 年第 5 期。

69. 李银河:《婚礼的变迁》,《江苏社会科学》2002 年第 5 期。

70. 李长莉:《家庭夫妇伦理近代变迁的民间基础》,《福建论坛·人文社会科学版》2002 年第 5 期。

71. 张伟:《近代上海离婚状况的比较》,《社会科学》2002 年第 12 期。

72. 尹旦萍:《新文化运动中关于贞操问题的讨论》,《妇女研究论丛》2003 年第 1 期。

73. 严昌洪:《旧式婚礼折射的妇女地位问题》,《中南民族大学学报》2003 年第 1 期。

74. 逸民:《辛亥革命后中国人婚姻家庭观念的变迁》,《中华文化论坛》2003 年第 1 期。

75. 常彬:《从"红白玫瑰"看张爱玲对男性霸权文化观念的颠覆》,《河北学刊》2003 年第 1 期。

76. 候杰、秦方：《近代知识女性的双重角色：以〈大公报〉著名女编辑、记者为中心的考察》，《南方论丛》2003 年第 2 期。

77. 陈文联：《"五四"时期妇女解放思潮发展的新趋向》，《中南大学学报》2003 年第 2 期。

78. 夏晓虹：《晚清女性：新教育与旧道德——以杜成淑拒屈疆函为案例》，《北京大学学报》2003 年第 3 期。

79. 陈文联：《论五四时期探求"婚姻自由"的社会思潮》，《江汉论坛》2003 年第 6 期。

80. 陈文联：《五四时期"自由恋爱"思潮述论》，《南昌大学学报》2003 年第 6 期。

81. 熊月之：《晚清上海：女权主义实践与理论》，《学术月刊》2003 年第 11 期。

82. 程郁：《近代男性知识分子女权思想的产生极其矛盾——以梁启超为典型案例》，《中华女子学院学报》2004 年第 2 期。

83. 吴欣：《论清代再婚妇女的婚姻自主权》，《妇女研究论丛》2004 年第 2 期。

84. 陈一筠：《妇女解放是一个历史进程——我对社会性别的浅见》，《中国性科学》2004 年第 3 期。

85. 关威：《五四时期关于婚姻自由的思想述评》，《晋阳学刊》2004 年第 3 期。

86. 郭瑞敏：《浅析民国时期妇女职业不发达的原因》，《文史杂志》2004 年第 4 期。

87. 王印焕：《近代学生群体中文化教育与传统婚姻的冲突》，《史学月刊》2004 年第 4 期。

88. 李长莉：《以上海为例看晚清时期社会生活方式及观念的变迁》，《史学月刊》2004 年第 5 期。

89. 候杰、王思葳：《五四时期新女性的悲剧命运评析——以张嗣婧为例》，《妇女研究论丛》2004 年第 6 期。

90. 肖扬碚：《文化的衰落与裂变——〈金瓶梅〉婚姻家庭文化考察》，《广西社会科学》2004 年第 9 期。

91. 梁景和：《论五四时期的"性伦"文化》，《文史哲》2005 年第 1 期。

92. 尤小立：《胡适的婚姻及其新婚时的心态》，《民国档案》2005 年第 1 期。

93. 李钊：《近代转型中的婚姻家庭——以〈醒俗画报〉为中心考察》，《牡丹江师范学院学报》2005年第1期。

94. 关威：《新文化运动时期关于离婚自由问题的讨论》，《贵州师范大学学报》2005年第3期。

95. 王海鹏：《〈万国公报〉对近代中外妇女风俗的考察与评论》，《广西社会科学》2005年第4期。

96. 刘强：《地方志中所见清代广东妾的形象》，《中国地方志》2005年第5期。

97. 刘晓红：《20世纪初中国农村包办择偶观存在的原因》，《广西社会科学》2005年第5期。

98. 卞利：《明清时期婚姻立法的调整与基层社会的稳定》，《安徽大学学报》2005年第6期。

99. 雷家琼：《五四后十年间女性逃婚与婚姻自主权的争取》，《近代中国社会与民间文化——首届中国近代社会史国际学术研讨会论文集》，社会科学文献出版社，2005。

100.〔日〕高导航：《1920年代的征婚广告》，《近代中国社会与文化——首届中国近代社会史国际学术研讨会论文集》，社会科学文献出版社，2005。

101. 赵德雷：《论贞节观对婚姻家庭的影响》，《青海社会科学》2006年第1期。

102. 王跃生：《民国时期婚姻行为研究——以"五普"长表数据库为基础的分析》，《近代史研究》2006年第2期。

103. 王雪峰：《西学东渐与中国近代性教育的兴起》，《北京科技大学学报》2006年第2期。

104. 胡雪莲：《民国广州报纸婚姻案件报道中的法律词语——从法律变革的视角看》，《中山大学学报》2006年第3期。

105. 张研：《从婚书看中国传统社会的礼法秩序——读〈清代民间婚书研究〉》，《清史研究》2006年第3期。

106. 王海鹏：《近代来华传教士与中国婚姻风俗的嬗变》，《天府新论》2006年第4期。

107. 罗雪松、区艳霞：《老舍笔下的封建婚姻模式及女性人格现象》，《玉林师范学院学报》2006年第4期。

108. 彭贵珍：《论民国城市社会转型中的婚姻纠纷》，《社会科学辑刊》2006年第5期。

109. 艾晶：《离婚的权力和离婚的难局：女性离婚状况的探究》，《新疆社会科学》2006年第6期。

110. 王印焕：《试论民国时期京津两市婚姻自由的实施进度》，《北京社会科学》2006年第6期。

111. 彭桂珍：《民国时期社会转型中的城市婚姻纠纷》，《广西社会科学》2006年第8期。

112. 杨苏静：《矛盾与孔德沚的婚姻生活》，《报刊荟萃》2006年第12期。

113. 李彦宏：《简论晚清至五四时期的婚姻变革思潮》，《船山学刊》2007年第1期。

114. 刘春玲、汪澎澜：《民国时期东北地区婚姻习俗的嬗变》，《白城师范学院学报》2007年第1期。

115. 邓红、刘海霞：《觉醒：民国"新女性"婚姻家庭观之嬗变——以二十世纪二三十年代对城市女性的调查展开》，《河北大学学报》2007年第2期。

116. 段继红：《修道人间才子妇，不辞清瘦似梅花——清代知识女性对理想婚姻的设想》，《西华师范大学学报》2007年第3期。

117. 张利民：《试论新民学会会员婚姻家庭观》，《四川师范大学学报》2007年第3期。

118. 张光华：《从近代报刊婚姻启事看近代社会变迁》，《史学月刊》2007年第3期。

119. 谭志云：《民国南京政府时期的妇女离婚问题——以江苏省高等法院1927～1936年民事案例为例》，《妇女研究论丛》2007年第4期。

120. 温文芳：《晚清孀妇再醮婚姻状况的研究与思考——〈申报〉（1899～1909年）孀妇典型案例的研究》，《江苏社会科学》2007年第5期。

121. 王跃生：《婚书的功能及其演变》，《中国图书评论》2007年第6期。

122. 张在兴、李健美：《民国华北农村婚姻行为中的陋俗问题》，《重庆社会科学》2007年第11期。

123. 张木森、李翠娥：《郑超麟的两次婚姻》，《政协天地》2007年第12期。

124. 曹婷婷：《道光以来江浙地区略及略卖女性现象初探——清代刑部题本婚姻家庭纠纷研究》，《北京联合大学学报》2008年第1期。

125. 杨晓娟：《宋恕的近代婚姻家庭思想》，《西南交通大学学报》2008 年第 1 期。

126. 张国义：《五四时期知识女性独身论试探》，《妇女研究论丛》2008 年第 2 期。

127. 艾晶：《无奈的抗争：清末民初女性对不良婚姻家庭的反抗》，《中华女子学院学报》2008 年第 4 期。

128. 荆晓燕：《明中后期民间社会婚姻观念的变迁》，《天津大学学报》2008 年第 3 期。

129. 余华林：《20 世纪 20 ～ 40 年代知识女性恋爱悲剧问题论述》，《首都师范大学学报》（社科版），2008 年第 1 期。

130. 杨晓红：《论五四转型时期婚姻观念和习俗的演进》，《长江师范学院学报》2009 年第 1 期。

131. 上善若水：《民国政首的奇趣婚姻》，《文史》2009 年第 1 期。

132. 王小艾：《张恨水：亦新亦旧的三段婚姻》，《婚姻与家庭》2009 年第 4 期。

133. 江百炼：《女性角色意识的张扬——辛亥革命时期女性角色的定位》，《湖南师范大学社会科学学报》2009 年第 4 期。

134. 杜清娥：《民国时期山西知识青年婚姻的缔结》，《山西档案》2009 年第 4 期。

135. 杨新生：《〈围城〉中知识女性的现代思想意识及其悲剧根源》，《河南师范大学学报》2009 年第 5 期。

136. 陈家萍：《杨绛：蓝印花布的婚姻》，《学习博览》2009 年第 10 期

137. 李淑苹、龚慧华：《浅析清末民初珠江三角洲自梳女的婚姻观》，《贵州社会科学》2009 年第 10 期。

138. 程方、马晓雪：《清代山东妇女的婚姻与生育状况》，《东岳论丛》2009 年第 11 期。

139. 楼小奴：《从清代档案看婚姻触礁后妇女的境遇》，《四川档案》2010 年第 1 期。

140. 陈发水：《论晚清民初中国婚姻礼俗观念的近代化变迁》，《江苏科技大学学报》2010 年第 2 期。

141. 赵曦：《瞿秋白轰动上海的婚姻——采访瞿秋白与杨之华的女儿瞿独伊》，《章回小说》2010 年第 3 期。

142. 曹勇：《论二十世纪二三十年代大学生婚姻主权问题》，《哈尔滨学院学报》2010 年第 5 期。

143. 柯力：《近代中国女性婚姻家庭地位的变化及原因分析》，《福建师范大学学报》2010 年第 4 期。

144. 彭定光：《论清代婚姻道德生活》，《伦理学研究》2010 年第 6 期。

145. 杜清娥：《民国时期山西知识青年的婚姻问题》，《山西档案》2010 年第 6 期。

146. 吴倩：《〈情史〉的古代女性婚姻贞节观》，《青年文学家》2010 年第 10 期。

147. 史飞翔：《梁漱溟的两次婚姻》，《文史博览》2010 年第 10 期。

148. 郑永福、陈可猛：《20 世纪二三十年代中国城市中婚姻发展的新趋向》，《浙江学刊》2011 年第 1 期。

149. 徐静莉：《由客体到主体：民初女性婚姻权利的变化——以大理院婚约判解为例》，《妇女研究论丛》2011 年第 1 期。

150. 余华林：《婚姻问题的观念史之新探索——民国妇女婚姻问题研究漫谈》，《中华女子学院学报》2011 年第 3 期。

151. 梁景和：《论辛亥革命与民初时期婚姻文化的变革》，《明清论丛》2011 年第 11 辑。

152. 哈玉红、门忠民：《传统与现代："五四"时期贞操观的现代转型》，《甘肃社会科学》2012 年 1 期。

153. 余华林：《民初知识青年离弃旧式妻子现象之论争——以郑振埙事件为中心》，《社会科学辑刊》2012 年第 6 期。

154. 项裕荣：《清代文言小说"破家"母题研究——由〈聊斋志异〉管窥清初文人对婚姻制度的反思与突围》，《学术论坛》2012 年第 1 期。

155. 薛菁、郭翠梅：《明清福州地区婚姻论财风尚之成因探析》，《闽江学院学报》2012 年第 1 期。

156. 吴正东、姚伟钧：《清代湖南婚姻礼仪消费及特点》，《江西社会科学》2012 年第 2 期。

157. 何黎萍：《试论近代中国妇女争取婚姻自主权的斗争》，《西南师范大学学报》2012 年第 2 期。

158. 吴晓玲：《封建婚姻的不同书写——沈从文〈萧萧〉、何其芳〈哀歌〉和萧干〈雨夕〉比较研究》，《中国现当代文学研究》2012 年第 2 期。

159. 左际平:《从婚姻历程看中国传统社会中家庭男权的复杂性》,《妇女研究论丛》2012 年第 3 期。

160. 许妍:《情和忠的危机——"五四"知识分子的婚姻和情爱选择》,《成都大学学报》2012 年第 3 期。

161. 梁景和、王峥:《中国近代早期国人眼中的欧美生活——以〈走向世界丛书〉为例》,《首都师范大学学报》2012 年第 1 期。

162. 梁景和、廖熹晨:《女性与男性的双重解放——论清末民初婚姻文化的变革》,《史学月刊》2012 年第 4 期。

162. 殷俊玲:《从民间文献看晋商的婚姻生活》,《晋阳学刊》2012 年第 4 期。

162. 向仁富:《近代广东妇女争取婚姻自主权思潮探析——以 20 世纪 20 ~ 30 年代为例》,《前沿》2012 年第 6 期。

163. 雷家琼:《论五四后十年间逃婚女性的生存环境》,收入梁景和主编《首届中国近现代社会文化史国际学术研讨会论文集》,社会科学文献出版社,2012 年。

(二) 学位论文

1. 蓝承菊:《五四新思潮冲击下的婚姻观 (1915 ~ 1923)》,国立台湾师范大学历史研究所硕士论文,1993。

2. 张晓蓓:《清代婚姻制度研究》,中国政法大学博士学位论文,2003。

3. 王新宇:《民国时期婚姻法近代化研究》,中国政法大学博士论文学位论文,2005。

4. 刘晓琴:《论南京国民政府时期的婚约》,西南政法大学硕士学位论文,2007。

5. 姚舞艳:《民国时期江浙沪地区的婚俗状况研究 (1912 ~ 1949)》,扬州大学硕士学位论文,2008。

6. 李月华:《"五四"时期婚姻自由观研究》,河北师范大学硕士学位论文,2008。

7. 项利文:《1912 ~ 1931 年中国婚姻家庭问题研究的几个断面》,苏州大学硕士学位论文,2008。

8. 司娟:《民国时期山东婚俗研究 (1912 ~ 1937)》,山东师范大学硕士学位论文,2011。

9. 李晋霄：《民国年间婚姻关系解除探究——以 20 世纪 30 年代河北省高法案例为中心》，河北师范大学硕士论文，2011。

10. 李静宜：《20 世纪二三十年代城市婚姻问题研究》，华中师范大学硕士学位论文，2012。

11. 刘延辉：《台基与近代城市社会研究》，河南大学硕士学位论文，2013。

后 记

时光就像一个顽皮的小孩子，不经意间就会从你的手中溜走。当年来首都师范大学报到的情景仿佛就在昨日，还历历在目，如今却要背负行囊打道回府了。回顾三年的学习生活，不禁思绪万千，感慨良多。

多年前，我曾因不能攻读博士学位而唏嘘惆怅；如今我即将毕业，这实在要感谢我的导师梁景和先生。承蒙梁先生不弃，得以忝列门墙，了却自己多年的心愿。梁先生诲人不倦，他不仅悉心传授学术研究的理论、方法和技巧，还用自己切身的学习经历鼓励我勇于从事学术之路。在毕业论文的设计上，大到提纲的拟定和内容的撰写，小到注释的规范，梁先生无不一一过问和叮嘱。在梁先生的鼓励和鞭策下，我的毕业论文得以顺利完成。梁先生思想前卫、深邃，又充满着自由精神，每每交谈都能深刻体会到陈寅恪先生所提倡的独立之精神和自由之思想。

导师组的魏光奇老师、迟云飞老师、史桂芳老师都对我的论文提出了许多宝贵的建议，使我获益良多。在三年学习的过程中，余华林师兄、韩晓莉师姐、李慧波师姐、陈珺师姐等经常指点迷津，答疑解惑；历史学院的秦方、杜涛、殷志强三位老师在资料收集上给予了不少帮助。没有他们的参与，我的论文无疑会逊色不少。

除此之外，非常感谢首都师范大学和历史学院给予了学生们各方面的支持，使我能全身心地投入到学习中去；同时也非常感谢历史学院资料室的老师，每次去学习都能感受到她们的亲切、和善和热情。当然，不能忘怀的还有单位领导和同事们的大力支持，他们的关怀让我少了很多后顾之忧。

除了学习之外，我还有幸结识了一帮兄弟姐妹，如宋培军、贺宝玉、董怀良、郜俊斌、范建文、贾文言、黄成运、王若茜、周经纬、卢玲玲、裴幸超、赵妍等。他们有的幽默谦逊，有的热情助人，有的长于学术。学校的塑胶跑道上留下了我们无数的足迹，空气中也弥漫着我们的欢声笑语。

　　最后要感谢的，是我的妻子、岳父母和父母。三年的学习生活聚少离多，正是妻子无怨无悔的付出才能让我在此安然的读书、写作。本应安度晚年的岳父母帮我们照看、接送孩子，没有他们的支持我也无法潜心学习。三年来，我也很少回家探望自己的父母，但他们从无怨言。无论对于妻子、儿子还是父母都感亏欠甚多。如今要毕业了，幸好一切都还来得及！

　　　　　　　　2015 年 4 月 22 日于首都师范大学本部 10 号公寓 208 室

图书在版编目(CIP)数据

自由的维度:近代中国婚姻文化的嬗变:1860～
1930 / 王栋亮著. -- 北京:社会科学文献出版社,
2016.8(2017.11 重印)
　(中国近现代社会文化史论丛)
　ISBN 978 - 7 - 5097 - 9491 - 3

Ⅰ.①自…　Ⅱ.①王…　Ⅲ.①婚姻 - 文化研究 - 中国
- 1860 - 1930　Ⅳ.①D669.1

中国版本图书馆 CIP 数据核字(2016)第 169259 号

·中国近现代社会文化史论丛·

自由的维度

——近代中国婚姻文化的嬗变(1860～1930)

著　　者 / 王栋亮

出 版 人 / 谢寿光
项目统筹 / 宋月华　吴　超
责任编辑 / 刘　丹

出　　版 / 社会科学文献出版社·人文分社 (010)59367215
　　　　　地址:北京市北三环中路甲 29 号院华龙大厦　邮编:100029
　　　　　网址:www.ssap.com.cn
发　　行 / 市场营销中心 (010)59367081　59367018
印　　装 / 三河市尚艺印装有限公司

规　　格 / 开　本:787mm × 1092mm　1/16
　　　　　印　张:31　字　数:534 千字
版　　次 / 2016 年 8 月第 1 版　2017 年 11 月第 3 次印刷
书　　号 / ISBN 978 - 7 - 5097 - 9491 - 3
定　　价 / 138.00 元

本书如有印装质量问题,请与读者服务中心 (010 - 59367028)联系